国殇

国民党正面战场抗战纪实

第一卷

张洪涛 著

中国出版集团公司
华文出版社

图书在版编目（CIP）数据

国殇：国民党正面战场抗战纪实. 第一卷 / 张洪涛著. -- 北京：华文出版社，2021.9（2025.9重印）

ISBN 978-7-5075-5495-3

Ⅰ. ①国… Ⅱ. ①张… Ⅲ. ①国民党军－抗日战争时期战役战斗－史料 Ⅳ. ①E296.93

中国版本图书馆CIP数据核字（2021）第166128号

国殇：国民党正面战场抗战纪实（第一卷）

作　　者：	张洪涛
责任编辑：	雷　平
出版发行：	华文出版社
地　　址：	北京市丰台区右外西路2号院
邮政编码：	100069
电　　话：	总 编 室 010-59900723
	发 行 部 010-59900727
	责任编辑 010-59900728
经　　销：	新华书店
印　　刷：	三河市航远印刷有限公司
开　　本：	710×1000　1/16
印　　张：	34.25
字　　数：	510千字
版　　次：	2021年9月第1版
印　　次：	2025年9月第12次印刷
标准书号：	ISBN 978-7-5075-5495-3
定　　价：	88.00元

版权所有，侵权必究

前　言

　　飞机穿行在太平洋的上空，透过朵朵浮云，机身下的大海看上去蓝得有些发黑，在午后的阳光下波光粼粼，美丽、壮观，却显得不那么真实。这已是我第五次进出日本，岛国的美丽、秩序和彬彬有礼给我留下了深刻的印象，但心中总有一层无形的隔膜和一些说不清道不明的东西。同样的黄皮肤、黑头发，同样的文化和历史背景，几百年前甚至还是同样的官吏制度，但思维、文化、性格、气度却又是那样的不同。

　　曾经有媒体报道：日本人对中国持负面态度的比例超过了80%，而中国人对日本"不感冒"的比例也高达70%，这大概就是相互敌视吧！钓鱼岛"购岛"风波后，这一趋势更是急转直下，中日关系陷入冰点。看看中国的电视荧屏，打不完的鬼子、杀不完的汉奸；而日本国内的情况也好不到哪儿去，无论媒体还是书籍，丑化、敌视甚至攻击中国的气息弥漫在日本的各个角落。

　　一衣带水却形同陌路！

　　原因很多，但历史和之后双方对待那段历史的态度可能是问题的根源。

　　历史有时像五彩斑斓的画卷，使人明智，使人沉入美好和幸福的回忆中；但有时它也会像一面魔镜，扭曲人们的视线和灵魂，尤其当历史被一些人别有用心地加以利用时。

　　日本政客至今仍在参拜供奉着战犯的靖国神社，仍在篡改历史教科书，仍不能像德国那样真正反思自己的侵略罪行。甚至在世界公认的南京大屠杀一事上，日本也有人还在纠缠不休，这让以德报怨、甚至放弃了战争赔款的中国人做何感受？

日本人真该好好了解、反省自己的侵略史！

中国人同样不能忘记这段历史。抗日战争是中国自鸦片战争以来抵御外侮的第一次胜利，是中国由衰败转向强盛的分水岭，是中华民族的光辉与荣耀，如何讴歌都不为过。但由于这样那样的原因，在很长一段时间里，这段历史留在人们脑海中的印记是残缺而不够完整的，这不但使人迷茫、困惑，甚至遮盖了这段历史的光芒。

历史的面纱有时虽然会使"真容"显得朦胧，岁月的风尘也会淡化人们的记忆，但要相信它总有被揭开的那一刻，我深信这一点。所幸，我们今天生活在一个更加自信、开放的时代，了解这段历史也就成为可能。

抗日战争是中华民族的圣战。20世纪30年代，在贪得无厌的日本侵略者的步步紧逼下，在面对亡国灭种的危急关头，有着五千年历史的中国，虽然贫穷落后、内战不已，却顺应了"停止内战、一致对外"的历史大潮，各大政治派别捐弃前嫌，毅然走到了抗日民族统一战线的大旗下，用鲜血和牺牲捍卫了一个民族的独立和尊严。

兄弟阋于墙而外御其侮！这是一个民族的气节，也是民族之魂！

当气节得到倡举，民族之魂得以复生，历史则必然焕发出精彩和光芒。抗日战争是中国近代史上唯一取得彻底胜利的民族解放战争。自1840年以来，两次鸦片战争、抵抗日本侵略台湾、中法战争、中日甲午战争、抗击八国联军入侵……一次次战争，一场场屈辱，中国面对的全是失败，不但大量财富被列强瓜分，被迫签订了各种不平等条约，更使中国沦为半殖民地半封建的国家，一百多年的屈辱使中国人的自尊和自信受到了伤害。但抗战的胜利洗刷了古老民族的耻辱，中国迎来了期盼已久的胜利。

抗日战争唤醒了沉睡的民族意识，民族凝聚力空前高涨。面对亡国灭种的侵略，曾经一盘散沙的中国像是突然间猛醒过来，政府与民众之间，各党派各阶层之间，海外华侨和国人之间，似乎只有一个信念：抗日图存！为国家独立、民族尊严，有人出人，有钱出钱，有力出力，惊涛骇浪瞬间形成，巨人摇晃着终于站了起来。

抗日战争大大提升了中国的国际地位。作为世界反法西斯战争的重要一分子，中国是第一个投入武装抗争的国家，也是持续时间最长、牺牲最大的国家，中国为世界反法西斯战争的胜利做出了巨大的贡献。抗战胜利后，中国不仅摆脱了百余年来强加给我们的各种不平等条约，而且成为联合国五大常任理事国之一。虽然当时的中国还是一个弱国，但中国的国际地位从此有了质的改变。

在这场艰苦卓绝、付出重大牺牲的抗战中，尤其在前15个月的战略防御大血战中，担当正面战场作战的国民党军，浴血奋战在抗日疆场上，用自己的血泪、血汗、血肉，书写了一曲曲慷慨雄浑的悲歌，在他们的身上同样体现着一个民族威武不屈、同仇敌忾的气节，从这一点上说，他们也是民族的英雄。

毛泽东在总结抗战时曾客观地评价说："从1937年7月7日卢沟桥事变到1938年10月武汉失守这一时期内，国民政府的抗日作战是比较努力的……"（《毛泽东选集》第三卷《论联合政府》，人民出版社1991年7月版）

胡锦涛在纪念中国人民抗日战争暨世界反法西斯战争胜利60周年大会的讲话中说："在波澜壮阔的全民族抗战中……中国国民党和中国共产党领导的抗日军队，分别担负着正面战场和敌后战场的作战任务，形成了共同抗击日本侵略者的战略态势。以国民党军队为主体的正面战场，组织了一系列大仗，特别是全国抗战初期的淞沪、忻口、徐州、武汉等战役，给日军以沉重打击……"（《人民日报》2005年9月4日）

习近平在纪念抗日战争胜利70周年会见连战等人的一次专题会上指出："国共两党合作建立抗日民族统一战线，全体中华儿女不分党派、民族、阶级、地域，众志成城，同仇敌忾，用鲜血和生命捍卫国家主权和民族尊严。正面战场和敌后战场相互配合、协同作战，都为抗战胜利作出了重要贡献……"（《人民日

报》2015年9月2日）

历史是公正的，无论是谁，凡是为中华民族的独立、自由做出过贡献，都将在历史上留下自己的一笔。这是历史的责任和使命。

前事不忘，后事之师。历史的昭示是一道镌刻在人们心中的印记，永远无法抹去。世界不会忘记：

中国是第一个投身反法西斯侵略的国家；

中国是抵抗时间最长的国家，即便在全世界绥靖逆流甚嚣尘上时也没有投降；

中国是世界反法西斯战争中牺牲最大的国家之一；

中国尽了自己最大的力量，中国抗战无愧于这个伟大的民族。

历史这部人类的传记，并不因岁月的流逝而为人们所遗忘，更不会因为时间的远去而改变。

英魂常驻，精神永生。14年的中国抗战，几百万中国将士血染沙场，含笑九泉。中国的大地是红的，天空是红的，江水是红的，太多的血水写就的故事，难免悲壮。

这是一幅饱蘸热血写就的瑰丽斑斓、雄浑悲壮的历史画卷。

张洪涛

2021年4月·北京

目　录

引　子

第一章　山河破碎

4个日本关东军参谋的一场密谋，竟使东三省山河色变。

"以下克上"式的疯狂赌博：1万对21万，装备也是东北军占优，但胜利者却是处于绝对劣势的关东军，没人能理解。

"九一八"事变，对中日双方来说，都是悲剧的开场。

9月18日，中国国耻日！

004　柳条湖，日本人动手了

013　荒诞的军令："就是挺着死，也不准开枪"

021　东京，战争离你已不远

030　只有"胡子"出身的马占山真抵抗了

038　黄浦江，中国军人请你作证

052　黑土地上的民族魂

060　血祭雄关，626团伤亡惨重

067　长城抗战，换来一个辱国的《塘沽协定》

077　"二·二六"，军刀舔血向战争

第二章　醒狮怒吼

"七七"事变这一枪早晚是要打的，唯一不确定的可能不是7月7日，也可能不在卢沟桥。

"北平若可变成沈阳,南京又何尝不可变成北平!"蒋介石的愤怒终于爆发。他梗起脖颈,发出日后传遍全国的悲壮名言:"如果战端一开,那就是地无分南北,年无分老幼,无论何人,皆有守土抗战之责任,皆应抱定牺牲一切之决心。"

睡狮猛醒,中国终于打响了全面抗战的枪声!

086　华北,日本军人反客为主

091　卢沟桥畔,日军执意要打一场战争

096　三心二意的29军,难逃被动挨打的境地

102　东京,跨入战争之门

111　蒋介石梗起脖颈,操起了尚未铸就的平倭之剑

120　平津血战,中国付出了绝不应有的伤亡

124　最早倒下的抗战将军,殉国于日军疯狂的枪林弹雨中

131　张自忠,谜一般的抗战将军

136　沸腾的中国,回荡起全面抗战的冲天吼声

143　长城脚下,13军官兵高喊"一命换一命",扑向日军

151　私心大于公心,国民党军顽疾大暴露

第三章　沪上风云

中国不怕鲸吞,却怕蚕食。为防止华北变为第二个东北,蒋介石决意把战争祸水引向长江流域。战火终于在大上海爆发。

蒋介石为抗战投下重注,国民党中央军急赴上海前线,终于走上了抗日疆场。

既无远见,又无韬略,日本在激烈的内斗中陷入战争泥潭。

一寸山河一寸血!中国军人第一次在世界面前打出了血性和尊严。

158　1937,大上海不设防

161　蒋介石要把日本人引到上海

166　抗战的隆隆炮声,令冯玉祥老将军大呼痛快

170　张治中蒙冤顶撞大元帅

176　上海前线，中国官兵血肉筑长城

179　四行仓库，中国"敢死队"声震中外

185　孙立人战场上被提升为将军

189　宋美龄肋骨折断前线慰问伤兵

192　寄望国联，蒋介石不愿撤出上海

195　撤守不定，形成溃败大狂潮

第四章　南京城，人类的悲哀

　　淞沪抗战以精彩开局，却以溃败结尾，经营多年的3道国防线令人遗憾地成了摆设。历史在这里拐了弯。

　　日本军部"不扩大"的军令又成废纸。前线日军每前进一步，军令就修改一次，世界上有这样的军队吗？这样无法无天的军队制造"南京大屠杀"还会有人怀疑吗？！

　　兽性宣泄，南京数十万无辜生灵成了残暴日军发泄的牺牲品。

　　南京大屠杀是日本永远抹不掉的耻辱，是人类文明的悲哀，也是中国人心中难以抚平的伤痛。

200　唐生智"自告奋勇"守孤城

209　兵临城下，蒋介石为何不走？

216　司令官炮声中悠然品茗

223　回天无力，饶国华将军杀身成仁

229　兵败如山倒，十万溃兵望江兴叹

239　古城浩劫，屠刀下的30万冤魂

245　屠夫的最后下场，谷寿夫伏尸雨花台

第五章　忻口鏖战

　　山西有座大山，就是阎锡山。始终不提"抗日"二字、要在三个鸡蛋上跳舞的"土皇帝"，为保山西率先抄起了平倭之剑。

从沈阳到山西，板垣一再上演"以下克上"的闹剧，却在山西栽了跟头。晋绥军、中央军、八路军联手抗战，山西成了典范。

258　"土皇帝"大摆口袋阵

270　阎锡山两关摆重兵，板垣却暗度陈仓轻取茹越口

281　"阎老西"杀了替罪羊，要在忻口决胜负

292　义无反顾，郝梦龄忻口捐躯

306　腹背受敌，卫立煌忍痛"走麦城"

309　傅作义四面楚歌再担危局

第六章　得中原，得天下

中原，中原，中国圆心。兵家古训：得中原者得天下。

日军南北两面夹击中原，蒋介石亲莅前线督战，假牙咬得嘎嘎响，怒吼：失职者杀！

临沂、滕县、台儿庄，炮火蔽日，黑土沥血，李宗仁率杂牌军大败强敌，名震天下。

几十万日军发动徐州会战，整个徐州地区像铁桶一样被包围起来，可当各路日军冲进徐州，压根没见到中国军队的影子。

318　畏敌如虎，韩复榘闻风而逃失天险

324　蒋介石开封设下"鸿门宴"

332　李宗仁只有杂牌军

336　临沂、滕县，鸣响台儿庄礼炮前奏曲

343　血流成河的台儿庄

348　抗战的希望之光

351　徐州，60万中国军队大撤退

355　兰封，蒋介石盯住了土肥原

361　薛岳将军饮恨中原

365　谁背包袱？蒋介石大骂程潜"滑头"

368　　花园口掘堤，武汉设下大水障

第七章　血在飞　血在漂

他们曾被誉为"天神"，令强大的侵略者敬畏有加。

他们曾被赞为"军魂"，其牺牲精神成为抗日军人的楷模。

他们最后几乎全军覆没了，但他们给中国抗战史留下了辉煌而悲壮的一页。

骄傲的中国空军！英勇的中国海军！

376　　战场不可无空军

377　　中国空军打出自己的节日

381　　泪水欢歌

385　　日军向中国空军勇士墓敬礼

388　　暂别中国天空

389　　苏联空军援华，飞机牵动万人心

392　　日本"空中霸王"栽在中国战场

396　　"二·一八"空战，血在空中飘

399　　4月10日徐州空战，闪烁两颗耀眼之星

403　　"天长节"，中国空军送给日本天皇"厚礼"

408　　蒋介石亲自迎接远征日本的中国空军英雄

414　　1938，中国有支苏联"志愿军"

418　　中国海军，背负沉重的翅膀难以腾飞

422　　江阴海空大血战

425　　海军变陆军，却让陆军汗颜

429　　海军魂、海军梦

第八章　梦断大江

"给支那（中国）最后一击！"日本人的疯狂叫嚣。

"保卫大武汉!"全中国发自内心的怒吼。

130多个日夜、100多万将士、上千里的战线,武汉会战用一组恢弘的数字让日本人发出了哀叹:必须尽快结束中国战事。

中国抗战度过了最艰难的日子,抗战历史翻向了新的一页。

434　抗战救亡大潮在大武汉奔涌

439　蒋介石深夜召见陈诚

442　委员长的军事高见:守武汉而不战于武汉

444　东湖会友,李宗仁道破天机

449　眼观中国抗战的美国武官

454　武汉大献金,掀起抗日救亡狂潮

457　命运的赌博,武汉会战拉开战幕

464　未战失招,数十万中国军队大调动

467　九江失守,张发奎有苦难言

471　"大阪商贩"魂断金官桥

475　焦躁不安的冈村宁次亲赴九江前线督战

480　江北,孙连仲将军又被逼上死地

485　富金山,宋希濂将军为36师落泪

491　来自陕北的支持,让蒋介石感到慰藉

497　孤军深入,冈村突发万家岭梦想

502　日本天皇惊恐下令:必须救出106师团

507　万家岭上,万余日本武士阴魂绕群山

513　小个子胡宗南没把李宗仁放在眼里

517　胡宗南擅自脱逃,军法却并非如山

521　争抢头功,眼光短浅的日军再蹈徐州覆辙

528　最后的陷落

引　子

近90年前的"九一八"事变的枪炮声拉开了第二次中日战争的序幕。14年的漫漫长夜、遥遥远征，古老的华夏大地战栗于隆隆的枪炮声中、燃烧于侵略军的"太阳"旗下。鲜血和泪水、不屈和抗争，展示着一个古老民族决不低头的本性，描绘出中国抗日御侮历史的雄壮画卷。

从"九一八"事变后，经历长城抗战、卢沟桥抗战、淞沪会战、南京保卫战、晋中会战、徐州会战，直至武汉会战结束，是日军在中国大地上最为疯狂的战略进攻阶段，也是中国奋起抵抗、承受着最大压力的战略防御阶段。在中共领导的抗日民族统一战线的推动下，承担正面战场作战的国民党军队，尤其是那些中下层爱国官兵，浴血奋战在抗日疆场上，用自己的血肉、血汗、血泪，抒写着一曲曲慷慨雄浑的悲歌。

救民众于水火，挽民族于危难。在强敌压境、民族危亡的生死关头，我爱国壮士挺身而出，为国家争国格，为民族争生存，奋战沙场直至壮烈牺牲。在特殊的历史条件下，国民党正面战场与解放区敌后战场相互支援、相互配合的情景，无不体现着一个民族威武不屈、同仇敌忾的民族传统，显示着中华儿女大义凛然的民族气节。毛泽东在总结抗战时曾客观地评价道："从1937年7月7日卢沟桥事变到1938年10月武汉失守这一时期内，国民党政府的对日作战是比较努力的……"

聂荣臻元帅为一本书作序时也曾指出："许多为民族独立而英勇殉国的国民党爱国将士的精神，与在抗战期间为抗击日本侵略军而壮烈牺牲的无数共产党员、我军将士和人民群众一样，仍然令人崇敬不已。"

历史昭示不该忘记：国共合作是众望所归，合则国兴，分则遗害。

历史这部人类的传记,并不因岁月的流逝而为人们所遗忘,更不会因此而有所改变。中国不会忘记,世界更该记住:中国是第一个投身世界反法西斯侵略的国家。

中国自始至终抵御着强敌,甚至在绥靖逆流甚嚣尘上时也没有投降,中国是抵抗时间最长的国家。中国是世界反法西斯战争中牺牲最大的国家之一。

中国尽了力,中国抗战当之无愧于世界反法西斯战争的重要组成部分。

英魂常驻,精神永生。15个月鲜血飞溅的战略抵抗,近百万中国将士血染沙场,含笑九泉。中国的大地是红的,天空是红的,江水是红的,太浓的血水写就的故事,难免悲壮。

这是一幅饱蘸热血写就的瑰丽斑斓、雄浑悲壮的历史画卷……

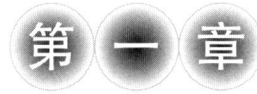

山河破碎

4个日本关东军参谋的一场密谋,竟使东三省山河色变。

"以下克上"式的疯狂赌博:1万对21万,装备也是东北军占优,但胜利者却是处于绝对劣势的关东军,没人能理解。

"九一八"事变,对中日双方来说,都是悲剧的开场。

9月18日,中国国耻日!

◎ 柳条湖，日本人动手了

1931年9月18日夜，一轮弯月高挂清澈的夜空，点点疏星无力地眨着眼睛，俯视着广袤的东北大地。白山、黑水、一望无际的高粱地，像往常一样，静静地躺在东北大平原的怀抱中，似乎根本没有觉察到身边将要发生的事情。

奉天（今沈阳）城外七八里处的东北军兵营——北大营，此时已被浓浓的夜幕笼罩。蛙虫的低鸣声催得北大营中7旅8000余名官兵渐渐进入了梦乡，只有哨兵抱着枪站在四门的哨卡上，疲倦地抵御着困意的袭扰。然而此刻，几百双充满敌意的眼睛，从四面八方紧紧地盯在了这些沉沉入睡的官兵身上。这眼光，闪现着恶虎跳跃扑击前的焦灼、紧张、兴奋和贪婪。

北大营西南侧七八百米处的柳条湖村附近，八九个人影在暗夜中晃动着，其中有人叽里咕噜地用日本话说道：

"河本长官，怎么就这么点儿炸药？多放些保证能让这段铁路飞上天。"

"闭嘴，笨蛋，你懂什么？！"

数月前刚调任柳条湖分遣队队长的河本末守中尉低低地呵斥了一声。这位关东军中精通爆破技术的年轻中尉打心眼里瞧不上这些守备队的军士，"一群从不知动脑子的笨蛋。"河本心里嘀咕着，懒得再搭理身边的这些人，只管自顾自地忙着把一包包骑兵用的、精巧的小黄炸药包，塞进两节路轨接头处。他确信，经他亲手测算的这些炸药足以使这段铁路路轨断开，枕木飞离。此刻，使他有些担心的倒是，即将开来的火车千万不能因这段路轨的炸断而发生颠覆。他心里清楚，这铁路可是大日本帝国在满洲的重要交通线，一旦发生火车倾覆，将会给以后的行动带来许多麻烦。为此，他的顶头上司今田大尉不止一次向他交待过，而他也认为这正是他显示爆破技术的一次良机。

"一定要干好啊！"一声轻吟从河本末守心底涌出。他颤着手点燃了导火索，几条黑影迅速闪向了路边。

"轰"的一声巨响，火光飞舞着划破了黑沉沉的旷野，炸断的路轨和枕木向四处飞散而去。此时，时针指向9月18日夜间10时20分。几分钟后，一列由长春开往奉天的火车在断口处颠了几颠，左右一阵摇晃，却奇迹般地冲了过去。

精明的河本末守轻松地嘘了一口长气，嘴角露出了一丝得意的笑容，细小的眼睛更紧地眯在了一起。

"撤，快撤！混蛋，往哪儿跑？向北，回分队！"

中国军队炸毁南满铁路！几乎与此同时，这一消息以令人难以置信的速度迅速传遍了正在参加夜间"演习"的日军。顷刻间，这些满脑子"大日本皇军至高无上"的日本兵士陷入一股疯狂的躁动中。本来，"万宝山事件"和"中村大尉被'侮杀'"的事儿已令这些满是帝国优越感的士兵蠢蠢欲动。眼下的消息，不啻将一把熊熊火炬投入堆堆枯柴之中，立时引来一阵狂躁、喧嚣。

"不能让支那（中国）人如此猖狂！"

"大日本皇军不可辱！"

"打进奉天城！荡平北大营！"

"摧垮支那军队！"

奉天城日本关东军特务机关的一间作战室内，高级参谋板垣征四郎大佐此刻内心极度紧张。这位日后闻名中国和太平洋战场的日本战争狂人，对此次行动的成败并无把握。板垣虽说从军已30多年，经历过日本士官学校、陆军大学的严格培养，更接受过日俄战争炮火的考验，但像今天这样以一个最高指挥官来策划一场可能震惊世界的冒险行动，他又感到有些底气不足。更何况这次行动完全是"以下克上"式的先斩后奏，而中国军队又有绝对的优势，一旦起来还击，那可如何收场？这时，他又想起了酒馆里的那场赌博。当4个年轻的参谋酒酣耳热，对到底干不干争吵不下时，石原莞尔提议掷筷子定天命。结果投掷的结果是3∶1，不能干。但花谷少佐一口饮尽杯中的酒，说："你们不干，我干！"

众人一起干了杯中的酒，嚷道："那就干吧！"其实在座4人的心里，都实在想干这件惊天动地的大事，但他们也知道，这实际上是一场胜算很小的冒险。一股难以驱散的阴影笼罩在板垣征四郎的心头。但他作为一名军人，一个受过日本武士道精神熏陶的中年官佐，有着自己仕途上的追求，想到自己多年来苦心追求的"满蒙战略",想到日本军魂可能将由自己来进一步"光大",心中竟涌起一股"天将降大任于斯人"的豪迈之感。

"人生之途,当全力以赴。"他又想起了自己的这则座右铭。

"丁零零……"桌上的电话猝然响起,把一屋人的目光都引了过去。

板垣征四郎疾步走到桌边,接过电话,一个急促而兴奋的声音使他的精神为之一振:"大佐阁下,柳条湖计划已顺利完成。各部队状态良好,等待您的命令。"

出师顺利,好兆头啊!一阵喜悦从板垣征四郎心头泛起。放下电话,他转向众人,表情又恢复了往日的凝重,但声音中却有种掩饰不住的激动:"各位,一切顺利,按计划行动吧!"

一道道攻击令随着电波的飞荡,传向沈阳四周的日军中:

关东军独立守备第2大队即刻攻击北大营。

第5大队从北面攻击北大营。

步兵第29联队攻占奉天城。

"轰,轰!"两门280毫米的巨型榴弹炮在惊天动地的巨响声中,将炮弹送向北大营。北大营立刻震颤不已,火光冲天。300名红了眼的日本兵弹上膛、枪上刺,像开了闸的洪水,呼啸着冲向北大营。

隆隆的枪炮声划破了北大营,划破了奉天城宁静的夜空。

北大营中,东北军第7旅参谋长赵镇藩此刻正心绪不宁地在屋里来回踱着。几个月来,一种不祥之感总是萦绕在他心头,连续发生的两件事更加深了他的这种感觉。"万宝山事件",日本人明明占了便宜还纠缠不休,时不时就在各种场合提一提。好像东北军在仗势欺人。更甚的是,中村震太郎大尉竟擅闯我东北军屯垦区刺探军情,人证、物证俱在,谁是谁非一目了然,即使中村死了,按理日本人也说不出什么,谁知日本人却抓住此事大做文章,硬是胡搅蛮缠,强词夺理,以至东北军将团长关玉衡撤职查办也不能平息事态。赵镇藩当时心里就有种感觉:日本人纯粹是在找碴儿!

"弱国无外交",赵镇藩深深体会到这句话的沉重。

"万宝山事件"中死的中国人又何止一个,到头来还不是中国人吃哑巴亏!他的心里充满了压抑、愤懑。他虽算不上东北军老人,可他好歹也随东北军关里关外四方征战数年了，早已养成了那种无羁无绊、天不怕地不怕的气概。可每每与日本人打交道，就总有种被一条无形绳索紧紧捆绑的感觉。唉！在中国的土地上竟找不到替中国人说理的地方，这使他感到了莫大的悲哀和羞愤。

军人就是要守土保国，为民分忧。可如今我算个什么军人啊！吃着东北父老的血汗俸粮，却眼看着他们遭受日本人欺侮，吞咽自己屈辱的苦水，这还算个军人，还算个堂堂七尺的男子汉吗？！这种感觉每时每刻都在啃啮着他那颗痛苦的心。

痛苦之余，赵镇藩又时常陷入深深的思索中。为什么日本人能如此张狂？泱泱中华大国为何在弹丸小国日本面前畏畏缩缩？为什么几千年来处处向中国学习的小日本，在不到100年的时间里，却能如此之快地跑到前头去。眼下日本军队不过几十万，可中国有几百万军队，为什么日本人能把枪口指向外面，而中国人却总是在内战中你死我活地挣扎？

眼下的东北，日本关东军也就一两万人，可我20余万东北军却一再退让，这究竟是为什么？他越想越感到茫然，而茫然又更加重了他的痛苦。

近两个月来，日本人从东北军眼皮底下频频向奉天调入军火，一车车用篷布包裹得严严实实的东西从奉天南站卸下，运进日本兵营。而且白天、黑夜不停进行攻击演习，矛头直指奉天城和北大营，使奉天四周充满剑拔弩张、大战在即的火药味。赵镇藩心里很清楚，这绝不是日本人在向东北军示什么威，日本人早已认为他们够威风的了。那么日本人究竟想干什么？

这么细细地一想，他那颗空落落的心就更不踏实了。随之而来的焦灼、忧虑之情常使他彻夜难眠。

上个月，7旅上校以上军官和情报人员召开了一个紧急会议，研究当前的局势和可能对策。一天会议下来，结果令人堪忧：奉天一定有大事发生。为此，旅长王以哲带着材料，亲赴北平，向东北边防军司令长官张学良请授对策。

王以哲心急火燎，一下火车就直奔少帅养病之处、协和医院一间宽敞奢华的病房。

张学良一语不发，静静地听着，又像是在思考着。"……少帅，综合来看，奉天事变随时都有可能发生。现在关外兵力空虚，关内各部却拥兵自重。一旦事变发生，日本由朝鲜、日本海运兵力，恐我东北军各部难以抵抗，甚至有兵败之虞。果真如此，那我们岂不有负国家，有负东北父老？所以请少帅考虑，是否可由关内调回一部分部队,以解燃眉之急。"

沉吟良久,病容满面的张学良才开口道:

"以目前时局看,日本人尚不敢如此。现在中央的意思是避免冲突,调兵恐怕不妥。还是那句话,遇事别抵抗,避免和日军发生冲突。"

一瓢冷水把王以哲浇个透心凉。他原以为千里之外跑来陈情,少帅起码能给个灵活的应对之策。谁知少帅不但一兵一卒不发,扔给他的还是那避之唯恐不及的紧箍咒。一阵绝望、怨艾从心头升起。

王以哲弄不明白,自进驻北平后,少帅怎么像是变了个人。东北基业可是老帅几十年风风雨雨打下的啊!难道你少帅愿意看着它沦入日本人之手?更何况你少帅当初归服南京国民政府,不就为抵抗日本人插手东北事务吗?而且老帅死于日本人之手,东北人谁个不知,哪个不晓?

张学良似乎看穿了王以哲的心事,轻轻地叹了口气,解释道:"既然我东北已归顺南京,我又身为全国陆、海、空军副总司令,学良就得顾全大局。如果有事,一切先从外交解决。"

张学良当时的不抵抗是有着相当复杂的原因的。

那么究竟是什么原因促使他最后采取"不抵抗"政策呢?首先是他对时局判断的错误。当时的少帅年轻气盛,如日当空,正处在人生、事业的顶峰,这虽对他巩固自己在东北的大权起了重要作用,但也掩盖了他的一个极大弱点,即对外交、政治上的复杂、艰险缺乏清醒的认识,很多观点显得稚嫩。尤其当他看到日本国内的政局出现动荡,而关东军兵力又显得单薄时,便一相情愿地拿日本与中国的情形作比较,因而也更轻信日本人还不至于在整个东北大动刀兵,实行全面的武装占领。此时尽管已有人向他指出,日军有可能以占领奉天为开端,逐步实现对东北的占领,但他听不进去了。其次,他在享受着蒋介石这棵巨树的荫庇。想当初东北易帜,南京在道义上和舆论上都大力支持了他。再加上他的果敢专断,及时处决了杨宇霆和常荫槐,使一度飘摇动荡的东三省稳稳地掌握在了他的手中。对这些,蒋没有一句责难之词,仍旧一如既往支持着他。到了蒋、阎、冯中原大战,他慧眼观时局,巧辨利弊,在三方打得精疲力竭时,及时进兵关内,把东北军的砝码重重地压在了蒋介石的一边,不出两个月,中原大战以蒋的最后胜利而告终。正是由于他的入关,帮助蒋介石完成了"统一中国"的大业，使蒋介石对这位刚入而立之年的少帅除了敬重、感激外，甚至有再生父母之感。于是南京政府的高官任命、赞誉褒奖、特邀赴京等荣誉接踵而至。蒋介石甚至专门为他在北平设立军事委员会分会，委任他为代理委员长。这样，东北军的势力范围就不再囿于白山黑水之间的东三省，而且囊括了河北、热河、察哈尔及北平、天津共6省2市。从此，他独霸北方这半壁河山，成了名副其实的一人之下、万人之上的风云人物。年轻气盛的张学良真可谓春风得意、前程似锦，他实实在在地感到自己当初改旗易帜，投靠蒋介石这步棋走得太妙了。

1930年11月，国民党在南京召开三届四中全会。张学良尽管连中央委员都不是，但凭他挥兵入关，助蒋胜阎、冯，平叛石友三，实现了蒋介石"统一中国"的多年夙愿，蒋介石竟派出专列，特邀他进京赴会。

沿津浦线南下，而立之年的少帅不但被秀美的中华大地所吸引，更使他难忘的，是蒋总司令对他此行的重视和厚待。蒋除派国民政府要员张群等人亲往济南车站迎接外，铁路沿线各站，都有地方政府官员主持欢迎的场面，大标语"欢迎拥护中央、巩固统一的张学良将军""欢迎维护和平、效忠党国的张副总司令"引人注目，这些令张学良激动不已。而这仅仅是个序幕。车到南京，张学良更陷入了一片赞美、恭维、令人倾慕的欢乐海洋中，这是他始料未及的。

那天车到下关，蒋介石早已派来了专车迎候在那里。张学良在十几辆小车的簇拥下驶上了通向国民党中央党部大院的道路。

一路上警车开道，众车相随，好不威风。沿途彩旗招展，人海如潮，南京市万人空巷，都来一睹少帅风采，这更令张学良陶醉。当晚，蒋亲自主持了盛大的欢迎宴会，张学良再次成了中心人物。人人争相与他握手、碰杯，对他表示祝福、恭维，各种鲜花、美酒令他应接不暇，那一刻，他可谓春风得意，容光焕发。会后，蒋介石主动与他换了帖子，义结金兰。而他的夫人于凤至不但成了宋美龄的母亲宋老太太的干女儿，也与宋美龄成了异姓姐妹。

讲义气、重感情的东北少帅张学良对这些自然不会无动于衷。

第二天，蒋介石亲率南京众大员陪同张学良拜谒中山陵。其间，蒋介石很自然地把话拐到了两人的关系上。他十分动情地对张学良说："咱们是兄弟，今后要患难与共,不分彼此。从今天起我的卫队就是你的卫队。"这不但让众人对张学良更为刮目相看,也使为人仗义的张学良认识到:蒋公有恩就报,够义气,是个领袖人物。

如果仅把张学良当初听命中央完全归结为从蒋介石手中获益及对蒋的信赖,似乎还缺少些什么。对坐镇6省2市,统兵数十万的实力人物张学良来说,他对他自己的故乡,也是自己命根子的东北,不会没有自己的观点。当时的张学良认为:日本人图谋东北,由来已久,如要挑起争端,则可能导致大的战争。而日军虽然在东北兵力不多,但其国内兵力源源而至,则绝非东北一隅之力所能抵抗。当初改旗易帜,他也正是基于这种考虑。如今东北既已听命于中央,则所有军事、外交均系全国问题,应有个整体考虑。此外,当时的张学良对国联也抱有较大幻想,认为国联绝不会听任日本一家独大,有碍机会均等的原则;如果国联放纵日本使东北问题无法解决,则世界各国会怎样对待《国联盟约》《凯洛格非战公约》和《华盛顿九国公约》?因此,无论如何国联是不会坐视不管的。这些,都使拥有重兵却犹豫未定的张学良严重误判,造成了令他终身难以挽回的遗憾。

对这些,王以哲当然无从知晓,他只觉得这种事靠外交解决简直是天方夜谭。何况他是一个军人,一个领兵打仗的将领,他所需要的,只是军队力量的强大和命令的合理、可行。

张学良最后神情黯然地对王以哲说:"我原想回关外一趟,可有些事又使我未便成行。你还是快回奉天吧。遇事多和张辅帅、臧主席商量。"

走出协和医院后,王以哲一阵失望。东北军坐镇一方,几十年征战,上不怕天,下不怕地,今天却要外国人来保护。老帅要是地下有灵,能咽得下这口气吗?唉,让我回去怎么向弟兄们交待?

果然,军官会上,王以哲话没说完众人就先炸了锅:"遭受日本人攻击,不抵抗怎么能成呢?这不让我们睁着眼等死吗?"

"军人打仗就是要尽用手中武器。不还击,不抵抗,那还要我们干什么?"

见众人群情激奋,王以哲站起来摆了摆手,重复道:"这是少帅的命令,有什么法子?我们要绝对服从,不要再为难副司令了。"

年轻气盛的旅部朱参谋站起来说道:"命令固然要服从,可也不能坐着等死啊!根据上峰的指示,敌军不来我们不能走,可敌人来了,我们还走得了吗?走不了只有起来应战，应战又哪有不抵抗之理呢？"

……

王以哲认为众人说得有理，一时颇感为难。他沉思良久，咬着牙说道："不行的话，我们就见机行事。敌人来了我们就跑，实在不行也可以开枪迎击。但要保证衅不自我开，做有限度的退让。必要时全军退到东山咀子附近集结，候命行动。"

众人一时相对无言，表情复杂。既然旅长已经担了责任，做了退让，还能再说什么呢？命令总归是命令，军人对命令是没什么价钱可讲的。

会议就这样有些沉闷地散了。

可旅参谋长兼619团团长赵镇藩却觉得事情没那么简单。眼下，奉天城的日本人不但急运军火，大搞演习，还给在乡军人及日侨发放武器，大肆训练，颇有些蠢蠢欲动之势。而7旅却被这道命令捆得死死的，连个整体计划都搞不出来。战事在即，何谈动员战备、筹措物资，更别说进入戒备状态了。看着周围的日本人像憋足了劲轰然鸣叫的坦克，再看看7旅和东北军各部队太平无事的样子，看看奉天城一片祥和、毫无大战在即的气氛，赵镇藩心中是千般焦急，万缕悲哀。

越想越烦，赵镇藩索性出了屋子，信步来到了院里。

脚还没站稳，大营西南方"轰"的一声巨响使他一惊，一种不祥之感涌上心头。

听声音像是在铁路方向，怎么这么响？凭着他多年的战场经验，他立刻辨别出这不是炮声。旅长不在，今天可大意不得。

自上次会议后，赵镇藩时刻都有种惴惴不安之感，担心着哪一天一场横祸会突然降临到7旅头上。他心里清楚，一旦有事情发生，北大营和7旅必然首当其冲。尤其是今晚，他的这种感觉更强烈了。现在关外兵力空虚，东北的军、政、财根基在奉天城，奉天城几十万东北父老和7旅近万将士的身家性命今天可都攥在我赵镇藩的手中，他感到了自己肩头的分量。想到这里，他转身快步进了屋里，抓起了桌上的电话："值日官，我是赵镇藩。派人出去查一下，外面的爆炸声是怎么回事？"

放下电话，赵镇藩思忖道：想来日本人还不会这么快就动手吧？上午日军第2师团33联队长村田大佐来探访的事又浮现在眼前。

村田与赵镇藩已不是第一次打交道了。听说村田的到来，赵镇藩止不住心里一阵嘀咕："现在日军调动繁忙，演习频频，他此刻怎么会到大营来？"

会客室里，村田屁股还没落座，就似有所指地问道："赵参谋长近来很忙吧？"

"哪里，还是老样子。近来贵军倒是活动频繁。不知联队长今天忙中得闲，到此有何贵干？"赵镇藩心里明白，村田此刻是绝没有闲心出来访友叙旧的，所以也懒得跟他兜圈子。

"啊，敝人有些事想跟王旅长商量商量，王旅长呢？"

"噢，王旅长有些公事出去了，联队长有什么事可否先跟我赵某说说？"赵镇藩点了村田的将，两道锐目直视对方。

村田干笑了两声，给自己顺了个台阶："哪里，哪里，赵参谋长见外了。是这么回事，这些天来咱们之间多事，容易产生误会，发生些不友好、不信任的问题。咱们历来相处得还是不错的嘛，所以一旦发生什么事故，我希望事态不要扩大。"村田高深莫测地盯着赵镇藩说道。

......

想到此，赵镇藩心里踏实了一些，与其说踏实，倒不如说是一种自我安慰，此刻，他只希望日本人行动不至于太快。

突然，又是"轰、轰"两声巨响把他从沉思中惊醒，望着窗外的火光和涌起的团团浓烟，赵镇藩的心忽一下沉了下去。不好，像是军士队营房被炮火击中了。他妈的这些小鬼子，来真的了。

这时，传令兵冲了进来："参座，日本人炮击大营了，另得报，日本人越过铁路，向大营冲来。"

赵镇藩一时急火攻心，不知所措。他想了想，认为还是先叫旅长速回大营再说。转身进屋，抓起了桌上的电话："喂！要三经路王旅长家。"

"旅长吗？我是赵镇藩，日本人动手了，对！我刚得到消息，日本人炮击了大营，似又有步兵向这边冲来，你看怎么办？"

"老弟，沉住气。你把队伍先集合起来，等我的话。在事情没弄清楚前，千万别随便开枪。我这就去找荣参谋长。"

"旅座什么时候回来？"

"等我见了荣参谋长后再说。"王以哲说完扣上了电话。

赵镇藩就觉得心底一股无名火在往上蹿。沉住气？说得轻巧，现在火烧眉毛了，却连打不打都定不下来，叫我怎么沉得住气？你旅长向全旅官兵规定过：非常时期，官兵一律不得在外宿夜，可你倒溜回家里。"不准开枪"，现在开枪开炮的不是我而是日本人。

尽管委屈，但他知道现在抱怨起不了丝毫作用。放下电话，他急忙喊道："传令兵，传我的令，各团立即集合。不准开枪，等候命令。"

他点上一支烟，急急地抽了两口，头脑冷静了一些。他感到与其在这里等着，不如自己直接联系，他操起了桌上的电话："喂，要司令长官公署荣参谋长。"

◎ 荒诞的军令："就是挺着死，也不准开枪"

东北边防军参谋长荣臻这几天忙昏了头。少帅在北平养病，代理长官张作相十几天前就回锦州小岭子私第为父奔丧，至今未归。只有荣臻与（辽宁）省主席臧式毅、外交特派员王境寰全权处理东北的军政、外交事务。虽说是3人，可离开荣臻什么事也办不成。偏偏最近的公事、私事又接连不断，其中最令他头痛的，还是那扯个没完没了的"中村事件"，几次耐下心来与日本驻奉天的领事和关东军代表谈判此事，可日本人不顾事实，强词夺理，致使屡次谈判都毫无结果，不欢而散。如此一来，日本人态度变得越来越强硬，要求也越来越苛刻，而荣臻对反复无常的日本人也越来越失去耐心。这时候，偏偏又遇上老爷子的寿诞，17、18两天来，整个荣府张灯结彩，车来人往，贺声不断，难有片刻闲暇。既要应酬前来祝寿的大员、显贵，还要添置香案、陪堂会戏，博得老寿星的欢心。这不，都晚上10点多了，整个荣府还是烟雾缭绕，灯光通明，佳丽的欢笑声、洗牌的哗哗声不绝于耳，丝毫没有兴尽告返之意。

荣臻应酬于宾朋贵友之间，一会儿东厅，一会儿中寿堂，忙得个不亦乐乎。这时副官疾步走近他，低声道："长官，出大事了，日本人炮击了北大营。赵镇藩来电话告急，请长官速到公署。"

荣臻一阵心惊，所有豪兴雅致一扫而光。

车到公署，荣臻疾步下了车。典雅、富丽的东北边防司令长官公署前，三步一岗，五步一哨，戒备森严，这更加重了他内心的不安。

进入灯火通明的屋里，臧式毅、李济川等一批东北军、政官员站起身，围了过来。

"情况怎么样？"荣臻一进门便抢先问道。

"刚才7旅赵参谋长报告，大约10点半听见大营西南方一声巨响，情况不明。时隔不久，日本人向北大营连开数炮，而且有步兵越过铁路向大营冲去。"

"日本人方面有什么消息？"荣臻想了想问道。

"下午和林总领事谈完后再没接到任何通告。"

荣臻转过身去没再吭声，他意识到可能他最不愿看到的局面出现了。日本人可真是挑了个好时候。现在关外兵力空虚不说，几个主要长官也都不在位。就是剩下的这些部队也完全分散在东三省各地，完全没有进入备战状态。更要命的是那道"不得抵抗"的紧箍咒，枪林弹雨里冲杀出来的荣臻什么时候打过这样的仗？经历过这种局面？"灵活处置"，说起来容易，怎么个灵活法？更何况对手还是凶残无比、有备而来的日军。要是好处理，张作相岂能到现在还不回来？荣臻觉得自己像被推上了一艘狂涛中的小舟，随时都有可能遭到灭顶之灾。

桌上的电话这时响了起来。

"喂，荣参谋长吗？我是赵镇藩。据准确情报，刚才日军炮击北大营，现在营西门外有日军在活动。"

"你们旅长呢？"

"旅长在家里。我刚才去了电话，他可能随后就到公署。参座，如果日本人向大营发起攻击怎么办？必要时我们是否可以迎击？"

"前些天不是传达过嘛！一定要沉住气，不准动，把枪都放在库房里，等事情查清楚再说。"

"收枪入库？那日本人冲进来，不是让我们等死吗？"赵镇藩有些急了。

荣臻本来就心情沉重，一听这话更是火冒三丈，压抑在心里的一股无名火终于无法控制地迸发出来："就是挺着死，也不准开枪！挺着死，也是大家成仁，为国牺牲。"

扔下电话，荣臻六神无主。其实他心里很清楚，让7旅官兵收枪入库，很可能就是让他们等死。可他又能怎样呢？少帅在北平三令五申不得抵抗，以免事态扩大。张作相跑到锦州奔丧，到现在还没回来，自己又能做些什么呢？荣臻毕竟只是个参谋长。如果要他耐心细致、智谋过人地辅佐官长，他可能非常称职。但大事来临，要他行权决策时，就显出了果敢拍板的欠缺和胆魄的不足。

就荣臻个人而言，他当初对不抵抗命令也是有着种种忧虑的。兵家之争，哪有战端未开就一味退让的命令呢？就是想挂免战牌，这仗也得免得了才行啊！人家四处打你，你想仅靠躲避使对方罢手怎么可能呢？以往与日本人打交道的经验明白无误地告诉他，对日本人避让，无异于抱薪救火，只能助长日本人的骄狂气焰。日本人的蛮横早使他觉得无法再忍了，下午他与日本驻奉天总领事林久治郎的谈判便是如此。

18日下午，林久治郎来到公署，又谈起了令荣臻头疼的"中村事件"。

"关于'中村事件'，现在已到了严重关头，参谋长准备如何答复？"林久治郎开门见山，摆出一副最后通牒的咄咄逼人之势。

荣臻对此早有准备，他计划在最后关头亮出自己的"撒手锏"，让日本人无话可说，彻底了结令人心烦的"中村事件"。他不慌不忙地转回身，拿出中村大尉在新安岭一带绘制的军用地图、各种文件及间谍实物，说道："总领事，你自己看看，这些东西能让我说什么呢？你们既没有向交涉署照会，又没有我们的护照，如何让我们行保护之责？"

"参座，我们已经谈过多次，今天还把这些东西拿出来干什么？"尽管嘴上强硬，这些突然出现的物证还是令林久治郎大吃一惊，他万万没想到中国方面会在最后一刻走此一招。立时，他觉得满身燥热，汗珠顺着他那泛着油光的面颊淌了下来。

但林久治郎不愧是个经验丰富的外交官、熟知中国事务的中国通。他深知此时的慌乱不但影响后面的谈话分量，还会给对手增强一分心理优势。现在必须反击，在心理上打倒对手。他太熟悉中国官员的弱点了。必须施以高压！想到此，他拿出一副蛮不讲理的口吻对荣臻说道："日本军人横暴，不服从外交官的指示，自由行动，这是我们陆军省历来的作风。到现在这个紧要关头，拿出这些东西，谈别的都没什么用。还是考虑如何处理这件事吧！"

荣臻乍听这话先是一愣，随之血往上涌，气往上冲。什么外交官，简直与强盗无异。你们军人历来的作风是横暴，想干什么就干什么，那我们的军人呢？公理呢？真是强盗逻辑。想胡搅蛮缠，想讹诈，你们找错了人。想到此，他不顾身旁其他官员的一再暗示，硬邦邦地顶回一句："我们的军人也是横暴的，你们没护照，擅入我新安岭屯垦区绘图、拍照，辱骂他们，我们也没办法。今天让我退缩办不到，我不能写亡国史的第一页。"

林久治郎一跃而起，把手一挥，像是要把荣臻拂走似的，声音尖厉地威胁道："这事没法谈了，告辞。"

临走，还回头扔给荣臻一句硬邦邦的话："日中友好关系的最后破裂，我不能负责。"

好一副刁蛮无理、盛气凌人的嘴脸！这些事想起来就让荣臻心烦、气闷。依他的看法，不给日本人一点颜色，他们是不会老实的。可10天前在北平，张学良撑着病体对他讲的那些话又时时撞击着他："不要抵抗，遇事一定要退让。"平时替别人出惯了主意的荣臻，今天却实在没法替自己拿出个主意。他觉得自己像是处在一条狭窄的山梁上，左走不成，右挪不是。纵使他此刻心里再急也无济于事。

正当荣臻一筹莫展之际，门外响起了一阵急促的脚步声，7旅旅长王以哲少将疾步走了进来。

"参座，日本人已先动手了，怎么办呢？"

荣臻心里没着没落，想了想说道："再往北平给张副总司令挂个电话，请示一下。"说罢操起了桌上的电话。

一阵呼叫后，传来了北平的声音，荣臻忙提高了嗓门："喂！我是荣臻，请张副总司令听电话。"

"副总司令陪美国武官去前门外中和剧院看戏去了。"接电话的是张学良的侍卫副官长谭海。

"请速转告副总司令，奉天出大事了，我一会儿再去电话。"荣臻垂头丧气地放下电话。

这时，赵镇藩再次来电告急，情况比上一次更具体了一些。"日军由柳条湖出发，向我北大营进攻，现突破西卡门。参谋长，我们不能等着挨日本人的打啊！"

"在未得命令前，无论如何不能开枪。就是日军进入营房，也不准抵抗。武器都要收入库内。"

"参座，这个指示已经报各团长说了，他们认为不能下达，而且事实上也做不到，官兵们现在都在火线上，怎么能去收枪呢？"赵镇藩仍徒劳地苦苦坚持着。

"赵镇藩，这是命令。如不照办，出了问题，由你负责。"荣臻丝毫不为所动。

"要是日本人要命呢？"

"要命就给他，军人以服从为天职。"

……

荣臻的退缩仅仅是悲剧开始的第一步。随着时间的推移，各地的告急电话开锅似的纷纷打来。

航空处："情况现在危急，机场的40多架飞机怎么办？"

"赶紧飞锦州，锦州不行，辽河以西任何地方都可以。"

奉天城小西门警察哨："日本人现在攻城，扬言如果不开城门，他们将用炮打，到底开不开啊！"

"听命令，暂时不开。"

奉天监狱："城上站满了日本兵，用机枪向院内扫射，在押犯人已有暴动行为，拖下去会出大乱子，到底怎么办啊！"

"情况紧急你就开门放人。"

航空处再电："我支持不住啦！各方派人去找，可飞行员一个也找不到。日本人已经冲进来了。怎么处理呢？"

"你们自己看着办吧！"

荣臻实在是无力应付这种局面了，就这样，在以后的短短几天内，张学良苦苦经营多年，耗资巨大而亲手建立起来的东北军航空队对抗战未起丝毫作用就消亡了。占全国半数的飞机（近300架）还没有升空，更没放一枪一弹，就全部落入了日军之手。这些飞机此后频频出现在中国军队的上空，使中国军队付出了沉重的代价。后来常听在东北坚持抗战的东北军旧部官兵说，他们从没见过这些飞机这么邪乎、厉害，令人胆寒。

就在荣臻疲于应付接踵而至的电话时，密电处处长张志忻冲了进来："参座，南京急电。"

荣臻一把抓过，急忙展开来，上面写道："倾准日本公使馆照会，内开：陆军省奉明天皇旨，准予关东军在南满附属地内自由演习。届时望吾军固守防地，切勿妄动，以免误会，切切此令，军事委员会筱。"

呃？这么看来日本人是在演习。屋里众人长吁一口气，七嘴八舌地议论开来。刚才还是紧张、沉闷的气氛，现在像是突然间云开雾散，一下子变得轻松起来。

一直惊慌地站在一旁，看着这混乱场面的辽宁省主席臧式毅，这时感到了一种卸下千斤重负般的痛快感。作为文职最高官员，他这时是最关心事态的发展、可也是最说不上话的人。一见局势转向平缓，他又摆出了作为地方主人而应有的姿态，脱口道："唉，这些日本人真没办法。下半夜了，他们的演习估计也快收场了，各位是不是休息休息，吃点东西？"

谁知话音未落，一阵急促的电话铃声又把这些文武大员的美梦击得粉碎。

"参座，我是赵镇藩，现在大营内乱成一团，满院子都是日本人，还到处开枪，他们已砸开枪库，抢夺枪支，而且还打死我中校军械官一名，士兵数名。王旅长在你那儿吗？请他火速回营。"

放下电话，荣臻默默无语，一颗心彻底地沉了下去，这个电话再清楚不过地表明：这不是演习，日本人真的动手了。

这时，王以哲上前一步进言道："参座，在这么严重的情况下，是否'将在外，君命有所不受'？难道我们还不能还手吗？"

此刻，荣臻心里乱成一团，他已经不可能再有什么好的办法了。在一场对他来说毫无准备的较量面前，无论在心理上，还是在意志上，他都极惨地败下阵来。

半响，他抬起头来，对王以哲未置可否地说道："鼎芳（王以哲字），你回去吧，随时来电话。"

"好。"王以哲转身出了公署。

汽车驰进夜幕，呼啸着向城外冲去。刚出城门没多远，一阵乱枪打来，汽车一阵急刹车，随后一头栽到路旁。钻出汽车，王以哲看到前方一片散乱的人影和子弹出膛冒出的阵阵火光，心里骂道："妈的，路被封锁了。"突然，又是一阵乱枪向这边打来，王以哲一惊，转身向回跑去。

北大营内外，此时枪声已像开了锅似的响成一片。赵镇藩带着传令兵来到了621团3营，眼前的景象使他的心情更加沉重。3营官兵眼看着日本人毫无阻拦地狂呼乱喊，乱冲乱打；眼看着前面的弟兄不断倒下，急得顿足捶胸、声泪俱下。一片喧沸声中，一个粗壮的汉子脱口大骂："这狗日的小鬼子打到眼前了还不让开枪，待在这里等死啊！哪个混蛋说的不让打，我真想杀了他。这当的什么兵，丢祖宗的脸啊！"边说边撕打着自己的胸口，一颗硕大的头"咚、咚"地向墙上撞击，血水渗了出来，染红了褐色的墙壁。

赵镇藩看着这些焦虑、恐惧、绝望无助的士兵，内心翻江倒海，不能自持，他没敢走进屋就扭头向回转去。

"参座，你就救救弟兄们吧！"一个浑身血污的士兵从旁边闪了出来，"扑通"一声跪在了赵镇藩面前。

"参座，狗日的小鬼子不是人啊！连长吩咐不准开枪，弟兄们没法子，躲在屋里不敢出去。可他们冲进屋来，见人就扎，有的弟兄心里害怕躺在床上装睡觉，可让小鬼子活活地用刺刀挑了下来。我们一跑，他们追着屁股用枪打。参座，我们追随你多年了，你一定要救救我们，救救7旅啊！"说罢，伏在地上号啕大哭。

赵镇藩觉得自己的头颅像是要炸开来，热血阵阵，顶得他不能自持。妈的，老子今天豁出去了。我不能让7旅这8000余名将士像一群捆着的绵羊一样被送上刀板。他心里发着狠，转身叫道："传令兵，传我的令，日本人敢拦着，就让卫队连反击，把突入大营的敌人给我打出去。再传张团长，让他们断后，其他部队火速撤往东山咀子。"

传令兵眼睛一亮，激动地跳了起来，"放心吧，参谋长，保证传到。"

卫队连突然开火，实施反击。日军一阵混乱，随后停止了无目的地乱冲。火力一下子集中到了大营西北卫队连身上。

各团、营东北军官兵突然听到自己队伍的还击声，一阵振奋，一片欢呼、沸腾。"嗨！咱们的人开火了，好样的，打他个王八犊子。""咱还卖什么呆？快操家伙，打啊！"听着还击的清脆的枪声，红了眼的7旅士兵再也按捺不住心中的怒火，群情激愤地涌向了自己的长官。

"撤！快向东门撤！"这时命令已到，各部长官下达了最后的命令。

19日凌晨4时，赵镇藩率7旅绝大部分官兵撤出了北大营。可日军还不罢手，步步紧逼，延伸的炮弹"咣、咣"地落在7旅溃退的路上。团团火光，掀起黑色的泥土四处飞散，不时有人惨叫着倒在黑沉沉的夜路上。7旅狼奔豕突，溃不成军。

站在路旁，看着低垂着头乱哄哄地从自己面前走过的部队，赵镇藩心情沉重，悲哀不已。违抗军纪，我甘愿受过，要杀要贬随你们便。可我赵镇藩上对得起苍天，下对得起3000万东北父老，对得起自己的良心。但看着眼前这支疲于奔命的溃败之师，再看看身后火光冲天的北大营，一阵悲哀、委屈涌上心来。大帅、少帅，我赵镇藩对不起你们！这东北军几十年的一方大营今天毁在了我的手中。滚滚热泪禁不住夺眶而出，洒向了脚下的黑土地。

凌晨5时30分，区区300名日军占领了北大营。

就在进攻北大营的同时，日军第29联队在平田幸弘大佐的率领下，兵分3路进攻奉天。同样的不抵抗，更进一步的退让，使日军没费几枪几弹，堂而皇之地从城门开进了奉天城。6000多军警，除少数做了零星的抵抗外，大都是睁着双眼、目瞪口呆地被日军缴了械。至19日凌晨8时30分，奉天全城重要的军事目标、党政机关、金融、交通、通信机关、学校、社会团体、机关几近全部沦入日军之手。一场令国人、令世界震惊不已的事变，就这样不可思议地爆发了，又以不可思议的结局结束了。

日军兵不血刃，拿下奉天。

9月18日这一天，南京也发生了一件颇有影响的事。蒋介石在周佛海等的陪同下，登上了海军"永绥"号战舰，亲赴江西，督师"剿共"。在当时报纸舆论的一片吹捧声中，蒋介石身着戎装，登上战舰，向前来送行的国民政府军政要员频频挥手致意。这时占据他头脑的，恐怕只有早日"剿灭共匪"，凯旋回朝。东北，对他来说是一个太遥远、甚至有些虚化的地方。

1931年9月19日，又是一个朗朗晴天，太阳吐着血火，烧灼着肥沃的辽河大地。清晨，50万居民一觉醒来，吃惊地发现奉天城已面目全非。巍巍的古老城墙上，竣工不久的高楼大厦上，路旁高挑的电线杆上，醒目地飘扬着日军的太阳旗。那"太阳"燃烧得如此灼热，如此刺眼，如此令人难以抬头相望。一队队威风凛凛的日本兵步伐整齐地踏过街区，令脚下的大地颤动不已。寒光闪闪的刺刀，在太阳的直射下那么耀眼，令人胆寒。这些可怜无助的中国父老乡亲哪里会想到，睡梦中的他们已成了令人哀怜的亡国奴，开始了长达14年置身于日寇铁蹄蹂躏之下的悲惨生活。更令他们痛苦不解的是：我们的军队呢？我们用血汗供养的东北军呢？我们的子弟兵都哪里去了？

9月20日，南京国民党中央常委会临时会议决定发布《告全国同胞书》，定9月18日为中国国耻日。并决定于9月23日全国下半旗，停止一切娱乐活动一天，哀悼奉天陷落。

资料表明，"九一八"事变，中国官方损失178亿元，公、私总损失不下200亿元。仅沈阳兵工厂，即损失步枪15万支，手枪6万支，重炮、野战炮250门，各种子弹300余万发，炮弹10万发。东北军的300余架飞机，尽为日军掠去；其唯一金库所存现金7000万元，亦被洗劫一空。

"九一八"，一个令中国人难以接受却又必须接受的"国耻日"。从这一天起，9月18日便成了张学良及东北军数十万将士每每谈及便羞愤难当的日子。这一天，也成了4万万中国人感到耻辱而无法忘怀的一天。

◎ 东京，战争离你已不远

9月19日凌晨，"秋老虎"的暑热渐渐散去，喧闹了一天的东京终于静了下来。白天熙来攘往、喧嚣不宁的街道此刻清凉孤寂、杳无人影。昏黄的路灯下，白天游行、集会时丢弃的传单、小旗随处可见。1931年夏秋的日本人，在极端军国主义的疯狂鼓噪下，显得格外地狂热、兴奋、骚动不宁。

东京市郊一座精巧、典雅的日式别墅里，陆军大臣南次郎大将正在自己舒适的榻榻米上梦进千里。一会儿是满洲的万里硝烟、铁甲奔腾，一会儿又是俄国境内的炮火连天、纵横厮杀，一会儿又是内阁首相若槻礼次郎苍白的面孔、惊恐不定的眼神。忽然，一队队荷枪实弹的美国兵冲了过来，他急转身想走，却被若槻一把抓住，急得他上下踢腾，难以脱身……一阵急促的铃声在耳边响起，缭绕回荡。他睁开了惺忪的双眼，迷迷瞪瞪地坐在那里，脑子里纷纷乱乱，刚才的梦还在翻腾着。直到电话铃再一次猝然响起，他才慵慵懒懒地抓起电话。

"阁下，满洲出大事了。关东军急电已到，请您速到军部。"南次郎一激灵，彻底醒了。

汽车飞驰在寂静的路上，南次郎的大脑也在不停地翻腾着。几个月以来，军部上下像开了锅似的沸腾不已。内阁猛削军人薪水的风波未平，满洲问题一波又起。尤其是在参谋本部的中村大尉被中国军队虐杀后，这一狂涛更是达到顶峰。陆军省和参谋本部的各级官佐围绕满洲问题的多次磋商讨论，多次安排的一些训示、演说更使军部的这种气氛不断高涨，似乎满洲问题的解决已迫在眉睫。为此，他还遇到了麻烦。

8月4日，在军部召开的师团长会议上南次郎发表训词，公开断言：满蒙方面的形势发展对日本非常不利，使人觉得事态重大，诚属遗憾。其原因在于邻邦（指中国）长期宣传培养、恢复国权之排外思想，以及新兴经济力量向满蒙之发展等事态重大已不是暂时现象，而是长久现象。

消息传到外界，内阁首相若槻礼次郎紧急召见了他，指责他在高级军官会议上妄下结论，言词失当，无视内阁，企图扩大满洲问题的严重性，挑起军人排斥内阁，煽动武力解决满洲问题等。但在南次郎心里，并不认为自己的观点有什么不妥。满洲是帝国的国防生命线，是日本屏障苏俄的第一道阵地，也是解决中国问题的重要后方物资基地。他十分赞赏老前辈田中义一的一句话："如欲征服中国，必先征服满蒙；如欲征服世界，必先征服中国。"可保守的内阁却根本无视这一点，开口闭口都是文人政客的那一套外交辞令。一遇到国际问题，总是带有明显的调和色彩，在满洲问题上也总是软弱无力。他们对军部的建议总是竭力压制，可对软弱的外相币原却言听计从，这不能不使南次郎大为失望。他知道眼下还不是与这些文人政客争锋角力的时候，所以对若槻礼次郎的指责，更多的是多方推诿、百般狡辩。因而在得知今夜满洲发生事变的消息时，客观地说他是欣喜多于忧虑。

汽车在混凝土路面上微微颠簸着，爬上市谷高地的缓坡。路旁的绿草、杜鹃花在昏暗的车灯下显出一片青灰色。走完坡路，车子在一个"Y"形的岔路口向右一拐，绕过一座怪石堆砌、透着一种冷峻美感的假山，"嘎"的一声停在了一座像一堆积木搭成的楼房前。这里就是日本军队的心脏、日本战时的神经中枢，坐落在市谷高地的日本陆军省和参谋本部。

清晨7时，东京日本军部的高级将领齐集会场，匆忙召开了紧急会议。大会议桌的横头，南次郎正襟危坐，一面硕大的太阳旗悬挂在他头后的墙壁上方，"烘烤"着气氛森严的会场。南次郎右手方依次坐着：陆军省次官杉山元中将、军务局长小矶国昭中将、军事课长永田铁山大佐。左手方为参谋次长二宫重治中将、总务部长梅津美治郎少将、情报部长桥本虎之助少将及作战部代理部长今村均大佐。对面为大将参谋总长金谷范三。会前，只有南次郎、金谷范三等少数人阅过关东军发来的急电，而更多的人尚不知发生了什么大事，此时正交首接耳低声询问着。金谷看了南次郎一眼，见对方点点头，便转向参谋次长二宫重治，说道："开始吧！"

主持会议的二宫重治次长先就收到的电报作了简短的说明，随即指示今村均大佐宣读关东军方面来电。

会场一时气氛凝重、静寂，只有今村均急促、有力的声音掠过众将佐耳际，在屋里回荡着："（一）18日夜10时30分，奉天北方北大营西侧，暴戾之中国军队破坏满铁线，袭击我守备军，与驰援之我守备队部发生冲突。据报告，我奉天独立守备第2大队正向现场出动中。""（二）北大营中国军队炸毁满铁线，其兵力约有三四个中队，逐次遁入兵营。我虎石中队11时与北大营兵五六百人交战，现已占得北大营一角。但敌机关枪、步兵炮正在增加。我中队正在进行苦战，野田中尉负重伤。""（三）板垣参谋正作如下区处：（1）守备第2大队扫荡北大营之敌；（2）步兵第29联队攻击奉天城；（3）守备独立第5大队攻击北大营北侧，受第2大队指挥；（4）要求第2师团以主力支援。"

电文念完，众人一脸惊愕。会场还是一片沉寂，只有南次郎的目光在众人脸上睃来睃去。

南次郎对此时众官佐的惊愕是完全理解的。6月底，他也曾向前来东京的关东军参谋长三宅光治少将传达了"解决满洲问题方案大纲"的精神，并强调再隐忍持重一年，一俟日本国民及国际社会接受日本主张之时，即全面解决满洲悬案。但"中村事件"发生后，满洲和日本国内的形势发生了剧变，各在野党和帮会对内阁，甚至军部起而攻之，新闻舆论也大肆渲染、鼓噪，主张先内后外的内阁尽管一再发表声明，其威望却在民众的心目中一落千丈。而鼓吹先外后内的右翼势力、在野党政友会及枢密院、贵族院的强硬派充分利用广播、电台、报纸、杂志等新闻媒介，向民众灌输"满蒙是'10万亡灵、20亿国币'所获得的'圣地'；维护这一帝国生命线是行使自卫权；作为东洋盟主的日本惩罚中国之不当是为了东洋悠久之和平"等观念，从而煽起了国民的民族情绪，鼓起了日本人对外侵略的狂潮。特别是满洲青年联盟代表团回到日本本土后四处游说，会见政府、贵族院、政党、财界的要人，劝他们为解决满蒙问题而采取强硬政策，同时在各地大肆演说，向日本国民宣传满蒙日本化的必要。若槻礼次郎首相也感到了这股排山倒海般的狂潮难以遏制，因而不得不在党大会的讲话中也唱了几句强硬派的调子。连若槻礼次郎首相都不得不适应眼下的形势，对一向主张早日解决满蒙的南次郎来说，自然也认为是一个千载难逢的良机。但南次郎还颇有些政治头脑，对内对外，他还是不露声色，坚持过去他所提倡的隐忍持重，他知道舆论时常捉弄人，有时跟得越紧，栽的也许越快。任何人都不能不做些表面文章，军人也是如此。基于此，他对外的调子自然不像内心那样高昂、偏激，这也使得军部的这些将佐一时摸不清他们的官长究竟对满洲是个什么态度。

见无人开口，南次郎放下撸着长髯的手，说道："事出突然，所以请各位来商讨一下对策，主要是对时局的判断和下一步的措施问题。"说着，他提高嗓音，收起了微微的笑意，"上个月我曾说过，满洲问题长期以来一直在向事态严重的方向发展。虽然我们强调隐忍持重，可满洲的形势恐怕不许我们再过于持重了。目前，在满洲的关东军只有1万人，将少兵微，装备又差，处在张学良20万部队的包围中。这必然导致中国方面乘机兴起排斥外国、收回国权的思想。要记住，满洲有我们帝国20亿国币的投资，更有10万帝国精英的亡灵。失去满洲，就等于失去帝国的国防生命线，它必然祸及帝国的千秋大业。帝国不答应，就是弃尸满洲的帝国亡灵也不会答应。所以满洲的严重事态必须加以解决。这次关东军行动有些突然，请诸位就下一步的处置谈一谈吧。"

首先站起来打破僵局的，是身材高大、威风凛凛的军务局长小矶国昭。这时，他一扫以往给人的那种悠然超脱的印象，神情严峻、目光沉稳，颇有些军人气魄，以山形人特有的卷舌音说道："我认为关东军此次行动完全合理，参谋本部和陆军省应给关东军充分的支持，以此次事件为契机，彻底解决满洲问题。"言辞简洁，态度鲜明。

会前，小矶即与顶头上司金谷总长讨论过电报内容，已完全窥透了军部首脑对这次事件的态度，因而在拿出自己的观点时更显得毫不踌躇、锋芒毕露。参加会议的这些军部将佐，其实内心早已接受了满洲将以武力解决这一观念。所不同的，只是这一天到来的早晚而已。须知，直接或间接控制舆论，鼓起日本国民民族情绪的，正是这些主张铁血政治的军人。而当时的舆论导向和国民的偏激，也使他们认定眼下是一个彻底解决满洲问题的有利时机，所以小矶的话立即引来了一片响应之声。

匆忙召开的会议，却很快取得了一致的意见。最后，确定了"以此冲突为解决满蒙问题的理由，不但要确保日本在满洲的权益，而且还要以此对整个东北实行军事占领"的陆军方针。并考虑派驻朝鲜日军一部应急增援，国内第10师团应急动员、做出发准备的腹案。会后，责令陆军省军事课准备一份向内阁提出增兵满洲的建议。

上午10时，日本内阁紧急会议也在东京首相官邸召开了。

会前，若槻礼次郎首相总觉得这次事变的发生与国内形势的吻合太惊人了，所以他总有种感觉：这次事变也许与关东军，甚至与军部有关。会议开始前，他反复询问南次郎："关东军这次行动，确系是针对中国军队的暴戾而被迫采取的自卫行动？可以这样相信吗？"

"当然。"南次郎毫不含糊地应道。

但若槻礼次郎总觉得事情有些不对劲。望着台上慷慨陈词的南次郎，他隐隐地觉得内阁对军部的约束力正在逐渐减弱。

若槻礼次郎是在1931年4月犬养毅遇刺后，再次被推上频繁更迭的内阁总理宝座的。上任伊始，他就确定了先内后外的治国方针，力图首先稳定国内政治局势，树立一位在国内深孚众望、能一呼百应的强硬政治人物。他为自己能成为这一人物而不懈地努力着，并艰难地协调着同军人、财阀、政客等各方的关系，同时也倾尽全力谋求迅速消除席卷全球的经济危机给日本经济带来的阴影，指望首先把经济颓势扭转过来，再以此为基础，大力发展帝国国防，最终彻底解决满蒙悬案，实现帝国霸业。为此，他继续留用前外相币原喜重郎，艰难地继续着"协调外交"。

最初的一个多月，各方局面尚好，这给了他以极大的信心。但入夏后，形势却发生了对他越来越不利的变化。先是中国的"革命外交"，要求收回国权，冲击了日本在满蒙的特殊利益，引发了日本人对内阁协调外交的不满。"万宝山"事件更使主张先外后内的军人、强硬派政客和右翼势力联起手来，在满洲和日本本土公开与若槻礼次郎对抗。随着时间的推移，内阁中主张强硬的人数日渐增多，民众舆论也变得对他日益不利。"中村事件"曝光后，国内强硬派反对内阁的浪潮达到顶峰，民众也被政友会、内阁中强硬派、军方，甚至右翼势力煽动起狂热的民族情绪，以排山倒海之势冲击着若槻礼次郎内阁。这时，他不得不承认他的协调外交就此算是破产了，而他先内后外的一整套大政方针和规划也像一艘即将远航的船，刚出港湾就被水下的暗流推上礁石，触礁搁浅了。面对突然发生的这一切，他这才发现了自己这么快就失去民心的根本原因：国民之所以被军国主义鼓噪得有些歇斯底里，根本在于他们希望帝国的军靴能随意踏向东亚的各个角落。他们更希望人人手中都能马上有笔丰厚的财富，而不是他的长远计划、蓝图，他们只在乎眼前的利益。

若槻礼次郎无力地注视着形势的发展，心中充满遭受挫折的苦涩。这使他不由得怀念起过去的美好时光。1930年4月，作为日本首席全权代表，若槻礼次郎在征得内阁同意后，在《伦敦条约》上签了字。回国时，他像一位凯旋的英雄一般，受到了狂热的日本国民的欢迎。那时的日本国民，主张和平的人占据着统治地位。他怎么也想不通，仅仅一年时间，日本的政治气候就完全掉了个儿。还是那些曾衷心希望和平的国民，现在却开始狂热地鼓噪起战争来。

尽管若槻礼次郎也有着解决满蒙问题的夙愿，但他毕竟是日本内阁的首相，他必须考虑一旦采取强硬措施，日本可能对各方造成的影响和面临的局面。反复权衡，他觉得眼下还不是采取强硬手段的时候，所以对武力解决满洲问题更应该慎重。但舆论的冲击他也不能不考虑，因此他决定策略一些，看看形势的发展再说。

此时南次郎的发言已近尾声，台下的阁员已被南次郎的话引得颇为激愤。这时，南次郎抓住时机，不慌不忙地抛出了早已在军部定下的"关东军行动适时，应予支援"议案。他认为此时头脑发热的内阁成员们无疑会投上令他满意的一票。

谁知节外生枝，外相币原喜重郎接下来的发言不但把南次郎的美梦打个粉碎，还使他万般尴尬，下不了台。

外相币原喜重郎是带着一腔怒气来参加内阁紧急会议的。

一大早，币原喜重郎与往常一样做完户外活动后，开始了早餐。边吃饭，他边毫不例外地翻开了今天的早报。但今天的报纸却令他早饭也没吃成。报上的号外以特大号字写道：暴戾的华军炸坏了满铁路线，袭击我方铁路守备队。我关东军全面还击，日中两国开战！币原既感到震惊，又感到气愤。惊的是满洲怎么一夜间发生了这么大的事，怒的是他作为日本外相，此前竟毫无所知。作为外相对这么大的事竟然需要靠报纸来了解，那他与普通国民还有什么差别？盛怒之下，饭也顾不上吃，他起身便直奔外务省。

这时，外务省已忙作一团。日本驻奉天领事馆总领事林久治郎的电报也发至东京外务省。第一电曰："因中国方面迭次要求和平议决，职即以电话告知板垣，谓中日两国并未开战，中国又采取不抵抗，宜即停止，避免不必要之伤害。板垣答称：此事涉及皇军权威，军方决定彻底解决。职之提议，为军方所拒绝……"第二电："从满铁全线军队同时出动这一点综合观察，此事系军方积极策划。职已托满欣总裁向本庄司令官要求制止，望政府设法制止军队行动……"第三电："军方独断与不法行动，已使职失去抗阻之力。"

第三电所说"不法行动"，是指奉天森岛领事劝阻军方不成反受威胁一事。

9月18日夜10时半左右，奉天北面枪声四起，立刻惊动了领事馆的人员。几个月来形势的不断恶化，早使这些外交人员的神经绷得紧紧的。他们毕竟不同于关东军，作为外务省的官员，他们必须执行外务省的协调外交方针，艰难地协调四处寻衅的关东军与东北军之间的关系。此前，森岛领事已从东北军方面了解到中国军队不准备抵抗的态度，所以事变一起，他马上意识到这很可能是关东军所为。遂于10时45分紧急求见板垣征四郎，试图说服他息兵停火，以和平手段解决此事。但图谋已久的板垣岂肯就此罢手？他傲慢地拒绝道：此事军方自有主张，你们最好不要干涉军队的指挥权。根本没把他这个领事放在眼里。

森岛倒是颇有外交官的涵养，并没有计较板垣征四郎的轻狂，只是一再苦苦相劝，希望关东军立即停火，以免事态扩大。这时刚从菊文饭店赶回来的特务机关参谋花谷正少佐从旁边冲了上来，悻然变色，"咣啷"一声抽出军刀，咬牙切齿地对森岛吼道："你们领事馆的人竟敢干涉军方统帅权！"并进一步威胁道，"谁干涉我就杀掉谁！"一副疯狂之态。

森岛面色铁青，看着周围面露杀机、冷眼相看的关东军少壮军官们，知道再说无益，扭头冲了出来，直奔领事馆，向林久治郎做了汇报。

林久治郎听罢，心中一股难以按捺的怒火冲了上来。军方怎敢如此对待帝国的外交官？难道我外务省对军方的监督权在你关东军身上就起不了作用？想着，他抓过桌上的电话，直接要了板垣征四郎，要求他停火息兵，和平解决问题。谁知板垣总是不软不硬的一句话："军队要按计划行事。"万般无奈，只好电告东京外务省，急搬救兵，请政府出面干涉。外相币原喜重郎看罢电报，一阵愤怒：又是这帮军人。

务实派外交家币原喜重郎，自连任外相后，还是坚持他不懈追求的币原外交，力争努力协调好日本与各国的关系。但军人们的擅自行动却常使他在外交上陷入窘境，这不但严重影响了外务官员的谈判效果，还大大影响了他作为外交家的声誉。所以从骨子里，他恨透了那些擅自行动，甚至不跟外务省打招呼的军人。今天的事件又是如此，以致他还不如那些早起的街头市民先知道事变的发生。怀着这股怒气，他来到了会场。

南次郎坐在台下，望着台上时而激动，时而深沉，抑扬顿挫地发言的外相币原喜重郎，心里感慨道：这家伙可真会表演。但南次郎越听越坐不住了，他感到芒刺在背，一阵阵热汗顺着脊背在向下流。一时间，他感到了人们投向他的目光，心里止不住骂道：关东军是怎么搞的！诸多大事都不报告，想瞒着我，可现在却让外务省这些白脸文官掌握得清清楚楚，真是一群混蛋。

币原喜重郎这时讲话的口气越发强硬，矛头所指也越加明显。不仅痛斥了关东军狂妄专断、目无内阁的侵权行为，也指责了军部的软弱无力、间接纵容。他最后以五点归纳说明结束了发言："（一）抚顺中队长川上精一大尉早有关东军'九一八'发难之秘密报告；（二）中国军队并未抵抗；（三）花谷正出刀威胁领事，不愿停战；（四）林总领事要求关东军停火无效；（五）满铁领事木村锐市等4人报告：完全是关东军积极策划了这次事件。这种未经内阁许可的擅自妄动如不惩戒，势必恶化日中关系，降低日本在国际事务中的威望，亦有损皇军威名。"

一语即毕，四座哗然。内阁要员，尤其是保守派对关东军如此胆大妄为深感震惊，进而大加指责。更有人指桑骂槐，矛头直指陆军省和参谋本部，会场一时陷入一片激昂声中。

南次郎和金谷范三眼见气氛急转直下，却有苦难言，处境十分尴尬。看着激愤的众人，南次郎沮丧万分，勇气泄尽，也不敢再提驻朝鲜军过境支援的事了。

在军方失去信任的情况下，内阁很快定下了"不扩大事态"的处理方针：（一）事变不得扩大；（二）禁止拓务省关东厅及满铁公司参与事变；（三）由奉天总领事馆就近监视关东军行动；（四）分遣辽阳多门师团、无野旅团及守备队岛本大队长，各将所属队伍集中到奉天附近；（五）长春旅团担任警戒，以自卫为限度。

然而，就在紧急内阁会议进行的同时，参谋次长二宫、军务局长小矶和教育总监荒木私下进行了会商，一致同意以此次事件为契机，求得满蒙问题的解决。

下午2时，在陆相南次郎、代参谋总长金谷范三和教育总监三长会上，只有陆相南次郎勉强同意了政府"努力不使时局较现状扩大"的方针，而参谋总长和教育总监未置可否。

回到参谋本部后，金谷范三立即召集了部长会议，各部长均对内阁决议提出异议。最后，作战课呈上欲发给关东军司令官本庄繁的电报，两条内容是："（一）相信9月18日夜以后，关东军司令官之决心及处理深合时宜，深信此乃提高帝国军队威信之举。（二）根据事件发生后中国方面之态度等情况，阁议决定事件之处理不宜逾越必要之限度。为此，今后军之行动应本此主旨妥善处理。"

从电文中不难看出参谋本部对关东军的肯定，但单单不提具体"不扩大"的措施，只是闪烁其词地转述了内阁的决议，以"必要"的限度来决定今后的行动。何为必要？100个人可以做出100个解释，这恐怕在世界上任何国家的军事术语里也难以查到。这无疑放了关东军一马。难怪关东军在接到这则电文时大喜过望，备感振奋。它不仅肯定了关东军的先斩后奏，也为今后不断扩大事态找到了强硬的借口。极端的纵容，甚至可以说是鼓动，这就是军部对内阁"不扩大"方针的具体贯彻。

金谷范三阅毕，飞舞着笔，愉快地签上了名，对作战课长笑着说道："你们这些鬼头，直钻到我心里去了。"

90年后的今天，许多研究中日战史的专家，都对日军几个参谋就能擅自发动一场导致日后两国全面战争的事变感到惊讶、不解。甚至有些人认为，这是日军层层分担责任的一种策略，目的是掩饰最高当局挑起战争的罪责。细细琢磨，此话不无道理。板垣征四郎、石原莞尔先斩后奏，替本庄繁开脱了挑起战端之责；而本庄繁在支持了板垣、石原的行动后，再上奏军部，又替军部分担了责任；而军部在造成既成事实后上奏内阁直至天皇，又使人觉得天皇和内阁是无辜的。这样一环环追下去，所有责任便都落在了板垣和石原两人身上。而内阁和军部定下的"不使事态扩大"的方针，尽管对制止那场事变没起到任何作用，却成了战后日本人替内阁、军部开脱战争罪责的主要依据。其实细想一下，这种观点也很难自圆其说。内阁以及军部在制定出"不扩大"措施的同时，对挑起事变的板垣、石原，甚至本庄繁为什么没有惩处，反而在日后连连提升？为什么事后对既成事实总是加以承认，而不愿恢复原态势？起码可以说，当时的日本军部对事变扩大后的形势是满心欢喜、企盼不已的。须知，实现满蒙战略是当时绝大多数日本政客、军阀所追求的。无怪乎连有的日本学者都说，"九一八"事变，日本的绝大多数官员都是负有不可推卸责任的。如果当初日本内阁对军部能以有效的措施多加约束；军部在接到本庄繁的通报后，能雷厉风行地加以制止，迅速恢复原态势；本庄繁接到板垣和石原的请求后能即刻加以阻止，谋求和平解决，那么那场引发第二次中日战争的导火索是完全能够掐灭的。但历史没有如果，日本的根本目的就是要发动一场事变，进而引发一场战争，所以在把自己赌注输个精光之前他们是决不会罢手的。

◎ 只有"胡子"出身的马占山真抵抗了

一道"不抵抗"命令，捆住了20余万东北军将士的手脚，决定了白山黑水悲惨的命运。9月19日，事变爆发仅一天，沈阳、长春、营口、鞍山、抚顺、安东等辽、吉2省20多座城市便陷落敌手，不出一周，辽宁、吉林2省便沦陷了。

蒋介石被惊呆了。他想不到日本人的胃口如此之大，更想不到日本人干得如此无所顾忌，野心毕露。他最初的判断并不认为日本人有鲸吞东北的可能，可日本人用大炮、刺刀把他的幻想击得粉碎。

日本人也被惊呆了。区区一两万人一周内便掠地千里，击溃（如果还有抵抗的话）中国十多万东北军。但面对一眼望不到尽头的肥田沃地和无尽的各种天然财物，少得可怜的日本兵竟手足无措，犹如盗贼面对堆积如山的金银珠宝一般，一时竟无从下手。

关东军兵不血刃拿下吉林后,对下一步究竟如何行动产生了不少争议。司令官本庄繁中将比较谨慎,深恐兵力不足发生意外。获得非凡的战绩时,先保住成果是他处事的一般原则。他当下便电示各路日军,先稳定扩张成果,休整十天半月。对黑河、龙江等地暂缓攻击。

北满在惶惑、惊恐中迎来了1931年秋天。虽然战火暂时还未烧到这片远离关内的黑土地上,但战争的气氛却几乎笼罩在每个人的心头。

本庄繁也算是个"中国通",看来他并不愿到处刀兵相加,他更愿对私心较重的东北军各级官员施以软硬兼施的伎俩。付出不多的金钱和日本人自己加封的权势,如能拉拢过来一些中国当地军政要员,不仅省去了刀兵相见所付出的更大代价,而且能对外造成东北人对日本帝国"众望所归"的和平景象,这对尚未对中国宣战的日本来说自然大有益处。再说即使征服了东北,日本人眼下仍只能靠扶持傀儡来支撑,"以华治华"是天皇和日本内阁对关东军一再重申的指示。

此外,狡猾的本庄繁司令官还在顾虑另一个巨人。北满地处边陲,与苏联仅一江之隔。自1905年日俄大战后,苏、日两国间便埋下了战争的种子。当时虽然日本胜了,但美、英幕后的相助影响极大,而且日本胜得很惊险。连日本天皇对再战苏联能否取胜也没有把握,因而对苏联一直是敬畏、仇视,暗中备战,指望在将来全部完成军事整备后再战而胜之。在对苏战备没有做好之前,东京的一致态度是先不要招惹苏联这头巨熊。本庄繁既知道斯大林不好欺负,更知道东京的态度,所以在黑龙江问题上他没有像辽、吉两省一样直接出兵,而是采取军事压力与金钱、权势诱降的方针。不到万不得已时,关东军不直接出兵。打定主意,本庄繁撒出关东军特务机关和日本外务省驻东北各地领事人员,加紧了对散驻各地的中国军政官员的诱降活动。

9月底,洮辽镇守使兼吉林省防第2旅旅长张海鹏叛变投日。满脸麻子的张海鹏生性残忍,利欲熏心,眼见日本人在东北势力越来越强,此人便有了借助日本势力扩张地盘、升官发财的梦想。当日本代表向他私下允诺:只要他能与日本人合作,关东军将代表日本帝国供给张部大盖枪2万支,弹药随时接济。并答应攻下黑龙江后,委任张海鹏为省长。在张作霖手下多年难以发迹的军痞张海鹏见状,急不可耐地投入了日本人的怀抱。

10月13日，张海鹏以手下干将徐景隆为先锋，率3个团的兵力进犯黑省。东北边防军副司令公署参谋长谢珂将军率部在江桥迎战。徐景隆未战却误触地雷当场被炸死，伪军在江桥守军的反击下一哄而散。

伪军进犯失败使本庄繁认识到，张海鹏伪军是一群乌合之众，毫无斗志，要真正解决黑省问题，日军不出兵恐怕是不行。

江桥之战也引起了中国方面的重视。10月中旬，北平张学良急电黑省，特任原步兵第3旅旅长马占山代理黑龙江省政府主席、黑省军事总指挥，谢珂为副总指挥兼参谋长，督率黑省军民稳定局势，保卫家园。

日军此刻已有蠢蠢欲动之势，黑省群龙无首，街市荒废，学校停课，到处人心惶惶。参谋长谢珂看在眼里，急在心头，一心指望马占山能早到省会就职，以稳定军心、民心。

10月19日晚，马占山在万人企盼中，按预定时间准时赶到了黑省省会齐齐哈尔。

马占山生在东北、长在东北，但他没有秉承东北人高大魁梧的身材，相反，却是身材瘦小、貌不惊人。身材外貌上没有东北人的影子，但他仍让人感到浑身上下透着东北人特有的个性，那就是他的性格、气质。早年，他曾在蒙古放牧七八年，不但养成了刚毅倔强的性格，而且胆大惊人。更吸引人的是他为人仗义，生性豪爽，不论是早年替有钱人扛活还是日后发迹，他都恪守一个信条：如果别人求到你时才伸出援手，那就不是朋友。正是如此，他走到哪里很快都会成为受人拥戴的首领。

马占山弃农从军纯属意外。19岁那年，为了照顾家人，他身怀在蒙古草原上学成的骑射绝技，回到了老家怀德县毛家城子村西炭窑，替本村老财姜大牙放牧。一天，一匹骏马走失，姜大牙一口咬定是马占山偷了马，并把他交到警察局。

警察局里，见钱眼开的警察自然不会向着身无分文的马占山，不停地严刑拷打，折磨得马占山死去活来。但马占山生性倔强，一口咬定："没偷就是没偷，打死我也没偷。"

胆小怕事的父亲马纯哪见过这阵势，为救出马占山，变卖了家里当年的全部麦青，赔了姜大牙马钱才算了事。几天后，走失的马又回来了，但姜大牙爱钱如命，一口咬定马没回来，死不退钱。挨了打又贴了钱的马占山咽不下这口气，终于在一个无月的黑夜跑到黑虎山，落了草。马占山真正占山为王了。

凭着他的本事和仗义的性格，马占山坐上了黑虎山头把交椅。这之后，他回村收拾了姜大牙，解了心头之恨。再往后，他金盆洗手，率黑虎山弟兄投了军，并屡得上司赏识。大字不识一个的马占山平步青云，官运亨通，而对他最为赏识的是张作霖的把兄弟、东北军老帅吴俊升，马占山几乎是一直为他效命，官职也飞快地提升。

皇姑屯事件，日本人炸死了张作霖，同车的吴俊升也命赴黄泉。马占山得到消息后，泪流满面地对身边的副官大声说道："这公仇私恨，必报之。否则，我马某不是人！"

从这天起，马占山恨日本人直恨得咬牙切齿。对马占山，张学良见过几面，印象很深刻。危难之际，张学良把这位有骨气的瘦小汉子放在黑省，也算是用心良苦。

10月20日上午，马占山在黑省省府新落成的大礼堂举行就职大典。当300多位黑省军政官员全部到会后，参谋长谢珂急急忙忙找到马占山道："马主席，清水也来了。"

清水八百一，是日本驻黑龙江省的领事，马占山对他的到来，报以冷冷一笑："他有什么祝贺的呢，要是张海鹏代理省主席他才是真正祝贺呢。今天他来，无非是刺探我马某的政治态度。"

想了想，马占山又继续道："他要是找您摸我的底，您告诉他，马占山到黑龙江是守土的，不是来做官发财的！"

谢珂赞同道："等会儿在大会上，请主席重申政治主张！"

"好！"马占山说完，进入主席台。

就职典礼举行得很隆重，马占山首先宣读了原省主席万福麟电告省各机关负责人的电令：凡擅离省者，以弃职潜逃罪论处。之后他向大会宣读了万福麟对全省同胞发来的辞职原因说明通电。最后他向大会再一次强调称："……诸位，马某奉命就职，时逢国难当头，日本关东军兵不血刃就占了我辽宁、吉林两省，现在又企图举犯我黑龙江。从今起，为了维护本省治安，诸位应群策群力，共相赞助，各司其事，各尽其职，倘有侵犯我疆土及扰乱治安者，决以全力铲除之，以尽我保卫之责……"

听到这里，很多人都起立报以热烈的掌声。清水迫于阵势，也假惺惺地站起来点头鼓掌。

马占山用眼角斜扫了一眼清水，接着又道："……原国民政府蒙边督办张海鹏，老迈昏愦，贪利卖国，乘外患紧张之时，勾结外人争政权，实为国人所共弃……至此次张贼叛变国家，罪止张贼一身，其部下如不反抗国军，决不横加株连。尔军民人等，如能将张贼活擒来辕献俘，或携其首级来献者，在职军人立即加升二级，并奖大洋1万元，百姓赏大洋2万元……"

述职讲到中途，马占山激昂地突然一拍桌站起："参谋长谢珂将军！"

"马主席，谢珂接受您的命令！"

"请向南京国民政府、各院部会、北平张副司令、锦州东北边防军司令长官公署，各省、市及本省各县通电：'占山遵电令于本月20日驰抵省垣，就职视事，当兹边围垂危，千钧一发，牺牲所惜，陨越堪虞，惟望远锡箴视……粉身碎骨也要保卫国家……'"

马占山新官上任三把火烧得很旺。万事当头，军事为主。他首先加强部署，充实军事力量。他颁下命令，任命朴炳珊为黑龙江省城警备司令；派骑兵一旅旅长王南屏替代自己为黑河警备司令；将原兴安屯垦军步炮兵约4个团的兵力，改编为新编黑龙江省防第一混成旅，委任苑崇谷为旅长，驻富拉尔基，以加强对付景星方面的来犯之敌。

军事上安排停当，他又尽起了黑省代主席的职责，大力安定民生，恢复金融及地方治安事宜。不准任意抬高物价，不准囤积居奇，对于扰乱市面、扰乱国计民生者，严惩不贷。

军政好安排，人心却难安定。马占山到任后，最感头疼的是投降之风甚嚣尘上。马占山很快认识到，要稳定黑省局势，准备抗击日军，自己必须旗帜鲜明。为此，各种场合他都竭力痛斥投降派，坚定全省军民抗日决心。以劣绅赵仲仁为代表的亲日派，主张向日军投降，迎张海鹏入省。马占山毫无回旋余地地坚决拒绝，并表示"吾奉命为一省主席，守土有责，不能为投降将军"。内部安定后，他开始与日本人较起了劲。生性倔强的马占山最反感的就是日寇的威胁恫吓。对此，他总是毫不犹豫地加以回击，并在各方面严阵以待。日本关东军和驻省垣领事馆曾威胁马占山下野，将黑龙江省政权移交张海鹏。马占山根本不理会日本人的强逼，断然拒绝，决心在战场上兵戎相见。

决心定下后，他立即在省垣召开军事会议，讨论应对之策。会上，汉奸倾向日益暴露的地方劣绅赵仲仁又弹起了投降老调。他认为日寇来势凶猛，不可抵御，主张撤出阵地。并说："咸以库空如洗，兵无利器，请马氏顾全地方，欢迎张海鹏。"

"赵仲仁！"马占山再也按捺不住了，拍案大怒，"马某奉中央令为一省主席，守土有责，不能为投降将军。再说马某出身绿林，位重未阁，亦何惜一死呢……外人入侵，你不抗击，何谓国人？战亦亡，不战亦亡，与其不战而亡，何如誓死一拼以尽天职！张海鹏和日本人都还没看清楚，马某死也不会出卖国土的。有机会你转告张海鹏、日本人，就说他们要黑龙江可以，必须提他们的头来换。不要小看了中国人，中国人中只有个别败类，被金钱迷惑而丧失人格！"

"在座诸公，谁敢再议投降，我处死他！"徐宝珍团长拔出手枪大喊道。

铁一般的决心和不可动摇的抗日意志终于压住黑省官员中的投降派。会上决定，动员全省的一切抗日力量，迎击胆敢来犯的日军。

马占山铁一般的强硬姿态粉碎了日本人诱降的念头。所向披靡的关东军一直认为黑省中国军装备低劣，绝难抗衡，见马占山硬着脖梗就是不服，遂定下了武力解决黑省武装的决心。

马占山不买日本人的账。只要日本人有种来，他马占山就有种打。以他的话说：战是亡，不战也是亡，同样是亡还不如拼尽而亡。话说得虽粗，但不乏铮铮铁骨，一腔血性。

马占山早已把自己看作哀兵，但哀兵更能创造奇迹。

江桥，是洮昂铁路跨越嫩江的必经之道，南北交通要冲。日军要进犯黑龙江，必须首先占领江桥阵地。11月4日，日军以飞机7架掩护，第2师团派出4000精兵，在4列铁甲车和数十门山炮配合下，向江桥、大兴车站发起猛烈攻击，企图一鼓荡平马占山黑省的军事抵抗。马占山见日军大举来犯，毫不退缩，命令守军奋起还击，声震中外的江桥保卫战爆发。

马占山的黑省军队论装备在东北军中自然不能与张学良布置在辽宁各地的精锐军相比，但与其他军队相比，马占山的部队从上到下杀敌心切，士气极高，这大大弥补了部队装备的不足。担任江桥正面防御的是马占山最为得力的卫队团，仗打起来至死不退，顶住了日军的轮番攻击，并在岸边芦苇丛中巧设伏兵，痛歼强渡上岸之敌，稳定了全线防御。左翼骑兵连发挥得也极出色，在连长阵亡的情况下，连副自动担起指挥之责，杀敌数十。马占山亲赴前线，拍着连副的肩叫道："好小子，有种。从今天起，骑兵连归你了。"

5日，首战受挫的日军改变部署，驱使张海鹏的伪军为前队，日军在后督战猛攻江桥。貌不出众的马占山虽没上过一天学堂，更没进过什么军事院校，但战场的血与火铸就了他的指挥天才。在命吴松林旅和徐宝珍卫队团坚决扼守桥头和江岸阵地的同时，他密令张殿九的步兵第1旅由洮昂溪南下增援。正当战斗打得最激烈的时刻，第1旅前锋部队适时赶到，守军全体官兵顿时士气大振，两军前后夹击，越战越勇，日军全局陷入被动，终于在午后2时，全线溃败。

仅11月5日这一天战斗，日军便拉回伤兵、死尸数十卡车，滨本联队付出了空前的伤亡代价，战后日方公布：此役日军战死167人，伤600多人；张海鹏伪军死伤700多人。

5日的战况不仅震惊了关东军，也震惊了日本国内。日本广播风向急转，一天前还说黑省军事装备陈旧，不堪一击，可一天后，又诡称马占山拥有新式武器等等，关于马占山的报道也突然间急增。

日军前线指挥官恼怒异常，关东军司令本庄繁也大为震惊。为压住马占山的咄咄势头，星夜从四洮路急调援军，准备更大规模的进攻。

6日晨，当朝阳撕破东方灰色的云幕，随着8架日机的到来，硝烟尚未散尽的江桥阵地，重又被弹雨火海覆盖住。这一日投入攻击的日军，计有滨本步兵联队、高波骑兵联队近4000人，加上张海鹏的3000伪军，日方投入攻击的兵力达到7000余人。

50多门重炮、野炮的狂轰滥炸，8架日机反反复复地俯冲攻击，使江桥阵地一片火海。卫队团在敌猛烈的火力突击和反复进攻面前，伤亡剧增。江桥主阵地形势危急。

关键时刻，马占山亲临卫队团所处第一线，顶着硝烟泰然自若地指挥作战。激战至上午10时，他见敌我反复争夺，僵持不下，便心生一计，急令骑兵为先锋，迂回包围江桥南侧日军。

快速的骑兵部队突然出现在敌侧后，勇猛地横冲直杀，一时令日军队形大乱。日军顶不住马占山的前后夹击，竟把长官抛在后面，各自溃散。骑兵纵马追杀逃敌，真是淋漓痛快。一颗颗人头滚落地上、一股股热血四处飞溅。马占山的这次固守反击，导致日军滨本步兵联队几乎被全歼，高波骑兵联队亦伤亡惨重。之后，马占山再接再厉,赶赴江桥北部河套一带指挥,命张殿九旅增援守军实施反击,又将伪军击溃。

一天的血战,马占山指挥灵活,日伪军被打得狼狈不堪。日军哀叹这是到东北以来空前损失的一战。

江桥之战后,马占山又在三间房阵地顽强苦战一周,打退了日军多门二郎师团7个联队的无数次进攻,直到所部被打得不足2000人,方才退出江桥阵地,转进省城齐齐哈尔。

马占山顶住了"不得抵抗"的压力,苦战江桥,打响了东北正规军武装抗日的第一枪。这一枪清脆响亮,回声之大,连马占山也是始料不及。

自11月5日江桥一战成名,全国各地人民、各界人士、爱国学生寄发的电文和慰问信,犹如雪片飞来。各界慰问团携带各种慰劳品,甚至赶着猪、牵着羊或怀揣现洋,奔赴前线,慰问马部全体官兵。北平抗日救国会专门发来电文说:"此次暴日侵我黑省,举国同愤,将军保土卫民,孤军血战,忠勇义烈,钦佩莫名,尚祈整饬军旅,继续奋斗,收复失地,还我河山……"

上海《生活周刊》在发给马占山的专电中称:"奋勇抗战,义薄云霄,全国感泣,人心振奋。"当时我国著名的教育家、诗人陶行知写了一首《敬赠马占山主席》诗:

神武将军天上来,浩然正气系兴衰;
手抛日球归正轨,十二金牌召不回。

更令人称奇的是,上海南洋兄弟烟草公司为马占山抗日情形所感动,特制了"马占山"牌香烟,竟然一时畅销全国。老板当即派人向黑省运去几车烟,慰劳马占山的抗日勇士。

世界各国的报刊舆论,对江桥抗战也大加评论。《京津泰晤士报》社论中说,马占山是"在充满灾难的中国里,中国高级官吏中可称道仅有的一人……"来自四面八方的慰问电和声援信,把马占山誉为"抗日英雄"。

马占山身为旧军人,不缺钱也不缺势,但他在以往的内战战场上,唯独得不到国人的赞誉和支持。江桥一战,却令他声名远播国内外,这是他做梦也难以想到的。

但更令他想不到的是江桥一战，使其一生都罩上了抗战英雄的光环。1938年8、9月间，当他借道陕北前往重庆时，在陕北受到了毛泽东及陕甘宁边区政府的热烈欢迎和盛情款待。毛泽东除高度赞扬马占山积极抗日外，尤其对其江桥抗战赞不绝口。

江桥，是马占山的成名之地。江桥，也是中国军队回击日军大规模进攻的第一块阵地。蒋介石想不到，亿万国人也想不通，中国军队的正式抵抗始于远离内陆的黑省边陲，而第一个打响抗日枪声的竟是貌不惊人、"胡子"出身的地方将领马占山。

马占山敢为别人不敢为，名垂抗战青史！

◎ 黄浦江，中国军人请你作证

1932年年初，漫天飞雪弥漫了整个东北大平原。寒风呜咽，人语声悲，东北广袤的黑土地进入了一个格外寒冷的冬天。

天冷，人心更冷。

"九一八"事变过去3个多月了，在国联软弱无力的调解声中，中国东北像是在一个巨大的泥沼中挣扎，越陷越深。不出百日，白山黑水丰硕的土地一块块落入日寇的铁蹄之下。东三省沦陷，致使中国山河变色，日月无光，整个中国都感到陷入了漫长而痛苦的黑夜中。

1931年11月末，蒋介石通电下野。但蒋介石在中国政坛上呼风唤雨这么多年，国民政府上上下下几乎都留下了他的痕迹，蒋介石下台后，中国仍在旧日的政治航道上徘徊，往来奉化溪口的电文仍标示着蒋介石至高无上的地位。

仅仅一个月，孙科发自南京的邀请电便结束了蒋介石闲居故里的生活。而导致剧情反转的，竟又是日本人。

日本人得寸进尺，"九一八"事变后，"不抵抗政策"显然助长了日本人侵略中国的气焰和野心。身在中国的日军自不必说，就是日本国内的军人和右翼势力也借机排挤、攻击那些反对战争的内阁要员、军中"稳健派"将领，使加速扩张的声势越来越大，日本内阁定下的"不扩大"方针早已形同虚设。

自1931年下半年，日军在征服东北的同时，又先后在天津、青岛、汉口、福州、重庆、上海等地寻衅滋事，其中在上海的活动大有不压服中国人不罢休的势头。

1932年1月中旬，潜入上海的日本间谍川岛芳子伙同日军特务机关的田中隆吉少佐，打砸焚毁中国商店，并杀死杀伤3名中国警员。与此同时，日本海军战舰30余艘驰入黄浦江，数千名陆战队员在上海登陆。而日本驻上海的最高代表村井领事却反诬一口，并无理要求上海市政府封闭上海各界抗日救国会和《民国日报》。

此时，疯狂的征服欲不仅使日本人失去了理智，也失去了风度，外交官竟也如此不顾公理、不顾尊严。这其中缘由，既有这些日本人身后的战舰和军队，也有中国方面无止境的退让而助长起来的邪恶。1月26日，在上海市政府还未作出答复的情况下，日方再次发出更为严厉的"哀的美敦书"，限令上海市政府对村井的要求做出答复，否则将自由行动。

上海市市长吴铁城接到指示后，还是答应了日方提出的要求，1月28日按期封闭了上海抗日救国会。村井阴笑着答应了，但身后却又走出了日本军人、舰队司令盐泽幸一少将。盐泽以日本军人目空一切的姿态发出通牒，限令中国第19路军立刻退出闸北，让日军进驻。

日本人公然提出侵犯中国主权的无耻要求，吴铁城意识到事关重大，当即电告南京请示。

1月28日午夜23时，盐泽幸一看了看表，向前线早已做好准备的陆战队下达了攻击令。盐泽少将并非没有耐心，虽然他的通牒下达还不足一天，但他压根儿就没指望中国方面答复，他想用他的数千名陆战队员，用飞机、舰炮让中国人答应他更苛刻的要求。

中国的妥协和软弱使日本人过分夸大了自己的实力，过分相信武力的威慑。从盐泽幸一事发前后的态度看，他是存心要挑起一场战争，至于他本人急于扩大战火的原因，也许是陆军在中国的屡屡得势刺激了他。但中日史学界在研究这段历史时，也一致公认：当时日本对中国东北的侵略已引起国际社会普遍关注，国联对日本的反击声虽然软弱，但各国对日本都怀有一种厌恶心理。1932年初，在国联大会即将开幕的情况下，日本欲在东三省成立伪满洲国，必然会引来国际社会的谴责声，在这种背景下，"满洲国"很难得到国际承认。为分散国际社会的注意力，日本人先挑起上海战火，必要时即使他们在上海做些让步，也有利于"满洲国"的成立，有利于日本外交。盐泽一意孤行要挑起战火,是否得到东京的授意无法查证,田中少佐和川岛芳子制造事端却是受军部指使。

但南京国民政府对这些内情却一无所知,从而导致判断失误。直至战火在上海全面爆发后,南京的汪精卫、何应钦等军政大员更多的是在指责奋起抵抗的第19路军,对上海、全国乃至国际形势的判断他们注意得太少了。

1月28日午夜时分,上海法租界金菊村蔡公馆顶层平台上,第19路军军长蔡廷锴中将手持望远镜,观察着闸北方向升起的团团烟火,他的内心犹如倒海翻江般无法平静。冬日寒冷的夜风掠过他消瘦而发烫的面颊,使他又时时保持着清醒。他知道,这一天早晚要来到,但当这一刻真的来到时,他竟是这样的激动,激动得内心甚至震颤。几十年血火刀枪里滚出来了,但他从未为一次即将到来的战斗像今天这样激动过、骄傲过、自豪过。

"不负民族、国家,不辱列祖列宗,这种战争让我做鬼亦无怨!"蔡廷锴畅快地感叹道,又把目光投向了隆隆枪炮声响起的方向。

这时,第19路军总指挥蒋光鼐上将也来到了蔡公馆。

"爆发啦?"蒋光鼐轻声问道,语气平静如水。

"嗯!"军长轻轻答应道,盯着面前十分熟悉的那双眼睛。

两个数年来生死与共的老搭档,都从对方眼睛里读懂了一切。"我们的路在前面,坚决走下去吧!"不知是谁轻吟了这句两人共赏的座右铭。两双大手紧紧地握在了一起。

第19路军是杂牌军,但第19路军数万官兵在抗日战场上却像一块来自福建的花岗岩,像一块坚硬的钢。1月29日凌晨,第19路军向全国各界发出通电,表明誓死抵抗、尽军人天职之决心:

> 暴日占我东三省,版图变色,国族垂亡!最近更在上海杀人放火,浪人四出,世界卑劣凶暴之举动,无所不至。而炮舰纷来,陆战队全数登岸,竟至于18日夜11时公然在上海闸北侵我防线,向我挑衅。光鼐等分属军人,惟知正当防卫,捍患守土,是其天职,尺地寸草,不能放弃。为救国保种而抗日,虽牺牲至一卒一弹,绝不退缩,以丧失中华民国军人之人格。

第一章 山河破碎

此志此心，可质天日而昭世界。炎黄祖宗在天之灵，实式凭之！

第19路军总指挥蒋光鼐，军长蔡廷锴，淞沪警备司令戴戟　叩艳

闸北天通庵路，第19路军翁照垣旅大出风头，在友军的配合下，他们顶住了日本海军陆战队5000精兵的轮番进攻。身着灰布军装、身背斗笠的19路军官兵有如神助，硬是用血肉之躯，用步枪和手榴弹，挡住了盐泽幸一少将的去路。急得已跑到第一线的盐泽始终弄不明白，自己近10艘大型战舰、数10架飞机、近100辆坦克、铁甲车掩护的日本皇家海军精锐怎么就越不过闸北中国军队的血肉防线？

盐泽幸一不停地增加海、空火力，增加地面兵力，但得到的只是更大的伤亡和来自各方面越来越多的嘲弄。战争爆发第一周，中日沪战始终局限于闸北弹丸之地。

2月4日，东京军部来电，命令盐泽幸一少将尽速移交上海日军指挥权。接替他的，是日本皇家海军第3舰队司令野村中将。临阵换将，东京军部也是迫不得已。此时，国联调查团已从巴黎出发，踏上了前来中国的征程。如果在调查团到来之前不能解决上海战事，日本将丢人现眼，日本外交也将更加被动。

战场换将是日本军人最大的耻辱，但东京的政治需要却使盐泽幸一少将成了牺牲品。战前，盐泽曾当着众多西方记者的面夸口："一旦发生战事，4小时即可了事。"如今倒好，4小时、4天，甚至一周过去了，他不但没能"了事"，反而在上海这座国际都市里一再受挫，丢人现眼。还没回国，"大嘴的盐泽"这种嘲讽话已从东京军部飞到了上海。

上海，给盐泽幸一一生都留下一个难堪的回忆。他灰头土脸地交出了指挥权。

野村中将虽不似盐泽幸一那么狂妄，但从骨子里也是一个轻视中国军队的"帝国武士"。接替盐泽赴任后，他在记者招待会上宣称："日军渡过蕴藻浜之日，即为日军行动终止之时。"说着，他抹了把唇须，信心十足地补充道："日军在吴淞踏平华军壕沟之日已为时不远。请诸君拭目相观，届时即可结束华东之抵抗。"

2月11日午后，野村驱动陆战队官兵及随他而来的新锐援兵共1万余人，在舰炮、飞机的猛烈轰炸、炮击下，向闸北、蕴藻浜、曹家桥一带发起了全面猛攻。

连续两天，日军像是撞在了一堵坚硬的墙上。虽然中国守军阵地屡屡被烟火尘土吞没，工事、壕沟被炸得残破不堪，但从尘土中钻出的守军像是誓死捍卫阵地的

土地神，一步也不退缩。深信武士精神的野村被震动了，心里开始有些动摇。这时他开始理解他的前任"可怜的盐泽君"。

2月13日，野村也成了"可怜"的人。他的职务，由日本陆军第9师团长植田谦吉中将接任。植田是有备而来，他的身后又增加了1万多名精通陆上作战的陆军和几十架飞机。

事实上，早在1月底战事爆发不久，日本海军省见盐泽幸一在上海陷入困境，便厚着脸皮向陆军求援。说来也巧，不久前，关东军攻击锦州时曾遇到东北军抵抗，关东军当时兵少将少，向葫芦岛海面上的日本海军求援。但海军对关东军的屡次扩张颇有妒意，便冷冷地以东京方面有"不扩大"的指示为由而拒绝了。今日海军想在上海抢个功，不想却抱住个扎手的刺猬。出口求人，也觉得嘴软。

果然，对海军还记着仇的陆军省得知海军的窘境后，又是幸灾乐祸又是冷嘲热讽："海军有强大的舰队，有精锐的陆战队员。大口径舰炮能解决支那军队，求我们干吗？"

"海军连在满洲扩大事态都坚决反对，现在竟想把事态扩大到长江沿岸，让他们说说这是为什么？"

眼见海军着急、陆军幸灾乐祸，参谋本部最后出面了。在向陆军说了一大堆软话后，陆军方才答应出兵。陆军出兵，一方面是服从参谋本部的协调指挥，另一方面，陆军也对上海这颗长江上的明珠垂涎欲滴，而在这之前，上海一直是日本海军的势力范围。

2月3日，日本海军正式提出了陆军派遣独立混成旅团的要求。而陆军方面动员的却是植田谦吉中将的第9师团，并声称陆上作战的观点应由陆军来定，第9师团乃解决上海战事的最低限度兵力，海军省上层人物这时也发现了陆军对上海的野心，遂以"派遣师团规模的战略单位会刺激外国"为借口，坚决反对。

陆军省更是干脆，反正是你求我，如果你不想看着手里那点宝贵的陆战队官兵被打光的话，还是得听我的。当下表示，如不按陆军提出的派第9师团进兵上海的话，陆军则不出兵，"等待海军反省"，并命令第24混成旅团停止出发准备，就地待机。

2月4日，海军熬不住了，只得同意了陆军的意见，陆军省这才洋洋得意地把植田谦吉中将送上了战舰。海军被陆军实实在在地捉弄了一次。

植田谦吉一踏上战地，就觉得自己是个人物，他并未急着进攻，而是调整部署，同时亮出了两手新招。

2月18日，植田谦吉向蔡廷锴重发了"哀的美敦书"：

> 本职基于欲以和平友好之手段达到任务，热烈希望，兹对贵军通告左开各件：
>
> （一）贵军应即从速终止战斗行为，于2月20日午前7时以前将现据之第一线撤退完毕。于2月20日午后5时以前从黄浦江西岸由租界西北端连结曹家渡镇、周家桥镇及蒲松镇之线起算，黄浦江东岸由连结烂泥渡及张家桥之线起算，各从租界境界线向北20公里之地域（包括狮子林炮台）内撤退完毕，且在该地域内撤去炮台及其他之军事设施，并不新设之。
>
> （二）日军于贵军开始撤退后不行射击轰炸及追击动作，但用飞机之侦察，不在此限。又贵军撤退后，日本军队保持虹口附近之工总局道路地域（包含虹口公园之周围）。
>
> （三）贵军第一线撤退完了之后，日本军为确实实行起见，派遣有护卫之调查员于撤退地域。该项调查员带日本国旗，以资识别。
>
> （四）贵军对于该撤退地域外，上海附近之日本人生命财产应完全保护之。此项保证如不完全，日方当采用适当之手段。
>
> （五）关于上海附近（包含撤退区域）外国人之保护，容另商议。
>
> （六）关于禁止排日运动，1月28日吴市长（按：指吴铁城）对于村井总领事之约诺应严重实行，关于此项当另由帝国外务官宪对贵国上海行政长官有所交涉。
>
> 如以上各项不能实行时，日本军将对贵军不得已采取自由行动。其结果所生之一切责任，应由贵军负之。

蔡廷锴接书后，立即召集19路军高级将领开会。打了半个多月了，将士们需要点儿东西调剂，再鼓鼓劲儿。果然，众将军看完植田谦吉的通牒后，一个个气往上鼓，对日本的狂妄痛骂不止，杀敌的激情重又燃烧起来。

最后，蔡廷锴起身说道："我已经准备好了给植田谦吉的答复。各前线部队备足炮弹，听命令集中炮火猛轰小鬼子的阵地。我想这够劲的了。"

隆隆的炮声震动了植田谦吉，也激起了他急于显显身手的欲望，他已经很久没有上战场了，他喜欢那硝烟的刺鼻味，喜欢那惊心动魄的隆隆声。他亮出了他第二个杀手锏：中央突破。此刻，由他调度的日军已达二三万人，接近19路军官兵总数，但他的装备却是中国军队无法相比的。他打算把重点指向庙行镇南端地区，突破后以主力向南席卷，将顽强的19路军歼灭于江湾、闸北地区；同时，以有力之一部向北席卷，击溃新近增援至沪的第5军。

植田谦吉毕竟是陆军出身，熟悉陆战，作战计划通观全局，颇有大手笔的味道，不但他的两个海军前任无法企及，就是再派别的将领也不会超过他这个作战计划。但他的计划面对两支强劲的中国守军，能变成理想的作战方案吗？

自20日开始，庙行、江湾承受了雨点般的炸弹、炮弹，承受了遍地日军一次次不停顿地攻击。第一线部队阵地，已成了尸块血肉与泥土弹片混合而成的焦土。幸运的是，这次出现在战场上的两支中国军队，一支是素以爱国著称、纪律严明的第19路军，一支是爱国将领张治中统帅的中央军第5军。高级将领的精诚团结、共赴国难之爱国心，使这两支部队合作无间，保证了整个行动的协调一致。第19路军阵地被突破，张治中硬从火线上抽出部队为19路军解围；第5军庙行反击日军，第19路军在侧翼死死拖住日军，把胜利之功让给了第5军。

"一·二八"淞沪抗战，中国杂牌军与中央军精诚合作，以劣势之师屡挫敌锋，激战一月有余，在整个抗战史上留下了辉煌的一页。这一仗是国民党军抗战的经典杰作之一，也是在国际上扭转中国军人形象的关键一仗。"一·二八"之后，西方民众都知道了背着斗笠、一身灰军装的19路军，他们成了中国优秀军人的化身。而熟悉内情的西方军界，在赞叹19路军顽强、有韧性、纪律严明的同时，更注意到了国民党精锐第5军几次果断反击和沉着的防御。西方军界强调的是进攻，因而第5军的反击看来更对他们胃口。

2月22日，庙行镇战斗波澜起伏，"一·二八"淞沪抗战达到高潮。上午9时左右，第5军88师527团部分阵地被敌突破，该团第3营守军从营长陈振新直至炊事兵，几乎全部倒在了阵地上。亲自督战的植田中将集中兵力猛攻一点的战术终于结出了果实，植田见状，调集主力猛扑突破，急欲向两翼扩张。

庙行方向中国守军一时面临险境。

第5军军长张治中见状反而沉静下来。参战前，他是中央军校的教育长，他对学员们讲得最多的就是反击、进攻，他是反对军队到处设防的那种将领。但投入沪战后，各线防御的强大压力使他竟一时忽略了自己一贯坚持的战术。日军的突破，这时反倒提醒了他。

"不能总是让植田谦吉那么舒服，想打哪儿就打哪儿，不得已时，哪怕丢失部分阵地也要想法打到日本人身后去。"想着，他觉得眼前豁然一亮。他走出指挥部，带上当预备队用的教导总队剩下的两个营，直奔俞济时将军的88师指挥部而去。

在88师指挥部，张治中向第5军全军下达了命令，并迅速通报了友邻第19路军。

87师257旅孙元良旅长率所部向庙行镇增援；蕴藻浜北岸的261旅宋希濂旅长率该旅主力，由纪家桥渡河抄敌侧背；88师师长俞济时率全师从正面向敌反攻。

更令张治中惊喜的是，第19路军也为反击尽了自己的全力。第6师副师长张炎率全军仅剩的两个团，由竹园墩向敌侧背出击。

突然的反击大出植田意外，慌乱中忙命前线部队回缩，但为时已晚。中国守军三面夹击，敌溃退之时一部被截留在金家宅、大小麦家宅一带。残敌拼死顽抗拒不投降。血战至晚20时，枪炮声才渐渐平息下来，植田谦吉眼看着自己手下的这1000余人被中国军队吃掉。

张治中临危决断，毅然于庙行反击，痛歼日军，一时引起国内外轰动。26日，蒋介石于南京统帅部向张治中发来贺电："自经22日庙行镇一役，我国我军声誉在国际上顿增十倍。连日各国舆论莫不称颂我军精勇无敌，而日军声誉则一落千丈。望鼓励官兵，奋斗努力，并为我代为奖慰。"

张治中手握电报，亦喜亦悲。悲的是，第5军忠勇官兵为痛歼劲敌也付出了沉重的伤亡代价，其中长官就达八九十人，士兵1000余人。更令他伤悲的是，88师262旅旅长钱伦体、副旅长陈普民双双阵亡。但望着战场上遍地的日军尸体，他也感到这些袍泽的血没有白流，他为这些可敬可爱的人而自豪。

日后，张治中在所著《淞沪抗日作战所得之经验与教训》一书上端端正正地写道："以我官兵作战之勇，牺牲之烈，斯书殆亦不啻滴滴鲜血所写成。"

而第19路军官兵的伤亡与第5军相比,更是有过之而无不及。

中国军人的鲜血是炽热的,奔涌的黄浦江感到了融入自己怀抱的这股股暖流。

2月28日,植田谦吉中将的全面攻势最终破产了。植田尽了最大的努力,只是他碰到了出乎整个日军意料的顽强抵抗。在他失败的最后一刻,东京再次临阵易帅,将几年前曾担任过日本陆军大臣的白川义则大将派到了上海。

东京几十年没吃过败仗了,他们更难以容忍无敌的"皇军"在上海、在世界的眼皮底下战败。白川义则大将赴沪的同时,又一个紧急动员的日本师团和200架战机飞临淞沪战场。这样,进攻上海的日军已达六七万之众,人数已略超中国第19路军和第5军总和。但中国守军苦战月余,人员伤亡巨大,疲惫交加,弹药匮乏,与援兵不断的日军相比,显然处于较大的劣势。

2月29日,白川义则调整部署后,集中兵力向闸北八字桥、天通庵发动猛攻。战斗惨烈至极,19路军在后继无望的情况下,每投入一个疲弱不堪的营、连,几乎都要全部消耗在阵地上。当日,双方形成拉锯战,阵地数得数失,守军予敌重创,并击毙日军大佐联队长一名。

但面临日军随时可能发动的新攻势,第19路军手中已无一兵一卒的机动力量,处境艰难。

第19路军指挥部,军长蔡廷锴中将眼窝深陷,表情沉重,不停地在屋里来回踱着。总指挥蒋光鼐上将也是铁青着脸,一言不发地坐着。自开战来,一个月过去了,19路军数次致电军委会,请领弹药,请求援兵,甚至连军饷也在催请。自1931年10月起,第19路军已5个月没领到一分钱的薪饷了,眼下全军官兵鏖战沪上,没人提薪饷的事,甚至有人殉国在战场上,中央却拖欠着他们那少得可怜的津贴。弟兄们不提,做长官的却于心不忍。

但所有的请示报告都如同泥牛入海,杳无回音。实在地说,蔡廷锴对这种局面的出现是有所预料的,也知道南京有不少人在背后骂他的娘。

早在大战爆发前的1月24日,上海滩的风云人物杜月笙和史量才来到了法租界金菊村蔡公馆,客气地邀请蔡将军到杜月笙的宅邸,说张静江有要事要面晤蔡廷锴。蔡廷锴知道张静江与溪口那位大人物的特殊关系,知道蒋介石又要隔山绕水地出面了,他也正好想摸摸底,便欣然赴约。

丰盛的午餐过后,众人在客厅刚落座,张静江开门见山地说:"第19路军素来军纪严明,革命战争有功。上海日军处处挑衅,如果不善于应付,大有一触即发之势。望你顾全大局,最好撤退到后方南翔一带,以免与日军冲突。上海华洋杂处,繁华之区,如果战端一开,损失极大。倘能撤退,我自当告知蒋总司令。"

蔡廷锴听着听着,脸上挂不住了,当下也没多考虑,正色道:"上海是我国领土,19路军是中国军队,有权驻兵上海,与日本毫无关系。万一日军胆敢来犯,我军守土有责,决定迎头痛击。张先生也是中国人,应接纳我的意见,向蒋总司令报告。"

张静江碰了个钉子,一时窘得满脸通红。最后,会面不欢而散。几日后,当淞沪战火燃起后,19路军向全国发出抗日通电,蒋介石是下野之人却也通电响应抗战。蔡廷锴笑着对蒋光鼐说:"老蒋口是心非,又要他那一套把戏了。不管怎么说,上海战事主要还得靠我们自己。"

一月血战,19路军所需军火、援兵始终没再来过,印证了蔡廷锴的判断。今日眼见手下部队的使用已达到极限,蔡廷锴不得已中只能采取下策。

"总指挥,正面防线已无兵可调了。欲继续支撑,唯浏河方向尚有两团兵力可调。"蔡廷锴盯着蒋光鼐,极不情愿地建议道。

"那浏河防务怎么办?日军登陆浏河,直抄我军后背,将使全线防御动摇。"蒋光鼐摇摇头,反问道。战争爆发后,蒋光鼐大权下放,基本上都是由前线总指挥蔡廷锴行权决策。但今日调浏河防兵事关全局,他不能不提出自己的疑虑。

"浏河部队是不宜调,可不调,正面被敌人冲垮了仗还怎么打?既然到今日都不见中央援军,料他们也不会来了。上海民众虽热心支持,但市人何以能战?"

"嗯。看来只能如此了。但不管怎样,还需向军政部再发一电,告之浏河防御已空虚,如若中央再按兵不动,那上海的未来应由他们负责。"蒋光鼐心里咒骂着,看来是不愿替那些南京政客背战败之罪。

3月1日,白川义则再次发起攻击。设防浏河的最后一个团也被调到正面防线,浏河只剩下一点儿象征性的正规军和苏北大刀队200多人警戒,19路军向中央请调两个师的电报发出后又如过去一样毫无音信。

19路军苦战一个多月,已成强弩之末。

钱门塘第5军军部,张治中将军也有些感到吃力了。

2月下旬，在部队连续挫败日军攻势后，第5军也遭受到惨重的伤亡损失。本来这就是一场不公平的仗，日军有海、空军助战，实施的是陆、海、空联合立体进攻。其火力之凶猛，87、88师两个杀遍中国各地的中央军部队也从未见过。而中国军却仅凭血肉之躯和火一般的抗战热情，这虽能挫敌锋芒，却无法减少部队的伤亡。面对部队兵员锐减，他电请军政部，甚至给蒋介石亲自拍去电报，请南京速调附近部队增援上海。

但一连数日，中央对援兵事只字未提。起初他不理解，张治中赴沪上作战，蒋介石答应得可是极爽快的。

那还是蒋介石由洛阳到达南京时的事儿。当时，张治中身为中央军校教育长，到机场接校长自然是分内的事儿。见蒋介石走出机舱，张治中急步迎上前，脱下自己的大衣披在他肩上，关切地问："委座，近日来身体可好？"

"还好。文白啊，我不在的这段时间，军校的事多劳你了。近来南京怎样？"

"上海吃紧，战火愈急，南京人心不定，流言不少。"张治中谨慎地说道。

"嗯，都说了些什么？说说，说说看。"

"第19路军单独支撑沪战，终难持久，此尽人皆知之理。因而有传言：本党中央和军政部是要看着第19路军被打光，是要借日本人之手排斥异己。"

"娘希匹。无端生此谣言者，意在中伤我党国。至中正个人，磊落坦荡，有数日前之通电为证。与诸将赴国难、共生死亦中正所愿，勿容他人非议。"蒋介石气愤中忙不迭地表白心迹，但脸色阴沉得厉害。

张治中在一旁看得明白，心中暗忖："下野之人，以个人名义通电表示抗日决心，换了别人也许是有心抗战，但话从善于见风使舵的老蒋嘴里出来，也许就不是那回事。"但这些话他未便明说。事实上，他倒是有心率中央军支援上海作战，这倒不是他贪恋指挥实权，而是感到国家养兵多年，危难之际不建寸功实在心里难安。

想着，他抓住机会进言道："委座，以职之意，为堵塞流言，我们中央的部队必须参加淞沪战斗才好。"见蒋介石没有反对的意思，他毛遂自荐道："如果现在没有别人可以去，我愿意前往！"

蒋介石转过身，盯了张治中一眼，态度极爽快："文白，好，好啊。"

这一瞬间，蒋介石出乎意料的痛快竟使张治中觉得自己也许错看了蒋介石。

没几日，京沪、京杭两线上的第87、88师被紧急征调南京，组成第5军，由张治中任军长兼87师师长，准备赴沪参战。

2月4日上午，军政部。部长何应钦将第5军军长的大委任状交给张治中，意味深长地说道："文白啊，委座将这两个精锐师都交给你了，你可要珍惜它哟。"

"部长放心，治中明白使命。"张治中接过委任状，像是没明白何应钦的意思。

"第5军到沪以后，归蒋光鼐指挥。部队6日出发前往淞沪。"何应钦最后交代道。

面对救援电报，何应钦不可能不知道上海的战场形势，但军政部不但不再给淞沪战场增加一兵一弹，反在南京四处放风诋毁第19路军，斥责其擅自还击日军，拒不服从中央的命令，致使沪局无法收拾。面对第19路军的一份份求援电，军政部甚至向各地军队通令道："第19军有3个师16个团，无须援兵，尽可支持。各军将士非得军政部命令而自由行动者，虽意出爱国，亦须受抗命处分。"

淞沪战场又出现了一幕奇怪的景象。一方面，日军援兵渡过日本海，源源不断地投入沪战，而距上海近在咫尺的中国军队，如无锡、苏州的上官云湘一个师、驻浙江的戴岳一个旅及在杭州、赣东的中央军嫡系数十个师却按兵不动，像是在看外国人打仗似的。第5军军长张治中见状痛心疾首，第19路军蒋、蔡两将军更是咬牙切齿，痛骂南京误国。

第19路军始终没有等到援兵。

浏河的空虚终于被日本人发现，无法打开局面的白川义则大喜过望，他当即给正在渡海的援兵下达命令，直接抢渡浏河，包抄中国军侧翼。

3月1日，大批登陆日军突破浏河防线，直接威胁中国守军后路。3月1日夜，第19路军、第5军忍痛放弃坚守了一个多月而没被日军突破的第一道防线。

3月2日，蒋光鼐、蔡廷锴基于一腔抗日热忱和对南京军政当局的痛愤，通电全国各界："……我军抵抗暴日，苦战月余，以敌军械之犀利，运输之敏捷，赖我民众援助，士兵忠勇，肉搏奋战，伤亡枕藉，犹能屡挫敌锋。日寇猝增两师，而我已后援不继。自2月11日，我军日有重大伤亡，以致力于正面战线，而日寇以数师之众，自浏河方面登陆，我无兵增援，侧面后方，均受危险，不得已于3月1日夜将全军撤退至第二道防线，从事抵御。本军决本弹尽卒尽之旨，不与暴日共戴一天……"

3月3日，国联在日内瓦召开紧急会议，要求中日两军停战。南京方面自然早就盼着能停火歇兵，东京鉴于上海一月之苦战，也不愿再碰顽强的19路军和第5军。双方遂各据现地，转入防御警戒。

上海战火在燃烧了一个多月后，终于渐渐收住势头，熄灭下去。但大上海，已是满目疮痍。

结局虽然沉重，但蒋光鼐、蔡廷锴、张治中等参战将领觉得上海一战不虚此生。全军官兵用爱国热血向世人昭示，中国人决不甘于受亡国之辱，他们有能力与现代化日军争锋较量。世界也看到了中国军人的勇敢无畏和献身精神。美国博物馆出于对第19路军的敬意，特将一顶官兵们随身背带的斗笠收藏于馆中。

但真正让中国将士感动而欣慰的，是海内外中国人对这些敢于抗战的勇士的崇敬和支持。1月30日上午，沪战正激烈时，"国母"宋庆龄及何香凝女士冒着战火前往真如慰问官兵。眼见19路军负伤官兵置身冬日的街头，两位女士焦急、心疼。她们利用自己的影响力四方呼吁，并亲自组织，一天工夫筹设了几十个伤兵医院。何香凝女士到前线慰问时，天正下大雪，而数月得不到军政部军需品的19路军官兵只穿单、夹衣各一套，在寒风中冻得瑟瑟发抖。弄清缘由，她没多说话，回沪立即发动捐制棉衣运动。上海的姐妹父老立刻动了起来，仅仅5天，3万多套崭新的棉衣棉裤便送到了前线官兵手中。在这方面，上海民众远比官僚的军政部效率高，这让蒋、蔡二将军感动不已。

2月5日，上海市商会会长王晓籁来到真如第19路军指挥部，把随行的200多名童子军交19路军指挥。他们在19路军作战期间，始终坚持工作，直到19路军在苏州举行追悼会后，才解散回沪复学。其中数人在前线牺牲。

最令19路军感动也最令19路军愤慨的，是海内外爱国人士捐赠款项一事。各界人士感激19路军为国家争国格而奋起抗战，为奖励有功官兵，抚恤阵亡烈士，购买军需物品，前后捐赠款项达700余万元。这几百万元原本只能表示国人对英雄的一片心意，想不到，军政部却惦念上这笔款项了。

当时，第19路军已有8个月没从军政部领到军饷了。当他们在发饷日子向军政部请领欠饷时，得到的答复却是："你们手里不是很有钱吗？念你们是抗日英雄，准你们从捐款中支出600万作过去所欠军饷，余数上缴。"

以社会捐款充军饷，这大概在哪国军队中也闻所未闻。但身知自己处境的19路军用钱太急,总不能让官兵们半年里得不到一个大子儿,他们中许多人是要养活战乱中的家小的。蒋光鼐、蔡廷锴琢磨再三,最后只能让军政部"宰"这一刀。但百余万余款他们决不相让,坚持用作伤残官兵和阵亡将士生活、抚恤之用。大概军政部的人也觉得与那些血洒疆场的亡灵争这笔钱心中有愧,只能答应了19路军的要求。

蒋、蔡二将军保住了这笔浸透着鲜血和爱心的捐款,但他们心里却在流血。战场上,他们是硬汉子,他们没有眼泪,有的只是威武和仇恨。但退到后方,他们却时常想落泪,尤其是想起昔日朝夕相处而今却不知魂系何方的弟兄,想起那些身为官兵父母官的统帅。

大丈夫流血不流泪,但世事不公却让他们寒透了心,有时泪水会不由自主地涌出眼眶。

1932年5月5日,在英国公使兰普逊的斡旋下,中、日双方在上海签订了《淞沪停战协定》。协定规定:"在上海周围,停止一切及各种敌对行动";中国军队"留驻其现在地位",不再前进;日本军队撤退至战前原驻地。

《淞沪停战协定》及其附件条约规定,日军可以驻留上海,而中国军队却不能在上海及其周围驻守、设防。

上海,世界闻名的东方名城,却随着条约签署,实际成了一座不设防的城市。

1932年5月6日,蒋介石以19路军"违令"抗日为由,下令一个师调江西,一个师调武汉,一个师调安徽,19路军总部暂留南京。显然,蒋介石欲肢解这支在上海建立了殊勋的部队。由于蒋光鼐、蔡廷锴的坚决抵制和全国人民对自己心目中英雄的声援,蒋介石吃掉19路军的阴谋未能得逞。

又过数日,蒋介石下令,19路军全军即刻调赴闽南,参加"剿共"……

5月28日,苏州体育场。即将开拔的19路军官兵、原第5军部分官兵及全国各界人士共4万多人,在悲壮的气氛中举行"一·二八"淞沪抗日阵亡烈士追悼会。会场人山人海,花圈如林,却静得只能听到人们轻轻的抽泣声。

大会开了整整6个小时,但走出体育场的人们仍是一步一回头。

淞沪抗战结束后,为减轻来自社会各方面的压力,也显示出对抗战的热心,蒋介石授意国民政府在南京中山陵先总理陵园附近的灵谷寺前,在国民革命军阵亡将士公墓的中央,安葬了128位阵亡于淞沪抗战中烈士的遗骸。其中,19路军70具,第5军和宪兵团58具。128位烈士忠骸将时刻提醒每个中国人，记住"一·二八"这值得纪念的一天。

◎ 黑土地上的民族魂

1932年4月20日，以英国爵士李顿为团长的国联调查团到达了沈阳，开始对"九一八"事变及日军在中国东北的现状进行调查。该调查团结束调查后将向国联提交调查报告，这对东北未来的国际公断影响极大，因而南京国民政府、东京外务省和日本关东军都对调查团一行格外关注，东京方面为此派出数人陪调查团作全程旅行。

沈阳关东军司令部，司令官本庄繁中将此刻显得有些坐卧不宁。在这之前，东京已传出消息，军部有意调本庄繁返回东京，据说天皇背后也插手此事。本庄繁不知东京河水深浅，不知等待他的会是何种结局。在东京事情没着落前，他很怕这次国联的调查出点儿纰漏，捅出些娄子来，那对日本、对关东军、对他自己都太不利了。

对"满洲国"，本庄繁已感到厌倦了。"九一八"事变，他尝到了征服的快感，也着实风光过一阵子。但半年过去了，他开始为当初的征服、风光偿还代价。自马占山江桥抗战打响后，"满洲国"各地一度曾摇摆不定的众多东北军像是突然醒来，争相成立各种义勇军、救国军，四处出击分散的日军。更令本庄担心的是，东北的中国老百姓不但掩护这些流动不定的抗日军，甚至大批加入到这些部队中去。一系列现象使他看到了一个可怕的苗头，再这样下去，这一股股抗日势力将会蔓延为一场漫天大火，必须尽早扑灭。拿定主意，他指示作战课，暂缓对热河、察绥方面的行动计划，先设法"剿灭"中国东北的抗日势头。

但几个月了，成效甚微。4月1日，江桥抗战的中国英雄马占山逃脱日军的控制，再举抗日大旗。4月18日，马占山、丁超等联合吉、黑两省抗日义勇军主动出击日军，并于28日控制了呼海铁路，卡住了关东军进击海伦的通道。

与此同时，沈阳四周的义勇军甚至农民也开始大规模袭击日军。真是按下葫芦起了瓢，弄得本庄繁手忙脚乱。为度过眼前的危机，本庄繁指示各部：凡国联调查团将去之地，提前进剿，严加戒备，同时禁止任何中国人接近调查团。

就在本庄繁竭力布置和平假象的同时，一封电文传到了国联调查团。发出此电的是就任"满洲国"黑省省长兼警备司令仅月余的马占山。江桥抗战后，孤立无援的马占山眼见山穷水尽，为保住尚存的数千抗日力量，虚意接受了关东军司令本庄繁的劝告，降日受职。上任仅一个月的马占山此刻突然反水，并向国联揭露日本成立"满洲国"的阴谋，无疑在国联调查团中引起轰动。

马占山总是给日本人制造麻烦。他的这一招又给了本庄繁司令一记重拳。

但真正对义勇军印象深刻的，还是国联调查团中唯一的中国代表顾维钧。顾维钧是中国外交界资深官员，赴国联前曾担任过国民政府的外交部部长。起初，他也曾认为义勇军不过是些山贼草寇。但随国联调查团到北平后，从张学良那里扭转了一些印象。张学良在"九一八"事变时吃了大亏，此时想方设法暗地里支持义勇军。他不但通过各种渠道接济义勇军枪炮弹药、军费粮饷，甚至在北平还成立了后援会等若干支前组织。这引起了顾维钧的好奇和关注。

来到东北后，顾维钧这才发现义勇军在东北妇孺皆知，人们对他们的关注甚至远远超过了国民政府的中央军。一次，一名旅馆侍役偷偷地流着泪对他说道："我们不愿做亡国奴，东北人民都不愿做亡国奴。我们希望政府抗战，我们在里面尽力帮助政府。如果政府不抗战，我们自己也要去参加义勇军。"

"你相信义勇军能赶走日本人吗？"顾维钧严肃地问道。

"不知道，但日本人很怕他们。跟着他们死，也比在这儿受气强。"

顾维钧无话可说，只觉得心情沉重。在以后的日子里，只要遇到机会，他就会向代表团各国代表揭露刺刀上架起的"满洲国"。身为外交官员，他虽然主张以外交方式解决东北问题，但旅馆那位青年的话，又时常让他产生出一丝困惑和疑问。

6月5日，国联调查团一行结束了东北之行，返回北平。他们走了，但黑土地上的枪声并未平息。1932年春夏，东北抗日义勇军迎来了他们的高潮。

东北大地山高林密，地广人稀，多年来一直以匪患闻名全国，到处闹"胡子"。不仅仅是地方穷，那一眼望不到头的崇山峻岭、大片的沼泽地和草甸地，都是"胡子"繁衍的好地方。"胡子"闹得凶，舍家弃业投奔山林也成了不少人没活路时的自然选择。

但日本人的到来，远甚于以往的任何一次灾荒。当亡国奴、受小鬼子欺侮，粗犷、豪放的东北汉子咽不下这口气。马占山江桥屡挫敌寇，一战成名，不但令东北父老振奋，更引得各地的东北军旧部、地方民团、农民自卫军、旧时警察，甚至山林里的"胡子"，也纷纷拉起队伍，四面向日本人出击。一些一度受日军声威震慑而降日的伪军又开始大批大批地反水，重将枪口对准了日本人。仅有两万多人马的关东军终于陷入四面受攻而应接不暇的窘境。

4月21日，东北军的叛将、原东边道镇守使兼辽宁省防第1旅旅长于芷山部下第3团团长唐聚五在辽宁桓城率全团官兵起义，成立了辽宁民众自卫军，唐本人被推举为总司令。当天，唐部举行誓师大会，通电讨日，参加者迅速增至万余人。唐聚五的民众自卫军在日后的战争中多次予日军以重创。

5月3日，东北通化大刀队与日军激战方正台子，用大刀砍死日军40多人。

5月23日，马占山部与日军在呼兰城郊展开激战。有勇有谋的马占山再次大败日军，并一口气追出上百里，直到松花江北岸傅家甸才收马回营。

与此同时，丁超、李杜的吉林省自卫军、苏炳文部的东北民众救国军、冯占海部受后援会领导的第6军团、王德林部的国民救国军和黄显声、熊飞指挥的警察大队在辽、吉、黑3省大力发展组织，扩充抗日实力。

投身抗日队伍，在当时的白山黑水间似乎已形成了一股不可逆转的风潮，就连"九一八"事变前正在拉杆（组织匪帮）或关在大牢里的胡匪头们，也都为东北父老的这股抗日热情感化，拉起队伍下了山，投入了抗日义勇军的阵营。其中，掌舵的大多是声震关内外的积年惯匪，如吉黑两省的宫长海（宫傻子）、姚秉乾（双山）、李忠义（海青）、张希武（天照应）、马鸣春（一只鸡）、刘万奎（刘快腿），辽宁的项青山、张海天（老北风）、小白龙等。东北的匪盗从没有像今天这样整齐地下山，投身到同一支队伍里，就是地方当局多少次优禄招降也难见这种局面。

这些土匪也算是良心未泯，终于在国家、民族和自己的家园遭难时，像一个堂堂正正的中国人一样尽了一份自己的力。

东北各地的抗日烽火越烧越旺，搅得关东军应接不暇。司令官本庄繁中将手忙脚乱，屡向东京军部告急，请求援兵。

东京被震动了。6月3日，陆军省向外界公布：从"九一八"事变以来，日军在东北战场死伤计4163人，约合关东军发动事变时总兵力的一半。实际上，陆军省不但与海军省失和，与内阁也并非完全一气，报战果总是夸大其词，报损失总是七折八扣，这在当时的东京已是尽人皆知的事实。但即便以这个数字与"九一八"时沈阳仅死2人、伤10余人的伤亡代价比较，东北抗日义勇军给日本关东军造成的损失也是太大太大了。

1932年夏，本庄繁率关东军全力"征剿"东北各地抗日义勇军时，义勇军抗日力量的发展达到了顶峰。当时30万之众的抗日义勇军，足迹遍及白山黑水的各个角落。本庄繁为招降各路义勇军，准备了数百份"满洲国"高官的委任状。但令他意外的是，每次的招降活动都会迎来一通臭骂和一场攻击。涣散的旧军官们好像摇身一变，都成了坚定的抗日分子。他想不通究竟是什么力量使他们变得如此快，变化如此大。

8月8日，东京大令传到东北。日本陆军铁腕人物武藤信义大将奉调关东军司令，同时兼任关东地方长官、驻满全权大使，集三权于一身，本庄繁奉旨回国。

武藤信义大将果然显示了铁腕人物的强硬，他又为关东军带来两个新锐师团。对义勇军，他基本放弃了招降策略，准备用飞机、大炮镇压东北的抵抗力量。

武藤信义把攻击矛头首先指向了曾与关东军拼得最凶的马占山部。齐克路上，日军两个师团的重兵对马占山千余残兵穷追不舍。兴安岭深山中，日军重兵包围了马占山部。激战过后，马部伤亡惨重，马占山身边只剩下5人，陷入绝境。多年后，马占山回忆当时情景说："我只剩11粒子弹，加其余5人，子弹也不足100粒，他们搜山，我们藏于树内，眼见有8个日本兵托着枪，凶神似的，一步步搜来。……我们看他们走近便一枪一个，将8个全打死，又拾起他们的枪，用他们的子弹，打出重围。"

突出重围并不等于脱离魔爪，日军仍在四处搜捕。携带边防印信的少将参议韩述彭，在突围中牺牲殉国。韩参议人又瘦又小，50来岁，鼻下留着胡须，酷似马占山。面对血肉模糊的头颅，日军也吃不准是否击毙了马占山。但搜尸时恰好搜出了马占山的印章和关防印信，引来日军一片欢呼。东京也很快得知了马占山被击毙的消息。近一年来，这个马小个子可让日军吃够了苦头，今天新账老账一笔勾销，无论关东军还是东京军部，都感到满意。

打垮了马占山，日军又把主力转向辽东，追击丁超、李杜残部，攻击王德林的国民救国军。这时,日军的兽性开始显露出来。9月14日,辽宁民众自卫军夜经抚顺郊外平顶山矿区,打死日军3人。次日,日军出动一个大队至平顶山村,将全村3000余人赶入平顶山西南山沟,10余挺机枪一阵狂扫,后又用煤油焚尸。只有一个5岁的女孩儿方素荣躲在草垛中幸免于难,并一直活了下来。战后,她作为活证人,多次在各种正式场合指控日军的暴行。

日军南京大屠杀的暴行和残酷本性,早在6年前的东北已提前上演。

在"追剿"各路抗日义勇军的同时,日军的增援部队仍不断被调入东北。而此时的东北义勇军却没有得到中央的支援。张学良坐镇北平,虽有心相助,却远水难解近渴,辗转数地才能送到义勇军手中的枪弹也少得可怜。渐渐地,义勇军陷入极端困难的境地。

10月,日军击垮马占山,驱赶冯占海退入热河,"剿灭"李、丁、王部后,开始对最后一支义勇军、部署在满哈线上的苏炳文部动手了。武藤信义对军事作战极其慎重,义勇军虽已所剩无几,但对苏炳文这最后一支一万二三千人的抗日力量,他丝毫没有大意。他电示日本驻满洲里领事馆武官林义秀少佐,命其速报苏炳文及其所部情况。几天后,林义秀少佐便发来报告,情况甚详:

苏炳文年40岁,辽宁新民县人,保定陆军学校第1期步兵科毕业生,曾在北京袁世凯建立的模范团中服兵役及任尉官。第一次世界大战时,中国对德宣战,参加协约国共同出兵远东。1918年,他任中国陆军第9师营长,被编入驻海参崴支队;1927年,他任东北边防军步兵第17师师长,1928年调任黑龙江军务督办公署中将参谋长,兼任国防筹备处处长、黑龙江省政府委员等职务。1930年出任呼伦贝尔警备司令,中东铁路哈、满护路司令,东北陆军步兵第15旅旅长等职务,为张学良嫡系。他于1929年曾到齐齐哈尔访晤会谈,言语行动表现傲慢。对于驻在地日本领事和馆员以及满铁公所职员等均淡然视之。1930年,他到海拉尔任职后,常与苏联驻海拉尔、满洲里两领事馆往来,而日本领事馆邀请他赴宴,他多谢绝。1931年"九一八"后,马占山代理黑龙江省主席,他将驻满洲里的步兵团、骑兵旅开到嫩江桥助马作战,抵抗皇军。1932年4月,马占山由齐齐哈尔逃走，我部屡次派人约他进省城（齐齐哈尔）会晤，并拟调升高职，他概不接受。根据谍报，他现正召集流亡，扩充兵力，准备反满抗日的工具。他系正式军人出身，抱有爱国思想，亦有相当威望，非土匪出身者可比，不可轻视。加以接近苏联，难免不无异谋。倘不能使其就范，应以武力消灭之，免为燎原之火，以完成早日统一东三省之目的。

武藤信义大将阅毕电文，意识到面前的对手是个将才，又起了招降之心。自来到东北后，武藤信义发现"满洲国"虽已扶植起来，但军事将才却是奇缺。马占山有勇有谋，可至死不从，而张海鹏一类的庸才老迈昏聩，难以指望。苏炳文现在孤军一支，施以高压、权贵，或许他能为"满洲国"效劳。

为显示诚意，他派出了自己的参谋长小矶国昭将军前往劝降。谁知苏炳文回答得十分干脆："与小矶没见面之必要。要见，战场上见。"

小矶国昭连苏炳文面也没见着，便悻悻地返回沈阳。

听罢小矶国昭的报告，武藤信义大将无奈地摇了摇头，下达了进攻令。

11月中旬，日军以第10师团及所部骑兵旅团的优势兵力，冒着大雪向嫩江河畔的苏炳文部全线展开攻击。此时江河封冻，地面坚硬，日军铁甲车、坦克车横冲直撞，给苏部守军带来极大威胁。

战斗进行得极其残酷而血腥。义勇军装备太差了，1万余人中有枪者仅半数，几乎没什么重火器，一队队爆破队员抱着炸药冲向敌坦克，却很少成功，很少能回来。两天中，皑皑落雪红了变白，白了浸红。

战至28日，苏炳文所部仅剩学兵连、卫队营和步兵9团残兵不足2000人，已实在无力支撑，不得已忍痛退守海拉尔。

12月4日，苏炳文通电全国，称弹尽粮绝，但未辱国格，请国人谅解，随后率部退入苏联。

在此先后，马占山改名方秀然，与李杜、王德林、邢占清、孔宪荣等一批义勇军抗日将领也都退入苏联。日后，这些抗日英雄辗转各地，回到关内，几乎都投入了全面抗日的战场。

轰轰烈烈的东北义勇军失败了。但国家危急关头，这些抗日英雄拒绝日军高官厚禄诱降，全凭一腔热血而自发走向战场，实为中华民族之光荣。他们的壮举，不但使关东军图谋热河、华北迟滞达一年之久，而且用鲜血为日后中共领导的抗日民主联军坚持东北抗战提供了经验教训。

他们失败了，但问心无愧。面对30万自发而起的军队，南京军政部却连一名像样的指挥官也没派，更别说军械粮饷、增援部队。实际上，直到1933年日本关东军大举进兵热河时，蒋介石才真正意识到东北义勇军十多万亡灵所换来的战略价值。

东北抗日义勇军为中国争得了一年的时间，他们虽败犹荣。

1932年5月15日傍晚，劳碌了一天的东京人又像往常一样，涌上了熙来攘往的大街，急急忙忙地向家中赶去。日本三弦琴悠悠的乐声四处飘荡，使东京沉浸在一种说不清是哀婉还是静谧的日式氛围中。这时是东京人一天中心情宽松、惬意的一刻。一天劳作下来，人人都有一种解脱重负的轻松感，有一种奔向舒适、安逸家中的急迫感。整座东京陷入了人潮涌动的高峰之中。

春日如火的夕阳洒向了整座城市，染红了大街小巷，染红了一幢幢日式建筑的屋顶。富丽堂皇的日本首相官邸沐浴在春日美丽的晚霞中，四周的花卉绿草五彩缤纷，生机盎然，整个官邸一片宁静祥和的气氛，但这仅仅是短暂的一刻。

落日将尽，官邸便从宁静中被惊醒。嘈杂的喧闹声、怒骂声，令人心惊的枪声，手榴弹的爆炸声把整个官邸搅了个天翻地覆。一阵乱枪过后，日本首相犬养毅大睁着恐怖的双眼倒在血泊中，硝烟弥漫在整个官邸建筑内……

同日，日本内大臣官邸、第一大政党政友会本部、三菱银行、首都警察厅、变电站等地同时受到袭击，整个东京一时陷入混乱。

东京震惊了，日本全国一片紧张，飞越大洋的电波也使全世界为之愕然。

这场由日本法西斯"血盟团"策划的"五一五"事件很快被弹压下去，事件的策划和指挥者，海军中尉古贺志清等数十人成了"血盟团"的牺牲品。

日本人总是弄出些令世人难以理解的怪事。堂堂的一国首相，居然在光天化日之下被刺杀，而且是被刺于首相官邸，这使日本国内大为震惊。事实上，不祥的凶兆此前已出现在首相犬养毅的面前。3个月前的2月9日，前藏相井上准之助便死在"血盟团"头子井上日召手中；3月5日，三井合股公司董事长团琢磨也倒在井上日召的枪口之下。这些本应引起犬养毅的注意，然而他忽视了这股暴徒，忽视了正在日渐壮大的这股法西斯势力，最后终于没能逃过这场恐怖劫难。这也许是命中注定，20世纪后入主首相官邸的文官，大都以命赴黄泉来最后结束自己的政治生涯，但军人背景的人却很少如此。

尽管犬养毅在对外政策，尤其是对外扩军政策上，比前任首相若槻礼次郎要激进得多，但从根本上说仍未超出协调主义者的框框。由于对国际关系顾虑重重，在日本是否应正式承认伪满洲国的问题上，犬养毅显得颇多踌躇。当贫穷、饥饿的狂潮席卷日本列岛时，失去了土地的农民，街市的泼皮无赖，生活日渐下降的市民及贪欲似海的财阀、商贾富绅，在军国主义狂徒的煽动下，将万把利剑一齐指向了他。他的内阁及一些政党、财阀暗中也成了他的反对者。可悲的是，以恐怖活动来改造日本国体的逆流甚嚣尘上时，犬养毅甚至无视这股恐怖力量的壮大，结果自食其果。

事件平息后，日本首相的推荐人西园寺公望前思后想，不禁黯然神伤。几年来，他已数次在多事的日本政坛上充当这个角色了，可经他手扶上去的人，不是最后被轰下台，就是死于暴力之中，这使他忧虑重重，伤感万端。这是怎么了？为什么文人内阁结局总是这么不幸。只要一闭上眼，"五一五"暴乱分子的威胁、警告便似赶不散的幽灵，萦绕在耳边："对共产俄国东进的抗争是必然的，因此，必须迅速建成'满洲国'"，"满洲新'国家'乃日本之生命线，应当使之发展，但在目前国内形势下，则绝不可能。""这须建立摆脱政党、财阀之腐败的纯正而强有力的政府。"

想到几次组阁的失败，想到日本国民的狂热，一直对日本内外政策颇感困惑的西园寺公望，倒像是从暴乱分子的叫嚣中悟出些什么。他甚至有些怀疑自己对时局、对人的判断。也许是人老了，要不为什么总是出现差错。经过反复考虑，商议权衡，他决定走一步他几十年来都未敢走出的险着，奏请天皇恩准曾担任过海军大臣和朝鲜总督的海军大将斋藤实充任下届内阁首相。这是他第一次，也是日本几十年来第一次打破常规惯例，避开政党组阁。他希望斋藤内阁能起个过渡的作用，日后看时机再恢复政党统治。但被日本国民视为仅次于天皇的神一般的偶像西园寺公望哪里会料到，他的这一险着，加速了日本政党内阁的崩溃，使协调外交彻底垮台。斋藤内阁倒确实起了过渡的作用，但却把日本内阁过渡为法西斯亲军内阁。日本在一步步向战争的泥淖滑去。

一直观望的日本军部眼见下去了小鬼，上来个阎王，止不住心花怒放，恶胆陡增。他们把眼光投向了中国，一个更为险恶的野心像按在水中的浮球，撤回手后，便不可遏制地蹿了出来。

8月，东京发出的一道军令使日本军界沸腾不已，却令中国惊恐不安。在日本军界深孚众望的武藤信义大将继任本庄繁中将为关东军司令官，同时兼任关东厅长官、驻满全权大使，实现了日本军界少有的军、政、外交"三位一体"。此外，少壮派军官、"九一八"事变激进分子小矶国昭中将接替三宅光治少将，为关东军参谋长，并加派以果敢专横著称的东条英机为关东军副参谋长。关东军实力骤然加强，一时名声大噪。

梦系"满洲国"的东京军方当然不会忘了"九一八"事变的两功臣，板垣征四郎和石原莞尔。命令传到中国东北的同时，板垣便扛上了闪着金光的少将肩章，并匆忙投入了赴华北就任特务机关长的准备。石原也由陆军中佐晋升为陆军大佐，并调回国内参谋本部以待重用。两个充满帝国梦想的战争赌徒终于在自己事业的前期迈出了胜利的第一步。14年后的东京国际军事法庭上，板垣做梦也没想到，他会为那曾是过眼烟云般的辉煌付出生命的代价。

◎ 血祭雄关，626团伤亡惨重

1933年元旦，严寒笼罩着关外，地上满是残雪，空中朔风呜咽。地处东北、华北交接处的锁钥通道山海关，天低云暗，凄清落寞。路人行色匆匆，神情惶惑，一种无法看见却又分明存在着的紧张气氛凝固在这座600年古城的上空。只有间或零星响起的爆竹声提醒着每一个人，1933年新年已经到了。

山海关位于万里长城的最东端，东临渤海，两面环山，素有"天下第一关"的美誉，向来为兵家必争之地。明朝农民英雄李自成骁勇一世，最终决战兵败山海关，结束了他曾横扫大半个中国的轰轰烈烈壮举。直奉战争中，直系军阀最后败给"胡子"张作霖，导致了直系的消亡，也是在山海关。山海关，多少为战争殉道的人弃尸在这片肥沃的土地上，又有多少英雄豪杰在这里把酒朗笑，豪气冲天。它确是一座险关、要隘。

然而山河破碎的旧中国，竟无法保护自己神圣的土地。19世纪30年代初期，这个原本应该极隐秘的军事重地，却因腐败清廷签订的《辛丑条约》，成了一个名存实亡的"军事要塞"。根据条约规定，当时11国有权在山海关驻兵，但实际派兵驻扎的仅有英、美、日、法、意5国。其中日军有一个直属于天津驻屯军的守备队驻兵山海关，队长是陆军少佐洛合正次郎，一个深谙中国事务，在日本军界又颇有背景的"中国通"。洛合正次郎是日军中名声显赫的洛合大将之子，早年曾在日本士官学校中华学生队任战术教官，后又来到中国，任中国陆大教官，所以他不仅对中国情况了如指掌，而且是一些东北军高级将领家中的座上宾。

当时驻守山海关一带的中国军队，是临永警备司令兼东北步兵独立第9旅旅长何柱国中将。自15个月前接防山海关以来，何柱国消瘦了许多。由于南京方面一直没有一个明确的对敌政策，只是一个笼统的"避免冲突"，所以山海关地带中国军队实际上处于一种不战不和、被动挨打的尴尬境地。而此时日军第2师团及张海鹏大量的伪军都云集锦州、绥中地区，虎视山海关。面对如此严峻形势，何柱国焦虑、无奈。由于他也像东北军许多高级将领一样，对国联干涉日本一事深信不疑，这使他在与日本人交涉过程中采取了能拖就拖的消极策略。但他又深知自己是个军人，守土有责，尤其今天又拱卫着中国的第一道门户。如果让日军从他手下入关，那就不再是什么东北问题，而是整个国家、整个民族的生死问题。这使他决定拖不下去时，就与日本人一拼到底。为此，他早在1932年就曾制订出一个防御计划，并于10月间部署完毕。

12月8日，日本关东军铁甲军炮击山海关，公然向中国军队挑衅。由于当时日军天津驻屯军与关东军分属两个系统，步调并非完全一致，因而在中国方面的抗议下，两军内部矛盾重重，关东军没敢贸然扩大事态。但在解决此事件过程中，山海关守备队长洛合少佐进一步对何柱国施加压力，想诱使何独立自治，实际上是屈服于日本人当傀儡。

12月8日事发当天，洛合单独在密室里向何柱国透了底。由于洛合平日与何柱国交往颇多，所以今天摆出一副像是多日老朋友的姿态，说道："何将军，现在日本决心已定，无论如何要保证'满洲国'国境线的存在和'满洲国'的安全。为此有两种方案：一个嘛，是由关东军直接采取行动，占领并封锁长城各口；第二个是由你何将军出面缓冲，立即在滦东和热河地区成立独立自治区。何将军是老朋友了，所以不妨对你明说，帝国更希望第二种方案能够实现。"

洛合倒是没说假话，此刻日本知道日内瓦国联正在最后磋商李顿报告书结论，因此对直接出兵长城各口有所顾虑。如果能把何柱国拉过来，那么日军既能掌握进出华北的锁钥，又能收不战而屈人之兵的成效。见何柱国默然无语，洛合又不失时机地抛出诱饵，说道："只要何将军能这么做，帝国决不会亏待你。何将军，你不仅可以立即得到帝国提供的200万日元预付金，日后你部全部饷械均由帝国负责供给。"

见何柱国还是不开口，洛合有些急了，开口道："今后的路还要你何将军选择。但我要奉告一句，如果这一方案行不通，那日本帝国就只能采取直接行动，那时就不再是长城各口的问题了，如有必要，即使进取天津也无所顾惜。"

临走时，深谙中国事务的洛合意味深长地对一再推说要仔细考虑的何柱国说道："中国有句古话，识时务者为俊杰。何将军是明白人，要为中日亲善出力，不要再坐失这最后良机了。"

这使何柱国连续几日陷入苦苦思索中。他倒不是为洛合的利诱所动，而是在思索眼下这种与日本人暂时相安的局势究竟还能拖多久。过去的一年多里，由于中央没有明确的抵抗指示，所以在军事上、外交上他根本无主动权，甚至只能说是招架，他也只能抱住那空中楼阁似的幻想，在日本人、南京政府的双重压力下苦苦挣扎着，等待着。但究竟在等什么，他也是一片茫然。眼下，日本人图穷匕见，使他感到自己可游刃的余地已几乎没有了，那么他所能接受的路只有一条：抵抗。

12月中下旬，何柱国匆忙南下北平，向张学良最后陈请策略。

半个月后，何柱国又秘密地坐在了由北平返回山海关的专列上。这次北平之行，使他轻松了不少，张学良背着"不抵抗将军"的骂名苦挨了一年之后，早已反省到自己的失误。如今日本人又来拆他的台，他那颗一直在滴血的心再次震颤起来。他终于下定决心与日本人决死一拼。他除了命东北军一部防守热河外，又下令第32、第29军紧急开赴长城各口隘，准备抵抗日本人进攻。鉴于山海关形势日紧，他专门拨出一个火车头，命何柱国速返回山海关，协调指挥山海关防务。眼见主帅下了抵抗令，想到一年多来忍气吞声、两头受气的艰难即将结束，何柱国非但没有大战将临的紧迫感，反而觉得如释重负，浑身轻松，不禁轻吟道："慷慨赴死易，从容就义难啊。"

列车过了天津,又进入了残雪覆盖的郊野,大地一片空旷,有一种协调、宁静的美感。望着窗外,他甚至产生了一种冲动,希望有一天脱去戎装,隐居乡间,重新体味一下这种宁静无忧的生活。沉浸在无限遐思之中的何柱国浑然不知,此刻山海关已陷入一片惊天动地的枪炮声中。

1933年1月1日晚10点50分,由绥中出发的关东军约3000人及张海鹏的大量伪军,在8架战机、20余辆坦克、10余门野战炮的支援下,向山海关发起了进攻。东面海上,日军战舰两艘也以舰炮实施火力支援,一场陆、海、空立体进攻,压向山海关中国军队。

当时,驻山海关中国军队只有何柱国旅626团两个营兵力,其中第1营守南门,第3营守东门,其余少数随团长配置在西门为机动力量,整个守军人数不过1000余人。而日军装备占优,人数又多,一场恶战势在难免。然而626团守军一年多来饱受屈辱,想到自己身上背着的"不抵抗"恶名,想到今天有家难归,却是人人同仇敌忾。这些正值青壮年、有血性的东北汉子实在不愿再让中国人、再让家乡父老戳他们的脊梁骨。这让日本人吃了苦头。

自1日夜攻击发起后,在辽南从未失过手的日军第8师团主力首次受挫,近两昼夜不停顿地攻击始终未能奏效。日军被阻于山海关外,数百名官兵弃尸山海关城下。恼羞成怒的日军决心不惜一切代价,也要拿下这"天下第一关"。

经过两天浴血拼杀,中国军队626团也伤亡惨重。由于最初的防御计划只是把山海关这个应该成为要塞但却无法成为要塞的关口作为警戒地区,所以指望增援是根本不可能的。唯一能支撑他们的,是几千年前古人留给他们的城墙,是一个军人为民族、为个人争生存的信念!

"以最后一滴血,为民族争生存!

"以最后一滴血,为国家争独立!

"以最后一滴血,为个人争人格!"

阵地上时时有初级指挥官声嘶力竭地大喊:弟兄们,记住我们的口号。每次呐喊,总能使疲惫的士兵们激起一腔腾腾热血,驱赶着连日苦战的劳累和紧张。日军的伤亡在不断增加。

3日上午10时，随着密集的炮火轰鸣和飞机尖厉刺耳的俯冲轰炸声，日军再次发起了全面攻击。爆炸燃烧的大火浓烟，遮云蔽日，穿云裂石的枪炮声，使山海关这个本来不大的小城像是开了锅一般。南北城墙及附近商铺民房，炸毁尽净，守军在这猛烈的炮火中伤亡剧增，而一拨拨日军像蝗虫般涌向城垣，攀城炸墙，企图突入城内。团长石世安见情况危急，急率预备队投入反击，将占领南门及东门城角的日军赶出城外，战况再次稳定下来。

态势虽暂时恢复，但守军也是拼尽了最后一丝气力。2个营伤亡过半不说，手中预备队也已投入战场，再无兵力机动了。日军虽然再次失败，但似乎看到了中国守军此时已是强弩之末，遂略加调整，又向山海关发起了猛烈攻击。应该承认，这时的日军，武器装备先进，士兵训练有素，与这样一支军队交手，626团能死守2昼夜，杀伤敌数百名，虽败犹荣。

午后2时，敌军再次增兵，强攻南门和东南城角。东南城角虽然屡破屡堵，但随着一阵密集野炮和坦克炮的猛轰，一个巨大的口子被掀开来，日军坦克掩护步兵蜂拥而入，北门、东门也很快失陷，战火燃向了城里，双方展开了激烈巷战。中国守军第1营死战不退，与敌坦克、步兵殊死拼杀。日军坦克轰鸣着向顽强无畏的中国士兵冲去，殷红的鲜血四处飞溅，冰冷的钢制履带沾着中国士兵的血肉向前滚去，反坦克武器的匮乏和装备的落后使满腔民族热血的中国守军付出了惨重代价。这是中国军队落后的代价，也是一个民族应该得到的血的教训：落后就要挨打，就要付出比实际高出数倍、数十倍的代价。

战至下午，1营营长安德馨及2连长刘窦晨、3连长关景泉、4连长王宏元、5连长谢镇藩全部战死，1连长赵壁连身负重伤，排长以下官兵伤亡难以计数。团长石世安见山海关四门已破，大势已去，不得已率十多人由北门撤出，山海关黯然陷落。

此役，626团安德馨营全部阵亡在山海关长城下，实现了用血肉之躯再筑长城的誓言。日军破城后，又屠杀了未及撤出的妇女、学生及市民百姓3000多人，日军的暴行，已显示出暴戾残忍的一面。

山海关陷落，举国震惊，民众哗然。全国各地报刊等新闻媒体大加评论，抗议日军的侵略行径，谴责南京国民政府的不抵抗政策。

《新北平报》"老百姓谈话栏"连续几日载文评论山海关失陷，文中讥讽道："中央知道榆关（山海关）失陷吗？……中央政府至今对于整个抗日大计，仍在那里犹豫不决，还是那一套旧文章，电令日内瓦我代表报告国联。华北是华北，中央是中央，仿佛抗日的分工责任分不到中央肩上似的，忍心害理，看华北大地，一块一块像东三省那样丢掉。报告国联，一年零三个月了。去年日本攻击锦州，各国使馆均派员视察，至今效果如何？明知不行，还要绕这个弯子，不是欺骗国民是什么？……"

1月7日，中共中央通过《中央关于日本帝国主义进攻华北的决议》，指出："日本帝国主义的炮轰及占领山海关，开始了帝国主义残杀中国民众及瓜分中国的新阶段。……日本帝国主义的大规模的进攻华北，国民党的继续不抵抗的政策及其民族武断宣传的破产，将更加促进全国工农劳苦群众反日反帝斗争的更加高涨……"

同日，退入苏联境内的东北抗日名将马占山、苏炳文、张殿九、谢珂等通电国民政府，希望中央"幡然定计，拼命争存，一切军政计划悉以抗日救国为目标"，并要求政府援助归国，统军杀敌。

正在江西布置对中央红军进行第五次"围剿"的蒋介石，面对国内外千头万绪的复杂形势，也是烦恼、困惑。日本人蚕食华北已成事实，国际、国内形势对他愈益不利，如果再不对日本人加以抵抗，向国人有所表示，恐怕等不到"剿灭"中共他就将淹没在中国民众的怒涛之中。可眼下两广虽口头上服从南京中央，实际上同床异梦，处于半独立状态，一个兵都不会派出，中央军又要"剿共"，从哪儿调兵呢？思来想去，他的眼光只能重新投向两广。

1月21日，国民党内政部长黄绍竑奉蒋介石之命，率训练副监徐景唐亲赴广州，游说两广的陈济棠、李宗仁。由于黄绍竑门出两广，与陈济棠、李宗仁有十几年交情，又一向被蒋视为颇有人缘，所以关键时刻要平定两广、"围剿"中共，蒋介石自然不会忘记这颗颇有些分量的棋子。此前，两广驻沪代表杨德昭曾表示过，如果中央决心抗日，则广东愿负江西"剿共"之责。蒋闻讯，立刻产生了一个一箭三雕的妙计。派黄绍竑游说两广，出兵"剿共"，中央军名义上北上抗日。如两广答应，则中央军出兵一部北上敷衍张学良和全国舆论，主力则置于两广军侧后，督其"剿共"，无论两广军与红军谁家胜了，都替他蒋介石除去一块心病。如果两败俱伤，则中央军乘虚而入，"剿灭"红军，吞并两广部队。此为上上策。如果两广军队拒绝行动，则由他们担下不抵抗的罪名。蒋介石就像个商人，时时都在算计着利害得失。

广州方面也不是吃闲饭的，当闻讯黄绍竑前来广州时，他们就已意识到了蒋的用心。黄绍竑抵达广州后，除了受到热情的接待和一些空空好话外，什么诺言也得不到。在云集了两广高级将领和高级党政人员的军事会上，黄绍竑和徐景唐几乎磨破了嘴皮，可对方不是推说械弹不足，就是军费不够，就是不答应派兵去江西。次日，陈济棠把黄绍竑请到家中，几句寒暄过后，陈济棠突然直盯盯地看着黄绍竑，颇意外地说道："季宽（黄绍竑字），我们是十几年共患难过的老朋友，今天你要说真心话，老蒋要我出兵江西，是不是想利用共产党把我们钳着，好抽他的军队来搞我们呀？"

这一直白的问题点得黄绍竑颇感惊讶，一愣神间，陈济棠笑着说道："我想一定是的，蒋的抗战是假的。你看是不是呢？"

眼见陈济棠已看穿了一切，黄绍竑只得无言地苦笑着，表示默认。

蒋介石见陈济棠死活不肯出兵，虽然气愤，却也无奈，只得一面广造舆论，诋毁两广军队，一面调来参加"剿共"的中央军黄杰第2师、关麟征第25师和刘戡第83师北上，敷衍张学良和全国舆论。张学良却不知道蒋的心思，还着实激动过一阵子。

山海关之战，拉开了长城抗战的序幕。日军夺占山海关后，曾向石门寨等何柱国主阵地作试验性进攻，但被击退。见中国守军防守严密，而千里之外的日内瓦国联对中日冲突的裁决又到了最后阶段，日军便暂停在了山海关一线。

1933年初的日内瓦国联总部，中日代表唇枪舌剑也进入了白热化。此时，中小国家站在同情中国的立场上，主张制裁日本，但大国出于自身利益的考虑，对日本退出国联的威胁颇为担心。

为使日本打消退出国联的念头，一些大国准备绥靖日本，牺牲中国。为此，国联秘书长杜拉蒙和副秘书长日本人松村制定了一个妥协案，准备回避迫使日本取消承认伪满洲国而国联回避不承认伪满洲国等问题。作为回报，日本也要为国联保留些面子，默许国联笼统地对伪满洲国表示反对。国联围绕此问题的争执一时僵持不下，中日争端的解决一时陷入一片混沌。

这时，中国方面获悉这一阴谋，中国代表施肇基代表中国立即就此问题向国联提出抗议。19国委员会中非难杜拉蒙的呼声也越来越高。1933年1月15日，美国新任总统罗斯福向各国发表通告：美国不承认伪满洲国。这样，美国在大国中首先向日本表示了强硬态度，使以大国为中心的妥协案宣告流产，中、日国联之争有利的天平开始倒向中国一方。此后，国联对日本的态度开始强硬起来。

2月14日，国联修改了《李顿报告书》，通过了要求日军撤退到满铁附属地以内和确认中国对东三省统治权的最新报告，日本被逼入外交绝境。这时他们所面临的只有两条路可走：要么执行国联决议，从东北撤军；要么与国联彻底翻脸，退出国联，不承担国联义务。对于图谋中国已久的日本来说，第一条路是断不能考虑的。那么等待他们的，只有退出国联，承认外交失败这唯一一条路了。

2月17日，日本内阁针对国联情势，召开紧急会议，反对国联的撤兵报告案。在看到外交努力彻底失败后，索性撕掉伪装，下令进攻热河。

仅仅3天后，日军便开始大举进攻热河，这也更刺激了国联，加速了日本外交的全面崩溃。24日，国联以42比1（反对1票为日本，弃权1票为泰国）通过了最后报告，谴责日本为侵略者，要求日本迅速从中国东北撤兵。国联日本代表团长杉冈不待会议结束，便铁青着脸发表了简短的声明。他表情沉重地说道："日本政府不得不认为日本就中日纠纷而与国联合作之努力已达终点。"

说完，就率日本代表团步出大厅离去了。大厅里，一时被一种紧张、沉闷的气氛笼罩着，除中国代表面露喜色外，各国代表团似乎都沉浸在一种不可理解的思索中。一个月后，日本便完全退出了国联，成了个地地道道的孤家寡人。

蒋介石、张学良的"国联梦"破碎了。日本人除了遭世界谴责外，只是失去了一个无关痛痒的国联会员资格。中国却实实在在丢了东三省，成了最大的输家。把国家命运寄托在"国联"身上，想来可悲。

◎ 长城抗战，换来一个辱国的《塘沽协定》

1933年3月，张学良在蒋介石的逼迫下，放洋出走西欧。张学良前脚走，蒋介石后脚就委任了军事委员会北平分会的新委员长。刚从江西"剿共"前线大败而归的总指挥何应钦代理了张学良的职务,进驻中南海居仁堂,主持华北军事。

此时的华北,随着中国军队热河战败,已是边关告急战云压顶。

危急时刻,蒋介石把曾留学日本、在国内被视为"亲日派"的何应钦放在多事之秋的华北,完全体现了南京一面抵抗、一面交涉的既定国策。华北不似东北,华北是中国北方的中心,有着象征着大中华的千年古都北平。丢了华北,无异于放弃了半个中国。

何应钦赴华北前,蒋介石指示这位国民党军的2号人物:此去华北,应拒日军于长城各口外。军事上迫不得已时,可与日军交涉停战。

何应钦上任几天后,便向华北各部队颁下战斗命令:

命傅作义将军率所部第7军团防守独石口,傅可设军团部于张家口;

命已与敌在热河交过手的王以哲第7军先防守古北口,待中央军徐庭瑶第17军到达后再换下整补;

命宋哲元率29军防守喜峰口,将日军顶在长城防线的突出部外;

冷口方面的防务由商震率第32军担任。

此外,由长城撤下来整补的东北军也得到命令:整补完毕调北宁线天津以东及冷口以东布防。驻节察省多伦的孙殿英41军须坚守多伦以东地区,威胁敌后,使日军不能不顾及身后。

长城,2000多年前秦始皇抵御外敌入侵的古老工事,想不到又成了2000多年后中国抗击外敌入侵的唯一工事。中国人,该为中国数千年悠久、辉煌的历史而骄傲,但也不能不为今日武备的废弛而痛心。秦始皇时代,毕竟没有飞机大炮,但今天,中国军队必须面对这些。

3月9日,喜峰口要隘首先告急。当时,防守喜峰口的是万福麟东北军第53军,该军虽有5个师另1旅的庞大编制,但自热河之战兵败凌源、平泉后,士气低落,无心再战。29军王治邦旅下午说好当晚29军便可接防喜峰口,请万福麟部再维持半日。但就在王治邦的111旅接近喜峰口时,日军服部、铃木两旅团的前卫队开始进攻喜峰口。万福麟军扼守喜峰口天险的一个旅竟在日军一阵炮击后望风而逃,丢了喜峰口高地。

29军援兵眼睁睁地看着喜峰口落入日军之手,又是痛恨又是焦急。王旅长气愤不过，当即令最先赶到的师特务营投入战斗，夺回喜峰口。

喜峰口，是长城诸口隘仅次于古北口的第二大险关。关口高地，对口内、口外都是居高临下。万福麟部轻易失关，给接防的29军带来了极大的困难。特务营虽为全师主力，但面对日军猛烈的炮火和关口高地上泼来的雨点般的枪弹，打得十分艰苦。黄昏时分，营长王宝良在率部争夺高地时中弹身亡，全营攻势受挫。恰在此时，增援的王长海团到达，迅即投入战斗。山上山下，一片混战，王团虽无力夺回喜峰口，但至少压住日军，使其不敢出击。

3月10日，赵登禹、王治邦、佟泽光3个旅的主力一夜奔跑，按时赶到了前线，迎头击退了向下冲击的敌军。一整天，喜峰口前线枪炮隆隆，硝烟弥漫。几座小高地上，双方反复争夺，谁都不肯退缩一步，但谁也无力打垮对方。

11日，双方冲上杀下，又是一天激战，战况仍然胶着。日军兵力有限，几次反击都被击退；29军向山上仰攻，携枪不易。营、连长一声令下，士兵们身背大刀片，腰别手榴弹向上硬攻，无奈火力不足仍无法突破敌防线。

当晚，29军改变策略，决定以王治邦旅正面抗击，而以赵登禹旅两个团、佟泽光旅两个团出潘家口、董家口，绕袭敌左、右侧背。两日来尝到装备劣势苦头的29军在付出较大的伤亡代价后，终于想到了这个以长击短的大胆办法。

夜半，两支连日苦战的疲惫之师出发了。几天来，长城内外连降大雪，雪落到地上就结成冰。赵、佟2旅官兵虽然疲劳，但雪夜行军，奔袭敌后，士气十分高涨。拂晓前，赵登禹旅按计划到达敌特种兵宿营区；佟泽光旅亦快马疾进插向敌右侧后。

突袭前，旅长赵登禹把第一线突击任务交给了董升堂团。董升堂是赵登禹手下的一员虎将，膀大腰圆，有一身好武功。夜袭日军，大刀、武功将是隐蔽行动的好办法，赵登禹关键时刻又想到了董团。董升堂欣然受命，背插两柄鬼头刀，率全团扑向三家子、小喜峰口；与此同时，王长海团也悄悄地乘夜暗摸向狼洞子及白台子敌炮兵阵地。白天，鬼子的炮打得邪乎，但晚上大炮不能上刺刀，王团绝不会放过这些厉害的铁家伙。

雪夜，天冷得厉害。苦战数日的敌军人困马乏，正拥被熟睡。尤其小喜峰方向的三家子、前仗子日军骑兵驻地，满街是马，敌军在屋里酣睡，整条街竟是死一般寂静。日本人做梦也想不到白天硬顶着飞机、大炮压力的中国军队会在雪夜采取偷袭战术，因而毫无戒备。许多日军被砍下脑袋或腹部被大刀刺穿时还在梦中。

29军夜袭战极其成功。喜峰口内外高地日军不但被斩杀众多，坦克、大炮也大多落入中国军队手中。一场干脆利落的夜袭战！

29军夺回喜峰口，痛歼日军，击毙联队长植田大佐，并在日后的防御战中，挫败日军无数次进攻，将日军拒在口外。同时，罗文峪方面也发生激战，29军另一部在冰天雪地中与日军大战数十天，击溃了进攻之敌，使日军难越雷池一步。

喜峰口、罗文峪战役大获全胜，毙敌甚众，一时引来各方强烈的反应。

北平、上海各大报纸争相报道喜峰口大捷，把29军的大刀吹得神乎其神，似乎抵御日军现代化装备的该是这种古老的兵器。接踵而来的各界慰劳团体也几乎毫无选择地往29军跑，反而冷落了几天后在长城沿线战斗更激烈的其他数个中国军，其中包括徐庭瑶的中央军第17军。

当时，全国各界人士只能从报纸、电台上了解到前线战况，而新闻记者只认打胜仗的中国军队。29军虽为西北军，一支杂牌部队，但喜峰口的胜利却使其得到了极大的荣誉和声威。20世纪30年代中国著名戏剧家和诗人田汉蘸着兴奋和激动的泪水，谱成了一首享誉全国的《大刀进行曲》，并且一唱就是几十年。

喜峰口一战也使日本国内大哗。日本战地记者壮着胆把喜峰口惨败的消息发回国内，日本各报相继转载，称此役使日本"皇军"遭到奇耻大辱。

最气愤的恐怕是关东军司令官、铁硬的武藤信义大将，在给长城前线指挥官坂本政右卫门中将的电报中，他不留情面地训斥道："喜峰口一役，丧尽皇军威名！"

喜峰口、罗文峪使日本关东军意外受挫，主攻方向的调整使长城一线战局一时形成对峙。

前方战事的紧张并没有影响北平城内坐镇居仁堂的军分会委员长何应钦上将的豪兴。一日，他邀请参谋长黄绍竑外出打猎游玩，当下，两人带上卫兵驱车直奔西郊颐和园。

阳春三月，昆明湖冰水初解，绿水浮冰间，成百上千的野天鹅纵情嬉鸣，这少有的一幅公园美景竟勾起了两人猎兴。黄绍竑命卫兵找来了管园的人。

面对一个军政部长、一个内政部长，管园的老者心里有些打鼓，尤其看到两人手上的猎枪。当黄绍竑问这园中的野天鹅能不能打时，管园人策略地回答道："还从没有人打过。天鹅一到冬天就飞来，一过春天就又飞回去，是颐和园的天然美景。也许是没人打，它们才敢年年飞来。"

何应钦猎兴大发，手痒痒的，急急忙忙地打发走管园的，操起了猎枪……

权威、显贵，使几只无辜的天鹅遭了殃。这以后，天鹅便告别了美丽的昆明湖，再没来过。

打猎完毕，何应钦与黄绍竑散步闲聊。谈话间，何应钦提起了远在赤峰的孙殿英第41军。看得出，何应钦对孙殿英不但大为不满，甚至有些怀疑。

"孙部3万余人，3日前就已抵赤峰、围场一带。我让他们固守多伦以东山地，吸引日军，可他那里没怎么打就向回退。一路上拉夫扰民、四处骚扰，已有很多人到我这里告状，有的人甚至说他接受了伪满的委任状。我已停了他们的军饷、给养。"

黄绍竑听罢，当下询问道："敬之兄，说孙部通日，可有证据？"

"没有，不过该部非但没能吸引日军兵力，反弄得怨声载道，总该让他们反省反省。这些地方土顽，真是抗日不足，扰民有余，我相信他们什么事都干得出来。"何应钦贵为军政部长，对孙殿英这种军不像军、匪不像匪的部队最是反感。

"我看有必要派个人去看看。眼下用人之时，万不可把他们逼急了，如果没人可去，我可以走一趟。"黄绍竑听出了何应钦的弦外音，当下自告奋勇道。

"季宽兄如能前往，自然最好不过。不过快去快回，长城战事的平静只是暂时的，用不了多久还会打起来。到那边一切事你可全权处理。"

4月，北平军分会参谋长黄绍竑在沽源以北的平地脑保（蒙语，泉水的意思）见到了41军军长孙殿英。孙殿英一脸的麻子，给人的印象粗鲁愚昧，但此人憨愚的外表下却掩藏着一颗精明狡诈的心。10年前东陵盗宝，他成了全国的靶子，但他拿出盗来的一部分财宝四处打点，甚至送到了蒋介石、宋美龄那里，最后事情竟不了了之，相反是得了财宝又出了名。今日见内政部长兼参谋长亲自到来，联想到两月来停扣的军饷、给养，自然知道眼前这位"钦差"的分量，不待黄绍竑把话说完便忙不迭地表白道："部长有所不知，多伦地方虽大但人烟稀少，给养自然困难。别说鬼子来，就是鬼子不来，我这3万来人待在那儿吃什么。这儿虽有些山，可这能叫山吗？寸草不生不说，地势也平缓，让我拿什么去挡日本人的坦克？部队开来后，既无兵站，又无存粮。部队不自己解决怎么办，怎么作战？军纪太坏我承认，可我有什么办法？难道我不想让自己的队伍走到哪儿都受人欢迎？"

孙殿英仗没打好，嘴皮子倒很是利落。黄绍竑对实情不了解，也懒得跟他磨嘴皮，当下又暗示道："现在外面有很多闲话，你知道吗？"

孙殿英是个明白人，一听这话来了气，骂道："他妈的，我知道外面有人造谣，说我见日本人不战而退，说我投了'满洲国'。这都是有些王八蛋想整我。部长，你去看看，我的伤兵从哪里来的？我总不会把自己那么多的弟兄打伤吧。再说了，全国人都知道我孙某挖了小溥仪的祖坟，就是我想投他，他肯容我吗？这岂不是把我这麻子脑袋往刀板上送？我孙殿英虽然是土匪出身，混了几十年，也还知道一些民族大义，即使再愚也还知道与日本人、小溥仪有不共戴天之仇。那些造谣的人就是想栽赃我，好吃掉我的部队。请部长转报何部长，妥为处理此事。我孙某一定服从命令，绝无二心。"

孙殿英唾沫星子乱飞，一通表白，倒还说服了黄绍竑。当下，黄绍竑答应马上补发欠饷40万元和面粉4万袋，并命孙殿英率部在沽源、独石口、镇岭口一带布防，以便抽出傅作义部作战役机动力量。

这以后，孙殿英还真与日本人打了几仗，傅作义也得以抽身出张家口支援长城战事。黄绍竑辛苦半月，不虚此行。

3月10日午后，日军将主攻方向指向了长城重要关口之一——古北口，同时向冷口、界岭口方向也实施了攻击。古北口，东北军王以哲的67军作战不力，未能阻住敌军，3月11日丢了古北口。刚从江西"剿共"前线调来的中央军第25师在师长关麟征的率领下立刻投入反击。古北口土石山上，中日两军反复争夺，均伤亡惨重。师长关麟征被日军手榴弹炸伤，但仍在前线督战。日军土黄色军装裹着的尸体也是满山遍野。

12日夜，日军增援部队开到，关师只能放弃夺回古北口的企图，退守第二线险关——南天门。南天门地形险要，但兵力布展不开，为稳定防御，关麟征只得把兵力一步步地往上调。日军以一个师团的重兵全力猛攻却难有进展。直至4月初，关麟征的第25师被打残了，只能以杨杰的第2师顶上去。而日军援兵也在大批涌向南天门。

小小的南天门，似乎成了整个战场的中心。至4月末，杨杰第2师也消耗得差不多了，17军军长徐庭瑶只能咬着牙，将手中的最后一个师——刘戡的83师投入战场。中央军到底是蒋介石的宠儿，17军先古北口后南天门血战近两个月，歼灭日军数千人，始终没让日军从自己的阵地上攻破。

关键时刻，日军突破冷口，直插丰润、玉田，威逼长城一线整个中国军队后路。为保住部队，何应钦下令前线部队全部后撤，长城各口门户洞开。

5月20日前后，一路日军进逼通县，宝坻日军攻占香河，北路日军到达顺义，北平重镇已处在日军三面包围之中。北平，在军事上已陷于死地。

北平已能听见隆隆的炮声，日机更是天天示威不断。城内风声日紧，引得军民一片惊慌，甚至何应钦、黄绍竑等最高军事长官也已收拾好行囊，随时准备撤离。但蒋介石此刻正在庐山部署"剿共"，电话怎么也打不进去。万般无奈的情况下，何应钦决定先斩后奏，与日军商谈停战。

早在5月3日，南京即派来了亲日派的重要人物黄郛，并任命其为行政院北平政务委员长，准备与日本人周旋。蒋介石原指望华北危急时，英、美等国能站出来说话，阻止日军威胁北平，黄郛不过为缓冲与日本人关系的一颗棋子。但国际社会对正处于风头上的日本人并无强硬表示，只希望双方停战言和，这种话说了等于没说。

5月25日，何应钦派出参谋处长徐祖贻少将赴密云日军第8师团司令部谈判停战。日军第8师团师团长西义一中将以胜利者的姿态提出了停战办法：

（一）中国军队撤至延庆、昌平、高丽营、顺义以北，通州、香河、宝坻、林亭、芦台以南一带，以示中国军队停战的决心，请日军不再前进；

（二）于5日内日方派遣代表与中国军事当局讨论停战条款；

（三）正式谈判地点须在日军占领地内。

5月30日，曾留学日本的参谋部作战厅厅长熊斌受命赴塘沽与日军谈判。败军言和，自然难有公允。5月31日，随着熊斌与冈村宁次在《塘沽协定》上签字，持续近3个月的长城抗战写下了一个令人遗憾的结尾。

蒋介石开口闭口"剿共"，一切战备训练为了"剿共"，日本人岂能不放开手脚大动刀兵，国民党军各级将领又如何铁下心来抗日？一支弱旅在左右掣肘的干扰下连对手的战术特点和应对之法都未掌握就去面对一支装备精良的强敌，何以取得战争的胜利?

长城抗战是中国军人一腔热血的喷发,但仅有热血是不够的。

《塘沽协定》的签署,为日军打开了华北大门。在中日尚未宣战的情况下,日本政府指示关东军对华北的下一步策略是三分军事、七分政治,逐步使华北脱离中国政府,实现日军控制下的"自治化"。在这之后的几年里,华北虽不像东北那样被坦克、大炮征服,但日军的一步步渗透使其离南京国民政府越来越远。若不是日后西安事变的爆发和"七七"卢沟桥燃起的全面抗日战火,华北也许将是第二个东北。

华北不是东北,但对日军来说目的是一样的。

转眼已到了1934年的夏天。

3年来,正当蒋介石沉浸在"剿灭"红军的梦幻中时,日军已把辽、吉、黑、热河4省攫于手中,并大兵南下,取山海关,控制了长城内外各口隘。平、津两市东、西、北三面受敌,中国北方丰饶的半壁河山岌岌可危。而江南上海也成了中国不设防的城市。中国,正在不知不觉中被日本蚕食,一步步走向沦亡的边缘。

在这3年中,日本国内也是风雨飘摇,政局动荡。内阁政府走马灯似的换了3届。但无论哪一届内阁,似乎根本没有注意到国内的危机,他们的眼光总是越过茫茫的大海,盯住了遥远的中国。面对3年来日军在中国北部所取得的战果,日本人惊得目瞪口呆,欣喜若狂。而天皇裕仁,则更是心旌荡漾,激动不已。当日军的铁蹄跨过长城,整个中国大地都感受到它的震动时,裕仁却大喜过望。他时常对着宫中那张巨幅世界地图发呆,望着图中央那巨大的中国,想到超过日本帝国3倍国土面积的中国东北已然在握,他的脸上忍不住绽出了花朵。尝到甜头的裕仁更加纵容和支持内阁、军方对中国所采取的扩张战略。这样一来,随着日军入侵战火的不断扩大,掌握中国统治权不久的蒋介石终于被身边的这只猛兽惊醒,不得不认真思索自己所处的实际环境。

7月,长江中、下游地区又进入了酷热难当的盛暑,然而素以"凉岛"著称的庐山却仍是林木青翠,凉爽如春。蒋介石这时又上了庐山。这里他太熟悉了,无论是当年的北伐,还是今日的"剿共",江西对他都具有特殊的意义。每次赴江西,他除了有时在南昌待些时日外,其他办公、生活地点一般都是选在云遮雾罩、充满神秘色彩的庐山。

10日午后，蒋介石信步出了居室，沿着牯岭街缓缓地向山上走去，几名侍从小心地远远跟在后面。今天，他像是有满腹心事，虽然步态还似以往那般沉稳，但却显得有些缓慢。他时而抬头望望四周，像是在欣赏雾中群山的温柔、美丽，可时而又低头陷入沉思，偶尔晃动着手中的拐杖，像是要驱走心里的烦恼。浮动着的轻纱一般的薄雾，使日照峰若隐若现、朦朦胧胧，有一种捉摸不定的感觉。他也像处在幻境中，对过去和未来产生了一种难以捉摸的困惑感。

自他投身革命以来，虽然曾经历过几次危机，但更多的却是取得胜利的成就感。然而这3年他却备感艰难。国内各军阀实力派此起彼伏的反蒋倒蒋尚未平息，国民党军对红军的几次"围剿"也出乎他预料地屡屡惨败，而日本人又借机在北方连连发难。尤其日本人，就像是一只窥视中国已久的饿狼，再也没有耐心等待了，趁他陷于中国内战而无法抽身时，不顾一切地扑向了中国大地。东三省硝烟未尽，日军又杀出山海关，侵占热河，扼住平津，虎视眈眈地盯住了华北，真是得陇望蜀，丝毫没有止息的意思。这使得中国人心中对日本人的仇恨和对国民党军退缩的愤怒终于不可遏制地爆发出来。中共和一般民众自不必说，就是国民党内部对他也有颇多指责。中国大地上一浪高过一浪的反蒋抗日怒潮使他感到了震颤，感到了一种过去未曾经历过的危机，也多少冲击了他早已埋藏在心里的战略步骤。以他的本意，各军阀平定、国民党军政大权独揽后，下一个要征讨、"剿灭"的，便是他一直认为的心腹之患：中共和红军。前4次较量，他都大败而归。但他已从轻视红军的阴影里走了出来，他要集中他的全部军力，与红军进行一场生死较量，正当他为第5次"围剿"头几个回合得手而洋洋得意时，日本人却又在华北发难。江北半壁河山的危机，引起了全国各界排山倒海般的抗议狂潮，而他本人也不能坐视整个北方沦入日军之手。这使他陷入进退维谷的境地。

蒋介石心里当然清楚，以国民党现有的军力根本无法同时抗击日本和中共红军两方面的压力。这样，他必须在抗击日本和"剿灭"中共之间作出选择。

这种选择太令他痛苦了。两个对手中任何一个得势，都将对他的江山稳固构成致命的威胁，但他在一定时期内又只能树立一个敌手。此时如果放弃对中央红军的"围剿"，调集他的国民党军主力到遥远的北方去抗击日军，他认为没有把握取胜。

日本毕竟是个强国，武器装备先进，作战思想领先。与这样一个世界上先进的军事帝国正面对抗，国民党军必将陷入漫长的战争而无力自拔。即使他最后胜了，那也是两败俱伤。而中共、红军则可能坐山观虎斗，急剧扩大地盘，壮大自己的力量，来日终将成为他的心腹大患，这是他无论如何都不能接受的。更何况他认为初揽大权，根基尚未打牢。所以此时他是不会做出这种选择的。可不放弃"剿共"的话，就意味着要眼睁睁地看着日本人不断地侵入北方，不断地践踏中国的主权。而他作为中国政府的代表，权力的象征，在这种情况下逆流而行，他日后的道路上将遍布荆棘，甚至有可能被中国民众愤怒的狂潮所淹没，他深知水能载舟，亦能覆舟。这使他茶饭不思，夜不能寐，苦思焦虑着如何解决这一难题。

最终，还是他的政治私心和他"剿灭"中共的执拗使他决定继续其"攘外必先安内"的基本国策，对日本人则采取交涉、拖延的策略。

就在前一天的第一期庐山训练团开学典礼上，身兼团长的蒋介石又一如既往前去发表了一通训示。他对这些身为高级军官的学员自然十分重视，他心里清楚这些人是成就他今后大业的栋梁，他更清楚眼下他们并非个个拥护他的政治主张。治人必须治心，治心方能正本，必须首先让他们明白中央的真实意图。

望着台下戎装笔挺、神采奕奕的学员，他颇有些激动，大声说道："现在总有些人嚷着要和日本人开战。他们终不知，贸然和日本开战，不啻自寻灭亡。日本要灭亡我中国，所以现在这个时候，说是可以和日本正式开战，那是痴人说梦，太不知道自己，也太不知道敌人了。"

他顿了顿，望着台下一张张表情复杂的面孔，提高了声调，继续说道："现在本党的中心，还是要安定内乱，共党不除，难以抗日。当然对日本，我们也决不屈服，但要讲策略，要会周旋，我们的外交方针是'不绝交，不宣战，不讲和，不订约'。"

他的这番话实实在在展现了他当时的思想。

时下，看着他的数十万正规部队对红军的"围剿"取得初步胜利，他自然急不可待地要"剿灭"红军，消灭中共，彻底地了却他心中的隐患。对日本人，他认为时候未到。他要在自己的统治地位稳固后，在中共这个心腹之患去除后，再去会日本人。那时，即使他败了，中国仍是他蒋介石的中国。

但直至全面抗战爆发，他一直都在走着一条弯路。中国有句古语说得好："兄弟阋于墙而外御其侮。"在外敌图谋中国不已的情况下,他却一门心思对内"征剿",这毕竟是逆历史潮流的。而逆历史潮流终究是要被历史淘汰的。

◎ "二·二六",军刀舔血向战争

1936年2月26日凌晨,一片银色的东京还在鹅毛大雪中静静地睡着,整座城市一片宁静。

凌晨5时,东京市麻布区第1师团驻地,第1联队、第3联队的1400余名官兵,在安藤辉三、河野寿2名大尉及8名中尉的指挥下,分成数路,杀气腾腾地扑向沉睡的市区。

震惊日本和全世界的东京"二·二六"兵变,在一些日军少壮军官的长期酝酿下,终于爆发了。可此刻,大祸临头的日本军政大员对即将到来的灾难却浑然不知,毫无戒备。

攻击首相官邸的,是粟原安秀中尉指挥的第1师团步兵第1联队的300名士兵。他们装备有重机枪7挺、轻机枪4挺、步枪100多支和手枪20支,子弹1万余发。这是一支完全按实战要求装备的部队。这股部队分成两路,在首相官邸枪杀警卫警官4人后,冲进内宅。在走廊上遇到了冈田启介首相的内弟、陆军预备役大佐松尾传藏。叛军误认为松尾就是冈田首相,一阵乱枪将其击毙。在松尾身上费了点周折,就给了惊魂未定的首相喘息之机。在一名女佣的帮助下,冈田在女佣狭小的衣柜中待了数小时才被人救出,在叛军哨兵的眼皮底下化装后逃出官邸,幸免于难。刺杀首相之后,粟原中尉又分兵一部,袭击了日本久负盛名的《朝日新闻》社。

与冈田启介首相相比,内大臣斋藤实就没这么幸运。步兵第3联队的坂井直中尉指挥150名全副武装的士兵,把内大臣府邸围了个严严实实。当叛军嚷着冲进院时,斋藤早已被军靴踩在雪地上的"喊喊嚓嚓"的声响和吵嚷声惊醒。他刚冲出屋子,便迎面撞上了叛军。一阵乱枪过后,坂井带着几个士兵走上前去,又挥起了军刀和刺刀。斋藤可算是最惨的一个,共遭受弹伤47处,刀砍和刺伤几十处,当即死亡。为杀害一个毫无抵抗能力的人,竟然采用如此残忍的手段,日本陆军的残暴达到了令人难以置信的程度，更何况被斩杀者还是日本国的重臣。日军士兵对自己的上司都能采取如此丧失人道的做法，人们对一年多后南京城里那一幕幕令人发指的暴行自然也就不会觉得奇怪。斋藤的死不仅令西方社会看到了日本军人的兽性，就连天皇日后得知时也不禁倒吸凉气。

袭击斋藤实私邸的另一股部队，携带轻机枪4支、步枪10支，在高桥太郎少尉和安田优少尉共同指挥下，带领30名士兵袭击了位于荻洼的陆军教育总监渡边锭太郎的私邸。当时正是早上6点多钟，习惯早起的渡边已经穿好军装，和粗暴闯入的这支队伍展开了对射，使安田少尉和一名下士负伤。但无准备的渡边子弹打光后，还是被对方的无情射击和军刀猛砍致死。叛军的屠刀不仅指向了文人，也挥向了自己的军人上司。

藏相高桥是清在这一天也遭到袭击。高桥曾当过日本银行总裁和贵族院议员，由于他坚持削减巨额军费，成了日本军人痛恨的大臣。当第3联队中桥基明中尉率120人冲进宅邸，击伤守卫警官后，高桥还在梦中。中桥率十多人破门冲进卧室，走上前去揭开了被子，大喝道："天诛！"

"混蛋！"高桥是清大喊了一声，还没骂出第二句，中桥基明的一梭子弹已射入了高桥的躯体。另一名少尉走上前，一军刀将高桥连头带臂地砍作两段，几把刺刀也同时刺入了高桥残断的尸体。一切做完后，军人们对冲进来失声痛哭的高桥夫人耸肩说道："对不起，打搅了，请安排后事吧！"

军人们没有再看高桥是清一眼，便满意地扬长而去。

侍从长铃木贯太郎在这场恐怖的兵变中算是最为神奇的人了。当时，整个事变的第一号人物、第3联队被誉为"神一般的中队长"安藤辉三大尉率200名士兵闯进天皇侍从长的私邸后，这才发现侍从长的私邸如此之大。叛军到处搜索才在内室发现了侍从长夫妇。上士永田走上前分开侍从长夫妇，一边说"为了昭和维新，请阁下作出牺牲吧"，一边开了3枪，一枪未中，一枪击中下腹，一枪擦着心脏而过。这时安藤大尉来到室内，他本想用军刀刺穿铃木的咽喉，但是当他看见铃木夫人双手合掌，苦苦哀求"请您就此罢手"时，不知为什么突然改变了想法，行了个军礼扬长而去。铃木看来命不该绝，经过抢救他不但没有死去，反而作为后来日本接受波茨坦宣言的首相，戏剧般地完成了改变日本命运的使命。

杀害前内大臣牧野伸显的任务，由所泽航空队的河野寿大尉指挥。他只率领8名士兵，携带轻机枪2挺、步枪2支、手枪5支。结果，不仅让牧野有幸逃生，而且遭到警卫的抵抗，河野大尉胸部中弹，下士官负伤，刺杀行动以失败告终。河野后在医院自尽。

此外，叛乱部队还袭击了后藤文夫内相官邸，后藤因外出而幸免于难。

至上午8时，刺杀活动全部结束。叛乱者以陆相官邸为据点，由步兵第3联队的野中大尉率领约400名士兵，以重机枪8挺、轻机枪10余挺、步枪360支，占领了警视厅并切断了与外界的一切联系。2月26日上午，东京市区完全陷入瘫痪状态。

从当日下午起，全市所有剧场、电影院一律被勒令关闭，文娱广播节目全部停止，只能定时播放当局发表的新闻。各报社的晚报也被迫停刊，整个东京市民处于极端的惊恐之中。

军人的"以下克上"行为再次震动了日本，震动了全世界。叛军兵变得手后，满东京地发布"宣言书"，称：导致政治腐败、军人堕落、国家破坏的元老、重臣、军阀、官僚、政党等一帮元凶，皆应诛杀铲除，以资实行天皇亲政的"昭和维新"。内阁幸存者看出了军人欲实行他们所谓的"清君侧"的荒唐行动，便做出了辞职的决议。傍晚，冈田内阁决定总辞职，指定后藤内相为代理首相，全体阁员的辞呈于是日深夜送皇宫。

第二天，2月27日，残雪覆盖的东京进入了戒严状态。

然而，叛军"清君侧"的行动，却首先激怒了日本国君——天皇裕仁。当日午后，天皇召来了侍从武官长本庄繁大将，详细询问了事件的始末。平日一向温和的天皇今日显然动怒了，他以未曾有过的怒色狠狠地诅骂道："朕所最信赖的老臣，一个个惨遭杀害，这还能说是报效国君的精神？像这样一些残暴军官是绝对不能宽恕的。"并当下指示本庄繁大将："命令戒严司令官收缴他们的武器，不得已时也可以用武力镇压。"

皇上的敕命，在当时的日本是最高圣命，必须无条件地执行。但纷乱的东京，非常时刻却是什么事都可能发生。事实上，命令并没有立即执行。

戒严司令官、东京警备司令香椎浩平中将，原来也是皇道派的同情者，他不但同情叛军，而且还完全默认了叛乱军官的行动，因而未立即执行镇压命令。非但如此，他甚至把川岛陆相和杉山元参谋次长请到司令部，恳求他们给予谅解。他说："值此之际，作为和平解决的手段，只有请求天皇做出圣断，表示坚决实行昭和维新。反之，如果出动军队镇压，我相信谁都不愿意看到皇军相互残杀的悲剧出现。我打算立即进宫参见天皇，请求赐予断然实行维新的敕语。"

"根本不能同意你这个想法。迄今，不要说主管长官，甚至军界的长老都对他们进行了一而再再而三的耐心说服，可是这些叛乱军官一点也听不进去。即使从维护起码的军纪而言，也是不能宽恕的，必须马上遵照诏敕命令调动部队进行讨伐。"

杉山元大声疾呼，表示坚决反对。但是川岛陆相却只是心情沉重地一言不发。

"我改变原来决心，坚决进行讨伐！"

善于见风使舵的香椎浩平听到杉山元的这一番话，抱着双肘低头沉思良久后改变了自己的观点。

陆相官邸，安藤辉三大尉等叛乱军人也在紧急商议下一步行动。这次事变，叛军指挥者实际上受了日本法西斯理论家北一辉《日本改造法案大纲》思想的影响，如今事变已起，叛军自然会想到这位狂人，当下与北一辉进行了电话联系。之后，决定以皇道派成员、原教育总监真崎甚三郎大将作为实施昭和维新的"正义军"首领，由他制定全部活动方针。但是，真崎显然不是他们的理想中人。见事情闹大了，真崎突然改变了态度，在陆相官邸作了20来分钟的说教后表示："各位如果继续坚持下去，势必成为皇军的罪人，我劝你们还是归顺吧！"

说完这番出乎意料的话后，真崎甚三郎怕沾上腥似的急忙离去。

接二连三遭抛弃，反叛的少壮军官们处于进退维谷的境地。他们在占据的山王饭店和幸乐餐馆上高高悬起了盲目信赖天皇的所谓"尊皇讨奸"的旗子，岂知就是天皇本人视他们为凶暴的叛徒并命令严加镇压，这真是莫大的讽刺！后来，一个被处死的叛乱军官，曾在遗书中写下这样的话："我无比仇恨天皇背弃我们的忠实的行为。"

就在叛军一筹莫展之际，奉天皇大命实施讨伐的队伍，陆续从佐仓、甲府、宇都宫和高崎等地开进东京。28日夜间，集结在赤坂的叛乱部队，已经处于坦克部队的全面包围之中。24000名步兵也做好了战斗准备，预定于29日上午9时发动攻击，赤坂附近的居民已受命撤离。

内外交困，使叛军有些军官开始动摇了。但是，"神一般的中队长"安藤辉三大尉坚持进行抵抗，使产生归降念头的人又缩了回去。三宅板、山王一带，叛军部署了第一道抵抗防线。

29日晨，航空大厦的屋顶升起了"不要顽抗到底"的标语，坦克部队也开始行动，逐渐缩小了包围圈，这时叛军已成瓮中之鳖。

当坦克的履带声鸣响在安藤辉三大尉等人据守的山王饭店附近时，安藤辉三命令30余名士兵冲向电车道，一齐伏卧在坦克群的前面。

"反击坦克是不会有什么作用的，我们干脆就让它们从身上轧过去，让我们以死来表示抗议。"安藤辉三望着伏卧着的士兵，坚定地说。

坦克在安藤辉三等人面前停下来了，只是撒了撒传单就撤走了。这时安藤的顶头上司、步兵第3联队所属大队长伊集院少佐跑过来，泣不成声地对安藤说："安藤君，你再听我说一遍，停止无谓的抵抗，用自尽表示效忠吧！士兵实在可怜，命令他们回去吧！"

"我决不接受这样的命令，没有理由因为怕包围和威吓而表示屈服。我们的方法错了，原以为打倒重臣、阁员就能实行昭和维新，事实上，应该在这之前先打倒内阁。让我自尽，见鬼去吧！"

安藤辉三面如土色，但态度坚决地吼道。

安藤辉三的怒吼，清楚地表明这场震撼日本全国的大事变所必然发生的真相。长期以来，陆军中的皇道派和统制派，互相对立，明争暗斗，终于表面化。军阀相互间的内讧，使皇道派终为统制派所降服。

皇道派是一种超现实的天皇亲政论者，他们热衷于形而上学的改革。与此相反，统制派则是合理主义者的集合体，反对发动政变，主张在维持军事统制的前提下，实行合法的国家改造，所以也被日本人称为"政策派"。统制派敌视皇道派，皇道派又以实力回击统制派。1925年8月，皇道派的相泽中佐，光天化日之下在陆军省内暗杀永田铁山军务局长就充分说明了这一点。永田铁山被称为日本陆军中有名的秀才，又是统制派的巨头，所以被皇道派视为眼中钉。但是皇道派杀害永田，并不能为政变打开通道，今日"二·二六"事件的挫折再一次证明了这个事实。

飞机又一次在被包围的叛乱部队上空盘旋，抛撒传单，大喇叭里也在不断地发出号召投降的喊话。

"戒严司令部29日上午8时55分发表告士兵书，内云：敕命已颁，天皇陛下已有诏敕,你们真心诚意服从长官指挥,坚决执行命令这是对的。但是现在天皇直接命令你们回到原来部队,如果坚持抵抗下去,势必成为违抗敕命、罪不容诛的国贼。你们曾相信自己是正确的,然而,如今已知误入歧途,就不该因为事情已到如此地步,或者强调情义而继续顽抗。决不能留下叛逆天皇而成为国贼的罪名,现在回头还为时不晚,要立即停止抵抗,重返皇军中来。如能这样,以前的罪过将会得到宽恕,这不仅是你们的父兄也是全体国民的衷心期望。务望从速放弃现在的阵地,回到原来岗位!戒严司令官香椎中将。"

这篇告士兵书是由NHK爱岩山广播电台著名广播员中术广播的,他那充满哽咽的语调,不但使平叛官兵深受感动,叛军士兵更是为之落泪。

事变最终平息了,整个过程,没有动用一枪一弹。官兵们一个个开始归顺,除了最强硬派的安藤辉三大尉在山王饭店自杀未遂外,其余全部投降。

下士官以下人员仍回原部队,军官们被收容到宪兵队,这时,他们还寄希望于军部,寄希望于日益强大的军人法西斯势力。他们默默地期待着以后在法庭上的斗争。

然而,他们的期望只是一场梦,特设的军法会议是按紧急敕命召开的。从4月末开始,只进行了一审,而且既没有辩护人,又不公开审判,他们没有被给予发言的机会。

这场匆忙的判决,于7月初结束了。7月12日,在代代木陆军卫戍监狱的刑场,被宣判死刑的13名军官全部被枪决。上午7时,第一批被判处死刑的香田、安藤辉三、粟原安秀、对马和竹屿5人,身穿草绿色军装,蒙着眼睛,被看守架着押赴刑场。

参与这次执刑的人,有监狱长以下10余人,射手分3班,每班由1名大尉负责指挥,由5名中、少尉任射手。

监狱一隅空地上的刑场,掘有5条深沟,在被处刑者的两侧和背后都堆有沙袋,后面则是高高的砖墙,在相距约10米的枪架上,分别固定2支步枪,1支瞄准前额,1支瞄准心脏。后者是准备射后不能立即死去时再向心脏补射的。每个受刑者都是正坐,身体被绑在身后的刑柱上。

在赴刑场途中香田大尉仍慷慨激昂地对同伴们说:"诸位!我们的死是以满腔热血走向天皇陛下所指引的地方,所以我们是为天皇而死。让我们高呼天皇陛下万岁！大日本帝国万岁！"

5个人并列在刑场上，一个人首先高呼天皇陛下万岁！其他的人也跟着喊叫起来。

在那令人窒息的瞬间，射击指挥官根据监狱长的指示，以手势发出了射击的口令。射手们一齐扣动扳机，目标是前额部。枪响的同时，鲜血飞溅。而此刻，在刑场附近的代代木教练场，步兵演习的隆隆炮声，直至行刑结束还在响着。

日本旧时有一句表述维新志士心情的话，叫作"恋阙之情"。"阙"是指皇宫。意思是志士们对于皇室寄托着欲罢不能的柔情，但是这种柔情只不过是一种无情的单相思。

这天被判刑的13人的心情，宛如"恋阙"一般，是充满鲜血地对日本天皇单相思的一场悲剧。

遥远的沈阳，关东军参谋长东条英机很快得到了东京的消息。走上刑场的13条军魂那种满腹悲痛的遗恨，逐渐变成了仇怨潜移到他的脑海中。作为统制派的代表人物、日后日本的独裁者和太平洋战争的指导者，他以对天皇的绝对忠诚让遗恨的烈火在胸中越烧越旺。

"二·二六"事变被镇压下去了。但日本军人干预政治、建立军国主义统治的步伐却大大加快了。3月5日，"二·二六"事变余烬未息，但新宿宝亭饭店的一间密室内，7名陆军部具有激进思想的骨干，已经私下制定好了日本军队和国内政治的新方针，其中三井中佐的话一针见血，道出了他们的野心："在这次受命组阁的广田内阁中，一定要以我们推举的寺内寿一大将作为陆相入选。要把政党搞垮，建立'一国一党'的军政府，此为最佳时机，寺内就像个磨人的孩子一样，他这个特点对我们极为有利，只要我们积极推动，他就会一切照办。为此，首先要使广田内阁的阁员遴选必须符合我们的方针。"

三井中佐神通广大，说到做到。第二天，寺内寿一大将在三井的陪同下，代表陆军部向新闻界发表了颇具威胁性质的讲话："新内阁必须坚决取缔政党和财界的腐败，应该具有实干精神和无比的气魄，采取积极和强有力的措施，以加强国防为首要目标。从这个意义出发，绝不能允许自由主义者或者企图维持现状的保守派人物组阁，这是整个陆军的强烈要求。"

同日下午，寺内寿一大将率三井中佐等人面见正在组阁的广田弘毅，公开反对任用吉田藏为外相、下村宏为拓务大臣、小原直为司法大臣、川崎卓吉为内大臣、永田为文部大臣。寺内态度强硬，不是指责这个亲英派，就是指责那个自由主义、官僚出身或有政党背景，并威胁说如不按陆军意思办，他这个陆军推举的陆相将无法入阁，内阁也将因此垮台。

军人粗暴干涉内政终于在日本政坛公开化了！

寺内寿一和陆军能量更是大得惊人，几番折腾最后终使广田弘毅屈服，入阁人选，凡陆军不点头，广田是不敢任命的。

广田弘毅艰难地顺着陆军的意思组成了内阁，寺内寿一陆相也开始了他的"肃军"。遭打击的，自然是"二·二六"失败的皇道派。几番重大调整，"九一八"事变时的陆相南次郎、关东军司令本庄繁等7名现役大将，以及3名中将、1名大佐被贬入预备役，共3000余名军官被调整更换。

日本军队终于成了统制派的一统天下。

日本政府终于也成了看军人眼色行事的摆设。日后，无论哪届内阁上台，这种风气只是愈演愈烈，直至东条英机上台后干脆由军人接管。

"为了对抗英、美为首的欧美集团，必须建立一个亚洲集团。"

"如以武力向南北扩张，必须实现全国意志的统一和国家的高度国防化。"

"应以经营中国大陆为首要目标，以建设满洲为中心，牵制北部正面之敌苏联，攻击背后的蒋介石。"

……

统制派幕僚们的一揽子提案，终于在8月7日的五相会议上以国策的基调确定下来。为实行军备扩张和进行战争准备，日本在政治、经济、思想各方面，开始了有组织的动员。国家总体战规划正逐步成形。

几年徘徊，几度波折，日本终于在世界震惊的目光中，进入了日后被日本人自称为"准战时体制"的时期。

磨刀霍霍的日本，终于步入法西斯军国主义歧途。不祥的战争阴云，终于飘过日本海峡，翻滚在对岸的中国大陆上空。

第二章

醒狮怒吼

"七七"事变这一枪早晚是要打的,唯一不确定的可能不是7月7日,也可能不在卢沟桥。

"北平若可变成沈阳,南京又何尝不可变成北平!"蒋介石的愤怒终于爆发。他梗起脖颈,发出日后传遍全国的悲壮名言:"如果战端一开,那就是地无分南北,年无分老幼,无论何人,皆有守土抗战之责任,皆应抱定牺牲一切之决心。"

睡狮猛醒,中国终于打响了全面抗战的枪声!

◎ 华北，日本军人反客为主

华北，中国北方的心脏。从军事上说，控制了华北，中国长江以北广袤的大地便失去了与江南的联系。正因为此，中国历史上，华北这块地方历来是兵家必争之地。

1937年的华北，对中国来说却是个让人充满忧虑的地方。华北军事、地理上的重要性，别说蒋介石和他的南京政府，就是稍有些军事常识的人都知道它的价值。但当时的华北却是个十分特殊的地区。这里虽是中国的领土，但日本人尤其日本军人的话在这里产生的影响有时却比南京中央政府的话还有效力。在华北的心脏——平津地区，中国第29军的营房与日军的驻防地相互交错，两军冲突时有发生，两军互为假想敌的演习更是不断。在日本人放出的"日中亲善"的宣传声中，人人都能感觉到那潜藏在"和平"烟幕下的腾腾杀机。日本军人反客为主，在华北、在中国的土地上为所欲为。

弱国的悲哀！中国的悲哀！

1933年，关东军出兵热河，施展武力淫威。9月，南京政府与日本签订了《塘沽协定》。中国军队洒泪撤出察北和冀东地区。从这一天起，六朝古都北平和北方港口都市天津已成了难以设防的城市，成了战争的前线。

1935年5月29日，日本驻屯军参谋长酒井隆大佐与日驻华使馆武官高桥坦面见国民党北平军分会代理委员长何应钦，借口天津两个汉奸报社社长被杀和中国当局援助东北义勇军孙永勤部进入滦东非武装区，破坏《塘沽协定》，态度蛮横地向国民党当局提出无理要求，并由东北调日军入关，"河北事件"爆发。此后，又接连发生日军侵略华北和国民党当局在华北丧权辱国的一连串事件。

6月5日，察哈尔省中国驻军在张北县（今属河北省）扣留了四名潜入察省偷绘地图的日本特务。"华北事件"尚未完全平息的风波遂又再起。日本向国民党政府提出抗议，并以此为借口屯兵察省边境，派飞机在北平上空示威要挟。国民政府命察省民政厅长秦德纯与日关东军代表土肥原在北平谈判，27日达成协议，这就是当时轰动一时的《秦土协定》。协定内容规定：（一）向日军道歉，撤换与该事件有关的中国军官,担保日本人可在察省自由行动;(二)取消察省境内一切国民党机关;(三)成立察东非武装区,第29军从该地区全部撤退;(四)将察省主席宋哲元撤职。《秦土协定》使冀察两省主权大部丧失,华北门户大开。

6月9日,日本中国驻屯军司令梅津美治郎又向华北中国最高军政长官提出"觉书"。经何应钦与日方密谈,7月6日,何应钦正式复函梅津美治郎,表示全部接受日方要求。梅津的"觉书"和何应钦的复函,又使中国接受了一个屈辱的《何梅协定》,该协定要求:中国政府取消在河北的党政机关;撤退驻河北的国民党中央军和东北军;撤换日方点定的中国军政人员,以及禁止一切抗日活动等。

至此,南京政府经过一系列的妥协、退让,接受了一个又一个不平等协定,使中国在华北的主权已丧失殆尽。一个必须经日本人同意才能设立的地方政府只能维持一点儿面子上的主权和尊严;一支对日军一再退让的29军又如何能担得起华北和平津百姓的殷殷重托呢?

但日本人要的是华北的一切,因而连这一点面子上的主权也随意践踏。日军,日本天皇裕仁放在中国大地上的战争机器,几乎不放过任何一次寻衅滋事、乘机渔利的机会,不断营造着对日军日益有利的战略态势。

1936年,也许预感到了中日战争将难以避免,华北日军在不断增兵的同时,又把手伸向了华北各战略要点。

1936年7月下旬,日本中国驻屯军步兵旅团第1联队第3大队强行进驻丰台。8月31日,日本侨民森川太郎擅自闯入丰台中国第29军37师222团1营兵营,与中国士兵发生殴斗,森川受伤。事发后,日方既不调查,也不讲理,而以此为借口,要求中国军队撤出丰台。

9月18日下午6时,丰台中国驻军第5连,在野外演习归途中,与一个中队的日军迎面相遇,各不相让。日军小队长岩井少尉策马冲进中国军队队列,中国军队忍无可忍,遂以枪托击马。日军中队长下令包围中国军队,并扣留了前来交涉的中国军队连长。中国官兵见状,个个义愤填膺,与日军列阵对峙。不久,日军第1联队联队长牟田口廉也率领第1大队从北平驰援丰台日军,在丰台附近的大井村,与中国军队发生冲突。中国军队毫不相让,当即开枪回击。这时,宋哲元一面命令丰台中国驻军停火,一面派出代表与日军交涉。19日晨,中日双方达成协议:中国军队指挥官向日军道歉，中国军队撤离丰台两公里以外。19日上午，中国军队被迫撤出丰台，丰台遂完全落入日军之手。这次日军制造的第二次丰台事件，终于使日军达到了独占丰台的目的。

丰台位于北平南郊，是连接北宁线和平汉线的交通枢纽，是平津地区的重要战略据点。丰台不是《辛丑条约》指定的各国驻兵地点，日军强占丰台，无疑是对中国主权新的侵犯，使驻守平津地区的中国第29军处于被日军包围的危险境地。当时的华北日军参谋长桥本群在1939年时回忆道，丰台"是战略上的交通要地"，"是平汉、天津、北平各地的铁路交叉点，占据该地是重要的"。

日军占领丰台，犹如卡住了平津地区中国军队的脖子，为其下一步侵略行动夺取了有利的战略据点，加剧了华北的紧张局势。

数年后，在日军中以战略家著称的石原莞尔也承认，置兵丰台"最终成为这次事变的直接原因"。

从"九一八"事变后，整整6年的时间，日军一直在虎视着华北，蚕食着华北。直至卢沟桥事变爆发，中国南京政府和华北军政当局的"不抵抗"政策，客观上纵容了日军的侵略行径。

"国必自伐，而后人伐之。"孟子不可能预知千年之后的中国，但他的这句至理名言却于20世纪30年代在中国华北大地上应验了。

日本人为夺得华北这块进军整个中国大陆的桥头堡，可以说在各方面都下了大力。当时，平津不但驻扎着大量的日本驻屯军，还设置了机构庞大的特务机关。驻屯军司令田代皖一郎和特务机关长松室孝良，在抓紧军事备战的同时，通过各种手段软化驻华北的中国唯一一支军队29军。"不战而屈人之兵"，日本人对中国军事鼻祖孙子的这句名言理解得相当透彻。与日本人虚意周旋的29军官兵，骨子里不乏中华男儿堂堂志气，这就难免与日军发生冲突。当时，在北平还曾上演过一场新"鸿门宴"。

1936年6月6日上午，北平中南海怀仁堂，中日两军联欢会在一阵暗中较劲的紧张气氛中进行着。10席大桌上，坐着中国方面宋哲元、秦德纯、冯治安等驻北平团以上军官及北平名流吴佩孚、张怀芝等40多人，而日军方面入席的有驻北平的边村旅团长以下30多名军官。

开筵前,冀察政务委员会委员长、29军军长宋哲元将军首先讲话,大谈中、日两国同族同文,应致力亲善,共同繁荣。对此,日方首席长官旅团长边村少将似乎也不反对,在接下来的讲话中也表达了这个意思。但讲话中要求中国方面取缔共产主义,以实际行动表现出对日本的亲善,则又本能地透出其反客为主的咄咄逼人之势。

酒过三巡,日军顾问松岛在中国军官们诧异的目光中走到大厅中央,跳起了日本舞蹈。不知是跳得兴起还是早有预谋,停下舞步后,松岛又在中国军人面前舞起了刀。

中国军官见状,血往上涌,个个义愤填膺。宴会气氛早已失去欢快,变得紧张起来。

日本人却未罢手。松岛退下,又有3个日军官跳上一张空桌,吼起了中国人无法听懂的日本歌。边唱还边对着中国军官们指指画画,公然挑衅。

29军官兵不乏血性男儿。长城抗战,他们曾以大刀砍杀出中国人的威风。日本人今日所以有所顾忌,正是由于当年的长城抗战。眼下见日本人如此张狂,终于有人不顾军长递过的眼色,站了出来。

首先站出来的,是冯治安师110旅旅长何基沣将军。他三步并作两步,敏捷地纵身跃上桌子,高放歌喉唱起了一支黄种歌,以示应战。大厅里一时很静,只有何基沣粗犷的歌声绕梁回荡:"黄种应享黄海权,亚人应种亚洲田。青年!青年!切莫同种自相残,坐教欧美着先鞭。不怕死,不爱钱,丈夫决不受人怜……"

不知何时,台下中国军官们已随声唱起了这激昂的歌。

这当口,29军副军长、北平市长秦德纯凑近38师114旅旅长董升堂耳语道:"事急矣,你是打拳,还是耍刀?"

西北军猛将董升堂毫不含糊,开口道:"先打拳,后耍刀。"说罢,董升堂跃出圈子,打了一套流行于西北军中的拳术。其后,独立第26旅旅长李致选少将也打了一套漂亮的花拳。

源远流长的中国武术,远非日本人所能比。气焰嚣张的日本军被镇住了。

几个初到中国的日军下级军官似乎并不服气,又跳出来耍起了日本人的剑术。这几个年轻尉官不知深浅,其劈、刺动作总是指向中国军官,显得极缺教养。董升堂这时不知从哪儿找来一片大刀,呼呼作响、刀刀带风地舞将起来。董升堂的大刀,又勾起了不少在座的日本军官对当年喜峰口中国军队大刀阵的可怕回忆。

董升堂入座,李致远手操刚刚打成的"柳叶刀",扑进大厅中央,来了套十分叫座的"滚堂刀"。李致远从十岁起就在练这套刀法,所以舞起来既精又猛,毫不费力,把在座的日本军官都看傻了。

武戏到此收场,日本人寻衅施威,却没在中国军人面前讨得半点便宜。见武的不行,日军中几个略通书法者又提出比比书法,想在文戏上压中国军人。

这更是班门弄斧,就在日本人对着自己的"杰作"扬扬得意之时,坐在一旁的北平名流吴佩孚出场了。就见他当众挥笔,一笔独成一行,转眼便展开了一个大条幅。吴佩孚拿出了自己的看家本领,一行醉笔是龙飞凤舞,气势磅礴。那几个沉不住气的日本军官竟动起了手,急欲把这件精品收归己有。

场内一时有些乱。这时,几个日本军官冲出桌席,直奔最高长官就座的主席,吆喝着把宋哲元、秦德纯一一高举起来,口中还大喝着号子。见此情景,十多个中国军队的旅、团长们互递眼色,也冲至主桌,连拉带拽地拖出边村旅团长和松岛顾问,吆喝着把两人抛向了空中,接住再抛起……会场空气一时万分紧张,双方如临大敌,颇有一触即发之势。

关键时刻,宋哲元见气氛不对,急忙开口,再次强调中日应该亲善,并夸张地赞扬了这次联欢会的圆满。日军特务机关长松室孝良也以类似的口吻作了最后总结,并建议类似的联欢活动今后常搞。

众人不欢而散。联欢会不但未使双方的紧张气氛缓和下来,反而加剧了华北地区中日两军的敌对紧张状态。回去的路上,何基沣小声地对身边的冯治安师长嘀咕道:"日本人绝不是善人,这一仗早晚要打。"

冯治安瞪了对方一眼,叹口气道:"别说了!这种事还是别发生为好。唉,只怕这一天来到时,我们还是这么被动。华北要是变成东北,那我们将何以面对国人,面对祖宗?"

1937年,一场政治变革和军事危机降临在了中国大地上。

1936年底,西安事变的爆发促进了中国抗日民族统一战线的形成,中国在被日本军国主义欺压多年之后,终于进入了战争准备状态。这时,蒋介石和南京国民政府才发现多年的内战和"围剿"红军,已使国内财政拮据、国防废弛,军队乌七八糟毫无战斗力。为应付随时可能爆发的中日全面大战，蒋介石下令紧急整顿军备，整编国民党200万编制杂乱、缺乏训练的庞大陆军。

但日本人似乎不愿错过时机，不愿给南京政府喘息的时间。他们一面在外交上对南京政府频频施压，以谋求更多的在华权益，一面在华北、在这片日本人涉足最深的地方加紧战备。

关东军大批越过长城各口，虎视关内，虎视华北。

日本朝鲜驻屯军似乎并不满足于仅仅维持朝鲜的统治，也在鸭绿江畔蠢蠢欲动，几个师团的演习方案总是以华北、以中国内地为背景。

1937年上半年，日本国内各港口也多为军方征用。一船船士兵、装备及军用物资装上卸下，煞是忙碌。日本国内正马不停蹄地开始向战时体制转变。

1937年4月底，日军中国驻屯军开始在华北频繁地举行演习。演习从最初的白天发展到黑夜，直至后来的彻夜不断。演习环境也由一般的室内发展到室外，直至直接以宛平城等为攻击目标进行演练，枪弹也由最初的虚弹发展到实弹。

丰台、宛平一带，一时枪声不绝，杀声不断。平津其他地带，日军非法演习等军事活动也是日甚一日，平津、华北，一时像是被置于一只硕大的火药桶上，随时都有天崩地裂般爆炸的可能。

山雨欲来风满楼。日军在中国东北停止大规模侵略战争后不足六个年头，又把战争的巨大炮口瞄向了平津，瞄向了华北。

华北上空一时战云蔽日，硝烟翻滚。

◎ 卢沟桥畔，日军执意要打一场战争

1937年7月7日晚，华北平原的夜晚刚刚送走了白昼的暑气，天空无风无月，四周一片宁静，只有远近村庄偶尔传出的犬吠声掠过夜幕遮掩着的苍穹，把渐渐融入大自然的人们拉回到这个活生生的世界上。

北平西南郊宛平城北回龙庙附近，人影闪动。驻丰台日军第1联队3大队8中队100多名日军，荷枪实弹、全副武装，开始了夜间军事演习。演习前，中队长清水节

郎大尉下达了演习内容："从回龙庙附近到东面的大瓦窑，向敌人主要阵地前进，利用夜幕接近敌人，然后黎明时进行突击。"为了演习逼真，这么个连级规模的演习，清水大尉也派出了假想敌，并配备了轻机枪。

演习至夜10时30分左右，中队长清水大尉下令集合部队休息，这时意外发生了。

多年后，卢沟桥事变日军现地指挥官清水节郎大尉在手记中这样写道："我站起来看了一下集合情况，骤然间假想敌的轻机关枪开始射击起来。我以为那边部队不知道演习已经停止，看到传令兵而射击起来了。这时突然从后方射来几发步枪子弹，凭直觉知道的确是实弹。"

"可是，我方的假想敌好像对此还没有注意到，仍然继续进行着空弹射击。于是我命令身旁的号兵，赶紧吹集合号。这时，从右后方靠近铁路桥的河堤方向，又射来十几发子弹。回顾前后，看到卢沟桥的城墙上和河堤上有手电似的东西一明一灭（似乎打什么信号）。中队长正分别指挥逐次集合起来的小队做好应战准备的时候，听到一名士兵行踪不明的报告，就一面立即开始搜索，一面向丰台的大队长报告这个情况，等待指示。"

再说丰台的大队长一木清直少佐接到清水节郎中队长的报告后，当即给北平城内的牟田口廉也联队长挂去电话，请求立刻带部队开赴卢沟桥，与中国方面谈判。事实上，一木少佐对清水节郎的报告并未细分析，对黑夜中出现不明射击也没放在心上。只是感到失踪1名士兵是大事，因而主张动武。没想到，他的请示立即得到了联队长牟田口大佐的批准。日军官兵的优越感使他们过于狂妄，在事件还未弄清之前，仅凭下级军官的一个报告，大队长、联队长竟都同意了增兵卢沟桥的草率行动。

但当时大队长一木清直少佐和联队长牟田口廉也大佐并不知道，在他们忙着不断向上报告一名日军士兵失踪的消息时，那名失踪士兵志村菊次郎早已在清水节郎集合部队20分钟后便归了队。实际上，志村并非由于什么"原因不明的射击"失踪的，而是一时肚子不舒服，便跑到野地里解手去了。但清水弄清事情真相后，不知是盼着能对中国军采取行动以扩大事态，还是怕报告上去挨骂，因而在志村归队后一直没有向上报告。深夜零时20分，一木下达了作战命令："卢沟桥中国军队向该地附近进行夜间演习中的第8中队开枪，第8中队停止演习，处于应战状态；一名士兵行踪不明，目前正在搜索中。""大队只留警备部队一个小队，以主力向卢沟桥前进。"接到一木的命令后，清水带领第8中队于8日凌晨1时到达丰台与宛平之间的西五里店待机。

7日午夜时分，北平日本特务机关长松井太久郎打电话给冀察政务委员会外交委员，声称"有日本陆军一中队，顷间在卢沟桥演习，仿佛听见由宛平城内之军队发枪数响，致演习部队一时呈混乱现象，结果失落士兵一名，要求进入宛平县城搜索失兵"。对此无理要求，中国第29军副军长兼北平市长秦德纯接到报告后气愤地回答说："日军随意在我国领土内进行演习，完全是违反国际法的。事先既不通知，也未经许可，一名士兵行踪不明，我方不负任何责任。唯姑念两国友谊，如果士兵确实失踪，可命令宛平驻军同地方警察于天亮后一起搜查。若发现日军士兵，当予以送还。"可是，由于日本特务机关和牟田口廉也联队长已经确定了"占领宛平县城东门，以有利于现地交涉"的方针，所以对秦德纯的回答极为不满。这时，日本特务机关和丰台日军威胁说，如果不许入城搜查，就用军队包围宛平。

秦德纯得知日方的态度后，一时血往上涌，当下毫不妥协地对身旁的人说："我不知道日本人怎么这样野蛮！我方为了自卫，只有坚决抵抗。"秦德纯为了弄清事情真相，一面要河北省第三区行政专员兼宛平县长王冷斋就此事进行调查，一面命令在长辛店的中国军队团长吉星文，派人侦察日军的动向。不久，卢沟桥方向驻军团长吉星文报告说，丰台日军一个大队，携带6门大炮，正在向卢沟桥前进。秦德纯当即命令："确保卢沟桥及宛平县城，日军一兵一卒也不许进入，一寸国土也不许放弃。守土有责，卢沟桥及宛平城就是我军官兵最光荣、最贵重的坟墓，要与县城共存亡。但要到他们开枪后我们才还击。如果他们开枪，我们将迎头痛击。"秦德纯命令吉星文亲率一个营部队加强卢沟桥防御。

8日拂晓约5点，日军在宛平城之东面、东南面及东北面展开包围态势。完成军事进攻部署后，日方先要求他的外交人员进城，继又要求武官进城，当即为宛平城中国驻军团长吉星文和行政专员王冷斋严词拒绝。5时，牟田口廉也又派人送信，向宛平县政府发出通牒，提出三条要求：（一）即于当日下午8时前，中国军队撤退到永定河西岸，日军撤至永定河东岸，如果逾期，便用大炮攻城；（二）通知城内居民撤至城外；（三）城内的日本顾问樱井、翻译斋藤出城。牟田口大佐的通牒，显然是以武力相威胁，企图胁迫中国军队放弃宛平，以便垂手而得宛平。对此，王冷斋等人答复说：（一）本人非军事人员，对撤兵一节未便答复；（二）城内人民自有处理办法，勿劳代顾虑；（三）樱井等人早已令其出城，惟彼等仍愿在城内谈商，努力于事件之解决。日军见威胁恐吓达不到目的，便露出了真面目。下午6时左右，日军开始以猛烈的炮火攻击宛平县城。由于战前日军已多方摸底，对宛平城内中国军、政首脑机关的位置已烂熟于心。炮轰开始后，第一炮便炸毁了专员公署，炸伤了守军营长金振中。

见日军开始了武力侵略，中国第29军司令部下令前线部队奋力反击，宛平驻军坚守阵地，驻守西苑的何基沣旅奉命从长辛店以北、八宝山以南向日军反攻，双方激战至深夜，何基沣旅夺回了被日军占领的卢沟桥附近的铁路桥及回龙庙等地。

8日的激战，颇出日军意外。几年来，与中国军队争锋较量，往往是只要日军软硬相逼、军队相向，中国军队便自然退缩。接下来的，自然又是中国方面忍辱退让，签署种种有利于日本人的条约。所以几年来，日军的每次威胁只是喊得凶、叫得响，说到真正作战，兵力处于劣势的日军并无取胜的把握。

日本人实际上一直是在玩武力威慑的把戏，在进行一场冒险。但7月8日这一天，日军的把戏玩过了头，因而第一次尝到了失败的滋味。

先是宛平城，日军炮轰过后，便斗着胆向城下冲来。见城内迟迟未予还击，第一线冲击的日军便认为中国军人怯战，因而胆更大了，不少士兵甚至直着身子向前冲。当日军冲至城下300米左右时，宛平城墙上中国守军齐射的密集枪声响了，日军猝不及防，伤亡惨重。在随后发动的几次强攻中，日本人也未讨得半点便宜。

宛平城外的卢沟桥铁桥，中日两军为夺取该桥也发生了激战。8日激战一天，日军以数十人的伤亡代价夺占了铁桥南端，桥北端却仍在一个连的中国守军手中。

双方各自据桥一端，谁也再无力发动反攻了，8日战况陷于胶着。

8日夜，平津一带飘起了霏霏细雨，激战竟日的日军终于松懈了一天的紧张，渐渐进入梦乡。然而此刻，由长辛店驰援卢沟桥的29军一个营，已逐渐接近宛平地区。

9日拂晓，卢沟桥铁桥北端中国守军和从长辛店到来的增援部队，在细雨中向桥南端日军发起了进攻。两军南北夹击，手榴弹、大刀片施展了威风。当时的情景，令不少曾参加过长城抗战的官兵又感觉到了几年前的骄傲和自豪。

西北军的大刀是最令日军胆寒的武器。来中国的日军，除了腰缠"武运长久"

旭日旗外，还裹着出征时亲友织送的"千人针"，据说这样不会战死。但他们更信奉日本的传统迷信，如果在战场上给枪炮打死，还可以超生转世为人，如果给大刀砍下了脑袋，那不但是耻辱，而且永世不得超生。日本佛教带给日本士兵的这种观念，使他们对大刀的恐惧远甚于枪林弹雨。

但刀柄上系着红绣球的大刀却不认什么迷信。它们只认日本人。卢沟桥上，不少日军见大势已去，又见闪亮的大刀舞向自己的头顶，早已忘了皇军的威严，跪地求饶，有的只求中国士兵一枪崩了他，却千万别用刀砍。

卢沟桥铁桥奇袭，全歼日军。这一仗可以说是整个战事中最漂亮的一仗。

8、9两日战事，日军未讨得便宜，中、日两军，此刻都在调兵遣将，战事明显在向着扩大的方向发展。

中国守军的顽强抵抗和日军攻击行动受挫，大出华北驻屯军统帅部所料。10日上午，日军华北特务机关长松井大佐来到北平29军指挥部，向29军副军长秦德纯说起了软话。松井在大谈一番两国友谊之久远、两军合作之默契后，向秦德纯表示，此番卢沟桥引发的冲突系出误会，希望两军能停战会商。

秦德纯身为军人，又与日军在华北周旋多年，深知其秉性狡诈，此举议和，很可能是缓兵之计。但由于29军几年来"不应战"的一贯政策，使其生出些侥幸心理。由于此时军长宋哲元远在山东老家，他这个代理军长自然不愿把事情闹大，日本人主动提出就地协商解决，何乐而不为。双方经过商定后，达成了几点协议：（一）双方立即停战；（二）双方各回原防；（三）双方组织视察团监督双方撤兵情形。协议达成后，松井要求秦德纯以保安部队接替吉团防务。秦德纯略一思忖，认为对中国守军并无大碍，便答应了。当下，又增加保安队一团到卢沟桥城内。在执行协定时，日军也耍起了心眼。当时日军仅将其第一线部队撤至预备队之位置，反责我方未撤回原防。秦德纯当即答复："所谓原防即战前原防地点，日军原驻天津者，应回天津；原驻丰台者，应回丰台。我军原驻宛平城内，因应战移防城上，我军由城上撤至城下，即为原防。"当场日方亦无话可说。事后，秦德纯回忆说，详察日方之要求停战，其目的在向其国内作虚伪宣传，说日本如何受中国军队之迫害残杀，作为调动大军侵略之口实，实为缓兵之计。

日后事态的发展证明，日军此番虚言停战，是有更长远的扩大战争打算。由于日军华北兵力不足,恐怕难以在日后大规模的战争中占得上风,所以以停战为借口,乘机从关外和日本本土调入大量部队。而第29军由于没有坚定的抗战意识,在有利时机没能及时出击,所以坐失战机,最后在日军的大举反攻下惨遭失败。

中国军人战和不定,仍缺乏为民族拼死一搏的气魄。

日军下级军官知情不报、上级官佐执意扩大战事,终于使"七七"事变扩大为一场波及东亚两个巨人之间的战争,一场使中华民族千万子孙生灵涂炭的灾难。

◎ 三心二意的29军,难逃被动挨打的境地

卢沟桥事变的爆发,震动了国内外。但更令华北中国军队震动的是,事变爆发时,他们的主帅、29军军长宋哲元却不在部队中,不在平津,而是在其老家山东乐陵省亲休息。

宋哲元身为冀察政务委员会委员长,却是被日本人逼走的。

早在1935年,华北日军便阴谋利用宋哲元,煽动实行华北自治,使冀鲁晋察绥5省变成第二个"满洲国",一个表面上主权仍属中国,实际由日伪统治的特殊地区。而闹起华北自治的,又是"九一八"事变的主谋,像个幽灵般在中国四处捣乱的特务头子土肥原贤二。

早在1935年夏秋之际,蒋介石曾致电冀察政务委员会,要求派一要员赴庐山汇报华北形势。宋哲元接电后,指派29军的第二号人物、副军长秦德纯秘密南下赴庐山,一方面报告华北形势,同时向中央面请机宜。

庐山上,蒋介石在琢磨"剿共"的同时,也未忽视中国的最大劲敌日本。听完秦德纯的汇报后,蒋介石诡秘地对他指示道:"日本乃实行侵略政策之国家,其侵略目标,现在华北。但我国统一未久,国防准备尚未完成,未便即时与日本全面作战,因此拟将维持华北责任,交由宋明轩(宋哲元字)军长负责。务须忍辱负重,委曲求全,以便中央迅速完成国防。将来宋军长在北方维持的时间越久,即对国家之贡献愈大。只要在不妨碍国家领土主权完整之大原则下,妥密应付,中央定予支持。此事仅可密告宋军长,勿向任何人道及为要。"

秦德纯满腹狐疑地下了庐山。蒋介石的这番指示，他没敢做记录，但他已熟记在心。回到北平，他把面见蒋介石的前前后后向宋哲元做了报告。

这一天起，宋哲元便开始在矛盾、痛苦的感情生涯中苦苦挣扎。一方面，作为一个受过教育的中国军人，他和他的29军官兵从感情上是爱国仇日的，长城抗战，便使他这种感情淋漓尽致地展现出来。但另一方面，他又不得不与日军"和平相处"，表面亲善，显然这里面有公的、私的两方面内容。

从官面上说，1937年前，蒋介石先是忙于"剿共"，后又忙于进行抗战准备，迫切需要时间，需要有人先与日本人虚意周旋、稳住日军，因而指示他凡遇日军挑衅，多退让，不轻言抵抗。在很多方面可以说是因为蒋介石的这个指示，使日军在华北得寸进尺，日益嚣张。但从私的角度说，宋哲元心里还有一本小账。

宋哲元是西北军旧部，冯玉祥的老部下。冯玉祥几次倒蒋，与蒋介石"拔刀相见"，蒋介石不可能无动于衷。但蒋介石的政治伎俩，当时的高层军官都清楚，冯玉祥倒蒋，蒋介石绝不会杀冯玉祥本人，那样做目标太大。但冯玉祥的旧部，作为冯玉祥倒蒋的资本，却跑不了。蒋介石为一件事会记上10年，只要时机一到，是定要收拾这些非蒋嫡系不可的。1935年6月，蒋介石找了个借口免去了宋哲元察哈尔省主席的职务，就再次给宋哲元上了活生生的一课。难堪和怨忿中，宋哲元开始与日军接触，想挟日人以自重，窥探时机扩充自己的实力。

说到底，宋哲元不愿丢掉西北军经营多年才建立起来的华北地盘，更不愿惹恼了日本人或南京政府，丢掉军队老本。

作为旧中国的军人，宋哲元仍未脱掉旧军阀的陋习。军队、地盘是他的命根子，是他安身立命的资本。为这一切，他艰难地在两个利益根本对立的对手中周旋着，应付着。为此，他既要混迹于日本人中，多少背个"汉奸"的骂名，也要代表中国政府与日本人对抗一阵，被日本人骂为"不重情义"的滑头。

从心里说，宋哲元在与日本人交往中，一直把握着分寸。他既不愿对不起自己的良心，更不愿让国人骂他是汉奸、卖国贼。当年，北平成立冀察政务委员会后，有人别有用心地怂恿宋哲元的弟弟劝其像蒋介石、张作霖那样，发行"宋委员长就职纪念邮票"。宋哲元一听，大为恼火，声色俱厉地对弟弟说："冀察是地方政权，受中央政府节制，怎能滥发个人纪念邮票，给世人说我宋某割据一方，破坏统一！……中央命我尽力折冲，争取3年时间，使政府做好抗战准备，我才奉命出来干这挨骂的差事！并以不丧权，不辱国，不说硬话，不做软事自誓……"并说："今后倘有敢再妄议此事者，以汉奸论处！"1936年，宋哲元在天津为母亲做寿时，日本驻屯军司令田代皖一郎亲自上门祝寿。趁宋哲元不在时，他将一只据说是日本天皇专门从东京派军舰直接送来作寿礼的大瓷花瓶强行留下。宋哲元知道后，要把这寿礼退回去，旁人劝说不可如此，怕伤两国和气。宋哲元一气之下，便把瓷花瓶给砸了。

进入1937年，华北地区中日矛盾日益激化，仅靠宋哲元的调节缓解显然已无法解决问题。

2月上旬的一天，宋哲元命人找来了他的同乡加副手，29军副军长、北平市长秦德纯，疲惫而无奈地说道："绍文兄，近日的麻烦你都看见了。日本种种无理要求，皆关系我国主权领土之完整，当然不能接受。而日方复无理取闹，如我暂离平津，由你负责与之周旋，尚有伸缩余地，我且相信你有适当应付办法。因此我想请假数月，暂回山东乐陵原籍，为先父修墓，你意见如何？"

秦德纯听到这，略一思忖，感到宋哲元并未最后定下走的决心，便急忙开口相劝道："明轩兄，此事绝非个人荣辱苦乐问题，实国家安危存亡所系，中央把责任交给你，不论你是否在平，责任总在你身上，因此我决不赞成你离开北平。"

秦德纯满口的话似乎在为宋哲元着想。宋哲元听罢，没再吭声，也没再提回家为父亲修墓的事了。

但进入5月，日军以"经济提携"为由，天天找宋哲元的麻烦，步步施压，宋哲元心绪烦乱，心情坏到了极点。一天，他叫来了秦德纯，嘱咐道："绍文兄，今日我是非走不可了，你也别再劝我了。我走后你一定要记住，对日交涉，凡有妨害国家主权领土之完整者，一概不予接受；为避免双方冲突，亦不要谢绝。"

秦德纯无奈地接过了宋哲元递过来的担子，心里叹道："不接受、不谢绝，这前后矛盾的事可如何去做？！"

但宋哲元的离去，并没能最后解决华北的矛盾冲突。卢沟桥的枪炮声最终还是响了。

7月11日夜，宋哲元在告假两个月后，终于由原籍乐陵又秘密地返回了天津。返回华北后，宋哲元立即召集29军高级将领召开了军政会议。

但这次会议宋哲元犯了关键性的大错,从而导致了日后平津乃至华北战争的惨败。当时,鉴于日军华北兵力有限,不少将领主张乘胜攻击日军,在日军援兵开至前结束战斗,形成既定局面,既有利于日后的谈判,又能压住日本人的气焰,使日军不敢在华北扩大战事。为此,29军副参谋长张克侠甚至已拟好了进攻作战方案。29军大多数旅、团长也都主张向日军发起攻击。

但宋哲元这时却陷入了徘徊犹豫之中。7月8、9日,蒋介石自庐山连发两电,指示宋哲元:"宛平城应固守勿退。并需全体动员,以备事态扩大。""守土应具必死决战之决心与积极准备之精神相应付。至谈判,尤需防其奸狡之惯伎,务须不丧失丝毫主权为原则。"对蒋介石这两电,宋哲元心里不能不犯嘀咕。

几年来,每遇中日冲突,蒋介石总是以中央的名义令地方将领妥善处理,不可扩大事态,今天对29军为何一反常态?在卢沟桥事件有可能降为地方事件而加以解决的前提下,有必要与日本人全面交战吗?战端开启容易,收时就难了。难道我西北军辛辛苦苦营造的华北局面今天就这样完结了吗?

宋哲元瞻前顾后,矛盾重重。在他极不愿面对失去华北统治、与日本人全面摊牌之际,日军的缓兵之计便轻松地控制了他的思想。

军政会议上,宋哲元决定接受日军提出的苛刻条件,设法使这次爆发的军事对抗降为一般地方事件来处理,以渡过眼前的难关。他责成手下38师师长张自忠转告驻天津的日本中国驻屯军参谋长桥本群少将:"哲元从现在起留在天津,愿遵从司令官的一切指导。"

12日,宋哲元在天津公开发表谈话说:"此次卢沟桥发生事件,实为东亚之不幸,局部之冲突能随时解决,尚为不幸中之大幸。东亚两大民族,即是中、日两国,应事事从顺序上着想,不应自找苦恼。人类生于世界,皆应认清自己的责任。余向主和平,爱护人群,绝不愿以人类作无益社会之牺牲。合法合理,社会即可平安,能平即和,不平即不能和。希望负责任者以东亚大局为重。若只知个人利益,则国家有兴有亡,兴亡之数,殊非尽为吾人所能意料也。"

宋哲元这么说,也这么做了,内心里,他还是希望能在华北为王。发表谈话后,宋哲元即向全军下达了命令:

(一)从14日早开始第一班列车以后,列车运行正常化;

（二）解除北平戒严；

（三）释放逮捕的日本人；

（四）严禁与日军摩擦。

在做出这一系列妥协姿态后，宋哲元明白不向南京交待不行，遂电告南京国民政府，一方面为自己的行为做出解释，一方面婉拒中央派援军，说是请暂缓派军北上，以免刺激日人，影响与日本驻屯军的交涉。当吉星文团对进攻卢沟桥的日军奋起抵抗后，全国人心激奋，纷纷致电嘉勉和汇款慰问。宋哲元到天津后，为了取得日本人的信任，于7月15日竟致电上海各界救亡团体谢绝对29军的慰劳，说："遇此类小冲突，即劳海内外同胞相助，各方盛意虽甚殷感，捐款则不敢受。"在这种思想的影响下，当获悉吉星文团和日军在卢沟桥发生冲突，冯治安第37师110旅旅长何基沣要率全旅投入战斗消灭这股日军的报告后，即在电话中对旅长何基沣申斥道："打起来对国民党有利，借抗日消灭杂牌。我们西北军辛辛苦苦扛起来的冀察这个局面就完蛋了。"

最高指挥官宋哲元为军阀固有的私利所惑，导致了他抗战决心的摇摆不定，他的三心二意，又影响了手下的张自忠、冯志安、秦德纯等高级将领。当时，驻扎天津的38师师长张自忠打电话给驻北平的秦德纯、冯治安等29军决策人物，坦白地表示不同意对日抗战。此后，冀察政权就由张自忠代表宋哲元，在汉奸齐燮元、陈觉生的陪同下，与驻屯军司令官香月清司的代表桥本群进行谈判。日军透过29军高级将领的种种活动，似乎已窥透了中国军队的底牌。为迫使29军就范，香月清司于19日22时发表声明："从20日午夜以后，驻屯军将采取自由行动。"这样，张自忠、张允荣奉宋哲元命令，于19日23时签订了实施停战协定的秘密条款，使7月11日签订的墨迹未干的条款更进一步。其内容为：

为实现7月11日签订中的第三项，约定实行下列各项：

（一）彻底弹压共产党的策动；

（二）对双方合作不适宜的职员，由冀察方面主动予以罢免；

（三）在冀察范围内，如其他各方面的设置机关中有排日色彩的职员予以罢免；

（四）撤去在冀察的蓝衣社、CC团等排日团体；

（五）取缔排日言论及排日的宣传机关，以及学生、群众的排日运动；

（六）取缔冀察所属各部队、各学校的排日教育及排日运动。又，撤去在北平城内的37师，由冀察方面负责实行之。

20日5时，宋哲元根据上述屈辱条款，发布了如下命令：

（一）在北平附近的37师自今20日开始在西苑集结，应于明（21）日集结完了；

（二）为了对上述集结进行警戒，置石友三部队一部于八宝山附近，待37师集结完了后翌（22）日撤退。

当日下午3时，北平日本特务机关长松井访问宋哲元，商定"37师撤退保定附近，由赵登禹部队接防"。宋哲元等为保住地盘最终完全答应了日军提出的丧权辱国条件。

7月22日，刚由庐山返回南京主持抗战的蒋介石收到了宋哲元发来的电文。当蒋得知宋哲元绕过南京中央，单独与日军签订和约的消息时，不禁拍案怒骂道："娘希匹，不成体统！我已再三声明倭寇不重信义，宋明轩仍一意孤行，大兵压境之际不思备战，撤除北平城防不说，还与日本人签了和约，谁给他的这个权力？"

蒋介石确实冒火。自事变爆发后，他已连电华北，表明了中央将倾力抗战的决心，并多次提醒华北方面的29军勿对日军抱有幻想。尤其是16日后，日军大批部队频繁调动，并于12日派遣香月清司就任华北日军司令官，替代了患病的前司令官田代皖一郎，蒋介石更是认定了大战随时都将爆发，因而几乎天天电示华北，并以过去数次日军毁约为例，告诉宋哲元别太相信日军，还是小心提防为妙。可到头来，宋哲元自作聪明，还是背着他与日本人签了和约。

"告诉宋明轩"，蒋介石对跟随他多年的"文胆"陈布雷吩咐道，"撤除北平城防是十分危险的，也是错误的，马上要改正过来。另外对日本人，要刻刻严防，步步留神，勿为所算。另外通知他们把协议签订的经过迅速报上来"。

说完，蒋踱到窗前，沉吟片刻，补充道："告诉王外长，再发个声明，凡地方未得中央许可所签之协议，一概无效。"

送走陈布雷，蒋介石心情仍旧烦乱。过去两年，宋哲元奉他之命与日本人虚意周旋，每次对日本人让步也是他默许的，可时至今日局势大变，宋哲元却再三抗命，步步后退，与中央背道而驰，如此下去，何以维持中央政策之一致，何以面对国人和西方诸强？！他感到这次再凭电文恐怕仍难奏效。当下，他召来了军政部长何应钦，研究后决定，派参谋次长熊斌到北平，面谕宋哲元。

宋哲元得到消息后，以探望多年的老部下为名，取得日本驻屯军司令官香月清司中将的同意，由天津来到了北平。密谈良久，宋哲元方才如梦初醒，了解到日军用心险恶，也了解了南京中央政府真正抗战的决心。

但此时为时已晚，日军5个师团10万余人，已浩浩荡荡地进入山海关，扑向华北。平津城下，战略态势已发生根本性逆转。

有利的战机由于29军的前后摇摆不定，已悄然从手中逝去。等待29军官兵的，是四面被围的艰难处境和被动挨打的不利态势。

7月26日，日军北平特务机关长松井面见宋哲元，送交了给冀察当局的最后通牒。同时，日军在廊坊首先向38师刘振三旅开火，大战终于爆发。

27日，宋哲元拒绝了日方要求，同时联合29军高级军官通电全国，誓要自卫守土。在宋哲元发布通电的同时，北平四郊已淹没在隆隆的枪炮声中。

1937年8月12日，国民党最高国防会议及党政联席会议定下了全面抗日大计，并推举蒋介石为全国陆、海、空军大元帅，以军事委员会为最高统帅部，指导全国抗战。中国国内在经历了数十年尸山血海的自相残杀后，终于迎来了枪口一致对外的一天。

抗战的一天终于来到了。

就在东京正沉浸在"3个月内征服中国"的美梦中时，东京万没料到中国已发生了天翻地覆的变化。群山震荡，江河奔涌，都在齐声呼喊着一个声音：驱除倭寇，抗战万岁！

中国从未像今天这样万众一心，滚过中国大地的怒吼从未像今天这样响彻云端。

◎ 东京，跨入战争之门

7月8日，天蒙蒙亮，日本都城东京从沉睡中渐渐醒来。清晨，报人叫卖"号外"的铃声响彻东京街头，行人无不惊愕。

但更令日本人惊愕的，还是"号外"上那耸人听闻的内容："昨日（7月7日）在北平郊外卢沟桥附近，宋哲元麾下的两个连炮击夜间演习的日本驻军，直到8日拂晓，事态突然变化，目前两军正在展开激战。"

在这之后，广播、报纸不断传来现地的详细报道。根据这些报道一般人得出的结论是，对日军无端射击的中国军队，已在日军"英勇"地打击之下，表示投降并被解除武装。

当时，为迎合日本万民的心理，报纸、广播对战争的吹嘘报道往往快得令人惊奇。在日本军部很多人尚不知情的情况下，报纸却早已有鼻子有眼地设计好了战争结局。

一大早，日军参谋本部战争指导课课长河边虎四郎大佐急步走进了市谷高地那座灰色的军部大楼。还没到上班时间，大楼里除警卫和值班参谋人员外，几乎没人走动，空空荡荡，清清冷冷。河边大佐却像是没注意到这一切。十几分钟前，值班参谋来了电话，告诉他华北驻屯军来了特急电。

华北此刻来电能有什么事呢？这段时间军部内外到处流言飞传，有的说中国军人排日抗日情绪加剧，华北形势紧张；也有的说日本华北驻屯军部分下级军官意欲自由采取行动，再挑起个像当年的柳条湖一类的事件。流言越传越远，越传越厉害，甚至惊动了天皇陛下和近卫内阁。在内阁的亲自干预下，军部派出冈本中佐亲赴华北现地视察，几天前回来报告说：中国驻屯军参谋正进行战争策划的传说纯属虚构，无须担心。

今日华北急电，难道有什么紧急情况吗？河边虎四郎大佐三步并作两步，急匆匆地跨进办公室。

参谋递上的是日本华北驻屯军参谋长桥本群发来的急电。河边虎四郎急急地展开一看，心忽地沉了下去。电文称："驻丰台附近部队在夜间演习中，遭中国军队射击，当即展开敌对态势，并进行交涉要求道歉。如拒绝道歉，则以实力将敌由附近击退。"

"怎么搞的，冈本君刚从华北返回，明明说华北局势平静，怎么几天就闹出这么大事。"河边虎四郎嘀咕着，转向身边的参谋。

"大臣知道电报内容了吗？"

"电报仅收此一份，先交课长过目，尚未通报别人。"

河边虎四郎将电报放入档案夹，吩咐道："速交陆军大臣室。"

8日晨，军部上下已传开了华北发生事变的消息。参谋本部第三课长武藤章大佐听到电话铃响,收回思绪抓起了电话。

"喂,武藤吗?发生麻烦事情啦!……"电话里传来了军务课长柴山兼四郎大佐颇有些忧虑的声音。

"柴山君,什么麻烦事,快说啊!"

"昨夜华北军来电说,华北军在北平附近与中国军队发生了冲突,据说还交了火。真不知怎么会发生这种事情。"

武藤章大佐听着,心激动得怦怦跳,他与柴山想的可完全不一样,柴山大佐是参谋本部里第一部长石原莞尔少将的追随者,在对华问题上主张慎重行事,而应集中全力准备对苏联的战备。但武藤大佐却主张对华采取强硬态度,必要时甚至不惜动用武力。所以柴山为华北的冲突忧虑重重时,武藤却激动得几乎要跳了起来。

8日一整天,整个东京上上下下都处在一种乱纷纷的议论中,就是中央军部也处在一种对未来方针猜疑不定的忙乱中。陆军省和参谋本部都在忙着琢磨究竟是什么引发了这场冲突,中国南京政府是企图以此进行全面抗战呢?还是仍像过去一样妥协解决?毕竟一段时间以来中国方面出现的变化太多了,什么事都有可能发生。

就在东京情况未明、举棋不定时,日本派驻海外的两支最大的军事集团站出来开口了。

驻兵中国东北的关东军司令官植田谦吉大将在向日军参谋总长闲院宫载仁亲王提交的报告中称:"鉴于华北局势,现命独立混成第1旅团、独立混成第11旅团之主力以及航空部队之一部做好随时出动之准备。"

7月8日晚8时10分,关东军司令部再次就华北事件发表声明,对华北事端表现出异乎寻常的关心。一支地区性部队对自己管区之外的事情发表声明,不但在关东军中绝无先例,就是在日军中也少有,更何况这份声明的观点如此鲜明:

"兹因暴戾之中国第29军挑战,华北发生事端。关东军正以极大关心及重大决心,密切注视本事件之发展。"

植田谦吉大将在发表上述声明的同时,先后派遣他的副参谋长今村均少将及富永恭次大佐、田中隆吉中佐直飞东京,请求面见军部当局陈述意见,促使杉山元陆军大臣和闲院宫参谋总长当机立断,早下决心,以武力迫使中国政府低头。

关东军越俎代庖,直接干涉起中央军部和华北来。

日本的朝鲜驻屯军虽没有关东军那么张狂，但因支持对中国武力解决也起了推波助澜的作用。在得知"卢沟桥事变"的消息后，日本朝鲜驻军参谋长秉承司令官小矶国昭大将的意思，向东京报告称："由于华北事件之爆发，已令第20师团之一部采取随时出动的态势。"

在东京尚未作出正式决定前，日本派驻海外的部队都争相表示了自己的意见。而这些观点，竟都是要求日本政府和军部对中国开战。

市谷中央军部紧急会议上，出现了十分鲜明的两派。以陆相杉山元大将、参谋本部第二部代部长笠原幸雄大佐、军事课长田中新一大佐、作战课长武藤章大佐、中国课长永津佐比重大佐等为首的主战派认为：事态不容乐观，除诉诸武力外别无对策。只有增强日军在华北的兵力，根据情况，不失时机给予一击才能收拾局面。

但是，以参谋本部第一部长石原莞尔少将、战争指导课长河边虎四郎大佐、陆军省军务课长柴山兼四郎大佐等人组成的慎重派则认为：当前只有一心完成"满洲国"建设及对苏军备，方能巩固国防。而此时向中国伸手，造成支离破碎之势实在不妥。基于此，参谋本部作战部的意思是以不扩大为方针。

石原莞尔是日本军界的著名才子，尤以一套完整的军事思想镇住了日军中的不少将帅。"九一八"事变时他以一个中佐的身份出现在沈阳，全盘谋划，为事变的成功和日本侵略东北立了大功。此后多年，日军中一直公认"九一八"事变是石原思想、板垣征四郎实干的结果。侵占东北，他是赞成而且倾尽全力的。但他的一整套理论都是建立在对苏作战的基点上，因而反对对中国压迫过甚。

在接到卢沟桥事变第一份战报后，石原莞尔深深感到在中国挑起事端的可怕后果，他从掌握作战全局的立场出发，对各方面表示了下述见解。他说：

"现在可以动员的师团是30个，其中只有一半可以部署在中国方面，所以，不可能进行全面战争。但是，如果事态继续发展，全面战争的可能性极大，这样，其结果很可能和拿破仑在西班牙的作战一样，陷入无底的深渊之中。为此，我认为目前应该断然命令驻华北部队一举撤退至山海关的'满'华国境，然后由近卫文麿首相亲自飞抵南京，与蒋介石促膝畅谈解决当前存在的根本问题。"

石原莞尔的确是日本军界的奇才，在中国问题上更是显出了他目光的深远。多年来，战乱频繁的中国国力衰微，1937年前蒋介石对日本人又一直采取妥协退让之策，因而日军年轻、年老的军官几乎都没把中国军队放在眼里，因而"主战派"自始至终占据上风。但石原凭自己的学识和经验，认定中国自身巨大的潜能，多次警告日军中的乐观派万万不可轻视中国。中国一旦醒来抗日，则日军有可能陷入中国泥潭无法自拔。1936年至"七七"事变爆发，他一直在努力劝说内阁和军部，尽可能以文化、政治方面的渗透取代经济、领土方面的侵略。但日益专横的军部岂能听他支配？主张对中国使用武力的少壮军官们仍在东京上下活动着。石原的劝说非但没有奏效，反而在日军中树敌不少。

日本军界上上下下无视石原莞尔的劝告，显示了他们的浅薄和狂傲，日后他们也为此付出了惨重的代价。1941年当日军统帅部决定对美军动手时，石原再次站出来竭力反对，但他仍未能阻止日军对珍珠港的袭击。日本整个民族几乎成了狂躁的日本军人的牺牲品。石原也因与军方持有异议并多次提出反对意见，而于1941年3月底被战争狂人东条英机赶出军队，编入预备役。战争时期一名军人被编入预备役，在日本被视为莫大的耻辱。

1941年，石原莞尔在军中悲剧性的结局似乎冥冥中预示着4年后日本民族的结局。但这些都是后话。

石原莞尔对全面发动对华战争心存疑虑，组阁仅一个月的近卫文麿首相也有难言之隐，他感到自己是在矛盾的旋涡中挣扎。

近卫文麿在日本政界算是文雅的知识分子，但他也难免日本知识分子所常有的多愁善感和胆小怕事。他非常善于接受他人的见解，不论来访者与其关系如何，只要意见正确无不表示赞成。作为一个政治家，这是明显的缺陷，但是却给予一般人以好感。因此，他是在不希望战争扩大的日本民众的一片欢呼声中上台的。不但如此，就连日本军方对这任新首相也是抱有殷切期望的。

近卫文麿本人并没有太多的要求，只是怀着或许自己可以驾驭陆军的幻想才出任首相的。但最终他失败了。

卢沟桥事变后不久，在中国大陆的作战主任池田纯久奉调回东京，某日他访问了近卫文麿。

近卫文麿初见池田纯文便显出十分不高兴的样子，严肃地说：

"池田，到底还是打起来啦！你可知道卢沟桥事变是一些少壮军人搞的阴谋？"

近卫文麿从"九一八"事变和关东军暗杀张作霖的问题推断,认为这次事变也一定是军方搞的阴谋。

"公爵,战争的发动者并不是军人,而是首相阁下自己。"池田深感不快地反驳说。

"你说什么?"近卫迷惑不解地望着池田反问道。

"不错,公爵,是您的责任。"

池田纯文说着拿出一张7月13日出版的报纸递给近卫文麿,其中关于当地日军与中国方面达成现地解决的方案,只在版面的一个角上作了简单的报道,从一版到三版几乎全是煽动国民支持战争的政府活动。

"公爵,政府高谈不扩大战争,然而报纸上都是谈的战争问题,怎么能不使战争扩大呢?"

池田纯文的话一针见血地刺到了近卫文麿的痛处,近卫只是默默不语,不难想象,聪明的近卫一定是为自己当初的轻率感到内疚。

但是,球既然已经踢出,便没有了收回的余地。他不但没能阻止住日本军人,自己也在战争的道路上越滑越远。

7月8日,军部在华北问题上显然没有达成一个一致性意见。傍晚6时42分,参谋总长闲院宫向华北中国驻屯军司令官发出临命第400号指示:为防止事件扩大,应避免进一步行使武力。与参谋本部做法相反的是陆军省,陆相杉山元大将于午夜命令京都以西各师团将7月10日即将退伍的步兵部队二年兵延期退伍。杉山此举,意味着4万名经验丰富的老兵将留在陆军中,而且日后多数被派到中国战场上。他使陆军实力有所增强,却使这数万原本应该返回家园的日本青年中的大多数倒在了中国战场上。一将名成万骨枯!杉山使这句古老的哀叹再次变成了现实。

7月9日下午,日本内阁召开临时紧急会议。会上,讨论的核心是事件发生后应采取什么措施。"主战派"的急先锋陆相杉山元大将发言道:"从目前中国之29军的优势兵力和抗日态度来看,军部认为可考虑由国内派出3个师团左右的兵力。"

内阁要员们虽对杉山元起初的话表示认可,认为中国方面挑起事端应负全责。但听到由国内派兵的要求时,却几乎都认为陆相太性急了一些。原来当天清晨,北平特务机关长松井与29军副军长秦德纯达成停战协议的消息已传至东京。在宣布停战之际匆忙派兵,对外将留下什么印象?

临时内阁会议上，陆相杉山元请求由日本国内增兵的提案被暂时搁置，内阁决定暂时静观。

但临时内阁会议结束仅一小时后，首相、陆相、海相、外相、藏相又紧急召开了五相会议。会上确定了日本政府对此次事件的解决方针：中国军队撤退，处罚负责者，中国方面道歉并保证今后不再发生类似事件。

五相会议把日本权益高高地凌驾于中国之上，本身就显示出日本方面的蛮横态度。日本以此方针作为问题的解决基调，自然令蒋介石的南京政府无法接受，事态只能朝着扩大的方向发展。

就在陆相杉山元派兵提案被暂时搁置的同时，陆军省内又出现了更为严重的倾向。军事课长田中大佐又提出了一个新的所谓"彻底"解决华北问题的意向："此时，为了彻底铲除祸根，是否以'何梅协定'援用于第29军，或使中国军队撤退到离永定河20里以外的地区。"

田中的意思是把冀察政权和29军赶出平津一带，仿照冀东伪政权一样，再建立一个傀儡政权。他的观点当即得到作战课长武藤章等的赞同。

随着军部内部争吵的不断进行，"主战派"风头愈显强硬，主张抬高价码的人也越来越多。7月9日晚，参谋次长向天津的桥本群参谋长发电，擅自抬高了谈判价码。

7月10日，"主战派"、参谋本部第三课及第二部在为内阁准备情报时，对形势作了言过其实的判断：

"中国平津当局及南京政府均在提高国民抗日意志，并进行对日战争准备。我中国驻屯军对和平解决之努力，由于中国方面轻率挑战之态度，事态大有逐渐恶化之虞。

"大规模出兵，原非帝国之所好，但由于中国驻屯军之自卫行动，处于优势之中国军队重围中，恐将陷于不能救援之危险。此外，日侨生命财产也濒临险境。为迅速予以救援，并一扫事态之根源，应向华北方面派遣必要之兵力。

"虽不愿事态向其他方面扩大，但鉴于中国全面抗日局势，有导致其他方面日华关系尖锐之虞，故必须考虑保护在华日侨问题。

"此外，判断恐将引起欧美、苏联之参战。"

根据以上局势判断，第三课就向中国驻屯军增派兵力一事，作了如下考虑：

为了解决卢沟桥事件，以现在中国驻屯军和前述由朝鲜军以及关东军应急派出的兵力似已充分。但估计第29军的总兵力有4个步兵师、3个独立旅、1个骑兵师、1个骑兵旅，计75000名。此外，预料中央军将陆续沿平汉线北上。因此，准备另由国内出动3个师团和航空兵团。

眼见"不扩大"方针越来越走样，"慎重派"核心人物、参谋本部第一部长石原莞尔少将日益不安。为此，他多次站出来提出反对意见。但到10日上午后，军部已内定了派兵计划，石原的第一次努力失败了。

若干年后，当时曾任参谋本部第四部长的下村定少将（后升任大将）回忆道："石原部长是不扩大方针的最坚强的倡导者，认为此时应当竭力增强日本国力，完满建成'满洲国'，担心日本如进一步向中国伸手，则迄今苦心搞起的扩大生产、充实军备将无法完成。但是，他在部长会议等场合未能坚持自己的意见，而是采取了'虽然反对但不得不服从'的态度，未能作出充分努力，就上述所担心之点阐明国力真相，以求得有关人员的理解，是值得惋惜的。"

下村实际上也仅看到了表面。当时，即使石原莞尔坚持己见，也未必就能挽得住犹如脱缰野马一般的"主战派"。在这之后，他虽自始至终反对日军在华东、华中作战，但最后还是被军部一次次压制下去。当时的日本，连内阁首相在军部的威逼下也只能同流合污，一名少将的反对就能拖住引弓待发的战箭吗？

7月11日下午2时，日本政府再次召开紧急内阁会议。会上，陆军的提议被通过，决定了在国内进行战争动员并向华北派兵的计划。另外，"为加强全体国民一致协力体制的声明"的提案全文也获准通过。

日本在经过数年不断的战争熏染后，终于迈出了举国一致进行战争的一步。日本进入了战时体制。

11日下午4时30分，第56、57号临参命同时飞向了东北关东军司令部和驻朝鲜第20师团。

关东军司令官受命，将独立混成第1旅团主力、独立混成第11旅团主力及飞行集团之一部（侦察、战斗、重轰炸机各两个中队）派往华北。该部队自通过"满"华边境时起即纳入中国驻屯军司令官指挥下。

朝鲜驻屯军第20师团应尽快到达华北，编入中国驻屯军司令官隶下。

同时，东京军部发布命令，钦命日军教育总监香月清司中将赴华北，接替病危的中国驻屯军司令官田代皖一郎中将。

11日当晚6时25分，日本政府就向华北派兵一事发表了声明。该声明混淆是非，先是把一切责任都推到中国军队身上，继而煽动民族情绪，最后表现出日本政府坚决支援派兵解决冲突的强硬姿态。

当夜8时，华北特务机关长松井太久郎大佐得知了日本动员国内师团的消息。此时，他正准备前往29军，与张自忠签订停战协定。这突如其来的消息令他惴惴不安，他不知29军代表在得知这一消息后是否还能与他签约。

"真不是时候，简直是捣乱。"松井太久朗暗自嘀咕着去了29军。

但不知29军是没有得到消息，还是他们铁了心要签停战协议，松井太久朗的担心并没成为现实。事后，松井带着签了字的协议，心情轻松地返回了驻地。

但松井太久朗担心的事很快发生了。日后多年，在他已升任中将后，回忆道："将近半夜，东京电台广播报道，'接到在北平达成停战协定的报告。但鉴于冀察政权一贯的态度，是否出于诚意，未可置信，恐日后成为废纸'云云。

"这一广播，相反却表明我方对协定并无诚意。据说这是陆军省新闻班的强硬派，未经上级同意，将擅自起草的稿件送交广播电台的。由此可见当时无论是军部中央或现地，强硬派是在如何积极地活动。"

与日方存在强硬、稳健两派一样，中国方面也有两派。冀察方面的强硬派抓住以上广播，提出："正因日本方面无诚意，今日岂非为撕毁协定制造借口？其不扩大方针或停战协定，只是为争取完成作战准备所采取的缓兵之计而已。"因此，在舆论方面也趋向强硬。北平城内戒备愈益森严，守备兵力达两个师以上，人心惶惶不安。

东京，华北形势的恶化再次惊动了天皇裕仁。一天，他招来他的叔辈、参谋总长闲院宫载仁亲王。在详细询问了中、日两军发生全面战争的可能性后，他又想起了日本身后的那只巨熊，于是有些担心地问道："如果苏联介入怎么办？"

在这个问题上，闲院宫载仁似乎相信陆军省的判断，因而直率地回禀道："陆军认为苏联不会介入。"

裕仁对这个回答显然不满，当即反驳道："那是陆军的武断。万一苏联介入，将如何是好？"

参谋总长闲院宫载仁无言以对。

天皇这次召参谋总长入宫，并非要责难他。两三天前，陆相杉山元曾拍着胸脯向他保证：一个月左右即可收拾残局。天皇虽有些担心引发一场中日全面战争，把日军主力钉在中国，也怕苏联在日本困难时从背后下手，可他毕竟经不住中国这块肥肉的诱惑。再说军部一直坚持说是中国方面先开的枪，他也不愿过多地限制陆军，挫了他们的锐气。既然陆军说苏联不会出兵，而他的皇军又能在一个月左右解决中国问题，从内心说，他也是赞成出兵的。

此时的天皇并未仔细研究中国形势，更没看到中国铺天盖地的抗日浪潮，因而轻易地同意了向中国派军的计划。他的野心和轻率，不但给中国带来了深重的战争灾难，也把日本拖进了日后长达8年的战争泥淖而难以自拔。数月后，当他面对日军的困境而大发雷霆时，除了把当初大吹特吹的杉山元贬到中国战场之外，他也只能唉声叹气，无计可施。

◎ 蒋介石梗起脖颈，操起了尚未铸就的平倭之剑

7月8日，蒋介石正在"凉岛"庐山上休养避暑，兼着办公。

每年夏天，随着蒋介石登上庐山，这块幽静之地便显得热闹起来。往来信函、电文穿梭不断，国民党党、政、军重要人物也从各地奔向这里。而1937年的夏天，这里更显得热闹。去年岁末，蒋介石西安被扣，曾答应中共和全国民众，政府将采取一切手段，抗击日本无休无止的侵略。7月初，来自全国各个方面的知名人士代表正聚在这里，将举行庐山谈话会第一期会谈，共商结成抗日统一战线、全面抗日大计。代表中，甚至还有来自陕北的中共代表。

会议还未开始，日军便在华北挑起了战端，给了提议召开这次会议的中共及全国支持抗战的人民一个最及时、最充分的理由。

蒋介石是于8日接到29军代军长、北平市长秦德纯的报告，得知卢沟桥事发的。接到报告后，他先是一阵惊慌，随即便陷入了深深的思索中。自西安事变和平解决后，国内各党派、地方军的派系之争明显缓和下来，举国一致的抗日呼声却日趋高涨。这种局面令他亦喜亦忧，喜的是国内支离破碎的局面大有改观，南京中央政府

的统治力明显加强，抗战准备也已开始起步。但这一切必定要刺激盼着中国陷于内乱的日本人，他们会看着中国一步步统一、强大起来？尤其国内抗日舆论的日趋高涨更令他焦虑、担忧，以他本意，在军事战备尚未充分之前，应该给外界一个宽松、缓和的气氛。但直至7月，华北形势虽然紧张，日本国内却没什么明显的变化。6月4日，家族渊源上对华持亲善态度的近卫公爵受命组阁，更是给了蒋介石一粒定心丸。但仅仅一个月，华北就出现了战事，东京到底在做什么打算？天皇裕仁葫芦里卖的什么药？

日本人从无信义，跟他们打交道，应多做几手准备。主意拿定，他当下便向华北发去电文，指示29军："宛平城应固守勿退。并需全体动员，以备事态扩大。"

指示虽已发出，但他的疑虑并未消除。晚饭后，他取消了惯常的散步，又在思索局势和日本人的企图。当晚的日记，记录了他情况未明，犹豫不定的真实心态："倭寇在卢沟桥挑衅矣。彼将乘我准备未完之时，使我屈服乎？或故与宋哲元为难，使华北独立乎？"又言："倭已挑战，决心应战，此其时乎？"

一夜的思考和反复琢磨，蒋介石的思想渐渐地走向全面抗战的道路上。

9日，蒋介石电召何应钦由四川速返南京，着手编组部队，准备应战。唯恐29军临阵动摇，他再次电令华北，指示29军道："守土应具必死决战之决心与积极准备之精神相应付。至谈判，尤需防其奸狡之惯伎，务须不丧失丝毫主权为原则。"

在命令宋哲元29军严阵以待的同时，蒋介石秘密电令孙连仲第26军北上保定、石家庄地区，准备同日军作战。

7月10日，蒋介石再下决心，就全面抗战事宜，又采取三项紧急措施：

（一）编组战斗部队，第一线为100个师，预备军为80个师，7月底前，组建好大本营和各集团军、军团等。

（二）将可供6个月用的弹药屯置长江以北2/3，以南1/3。如果兵工厂不幸被摧毁，则从法国、比利时购买军火，经香港、越南运回国内。

（三）准备后备兵员100万人，军马50万匹和6个月的军粮。

蒋介石这次是铁了心不向日本人低头，如果日本人硬要他低头，硬要中国丧失主权，他决意拼死一战。他这么想，可华北地区的29军却背着他向日本人做了让步。7月11日下午，张自忠代表29军与日方达成了屈辱协议，不但同意道歉、保证今后不再发生类似事件及取缔抗日团体等,还答应了日军宛平城、回龙庙不驻扎中国军队的无理要求。

蒋介石闻讯大为震怒,痛斥29军媚日,没有骨气,并命外交部部长王宠惠以备忘录形式通知日本驻华使馆:"任何谅解,未经中央核准者,无效。"

12日,日本政府任命香月清司中将为中国驻屯军司令官。日本外务省也发表声明称:今后军人对军人交涉,不关外交当局事。在此严重情况下,蒋介石认定日本必无满足之时,任何让步也不能满足东京的野心。遂于13日电示宋哲元,表示准备抗战的决心。他在电文中指出:"中央已决心运用全力抗战,宁为玉碎,不为瓦全,以保持我国家之人格。"

7月17日,蒋介石在庐山发表了著名的"最后关头"谈话,对外界表明了他坚决抗战之决心。他说:

> 我们既是一个弱国,如临到最后关头,便只有拼全民族的生命,以求国家生存。那时节,再不容许我们中途妥协。须知中途妥协的条件,便是整个投降、整个灭亡之条件。全国民众要认清所谓"最后关头"的意义。
>
> 和平已非轻易可求得,眼前如果要求平安无事,只有让人家(日本)军队无限制地出入于我们国土,而我们本国军队反要忍受限制,不能在本国土地内自由驻扎;或是人家向中国军队开枪,而我们不能还枪。
>
> 我们东四省失陷,已有六年之久;现在冲突地点到了北平门口的卢沟桥。如果卢沟桥可以受人压迫强占,那么我们百年故都,北方政治、文化的中心与军事重镇北平,就要变成沈阳第二!
>
> 今日的北平若变成昔日的沈阳,今日的冀察亦将成为昔日的东四省。
>
> 北平若可变成沈阳,南京又何尝不可变成北平!
>
> ……如果战端一开,那就是地无分南北,人无分老幼,无论何人,皆有守土抗战之责任,皆应抱定牺牲一切之决心!

这些话是蒋的肺腑之言,也是他最为关注的他的统治和国家存亡的根本大计。在国家存亡危急之秋,他经过多年的徘徊和委曲求全的痛苦后,在最后关头,毅然悬崖勒马，决心抗战，绝不投降，乃为国家之侥幸，民族之庆幸。

从另一个角度考虑，最后促使其下定抗战决心的，还有对西方反对德国和日本法西斯力量的期望。他一直认为美国和英国等西方国家，决不会坐视日本的侵略损害其自身的利益和安全，因而定会参加对德国和日本的战争，只是时间早晚而已。

蒋介石虽已表示抗战决心，但从内心深处，他仍是心存顾忌，一方面他在考虑全面抗战对其自身统治的利害得失，还抱有说服日本和平解决争端的幻想；另一方面，他对全面抗战的实行，仍有些惧怕心理。7月17日的谈话中，他仍呼吁日本能给予和平解决的希望：

"卢沟桥能否不扩大为中日战争，全系于日本政府的态度。和平希望之关键，全系于日本军队之行动。在和平根本绝望之前一秒钟，我们还是希望和平的，希望由和平的外交方法求得卢事和平解决。"

当然，蒋介石是有他自己的原则的。他的和平解决，并不是要宋哲元丧失领土、主权，把平津让给日本人的那种和平，他是在坚持不失去对华北的主权的和平。如果连这点也达不到，那即是"最后关头"的到来。所以他一面准备坚决抗战，一面仍不放弃哪怕是最后一秒钟的和平呼吁。在17日的谈话中，他为和平解决提出了四条最低条件：

"任何解决，不得侵害中国主权与领土之完整。

"冀察行政组织，不容任何不合法之改变。

"中央政府所派地方官吏——如冀察政务委员会委员长宋哲元等，不能任人要求撤换。

"第29军现在所驻地区，不能有任何的约束。"

不知是怕日本人不理解，还是借机对日本人提出警告，表明自己决不屈服的立场，他接着又指出："这4点立场，是弱国外交的最低限度。""如果对方犹能设身处地为东方民族做一个远大的打算，不想促成两国关系达到'最后关头'，不愿造成中、日两国世代永远的仇恨，对于我们这最低限度之立场，应该不至于漠视。""希望和平，而不求苟安。"如果日本政府不考虑以上四项要求，留给他的，就只有抗战一途。

但受军部左右的日本近卫文麿首相，非但没有表现出其家族对中国的友谊，而且辜负了日本万民寄予他的政府能制约军部的重托。从事件一开始,他就完全慑服于军部的高压,公然倒向了军部一边。近卫一个月前上台组阁时留给人们的清新超脱之感,一夜间便被日军军刀的血腥气冲得无影无踪。就在蒋介石17日发表讲话的同一天,日本政府向中国外交部送交一份照会,公然指责中国政府在自己的国土上调兵遣将,形成对日本的挑衅。不但如此,甚至还要南京中央政府"对于华北地方当局解决条件之实行,勿予妨碍",俨然以宗主国自居。

事已至此,蒋介石自然无法再抱任何幻想,遂命将此照会由外交部驳回。同时,日本驻华武官喜多诚一到军政部见何应钦,又对何公然威胁说中国派军进驻保定、石家庄,日本政府不能漠视;如果中国军队不从这些地区撤走,必然引起中、日全面军事冲突。并说此乃日本政府对中国表示的最后友谊,并非威胁。

对于日方的要求,何应钦当即予以驳回,说:"中国军队之移动,全系出于自卫。事态扩大与否,在日方,不在中国。"日本武官扬言:"日本对此非常时局,已有重大决议",不打自招地道出其侵华野心。

7月19日蒋介石再次于日记中表示了抗战的决心:"书告既发,只有一意应战。不再作回旋之余想矣。"痛苦几年,痛定思痛,蒋介石终于最后下定了进行全面抗战的决心。

蒋介石这次是铁了心要抗战了。如果说昔日东北沦陷他采取了"不抵抗"政策,负有不可推卸的责任的话,今日日本人把战火燃向华北,燃向关内,就绝不再是华北的问题。如果再不抗战,就要亡国,南京就要成为今日的东北和华北,蒋介石苦心经营数十载的南京中央政府就要倒台或成为日本的傀儡,对此,蒋介石无论从个人或民族观念考虑,都是至死难以接受的。就蒋本人来说,不少史学家认为他从小就孤傲、倔强,从来不愿受人管束,今日又贵为一国至尊,要他对日本天皇及日本政府称臣纳贡,他如何能接受呢?加之他对中华民族古老文化和丰富渊深典籍的顶礼膜拜和坚定信仰,使其更具有东方文化中心的优越感。在蒋看来,泱泱文化古国,焉能臣服倭寇!他曾对斯诺说:"我国固然是一个弱国,但不能不保持我们民族的生命,不能不负起祖宗先民所留给我们的历史上的责任。"

美国记者白修德在日后谈及对蒋的印象时,称:"他是一个真正的中国人,尽管表面上的尊严被瘟疫、灾荒、侵略和残忍行为荡涤殆尽,尽管古老的文化被崭新的革命理论所窒息,但是中国人的传统习惯里面,一直隐藏着一种过分的民族优越感。这种优越感遗传所致,什么东西也不能把它剔除掉。蒋介石具体体现了这种梗着脖颈的中国人的傲气。"

梗着脖颈的蒋介石为着自己的统治可能失掉一时的傲气和民族优越感,但当这一切的根本受到威胁时,他那埋藏于内心深处的感情终将爆发出来,对这些,日本人过去并未真正领教过。

另外,从当时的情形看,蒋介石再想采取"不抵抗"政策,也为形势所不许。卢沟桥事变爆发后,远在陕北的中共中央看穿了日本侵略、灭亡中国的野心,号召"只有全民族实行抗战,才是我们的出路""必须武装保卫平津,保卫华北!"毛泽东、朱德、彭德怀、贺龙、刘伯承、林彪等红军将领通电全国请缨杀敌。毛泽东、朱德等致电蒋介石,要求"御侮抗战之旨,实行全国总动员",全体红军将士愿奔赴抗日前线,保家卫国,奋勇杀敌。中共代表叶剑英等赴西安与国民党方面联系,商谈有关红军开赴平绥线担任作战任务的问题,并愿以一部兵力深入敌人后方游击,配合正面战场,"与善于防守之友军配合作战,更能顺利地完成国家给予的使命"。在中国共产党的号召下,全国人民及海外侨胞纷纷起来,组织各种抗日救亡团体及战地服务团,捐款生产,慰劳伤员。许多爱国将领请缨杀敌,挥师荡寇,形成了一股不可抗拒的抗日洪流。

蒋介石在日军无止境的步步进逼和国内外抗日呼声铺天盖地的势头下,终于顺应了历史潮流,毅然摒弃了妥协政策,决定操起平倭之剑,回击日本的野蛮侵略。

抗战决心已下,但蒋介石心里丝毫没有轻松和振奋的感觉。他面对的倭寇毕竟很强大,陆军属世界强国,海军列世界第三,空军虽未单独列出军种,但分在陆、海军中的数千架飞机足以使其跻身当时的世界前列。日本,当时在亚洲是足以令任何国家生畏的一只"倭脚虎"。

面对这样的对手,蒋介石难免要发怵。但老虎要吃人,不自卫也没办法,他没有选择,因而只能操起尚未铸造完毕的平倭之剑。

早在1935年,蒋介石逐渐稳定了在长江流域的统治之后,眼见西方诸国纷纷套购中国银圆,转嫁经济危机,遂在英国的帮助下开始实行"废两改圆"推行法币。此举不但改善了南京中央政府混乱的金融,而且加强了对各地的统治,因而建立了一定的经济基础。靠此基础，并在德国军事顾问团的指导下，南京政府购进大批新式武器，进行国防现代化的建设。为了加强部队的装备以备对日抗战，1936年初，国民政府军事委员会成立了一个陆军整理处，以少壮派军事干将陈诚为主任，负责进行陆军的整顿和装备工作，预计到1938年完成60个调整师。经过整编的调整师，人员和武器装备为：官兵10923人，步骑枪3800余支，轻重机枪328挺，各式火炮与迫击炮46门，掷弹筒243具。"七七"事变爆发前，隶属国民政府的182个步兵师中，只有50个师整编完毕，而且因中国工业落后，所谓调整师也只充实了部分近战武器。受外汇限制，从海外进口火炮计划多未完成。此外，直属军政部的还有炮兵旅4个，战车约600辆，以及高射炮部队等。

当时，说中国军队庞大不假。抗日战争爆发前，属于国民政府的陆军，其编制为49个军，182个步兵师，46个独立步兵旅，9个骑兵师，6个独立骑兵旅，20个独立骑兵团，总兵力高达170余万人。抗日战争开始后，广东、广西、云南、四川等地方军阀部队纷纷接受国民政府改编，开赴抗日战场，蒋介石嫡系部队也扩大编制，很快，总兵力达到200万人。

中国的海军经蒋介石多年经营，在抗战前已有舰艇100艘，总计为7万吨，计巡洋舰2艘，驱逐舰3艘，炮舰16艘，内河炮舰13艘，鱼雷舰及运输船8艘，陆战队约3800人。全部舰艇编成4个舰队。第一舰队系沿海舰队，第二舰队系长江舰队，司令部均设在上海；第三舰队系东北海军，司令部驻威海卫；第四舰队系广东海军，司令部设在广州。但令蒋介石不安的是，各舰艇大都是清朝遗留下来的旧式舰船，装备落后，火力微弱，不足与日本现代化舰队抗衡。

中国空军本以东北空军为强，"九一八"事变后，数百架战机却均落入日本人之手。蒋介石建立南京政权后，为对冯玉祥、阎锡山、李宗仁等军作战，始积极组建空军。截至"九一八"事变，已有飞机100余架。因战斗力弱，1932年的淞沪抗战和这之后的长城抗战诸役均远飞后方避战。从1933年起，美国人帮助蒋介石拟定了建设空军三年计划，在杭州设立航空总校，于洛阳、广州、龙州设立分校，培养驾驶员和地勤人员，并从美国和意大利进口飞机，空军始初具规模。1936年夏，蒋介石搞垮陈济棠，吞并了广东飞机100余架。当年冬，蒋介石50岁寿辰之际，发动全国各界献机祝寿，又得飞机100余架。至抗日战争爆发前，中国的空军飞机数目计：侦察机251架，战斗机212架，轰炸机257架，全部从国外进口而来。但与日本人数千架精良的战机相比，中国空军仍显逊色。

从总体上说，蒋介石对自己手下庞大的军队是既寄予厚望，又深感难以倚重，尤其还有一种难以意会的内部因素。中国广阔的幅员加之交通不便，长期以来造成了各地军阀的武装割据。中国对外宣称早已统一，但中国军队离统一还相去甚远。当时，蒋介石要想调两广或四川的军队，不知要费多大的劲，还未必能办成。因此，在中国近200万的庞大军队中，除了从北伐起跟随蒋和战败而改编为中央军的30个师，还有其他的大量军阀部队，蒋介石调动、使用均感困难。这些部队难调、难用且不说，其战斗力也成疑问。当时，这些受制于某一军阀的私人部队有自己军校培养出来的军官带领，并有完全不同于中央军的独立的军需制度，而且编制也不统一，光一般的师就有甲、乙、丙三种级别。更令蒋介石沮丧的是，这些部队的武器装备千差万别。当时一般说来，蒋介石中央军嫡系部队装备较好，旁系军队既得不到蒋介石从国外购买的精良武器，又无力自行筹款从国外购买武器，所以装备极劣。当然地方军阀中也有富户，广东陈济棠、广西李宗仁、云南龙云、冀察宋哲元等都能自筹款项购买武器装备自己的部队，因而这些军队也有一定战斗力。张学良的东北军依靠东北财富，不仅从国外购买武器，而且在沈阳有独立的兵工厂可自造武器装备自己，因而张学良虽离开了东北军，但其装备还是比较优越的，唯一令人遗憾的是这支军队军官素质差，导致全军战斗力大打折扣。

这就是蒋介石早早就打定主意要改编军队的原因。

眼见部队远非日本人的对手，蒋介石便把心思都放在了天时、地利、人和之上。中国抗战是本土作战，漫长的防线也许能弥补军力的不足。长城这个古老而悠久的杰作，太容易唤起他这种灵感了。从1934年起，他便为早晚要到来的抗战做起了筹划。至1937年，大规模构筑的国防工事便已经遍布全国。

在中国的两大动脉平汉及陇海路沿线，以石家庄、保定、新乡为前进据点，洛阳、开封、徐州、海州为主要防御地带，筑起了一系列坚固的阵地。

贯通京沪要地的长江流域，自吴淞要塞溯江而上，军委会下令广筑防御工事，配备重点为汉口、岳州间及上海、南京间，着重点在上海、南京陆地正面。从乍浦经苏州至福山，设置数道阵地。在上海附近和南京外围，也构筑了数道坚固阵地。

浙江、福建沿海，要塞已连接成线，以防止日军登陆。

山东半岛及胶济沿线，北起潍河口，沿渤海海岸，经烟台、威海、青岛至石臼所也筑有防御阵地。

山西及绥远、察哈尔方面，历来受日军骚扰不断，蒋介石当然不会放过。由中央及晋绥出资合筑了以张家口、大同、归绥、包头为第一道防线的防御阵地以迟滞敌人前进；平型关、雁门关、偏关一线为第二道防线，依恒山山脉构筑坚固的永久工事；太原周围为第三道防线，在正太沿线及娘子关等地也筑有阵地。

华东、华南沿海及长江、珠江沿岸的旧式要塞，依据1932年淞沪抗战的经验，加以改建和扩建。不知为什么，蒋介石特别重视长江沿岸要塞的改建，使其效力一时大增。

应该说，蒋介石为对付日本人，抗击日军的侵略，多少做了些准备工作。但由于几年来蒋介石更关心的是对中共、红军的"围剿"及各地军阀的收纳，其努力远远不够。而贫弱的中国金钱原已有限，再经此一番折腾，用于军队现代化的便所剩无几。当抗战这一天真正来临时，中国对日战争的准备远未周备。

中国的战争之剑是沉重的，而且尚未打炼完毕、放出寒光。

但日本人不给蒋介石时间，在日本人一步紧过一步的逼压下，在中国怒潮般的抗日呼声中，蒋介石和他的南京中央政府已无法从容锻铸这平倭之剑。在紧张和激动中，他决心冲上战场，在战争中完成过去未及完成的准备，他更想让日本人的热血使手中的战剑放出寒光。

剑总是要见血的。

血铸的战剑最为锋利，最令人胆寒。

7月20日，蒋介石走下了庐山，当天便飞赴南京，召集在京军政要员召开紧急会议，商讨全面对日抗战事宜。

蒋介石数年隐忍，一朝奋起，抗战之步似乎晚了些。但迈出抗战这关键的一步，一切对他来说都还不算晚。

◎ 平津血战，中国付出了绝不应有的伤亡

"七七"事变，蒋介石对日本人的伎俩看得还比较透，因而在军事上作了一些紧急调配。早在7月9日，便密令孙连仲将军指挥的第26路军两个师开往保定集中，继而再进至琉璃河；第40军庞炳勋部一个师开赴石家庄，进驻沧县，归宋哲元节制；又调第53军万福麟部三个师附第91师前往保定集中，向固安、永清、雄县布防；第84师高桂滋部调至大同、怀来。蒋介石的部署欲使晋察绥与中原连成首尾相应的防御整体。为协同指挥，在石家庄设立行营，任徐永昌为主任、林蔚为参谋长，并与山西阎锡山、山东韩复榘相联系，要求他们相机配合。

战略调动看上去有板有眼，左右逢源，但蒋介石多年来对军队的统治和其政策的跳跃性突变还是使他的计划最终落了空。一方面，蒋介石身在庐山，却不知南京政府内主战、主和者争吵不休、莫衷一是，国民政府军事机构所采取的军事战略指导是应战"折冲"，这就使增援平津的部队都停留在保定以南的冀中、冀南地区，仿佛在坐待日军选择进攻平津的日期。明着说有这种原因，未明说的还有：国民党中央军和地方派之间的隔阂可谓根深蒂固，非嫡系部队生怕被借机消灭，各军互相猜忌，观望不动，丧失了良机。对于中央军北上，连蒋介石的嫡系将领都在心里直犯嘀咕："未知中央此次对日作战，对各个军，是否整个或分割加入战斗序列，抑将乘机分别他调？"对归宋哲元节制的孙连仲、庞炳勋两部，被安排驻扎在保定，这样就使增援部队与29军相距甚远，根本无法呼应和协调作战。

而日军以谈判为名，利用宋哲元的一度动摇以及和蒋介石的矛盾，使缓兵之计得逞。到7月16日，日军已完成了包围平津的战略部署。7月18日，宋哲元偕张自忠第一次拜访香月清司，回来后乐观地对手下人说："和香月见面谈得很好，和平解决已无问题。"宋哲元原想摸香月的底，但却被香月给愚弄了。香月见对平津的攻击准备尚未完成，因而对宋哲元客气了几句。宋哲元一高兴，不但认为和平解决有望，而且透出了自己的底牌。这时，日军入关部队已达5个师团之众，兵力超过10万，双方军事力量对比发生了逆转。18日，日军在丰台设立了最高司令部，由香月清司指挥。当他们一切准备就绪后，便大举进攻宛平，炮轰长辛店，狂炸廊坊。19日，香月发表所谓"声明"，称20日午后日军将采取自由行动。

日军大兵压境，战火迫在眼前，但宋哲元仍指望通过自己单方面的和解诚意来感化日本人。19日，他不但发表了带有乞求意味的求和声明，甚至下令北平城防部队拆除巷战防御工事。一时，北平内外出现了奇异的一幕：日军摒壕架炮，秣马厉兵；29路军拆垒填壕，清除路障，都忙得不亦乐乎。

宋哲元为自己的私心所算，也为奸诈的日军所算。可悲的中国高级将领，可叹的无辜士兵和平津百姓，未战已先立于失败境地。

20日，10万日军分作数个集团，已把平津地区铁桶般紧紧围住。北平以北，是由公主岭、古北口出发经热河省而来的剽悍的关东军酒井镐次第1独立混成旅团和铃木重康的独立混成第11旅团；而由朝鲜远道奔来的川岸文三郎第20师团，由山海关入关后，直扑北平南侧，窥视天津；天津驻屯军河边正三旅团在援军到达后也离开驻地，开入北平以东的通县。此外，由日本国内调入中国战场的3个师团也先后从朝鲜入关，会合海军，直扑天津、塘沽。

与四处分散的中国军队相比，日军无论在战略态势、军队数量、武器装备上都处于绝对优势，中国军队的战败至此已成必然。更令人遗憾的是，中国军队不仅必须面临失败，还必须面对无畏付出而让人难以接受的千百万人的鲜血和生命。

25日夜，战火首先在廊坊点燃。守军38师刘振三的113旅面对日本朝鲜驻屯军第20师团的挑战，奋起自卫。26日晨，日军数千援兵开到，在飞机、战车的支援下大举反扑，刘旅伤亡惨重，痛失廊坊要地。刘振三旅爱国官兵虽然付出了过多的热血和生命，但其悲壮之举终于撼醒了宋哲元，撼醒了这位上千名痛洒热血的官兵的父母官。北平，宋哲元得报后，对外交特派员叹道："战争恐怕难免啦！"

占领廊坊后，日军大步追击，又乘胜进占北仓、杨村、落垡等车站，切断了天津与北平之间的交通。日军此举，显然是要拿下平津，吃掉29军，因而不会止于廊坊的收获。但令宋哲元意外的是，香月清司中将竟把矛头直接指向了北平。

26日午后，日军河边正三旅团的一个大队500多人乘火车到达丰台站后，马不停蹄地换乘26辆卡车直冲广安门，企图乘乱混进北平。当时守卫广安门的第25独立旅69团刘汝珍部，上前拦截制止，日军开枪射击，中国军队见状不妙，顶着弹雨强行关闭城门，将日军分别包围在城内外。敌军顿时陷入一片混乱之中，损失惨重，指挥官樱井德太郎负伤而逃。当日，香月清司向宋哲元发出最后通牒，限29军于27日正午以前将卢沟桥和八宝山附近第37师撤至长辛店,并把北平城内的第37师所部全部撤出城外,然后陆续退往保定,"如果不实行,则认为贵军未具诚意,而不得不采取独自行动以谋应付"。香月此时是欺负宋哲元过了头,仍以为宋哲元一吓唬就会往回缩,因而提出了这个荒唐可笑的要求。当时,按照日军要求,简直是要中国军队拱手让出北平。宋哲元当然不会再吃这一套。

香月清司左等右等不见中国军队答复,料知讹诈再难奏效,遂不待中方答复,便于7月27日凌晨3时向通县发动总攻。双方激战至午,中国军队力战不支,开始突围撤退。同日晨5时,日军又向团河围攻,并出动飞机18架配合作战,中国守军伤亡逾1000人。蒋介石在南京得知华北大规模的战事后,当日电令宋部:"应固守北平、保定,宛平各城为基础,切勿使之疏失,保定防务应有确实部队负责固守。"宋哲元当日召集军政要员会议,会后通电全国,决心誓死守土。同时又通令29军各部奋勇抵抗,指示北上的第40军向静海、独流镇集结,策应天津,第26路军进驻长辛店、良乡,以支援北平。

宋哲元丧失了最宝贵的时间,日军绝不允许第29军有喘息的机会。28日黎明,日军对北平近郊发动总攻,以第20师团为主力,配以重炮40门,向南苑大举进犯,另以混成第4旅团所部切断了南苑到北平间的公路联系,其独立混成第1、第11旅团,从北平北侧攻击北苑和西苑。日军出动飞机40架对中国守军的工事轮番轰炸,守军仓促修筑的工事、掩体很快便被火海烟尘吞没。战斗进行得异常紧张、惨烈。

29军在敌军重兵围攻下仓促应战,不久便显露出败落迹象。全军很快被日军切成数段,分割包围。加之防御工事简陋,尤其是南苑方面,仅以营防周围障碍物作为掩体,在敌人优势炮火和飞机的狂轰滥炸之下,守军官兵们被炸得血肉横飞,惨不忍睹。情况极其险恶。不久,噩耗接踵而来,南苑失守,29军副军长佟麟阁壮烈殉国,第132师师长赵登禹在撤向北平时,受到日军袭击,中弹身亡。尤其令人痛心的是,南苑军训团当时有很多大学生正在受训,他们背负着民族的重任,作为国家的栋梁,却过早地倒在了战场上。从这以后,国民政府改变了大学生前方受训的策略。抗战毕竟是长久的,民族的精英绝不该过早地消逝在战场上。

昌平、高丽营的日军在飞机的配合支援下,分向沙河、小汤山、北苑一带猛扑。29

军所部在战事失利的情况下仍浴血奋战,节节抵抗,临近傍晚向北城圈退却。为扭转被动局面,武清方面的中国军队进行反击,向廊坊展开攻势,切断敌人后路,威胁其侧背,但很快被敌军回援部队击退,于当晚向安次撤退,同时丰台亦得而复失。入夜以后,战况更加不利,北平南、北郊的日军俱已迫近城垣。宋哲元见颓势无法挽回,乃命令北平郊外作战部队向永定河右岸退却。

28日下午3时,宋哲元在北平主持召开了重要军事会议。短短几天时间,29军全线战败不说,高级将领中就有两人殉国,这使得会场气氛有些压抑和沮丧。不管怎么说,29军是平津地区唯一的一支中国军队,但种种原因却使他们在短短的几天里就败下阵来,作为军人,他们心中有愧。想想城里城外前奔后跑,为29军将士鼓励打气、送吃送喝的北平市民,听着日益逼近的隆隆的枪炮声,赴会诸将个个鼻孔发酸,欲哭无泪。

宋哲元心情更是沉重。和谈解决的美梦被击碎了,华北已无他立足之地。如果他早做准备,即使最终仍守不住平津,但只要在战场上建功,他就是国民心目中的英雄,蒋介石也绝不敢在全国人民的拥戴声中处理他,可今日倒好,战和不定已先败三分,战场上痛吃败仗更令他无颜面对中国父老。此时他将退向何方?天下之大哪有他立足存身之处?想想平津混乱的战局和散乱着溃向保定的29军,他一时痛悔交加,良久无语。

宋哲元的得力师长张自忠见状,自然明白老军长心中的苦涩。他略一沉思开了口:"委员长,事已至此还是急谋良策为妥,退往保定的部队不能无人收拢啊!"

见宋哲元抬起头,他进一步补充道:"平津残局自要有人收拾,只要委员长动一动,我想与日本人的交涉多少还是有些余地的。"

张自忠在替宋哲元找寻后路。宋哲元进退维谷之际,乐得有人出来替他挡一下。会议当场决定,由宋哲元率29军驻留人员撤往保定,善后事宜由张自忠全权处理。当晚11时,宋哲元偕北平市市长秦德纯等离开北平赴保定。临行前,宋哲元发布命令,任命第38师师长张自忠代理冀察政务委员会委员长兼北平市市长之职,收拾残局。

与北平相比,天津的战火丝毫不弱。所不同的是,天津守军毅然行动,使日本人尝到些中国军队的厉害。当北平激战之际,曾传出中国军队收复廊坊、丰台的消息,因而军心、士气一时大振。驻守天津的第29军38师一部,在副师长李文田的率领下偕同天津保安警察部队，于29日向日本驻津各机关及租界发动进攻。李文田与副指挥刘家鸾、天津市政府秘书长马彦仲联名通电："誓与津市共存亡，喋血抗战，义无反顾。"中国军队一度攻占了北仓飞机场及日军驻守的车站，逼近日租界中的海光寺营房，杀伤日军上百。香月见势不妙，抽出部分军队回援天津，敌援军到达后，在战车、飞机的掩护下向中国军队反扑，火车站、南开大学校舍等处大半毁于战火。中国军队在敌我力量悬殊的情况下，血战一昼夜，30日力战不支，被迫放弃天津，向马厂撤退。

7月30日，北平的枪炮声渐渐沉寂下来，这座北方的文化古城陷落日军之手。城区内，惊惶的市民看着代理委员长张自忠贴出的布告，称：今日29军撤出北平，乃中日战局发展所致。退出北平后的29军向保定一带集中兵力，以继续抵抗。劝告民众各安生业，不要惊惶自扰。

同日，日军中国驻屯军司令官香月清司中将针锋相对，也贴出了"安民布告"。

一周后，日军正式开入北平。为炫耀武力，日军大肆庆典，举行了隆重的"入城式"。北平的心脏前门，城楼上飘荡着许多气球悬挂的宣传标语：

"庆祝北平占领！"

"庆祝皇军胜利！"

从永定门经前门至天安门广场的街道上，日军庞大的行军纵队迈着整齐的步伐前进着。军靴的"咔咔"声是那么地沉重，像是从每个北平人、每个中国人的心上踏过。闪亮的刺刀上，"旭日东升"的膏药旗让几百年没经历过战争的北平人胆战心寒。

北平，中国北方重镇，中华民族的故都，终于在1937年夏季的沉沉死气中，被日军占领了！而此时北平四郊数千名中国军队阵亡官兵的尸首尚未及掩埋。

7月31日，天津沦陷，华北战局的重心又南移保定。平津之战落幕了，但全面抗战却悄然揭幕。

◎ 最早倒下的抗战将军，殉国于日军疯狂的枪林弹雨中

1946年7月28日，正值抗战胜利一周年。

北平中山公园，气氛庄严肃穆。园内，挽联、花圈如林，送葬人头攒动。这是在为两位抗日英雄举行隆重的追悼大会。会场内外，加入送葬队伍的人络绎不绝，死者可谓极尽哀荣。九泉之下的亡灵，离开这个世界已经有9个年头了，死者生前最殷殷企盼的抗战胜利也早已成为不争的事实。

死者是拉开中国全面抗战之幕的国民党高级将领，但他却成了最早殉国于抗日战场上的中国将军，他用热血和生命铺下了中国的抗战之路，又用不散的魂魄在九泉之下关注着这场事关民族存亡的战争。9年了，他的忠骸一直隐秘地静卧在北平新桥柏林寺内而无法明昭天下。中国人在寻找他的忠骨，是出于对英雄的崇敬；日本人在寻找他的遗骸，是出于对烈士的仇恨。六根清净的柏林寺老方丈看来并不那么清净，不论出家多久，灵魂寄托何处，他也没忘了自己是中国人。为中国勇士破除戒规，甚至冒杀头之险，他也认为值得。柏林寺出了个不守清规的老僧人，一个万人尊崇的英灵便得到了一个如意的归宿。

老方丈名姓早已不详，而一直静卧在柏林寺的抗战英雄的名字叫"佟麟阁"。

"七七"事变爆发时，佟麟阁身为29军中将副军长、南苑军训团团长，当时正率部驻扎在北平南苑。事变爆发后，29军高级将领虽多主张和平解决，但一向坚持抗战的儒将佟麟阁却不这么认为。南苑军官会议上，他慷慨陈词道："中日战争是不可避免的。日寇进犯，我军首当其冲。战死者光荣，偷生者耻辱，荣辱系于一人者轻，而系于国家民族者重。国家多难，军人应当马革裹尸，以死报国。"

但佟麟阁毕竟只是个主管训练团的副军长，宋哲元并未完全按他的意思，坚决地举起抗战大旗。直至25日日军进攻廊坊，佟麟阁再也忍不住了，在南苑军部对宋哲元说："此时应作坚决抗战之打算。若军长觉得目前处境不便，请回保定，以安人心。平津责之佟某可也。万一变议而敌来犯，某决以死赴之，不敢负托！"

佟麟阁主动请缨，情真意切，终于打动了宋哲元。宋哲元当即决定星夜急调驻防任丘的赵登禹师进驻南苑，支持北平作战。

但此刻为时已晚。日军在完成战略包围后，大规模的进攻在北平周围同时展开。

7月25日，南苑虽然相对平静，但四处出没的日军特务和便衣队，已预示着南苑大战即将爆发。下午，宋哲元决定将29军军部移往北平城内，留下佟麟阁负责防务及南苑善后工作。

送走宋哲元等人，佟麟阁心绪很不平静。他踱出训练团，来到附近的田地旁。盛夏时分，南苑四周是一望无际的青纱帐。若非战争阴云的袭扰，现在该是一年中最令人欣喜的收获季节。可现在，局势的严峻像一块沉重的石头压在他心头，令他万般忧郁。

宋哲元的战和不定，使南苑防务一片混乱。赵登禹师虽说负南苑防御之责，可主力却都停在了永定河右岸。南苑满打满算，连学生军加上也不过五六千人，这将如何防卫北平的南大门？望着绵亘广漫的庄稼地，佟麟阁一阵阵着急，战火一旦燃向南苑，这庄稼地可以把日本人安全送到他的鼻子底下。可有什么办法呢？此时砍庄稼显然已经来不及。

天渐渐暗了下来，不知何时，军训团教育长张寿龄来到了他的身边。

"捷三兄，军部撤走了，南苑防务具体是如何落实的呢？"张寿龄望着西下的夕阳，轻声问道。

"南苑防务下一步交由赵师长和郑（郑大章，骑兵师长）师长负责。走前军座交待他们今天就到。咱们现在到军部看看去。"

28日黎明，晨晖初露，一阵尖厉刺耳的警报声划破了南苑清晨的宁静。转眼间，从东北方向蠕动而来的几个黑点已飞临南苑上空。几架日机的突然到来，惊得南苑守军飞奔着冲出营房，冲入阵地。但日机并未轰炸扫射，只是在上空盘旋两圈后又沿旧途遁去。显然，这是日军的侦察机。佟麟阁当即下令部队做好迎击敌机轰炸的准备。

少顷，第一波次5架日军轰炸机在29军响起的机枪声中飞临南苑上空。这批敌机有备而来，只在营区上空盘旋一周，便从东北角骑兵第9师师部开始，沿排列整齐的营房开始了狂轰滥炸。伴着团团腾空而起的烟火和四处横飞的瓦砾，军部及训练团营房转眼便支离破碎，火光冲天。一个盘旋，日机又把轰炸目标选在了营区外沿的简易阵地和障碍物上。

可怜中国第29军南苑守军，别说作战飞机，就连防空火器都没有。一些人员和骑兵师的军马未及疏散，在敌机的狂轰滥炸中喊叫着、悲鸣着。中国军队连日军的人影还未看见便付出了惨重的伤亡代价。

飞机轰炸完毕,得意扬扬地晃晃机身,向回飞去。中国守军还未及松口气,日军野炮便又开始了铺天盖地的远程轰炸。

日军是在向佟麟阁施威,向南苑中国守军施威,一向以武器装备现代化而目空一切的日军企图以这柄高悬的利剑镇住对手,压垮对手。

炮轰过后,从400米外青纱帐里钻出的日军,一波波犹如黄潮般地开始向南苑中国守军营区发起冲击,士气高昂的中国军队抖落身上的灰土,钻出坍塌的工事,准备向日军射击。这时,副军长佟麟阁出现在第一线阵地侧后的一座小土屋旁。他吩咐传令兵,命各中国军队把敌人放入200米内集中火力猛烈射击。

400米、300米、200米,南苑守军阵地上,密集的枪声响起了。直着身子呐喊着向前冲击的日军像是触了电一般,喊声戛然而止,前排的士兵疯狂地扭曲了腰身,后面的日军条件反射般地趴向地上,几分钟前还直冲云天的狂劲不见了。战争毕竟是战争,眼下毕竟是在战场上。

佟麟阁一直立于第一线,指挥军训5团和学生军训练团官兵迎击日军第20师团的冲锋。日军一波波往上冲,又一群群地往回溃。400米宽的开阔地成了日本人的天然坟场。

两三个小时过去了,敌援军大批开到,以军训团和学生兵组成的防线到底顶不住装备精良、久经战阵的日军的冲击,有几处防线被日军突破。眼见支撑不住,佟麟阁下令外壕防御部队沿堑壕撤入营区内,利用内砦组织防御。

这时,军训团教育长张寿龄气喘吁吁地跑到佟麟阁身旁,有些气急败坏地说道:"哪儿好像出了问题,咱们在这儿打,日本人的援兵怎么来得这么快,这么多。难道军部那边就没打?这怎么可能呢?"

佟麟阁略一沉思,也觉得异样,当下便带着张寿龄走下阵地。但电话一直没能打通,佟、张二人对军部那边儿赵登禹师和郑大章骑兵师的情况一无所知。派去联系的人回来带回的消息更令佟、张两人如掉入冰窖,从头凉到脚:军部那边已空无一人。

佟麟阁觉得事态严重,当下便率张寿龄直奔郑大章骑兵师师部。

骑兵第9师空旷的营区里狼藉遍地,空无一人。佟、张二人四处找寻仍不见一个人影。最后还是警卫人员费了九牛二虎之力,才在防空洞里找到一名衣衫不整的骑兵师士兵。

"你们的部队呢？"佟麟阁急不可待地向面前这位战战兢兢的士兵问道。

"今天天刚亮，日本人的飞机轰炸过后便全撤走了。"

"郑师长呢？也跟着部队走了？"

"是的，他也在黎明率部队撤走了。"

听面前士兵这么一说，一向以宽容待人而被29军全军上下称为"佟善人"的佟麟阁中将当下忍不住火了，气愤地说道："彩庭（郑大章号）这可太不对了，未战先撤却不通知友军。"

事已至此，再说也无用，佟麟阁偕众人离开营区。刚出营门，便见到军部传令兵匆匆向他们跑来："佟副军长，可找到你了。军部命令，南苑所有部队立即撤进城去。电话打不通，所以派我来传令。"

"赵师长知道撤退命令吗？"佟麟阁突然想起了南苑指挥官赵登禹，便试着问传令兵。

"赵师长早就离开南苑了。大概是早上八九点钟的时候。"

说话间，营区外公路上，从南苑方向撤下的溃兵，秩序混乱地蜂拥而过。一打听，南苑教导团驻地已为日军攻占，各部队乱了，自行往北平城里溃去。

"胡闹！真是胡闹！这打的是什么乱仗，相互间不联系，撤退连招呼都不打，这么无掩护地撤退能退回去吗？"佟鳞阁一腔怨气，无目标地发泄着。

"捷三兄，现在部队已乱，再想集结恐怕不易。不如让部队先往下撤，在大红门整哨附近掩护收容。"教育长张寿龄是东北军老军人，对部队颇多了解，见此情形当下便劝佟麟阁。

"嗨！只能如此了。"佟麟阁一声长叹，随即在众人簇拥下向北退去。沿途日军飞机追逐着公路上溃退的29军官兵，疯狂地轰炸扫射。所幸的是，公路两侧的青纱帐多少成了中国军队散兵游勇的保护伞。溃军虽有伤亡，但损失不大。

大红门，佟麟阁率领集结好的三四千人的队伍，开始向城区内作有秩序的撤退。未走多远，前方突然传出了密集的枪弹声。转眼间，这猛烈的射击声顺着中国军队的队伍向后蔓延开来。半分钟后，几架日机又出现在撤退队伍的头顶上，猛烈地轰炸扫射。

中国军队中埋伏了!

设伏的是日本华北驻屯军河边旅团。该部先以第2联队突然袭击,打走了29军傅鸿恩营,随即该联队追上了旅团主力,于大红门一带设伏,终于截住了从南苑撤下的中国军队后卫部队。河边少将虽与29军将领常来常往,与佟麟阁及29军多数高级将领十分熟悉,但这会儿的伏击,河边却丝毫不留情面,命令优势兵力最大限度地发挥火力优势。

场景惨不忍睹。公路两侧日军伏击阵地上,弹密如雨,青烟弥漫;公路上,中国军队血肉迸飞,死伤迭枕,惨叫悲鸣声不绝于耳。这战场过于血腥,甚至充满屠宰场的味道。

队列中后部的佟麟阁被这突如其来的打击惊呆了。稍一愣神,他红着眼珠子大喊道:"快趴下!隐蔽,向两侧疏散!"

但震耳欲聋的枪炮声和天空日机啸叫的声浪淹没了他的喊叫。一名随从见副军长目标暴露,欲拉他撤向路旁,佟麟阁一把推开随从,吼道:"滚开,你想让弟兄们都给鬼子杀了吗?快,让后卫连侧面迂回往上冲,把前面部队接下来。"

这时,一梭子机枪子弹从远处的一个小土丘后射来,佟麟阁及身边的副官、随从数人应声倒在血泊中。不一会儿,佟麟阁又咬紧牙,挣扎着站起了身。他的腿部被日军的子弹射穿了,血流如注。军训团一个大队长带几名士兵围上来,劝他到后面去先治伤。他咬着牙吐出几个字:"情况太紧急了,眼下抗敌事大,个人安危事小,你们快冲击吧,别管我!"

众人咬着牙挥泪告别了自己的副军长,向前冲去。佟麟阁原地站着,硬挺着调动部队、调整部署,以期摆脱遭伏击后的困境。但客观地说此时欲有组织地突围已几乎没有可能,河边旅团精锐的七八千人既有战车,又有飞机,卡头断后地把中国军队4000多溃兵围在中央,突围谈何容易。

但佟麟阁忍着腿伤坚持着,击退了日军的几次冲锋。此时的河边,就像一只凶猛而狡猾的猎豹,时而以火力杀伤对手,时而发起小规模的冲击,不断地消耗着中国军队那越来越弱的气力。佟麟阁看穿了河边的诡计,命令传令兵道:"快去通知各部队,绕开公路,利用路两旁庄稼掩护,分散突围向城里退。"

这时,又是一批敌机飞临公路上空,扔下一簇簇密集的炸弹,佟麟阁被冲天的烟尘吞没了，倒下了，从此再没能站起来。这一天，29军副军长佟麟阁中将还不到45岁。

跟随佟麟阁的部队也以悲壮的牺牲谱写了中国全面抗战的第一页。该部队虽误入日军伏击圈，但没人屈服，没人投降，3000余人战死在大红门外，用热血铺就了中国的抗战之路。令人遗憾的是，他们未能在日后的战斗中抗击敌寇，他们倒下得太匆忙，其中包括堂堂的中将副军长。

同日傍晚，132师师长赵登禹也在北平南郊黄亭子公路上遭到路两旁高粱地里日军的突然袭击，身负重伤倒在血泊中。临终前，他对身旁流着泪的传令兵说道："不要管我！军人战死沙场原是本分，没有什么值得悲伤。只是北平城里还有我的老母，你回去告诉她老人家，忠孝不能两全，她的儿子为国死了，也算对得起老祖宗……"

佟麟阁、赵登禹的死，在北平乃至全国引起了极大的震动。

北平军部，宋哲元闻讯先是呆立无语，继而抱头大哭，痛悔交加地吼道："断我左臂矣。小鬼子，此仇不共戴天，来日必报！"

法国巴黎，中共出版的《救国时报》载文敬悼佟、赵二将军，称其为"奋战至最后一滴血，光荣地完成了保国卫民的天职，足为全国军人之模范"。

7月31日，南京中央政府发表褒奖令，追赠佟麟阁、赵登禹为陆军上将，其生平事迹宣付史馆，以彰忠烈。

佟、赵二将军壮烈殉国，也为29军、为中国军队争得了颜面。中国民众在饱受外敌压迫后，对任何一支敢于抗击敌寇的军队都是不吝惜自己的热情和感激的。当南苑教导团残部突出重围列队进入广安门时，路旁行人看见中国军队都停下了脚步，脱帽致意，鼓掌欢迎。路旁每隔数十米便设桌几张，上面摆满西瓜、酸梅汤及各种食品，任由军人享用。但军人们眼中噙泪，没人去动这些东西。他们愧悔交加，愧于战败沙场，以致无颜见北平父老，无颜接受他们付出的太多的爱与期待。每个人心里都憋着一股劲，一股要为中国人、为中国军人争回尊严的冲动。

北平、天津，中国军人战败了，败得极惨，但他们胸中升腾而起的屈辱和复仇烈火，却燃起了日后全面抗战的胜利之光。

哀军必胜，29军现在成了地地道道的哀军。

◎ 张自忠，谜一般的抗战将军

平、津之陷，尤其北平故都的沦陷，真正刺伤了蒋介石那颗坚硬的心。8月初的一天，他在日记中写道："历代古都，竟沦犬豕矣，悲痛何如——然此为预料所及，故昨日已预备失陷后之处置，此不足惊异也。"

但就在蒋介石记录自己心情的时刻，有一名中国将军，以一种既非俘虏，又算不得中国政府平津统治者的特殊身份在北平艰难地与日本人周旋着。突然爆发的战事又突然间结束，地方军政大事、中国第29军尚未撤离的部队、阵亡或负伤的官兵、抗日烈士的眷属……太多的事都需要有人来处理、善后，而这些事日本占领军是绝不会替你代劳的。相反，日本人在这些事上别找麻烦就算是万幸了。29军38师师长兼天津市市长张自忠将军，此刻正以冀察政务委员会代理委员长兼北平市市长的身份艰难地在中国方面的利益和日本占领军粗暴的要求间挣扎着。

"慷慨赴死易，从容负重难"，宋哲元临走时留给他的这句话，在张自忠耳边萦绕着。这一刻，他方真正体会到这句话的分量。

早在7月底，当日军开进北平城时，日本华北驻屯军司令香月清司中将的安民告示便无所顾忌地贴在了张自忠刚刚贴出而墨迹未干的安民告示上。事实上从这时起，平津等地的统治者已经易人。张自忠虽名为代理委员长兼北平市长，但他的话、他的权威甚至不如一个日军中佐的话管用。7月29日，张自忠在冷冷清清的冀察政务委员会办公室里，见到了门也不敲便闯了进来的政委会顾问、日本中佐樱井。

"张将军，你的看看这个。这是昨夜紧急会议上决定的，当时你很累，没有打搅你。"樱井说着，递给张自忠一份简要会议全文。

张自忠展开一看，一股热血直往上涌，几分钟前樱井无礼闯入的不快转而变为一腔愤怒。决议上写道：

中华民国二十六年七月二十八日夜，冀察政务委员会紧急会议决定：

（一）免去秦德纯、萧振瀛、戈定远、刘哲、门致中、石友三、周作民冀察政务委员会委员之职。

（二）任命张璧、潘毓桂、江朝宗、冷家骥、陈中孚、邹泉荪为冀察政务委员会委员。

（三）任命潘毓桂为北平市公安局局长。

如此重大的任免事宜，日本人却不让他这个委员长参加会议，如今却让他过目、签字，这岂非拿他当傀儡、摆设？他第一次切身感受到了日本人所谓的"地区特殊化"的滋味。

但对张自忠来说，一切仅仅是开始。几分钟后，樱井当着张自忠的面对新上任的张璧、潘毓桂发号施令，又是维持北平城治安，又是挖出城内潜藏的共产党和抗日分子，俨然一副主人的姿态，把张自忠冷冷地抛在一边。

"张将军，你很累了吧？"樱井送走张璧、潘毓桂等人后，盯着张自忠不冷不热地问道。

"唉！眼窝都塌下去了，你这是何苦呢？听说你今天吃过早饭就来办公，真是勤政之至。不过我更欣赏你们道家的一句话：无为而治。身为委员长，其实你不必事必躬亲。让我们下属多搭把手，难道我们还敢不尊重您的旨意吗？我劝你该多休息休息。"

"樱井先生，我休息的已经不少了。如果你或者别的什么人认为我碍事的话，请明言，我将辞去这个代理委员长的名分。"张自忠从樱井的话中品味出日本人想独揽大权而仅让自已挂名的伎俩，当下便不卑不亢地回了一句。他心里再明白不过了，日本人现在仅仅是利用他，一旦稳定阵脚，他这个中国人委任的委员长早晚得下台，脑袋能不能保住都难说。

送走樱井，张自忠一肚子气没处出，一拳擂在桌子上，哀叹道："日本人如此无情无义。让我待一星期？我现在是一分钟也不想再待下去了。咳，国人还不知该怎么骂我呢？也许此刻我已被骂成了第二个张汉卿！"

张自忠自问自答，思绪又飞回了7月28日北平第29军撤离前的那最后一次会议上。

宋哲元宣读完蒋介石命29军撤守保定的命令后，就再没说一句话。会场里烟雾腾腾，静得似乎能听到抽烟的"咝咝"声，每个人心里都像是压了块石头一般沉重。撤退容易，可这一撤，北平、天津就完了，不但29军失去了平津这块风水宝地，29军更要为丧失这块宝地而承受来自全国的压力。不论日本人多强，也不论29军有多少借口，身为军人却战败失地，丢失中国的尊严，国人将何以原谅他们？此刻，宋哲元、秦德纯、张越亭、张自忠等每个人都感到这枚苦果实在难以下咽。

"诸位"，宋哲元嗓音沙哑干涩地开了口，"眼下欲战不能，欲和又为日本人所不许，日本人进城已是朝夕之间的事，关键时刻还得诸位拿主意。"

宋哲元说着，眼光瞟来瞟去，几次定在张自忠的脸上。见张自忠毫无表示，只能又把目光移开，但张自忠明显能从对方的眼神中感觉出一丝失望。

张自忠作为29军最为精锐的38师师长，与宋哲元关系自然非同一般。事实上，两人不但同是山东老乡，还是情同手足的莫逆兄弟。宋哲元官场几涨几落，张自忠每次都铁了心跟在宋哲元身边，一直被宋哲元视为知己。眼下见宋哲元为难到如此地步，觉得不说话是不行了。

"委员长，今日北平四面被围，已成死地，决不能再战而做无谓之牺牲。29军先西北军，后东北军，风风雨雨中度日，既受日本人之气，又受南京中央军欺压，实在不易。今日不论怎样，要先保住全军。以荩忱（张自忠字）之意，委员长不妨先挪动一下，南下保定重新集结部队，以计长远。"张自忠咬牙含泪说出此番惊人之语。此时说这种话，无疑表示自己愿留在北平，与日本人周旋。由于事关抗战还是妥协这一敏感问题，留下来的人必定要被国人骂为汉奸，在座的每个人都知道，因而没人愿开口。关键时刻，还是张自忠解了宋哲元的围。

宋哲元此刻也是双眼噙泪，深感还是患难时刻见人心。张自忠当时虽表示个人毁誉在所不计，但宋哲元却不能让挺身而出的兄弟受难。他当下掏出笔来，刷刷刷在纸上写下："命令张自忠为冀察政务委员会代理委员长兼北平市长。宋哲元。"

写罢，将命令交给张自忠，说道："荩忱，你设法在北平拖住日本人，为我们争取到一个礼拜的缓冲时间，待我全军收缩集结后，我军便可恢复有利态势。"

说着，宋哲元激动地握住张自忠的手说道："荩忱，慷慨赴死易，从容负重难。我今晚就走了，让你为难了。这张命令就是再见时的凭证，你留好了，至于委员长那里，我负责说明一切。"

当晚，宋哲元、秦德纯等率29军军部离开了北平，南下保定。张自忠仅指定副官、参谋、勤务等六七人随他留北平，他的警卫排也被他送回原部队参战。临别前，他给38师副师长及旅、团长们修书一封，说明奉命留平，暂离部队，叮嘱部下团结一致，在副师长率领下听军长命令，坚决抗战，努力杀敌。

29军走后，张自忠孤处危城。此刻，误解谣言纷起，有人说是张自忠"逼宫"赶走了宋哲元，在沦陷区与日本人合作图谋华北；也有人说他与日本人早就订有"密约"，日本人不但赠其巨款，还送给他一个温柔的日本美女。南京街头甚至出现了攻击、谩骂张自忠的标语，某家报纸则取其名讥讽他"自以为忠"。

日本人的攻击诽谤，他可以毫不在意，但国人的攻击指责他怎能无动于衷？更何况他还是一个血性军人。但他自认问心无愧，上对得起国家民族，下对得起列祖列宗，他默默地忍辱负重，相信总有一天，时间能向天下辩明一切。

在夹缝中生存确实够难的。日军进入平津后，大张旗鼓地与汉奸勾结成立伪政权，多次软硬兼施地要求张自忠提出通电反蒋、反共，都被他一一拒绝。事实上日本人并不相信他，急于让他通电，好断了他的后路，拴住他，同时派出不少汉奸和日本特务盯梢、跟踪，想把他完全控制在日本人手中。而张自忠则拼命摆脱，拖延着日本人提出的各项要求。

另一方面，张自忠加快了自己行动的步伐。见日本人对他派出的谈判代表一连数日置之不理后，他开始了秘密的活动。他一面秘密下令各地政府官员开仓放粮，帮助战乱中的百姓度过饥荒；一面通过过去冀察政委会中的熟人和红十字会，秘密转移未撤出的部队，掩埋29军阵亡官兵，分散隐蔽伤员，并专门派人接济安置29军留平眷属……8月7日，见宋哲元交待的延缓日军一周的计划已经完成，自己再留北平已无意义，便宣布辞去一切代理职务，避进了一家德国医院。

一个月后，张自忠历经艰险，终于从天津登上了英国商船"海口"号，先烟台后济南，最后转抵南京。在济南，他给手下的李致远旅长修书一封，说道：

"忠奉命留平以后，未能与诸弟兄共同杀敌，致令诸弟兄独任其劳，深以为歉。而社会方面多有不谅之处。务望诸弟兄振奋精神，激发奋勇，誓扫敌氛，还我河山。非如此不能救国，不能自救，并不能见谅于国人。事实胜于雄辩，必死而后能生。诸弟兄素抱爱国热忱，值此呼吸存亡，谅必誓死雪耻。"

洋洋数百字，道出了张自忠对日军深恶痛绝、跃跃欲战之心。

张自忠的两位老长官冯玉祥、宋哲元得知他安然脱险的消息后，欣喜异常，派专人将他接到了南京。见到老部队的人，他竟激动地淌下了热泪。他原以为雨过天晴，一切都将过去，但踏上南京的地界，他才发现一切都错了。

南京街头，攻击张自忠的标语随处可见，不时仍有报纸在攻击他滞留北平，与日本人勾勾搭搭，不明不白。听前来迎接的人说，军委会里不少军官主张对他实行军法会审，宋哲元虽百般努力，四方游说，但仍是群情汹汹，百喙难辩。联想到1936年他出访日本归来后国人痛骂他的情景，再想到29军杂牌军处处遭冷眼的境况，他的心情不禁有些灰暗，也许他此番归来再难返回原38师老部队了。

果然，他在北平、天津这一个多月的游离，使太多的人产生了怀疑。宋哲元四处奔走，几乎动用了一切关系，由冯玉祥、鹿钟麟、李宗仁等多人出面说情，蒋介石才同意对其免于军法审判，只给他撤职查办处分，以观日后表现。

张自忠替人受过，遭骂又丢官职。但他这时不想抱怨，也不想解释，他深信时间能荡去一切疑雾，真相总有一天会大白于天下。在这一点上，他较一般的军阀有更大的气度和更深的涵养。他的内心里只憋着一股劲，要用战场上的表现来洗刷自己的不白之冤。

不久，不知是蒋介石认识到了张自忠的清白，或是用人之际，老蒋舍不得让这位1933年长城抗战中的虎将闲着，便任命他为国民党军政部中将部副。11月，在李宗仁、宋哲元的保举和原部队官兵的要求之下，张自忠终于又返回了自己的老部队59军（前38师扩编而成）任军长。

仍没有被国人和舆论界原谅的张自忠终于有了重返前线的机会。在59军驻地，他热泪盈眶地对手下众将说："蒙各位成全，恩同再造，我张某有生之年，当以热血生命报国家、报知遇。"

张自忠说到做到。淮北克敌，张自忠首战立功；临沂苦战，张自忠不计前嫌，毅然解围庞炳勋部，重创板垣师团，不但令板垣震惊，令仇人庞炳勋叹服，更为台儿庄大捷奠定了胜局。临沂一战，张自忠名扬天下，昔日的"汉奸"成了今日的英雄。国民政府军事委员会特发布命令，撤销对他"撤职查办"的处分，并将其升为第27军团司令。

但张自忠并未止步，而是不断身临前线，在战场上频繁建功。徐州、武汉、襄东、枣宜，凡是战火最炽烈的地方，都留下了张自忠精干健硕的身影。凡是他参加的战斗，几乎都奏响了胜利的鼓乐声。两年中，他转战南北，屡胜劲敌，已在国人心目中奠定了民族英雄、抗日名将的地位。鄂北前线，张自忠更是威名远震，妇孺皆知。

宽宏大量的中国人，只要发现了他们心目中的英雄，是绝不吝惜感激和热情的，就像他们当初痛骂他为"汉奸"一样慷慨大方。全国各界为感激张自忠激战之功，竟发起了一场献旗运动，数百面锦旗表达了他们对自己心目中英雄的无上崇敬和殷殷重托。黄埔军校第14、15期60多名毕业生为能投奔到张自忠的麾下，放弃了其他部队连长的职位，而甘愿到他手下任排长，一时曾轰动全国，传为美谈。

张自忠就这样不顾一切地拼杀在前，胜利在前，以自己的行动远远走在全国各路抗日大军的前列，直到1940年5月倒在两名日军士兵的刺刀下，完成了自己以身报国的宏愿。他是抗战中倒在前线战场上的第一位集团军司令。

张自忠的死轰动全国。灵柩从宜昌运往重庆，沿途成千上万的各界民众自动迎候奠祭，表示哀悼。蒋介石、冯玉祥等国民党军政要员数百人曾亲往江岸迎候。重庆和延安都为张自忠举行了隆重的追悼会，全国各地也都先后举行了追悼公祭仪式。成千上万的挽联、悼文、诗词中，周恩来的悼文可算精彩而全面。文中说："张上将是一方面的统帅，他的殉国，影响之大，决非他人可比。……其忠勇之志，壮烈之气，直可以为我国抗战军人之魂！"

张自忠是中国抗战史上一位极特殊的人物。生前代人受过，遭受国人唾骂，就是今天也有不少史学家对这段历史抱有疑问，他的所作所为有时像谜一般困扰着历史学家。但不管怎样，他在日后战场上的辉煌表现以及殉国后那极尽哀荣的动人情景，足以使其在中国抗战史上为自己树起一座丰碑。从这点上说，张自忠是个爱国军人，血性汉子。

◎ 沸腾的中国，回荡起全面抗战的冲天吼声

1938年7月29日，平津失守的噩耗传到南京，也传遍了全国。

当日，蒋介石虽然心情沉重，但在向英、美、法等外国记者发表谈话，解答有关平津失守等问题时，仍显示出一个大国元首的镇定和信心。为身处前线战场的部下考虑，也为那些敢于对日军奋起还击的中国军人撑腰，他一人揽过了平津失败之

责。他说:"余身为全国最高军事长官,兼负行政责任,所有平津失败问题,不与宋事,愿由余一身负之。"

当一位英国记者问到中国今后的对日方针时,蒋介石语气坚定地回答说:"今日平津之役,不过其侵略战争之开始,而决非战事之终局","我政府对日之限度,始终一贯,毫无变更,即不能丧失任何领土与主权是也。我国民处此国家之存亡关头,其必能一致奋斗到底。余已决定对于此事之一切必要措置,唯望全国民众沉着谨慎,各尽其职,共存为国牺牲之决心,则最后之胜利,必属于我也。"

数日后,他在会见路透社记者时,又欲将已经到来的抗战扩大至国际范围。他说,日本侵略中国,不仅是在摧毁中国而谋其自身建立一大陆帝国,而且威胁国际间整个之安全;中国的抗战,不仅为中国本身战,且为根据条约之神圣以生活于此领土上之其他各国侨民利益战,特别是那些在中国商业利益被敌人摧毁,代表被人驱走的国家。最后,他再次表明了中国决心抗战到底的态度:中国必须保全其主权,维护其行政与领土之完整。

蒋介石既然已痛下决心,准备抗战,也就不在乎日本人对他的话将作出何种反应,他甚至是有意想让日本人听到他的声音,因而在国内外大造抗日舆论。对他抗日态度的急剧变化,别说日本人毫无准备,就连国民党许多高级将领也心存疑虑,不知他葫芦里又在卖什么药。这么些年来,蒋介石内里外里大耍政治手腕,把各地军政人员都搞怕了,没人愿做挨打的出头鸟。宋哲元优柔寡断,多少也有这方面的因素。

但日后的抗日英雄、与蒋介石多年斗法的广西实力人物李宗仁将军这次却号准了蒋介石的脉搏。

卢沟桥事变爆发时,李宗仁、白崇禧正在广西。当时两广处于南京中央政府之外的半游离状态。多年斗法,李、白二人虽不乏军事韬略,政治上却远非老蒋的对手,几次倒蒋均以失败告终。但面对山高路远,又有李、白两员大将坐镇的广西,蒋介石也无计可施,只能睁只眼闭只眼,接受两广承认中央,税收、人事、行政等权却归广西独有的半独立状况。

当然,蒋介石并没忘了卧榻之畔的这两只虎。卢沟桥事变后四五天,蒋介石从庐山上给远在桂林的李、白二将发去急电,声言中央已决心抗战,约李、白二将速赴庐山，共商抗日救亡大计，这在两广将领中引起一番争吵。

李宗仁冷眼静观，觉得老蒋此次声言绝非戏语。在两广高级将领军事会议上，李宗仁充满自信地对手下诸将说："老蒋生性狡诈不假，也早有意借机吃掉我们和各路地方军。但此次宣言相信发自他的内心。"

扫了一眼在座众人，李宗仁闪动着一双精明的眼睛，条理分明地继续说道："现在的形势逼着他非抗战不可。眼下日本人对我中国步步紧逼，已绝非蚕食而已，而是实现其一举征服中国之国策。相信中枢已无忍让的余地。今日之局势只有两条路可循，不是抗战图存，便是投降亡国。今日纵使南京中央和老蒋有意拖延，只怕日本人未必容许。"说着，语气一转道："这次老蒋若再不抗战，而欲采取投降一途，则不仅全国军民不能同意，恐怕他的嫡系部队也将自动实行抗战。"

李宗仁的话有理有据，说服了手下众人，连聪明过人的"小诸葛"白崇禧也点头称是。李宗仁对蒋介石太熟了，对战乱年代的中国更是了如指掌，所以他的话自然入木三分。见众人点头认同自己的意见，他话锋一转，又转到了会场上各位将军最关心的话题上来。

"这次老蒋欲招两广军参战，也必招全国各地的地方军参战。不能说他没有借机消灭杂牌的念头，但他抓的时机有利。眼下全国各地群情激奋，抗日声势倒海翻江，谁不抗战，谁拒出兵，不啻为全国公敌、民族渣子。我们在全国民众眼里已为军阀，节骨眼上决不能现丑于天下。"

这时，李宗仁似乎有些动了感情："另外，从良心上说，吾等身为国之军人，华夏子孙，国家有难，吾等岂能坐视不顾。如过去所为皆为争民权、卫民主，则今日为国为民应义无反顾。我们也决不能在抗战问题上给南京以攻击我们的口实。"

当天讨论，广西便率先定下了参加抗战的大计。李宗仁毫不犹豫，当下急电蒋介石，表示："中央既已决心抗战，我辈誓当拥护到底，崇禧当即遵命首途，听候驱遣，我本人暂留桂林，筹划全省动员事宜，一俟稍有头绪，亦即兼程北上，共效驱驰。"

李宗仁、白崇禧虽与蒋为敌多年，但在国家、民族危难之际，义无反顾地顺应民意，响应中央号召，共赴国难，不失为血性十足的堂堂汉子。日后，白崇禧身为中国军队副参谋总长，为中国抗战胜利立下汗马功劳；李宗仁台儿庄痛歼日军精锐上万人，轰动中外,更是名垂抗日青史。

与李宗仁、白崇禧一样,四川的刘湘、云南的龙云、青宁"二马"等一批地方军将领,也在古老的中国面临多灾多难的困境时,毅然停止了分裂,停止了国内的厮杀,主动通电全国,请缨抗战。这种举国一致的态度,是一个具有悠久历史的古老国家在被外敌欺压凌辱了上百年后郁积在胸膛里的愤怒和觉醒的总爆发。蒋介石也被这冲天的烈焰震呆了,此刻,他更理解了一句至理名言:水能载舟,亦能覆舟。

蒋介石更坚定了全面抗战的信心。8月8日,蒋介石在南京发表《再告抗战全军将士书》,声称:"此次日军大兴入寇,卑劣诈骗,巧取我平津,焚烧杀掠,蹂躏我同胞,天津化为灰烬,北平沦为倭巢,此诚我民族莫大之奇耻,亦中国历史未有之巨变。为此,全军将士要树立五点精神:(一)牺牲到底的决心;(二)最后胜利之自信;(三)运用智能机动应付;(四)军民团结亲爱精诚;(五)坚守阵地有进无退。"

蒋介石下定了抗战决心,就绝不能绕过陕北,绕过中共和红军。自1935年开始,中国共产党便多次向全国发出呼吁:停止内战,一致抗日。两年多来,中国共产党的主张和正义呐喊唤醒了沉睡的国人,从普通百姓到全国各界知名人士,从南京军政当局到国民党军的各级官佐,赞成和拥护中共主张的人越来越多。共产党领导的抗日救亡运动已在全国掀起了一股铺天盖地的历史洪流。西安事变,蒋介石便险些被这股难以遏制的洪流冲入历史的阴沟。这一次他被惊醒了。

从蒋介石自身统治来说,他自然希望红军能像中国各地的军阀一样,在其远交近攻和强大的政治、军事压力下土崩瓦解。但多年"追剿"的结果,红军未灭,日本人却乘机一步步闯入中国。日本人最希望看到的就是这种中国内战的状况能持续下去,中国始终处于分裂的状态,因而屡屡逼迫南京国民政府与他们签订共同防共条约。

东京和日本天皇最怕的就是中国国内重新结成民族抗日统一战线,出现中国全国抗战的局面。蒋介石也深知这其中的道理,因而在日本大举侵略中国的最后关头,在蒋介石对日本人产生了切齿的痛恨后,他自然想到了要与中共和红军携起手来。此外,蒋介石私心极重,他不可能眼看着自己的军队与日本军队在战场上你死我活地厮杀而仍由中共和红军在陕北坐山观虎斗,他要把红军拉上战车。

事实上,早在1935年11月,国民党五次全国代表大会召开时,蒋介石就第一次抛出了"最后关头"的观点,决定了"牺牲"以"不侵犯主权为限度","否则即当听命党国,下最后之决心(抗日)"。国民党的政策开始发生了变化。

这时蒋介石以"收编"红军的方法,以"政治手段来解决"共产党,这对坚持独立自主的中共来说自然是无法接受的。但蒋介石并未死心,他通过苏联驻华大使转请斯大林出面,劝说红军承认国民党的中央政府,同时派出要员赴莫斯科与中共驻共产国际代表团和主要代表潘汉年,就国共合作抗日谈判问题进行了接洽。

1936年年初,中共代表周小舟、吕振羽等衔陕北中央之命,赴南京与国民党政府谈判,国民党谈判负责人陈立夫派曾养甫、谌小岑与中共代表进行了初步谈判。只可惜当时蒋介石错误地判断了形势,认为对中共和红军的"围剿"已近功成,因而在谈判中一步不让。当中共提出组织国防政府和抗日联军时,国民党谈判代表即坚持称国民政府就是国防政府,国民党军队就是抗日联军;当中共代表提出多年来一贯坚持的停止内战、一致抗日的主张后,国民党谈判代表未回答提案,却反过来要求中共停止土地革命、停止阶级斗争、停止苏区活动、放弃推翻国民政府的武装暴动……

毫无诚意的谈判只能带来毫无成果的结尾,国共双方第一次组成抗日统一战线的努力失败了。但这次尝试,毕竟打开了对话的大门。

1936年7月,国民党五届二中全会在南京召开。会上,蒋介石再次向全国作了"最后关头"和"最低限度"的解释。与过去相比,蒋介石抵抗态度更明确,措辞更激烈。蒋介石的这种进步,几乎立即得到了陕北的欢迎。面对新形势,毛泽东适时调整了我党的方针,将过去的"反蒋抗日"的提法换之以"逼蒋抗日"。对刚刚结束长征一年、处境并不乐观的中共来说,这种战略的转变是完全合乎实际的。在抗日呼声越来越高的时刻,这种提法无疑赢得了民心,也为日后西安事变的和平解决铺平了道路。

西安事变,使国共对话迈上了新台阶。事变结束后,蒋介石带着联共抗日的口头承诺被放回了南京。1937年早春,几条接踵而来的消息掠过冰雪覆盖的中国大地,撩得人心沸腾,中国任人欺凌的死气沉沉的局面大为改观,人们都在猜测中国会迎来一个什么样的新局面。

1937年2月,国民党五届三中全会提前召开。会议商讨的核心问题是今后对中国共产党和对日本将采取的政策。远在陕北的中共为早日实现国共合作、团结抗日的大计,适时地为南京的五届三中全会送去了一份"厚礼"。2月10日,中共中央致电国民党三中全会,提出了五项国策和四项保证。五项国策是:(一)停止一切内战,集中国力,一致对外;(二)保证言论、集会、结社之自由,释放一切政治犯;(三)召开各党各派各界各军的代表会议,集中全国人才,共同救国;(四)迅速完成对日抗战之一切准备工作;(五)改善人民生活。

在献出五项国策的同时,中共在政策上作出重大让步,首次向国民党提出四项保证,以表明我党的诚意:(一)在全国范围内停止推翻国民政府之武装暴动方针;(二)工农政府改名为中华民国特区政府,红军改名为国民革命军,直接受南京中央政府与军事委员会之指导;(三)在特区政府区域内,实施普选的彻底民主制度;(四)停止没收地主土地政策,坚决执行抗日民族统一战线之共同纲领。

中共中央这一电报的发表,几乎立即得到国民党内外广泛的赞同,引起了巨大的反响。三中全会上,宋庆龄、冯玉祥等知名人物踊跃发言,提出恢复孙中山三大政策的提案,响应和拥护共产党的五项政策。21日,国民党三中全会通过了一个决议案,虽对中共仍有攻击诽谤之言辞,但规定取消国民革命军与红军的对立;取消国民政府与苏维埃政府的对立,共同遵守三民主义;放弃武力"围剿"的国策,采取"和平统一"的政治解决办法。从根本上看,国民党接受了中国共产党的建议。

如果说西安事变是先机的话,那么国民党三中全会则是中共摆脱内战危机、走上抗日战场的关键。从这一天起,中共再无须顾虑蒋介石穷凶极恶的赶尽杀绝,无须再为国民党军队的大兵压境而忧心忡忡,中共完全可以扔掉负担,走上全面抗日的战场。

度尽劫波,中共终于迎来了一个新的时代。

阳春三月,古城西安已送走了冬日的严寒,灞桥垂柳吐出了青翠。整个城市也像是刚刚告别了冬日的死寂,重又透出勃勃生机,忙碌热闹开来。这时节,中共代表周恩来、秦邦宪、叶剑英等谈判人员又南下来到这里,参加国共合作具体事宜的谈判。由于国共合作基调已在南京定下,所以顾祝同、贺衷寒、张冲等国民党谈判代表也并未提太多过分要求,相反,两党在不少问题上却取得了大体相近或基本一致的意见。

第一轮谈判相当顺利。

3月以后,周恩来率中共代表团奔波于南京、杭州、庐山等地,开始与国民党就两党关系、红军改编、苏区等主要问题进行实质性谈判。但在核心问题上，谈判陷入了僵局。国民党以统一为名，要求中共交出军队和苏区。这种要求实际上就是蒋介石数年"围剿"所没能实现的企图，对此，中共当然给予拒绝。会谈在僵持中拖了下来，直拖到"七七"卢沟桥事变。

8月13日，淞沪大战又在上海全面爆发。中国国民党军的精锐几乎悉数投入上海及华北战场。全国抗日呼声此时达到高潮，蒋介石情知此时再无与日本人言和的丝毫余地。为早日把红军送上抗日战场，8月22日，蒋介石在南京发布命令，正式宣布将中国工农红军改编为国民革命军第八路军，即刻开往战场。接到命令后，陕北各地红军摘掉红星，换上了过去被视为敌军象征的青天白日星徽，昂首开入晋北战场。

9月22日，蒋介石在庐山发表谈话，承认了中国共产党的合法地位。当日，南京、上海、西安、成都等地相继刊出中共早于7月15日交付国民党的《为公布国共合作宣言》原文。以第二次国共合作为基础的全国抗日民族统一战线在经历了数年的风风雨雨后，终于在国家危难之秋宣告成立。

蒋介石一生中枪林弹雨闯过，官场诡谲处过，能容反对他的军人、政客，能容军阀、帮会，唯独容不下有坚定政治信仰的中共及其红军。今日老蒋连中共都能纳入，那么还有什么人、什么军队不能容？一时间，各地军阀致电中央请缨抗日者骤增。

蒋介石当然也不会放过这个替自己脸上贴金的大好机会。9月23日，即正式宣布中共合法的第二天，他再次发表谈话说："此次中国共产党发表之宣言，即为民族意识胜过一切之例证。宣言中所举诸项，如放弃暴动政策与赤化运动，取消苏区与红军，皆为集中力量，救亡御侮之必要条件，且均与本党三中全会之宣言及决议案相合。今日凡为中国国民，但能信奉三民主义而努力救国者，政府当不问过去如何，而咸使有效忠国家之机会；对于国内任何派别，只要诚意救国，愿在国民革命抗敌御侮之旗帜下，共同奋斗者，政府无不开诚接纳，咸使集中于本党领导之下，而一致努力。中国共产党人既捐弃成见，确认国家独立与民族利益之重要，吾人唯望其真诚一致，实践其宣言所举之诸点；更望其在御侮救亡统一指挥之下，人人贡献能力于国家，与全国同胞一致奋斗，以完成国民革命之使命。"

红军改编的消息一经传出，立刻引来国内的一片赞誉、祝贺声，冯玉祥、李宗仁、张治中等一大批国民党著名将领发来贺电，对红军加入抗战行列表示由衷的欢迎，全国民众也对这支蒋介石多年来倾尽全力也无法"剿灭"的神奇军队，寄予了纵横抗日疆场的厚望。

◎ 长城脚下，13军官兵高喊"一命换一命"，扑向日军

1937年7月底，炎热的南京城热浪翻腾，暑气蒸人。华北中日开战的消息，经新闻舆论界、救亡团体的几经炒作，热度更甚于有"火炉"之称的金陵古城。国民党中央军第13军军长汤恩伯将军驱车行过城区、街巷，被车窗外一幕幕游行、集会、演讲及烫人的抗日标语感染了。身为中国军人，他感到胸中时时有股难言的冲动和一种天降大任于斯人的使命感与自豪感。

上午，蒋介石亲自在军委会召见了他。从蒋介石明显消瘦的脸颊和有些凹陷的眼窝，他猜测到蒋介石的神经绷得太紧了，他也猜到蒋介石这次是铁了心要跟日本人动真格的了，就像过去铁了心"剿共"而数次召见他时一样。

果然，在军政部次长熊斌布置完汤恩伯第13军的任务后，蒋介石打量了眼前这位身材魁梧的年轻将军一阵后，开口道："汤军长，眼前局势之紧张想必你也十分清楚。平、津不保，华北危急，倭军决不会止于平津之收获。其日后之战略，中央判定无非南下平汉线、北上平绥线，或两者同时兼顾。为此，中央决意遏其扩张势头于华北。平汉线有国军数十师，唯平绥方向兵力单薄，要实现我'南扼沧、保，北守察、绥'之战略，先须守住南口。"

汤恩伯平时虽生性豪放，此刻却正襟危坐，大气都不敢出。蒋介石似乎看出了他的紧张，放缓语气招呼道："喝水。啊，这个，喝口水。"

汤恩伯机械地端起水杯，轻抿一口，听见蒋介石又说道："13军曾转战察、绥，南口、张家口地位之重要谅你也清楚。守住南口，则燕山、阴山无恙，察、晋、绥三省亦安；反之，若失南口于寇军，则放任关内、关外敌寇合流，向南威胁太原，向西瞰制包头。13军乃我国军之精锐，堪负重望，汤军长又是久经战阵之名将，今日在晋军协作下，只要能守住南口10天半月，俟我完成全局布防，则主动可得矣。"

蒋介石又是加压，又是打气，说得汤恩伯煞是激动。当下，他响当当地向蒋介

石保证道:"请委座放心,在下不才,当拼尽全力护卫阵地,完成委座重托。"

"好的,好的。汤军长,形势紧迫,你宜速返部队。记住,全军务必于8月初至南口一线布防完毕,有什么事你可直接与我联系。"蒋介石最后交代道。

身肩重命,来自边塞的汤恩伯无心再览京城繁华,当晚便搭车回返,奔向第13军所在地——平地泉。别看汤恩伯五大三粗,关键时刻却是粗中有细。临行前,他还拉上了两个名人,参谋总部的苟高参和当时声震京沪的名记者范长江。有这二人,军内、军外恐怕无人不知汤恩伯准备和日本人玩上一次真格的。

南口,位于长城八达岭脚下,当时虽是个仅有几百户人家的不大的小镇,但它却是进入察、绥的必经门户。扼住南口,张家口即为安全之地。而南口—张家口地区,又是冀、察、晋、绥四省和阴山、燕山、太行山三山交界之地。占据此地,一可占据察哈尔,二可西进绥省、迂回大西北,三可洞开入晋大门,控制山西进而俯视华北大平原,如此战略要地无不为兵家所必争。

对日军来说还有更重要的一条原因。征服中国乃其全盘构想,征服平津、征服华北也不过徒扩大一块地盘而已。但如果打通绥、察通道,使华北日军与关东军连成一片,则日军战略态势顿时能有重大改观。依据中国北方的基地——东北、华北为后盾,日军便有了巩固的后方,有了硕大无比的战略基地。下一步往小了说南下太原、西进包头,往大了说可沿平汉线南下直取武汉,迂回东南,那时日军就将赢得全盘主动。

如果说南口、张家口是遏制日军宏大战略企图得以实现的第一道大门户,那么南口则成了这第一道门户的前哨阵地。

背靠长城的南口,顿时成了中、日双方争夺的焦点,一场血战势在难免。

北平、昌平,日军迈着新的征服者得意而狂妄的脚步向南口扑来。

南口以北长城外,汤恩伯的13军却遇到了麻烦。

7月25日,汤恩伯派出接防的13军参谋长吴绍周来到了张家口察省省府,就13军接防南口的事宜与察哈尔省主席、67军军长刘汝明将军接洽。听完吴绍周的介绍后,刘汝明先是一脸的惊讶,连称尚未接到命令。在对方多次解释了设防南口的紧迫性后,刘汝明又轻描淡写地说道:"南口目前并无大碍,前晌听说日本骑兵骚扰,但已被我守军击退,现在日军并无大规模活动。"

从刘汝明冷漠而猜疑的脸上，吴绍周清楚地看出了拒绝和不信任。刘汝明是宋哲元的老部下，察哈尔是他多年经营的地盘，眼下中央军的突然到来，显然惊扰了这位地方长官。吴绍周清楚刘汝明在想什么，也没再多说，便退了出来。军情紧急，出来开路却无功而返，回去可怎么交代。吴绍周与随同参谋彭静秋少校商量后决定在张家口先住下来，等等再说。

大战迫在眉睫，但张家口却还是那样的安静、平和。自平津战事爆发后，全国许多城市都封闭了日租界，限制日本人的活动。但吴绍周不但在张家口大街上见到了身着和服或佩着日式刀的日本人，还听说日军特务机关仍住在天主教堂里。

"这儿哪有一点儿战争的影子？难怪29军在平津败得那么快。"吴绍周怨恨地对身边的参谋彭静秋说道。

当晚，67军参谋长杨然来到了吴绍周下榻的旅社。杨然与刘汝明不同，他并非西北军出身，而是陈诚派给刘汝明的参谋长。他的到来，果然给吴绍周带来了一条好消息：刘汝明传话，表示欢迎13军接防。但看来刘汝明疑心未除，以客军入市会引起军民误会为由，禁止13军通过张家口。

吴绍周刚刚松懈下来的心重又吊了起来。13军南口作战，日后少不了察省地方及67军的帮助。以目前刘汝明这种心态，别说帮助，弄不好会再拖后腿。想到杨然的特殊身份，吴绍周索性打开天窗说亮话，直接问道："南口是敌人必争之地，大战迫在眉睫，刘主席对平绥线上的形势究竟如何估计？"

杨然惨然苦笑着说道："当然是希望13军立即开来，可有些事是没法明说的，看来也不是你我所能解决的，最好还是你们能想想办法。"

吴绍周摸清刘汝明脉搏后，电示汤恩伯速与南京联系，由南京出面解开这难解的疙瘩。"刘汝明拒绝友军接防，影响抗战"的电文很快便经汤恩伯之手转到了蒋介石的手中。蒋介石颇多心计，见电后批交军委会副委员长冯玉祥将军处理。由于刘汝明过去是冯玉祥西北军系经冯一手提拔起来的将领，而冯玉祥此前因蒋介石对日避战，多次公开发表讲话或作诗嘲讽老蒋。今日老蒋有心抗日，而冯的老部下却从中作梗，你冯玉祥该作何解释，蒋介石想在这件事上回击冯玉祥一下。

冯玉祥一向力主抗战，自然更明白蒋介石的用意，见电后当即在原电上批示："如所报属实，请依法拿办。"蒋介石用人之际，看来并不想把事情闹大，更不想拿办谁，当下只有再请冯玉祥从中转圜，让刘汝明赶快放行，并协助第13军沿长城布防。同时电告汤恩伯，中央已派鹿钟麟北上说服刘汝明，13军可先向大同集中，戒备前进。

三转两绕，汤恩伯的13军主力直至8月5日才进驻南口，赶筑防御工事。此时，前头到达的13军89师529团已与日军战成一团。直至8月8日，汤军全部到位，在准备未固的情况下迎来了日军的全面攻击。

自相猜疑、可悲的内耗使日军在长城脚下从容集结，从容选择攻击方向。中国军队未战已失去主动，失去出击日军的先机。

当时布防南口正面的，是王仲廉89师。正面第一线南口车站、龙虎台为最早进入战场的罗芳珪第529团；529团右侧第一线得胜口、苏林口为谭乃大之530团；529团身后为正面第二线，由第534团进驻凤凰台、青龙桥，该团身兼师预备队使命；另外李守正的第533团暂时滞留八达岭至三堡一带未用。用师长王仲廉的话说，南口突击点多，开始宁愿让第一线团打得苦些，也不愿日后处处堵漏时无兵可调。他的兵力配置得到了军长汤恩伯的赞同。

汤恩伯、王仲廉都想在第一仗打出中央军的威风，打出13军的威风，摆出了一副与日军长期死拼的架势，这却把罗芳珪的529团推上了油锅。

529团在谭乃大的协助下，必须顶住日军独立混成第11旅团近万人的强大攻势。

前4天血战，两军都把目光集中在南口阵地中唯一的高地——龙虎台上。日军依仗装备的优势。每次攻击前，总是先以日机对龙虎台及南口阵地狂轰滥炸。飞机炸完似乎仍不解气，又以炮兵及坦克火炮集火射击。可怜龙虎台巴掌大一块小高地，终日烟尘蔽日，炮声不绝。

529团据守龙虎台的官兵已不知修复过多少次工事，又不知被夷平过多少次，后来竟无人，也无法再去修复。倒塌的工事里，累累的弹坑中，守军身陷焦土，奋勇还击，死守不退。8月4—6日，日军数千官兵猛攻南口，对龙虎台攻势丝毫不减，但每日除在阵地前弃尸上百外，无法征服这座倔强的龙虎台，无法征服一拨拨增援上去的中国守军精锐。

日军遇到了前所未有的顽强抵抗，付出了沉重的伤亡代价。

8月7日，龙虎台争夺战更是杀得昏天黑地。从天一放亮直至傍晚，日军对龙虎台的攻击一刻未停。守台官兵几乎一天吃不上饭，喝不上水，却击退日军从小队至中队、大队规模不等的数十次攻击，日军死尸堆满阵地前，其中还有一名大佐联队长（相当于团长）。日军见久攻不下，对守台中国军队施放毒瓦斯，守军一个加强排猝不及防，全部牺牲，龙虎台终于落入日军之手。

龙虎台一失，则南口一线阵地尽数暴露于日军火力之下，汤恩伯见状大急，指示师长王仲廉收复龙虎台，恢复防御态势之稳定。王仲廉得令，责成第265旅旅长李铣负责收复，但令王仲廉意外的是，他碰到了一个软货。

自龙虎台激战一开始，265旅旅长李铣便很少露面，原来他一直蹲伏在掩蔽部里，外面隆隆的炮声和一阵紧过一阵的枪声令他惊恐万状。参谋、副官见状虽然不悦，但没人敢当旅长的面儿说。李铣见众人坦然，自己身为官长却贪生怕死，有失尊严，便半是相劝、半是解脱地说道："唉！日本人炮火太强了，又有空军，咱们怎么能硬抗？265旅今天又被放在了第一线，弟兄们苦了，部队怕是也没救了。"

碰到这样的长官，265旅旅部的军官没有不憋气的。但最憋气的，恐怕还是89师师长王仲廉。李铣几次找到王仲廉又哭又闹，不但不愿率所部反攻龙虎台，甚至还想把全旅撤下来，并反复强调自己有病，想退到后方养病。王仲廉没工夫跟李铣这种人磨牙，索性自己带了一个营驰赴南口车站，亲自下令罗芳珪团2营营长李谨率两个连反攻龙虎台，自己便后退进驻265旅旅部，让原旅长李铣靠边休息。

当夜，反攻龙虎台以伤亡50多人的代价毙敌20余名、生擒2名，收复了龙虎台。南口全线阵地随着龙虎台的收复重又归于稳定。

89师度过了第一次危机。

但罗芳珪团压力并未解除，以后的几天里，日军对龙虎台攻势更猛了。天上，日机从起初4架一个波次的配备增加到了8架，从昌平来增援第11旅团的板垣征四郎第5机械化师团，首先加强了对龙虎台的炮兵火力。雨点般的炸弹和满天飞啸的炮弹压得罗团官兵在龙虎台上无法抬头，而师、旅、团炮兵也早为日军压制，步兵只能被动躲藏。部队伤亡在不断扩大。

被日军飞机、大炮炸红了眼的中国守军这时感到，与其坐以待毙，让日本人的炮弹把自己送上天，不如冲出去，冲到日本人中间去拼死划得来。一时间，战士找班长，班长找排长，纷纷要冲出阵地，能痛痛快快地杀，痛痛快快地死。再往后，每当日军冲击，阵地上便会爆发出冲天的喊杀声："宁愿杀死，不愿炸死！""一命换一命！""冲啊！""杀啊！"

南口前线8天8夜的血战，日军伤亡奇惨，每日骡马大车拉回去的尸体难以计数。日军前线最高指挥官板垣征四郎中将见状对外界感叹道："13军毕竟是支那军精锐，皇军在南口遭到了坚强的抵抗。"

板垣征四郎是有感而发。"九一八"事变他是主谋，也是整个事变的实际指挥者。占领偌大个东北，日军死伤也不过数百。而今日南口寸土未得，日军伤亡却已超过"九一八"事变总的伤亡人数。也许这一刻他方真正领略到，在中国等待日军的并不都是征服和占领的甜果，日后可能还有更多的苦涩和艰辛。

13军作为中央军算是为蒋介石挣足了面子。汤恩伯请来的名记者范长江从平地原和南口前线发回的报道，在京、沪及全国各地被争相转载，全国都知道了南口血战，知道了汤恩伯将军率部在长城脚下勇挫敌锋。实际上，工于心计正是汤恩伯的专长，虽然其外表魁梧，一副军人气魄，但了解他的人都知道此公肚子里那点儿少得可怜的韬略才气。此番大战，他几乎一直躲在怀来的军部里，通过蒋介石四处搬救兵。刘峙、卫立煌的中央军他要，阎锡山、傅作义的晋军他也想要，北方的部队只要可能他都想要。

作为一名高级将领，战端一开就四处求援，这本身就是一种缺乏自信的表现。汤恩伯今日如此，日后在中原坐大，成了与陈诚、胡宗南并列于蒋介石手下的军事三巨头后，他的这种习惯一直没改，因而一直也没打过个像样的漂亮仗。但令诸多能征惯战的国民党将领奇怪的是，这位非黄埔的后起之秀却能官运冲天，青云直上，令杜聿明、关麟征等一大批国民党军中豪杰黯然失色。

国民党官场的封建、腐败，外带汤恩伯的投机钻营和幸运女神的垂顾，造就汤恩伯这个无能庸将的步步高升。南口之役是他的成名作，也几乎是他一生中打得最漂亮的一仗。

8月12日，板垣征四郎利用5000名未受打击的援兵和战炮50门，组成强大的炮火再攻得胜口，同时在虎峪村、南口、苏林口实施助攻，得胜口日军难以得胜，倒是助攻部队一部冲入南口镇。但还未等板垣重新调整部署，中国军队即乘夜反攻，将突入之敌轰出镇外。12日一天，日军伤亡达500余人，中国军队付出了几乎相等的代价，但6辆日军坦克被击毁在阵地前。

板垣征四郎集结好部队，却见突入部队又被中国守军赶了出来，联想到数日来屡次三番的强攻竟拿不下一个小小的南口，不由得心头火起。13日，他调集手中全部可以机动的力量，向南口发动了规模最大的一次攻击。

战斗达到了白热化，仅南口两侧高地上落下的炮弹就不下5000发，如此凶猛的炮火连13军这支中央军也没见过。到处都是火海，天、地变成了一片红色。数十辆坦克不待炮火停息便掩护着数千名日军向上猛冲。此刻仗已完全成了乱仗。南口阵地内外堑壕竟被尸体填满，坦克碾过，泥土带着血浆四处飞溅，坦克履带都成了红色。

但枪林弹雨中，中国守军并没有溃散。当30余辆坦克突入南口镇时，守城士兵顶着绵密的弹雨，匍匐着爬行在血肉模糊的死尸上，一步步向坦克接近。简陋的反坦克爆炸装置使他们付出了太大的牺牲，有时毁掉一辆坦克竟要牺牲二三十人甚至更多的生命。落后的装备必然要以沉重的血的代价来弥补，中国守军简直就是在拿生命、拿躯体来填弹坑。

突入之敌再次被击退。14日，两军再次血战一整天，日军仍无法迈过南口防线。

但中国守军的弱点随着人员的大量消耗逐渐暴露出来。最早开入南口布防的89师罗芳珪团是伤亡最惨重的一个。早在8日，南京、上海等地报纸就通栏刊出"罗芳珪团全部殉国"的消息，这虽然是师长王仲廉未仔细核查的讹传而产生的错报，但战到14日，以2400人投入战斗的罗团，能参加战斗的人员（甚至包括一些伤员）竟不足400人，还不足参战时的一个零头。一拼到底的战术使罗团被彻底打残了。

问题虽已暴露，但关键时刻汤恩伯却连一个救兵也没搬来。老奸巨猾的山西土皇帝阎锡山早就电呈军委会："甚感（南口）防线太长，兵力太单薄，拟请派兵三师，进驻晋东地区……则晋绥军即可进击平绥路线，以资策应。"

阎锡山看出问题却不肯发兵，直至蒋介石答应派兵增援后，他也只是从晋北抽出一个正在修工事的旅慢腾腾地北上支援，结果该旅只赶上了战尾，却一枪未开又被阎锡山一道命令调回了山西。也许是蒋介石估计到从阎锡山身上拔毛不易，为弥补南口防御的缺陷，他决定以机动力量从两翼打击日军，牵制其对南口的攻势。他咬着牙下令卫立煌率第14集团军从石家庄先到易县，再由北平西部山地向南口迂回，直接支援汤恩伯，并限令卫立煌10日内必须到达。

援兵派完，蒋介石又是一纸电令，命孙连仲率第1军团袭击北平南面良乡、坨里的日军，使日军无法抽身支援南口战役。

14日后，南口形势日紧，国民党军委会眼见卫立煌远水难解近渴，便电令晋绥骑兵全部集中于集宁、陶林，向商都、化德、多林挺进，支援南口。4年前长城抗战的英雄董其武旅长督其所部，奋勇猛冲，率先攻克商都。察北中国军队攻势异常活跃。

8月16日，晋绥骑兵再克南壕堑、化德。

17日又攻占尚义。至此，中国军队对张北左侧之敌构成严重威胁。

板垣征四郎感到了来自察北的压力。但狡猾而顽强的板垣不但不打算放弃对南口—张家口之攻势，反而因中国军队主动出击察北而加紧了攻势。眼见南口中国守军拼死不退，便留下部分兵力牵制，而以主力绕攻张家口，以摆脱僵局。

恰在此时，张家口方向出了问题。刘汝明的68军虽不愿增援南口，但对察省日军的攻击却相当积极。在收复了崇礼和张北后，刘汝明仍不罢手，又轻装直追白庙滩，结果轻敌冒进的先头追击部队与关东军3个增援旅团撞了个满怀，当下被敌包围。刘汝明见势不妙，急忙在崇礼及长城内外设防。板垣的迂回部队此时感到，欲打破南口僵局，只需拿下张家口，而拿下张家口，只需吃掉68军即可。当下，日军开始两面夹击刘汝明的68军。刘汝明慌乱中未能及时收缩兵力，战线太长，结果各据点相继被攻破，全线陷入被动。

张家口仅几天工夫就变成了一座孤城。

8月21日，塞外降下了倾盆大雨，放眼四周一片雨雾蒙蒙。日军为加速战局发展，不给刘汝明以喘息时间，冒着大雨开始攻城。泥水、血水搅和在一起，雨声、喊杀声划破天空，又是一场血、雨、火的大厮杀。刘汝明倒是真卖命，一座孤城，四面强敌，他居然死守了一周。

27日午后，日军已像潮水般涌入城区，刘汝明无力回天，下令弃城，向宣化、涿鹿一带撤退。塞外重镇张家口当日落入日军之手。

张家口既失，南口腹背受敌。汤恩伯见部队伤亡惨重，蒋介石明令的固守10天半月的计划早已完成，心说还在这儿等什么？当下命令放弃南口，回撤转移。

8月下旬，张家口—南口重地失陷，察哈尔省已无险可守，至月底，察省失陷，日本关东军与华北日军在长城内外大会师，一支更为凶猛的战略力量形成了。

与平绥路作战的同时，平汉线上，庸将刘峙甚至与日军没交什么战，数个师等日寇一到竟望风而逃，一天竟能溃退数十公里，从此赢得了"长腿将军"的绰号。

津浦线上，中国军队同样不堪一击，连战连败，后期索性不再与日军交手。溃兵三五成群，沿途拉夫抢驴，扰民不止，纪律败坏。旧军阀时期的那些遗风陋习淋漓尽致地暴露出来。

蒋介石咬着牙痛下决心才发起的华北抗战，十分惨痛地失败了。控制华北的日军，倚仗其强大的机械化兵团，将纵横驰骋在中原大地上。从华北，日军甚至可以直视平原尽头的长江重镇武汉。

一路溃败的国民党军能否扼住平汉线？

失去平汉线就意味着失去武汉，失去武汉就意味着华东、华中的中国军队精锐被日本人拦腰斩断。失去军队，失去全国重要的军事、经济物资，蒋介石将何谈抗战？！

难道抗战就这么悲惨地失败了？中国这么快就要亡于日本了？

蒋介石在南京军委会里盯着墙上的大挂图，一面为日军如此宏大的战略构想所震惊，一面痛苦地思索着接踵而来的一个个可怕的问题。

8月的南京仍是骄阳似火，但蒋介石越想越感到浑身发凉，从心底里往外透着凉气。

◎ 私心大于公心，国民党军顽疾大暴露

华北战场的枪炮声渐渐平息下来了，日军继平津战场大获全胜后，又在平汉、平绥、津浦三线全面出击，取得了连他们自己都感到吃惊的胜利。蒋介石虽然在华北布兵是虚张声势，准备在淞沪战场与日军一决高下才是真，但国民党军在华北好赖也有80个师的兵力，竟然不足一个月便被全面击溃，这出乎意料的结局惊得蒋介石目瞪口呆。

惊也罢，怒也罢，老蒋的这支临时统一到他的大旗之下的军队打到这份上，乍一看让人吃惊，细想却也有几分合理。下层官兵虽大多忠勇可嘉，有拼死报国之心，血洒沙场者也成千上万，可想想军队高级将领那单调低下的指挥素质和部分人畏敌如虎的怯懦，想想战前被动挨打的防御态势，再想想上层决策者优柔寡断、战和不

定以及敌我双方悬殊的装备优劣，蒋介石也不该叫冤。

但真正让蒋介石心惊的还不是这些，而是他手下控制着千军万马的高级将领脑瓜中那深藏不露而永远羞于见人的东西，这东西看不见、摸不着，却无时无刻不在侵蚀着军队，吞噬着难以计数的下层官兵的生命，摧毁着可能到手的一次次胜利。

这无形的东西就是军阀的顽疾，也是蒋介石费尽九牛二虎之力才借抗战名义统一到一起的中国国民党军队的顽疾——私心大于公心，时刻图谋自保。

蒋介石是很务实的，过去十多年里，他对这种植根于军阀头脑中的东西并不那么讨厌。这东西的产生，在古老的中国毕竟已有几千年的历史了，已根深蒂固地充斥在多数掌握着军队的人的脑中，而且这也是他各个击破、战败各路军阀的制胜秘密。但因果报应，老天对谁似乎都不偏不倚，这报应今日又转回到他的身上。过去使他制胜的东西却使他的军队在战场上一败再败。

华北开战仅一月，一幕幕丑剧便在各地抗日呼声震天的背景下极不和谐地屡屡出现。这种现象出现之多、涉及面之广，远远超过蒋介石的预料，因而不能不让他震惊。他也是军人，深知战争就是两大集团、两个巨人在较量，内部的分裂，四肢的失调，不但不能形成强大的力量，还会使自己先被自己打倒。那些远在千里之外的将军们虽然能为自己的种种劣迹寻找一个又一个美丽的托辞，但这一切岂能瞒住花招把戏都要厌了的蒋介石？

参谋本部情报部、军统及前线各方将领上报的情报，他每天都要认认真真地听取，认认真真地推敲，谁真有难处，谁在跟他耍心眼，他知道得清清楚楚。蒋介石气量不大，但作为政治领袖他却极有自制力。仗打得激烈时，即使将领们犯了再大的过失，他更多的也是好言勉励或军令催逼，很少在战场上翻脸，但这个人的一切好坏都装在了他心里。他是那种愿意秋后算账的人。

华北抗日战事，有几个人，有几桩事也许便在他的脑子里挂上了号。

事例一：

第29军37师何基沣旅欲反击消灭向卢沟桥挑衅的日军时，曾受到29军上层人物的训斥："打起来对共产党有利，遂了他们借抗日扩大势力的野心；对国民党有利，借抗日消灭杂牌。我们西北军辛辛苦苦搞起来的冀察这个局面就完了。"

这些话传到蒋介石耳中，自然使他很容易形成对形势、对前线某些高级将领的判断，只是在战事没结束前，他必须依靠这些人，因而他仍旧是笑脸相对，表面上不动声色。但此时，他却在心中磨起了刀。

事例二：

汤恩伯衔中央十万火急的军令去南口布防，一路上没被日本人挡住，却被刘汝明拖在张家口，足足耽搁了近一周时间。为此，电话、电报联系还不能解决问题，中央不得不派出刘汝明的老上司鹿钟麟亲自北上，方能解决问题。

"娘希匹，军情如火，时间乃胜利。刘汝明权力不大，胆倒不小，擅阻我中央抗敌之军。军令、军法置之何用？"蒋介石怒极时，总是操着那又尖又急的奉化口音骂人。

但骂归骂，刘汝明毕竟是察省主席、一军之长，平绥之战老蒋还得倚仗他。

但刘汝明并不知老蒋已在"惦记"着他。鹿钟麟北上张家口，也只是放过了第13军。8月上旬，当汤恩伯眼见部队伤亡惨重而援军又迟迟不到而大呼援兵时，受中央调遣的陕北高双成师辛辛苦苦地从陕北米脂赶来却又被刘汝明挡在了张家口之外，任凭汤恩伯再三恳请，刘汝明却像护着一座金山一样护着张家口，谁也休想通过。高师无法驰援前线，不仅影响了前线的战局，而且使汤恩伯吞并高双成师的美梦化为泡影。事前，汤恩伯已密电蒋介石，拟将该师编并入第13军，得到了默许。老蒋都没找麻烦，刘汝明却在一夜间搅了他的扩军好梦。从这一天起，他恨透了刘汝明。

当然，蒋介石也不会为这种不顾大局、只图私利的丑态无动于衷。

事例三：

说到保存实力总少不了老奸巨猾、被称为"阎老西"的阎锡山。

阎锡山算得上是旧中国军阀史上的风云人物。他能统治山西数十年而大权在握，这在旧中国确实是个奇迹。奸诈、圆滑、善于见风使舵是他鲜明的个性。西安事变时，张学良在他手里栽得够惨的了。从执掌山西大印后，北方军阀中他曾威风八面。几次倒蒋连蒋介石都熟悉了他的反复无常。

在阎锡山身上，旧军阀的那些陈规陋习他几乎无所不包。

平绥路抗战，从战略上看是替山西扼守门户，说得俗一些是为他看家。但蒋介石数次电令晋绥军北上增援南口，他软磨硬泡就是不出兵。当看出南口防线兵力单薄，战线过宽的缺陷后，他首先想到的是请中央军增兵，同时向蒋哭穷，就是不愿动用晋绥军两个集团军中的一兵一卒。在得到蒋介石派出一个集团军增援平绥线后，他才勉勉强强地从遥远的晋北抽出一个正在修筑工事并无战斗准备的旅增援南口。

援兵未到，阎锡山却已连电汤恩伯，请他手下留情，爱惜这支还没影儿的援兵。该旅迟至战役后期才赶到，旅长又拒绝执行汤恩伯换防18军的命令。汤恩伯一怒之下，电请傅作义直接指挥。这时，阎锡山电令又到了，命令该旅返回驻地。阎锡山咬着牙派出的唯一一支增援部队，就这么一枪未放地在路上遛了半个月，只给汤恩伯带来了一场空欢喜和一肚子气，而阎锡山却从蒋介石手里实实在在地骗出了3个师。

阎锡山绝对聪明，但他聪明得过了头。张家口一南口一丢，察哈尔转瞬即逝，当关东军与华北日军连成一股锐不可当的强大集团时，与冀、察毗邻的山西将何以保住？果然，日后晋绥军和中央军虽拼死血战忻口，八路军在平型关也有上佳表演，但仅两月，阎锡山的老巢太原便陷落敌手。

还是日后声震中国战区、当时美国驻华武官史迪威上校说得好：中国军队有最优秀的士兵，但他们没有好的长官。在他们的长官眼里，总是全局服从局部。

史迪威一针见血，却绝无有意贬低中国军队的倾向。毕竟太多的军官，尤其是一些高级将领，用行动给外界树立了这么个既有损于他们自己，更有损于中国军队的形象。

阎锡山就是这众多顽疾缠身的高级将领中的典型。

华北开战一个月，数量占绝对优势的国民党军数条战线竟全线溃败，自然不能仅归咎于以上几个高级将领。第2集团军总司令刘峙在给蒋介石的侍卫长钱大均的电话中称："除中央军外，其他军队望风披靡，均不可靠。"但事实上，他的这支中央军却比谁都跑得快。除此之外，卫立煌身为蒋介石的"五虎上将"之一，却也未建寸功；宋哲元虽对天盟誓要雪平津之耻，但背上的却是更多的耻辱。日军香月清司的三个师团竟赶得十多个中国师沿平汉线一路猛退。

第六战区司令长官冯玉祥上将面对溃局，仰天长叹："……长此以往，不仅全军覆没，甚至国破家亡……"

面对众多将领的无能和失职,蒋介石欲惩也无从下手,只能权且先记在账上。但从这一仗,他已意识到了手中杂乱的200个师究竟能有多大的战斗力,更认识到了造成这200个师军力大减的根本原因。

几个月后,集团军司令、上将韩复榘成了蒋介石军刀下的牺牲品,他要杀一儆百,改造好这支军队,切除隐藏在这支军队肌体内致命的毒瘤。

蒋介石需要军队真正的统一,而不止在表面上。

蒋介石需要军威,一个能令对手闻之胆寒的军威。

蒋介石需要军法,一个使军令如山一般威严庄重的军法。

说到底,蒋介石要军心士气,要一支能打败对手的崭新的军队。

第三章

沪上风云

中国不怕鲸吞,却怕蚕食。为防止华北变为第二个东北,蒋介石决意把战争祸水引向长江流域。战火终于在大上海爆发。

蒋介石为抗战投下重注,国民党中央军急赴上海前线,终于走上了抗日疆场。

既无远见,又无韬略,日本在激烈的内斗中陷入战争泥潭。

一寸山河一寸血!中国军人第一次在世界面前打出了血性和尊严。

◎ 1937，大上海不设防

1937年7月，当卢沟桥事变震动全世界，吸引住所有关注中日战事的中外军政要人的目光时，蒋介石却已早早地把目光移出北中国，移向京城南京的东大门，上海。

20世纪30年代的上海，是日本海军的海外权益集中地。日本海军对上海的关注，犹如关东军盯住中国东北及华北不放一般。在日本海军省的眼里，上海犹如自己的私有财产，决不容许陆军插足。6年前，当关东军发动"九一八"事变后，日本海军曾在上海动过刀兵，结果海军大丢其丑。月底，当华北的枪炮声一浪高过一浪时，蒋介石虽忙于应付华北，但也没忘了南京的后院。他秘密派遣先前上海抗日的功臣、"和平将军"张治中赴沪备战。蒋介石在上海起家，多年来又一直靠京沪财阀支撑，于公于私他都极看重这块堆满财富的黄金之地和军事大港。但今日战乱之秋，为着中国全局，他不得不横下心来，准备在上海与日本人再次刀兵相见，一决高下。

上海，20世纪30年代的"东方巴黎"，无论是对中国人、日本人，还是对众多西方人，都有着太强的诱惑力。它就像一颗美丽的明珠镶嵌在淞沪平原上。富丽堂皇的大饭店，气势不凡的银行、商厦，风格各异的剧院、歌舞厅，租界内一座座充满异国情调的小洋楼以及黄浦江港口内停泊着的一艘艘装上卸下的商船，都在证明这座中国最大的政治、经济、金融中心无可匹敌的霸主地位。

20世纪30年代的中国太贫困太落后了，但上海的繁华、喧嚣，却使它披上了一层异域繁华的风采。白天，街上车水马龙，形形色色的人来回奔忙。而每当夜幕降临时，霓虹灯闪烁，照耀得黄浦江如同白昼一般。政界、军界要员，商贾巨富，上流社会的阔太太、小姐们夜夜笙歌的生活给上海抹上了浓浓的一笔。当时，上海以东方巴黎的迷人情调闻名于世，吸引了来自世界的无数冒险家和军人政客。

上海，当时是中国面向外部世界的窗口。

然而，上海的引人注目，并不止于其繁华迷人。它还是中国最大的国际商埠，战略价值极高。当时，上海港在世界军港中位居第五，在中国自然居老大。占据上海，不但控制了进入江浙地区的海上门户，而且扼住了溯江进入中国内陆的水陆咽喉。

如此重要之地，蒋介石自然不会忽视，可日本人更是重视万分。但令蒋介石和中国军队沮丧的是，中国最大的军港，中国却没有驻兵权。

起因得上溯到6年前的1932年年初。当时日军占领东三省，引来国联和西方大国一片竞相谴责之声。日本政府为了摆脱日益孤立的国际困境，引开国际社会的视线，于是向这个国际权益十分集中的大都市发动了一场战争，第19路军受日益高涨的全国抗日呼声的鼓舞，毅然自卫，奋起反击，"一·二八"淞沪抗战遂全面爆发。事发时，蒋介石正下野赋闲，迫于内外压力，他也想借机改变自己的形象，曾派张治中率中央军第5军驰援。中国军队一度取得了战场上的主动权，在其后的战斗中曾迫使东京军部三易主帅，吃尽苦头。

但蒋介石当时奉行的毕竟是"不抵抗"政策，他眼中的宿敌是活跃在江西及全国各地的中共及红军。派出一支中央军做做姿态可以，但要他拼全力与日本人大战，他则不干。客观地说，他当时并未打算真正援助上海战场。暗地里，他甚至指责19路军擅自与日军交战，打乱了他的全盘计划，因而派出第5军后，就再不发一枪一弹一人。上海前线的中国军队虽然在战场上打得相当出色，但在失去中央政府及军队后援的情况下，最终还是未能取得第一次淞沪抗战的最后胜利。

5月15日，中日双方在沪签订《上海停战协定》，规定上海及苏州、昆山地区中国无驻兵权；承认上海为非武装区，而日军可在上海地区驻兵。当中国军队根据协定撤出上海后，上海市内仅有淞沪警备司令杨虎所辖上海市警察总队及江苏保安部队几千人。而日本海军陆战队却堂而皇之地在上海长驻下来。又一个出卖中国领土主权的屈辱条约降临在中国。从这一天起，上海就处在了对日军极其有利，而对中国军队十分不利的情势下。上海，从此成了一座东方不设防的大都市。

但日本海军并不满足于仅仅驻军，眼见陆军在东北、华北大肆扩张时，海军的手便痒得难受。1937年7月，日本在上海虹口、杨树浦驻扎海军陆战队约3000人，控制着进出上海的港口、要道。有这些日军策应，日本陆、海军大部队可随时在黄埔江岸及长江沿岸登陆。这3000名陆战队员人数虽少，但却承担着日本攻略中国的又一个作战方向，因而备战急急。他们利用在上海驻兵的特权，大力加强驻沪军事设施，以虹口靶场、海军陆战队本部为核心，以杨树浦公大纱厂和沪西丰田纱厂为两翼，大量构筑了坚固据点，并在日租界日侨各大建筑物内设置了众多的掩体工事，对日侨也加强了组织与训练，大有山雨欲来风满楼之势。

在中国最大的都市里，在中国的土地上，日本军人大事战备，到处炫耀武力。有军人撑腰，上海的日本侨民和日本浪人更加有恃无恐，四处寻衅。中国人不乏血性，岂肯眼看倭寇在中国为所欲为。双方的对峙，更加剧了上海形势的紧张。事实上，中日关系早在一年前便紧张起来。1936年9月23日夜，日本海军借口"出云"舰水兵3人在上海北站附近租界内被人狙击而一死二伤的事件，下令海军陆战队全部出动，在青云路、八字桥、粤东中学、天通庵、五洲公墓一带，密布岗哨，派队巡逻，大有挑起事端进行报复的迹象。

蒋介石此刻虽已萌生抗击日军的想法，但抗战尚未提上议事日程，他正反复督促、并多次亲赴西安部署对陕北的第6次"围剿"。在他的授意下，南京、外交部多次出面谈判，并请一些外国驻中国外交官从中疏解，希望事态得以控制。日本由于"二·二六"事件余波未平，东京也不愿事态扩大，遂接受了调停。上海事态总算被控制住了。但日本海军似乎也从这种紧张中看出了苗头，增加了海军陆战队驻沪人数，并广泛收集情报，各种演习也越来越频繁。黄浦江上，日本海军舰队奉命开往宝山、福山镇、段山港、浒涌各港口，测量水位，标定舰位，俨然一副战前准备的样子。

中国国民政府眼见上海无驻兵权，而日军却蠢蠢欲动，又不甘心把中国最大的城市和财富的集中地让给日本人，更不愿看到上海的危机将来威胁到南京。为阻止日军未来可能的进攻，参谋本部拟制了一份计划，由军事委员会拨款100多万元充材料费，由驻军第87、88、36共3个师在上海侧后修筑工事。这是一条耗资巨大、费时较多的工程。从无锡到江阴（锡澄线）、苏州到常熟、福山（吴福线）多道坚固防御阵地与沪杭分区乍浦、嘉光线相衔接。其中，以预先构筑于阵地上钢筋水泥、重机枪掩体作为阵地骨干，战时再辅以战壕配备，因而成了当时中国政府对抗日本进攻的最坚固、庞大的阵地配系。

国民政府不能在上海大动手脚，便只能在紧挨上海的后方大做文章。这几道防线的修筑，集中了蒋介石屏护南京、长久抗日的战略构想。其工程之大，耗资之巨，均属中国第一，堪称中国的"马其诺防线"。

8月11日，日本本土驰出的一批战舰和数千海军陆战队队员到达上海，巨大的舰炮指向上海市区，荷枪实弹的海军陆战队队员登陆上岸，上海形势进一步严峻起来。同一刻，中国国民政府封闭了汉口日租界，并计划封住长江，截住汉口日舰。

同一天，英、美、法、意四国大使联手向中、日双方发出通告，要求中、日双方勿使战祸波及上海，但战略利益已使中、日双方无法收手。日本人执意要打，中国军队绝不退让，调解、通告，一切的一切都难以拖住日益临近上海滩的战车。

十里洋场，一场大战在所难免。

◎ 蒋介石要把日本人引到上海

华北战势日趋激烈，大有爆发全面战争之势，蒋介石在庐山待不住了。7月底，他率文武大臣一班人马辞别庐山，返回了南京。

8月初，平津失陷，日军攻击矛头已直指中国铁路两大动脉——津浦线和平汉线。另外，日本关东军一部北上南口，威逼察绥，既徐图解后顾之忧，又为南下山西预做战略准备。

南京黄浦路官邸，蒋介石盯着巨幅中国地图直发愣。日军南下攻击的红色箭头太刺眼，太醒目了。照这样发展下去，华北日军先山东、河南，后湖北、安徽，将直接插向南京政府的战略后方武汉。武汉若失，中国将被拦腰斩断，京沪杭一带国民党百万主力大军将处在日军的东西夹击之下，上天无路，入地无门。丢掉这百万之师，丢掉京沪杭一带的工业、军事设施，中国无异于塌下了顶梁柱，那时还谈什么抗战？拿什么抗战？蒋介石不看则已，这一看却惊出他一身冷汗。

大为受惊的蒋介石匆忙下令，暂停中央军向华北地区调动，华北防务仅限现地各军督力实施，暂勿指望后援。

8月的南京，骄阳似火，热得人无处躲无处藏，只有那些不知疲倦的蝉仍在讨厌地鸣叫着。军委会会议室里，在京的高级军事将领齐集军委会作战室，讨论对日战略。

实际上，蒋介石已注意到了华北之外的另一个方向——淞沪。

早在1936年2月，为防止日后突然到来的战争，蒋介石便任命张治中为京沪地区军事长官，筹划该方向的战备。张治中也意识到蒋介石此举意义非同一般，一直尽忠尽职，早早就在苏州留园设立了假想的战时指挥机关。此外，蒋介石在京沪之间还构筑了锡澄、吴福、乍嘉等数道坚固的防御工事，并率部在句容、溧阳地区进行了几次战斗演习。这些，多少可以令蒋介石在心理上感到一丝安慰。

"七七"事变后的一天，新任淞沪警备司令张治中将军来到南京军委会面见蒋介石。身为前线指挥官，张治中显然想得更多、更远。他向蒋建议道："上海目前只有一个保安总团，兵力薄弱，如果日本海军陆战队一旦行动，以现有兵力实难抗拒。为巩固淞沪，应抽调中央军部队化装为上海保安部队进驻上海，增强沪上兵力。"

看着面前这位儒雅的将军，蒋介石陷入了沉思。客观地说，上海作为中国最大的军港，又一直为日本海军陆战队控制，这对中国未来可能面临的战事太不利了，但上海是中国的金融中心，又是他早年发迹之地，而且"一·二八"后，有条约限制中国不得驻兵，今日派军开进上海，会有什么反应呢？纸里是包不住火的，万一日本人借机找麻烦，岂不是更乱？

张治中像是看透了蒋介石的心思，又进言道："委座，日本人已点燃战火，与其再让他们打我们，不如我们先下手。如果能把日本人吸引到华中来，那对我战局也是有利的。"蒋介石一想，觉得说得有理。中国如果都保不住了，保着个上海有什么用？当下对张治中吩咐道："好的，可派第2师补充旅由徐海地区南调到上海附近，以一部换上保安团服装进驻虹桥机场。"

蒋介石出此一语，可惊动了坐在一旁的何应钦。何应钦一直以主和闻名，当时并不赞成全面对日开战。他原以为"七七"事变局限于华北解决即可，想不到老蒋此刻竟有意把战火引向上海，心里不禁咯噔一下。但数月前西安事变"逼宫"失败后，他再不敢去惹老蒋了，当下只能默不作声。但当他从屋里出来时，心情忧郁地拍着张治中的肩膀说："文白，你可要考虑好，这是要闹出事来的啊！"

张治中主意已定，没理会何应钦这软中带硬的话，径自走了。

送走众人，蒋介石在屋里来回踱步，他的内心在矛盾的旋涡中翻腾着。这之前，他虽已几次发表了最后关头的演说，但他仍幻想着日本人能罢手息兵。如果上海再打起来，那可就再没有回头的余地了。

"此时应战，适时乎？"他在心里反反复复地念叨着。

就在蒋介石在战与不战间徘徊不定之际，日本人推了他一把。8月9日这天，日本海军军曹大山勇夫和士兵齐田要藏武装驾车硬闯中国军驻守的虹桥机场。中国机场的守卫哨兵坚决拒绝其无理要求。大山见耍赖不成，竟拔出手枪打死警戒一名。其他中国卫兵见状义愤填膺立即奋起反击，将两名日军击毙。日军在中国的土地上骄横惯了，眼下虽陈尸中国地界，但恶语威胁上海市市长俞鸿钧，坚持要求中国撤出保安队并拆除军事设施。在日本领事要挟的同时，停泊外海的大批日舰驰入黄浦江，以武力相威胁。

俞鸿钧见事情闹大，不敢擅自做主，火速电告南京。

蒋介石接阅电文，知道日本人寻衅滋事，又是在为日后挑起战端制造借口。遂于11日作出决定：（一）令张治中率领第87、88两师于11日晚向预定之围攻线推进，准备对淞沪围攻；（二）令蚌埠之第56师星夜开赴苏州，由张治中指挥；（三）令海军阻塞江阴水道。

8月13日，淞沪战火全面爆发。

8月14日，中国政府发表自卫抗战声明书，宣布："中国为日本无止境之侵略所逼迫，兹不得不实行自卫，抵抗暴力。"蒋介石下令，将京沪警备部队改编为第9集团军，命令张治中任总司令，攻击虹口及杨树浦之敌；苏浙边区部队改编为第8集团军，张发奎任总司令，守备杭州湾北岸，并扫荡浦东之敌、炮击浦西汇山码头；同时，空军出动，协同陆军作战并担任要地防空。

8月15日，庐山。

蒋介石与陈诚策定抗战方略，蒋望着面前这位身材短小，精明强干，将近不惑之年的少壮将领，想到他对自己的忠贞不贰，想到西安事变他对自己的拼死保护，心中禁不住涌起了一抹感动的情怀。抗战的危急关头，他还是很依靠这些可靠的将领的。

"辞修，你对抗战计划怎么看呢？"

陈诚面对着这位已几日几夜没休息好的委员长，畅叙直言。他认为：该计划在敌情判断方面有十分精明正确之处，但在作战方针和作战指导要领方面，所主张的处处设防，御敌于国门之外不切合中国实际。

为此，他提出了持久战的战略。他认为：中国国土广大，人口众多，具有长期抗战的条件。我对日作战之具体运用，可分为3个时期：第一期为持久抵抗时期；第二期为敌我对峙时期；第三期为总反攻时期。

　　陈诚是国民党军中的主战派，一直在蒋介石耳边吹风，主张对日抵抗。他的抗战三阶段论，在不少地方与中共、毛泽东的战略方针有相近之处。

　　陈诚的见解甚合蒋介石之意，蒋介石接着说，原来只想扫除国府侧背的潜在危险，不想上海之敌十分凶悍，不但不能扫除，反致我军陷入南北两面作战的不利境地。事到如今，上海之战是继续打下去还是毅然撤出战斗，以倾全力于华北战场呢？

　　在座的其他将领主张，由于华北战场的不断扩大，应立即停止上海战事。

　　陈诚的意见却与众人背道而驰并早已成竹在胸。他扫了众人一眼，语气坚定地对蒋介石说："上海方面的仗绝非不能打的问题，而是必须打，怎样打，亦即大打还是小打的问题。"

　　蒋问他这是什么意思。

　　陈诚说："北方战场业已揭开。汤恩伯、卫立煌等部占领八达岭、南口一带，给南下之敌侧背插上一把利刃。日军肯定是要南下的，因此，南口重地他们势在必夺，而我军亦在所必守。华北战事的扩大已无法避免。敌从华北而来最为忧虑，华北一马平川，千里大平原，利于日军机械化部队快速推进，速战速决。华北日军有关东军和驻朝鲜方面军作后盾，调动方便，进出畅通，随时可集中优势兵力，长驱直入。若日军在华北得势，以主力沿平汉路南下，直扑汉口。这样，我华中部队将被敌切断后路，既无险可守，又无路可退。华东我部则有被敌人一鼓而歼之危险。"

　　蒋介石一听言之有理，便追问道："依你看来，应如何办，才能避免这一危机？"

　　陈诚继续侃侃而谈："日军既不肯放弃上海，不如索性将计就计，扩大上海战事，把北方的日军吸引到南方来。我华中广大地区，江河纵横，水网泽国，机械化部队展开困难，敌之锋芒顿然锐挫，而我军则尽可发挥其优势。"

　　蒋介石阴沉着脸，在巨大的地图前凝视着，突然心中豁然开朗，一股不可遏制的力量使他下定了决心，他不顾众将满脸的惊诧，连说："对，上海要打，一定打！"

　　陈诚眼看蒋介石决心已定，仿佛猜透了蒋介石的心思，说道："若决心在上海大打，第一步必须尽快向上海增加兵力，要造成以绝对优势兵力围歼上海之敌的态势，才能有效地吸引敌主力，将华北战场转移至华中。"

　　蒋介石看了陈诚一眼断然一挥手，说道："增兵，把精锐主力都调上去。"

8月20日，国民政府军事委员会颁布中国军队战斗序列，将全国划分为五个战区，京沪杭地区为第三战区，以冯玉祥老将军为战区司令长官，以顾祝同为副司令长官，前敌总指挥则由少壮将军陈诚亲任。在颁布作战序列的同时，也下达了作战方针："以主力集中华东，迅速扫荡淞沪敌海军根据地，阻止后继敌军之登陆，或乘机歼灭之。"

第三战区闻风而动，将全部兵力划分为：淞沪围攻军，指挥官为第9集团军总司令张治中；

长江南岸守备区，指挥官为第54军军长霍揆章；

长江北岸守备区，指挥官为第111师师长常恩多；

杭州湾北岸守备区，指挥官为第8集团军总司令张发奎上将；

浙东守备区，指挥官为第10集团军总司令刘建绪将军。

转瞬之间，由张治中负责的淞沪战场，一下扩升为战区，兵力迅速增达30万人，浓重的战云转眼南移上海。这突然的变化，一时竟使东京日军统帅部莫名其妙，如坠入五里雾中。事变爆发在华北，中国军队却不再往华北增援，反倒在上海附近大量集结兵力。但当优势的中国军队对上海日军形成包围态势之后，天皇和日军统帅部震惊了。原来蒋介石想拔掉日军上海据点。中国军队什么时候学会大口吞吃日军了？东京惊讶中震怒了，认为中国军队此举是在侮辱帝国皇军。军部和内阁狠下决心采取措施，严惩中国军队。

大批的日军在天皇和军部尚未真正摸清蒋介石意图的情况下，便被稀里糊涂地引向了上海，引向了华中。

蒋介石眼见日本人中计，止不住暗自窃笑，9月21日，蒋介石越发认识到上海战场的重要性，索性把冯玉祥调入六战区，而自己兼任第三战区司令长官，亲自指挥上海作战，并将第三战区分为右、中、左3个作战军团。右翼作战军司令官张发奎，辖第8、10两个集团军；中央作战军司令官朱绍良，辖第9集团军及第18军、第61师及独立第21旅；左翼作战军司令官陈诚，辖第15集团军及新编成的薛岳第19集团军。此时，淞沪战场中方已集结兵力达40余万，几乎全部为中央军精锐部队。

蒋介石在上海下了血本，就是要在上海与日本人拼个你死我活。

为了更有效地吸引日军，蒋介石经常不顾部下的劝告，不顾疲劳和危险，频频出现在上海前线，指挥督战。他早已下定决心要在上海设置一个大战场，他想把日本人的主力都拖进来，拖进他设置的大陷阱，他绝不能让日军速战速决。

战后多年，史学家对蒋介石这一手南北战略赞誉多于贬斥，日本战略家战后也承认，日军投入上海、华中，是陷入中国战场而无力自拔的一个败招。

◎ 抗战的隆隆炮声，令冯玉祥老将军大呼痛快

8月16日，冯玉祥上将率几名参谋、随从来到了南翔前线。

冯玉祥是国民党军中地道的元老，也是举国闻名的抗日爱国将领。早在1933年，他就组织了察哈尔抗日盟军，坚决投身到抗战之中。无奈，他的把兄弟蒋介石一直把"剿灭"中共放在首位，这令他痛心疾首。

但冯玉祥主意坚定，百折不挠，他仍抓住一切机会向蒋介石提出个人的主张和建议。对外界他更是态度鲜明，他曾公开地向朋友们说："我在中央见到的即说，当局未必全听，亦未必不听，我为我的责任，不能不说。"

1937年7月下旬，北方军事吃紧，冯关心宋哲元第29军的作战，曾致蒋一函云："国家多难之时，凡想到的、见到的不敢不说。若有所隐，则对国为不忠，对友为不诚。兹本举尔所知之义，分陈于下：（一）北平、保定等处防空器械应提前发给。（二）平、津、保三处之军械弹药应早日发给，并特别补充。（三）黄村至永定门之铁路再补一条，可避免丰台之扰乱。（四）长辛店以南至大灰场到门头沟应速补修铁路一条。"

不管怎么说，蒋介石对自己这位大哥多少还是要给些面子。宋哲元、韩复榘向南京请饷、请械等事，多依仗冯玉祥，冯玉祥也算尽心尽力。只要抗战，他一向是乐于帮助。

冯玉祥抗战态度坚决，国人尽知。蒋介石不愿冯玉祥插手，国人也有耳闻。七八月间，京沪传出一则新闻，盛传在中央会议上，蒋介石不主战，冯玉祥坚决要抗战，争执不过，乃拔出手枪，愤欲自戕。对此，冯一再辟谣，但从中可以看到人民渴望抗日的心情和对冯老将军寄予厚望。门出西北军的冯玉祥在人们的推测和意

愿中，显然是一位指挥北上抗日军队的最理想的将领。

南京陵园冯公馆，每日关心抗日前途的军政大员、社会名流摩肩接踵。一天，西北军旧人杨伯峻来访，问北方战况。冯玉祥说："北方谣传我已赴保定，此不过一般人之想象。"

"既然要抗日，北方军队应由您指挥才好。"

冯玉祥大手一挥，谦逊地笑着说道："北方军队复杂，总以蒋先生为宜。"

在当时南京城军政官员眼里，由冯主持北方军事的呼声实有水到渠成之势。

但蒋介石自有考虑。宋哲元、石友三、韩复榘哪个都不是省油的灯，这些小鬼就够他受的了，若要是再把这些小鬼的老长官放回去，那他还如何控制北方局势？

8月上旬，南京政府颁下命令，任命军委会副委员长冯玉祥上将出任第三战区司令长官。蒋介石要把冯玉祥放在身边，放在一个他伸手就能够得着的地方。对这个南辕北辙的决定，不但南京军政人员大感意外，连冯玉祥自己也大为惊讶。

8月9日，京沪线上第9集团军总司令张治中将军，首先来电恭贺冯老将军出任第三战区司令长官，并欢迎他早日莅位指挥。冯玉祥当即复电，除表示钦佩张之革命功业及学识外，并发出"此后共在一区，抗敌救国，互相策勉，尤愿一致在大元帅领导之下，牺牲小我，而谋民族复兴"等豪迈之语。

冯老将军多年来痛心国难，忧愤日深，决心不惜为国牺牲，写下遗嘱7条，留给家中。

"八一三"淞沪战起，冯于8月15日由南京率部分人员进驻无锡。未几，据报白沟堡方面日舰及商轮100余艘企图登陆，仍欲演"一·二八"的故技。冯立即通知各警戒区域有关部队，令其注意防范。又闻日军在淞沪地区向我军猛烈进攻，冯极愤慨，决定亲往视察，鼓励部队挫败日军嚣张气焰。

车近市郊，上海方面抗击日寇的隆隆炮声已震动大地，清晰可闻。一向爱舞文弄诗的老将军一时豪兴大发，兴奋地对左右人员大声说："我等多年为抗日工作奔走，今日始听到我民族的怒吼声，痛快！何等的痛快！"

众人情绪无不为之感染。

一路上，冯玉祥一行人数次遭敌机攻击。一所茅屋内，日军炸弹震得屋顶直往下落土，众人都为冯玉祥担心。谁知老将军却神态自若地安慰左右说："当战事初起，我即抱定牺牲决心。现虽处危险环境，但心情反觉舒畅。万一有何不测，我当高呼'中华民族万岁'的口号，虽以身殉国，也当留这壮丽的口号为我民族祈求解放的最后呼声。不怕，不怕。"敌机在周围投弹10余枚而去。冯玉祥便率部于硝烟弥漫中冒险前进。行不多远，敌机又至，冯与左右至一瓜田里暂避。日军飞机飞得极低，机上的人和枪都清晰可辨，盘旋了几分钟后逸去，冯等始乘车前进。

没多久，冯玉祥的长官部一行人便远远地望见了上海前线指挥官张治中、张发奎、杨虎等人，一班人马在一个小村里召开了会议。

身为新长官，冯玉祥热情地对前线战将表示了问候："诸君为国拼命，至堪嘉尚。我故亲到前方来看看诸位，大家有什么要求尽管提。"

张治中素仰冯老将军抗日英名，开口道："副委员长公忠为国，我们素所钦佩，决竭诚听副委员长指挥。"

张发奎将军寒暄几句后，便在图上将部署情形报告冯玉祥，并说虹口汇山码头之敌大举反攻，我警察总队不支，第87师正增援中。

冯玉祥当即决定将戴民权一师归张发奎指挥，钱塘河以北地区归张负责，以南地区归刘建绪负责。

17日，冯玉祥抵达嘉兴视察，在双桥车站再会张发奎。张发奎将军就入沪数日所见，向冯玉祥提出两点建议：一是前方指挥不统一，恐误大事，深为忧虑；二是所部缺乏炮兵，如敌登陆，非至近距离则无法射击。说到前方的指挥问题，冯老将军颇具同感，好在现在他以战区司令长官的身份替部属说话、谋求解决，自然便利了许多。当下，冯玉祥一口答应一定与蒋介石商量，分别予以调整和补充。

冯玉祥说到做到，日后，他替部属一一解决了这些问题。他所能做的也只能是这些。当时，许多深谙国民党军中之道的人都知道，淞沪前线多为中央军、两广军，冯玉祥乃西北军老人，指挥调度的日子不会好过。

8月25日午后，冯玉祥接到南京电话，约他当晚9时赴南翔参加军事会议，蒋介石也将亲往。

下午4时，冯玉祥冒着大雨驱车上路，当晚9时赶到了南翔附近的徐公桥。此时，蒋介石、宋美龄已在陈诚、顾祝同、钱大钧等人的陪同下先期到达，少顷，张治中率前线各师长也陆续赴会。

会场很静，前线各师长报告完战况后，张治中陈述了各方面情形。从蒋介石眼中，张治中看到了一些不满。战前，蒋曾反复叮问张治中，发起攻击有无把握全歼上海日军，张治中答说：只要空军、炮兵能积极助战，应有把握。但时至今日，沪上日军虽被压缩在虹口、杨树浦两大据点里，但并未被歼灭。

张治中汇报着各方面战况，言语中也暗伏不满。开战来，中央方面除事先答应的空军、炮兵没有好好落实外，蒋介石三下阻止令已使战机丧失殆尽，歼灭不了日军怪谁呢？想到前线官兵凭血肉之躯硬攻而造成的惨重损失，他的气更大了。

众人说完了，蒋介石扫了扫会场，先是赞扬了一番前线将士的辛苦，随即话锋一转，开始评说10天来的战事。他的评论令冯玉祥、张治中一班人极不自在。

"综观近日之战况，我军伤亡奇重。战争固不能免于伤亡，然指挥失当，致增伤亡，牺牲殊无价值。我军缺点在于攻击实施之先，未能充分考虑，率尔从事，牺牲遂大。今后应悉心研究，当攻则攻，当避则避。其次是炮兵分割使用，不能发挥威力，此点宜急改正。"

蒋介石闭口不谈南京干涉之事，也不谈日军凭坚固守、火力强大之由，不明不白地在会上发了一通火。午夜，会议不欢而散。

双桥回来，冯玉祥心事重重。次日上午，冯玉祥一觉醒来，来到锦园湖滨柳荫下，欣赏大自然景色，并与众人闲谈起来，当时，冯玉祥的老幕僚、参谋次长熊斌也在座。在论及当前三战区指挥互相掣肘时，有人说把顾祝同和陈诚任命为三战区副司令长官和前敌总指挥，将使指挥更乱，替冯鸣不平。冯玉祥听罢，颇为正色地对自己手下的幕僚说："诸位应该记住，我等是中国军人。我们只要能抗日，不必军队一定要听我的指挥。我们只要能救国，不必自己一定要身处高位。此间军队，我都不甚熟悉。若必处处听我指挥，必致坏了大事。故蒋先生亲临指挥时，时而嘲骂，时而激动，无不如意。这是历史关系，绝非编组的形式所能制约的。所以我前见二张两将军时，曾向他们说，你们有什么意见和困难，我可设法；我有什么意见就随时说给你们。眼下也只有这样处置，才算得体。现在我们的目的是怎样战胜敌人，怎样使国家转危为安，怎样使民众出诸水火。至于斤斤唯名义权位计者，应该引以为耻。"

众人知道冯老将军一贯的抗战姿态，不由得肃然起敬，当下没有人再说什么了。

9月,日军大批援兵源源登陆,淞沪之战酿成一场大战之势已无可避免。冯玉祥针对日军坦克凶猛的战场实际,琢磨出一套破敌坦克战法,在前线使用颇有成效。但冯玉祥的心里并不轻松。堂堂战区司令长官,竟至于一门心思研究起战术战法,真是闻所未闻。可有了顾祝同,有了陈诚,他又能干什么呢?更何况蒋介石南京的专线白天黑夜地要到前线,直接指挥到军、师,他又能干些什么呢?

但更令他烦恼的是,华北军情日急。南口失陷,中国军队在平汉、陇海线上节节败退,而那里的部队,大多是他旧日的老部下,指挥他们自然会顺手些。国民党军中的那些毛病他太清楚了,留在三战区,他将无所作为。但蒋介石能放他吗?

这时,南京城里,李济深、徐谦、柏文蔚等一些对战局、对中国前途深感忧虑的有识之士四处奔走,大声疾呼,要求政府放弃派别之争,精诚团结,并建议改派冯玉祥主持北方军事。这时,恰逢马厂失陷,北方战局剧变,白崇禧出面建议把冯玉祥调往华北,组建第六战区。蒋介石这时越来越重视淞沪会战,冯玉祥在自然碍他手脚,这才同意调冯玉祥为第六战区司令长官,自己又兼起了第三战区司令长官一职。

冯玉祥昔日救国无门,今朝方得其用,不禁激动不已。12日,冯玉祥交接手续后返回南京受命。此刻,华北隆隆的炮声更让他亢奋。

◎ 张治中蒙冤顶撞大元帅

1937年8月12日,上海从不安的沉睡中醒来了。

一大早,上海居民惊喜地发现,市区内外遍地都是国军,枪支新崭崭的,钢盔闪着油亮的蓝光。城市内已多年不见中国军队的上海市民奔走相告,激动之情溢于言表。

"你们是从哪里来的?"

"你们怎么来得这么快?"

面对连珠炮般关切的问询,略显疲劳但精神良好的中国士兵笑而不答,这一天,他们已经盼了许久了。

实际上，早在1936年2月，南京军委会为预防未来京沪地区可能发生的不测，便命京沪区长官张治中开始了秘密的准备工作，并专门设立了一个指挥机构。

奉命之初，身为中央军校教育长的张治中将军从军校内挑选了一批精干军官，开始了秘密的筹划工作。为避开外界嫌疑，将这个未来的抗战筹备司令部命名为高级教官室，对外像是一个教官工作、休息的地方。

随着工作的不断展开，人员越来越多，机构日益庞大，遂决定将此指挥机关移往苏州，进驻苏州名园——留园。对外界，"高级教官室"已不再合适，便更名为"中央军校野营办事处"。

秘密的机构，秘密的工作，使张治中不但熟悉了淞沪地区的地形、地物，也为通信、运输做了充分的准备。有此基础，蒋介石一声令下，全军当夜直入上海也就是极其自然的事了。但这幕前幕后的一切，上海市民当然无从知晓。

张治中将军匆忙率部进驻上海，为的就是先发制敌。为这一天，他曾多次向蒋介石进言，战火既已爆发，与其坐等日本人进攻，不如在其进攻企图已暴露无遗时，先发制人，以神速的行动解决日本海军陆战队在虹口、杨树浦的两大据点，使日本人失去上海，失去日后登陆华东的依托。在问过张治中有无把握并得到肯定的答复后，蒋介石犹犹豫豫地接受了张治中将军的建议。

兵贵神速！6年前曾在上海给日军以重创的张治中并不怕日本人，眼下他担心的只是意外事件的发生，影响了他的全盘计划，6年前他有过教训。

12日晚，进驻上海不到一天的张治中即完成了攻击部署，预定13日拂晓向6000名日本海军陆战队盘踞的据点发起猛攻，一举击溃日军主力，拿下上海。

就在张治中紧锣密鼓地部署攻击部队时，军委会一个电话搅乱了他的心：不得进攻。

原来，当张治中率87、88两师进驻上海市时，遍地的中国军队惊动了驻沪日军。日本驻上海领事馆紧急召见监督"一·二八"停战协议的上海外交使团，控告中国军队违反协定，单方面进兵上海。上海市市长俞鸿均当即反驳：最先违反协定的是日军而非中国军队，日本无权指控中国违反协定。

外交使团由各国成员组成，内心里虽反感日军，但也怕战火燃起难以控制，威胁到自身利益，因而电告南京政府，建议改上海为不设防城市。南京外交部转交外交使团建议,使蒋介石一时又犹豫起来。

老蒋可以犹豫,但张治中却无法等候。中国军队开入上海已是尽人皆知,拖延时间将给日军以喘息之机,加紧战备,那时再攻就难了。电话里无法解决,张治中便急电南京:"我军业已展开完成,攻击准备已完毕。"请求仍按计划实施攻击。

但得到的回电仍是"不得进攻",张治中接电,从心底向外冒凉气。

一天后,张治中得到了进攻令。南京军委会优柔寡断,平白给了日军一天的喘息时间。虹口日军外围据点,增加了人数,封死了几条通道。

8月14日下午3时,张治中待空军、炮兵对黄浦江敌舰及日军据点实施猛烈的轰炸后,迫不及待地对步兵下达了攻击令。一时间,隆隆的枪炮声震动了大上海,震动了全国,也引来了世界的目光。

外围攻击打得极为艰苦。日军自知兵力不足,便凭点固守,等待援军。日军的这些据点经营多年,坚固异常,一炮打上去,只能打落一些水泥碎片。急不可耐的中国官兵见炮兵无奈,便顶着枪弹硬往上冲。一拨人倒下了,后面的人踏着死尸往上冲。攻击在一点点向前推进,但国军伤亡极其惨重。

虹口外围,每前进几十米,几乎都需几层中国官兵的尸体铺路。

87、88师原是首都警卫军骨干。御林军的确非同一般,使日军承受了前所未有的压力。向国内求救的电报一封封飞出虹口,飞向东京。

夏日漫长的黄昏终于过去了。张治中在司令部里汇总各师战报。前线惨重的伤亡固然让他心疼,但进攻势头没减下来,就这么打下去,用不了两天日本人就吃不消了。

忽然,上面的命令又到了张治中的指挥部:密。今晚不可进攻。另候后命。

8月15—16两日,继续进攻的命令一直未到。全线进攻不行,局部进攻谁能说得清,反正今日是处在火线上。两天过后,87、88师又先后攻下五洲公墓、爱国女学、奥东中学、日本海军俱乐部等外围据点。日军被进一步向里压缩了。

8月17日,攻击重新开始后,张治中亲临火线,催督各部加紧进攻,一定要在敌援兵到达前解决这股敌人,解决上海战事。这一天进攻多有进展,令张治中聊以自慰。

8月18日,南京军委会又莫名其妙地下令暂停攻击。短短的五六天,张治中率部进攻刚有头绪,停攻命令就飞来了,如此下去这仗还怎么打?急恼间,张治中第一次骂了人。

午后,日军乘中国军暂停之际,竟在飞机的掩护下开始了局部反击,张治中命令孙元良、王敬久两师长把鬼子打回去,然后就地转防。部署完毕,张治中止不住心里哀叹:如此战法,淞沪荡寇何时功成。我的委员长,你难道不知日本人将火速增援吗?你这是在把我往绝路上逼啊!

攻攻停停,使日军获得了喘息之机。黄浦江外,大批日舰涌入内河,炮口直指中国军队。天空,木更津、魔岛航空队的日机越来越频繁地突击中国军队。连续几日的往返厮杀,张治中所部歼敌逾千,但自己伤亡更重。

8月20日,攻击部队突破杨树浦租界。亲临前线的张治中严令一名代理连长的军校生,率几辆破旧的烂坦克冲进杨树浦。由于车辆残破,火力有限,突入后步兵遭敌火力压制,无法跟进,孤军深入并一直冲到汇山码头的一个坦克连终于连人带车全部牺牲。身后督战的张治中被这血的一幕震动了,这时他更理解装备的落后需要付出多大的代价才能弥补。

8月23日,日军增援部队第3、第11师团开始登陆。与此同时,罗卓英的中央军嫡系18军也投入上海战场,向登陆之敌反攻。血战两昼夜,罗店成了中、日两军反复争夺的主战场。白天,日军依仗舰炮、飞机助战,夺占罗店。入夜,18军大举反击,又夺回丢失的阵地。小小的罗店镇,遍地是尸体,遍地是血河。

蒋介石也在南京关注着罗店之战,自23日后迭下命令:罗店关系重要,需要限期攻下。要求将士有进无退,有敌无我,不成功便成仁。催督第三战区前敌总司令陈诚夺回罗店,夺回川沙,消灭登陆之敌。陈诚是18军的老军长,为完成军委会的命令,此时已完全放弃了对18军的爱怜之情,严令:只要能完成任务,18军打光、打尽也在所不惜。

但陈诚深感力不从心,前线的将士奋战也未能挽回挫折。

9月1日,日军突破周师阵地,周师旅长翁国华将军见未能阻住强寇,悲愤自杀,真正取义成仁。

9月6日,98师姚子青营全营500余人死守宝山不退,直至全体官兵壮烈殉国,悲壮英雄轰动上海内外。

18军血战罗店驰名中外,前后10余天大血战,阵亡旅长黄梅兴、翁国华、蔡炳炎以下旅、团、营、连军官二三百人，伤者更多。但同时，也消灭登陆上岸之敌数千。

南翔，刚刚被任命为第9集团军司令的张治中将军听说日军在川沙登陆，直接威胁到自己的后路，便走出了连日来一直在上海督战的叶家花园水塔。关键时刻，为稳定前方军心、补救敌登陆出现的漏洞，他觉得应该到前线去看看。当下，他带上几名参谋便出发了。

从南翔到江湾只十几里路，但一出门，张治中等人便碰上敌机不断地在上空轰炸扫射。敌机临头，他们便下车隐蔽，敌机掉头，又马上前进。后来干脆弃车步行。途中，张治中遇到一个骑脚踏车的传令兵，便骑上传令兵的脚踏车就走，传令兵见状大惑不解："怎么，总司令走路？"

张治中这样冒险骑着脚踏车到了江湾叶家花园87师师部，稳住了军心，并连忙抽11师、98师迎击登陆敌人。由于敌机的猛轰与扫射，部队简直无法行动。11师师长彭善在初接到调令时对张治中说："简直炸得不能抬头，怎么办呢？"张治中："不能抬头也得走，难道我能从南翔一路冒轰炸走到江湾，你们就不能从江湾走到罗店吗？"

军法如山，在万分火急的局势下，两个师被成功地调至罗店，并收复了阵地，稳住了正面，维护了对后方的交通，使增援部队畅通无阻，局势一时有所缓解。

8月下旬，张治中将总司令部已移设徐公桥，这才得空喝了一点粥，在椅子上略靠了一下，他太累了。自8月14日开战以来，他没睡过一次像样的觉，没吃过一顿像样的饭。但一想到配属给自己的刘和鼎和罗卓英两军，他觉得该去看看了，与他们商讨对该方面登陆敌人作战方策，并指示机宜。想到此，他立刻动身，于清晨到达太仓，指示刘和鼎如何应付当面之敌。离开刘和鼎军后，他又冒着敌机轰炸，从太仓到嘉定找罗军长。敌机盲目地到处投弹，简直使张治中一行无处躲，而又不得不一面找一面躲，好不容易找到罗卓英。见张治中到来罗卓英好生奇怪："张总司令跑到我们这里来干什么？"见罗卓英纳闷，张治中更是不解：你归我指挥我来看看有什么奇怪的。两人一谈张治中才知道陈诚已不是军政部次长的身份，已经做了第15集团军总司令；自蕴藻浜以北地区的防务，统编归15集团军，由陈诚指挥了。

傍晚回到徐公桥总司令部，张治中心里憋着一股闷气：怎么委派了陈诚做15集团军总司令，连我也不通知？18军本归我指挥，为什么忽然归15集团军？想到几天几夜未曾睡觉，奔驰战地，亲授机宜，使左翼的危机得到解救，不但没落好，反倒让罗卓英等人冷眼旁观。

徐公桥，张治中接到电话，得知第三战区副司令长官顾祝同上将已到达苏州没有同后方联络，张治中觉得应该到苏州去看看顾祝同，和他商量一些问题，并可借此向南京统帅报告请示。

一到苏州，张治中还未及见顾祝同就打电话给蒋，想述说一番内心的苦闷。不料，蒋一接电话，就厉声地问："你在哪里？"张治中回答："在苏州。"电话里又问："为什么到苏州？"张治中便说道："为着左翼作战，亲到嘉定会罗卓英，听说顾墨三到苏州来了，所以来同他商量问题。"电话里又大声地叫，"为什么商量？两天找你不到，跑到后方来了！"

张治中越听越不对劲，越听越气愤，原想向老蒋说个明白，讨回些公道，哪想到竟招来一顿斥责，当下语气也变得硬了，答道："罗卓英原来归我指挥，我不能不去看看，我不知道他已划归15集团军陈辞修指挥了！"蒋介石看来气更大，不问前后原因，只是严厉地责问："为什么到苏州？为什么到苏州？"张治中再也耐不住了，终于顶了起来："委员长你说应该怎么办？我是到苏州与顾墨三商量问题的。我一直在前方，委员长究竟想怎么样？"话未说完，就听蒋介石吼道："你究竟想怎么样？还问我想怎样？"

"嗵！"电话被重重地扣上了。

张治中手握话筒，半晌说不出一句话，嘴直哆嗦。连日来的辛劳、苦闷和委屈这时一股脑涌上心头。"啪"的一声，电话被他狠狠地摔在了桌上。

9月4日，张治中致函蒋介石，恳请辞职。这之后，几经波折近20天，张治中才接到准予辞职的命令，同时命令张治中调任大本营管理部部长。

日军这时也来凑趣，通过广播说张治中因建议不被采纳而且与陈诚有摩擦，所以辞职。这虽是一段不值得反驳的小插曲，但也能反映出日军对中国对手的熟悉。

回到南京，蒋介石似乎忘记了争吵的那一幕，邀张治中吃饭。席间，张治中请示回家休养一段时间。蒋介石看来并无反对之意，连说："好，好的。"但又像是怕张治中一去不返似的，非让张治中先就了管理部长职后再走。

到大本营报到之后，张治中便打点行装，准备起程。临行前，想到40多天来患难与共的弟兄,想到那些夕阳衰草中的碧血英魂,想到夜色苍茫中凄然告别至今仍血战在战场上的热血官兵,张治中禁不住百感交集,热泪长流。

一个尽忠尽职、苦战40多天的中将,就这样带着一颗落寞的心和一具困乏的躯体,告别了前线。

◎ 上海前线,中国官兵血肉筑长城

8月下旬,日军援兵抵达上海战区,在沿江宽广的战线上全面登陆,战局急转直下,从8月下旬起直至9月中旬,第三战区中国军队对沿江登陆的日军进行了英勇抗击,但因损失过大,被迫转入防御。9月6日,第三战区新任司令长官蒋介石发布第2期作战计划:"战区以持久抗战之目的,限制登陆之敌发展,力求收各个击破之效。各个击破不能达成时,则依状况逐次后退于敌舰射程之外另设阵地,施行韧强抵抗,待后方部队到达,再行决战而收最后胜利。"

蒋介石一向喜欢追求高目标,今日能退此一步实在不易,为此,白崇禧、刘斐等高级幕僚费尽了唇舌,才促使蒋后退这一步。这也是没办法的办法。

9月13日,日军重藤支队、第101师团、第9师团先后到达。日本上海派遣军决定以第3、第11及第101三个师团进攻中国军队南翔至大场一线阵地,并以重藤支队协同第1师团攻击罗店附近中国守军。14日起,敌军在飞机、战车和火炮掩护下向中国军队发起全线进攻,重点指向宝罗公路东南方。第15集团军各师与敌在潘泾河附近淑里桥一带激战,双方损失惨重。17日,第18军撤至杨家宅、陆福桥、施相公庙一线,终于挡住了日军攻势。日军此刻急于全面击溃中国守军,解决上海战事,见消灭中国军队之企图不能实现,乃改向西进攻,企图压迫中国军队后退。

9月21日,针对敌情变化,蒋介石调整部署,将第三战区中国几十万大军分为右、中、左三个战区。右翼作战军司令官张发奎,辖第8、第10集团军;中央作战军司令官朱绍良,辖第9集团军及第18军、第61师、独立第21旅;左翼作战军司令官陈诚,辖第15集团军及新编成的薛岳第19集团军。

左、中、右3路中国军队兵力已近70万,在日军面前筑起了一道坚固的防线。

9月23日拂晓，日军约两个联队首先对第66军陆福桥至杨家桥间阵地发起进攻，不断以重炮猛烈轰击，并以战车掩护步兵冲锋。中国军队在各级长官严令下死守不退，与敌反复肉搏，阵地失而复得，得而复失，反复拉锯血战，双方伤亡惨重。次日，中国军队在左翼作战军调整阵线，以江家宅、窦家弄、孟湾、颐家镇、北店宅、太平桥、周家牌楼、万桥、罗店南端经施相公庙、朝王庙至浏河为主阵地；以江家宅沿蕴藻浜至陈家行，沿杨泾河、广福、孙家宅至施相公庙为二线阵地。25日，日军以两个师团的兵力继续猛攻，至30日拂晓进抵陆宅。该处第67师一个连苦战数昼夜，与敌展开白刃肉搏，前仆后继，最后仅两人生还。同日由于第77师万桥阵地被敌突破，左翼军各部只得按计划撤往蕴藻浜南岸之原定第二线阵地。

上海大战愈演愈烈，久不能胜，搅得东京寝食难安。10月1日，日本首、外、陆、海四相会议经过一番激烈争吵后，认为骑虎难下之时，只能坚持打下去，遂决定扩大侵华战争，制定了《处理中国事变纲要》，进一步明确"军事行动之目的，在于使中国迅速丧失战斗意志。应采取适当手段使用兵力占据要地"。

日上海派遣军司令官松井石根认为，由于中国军队的顽强抵抗，罗店西南战事呈胶着状态，从侧翼包围中国军队的企图无法实现，决定改为中央突破。计划于攻陷大场后进入苏州河一线，消灭上海以北之华军，然后向南翔进攻。

松井石根大将确定新的方针后，便火速调整部署。这一变化竟使恶战多日的上海出现了少有的沉寂。可惜的是，精疲力竭的中国军队此时也急需休整，补充一个个被打残了的师、团，因而错过了反击日军的良机。

10月5日，日军第9师团和新到达之第13师团向蕴藻浜地区发起猛攻，中日双方激战四昼夜，蕴藻浜尸积如山、血流成河，硬碰硬的正面交锋使双方都付出了惨重损失。在猛烈的进攻面前，中国守军伤亡更大，不得不令第77、59、90、67师及第66军教导旅撤至后方整补，由后续部队接防。8日，敌强渡蕴藻浜，第8、第61师及税警总团等部与敌激战数日，损失惨重，未能将渡河之敌歼灭，以致日军于黑大黄宅至东西赵家角一线构成宽约两里的桥头堡阵地，掩护其后续部队南渡，并进犯大场。

蕴藻浜失陷，大场便成了第一线阵地。

由于大场形势关系全局，第三战区急令新到之廖磊第21集团军向该方面增援，并于16日调整部署，将蕴藻浜南岸地区划归中央作战军负责。为恢复蕴藻浜南岸阵地，战区决定对敌实施反击。以新到之韦云淞第48军为1路攻击军，由黄港、北侯宅、谈家头附近向蕴藻浜南岸之敌发起进攻，进出唐桥站、田都之线；以叶肇第66军为2路攻击军，由赵宅附近向东进攻，进出杨家宅、徐家宅一线；以第98师为3路攻击军，由广福南侧向孙家头、张宅一线进出；原守备各师编为1至3个突击队向当面之敌进攻，协助各路攻击军前进。

攻击开始后，蒋介石很快意识到日军的强硬。20日，第66军克服敌之顽强阻击，收复三新宅、唐桥头。但第21集团军当面为日军主力，21集团军虽拼死猛冲，付出重大代价仍未获进展。左翼第15集团军也未得手。蒋介石深知这两个集团军的战斗力，这两部反击失手，说明他当初估计过于乐观。如再不改变战术，怕连阵地都守不住。21日，蒋介石一声令下，反击部队全线停止进攻转为防御。

10月22、23日，敌以主力向第21集团军猛攻，北侯宅、沈宅、谈家头一线阵地被突破，第21集团军不得不撤至小顾宅、大场、走马塘、新泾桥、唐家桥一线。第9集团军左翼各师也随后撤至大场附近。24日，日军乘胜进犯大场。在敌强大陆、空火力打击下，朱耀华第18师苦战两日，终因阵地大部被毁，至25日大场失守。朱耀华将军眼见一个师几乎全军覆没，阵地仍没守住，羞愤绝望之下拔枪自杀。至此，中央作战军四面受敌，退路有被切断之危险，遂于26日放弃北站至江湾间阵地，向苏州河南岸、江桥镇、小南翔一线转进。为掩护主力安全转移，第88师524团一营官兵在副团长谢晋元指挥下，坚守闸北四行仓库，孤军奋战阻敌前进，给日军以重大杀伤，扬威上海战场。

此时，蒋介石通过戴笠获悉，韩复榘串通西南、西北军企图分治，这一噩讯使他大惊失色。他当即决定将中路军总司令朱绍良派往兰州，制止韩复榘的分裂，将战区划为左、右两路作战军。韩复榘使蒋介石犯了临阵换将之大忌。

从10月31日起，日军在周家桥、姚家宅、小家宅等处强渡苏州河。日军第3师团左翼一部刚渡过河，便因遭到守军阻击受挫，该师团右翼部队则于11月5日强渡成功。日军第9师团11月1日渡河后，中国军队从苏州河北岸南翔方面调来部队进行反击曾使敌军一度陷于困境。但日军第11师团攻占了南翔附近之江桥镇，威胁中国军队侧后，解除了其第9师团压力。9日，中国军队全线后退。日军第3、第9师团是日傍晚进抵龙华、高家湾，完成了对上海南市的封锁。中国留在南市及浦东地区之保安队等2000余人，继续坚持与敌作战数日，方停止有组织之抵抗。

战至10月底，上海已被硝烟、血火染透。日军速战速决的企图被彻底粉碎了。日军主力被蒋介石从日本国内、华北、青岛、台湾吸引到了上海。上海战场，已使日军付出了8万余人的伤亡代价。

日军统帅部从上到下无不为之惊叹，世界舆论对中国军队的顽强抵抗也给予了极大的赞扬。

这是20多万中国将士的鲜血和生命换来的。留学德国而应召返回的国民党军黄维将军一踏上上海战场，便不得不从内心感叹道："壮哉！真是一寸山河一寸血。"

◎ 四行仓库，中国"敢死队"声震中外

10月26日，大场阵地失陷，上海市区内已无法再据守。蒋介石一声令下，中国守军全线撤向沪西。

上午，第三战区副司令长官顾祝同上将打电话找到88师师长孙元良将军。顾祝同对孙元良说："委员长想要第88师留在闸北，死守上海。你的意见怎么样？"孙元良将军听到此，沉默了。孙元良苦战多日，深知市区战情，他也明白这是中央的政治策略，只是没想到为政治要牺牲到他头上。略一沉思，他对顾祝同说："我不同意留下，如果我们死1人，敌人也死1人，甚至我们死10人，敌人死1人，我就愿意留在闸北，死守上海。但可虑的是，我们孤立在这里，激战之后，干部伤亡了，联络隔绝了，在组织解体、粮弹不继、混乱而无指挥的状态下，被敌军任意屠杀，那才不值，更不光荣啊！眼下，88师的士气固然很高，并且有坚守闸北两个多月的战绩，但我们前后补充过5次！眼下部队中老兵只占两三成，新兵虽然一样忠勇爱国，但训练时间太短，缺乏各自为战的技能。撑局面，还得靠老兵。这是实际情形，所以我不同意。"顾祝同显然受了孙元良的影响，沉吟片刻后："那留下一个团，你看怎么样呢？"由于死守的命令来自最高统帅，孙元良猜想顾祝同此举也有难言之隐，既已有让步，不便再一意坚持，便在电话里答应了下来。

四行仓库88师师部，孙元良在团以上军官会议上，宣布了战区的命令，并根据

战场实际情况，以师部的名义命令以524团1营为骨干组成一个加强营的留守孤军，由团副谢晋元中校统一指挥行动。众人散去，孙元良望着面前这位魁梧英俊、为人耿直的爱将，良久无语。他很信任他。赴沪初期，谢晋元是262旅的参谋主任。88师奇袭日军旗舰"出云"声震整个上海战场，就是由谢晋元这个胆大心细的参谋头儿一手策划并导演的。524团原团副黄永准中校巡视前线负伤后，孙元良受团长韩宪元上校所请，把谢晋元调到524团团副的位置上。上任不久，就授此危命，孙元良颇有些于心不忍。

但他只有如此。面对谢晋元炽烈的目光，孙元良慨然叹道："中民老弟，日后我无法再助你们力了。但你们是88师的英雄，我把四行仓库就交给你了。你们最好把指挥所和核心部队布置在这里。这幢庞大的建筑物不只是坚固，易于防守，同时更易于掌握部队，我们的新兵实在太多了。这里粮弹存储很多，为防自来水管被截断，饮水也有存储。有这样好的根据地，你们可坚持下去，好好地打仗了。"

溃潮渐渐退去，宝山路、虬门路一带，谢晋元和他手下的800壮士渐渐成了孤军。残破的街区、遍地的死尸，暂时的沉寂，令人更觉紧张。没多久，街头巷尾出现了刺眼的"太阳"旗，响起了沉重的军靴声，敌追兵到了。突然间，劈头盖脑的枪弹、手榴弹，砸得日军晕头转向，他们没想到狂退的中国军居然还留有伏兵，立刻陷入一片混乱。谢晋元乘日军展开之机，率部退入四行仓库。27日，谢晋元第一次在1营营长杨瑞符的陪伴下与全营官兵见面。他的就职演说简短却很悲壮："国家兴亡，匹夫有责，我们是中国人，要有中国人的志气。现在我们四面被日军包围，这仓库就是我们的根据地，也可能是我们的坟墓，只要我们还有一个人，就要同敌人拼到底。"

苦战多日疲惫不堪的800名官兵此刻已度过了对战争的恐惧期，他们眼睛是雪亮的，甚至是血红的。

四行仓库像个坚固的大碉堡，倔强地傲立苏州河边。早先，这座建筑是金城银行、大陆银行、盐业银行、中南银行共同投资的四行储蓄仓库。这座6层钢筋水泥建筑物，全长120米，宽15米，位于苏州河北岸新垃圾桥西面，它的西边和北边是中国地界，但此时已被日军占领。东边是公共租界，南边隔过苏州河也是公共租界。在日军夺占市区后，这里成了一座陆地上的孤岛，却也是上海市区内中国军守卫的唯一一块净土。蒋介石盯着它,上海市民盯着它、国际社会也盯着它。有它在,上海就不能算沦陷。

很快,日本人就发现这座仓库成了令他们头疼的大碉堡。原来,四行仓库墙厚楼高,易守难攻,仓库内又储存了8万包粮食、牛皮和丝茧等物资。谢晋元、杨瑞符指挥守军官兵,用仓库储存的物资和沙包将底屋门窗全部堵死,二层以上窗口堵塞一半,以利投弹射击。同时,将守军按上层少、下层多,有序地加以编排调整,并亲自掌握了一支敢死队,以防万一。为警戒并最大限度地消耗日军,守军在仓库外围布置了一支部队,沿苏州河仓库两侧构成沙袋工事,阻击敌人。

10月27日晨,阴沉沉的天空露出了鱼肚白,新的一天到来了,新的战斗也开始了。日军似乎也看出了这是块难啃的骨头,便在枪炮坦克的掩护下,隐蔽包围了四行仓库。日军虽有坦克,但这里工事坚固,坦克冲不垮。日军虽有飞机,但这里紧靠租界,日机不敢投弹轰炸,怕误炸租界,引起国际争端,甚至连远程大炮也不敢施放,只好用轻型炮火乱轰一阵。仓库内的守军任你炮轰纵火,该完备工事的完备工事,该沉睡的照样沉睡,全然没把外面的鬼子当回事。

下午2时,日军沉不住气,大批援军涌来,来势凶猛,直抵苏州河边。谢晋元在楼上窗口观察着敌情,当敌人进至四五十米时,当即下令开火。在仓库外守备的掩护部队也突然投弹射击,与仓库楼上形成交叉火力,在仓库四周织起了一片严密的火网。日军顿时被撂倒一片,并有两辆战车也被击毁。两小时激战后,警戒部队退入仓库。几十名敌兵见状企图跟进,守军放过自己人后,用火力和手榴弹前后夹击,打个痛快。日军第一次攻击受挫。之后,敌人调整部署,以小批部队轮番进攻,但守军严密的防护和凶猛的火力,根本不让敌人靠近仓库。第一天战斗,日军死亡200余名,大败而归。四行仓库与英租界仅一河之隔,800壮士孤军奋战一昼夜,英军也在苏州河另一侧租界内看了一昼夜。同为军人,他们深为中国守军坚守死地而敬佩,出于同情心,他们多次婉劝孤军卸去武装,特许他们退入租界,保护他们的生命安全。谢晋元知情后,婉拒了大英军人友善的建议,他说:"我们是中国军人,宁愿战死在闸北这块领土之内,也决不放弃杀敌的责任。我们的魂可以离开我们的身,枪不能离开我们的手,没有命令,死也不退。"

英军听了,深表折服,连连"OK、OK"。在他们眼里,这800孤军是"勇敢的中国敢死队员"。

谢晋元率800孤军死守四行仓库轰动了上海，轰动了整个战区。27日以来，从早到晚，数万上海市民聚集在苏州河南岸租界上围观助阵，群情沸腾，人心振奋。人们纷纷隔河挥帽呼喊致敬。正规军败了，但800壮士却给了他们太多的精神慰藉。每天，人们都在打听800壮士、四行仓库的情形怎样了。热心救国的团体、个人纷纷组织起来，慰劳自己的军队，献上各种仪器、药物、香烟等。无孔不入的记者甚至乘夜潜入四行仓库，撰写关于四行仓库守军官兵及近况的报道。炮火连天中报纸居然不断，而且整版全文介绍谢晋元和他的800壮士。

民心振奋！军心振奋！

10月28日，谢晋元率部继续血战阻击日军，并亲手毙敌两名。恼羞成怒的日军这天豁出老本，拼命想要拔掉四行仓库这颗眼中钉。守军坚守死地，不仅要斗勇，还要斗智。战斗空前惨烈、悲壮。一队日军冲破天网拦阻线，潜至仓库下企图引爆烈性炸药，危急关头，敢死队员陈树生在自己身上缚满手榴弹，拉燃导火索，从6楼窗口跃入敌群。"轰"的一声巨响，勇士与10余名敌人同归于尽。敌人惊呆了。仓库内，谢晋元热泪滚滚而下。这个黄埔四期生博学广闻，但没学过数百人该如何坚守一座仓库，他不乏精明、智慧，但危急中不得已也得用"肉弹战术"。但他的泪，更多的是为手下勇士奋不顾身、舍生取义的气概而流。有这样的勇士，他相信阵地不会丢，国家不会亡。

在四行孤军与强敌浴血奋战、在上海军民瞩目四行孤军之际，一个14岁女童子军杨惠敏的惊人之举使这段历史又多了一层传奇色彩。

10月28日拂晓，杨惠敏去苏州河畔一睹勇士的壮举时，发现四行仓库矗立在"太阳"旗、"米"字旗的重重包围中。细心的少女当即产生一个迫切的愿望：如果四行仓库顶上能飘起一面中国国旗，该是多么的鼓舞人心。守军已经表现了我中华民族的凛然正气，但应该让上海人、让在上海的所有人都感受到这威武不屈的正气。

当晚，杨惠敏脱下童子军制服，将一面大国旗紧紧地缠在身上，再罩上制服。此刻，夜空黝黑，英国兵在来回走动着，而四行仓库就像一个巨物矗立在马路对面，而她必须要冒着被英国警戒兵发现的危险，溜过马路，再沿着重重铁丝网爬到缺口处，再从窗子爬进去。情况非常危险，杨惠敏也顾不得个人的生命安全了，强烈的信念支撑着她。于是,她卧倒地上,爬过马路,突然枪炮声大作,她还以为是警戒兵发现了她,忙趴下不动,红绿的火舌在她头上乱舞。原来是敌人在进攻四行仓库呢!于是等枪炮声沉寂下去,她又开始慢慢爬,终于到了东侧的楼下。谢晋元团长、杨瑞符营长早有消息,知道有人要来献旗,想不到是一个14岁的女童子军。

杨惠敏脱下外衣,将浸透了汗水的国旗郑重地交给了他们。朦胧的灯光下,这一群不曾被敌人枪炮吓怕过的英雄此刻却都激动得流下了热泪!

10月29日黎明,晨曦送走了黑夜,东方亮起了鱼肚白。曙色微明之中,四行仓库六层平台上站着一二十人,庄重地举手向国旗敬礼。中国国旗终于在硝烟弥漫的战场上,在闸北的上空,在周围日军"太阳旗"的包围中猎猎飘扬。1营营长杨瑞符少校面对庄严的国旗,朗声说道:"庄严灿烂的国旗啊!闸北有了你,闸北的领土、主权还是属于中国的。我誓在你的鼓舞之下,使你这光荣的国旗,永远地飘扬在废墟的闸北上空。"重重的"太阳"旗中,那面中国国旗是如此的醒目,如此的光芒四射。苏州河南岸的大楼顶上、堤岸上、街道上,数不清的国人突然间看见升起了自己的国旗,都被一股体内奔涌而出的情愫感动了、陶醉了。这不是一面小小的国旗,而是一个民族不屈精神的化身。人们脱帽挥泪致敬,挥手致意高声呼喊:"中华民族万岁!万岁!万万岁!"欢呼声响彻苏州河畔、闸北上空。

10月29日,谢晋元致函上海某团体表示:"军人以服从为天职,保卫国土,职责所在。洒最后一滴血,必向倭寇索取相当代价;余一枪一弹,亦必与敌周旋到底。"慷慨激昂的言辞,表达了壮士们与四行仓库共存亡的信念。

四行孤军的壮举很快传遍全国,许多中外记者涌向苏州河畔,都想挤进仓库内采访。一位作曲家很快赶写出一首《八百壮士之歌》,并亲自到苏州河畔现场教唱。很快,一曲雄浑、激昂的旋律回响在闸北,并很快传向全国:

中国不会亡,

中国不会亡,

你看那民族英雄谢团长。

中国不会亡,

中国不会亡,

你看那八百壮士孤军奋守东战场。

四面都是炮火,

四面都是豺狼。

宁愿死,不退让;

宁愿死,不投降!

我们的国旗在重围中飘荡、飘荡。

八百壮士一条心,

十万强敌不敢当。

我们的行动伟烈,

我们的节气豪壮。

同胞们起来,

快快上战场,

拿八百壮士做榜样。

中国不会亡!

中国不会亡!

中国不会亡!

……

没几天,四行守军也学会了这首歌。苏州河两岸,上海市民与四行守军伴着枪炮声同声歌唱。场面煞是奇特,煞是感人。

这真是一幕空前绝后的战场奇景,一场有成千上万人亲眼观战的厮杀。每当日军进攻,河对岸的"观众"便举起大黑板,告诉守军日本人的主攻方向、集结地域,并高唱《八百壮士之歌》为守军助阵。在如此强大的后盾面前,谢晋元率800壮士越战越勇,击退了敌军一次次猛攻。直至11月1日,日军也没能看见四行仓库里面是个啥模样。

11月1日,谢晋元在接到统帅部再三命令后才恋恋不舍地率部退过苏州河,退入英国租界内,一向孤傲、瞧不起中国军队的大英帝国军人,对这些创造奇迹的中国军人表示了由衷的敬意和友好。上海英国驻军总司令史摩莱少将亲自来到新垃圾桥旁，指挥英军压制日军火力，掩护壮士撤退。

谢晋元和800壮士的义举，得到了国人和国际社会的高度赞誉，引起了巨大的反响，成了淞沪会战驰名中外的重大事件之一。女中豪杰何香凝充满深情地赞道："你们每一个人，都已充满了孙总理和廖党代表的革命精神、牺牲精神。殉国的将士，将因为你们而愈伟大；前线的将士，将因为你们而愈英勇；全国同胞，将因为你们而愈加团结；国际人士，也将因为你们而愈能主张正义了。"

英国驻军总司令史摩莱少将说："我们都是经历过欧战的军人，但我从来没有看到过比中国'敢死队员'最后保卫闸北更英勇、更壮烈的事了。"

11月3日，即谢晋元率部退出四行仓库的当天，南京国民政府发布命令：所有参加四行仓库守卫战的官佐、士兵一律晋升一级。谢晋元由中校团副升为上校团长，并授青天白日勋章一枚。

谢晋元率800壮士（实际人数不足400，多年来此数字一直以讹传讹，被人们叫惯了）坚守四行死地4昼夜，抗击了十多倍强敌的无数次进攻，歼灭敌军数百人，创造了淞沪会战中的奇迹。恼羞成怒的日本人一直记着这些勇士。4年后，太平洋战争爆发，英日宣战，日军冲入上海英租界，首先逮捕的就是长年被滞留在这里的当年坚守四行的勇士。

◎ 孙立人战场上被提升为将军

在陈诚指挥的中央集团军内，黄杰指挥的税警总团打得精彩、漂亮，令中国军队各级将领刮目相看，税警总团中，孙立人一枝独秀更是引人注目。

孙立人是一个富有传奇色彩的人物。20世纪20年代初期，孙立人是清华大学的一名工科大学生。清华的"书呆子"却也能干出点儿名堂，1922年，他居然有资格代表中国参加国际篮球赛。1923年清华毕业后，他以优异的成绩享受官费到美国留学。

在美国，思想活跃的孙立人从土木工程系毕业，意识到战乱不断的中国真正需要的是什么，便毅然进入了驰名世界的西点军校，成了美国名将马歇尔、艾森豪威尔、史迪威等人的先后期同学。

但回国初期，孙立人怀才不遇，最初只是国民党军中的一名下士，一个大头兵。文武双全的孙立人咬牙熬着，终于凭着自己的才智成了宋子文税警团的少壮军官。他以一种中美合璧的方式挑选、训练部队官兵，形成了与国民党军训练方法完全不同的一套操练方法和规范，但他的部队能打仗。

1937年9月28日，上校团长孙立人率他的税警总团2支队第4团投入大场、蕴藻浜战场，接替第87师防地。起初，中央集团各友邻部队都瞧不上宋子文弄的这支卫队，有些部队甚至公开向陈诚表示了自己对翼侧的担心，担心这支非正规军没战斗力，关键时刻卖了自己。黄杰没说话，孙立人更是不发一语，但他心里有数，税警团的军官大都是留美的少壮派，又有财政部长宋子文这个财神爷撑腰，清一色美式装备，打起仗来决不会比友军差。是骡子是马，咱战场上见。

蕴藻浜、大场是日军的主攻方向，承受着巨大的压力。此地若失，则两翼中国守军只能放弃阵地，全线后撤。因此，蒋介石的电话通常是直接打给黄杰，直接指挥战斗。一连数日税警团与日军展开拉锯战，战况惨烈异常，双方伤亡均大。孙立人的第4团在这两场战斗中，阵亡营长一员，少校团副郑宗周负重伤。

孙立人指挥确实非同一般，在任何情况下，他手中都掌握一支有力的预备队，任由第一线官兵怎样哭爹喊娘地请示增援，只要他认为还能挺住，就决不增援。他要把预备队用到战况最紧急的地方。在大场战斗中，他曾两次亲带预备队去增援被敌人突破的第1营阵地。团长亲临第一线指挥，很快将突入阵地的日军击退。在大场战斗后，税警总团的两个支队司令官何绍周（何应钦侄子）和王公亮均因指挥无方而被免职，第2支队的第6团团长钟宝胜也因作战不力而被撤职，独有孙立人指挥有方，沉着应战，备受各方瞩目。在税警总团的6个团中，第4团的战绩最佳，受到上级的嘉奖，特别是受到宋子文和孔祥熙的嘉奖。孙立人也由此升为第2支队少将司令官。

税警团打红了眼。由于蒋介石亲自指挥黄杰，黄杰哪敢怠慢，谁能打谁上，谁没本事撤谁。由于税警团财大气粗，战前，国民党军政要员总是托关系、找路子，想方设法把自己的子女故人塞进来。何应钦的侄子何绍周指挥不利，黄杰毫不含糊，战场上将其免职；6团长钟宝胜有桂永清和何应钦撑腰，作战不力也被撤职。在这些公子哥的反衬下，孙立人更显得锋芒毕露。战场上被提升少将，这在过去是少之又少的事儿。

孙立人战场升迁，担的责任却更大了。上任2支队司令官后，孙立人因第6团伤亡太大，索性将该团官兵拨补第4、第5两团，将第6团番号也暂时取消。

10月18日，中国军队退守苏州河南岸，孙立人的第2支队担任紧靠沪西租界的周家桥一带的防御任务。从10月20日起到11月3日止，敌我隔苏州河战斗将近两周，战况惨烈。白天，官兵们吃不上饭，也没法吃饭。由于敌机太猖狂，白天生火造饭，弄不好饭没吃上，倒是吃了炸弹。每日只能熬过漫长的黄昏后，待战斗较缓，才能生火造饭。每天在拂晓前后和日暮之后，孙立人总要带上参谋和两名卫士到第一线视察，后来战斗激烈时，孙立人白天也下到战斗最吃紧的前线指挥督战。

10月27日晨，日军趁涨潮和晨雾之际，用事先连接好的小型橡皮舟作浮桥，偷渡到南岸四五十人，隐蔽在岸下，企图乘有利时机抢夺中国守军阵地。当地岸高约两三米，中有间隔不等的储煤洞，日军躲藏在洞内。孙立人得报后，亲到第一线指挥第4团的两名班长，在岸边竖起四块厚钢板当护墙，连续投了100多枚手榴弹，将日军的橡皮舟浮桥炸断，然后将十几捆用汽油浸透的棉花包点燃，推到岸下的储煤洞里，将大部日兵烧死。残存者因浮桥已断，进退无路，被我军打死。用了两个多小时，便将偷渡到南岸的日军全部消灭。

11月3日拂晓起，战斗更加激烈了，日军趁晨雾之际，先后将中国军队左翼第1支队的阵地突破。第5团当面之敌，利用橡皮舟连接的浮桥向南岸强渡。

凌晨6时，蒋介石在南京直接用电话指示黄杰，速将侵到南岸之敌歼灭。见战况紧急，黄杰便带中校参谋李则尧赶到第2支队司令部指挥所（距第一线约200米）指挥督战，孙立人则带少校参谋龚至黄赶到第5团团部指挥所（距第一线约100米）指挥。第5团团长丘之纪上校不幸阵亡，第1营营长负重伤。

黄杰接到报告，当即在电话中命令道："立即攻下日军占领之地，抢回第5团丘团长尸体，我马上到你的指挥所去。如果我阵亡了，也拜托你把我的尸首抢回来。"

孙立人毫不含糊，调上了预备队发起反攻，突入之敌立脚不住，向回溃去。当黄杰赶到第5团团部时，同时看见了两个血肉模糊的躯体。一个是战死的丘团长，一个是浑身是血的孙立人。

此时，淞沪血战已近3月，而孙立人的税警团也已血战一个多月了，部队的伤亡他最清楚。但他不能撤，他仍得顶着，尽管左右友邻有的部队已开始撤向后方。

11月3日傍晚，第17军团军团长胡宗南实在不好意思再卡这支疲惫之师了，通过第8军转告孙立人，第2支队阵地由西安调来的36师接替，限于当晚9时交接完毕。

孙立人能喘口气了。谁知此时节外生枝，天黑后20多名日军侵入了周家桥西端的小红楼。第5团1营虽几次攻至楼下，但日军在楼上拼死顽抗，第5团迟迟拿不下这最后一个小据点。36师接防部队以上级命令未说南岸已有敌兵为理由而拒不接防。

孙立人听到报告，在第5团指挥所，平静地对36师接防人员说："好吧，等我们将侵入小红楼的日军消灭后，再把阵地交给你们。"

11月4日凌晨3时，第8军军部将轰炸小红楼日军用的地雷用汽车送到第5团指挥所，此时日军已开始拂晓进攻前的炮击。孙立人知道地雷已送到，立即走出指挥所掩蔽部，弯腰低头用手电筒看地雷。突然，日军的一颗榴霰弹在他上空爆炸，将孙立人的背部臀部及两个上臂炸伤十几处，有八九块弹片进入体内，孙立人立刻扑倒在地，成了真正的血人。幸运的是，他戴着钢盔，正低着头，所以头部未受大伤，身边人员立即将他抬到掩蔽部内。当时他满身是血。军医抢救裹伤，但他仍坚持令第4团第2营营长张在平代理第4团团长，并负责用地雷将小红楼炸毁，消灭侵入的日军。

一阵巨响声中，孙立人重重地吐出口气，轻松地闭上了眼睛。他的任务完成了。之后，孙立人被送到上海租界辣斐德路宋子文临时所设的医院治疗。在孙立人由周家桥赴上海市内的途中，军长黄杰赶到看望，并慰问了他。

淞沪会战后，孙立人被宋子文送到香港就医。上海战场上，孙立人有勇有谋，不仅让宋子文、孔祥熙大为感慨，更让上海战场的国民党各路人马刮目相看。他使税警总团在上海战场留下英名，也确立了自己日后军中名将的地位，成了国民党各派将帅竞相争夺的热门人物。

宋子文、孔祥熙当然不会放走自己手中的宝贝，1938年夏天，孙立人从孔祥熙手中接过可装备一个师的精良武器装备，重新成立了税警总队。不同的是，这个税警总队的总队长已是面皮白净、儒雅倜傥的孙立人少将了。

一般人都知道孙立人扬威缅甸，殊不知早在上海血战中，他就已锋芒初露了。战争造就人，但只造就那些有勇有谋的将才。

日后活跃在东北的国民党5大王牌之一的新1军，往早追溯就是孙立人的这个税警总队。

◎ 宋美龄肋骨折断前线慰问伤兵

10月,上海前线的硝烟徐徐地吹入了南京城,城内的阔太太、娇小姐大多人去楼空。而这些达官显贵的一举一动犹如时局的晴雨表,受他们影响,大批南京军民也加入了溃逃的狂潮。西去武汉的机票、船票、车票一时间烘热抢手。

人心完全浮动起来。可这时,中国第一夫人宋美龄,仍然稳居南京城。

城东中山陵园深处,树木葱茏中坐落着一个大花房,从外表看,这花房普普通通,但里面数间小屋却装饰得仍不失奢华,宋美龄一直避在这里陪着蒋介石,稳定着南京乃至全国的军心、民心。

日本人的飞机似乎无孔不入,林木深处的这些花屋虽不似黄埔路官邸显眼,却也屡有险情。一次,日机空袭将几十米外的一座同样的房屋夷为平地,宋美龄为此曾惊出一身冷汗。

宋霭龄为自己的小妹担心,离开南京前偕孔令俊亲来劝宋美龄随孔家先去武汉。宋美龄前思后想,婉言谢绝,坚决不走,对霭龄说:"为了国家大事,我一定陪他在一起,很多场合里能帮助做些事。对私是给他精神上的安慰和信心,对公则是我们两人都在首都,能安定人心和军心。"

宋美龄确实是个关心蒋介石的"内、外助",她具备做第一夫人的诸多品质。想当初,蒋总司令更多的是看中了她的这些长处,才促成了这桩政治婚姻。宋美龄做了第一夫人后,也更注意自己的修养和言谈举止,尤其在公开场合。如今大战爆发,在关乎国家、民族以及蒋介石统治大业的生死问题上,她自然会掂量出轻重来。

对外,她除借助自己受过西方教育、有一口流利的英语而大打外交牌外,探望慰问前线官兵尤其伤兵是她从事最多的工作。在一般国民党军官兵的眼里,这位温柔雅致的第一夫人不但像上帝派来的使者,更多的对她有一种对待圣洁母亲的情愫。

10月23日,宋美龄走出了中山陵,在澳大利亚顾问端纳及一名副官的陪同下,前往上海看望伤兵和处理一些其他政务。她像往常一样穿着一条蓝色羊毛便裤，一件衬衫，外人一眼不易看出她的身份，这是她的工作装。每次步出深宅，尤其是到一些军营和市民之中，她不愿过于炫耀，这会在无形中拉开她与被访者的距离。衣着虽然朴素，但她所乘的那辆马力极大、速度极快的高级轿车，仍能显示出她不同凡响的身份和气派。她的车后还紧跟着一辆轿车，里面坐着另一名副官。

车子驶入"危险区"，众人开始留意天空，观察日本人的轰炸机。既要快速行驶，又要注意空袭，一定程度上分散了司机的注意力，技艺高超的司机做梦也想不到会发生车祸。

事情大约发生在下午4点30分。当几架轰炸机飞到上空时，小车陷进了路边的凹地。司机加速，但前轮撞到一块凸地，车被弹回一大段距离。在一般情况下，小车这时是可以重新掌握方向的，但不巧，前轮又撞到一块凸地上，于是整个轿车翻出公路，车里的人从后座上被甩了出来。端纳事后回忆说，他当时感到自己飞了起来。而且看到宋美龄和副官的身体在他眼前飞掠过去。他摔倒在翻倒的小车旁，有些战栗，但却没受伤。

端纳站起身，立即赶到宋美龄身边。只见她躺在一个泥潭里，一动不动，脸上满是泥泞，四肢瘫软，但似乎没有擦伤，尽管脸色像纸一样白。端纳把宋美龄拖出泥潭，弯下身听她的呼吸正常，因而断定她还活着。

"夫人！"端纳叫着，"夫人！"

这时，一群农民从附近聚拢来。第二辆车上的副官也赶到现场。端纳轻轻地摇着宋美龄瘫软的身体。

"喂，醒醒，"端纳粗声地说，"你最好醒一醒，睁开眼看看。"

宋美龄仍是一动不动。浪漫而活泼的端纳慌乱中却想起了宋美龄喜爱的一首歌，于是他开始唱了起来："她轻松地飞向天空，秋千上那勇敢的少……喂，夫人，醒醒！我希望你能现在看一看自己，你绝对是个美人！"

仍旧没有反应，她还是昏迷。一种恐惧的疑惑向端纳袭来。"你身上都是泥！"端纳吼叫道，"你脸上、裤子上和……哦，上帝，她没救了。"他自语道。

这时宋美龄微微动了动，呻吟了一声。端纳即刻站了起来，把手放在她的腋下，扶她站了起来。

"好啦!"他说道,嗓门很大,好像从没想到过她不行了似的。"你没事,你能走。来,咱们去找个住舍。"

宋美龄摇摆地站了起来,似乎摸不清头脑说:"我恐怕不能走。"但端纳不容她考虑,搀着她朝一家最近的农舍走去。走着,他仍然嘴里不停地对宋美龄说她如何像一个泥美人,但内心里,他的恐惧感丝毫不逊于宋美龄本人。她毕竟太特殊了,要是她有个三长两短,他这个陪同顾问还有何颜面再见蒋介石,他如何向中国人交代?

走到一家农舍门口,端纳把宋美龄装有衣服的手提包交给她,劝她去换一换。宋美龄单独一个人时,又险些昏过去。端纳在门外等了一会儿,经验告诉他不能闲待着,他必须在精神上继续给她压力,让她紧张起来。于是端纳使劲地敲门,催她动作快点。

计划显然被打乱了。当宋美龄再次坐到车里,考虑下一步行动计划时,她的面色显得苍白,目光也有些游离。

"我们现在这里,"端纳说,手里捏着一张地图,"如果你想回南京,我很高兴。但假如我们继续往前走的话,我们仍可以在进城之前视察一下伤兵,时间很充裕。你怎么想?"

宋美龄考虑了一下,决定继续去上海。轿车又启动了,这次开得慢了些。宋美龄静静地坐在车子里,听着自己的呼吸,想看看身体什么地方出了毛病。体验一会儿之后突然惊恐地说:"我不能呼吸,一呼吸就痛。"

经验丰富的端纳一听宋美龄这么说,心里直叫苦:"糟!可能是肋骨断了。"但他不明言,仍安慰她。

宋美龄忍着痛苦坚持下来,当晚10点钟视察了伤兵。在伤兵面前,她苍白的面孔上仍堆满笑容,不少伤兵为之感动。但这些伤兵此时并不知道、宋美龄自己也不知道,她体内的几根肋骨已齐齐地折断了。视察完毕,宋美龄一行第二天一早安全返回南京。经医生检查,宋美龄确实摔折了肋骨,医生强迫她安静地卧床休养。

事后,端纳来看望她。宋美龄略带不解和责备地问端纳:"车祸发生时,你怎么那样冷酷?"

端纳为自己的胜利而得意,回答说:"因为,如果让一个女人倒下来,说她受了伤，她就再也爬不起来了。"

军委会，正在为是继续死守上海还是向后撤退而举棋不定的蒋介石得知事情的经过后，一面为宋美龄大感骄傲，一面在内心里责怪端纳："这个端纳是怎么搞的，难道西洋人会让自己国家的第一夫人断着肋骨到处跑吗？"

前线纷乱的战火很快冲乱了他对宋美龄的挂念，是守，是撤，他必须马上拿出个主意。

◎ 寄望国联，蒋介石不愿撤出上海

10月底，淞沪会战已血战了近3个月。上海打累了，日本人打累了，中国军队更是精疲力竭。

10月29日，蒋介石一身戎装，亲自乘火车来到前线，在南翔附近召集淞沪参战部队师长以上会议，听取战争汇报。听完汇报，照例又是他发表讲话。蒋介石看上去异常激奋，说："倭寇扬言'3个月灭亡中国'，现在打了近3个月，连我们一个上海还没占去。各位统帅所部，努力抵抗，不惜以壮烈的牺牲，给倭寇以绝大的打击，此种为主义为国家拼死抗战的精神，已经充分表现出来了。一般外人看见中国军队装备欠缺，武器不良，以为一旦对日作战，必不能抵御侵略。这一回我们淞沪各军经过3个月的抗战，左翼仍能维持原有的阵地，右翼阵地亦按计划只作战略的移动，这种奋勇超绝的战绩表现出来，无论中外人士，对于中国军队，不仅改变了从来轻视的心理，而且都不能不表示非常的赞叹和钦佩，英美各报且赞扬我军队已因沪战之英勇，与此次有秩序之转移阵地，安全退却，证明中国军队已建立其国军基础于从来未有的历史之上方。近3个月来，我们虽然没有得到大的胜利，但在我们预定的消耗战和持久战的策略之下，已使敌人受到意外大的打击，在精神上我们已实在打败了举世共弃的倭寇。"

蒋介石鼓励打气，最终仍要求手下将士发扬奋勇牺牲之精神，予日军以更大的打击。

淞沪抗战从8月至10月已延续2个月，在中国军队的英勇抗击之下，日军虽增援了6个师团，且武器装备上占有很大优势，但仍不能解决战局。日军每前进一步都要付出重大代价，这对其速战速决的战略无疑是一个沉重的打击。日本统帅部急于在上海方面取得预期战果，10月26日决定，从华北抽调第6、第18、第114师团、国崎支队、独立山炮第2联队、野战重炮兵第6旅团和第1、第2后备步兵团，组成第10军，在杭州湾北部登陆，以协助上海派遣军作战。

10月30日，日军统帅部又令第16师团加入上海派遣军战斗序列。这样，参加上海方面作战之日本兵力达2个军近10个师团，比整个华北战场日军的全部兵力还多两个师团。此外，日本海军也加强了华东方面的作战力量。10月20日，日海军以第3舰队为骨干力量，抽出部分舰艇，编成第4舰队，以"足柄"号为旗舰，包括原第9战队的"妙高""多摩"、第14战队的"足柄""天龙""龙田""夕张"及第4、第5水雷战队。而由第3、第4舰队组成"中国方面舰队"，长谷川清中将任司令官并仍兼第3舰队司令官。

上海已成了中国的主战场，日军稀里糊涂地被蒋介石吸引到了华东。松井石根为打破上海战场僵局，决定放弃正面的消耗战，计划在上海的战略后方登陆。左右选择，他把登陆地点选在了上海南方的杭州湾北岸。这里海岸线平直，近岸有近40尺以上的水深，是淞沪地区最良好的登陆场所，日军登陆后如占领松江，即可切断沪杭铁路，与北面的上海派遣军配合，对淞沪地区之中国军队形成战略大包围。

淞沪抗战初期，中国方面为防止日军增援部队在沿江沿海登陆曾设置杭州湾北岸守备区，以第8集团军4个师1个旅担任防守。但后来上海方面战争紧张，第55、57、62师及独立第45旅先后被调往浦东一带协助正面作战，以致从全公亭到乍浦几十公里长的海岸线，仅有第62师的两个连及少数地方武装担任守卫。战场情急，使中国军事当局在战役指挥上犯了严重失误。

11月5日拂晓，日军先以舰炮对金山卫附近中国军队阵地轰击数小时，然后步兵在飞机掩护下，于全公亭、金丝娘桥、金山卫、金山嘴、漕泾等处同时登陆。中国军队2个连的兵力面对日军3个师团之众，力量悬殊，完全无法阻止敌登陆。上午，全公亭方面登陆日军已达3000余人。

中国军队战区指挥官得知日军登陆的消息后，急调62师主力、独立第45旅及新到枫泾之第79师前往阻击，并令在青浦之第67军推进至松江。但此时已太晚了，各部未到，日军便早已在毫无阻挡的情况下源源登陆，并快速向内陆推进。

第18师团上陆后，便以一部向沪杭铁路前进，第6师团和第18师团主力则直扑松江，当晚进抵金山县城、松隐镇、亭林镇一线。6日，敌先头部队到达米市渡附近，傍晚渡过黄浦江，克服中国军阻击，以主力向松江前进。7日，第62、79师分别向亭林镇、金山城之敌发起进攻，但均被击退。在松江指挥的第8集团军副总司令黄琪翔，鉴于日军主力已进至黄浦江右岸，为避免被敌各个击破，决定黄浦江右岸之部队均渡过右岸，并以一部阻止敌人渡江。

日军参谋本部为统一上海方面的作战指挥，于11月7日决定将上海派遣军与第10军编组成华中方面军，松井石根大将为司令官。其目标是："以挫伤敌之战斗意志，获得结束战局的机会为目的，与海军协同消灭上海附近的敌人。"并规定："华中方面军作战地域为联结苏州—嘉兴一线以东。"

8日，第10军主力渡过黄浦江，占领松江城。9日占枫泾并向西直指嘉兴、平望。

至此，沪杭铁路已被切断，而北面日军也突破中国军队苏州河防线，淞沪地区中国军队陷于腹背受敌的危险境地，上海70万中国大军，有陷入重围的险情。

奔波于淞沪前线和南京之间的白崇禧见状叫苦不迭，牢骚满腹。白崇禧的精明，就军事而言，蒋介石绝非他的对手。早在11月5日日军登陆时，白崇禧就急急火火地向蒋介石建议：上海不能再守了，应早做有计划之撤退，并有条有理地列举一堆撤退的理由。蒋介石当下应允了。可当前线部分部队开始回撤时，老蒋又改变了主意，让部队再开回防地，继续固守。原来，蒋介石是想让部队顶到国联开会完毕，由西方列强逼迫日本撤军。如果现在撤退，上海陷落日军之手已成事实，麻烦就大了。另外，蒋介石内心里迫切希望打到11月13日，这个时间是沪战整3个月的时间，他心中固执地有个"3个月"的时间概念。白崇禧无奈。前线官兵又战，日军前后攻击，又打了3天。

陈诚、张发奎等前线将领不干了，部队原已打得精疲力竭，一会儿退，一会儿再战，部队因慌乱已失去方寸。军人知道慌必怯，怯险、怯敌、怯死；慌必乱，乱心、乱智、乱谋。如此慌乱的情势下，每小时部队死伤动则上千，苦撑这一天两天的有何意义。但身为前线将领，没人敢向老头子告急，只好请白崇禧转这个弯子。白身处前线，亲见双方优劣已现，中国官兵疲惫已到极点，于是再度进言蒋介石下撤退令，蒋仍不允!

白崇禧认定蒋介石是意气用事,但敢怒不敢言,又传令苦战。不到一日,白崇禧便发现我军战线已乱,集团军司令找不到军长,军长找不到师长,部队已失去控制。白崇禧在战场上滚打多年,清楚地知道这已是全军崩溃的最后信号,于是不顾一切,顶着满脑袋火星子再次求见蒋介石。

蒋介石像是着了魔,仍不许部队后撤。白崇禧一阵阵急火攻心,当下说道:"委座如果不信,请直接与前线联系,看他们还能守不能守!"

蒋介石不服气地反驳道:"我几十万大军难道再守三五日就办不到吗?我不信,我不信。"

"委员长,10天前你说这话我绝对赞成,但今日已非昔日。前线指挥官已无法掌握部队。委座再不下令撤退,就要完全崩溃了。"白崇禧情急关头大声疾呼。

蒋介石沉吟半晌,才气呼呼、极不情愿地说:"那么好吧。让部队后撤,撤至吴福、锡澄一线。"

最后关头,蒋介石不能不为他的部队考虑。部队打光了,一切都是扯淡。

但部队还能秩序井然地撤退吗?白崇禧心里没底。

◎ 撤守不定,形成溃败大狂潮

白崇禧3次紧急建议,终于使蒋介石定下撤退的决心,即便如此也为时晚了。

11月8日,日军第10军主力已渡过黄浦江,占领松江城。9日,再占枫泾,直指嘉兴、平望。至此,沪杭铁路已被切断,而北面日军也突破中国守军苏州河防线,淞沪地区中国军队腹背受敌,退路被切断,处境极其险恶。

8日晚,第三战区决定左右两作战军向吴福防线转移。9日,张发奎指挥的右翼作战军奉命向青浦、白鹤港一线撤退,但命令下达太迟,致使各部队陷于极度混乱状态,各级司令部根本无法掌握其部队。有的部队未接到撤退命令,但看见友邻部队撤退,便也一起撤退。张发奎由于时间仓促,与下级部队联系困难,竟未对各部撤退路线作明确指示,所有的部队均拥挤于公路上,身后日军谷寿夫的第6师团穷追不舍，空中又遭日机轰炸扫射，以致情形甚为混乱。部队在青浦、白鹤港无法立足，继续向吴福线退却。为掩护右翼军向后撤退，左翼军第15、21两集团军在新泾河一线坚守到12日夜始向吴福线转移，当面之敌未敢穷追。

苏州河方面日军自中国军队开始退却，即向南、向西前进。11日晚，中国在南市及浦东担任掩护之部队撤离，上海完全沦陷。

混乱的后撤已使中国军队完全没有了初期作战的英勇形象。各部队为免于自己的部队陷入日军包围圈，争相夺路，拼命向前赶，已完全失去了控制。惯于冒险的日军派出数支小规模的挺进纵队，直插南翔至昆山公路，几乎给国军造成重大损失。

南翔西南角的苏州河畔，胡宗南的17军团司令部被日军偷渡部队袭击，司令部和警卫连几乎被全歼，胡宗南只身逃出。南翔至昆山的公路上，19集团军总司令薛岳上将的轿车在日军机枪的猛烈扫射中起火，司机和卫士全被打死。薛岳命大，从车上跳入一条河沟里，竟奇迹般地活着逃回了南京……

11月13日，从华北调来的日军第16师团先头部队在白茆口、浒浦口附近登陆，与第40师展开激战。由于京沪铁路方面日军已由安亭向昆山进逼，而浒浦口登陆之敌又有截断支塘附近公路的可能，第三战区下令各部撤至乍浦、平湖、嘉善、吴县、福山一线。14日，左翼军除一部占领昆支线阵地外，主力转移至吴福线。当日，浒浦口登陆日军第16师团以一部攻吴福，主力指向常熟。第21集团军掩护部队遂放弃昆支线阵地，撤往常熟。次日日军占领昆山。敌第11师团于14日占领太仓后，为配合第16师团攻取常熟，以精锐一部从水上前进，向昆城湖西岸吴福线上另一据点莫城镇进攻。中国军队经数日血战后仓猝撤退，士气沮丧，部队完全脱离掌握。

到了吴福线，部队便傻了眼，国防工事大锁把门，工事破败不堪。更糟的是，先前工事的钥匙都由当地乡、保长拿着，前线战败，这些地方士绅早脚底上抹油，溜得无影无踪。工事打不开门，身后混乱的溃潮和日军追兵又至，部队立脚不住，再向后撤。可惜蒋介石花了数百万金钱、动用了4个师的兵力构筑的国防工事竟形同虚设。

数年后法国马其诺防线的悲剧提前在中国上演了。19日，日军分别攻占常熟、英城镇，苏州亦同时失陷。吴福线不守，中国军队撤向锡澄线。

此前，日军统帅部曾规定华中方面军作战地域为苏州—嘉兴一线以东，至19日其各部已进抵该线,但中国军队仓皇溃逃,使华中方面军司令官无意停止前进,反而决定乘中国军队溃败混乱之机向西追击,以期一举攻占南京。

11月20日,日本参谋本部接到华中方面军关于决定向南京追击的报告,虽感到震惊,但随即表示同意。24日正式废除原作战地域之规定,使战争进一步扩大。

日军突破吴福线后继续西进。23日开始向锡澄线发起进攻。蒋介石眼见第一道国防线没发挥任何作用,急红眼了,向前方指挥官下令无论如何困难也必须死守现有阵地,但兵败如山倒,仗打到这份上了谁还听谁的。为夺路西逃,连长竟敢开枪打死友军的团长,这种时候这种部队还如何指望?溃退之势无法挽回。

11月25日无锡失陷。中国军队放弃锡澄线,一部沿京沪铁路向常州撤退,大部向南,经宜兴往浙赣边境之孝丰、宁国一带撤退。12月初,敌追兵又至,于是再退向宣城以西。

自锡澄线弃守后成为孤军的江阴要塞,从11月28日起受到日军围攻,中国守军打得英勇顽强,尤其海军牺牲惨烈。守军激战数日之后向镇江方向突围。12月2日,江阴要塞陷落。

右翼军11月9日起向乍平嘉防线撤退,遭到由枫泾西侵之敌第6、第18师团追击。与敌激战至14日,嘉善失守。同时由青浦西进之敌亦攻占平望。19日,苏嘉线与沪杭线交会点嘉兴被日军攻陷,乍平嘉防线被日军突破。日军大步西进追击,如入无人之境。12月初,日军折向宣城、芜湖。

淞沪之战从开局进攻到死守防御,中国军队都屡有上佳表现,但后期却由于蒋介石优柔寡断、指挥失当而造成兵败如山倒的大溃败局面。这不但使王敬久、孙元良、宋希濂等师及胡宗南军团损失惨重,更使南京失却了屏障。明眼人前后细想就不难发现,10年后蒋介石在辽沈、淮海大决战惨败的影子,早在1937年岁末就曾在上海闪现过。

在同一地方连连摔倒,这是蒋介石军事上最拙劣之处。

战役上失败了,战略上蒋介石却不乏收获。长达3个月的淞沪会战,日军注意力被引向了江南,日军不知不觉中落入了蒋介石设下的陷阱。3个月的血战,日军"速战速决"的神话已化为泡影。中国军队英勇奋战,日军不得不增兵至30万,据日军部公布的材料,至11月8日,日军伤亡4万余人。此次会战鼓舞了全国人民的抗日热情，也为沿海工业内迁、保存经济实力赢得了时间。

　　空前惨烈的大血战，也使中国军队付出了惨重的代价。3个月时间，中国军队将士伤亡25万余人，其中黄梅兴、蔡炳炎、杨杰、秦霖、庞家桢、官惠民、吴克仁、吴继光等10余名将军血洒淞沪，取义成仁。

　　淞沪会战，中国军人血肉之躯再筑长城，英勇悲壮当垂名青史。

　　淞沪会战，高层决策者指挥失误、当撤不撤酿成惨剧，也不该忘。

　　一句话，淞沪会战有胜有败，美中不足。

第四章

南京城,人类的悲哀

淞沪抗战以精彩开局,却以溃败结尾,经营多年的3道国防线令人遗憾地成了摆设。历史在这里拐了弯。

日本军部"不扩大"的军令又成废纸。前线日军每前进一步,军令就修改一次,世界上有这样的军队吗?这样无法无天的军队制造"南京大屠杀"还会有人怀疑吗?!

兽性宣泄,南京数十万无辜生灵成了残暴日军发泄的牺牲品。

南京大屠杀是日本永远抹不掉的耻辱,是人类文明的悲哀,也是中国人心中难以抚平的伤痛。

◎ 唐生智"自告奋勇"守孤城

初冬的阴霾笼罩着古都南京,阵阵江风瑟瑟吹得万木凋零。一辆黑色的小轿车静静地驶出了百子亭的唐公馆,辗着稀疏的落叶向着中山门外急驶而去。

国民政府军委会执行部主任唐生智,身着笔挺的一级陆军上将制服,端坐在车中。他望着车窗外灯红酒绿的金陵闹市从眼前闪过,嘴角浮起一丝难言的苦笑。

这里还在歌舞升平,似乎全然不知几百里外,中国军队正在和日军殊死搏杀,浴血沙场。不过也难怪,当初日军曾扬言3个月之内灭亡中国。淞沪抗战开战之初,蒋介石就胸有成竹地向全世界保证:上海起码能坚守3个月。眼下,3个月快过去了,老蒋又亲自披挂上阵兼任第三战区司令长官,直接指挥淞沪抗战,这么一来,确实让国人松了口气。

其实,唐生智心里比谁都清楚,上海之战败局已定。

上海战事最紧张的时候,中国军队连连失利。上海作战本是在敌强我弱的形势下展开的,要想把敌人阻止在上海一线是办不到的。这个道理,连蒋介石也不得不承认。

早在淞沪战事开始时,作为军委会执行部主任的唐生智曾建议:"抗日战争只能打持久战,中国地大物博,人口众多,我们可以用3个人拼他日本一个人;日军攻城略地,假设占领中国一个县城用50人守卫,占领到最后日军兵力就分散了,拖也可以把日本人拖死。最后胜利一定是中国的。"

陆军大学校长,当时中国的著名战略家蒋百里十分器重自任保定军官学校校长时的这个得意门生。他非常赞同唐生智的主张。

接着,在上海还未撤守之前,唐生智又以他不同凡响的战略眼光提出了进一步的战略设想:以上海、杭州湾为第一线;以昆山、无锡、苏州、杭州一带为第二线;以江阴、镇江为第三线;以南京、京杭公路为第四线。各线部队预做准备,在上海第一线打一个时期以后,我第一线部队便可以撤到浙江以西及皖南一带,整理补充,准备新的阵地。以后各线均如此交替撤退,交替抵抗,交替休整,这样就可以长期支持。

这个建议原本是蒋介石同意的,但到了战时,蒋介石根本没按唐生智事先提出的计划办。既没按4道防线配置留设部队,也没有按计划撤退部队。本来有准备的仗打成了无准备仗,有计划的仗打成了无计划的一团糟。继11月3日山西战场丢了忻口,11月8日失了太原后,上海眼看也不保,也许下一个就该轮到南京了。

在中山陵园蒋介石的官邸里,唐生智曾看见蒋介石对着上海的长途电话,一口一个"娘希匹"。参加淞沪抗战的国军将领顾祝同、陈诚、薛岳、白崇禧、张治中等人,没有一个没挨老蒋臭骂的。蒋近来心情不好,稍有不如意的事就爱发火。这次,蒋介石在中山陵园官邸召集会议,又该是谁挨骂呢?

久经沙场、深谙战事的唐生智对蒋介石这次开会的目的,其实已经猜到了大半:上海一失,南京危在旦夕,是弃是守,老蒋举棋不定。

前线传来的消息令人坐立不安。绝密战报报告上海已经失守,淞沪防线被突破,日军势如破竹,国军兵败如山倒。第三战区已经下令各部队撤到乍浦、平湖、嘉善、吴县、福山一线的吴福防线。中国军队数月血战之后仓促撤退,士气沮丧,部队完全失去了控制。吴福线虽设工事,但因无人指引,或找不到开工事门的钥匙,结果大部分工事根本没起到作用。吴福线看来是守不住了,中国军队已经开始向无锡到江阴的最后一道防线锡澄线撤退,看来南京城的弃守问题已经刻不容缓。

唐生智不由得想到上海战事开始后不久的一件事。当时,主动请缨出川抗日的川军统帅刘湘来到南京,拜见了蒋介石和其他高级将领,也专程拜访了唐生智。

刘湘见唐生智绝不仅仅是钦佩唐生智的为人和军事才干,还有更深一层的意思。这位"四川王"寒暄过后话锋一转,直截了当地问起唐生智对上海、南京战事的看法。唐生智为人直率,在军事问题上也颇有见地,见刘湘谦虚地向自己讨教,索性把自己的看法一股脑地一吐为快。

唐生智说:"哎,依我看呢,上海的战事是不能长久打下去的,只有拖住敌人一个时候,并利用这个时机,在后方休整部队和做好长期抗战的准备工作。至于南京的问题,的确不大好办,守是要守的,就是没有完整的部队来守。不过,依我的看法,可以派一个军长或者总司令率领几个师来守卫南京,以阻止敌人迅速向我军进逼,从而赢得时间,调整部队,以后再撤出南京,以拖住敌人。"

刘湘听了这些话没有急于表态，而是试探地盯着唐生智的脸上一字一顿地说："听老蒋说，准备要你守南京！"

唐生智一愣，显然他根本不知道这个消息，不禁脱口而出："根本没有这个必要！"毕竟唐生智是久经沙场的老将，旋即他又是一副大义凛然的样子，"要我守，我只好拼老命了。"

刘湘紧追不舍："你看南京能守多久？"

一句话问得唐生智哑口无言，半晌喃喃吐出3个字："天晓得！"

刘湘临别告辞的时候，握着唐生智的手意味深长地说："我这次所见到的人，只有你对我讲了真心话。"

此时此刻，唐生智仔细回味刘湘的话，隐隐感觉有一种不祥之兆。守南京的人选，看来老蒋主意已定，就等着找机会把这根绳索往自己身上套呢！想着想着，唐生智就觉得背后莫名其妙地隐隐冒出一股凉气，令他不禁打了个冷战。

汽车停在了中山陵园蒋介石官邸的门口，唐生智疾步迈进蒋介石的办公室。抬眼一看，蒋介石早已端坐在中央，何应钦、白崇禧、徐永昌，还有国民政府军令部作战厅厅长刘斐、宪兵司令兼南京警备司令谷正伦等人都到了。

其实，唐生智今天参加的这次会议，已经是蒋介石讨论南京弃守问题的第二次会议了。只不过两天前的第一次会议唐生智没有参加。

连日来，蒋介石食不甘味，寝不安席。

日本人欺人太甚，英美不够朋友，蒋介石一直幻想中日之间实现的"光荣和平"始终看不到踪影。

11月3日在布鲁塞尔九国公约会议上，一开场便否决了苏联提出的集体制裁日本的方案。11月15日，九国公约会议结束，发出一份不痛不痒的宣言："与会各国代表，现仍相信如中日两国允予停止敌对行动，俾给予试行斡旋之机会，则成功未始无望。"

就是这么一份低三下四的宣言，日本也根本不予理睬，反而变本加厉地扩大侵华战争。蒋介石对这个文告也不买账，甚至气得暴跳如雷。

"娘希匹！谁能使日本停止进攻？"

第四章 南京城，人类的悲哀

蒋介石满心希望出面调停的英美两国，居然也在日本人面前谨小慎微。九国公约会议前后，中国拿钱向英国买战斗机，堂堂大英帝国慑于日本的压力，只敢卖给中国不带机枪的战斗机，还得由中国自己装配；中国缺少运输机，在香港从英国手里买了三架，英国又要求把飞机改装成救护机，才能卖给中国。美国偷偷把波音飞机部件运到澳大利亚，装成整机准备卖给中国，可是澳大利亚却不许出境。美国赶紧向日本人保证：决不用美国船只把美制飞机运往中国。

想起这些，蒋介石就一肚子气：

"此乃帝国主义者也。这算什么朋友？"

蒋介石一直指望日本把美国和英国惹翻了，好让英美和日本打起来。可是，日本炸伤了英国大使和美国军舰，英、美两家却表现出了少有的宽容。上海撤退之时，日本飞机在长江炸坏了英轮"德和"号、"大通"号，袭击了英国军舰"瓢虫"号，还炸坏了美国军舰"巴纳"号，炸死5人，50余人落水。日本如此放肆，英美居然令人难以相信地宽大为怀，息事宁人，蒋介石越想越生气。

英美在日本面前忍气吞声，日本更加有恃无恐，上海到手仍不罢休，今又大兵西进，直指南京。

蒋介石这下可真的慌了手脚。参谋总长何应钦、副总长白崇禧、军委会作战组组长刘斐、军委会办公厅主任徐永昌几个人被紧急召到蒋介石的办公室。这几个人不用说，都知道蒋介石找他们来是要跟他们商讨守南京的问题，可是谁也摸不透蒋介石的底，大家你看我，我看你，谁也不愿意先发言。

手无兵权又年轻气盛的大个子刘斐实在忍不住了，抢先发言说：

"委座！请恕我直言。我认为今天的这个既紧张又被动的局面，是上海会战没有坚持持久消耗战略造成的。我们本可以适时调整阵线保存有生力量，我们没有这样做，我们本不应该在便于敌人海陆空协同作战的长江三角洲胶着太久，我们却这样做了；帝国主义唯利是图，隔岸观火，谁也不会出手帮助我们的，许多往事和今事都证明了这一点，国际联盟靠不住，九国公约同样靠不住，我们却把战略做了政略的牺牲品，造成了现在的被动局面。我仍然认为：我军应该坚持持久消耗战略，不应该在一城一池的得失上争胜负，应从全局战略上着眼，同敌人展开全面的持久战，敌人在局部的战斗中可以取得胜利，可是在持久战的全局上他必然被中国拖垮。"

刘斐的议论占了较长的时间，他并没有正面回答蒋介石的问题，蒋介石不耐烦地追问道：

"对南京的保卫战，你有什么看法？"

"我可以说说，不过我这方面的意见对与不对，都请委座谅解。"刘斐给自己的说话先垫了个底，"我认为敌人正利用在上海会战争得的有利形势，以其优势的海陆空军及重装备，利用长江和沪宁、京杭国道等有利的水陆交通条件，直逼南京。南京地处长江弯曲部，地形背水，敌人可以从江面上用海军封锁和炮击南京，在陆上可以从鞠湖截断我军后方交通线，然后以陆海空军协同攻击，使南京处于立体包围形势下，守是守不住的……"

何应钦点头，白崇禧皱眉，蒋介石一惊，只有徐永昌不动声色。刘斐扫了大家一眼，继续申述己见：

"我军在上海会战中损失很大，又经过了混乱的长途退却，已经没什么战斗力，非到后方经过认真的补充整训，不能恢复战斗能力。基于我军当前的战斗任务，为贯彻持久抗战的方针，我军应避免在不利条件下，被敌人强迫作战，而应以机动灵活的运动战争取时间，掩护后方部队整补并进一步实行全国总动员，争取在有利时机集中优势兵力，对敌进行有力的打击。针对以上情况，我认为南京是我国首都所在，不做抵抗就放弃，当然不行。但不应以过多的部队争一城一地之得失，只可用象征性的防守，做适当抵抗之后，就主动撤退。我认为，只用12个团，最多用18个团也就够了。以免兵多不便机动。"

何应钦和徐永昌虽然都不想守南京，但在蒋介石未表示态度之前，他俩还在小心翼翼地揣摸蒋介石的底，只哼哼哈哈地说出些模棱两可的话："是呀，各种条件都要考虑到，当然，首都是全国人民关心的，不守一下，也似乎是说不过去的。"白崇禧可不理这套，自己有地盘，手里握重兵，在蒋介石面前说话直截了当：

"我赞成刘斐的意见。我军新败，急宜争取养息的机会，以利再战。敌人正希望我们跟他决战，我们偏偏不上他的当。这是对的。"

蒋介石的两眼直勾勾地望了大家一会儿。刘斐的一席话，最打动他的心窝的就是上海会战损失太大了。本来嘛，把70多个师送到了上海战场，这些部队又多是蒋介石的嫡系部队，却被打得七零八落。蒋介石折了偌大的本，哪能不痛心呢！不过，尽管损兵折将，蒋介石还是同意南京要守一下：

"是的！南京是国际观瞻所系，不守一下是说不过去的。如何守法，刘组长的意见是值得考虑的。请大家好好考虑一下，咱们再详谈一次，再作决定。"

蒋介石确实在考虑一个新的情况。部队损失很大，吴福线的国防工事已经站不住脚，前方的掩护部队正保护部队向锡澄线撤退，锡澄线已是一片混乱。兵败如山倒啊，南京到底怎么守呢？

正在蒋介石一筹莫展的时候，汪精卫突然登门造访。蒋介石对这个"老冤家"素无好感，今见他突然上门，知道他想必是已风闻南京防守问题未决，来探口风。蒋介石于是假意谦恭地开门见山要听听汪精卫对此的高见。汪精卫却反客为主地反问一句：

"您的决心如何？"

"我想守。但因兵疲势弱，又在犹豫。"蒋介石说了实话。

汪精卫微微一笑，他当然早已洞察到蒋介石的心思："千钧一发，当断则断！"

"那么你说说，如何决断？"蒋介石有点迫不及待。

"我主张：守！"

这下把蒋介石搞蒙了，如堕雾中。汪精卫亲日之心早已是司马昭之心路人皆知，如今怎会口出此言呢？

"兆铭兄，你怎么由低调变成高调了？"

"你知道在训诂学上，以乱训治，这个解法是大家公认的。我也有一本训诂学，止戈为武，以武训柔，单戈不战，以战训和，不战不和，有战则和。"汪精卫越说越得意。

"你已经知道德国大使陶德曼在活动斡旋。德日两家如此亲密，想必他的活动反映了日本人的意愿。我们只在南京城头竖旗摆鼓，表示坚决抗战，日本的主和派便可得到力量和借口，争取停战言和，两下一拍即合的局面就不难实现了。"

说罢，汪精卫和蒋介石都发出了心照不宣的微笑。两人正说着，张群进来了。

汪精卫见同属主和派的张群来了，想趁机再给蒋介石煽一把火，就对张群说：

"我们在谈防守南京问题，你有何高见？"

张群早年在日本士官学校跟蒋介石是同班同室的好友，所以，在蒋介石面前说

话也无拘无束:

"我主张撤!尽快撤!"

一言既出,蒋、汪两人大惑不解。

"这是什么道理。"

张群不紧不慢地说下去:"我要先讨个底,我们到底是争取早和,还是要无尽无休把国人送到日军的绞肉机上去绞?"

"当然希望早日和平。"蒋汪两人不假思索地回答。

"这就对了!"张群摆出一副博学多识的架势说:"按国际公约,撤退的城市不能算占领的城市。陶德曼大使斡旋一成功,日本人应无条件地把南京和平地归还我们,这比打败了被占领之后,再交涉归还,要好得多。"

蒋介石听了张群这番别出心裁的见解,实在不敢恭维。

汪精卫在蒋介石面前发了一通议论后,到底还是懂得日军的炸弹可不长眼睛,很快携家眷跑到武汉去了。尽管宋美龄也早已收拾好了细软,可南京防守问题还没决断,蒋介石不能走。

他同意刘斐的意见,留少数部队守南京,也同意汪精卫的意见,借战求和。现在,就剩下一个问题让蒋介石最伤脑筋,防守南京由谁挂帅?陈诚、胡宗南等人都是他的爱将,他不能把他们往火坑里送。蒋介石思来想去,终于想起了一个人。

两天后,蒋介石又召开第二次高级幕僚会议。这一次,他特意要唐生智出席。蒋介石扫视了一下到会的人,面色严峻地发问道:"你们说,南京守不守?"过了片刻,蒋介石见没人吭声,就自问自答:"南京一定要守。"

大家听蒋介石这么说,就都不作声了。唐生智见此情景就站出来说:"我同意守南京,掩护前方部队的休整和后方部队的集中,以阻止和延缓敌人的进攻。"

蒋介石一听有门,连忙追问:"哪一个守呢?"这一下,连唐生智在内,大家又不作声了。蒋介石急了:"如果没有人守,我自己守。"

结果,又是唐生智出来替蒋介石解围:"委员长,用不着你自己守,派一个军长或总司令,带几个师或几个军就行了。要不从前方下来的人中间派一个人守,或者要南京警备司令谷正伦守都可以。"

其实,唐生智也是在给自己解围。

蒋介石看唐生智把自己推得一干二净，只好说："他们不行，资历太浅。这个事再商量吧。"

从蒋介石的话里，唐生智预感到蒋在给他"下套"，自己得赶紧找个替罪羊，否则老蒋不会罢休。

果不其然，第二天，蒋介石又把唐生智单独叫了来说："孟潇，我们一起出去看一看。"两个人一起来到了南京外围复廊一带由桂永清指挥的教导总队的阵地。望着眼前起伏的山丘，蒋介石一语双关地对唐生智说："这个地势，南京守三个月应该没问题。"

唐生智回答："现在从上海撤下的部队伤亡很大，新兵多，没有几个老兵，任务是艰巨的。"蒋介石听了默不作声。

回到公馆，唐生智赶紧叫参谋处迅速拟订一个城防计划，准备第二天亲自送给蒋介石看，并且推荐谷正伦、桂永清为城防正副司令，或者再加上第19集团军副司令罗卓英为总司令。罗卓英是蒋介石的得意门生陈诚的亲信，足智多谋，官至陆军上将，论能力论资历无可挑剔。这下老蒋该没话说了吧？

谁想到，当天下午，一个电话，唐生智又被召到了蒋介石的办公室。这回蒋介石不兜圈子了，开门见山地说："关于守南京的问题，要么是我留下，要么是你留下。"

唐生智听蒋介石这么一说，知道大势去矣。就两个人，这还有的选吗？事已至此，唐生智干脆硬着头皮说："你怎么能够留下呢？与其是你，不如是我吧！"

蒋介石一看唐生智终于答应了，马上问："你看把握怎么样？"

唐生智此刻也豁出去了，倒显得异常镇定："我只能做到八个字'临危不乱，临难不苟'。"

蒋介石听了，掩饰不住脸上会心的微笑，长长地出了一口气。

老蒋终于把话挑明了，唐生智的心情反倒比当初平静了许多。他当然清楚蒋为什么单单会让他来守南京。蒋介石绝不仅仅是因为看中了他唐生智的骁勇善战。不过，想当初他唐生智是何等威武风光。北伐战争他任中路军前敌总指挥，率领他的看家部队第8军加上第4军、第7军和叶挺独立团，一路所向披靡，夺取武胜关，血战汀泗桥，直捣武汉，饮马长江，打得吴佩孚丢盔弃甲狼狈不堪。他唐生智的赫赫战功确实给当时任北伐总司令的蒋介石脸上争了光。一夜之间，唐生智将军智勇双全的大名威震敌胆，举国皆知。蒋介石也当众夸奖唐生智："孟潇有军事天才，我不及他。"

确实，蒋介石很欣赏唐生智的才干，但是内心深处却对唐生智存有芥蒂。当初蒋介石和汪精卫宁汉两家分庭抗礼，在全国一片声讨中，唐生智手握重兵东征讨蒋，逼得蒋只好通电"下野"。宁汉统一以后，唐生智被迫远走日本。后来蒋桂大战爆发，蒋介石又把曾逼他下野的唐生智请出山，唐生智为报蒋介石知遇之恩不负众望，在蒋桂、蒋冯两场大战中，亲临前线，浴血奋战，为蒋介石入主中原立下汗马功劳。

谁知，蒋介石卸磨杀驴，战事一结束就要削掉唐生智的兵权，唐生智一怒之下二次反蒋，结果兵败再走麦城，辗转跑到广东，协助陈济棠、李宗仁共同反蒋。

直至"九一八"事变后，在各界压力下宁粤双方才复归统一，一致对外。但是，这次蒋介石却再不敢重用唐生智，只给他个闲职，任国民政府军事委员会委员兼军事参议院院长，后来又兼军委会第1厅主任、训练总监部总监。随着日寇疯狂侵略，全国民众抗日呼声日益高涨。蒋介石迫于抗日压力，这才给了唐生智一个军委会执行部主任的实职，让他专门负责筹划抗日的准备工作。

这次防守南京，蒋介石首先就想到了起用唐生智。他幻想凭借唐生智的智勇双全，兴许能够守住南京，再一次给他蒋介石争光，也好挽回一点淞沪会战失败的面子。万一南京守不住，就让唐生智做个替罪羊。

现在，唐生智既然已经同意临危受命，蒋介石就趁热打铁，第二天晚上又第三次开幕僚会议。

这一次，蒋介石心中有底脸上不慌。他不动声色地说："防守南京的问题，大家考虑得怎么样了，到底守不守？"说完，他的眼角扫向了唐生智。

此刻的唐生智如坐针毡，昨天在蒋介石面前的镇定自若不知跑到哪儿去了。明知老蒋把他往死路上赶，自己总不能临阵退缩吧？何况为国尽忠，青史留名，大丈夫也不枉来人世。

唐生智想着想着胸膛挺直了，"噌"地一下站起来，慷慨陈词：

"南京是我国首都，因国际观瞻所系，又是孙总理陵墓所在，如果放弃南京，将何以对总理在天之灵？因此，南京非死守不可！"

蒋介石一听喜笑颜开。

"委员长,若没有别人负责,我愿意勉为其难,我一定坚决死守,与南京城共存亡!"

蒋介石长舒了口气:"很好,就由孟潇负责。"随后对何应钦说:"就这么办,有什么要准备的,马上办,可让孟潇先行视事,命令随即发表。"

至此,蒋介石决定固守南京,唐生智11月20日先行到职,11月24日蒋介石正式委任唐生智为南京卫戍司令长官。

◎ 兵临城下,蒋介石为何不走?

蒋介石决定了固守南京的方针后,于11月16日决定迁都重庆。中央党部和国民政府迁重庆,军事委员会则视战局发展由委员长蒋介石临时指定地点。11月20日,国民政府发表迁都宣言:

> 迩者,暴力更肆贪黩,分兵西进,逼我首都,察其用意,无非欲挟其暴力,要我为城下之盟。殊不知我国自决定抗战自卫之日,即已深知此为最后关头,为国家生命计,为民族人格计,为国际信义与世界和平计,皆无屈服之余地,凡有血气,无不具宁为玉碎,不为瓦全之心。国民政府兹为适应战况,统筹全局,长期抗战起见,本日移驻重庆。此后将以最广大之规模,从事更持久之战斗,以中华人民之众,土地之广,人人本必死之决心,以其热血与土地凝结为一,任何暴力不能使之分离,外得国际之同情,内有民众之团结,继续抵抗,必能达到维护国家民族生存独立之目的。

与此同时,国民政府正式任命唐生智为南京卫戍司令长官。接着,唐生智张贴布告,宣布戒严。从此,南京进入战时状态。12月1日,国民政府主席林森率国民政府一部分官员正式在重庆办公。随着政府迁都,南京地区及沿海包括采矿、电机、无线电、化学、罐头、陶瓷、玻璃、印刷文具、五金、纺织、皮革等各行各业的工矿企业纷纷内迁。一时间,南京城内人心惶惶,有办法的都千方百计内迁了,南京的火车票和轮船票一时暴涨,价格是原来的好几倍仍然难以买到。100万人口的都城一时间减少了几十万。

日军的飞机已经3次空袭南京,凄厉的警报声在初冬的寒风中震颤回荡,此起彼伏的炸弹使整个南京城战栗不止。

形势如此紧迫,但蒋介石没走!

敌机开始空袭南京以后,蒋介石就搬出了中山陵园的官邸,住在中山门外树林隐蔽的四方城旁边的一幢极小的房屋里,全部只有两间小房。蒋介石吃饭、会客、办公统统都在一幢小房里。在离开陵园官邸前,蒋介石徜徉在紫金山麓。往日绿树浓荫景色如画的中山陵一带,如今一派肃杀景象,星星点点坐落在山坡上下的一幢幢漂亮的官邸和别墅早已人去楼空,蒋介石为夫人宋美龄特意修建的"美龄宫",在枯枝落叶的包围中倍显凄凉。放眼望去,山坡上和各要点重重叠叠的工事、壕沟和铁丝网,把这块昔日达官显贵的禁地变成了满含杀机的战场。

睹物伤情,蒋介石慨然长叹。他太留恋这座城市了。当然不仅仅是因为这座古都的美丽和繁华。蒋介石确实很喜欢这个江南古城的韵味,紫金山的秀丽,秦淮河的妩媚,总使他回想起家乡溪口的山山水水。

其实,蒋介石最看中的还是这座6朝古都虎踞龙盘的帝王之气。这里,东接蒋介石发迹的上海滩,东南是商埠云集、物产丰富的鱼米之乡,北接广阔的中原大地,西联中国的内陆纵深。滚滚长江从这里奔腾东去,南京城就好似这条巨龙的心脏。他是在南京取得国民党最高领导权的,也是从这里开始东征西讨,打败了各路军阀,一统天下的。南京城是蒋介石人生中最辉煌的圣殿。想不到如今竟落到这步田地,真应了古人那句词:"小楼昨夜又东风,故国不堪回首月明中。"

蒋介石不觉一阵心酸,他带着随从走遍了富贵山、尧化门、仙鹤门、孝陵卫和下关各处的防御工事和阵地。他实在有点舍不得离开南京。

可是,他深知日本人不会放过他,日军几次都差点儿要了他的命。不久前的淞沪会战期间,他和李宗仁乘专列去上海前线视察,结果半路上碰到敌机空袭,差点儿送了命。宋美龄乘汽车去上海,途中也步了他的后尘,侥幸得以脱险。日军攻势如潮,对南京势在必得,留在南京无异于坐以待毙。

其实,蒋介石不是真的不想走,他早已命人在武汉做好了设立大本营的准备,军委会作战组的人也已经先期撤离了。

蒋介石不走是要给国内外人士做个样子,他蒋介石堂堂一国之领袖何惧生死。同时,也是给守城将士吃一颗定心丸。

其实,蒋介石不走还有一个不为外人所知的重要原因,他要在南京等德国大使陶德曼。现在,英、美是指望不上了。如今,蒋介石唯一的希望,就是企盼着这位德国大使能给他带回一个救命符。由日本的盟友德国出面调停,很有希望与日本进行和谈,南京或许还有救。

几天以后,蒋介石日思夜盼的陶德曼终于来到了南京,他给蒋介石带来了一根带刺的橄榄枝。

陶德曼的开场白让蒋介石听得很顺耳:

"中日两国同文同种,理应是兄弟手足,本不该干戈相见。在这场冲突中受害的是中国和日本,而高兴的是英美和苏俄。英美希望你们两败俱伤,好做他们的殖民地;苏俄希望乘机推行赤化政策。他们都在坐山观虎斗,我想这一点贵国是明白的。"

"是的!"陶德曼的话戳到蒋介石的痛处。

"所以,我们认为对中日两国来说,真正利国利民之道,莫过于及早停止冲突。长期打下去是有百害而无一利的。"

"对!对!我们一直希望停战言和。"蒋介石感同身受。

陶德曼卖了半天关子,这才打开公文包,取出一份文件,微笑着面对侧耳恭听的蒋介石朗声念道:

"这些是东京方面的意见。我们元首也认为可行,请委员长考虑:第一,承认'满洲国'和内蒙独立;第二,扩大《何梅协定》,规定华北为不驻兵区域;第三,扩大《淞沪协定》非武装区……"

娘希匹,日本人的胃口太大了,蒋介石心里骂着,还是耐着性子听下去。

"第四,中日经济合作;第五,中日共同防共;第六,根绝反日运动。"

这六项条件,简直跟当年的"二十一条"差不多了。这哪是和谈条件,分明就是胜利者对战败者的勒索和羞辱。

蒋介石的眼神黯淡下来,客气道:"这么大的事,容我们商量一下,再和大使详谈吧。"

陶德曼走后,蒋介石把张群、陈立夫、宋子文、白崇禧、顾祝同、徐永昌、唐生智、王宠惠都找了来。对日本停战议和条件，众人议论纷纷。宋子文和孔祥熙咬了一阵耳朵后说道：

"我看不但条件太苛刻，而且陶德曼的用意也有挑拨离间的嫌疑。这个条件要好好考虑考虑再说。"

蒋介石没接宋子文的话，转身问陈布雷："阎锡山有没有回电？"

陈布雷回答："阎长官表示同意，并且特意说：夹着尾巴做人也还是人，总比死了的好。"

问到唐生智，他起初不作声。唐生智一直主张持久抗日，内心委实不愿和日本讲和。蒋介石再三追问，他只推说："我还没考虑好！"

只有白崇禧不含糊：

"要是这个条件，那我们为什么打仗？"

一句话弄得众人都不再开口。半响，蒋介石才再次开口道：

"事情已到了火烧眉毛的地步，陶德曼出面斡旋总是好事，条件如何，还可以商量，总比这样战乱下去为好。我再派人交涉就是！"

蒋介石确实早已派人交涉了。生性圆滑多疑的蒋介石不想在陶德曼这一棵树上吊死，在此之前，他就已秘密跟日本联系，商求妥协条件。11月19日，让孔祥熙致电日本政界要人山本提出停战反共的要求：

……中日为唇齿之国，亟应协力合作，以图共存共荣。年来与矾谷喜多诸君晤叙，均以此相勉。此次东还，原拟绕道日本与日朝野会晤，不料旅次即闻平津沪战事讯，只得作罢。现在情势愈恶，真可慨叹，此后结果实堪忧虑，倘日方不急悬崖勒马，必致两败俱伤，坐使渔人得利。此次战起使中国民气日益激烈，沪战及太原之战双方损失皆巨，而现在日本已获相当面子，倘再事续进则胜负无常。我方步步为营拼死抵御，虽日军有犀利之武器，然以中国之大，若深入内地何能立获胜利，代价既巨，消耗必多，现在日本已处孤立，列强忌猜日甚，一旦有事恐无力应付。年来日人口唱中日共存共荣，而行事乃共荣共枯，近来又盛倡反共，而行为反为造共。倘再不悔悟，恐不仅自耗防共之国力，且促使中国联共赤化，后患无穷，唇亡齿寒之意甚望日本明达之士注意及之……

蒋介石对这封求和电到底能否收到效果毫无把握。而陶德曼的调停能否奏效，他也不敢完全相信。蒋介石想起一句古话："善战者，求之于势"。他要设法造成一个形势，迫使日本讲和。19日这封电报发出后，蒋介石又从汪精卫的建议中受到启发，于是想出一招：发个迁都宣言，以示抗战到底之决心，这样也许可以迫使日本"知难而退"。

蒋介石随后又决定南京防守要拉开架势，让日本人知道中国不会轻易放弃南京，进攻南京就是甘冒付出巨大代价的风险。他一改原来只以少量部队象征性地防守南京的计划，决定以重兵死守南京。可是兵从何来呢？蒋介石的嫡系主力陈诚的部队开往江西了，胡宗南的部队去了陕西。再说，这两支部队就是在近前，蒋介石也不会让他们再去抵挡锐气正盛的日军。他要留着这点家底。但是，如果兵力少了，没等谈判有结果，日军就可能占领南京，这样中方在谈判桌上必然只能甘居下风。因此，要保证坚持一定时间，以利谈判成功，必须要有足够的兵力。

蒋介石盘算着，只有将上海撤退的部队先顶上去再说，另外，还有以改编奉系军阀张宗昌部的第2军团，让他们星夜兼程驰援南京。这么一算，南京防守的兵力就差不多了。

这些部队多半不是蒋介石的嫡系，蒋介石当然不心疼。不过，蒋介石还是忍痛出了点血，把桂永清的教导总队留下来守南京。教导总队一式的德式装备，由德国顾问训练，蒋介石刻意模仿希特勒，把这支部队当作自己的"铁卫军"，在守南京的部队中，数教导总队的战斗力是最强的。

11月5日，蒋介石又会见陶德曼，蒋介石一再要求陶德曼保证调停之事要好事做到底，陶德曼也信誓旦旦。

11月6日，外交部报告蒋介石：德、意、日3国在罗马签订了共同防共条约。蒋介石预感到和谈希望破灭了。

日军隆隆的枪炮声渐渐进逼南京。日军统帅部原先曾规定华中方面军作战地域为苏州—嘉兴一线以东，并未授权日军继续西进。但是，当日军势如破竹于11月19日各部队进抵该线时，华中方面军司令官松井石根大将对这纸命令却置之不理。淞沪之战大胜中国军队，使这个骄横的日军统帅更加不可一世。他要让日军统帅部和整个世界大吃一惊，他要亲率部队把太阳旗一举插到敌国的首都南京城头，到时候，全日本都会为他而骄傲的。

于是，松井石根俨然一副"将在外君命有所不受"的架势，命令部队乘中国军队溃败混乱之机向西追击。松井石根挺直了腰板，一双小眼睛像发现了猎物的野兽一样闪闪发光，大声地对着他的部下们吼道：

"你们的目标就是攻击！攻击！把大日本帝国的旗帜插上南京城头！"

11月20日，日军参谋本部接到华中方面军关于决定向南京追击的报告后非常震惊，在日本军人看来，胆敢违抗军令是罪不能恕的。松井石根身为大军统帅，违抗军令该当何罪呢？然而，结果却出人意料，日本参谋本部非但没有责罚，反而迅速认可了松井石根的决定。

参谋本部原先没想到战局进展如此顺利，深谙中国兵法的日军参谋本部的高官们当然知道"擒贼擒王""一鼓作气"对战争胜败所起的关键作用。何况日军侵略中国的初衷就是希望在尽可能短的时间里一举消灭中国军队主力，征服中国。

于是，日军参谋本部于11月24日正式废除原作战地域的规定。

12月1日，日军大本营下达新的华中方面军战斗序列命令，命令新的华中方面军由原华中方面军、上海派遣军和第10军组成，方面军司令官仍然是松井石根。大本营同时命令："华中方面军司令官须与海军协同，攻占敌国首都南京。"

和谈的希望破灭了，日军重兵已经突破了中国军队的最后一道防线——锡澄线，眼看就要兵临南京城下。这下，蒋介石可真慌了手脚，三十六计走为上策。

12月6日，南京郊外炮声隆隆，中日两军已在郊外接火。这天晚上，在唐生智公馆兼南京卫戍司令长官部，蒋介石召集少将以上守城将领训话。

蒋介石一身戎装，看上去容光焕发，旁边的宋美龄还是那么雍容华贵。在蒋介石的侍从室主任钱大钧的陪同下步入会场。在场的军官齐刷刷地立正，皮靴上的马刺碰撞声刺耳地齐声响起。过后，大厅里变得鸦雀无声。自淞沪会战失利以来，蒋介石讲话从来没有今天这么慷慨激昂："各位，南京是总理的陵墓所在地，全国的至诚瞻仰在这里！全世界翘首切盼赋予最大的注意力，也是在这里，我们不能轻易放弃！今日，首都已是一个围城，我愿意和大家共同负起守卫的责任。但是，现在各方面的战争形势都在继续发展，我不能偏于一隅。所以，责任逼着我离开。今天，我把保卫首都的责任交给唐生智将军。唐将军是身经百战，智勇兼备的将领，他必定能秉承我的意旨负起责任，大家服从唐将军，正像服从我一样。我在外面，自当调动部队前来策应首都。我告诉大家一个好消息，云南等几方面的部队已经在向南京开进了。"

蒋介石越讲越激动。

"万一有什么不幸，那也是成了保卫国家的民族英雄！人谁不死？我们要看死的价值和意义，在这个伟大的时代中，能做这件不平凡的工作，是何等光荣！"

接着是唐生智发言，他以悲壮的语气表示愿与诸将领共负守城的责任，誓与南京共存亡。

散会后，唐生智送蒋介石夫妇上汽车，蒋介石拉着唐生智的手久久不放：

"孟潇，我对你见危授命深表钦佩，这才是患难见真情啊！你一定注意多保重身体。"

唐生智冷静地回答："我还是要重复以前对你说的话，我可以做到'临危不乱，临难不苟'，没有你的命令，我决不撤退。"

次日凌晨5点多钟，趁敌机尚未出动的间隙，蒋介石一行从城内明故宫机场登上"美龄"号专机。蒋介石要专机在南京城上空盘旋一圈。望着下面若隐若现的南京城垣，蒋介石黯然神伤，他挥了挥手，飞机穿过云层向西飞去。"美龄"号在一小分队飞机的保护下，飞往江西庐山，经湖南衡山到达武汉。

早在临行前一天，蒋介石率领唐生智、罗卓英、桂永清、钱大钧等人去晋谒孙中山陵墓。

十几辆小轿车鱼贯驶出黄埔路的官邸，向郊外疾驰。初冬的晨霭未散，撒满枯枝落叶的大道上看不见行人，只有荷枪实弹的武装部队。车队出了中山门，没有直接驶往中山陵，而是先绕经陵园新村、灵谷寺，车队辗着铺满路面的法国梧桐的落叶，就像一队灵车一样缓缓前行。

蒋介石的心情格外沉重，他特意指示车队放慢车速，好让他再好好看看这里的山山水水、一草一木。他望见了美龄宫乳白色的墙壁，这里珍藏着他魂系梦萦的金陵春梦。一座座人去楼空的别墅厅堂，孤零零地立在初冬的寒风中，令人唏嘘不已。蒋介石黯然神伤。片刻，他打起精神吩咐："去看看阵地。"

望着紫金山连绵的山峦和脚下星罗棋布的钢筋水泥工事，蒋介石的脸上忽然有了笑容：

"南京依山傍水，自古为帝王之都，就是因为它是个天然要塞。加上重兵把守和坚固的工事，至少能守两三个月吧！"

其实，跟随蒋介石的这些军政大员们心里都清楚，南京处在长江的弯曲部，西、北两面背水，正是兵家所谓的"背水一战"的"绝地"。在冷兵器时代，高山大江皆是天然屏障，易守难攻，如今火器时代完全倒过来了，高山大江成了守军的死地。可是，在这种时候，大家谁也不敢说。

唐生智最害怕蒋介石提这个问题，可偏偏蒋介石就提出来了。唐生智一时无言以对。他不愧是久经战阵饱读兵书的大将，沉默了片刻，唐生智不慌不忙地说：

"兵法说，善战者，先为不可胜，以待敌之可胜。不可胜在己，可胜在敌。故善战者能为不可胜，不能使敌之必可胜。胜可知而不可为。善守者藏于九地之下，善攻者动于九天之上，故能自保而全胜。今我将士用命，上下同仇敌忾，以逸待劳。敌人顿兵挫锐，曝师于坚城之下，屈力殚货，其弊可乘，如果指挥得当，可以持久。"

蒋介石听得出唐生智特意强调的"指挥得当"，当然也包括他蒋介石在内。可唐生智这段引经据典的回答，既附和蒋介石的意，又为自己留有余地，实在巧妙，这回轮到蒋介石无言以对了。

临离开南京前的一天晚上，蒋介石叫来了自己卫士队的区队长，命他率两个班的卫士穿军装留在南京，主要任务是看守两条停泊在下关码头的小兵舰。第二天，守城官兵看见蒋介石的卫士们在看守着兵舰，知道他们的蒋委员长还在南京。有委员长亲自坐镇，官兵们士气顿增，摩拳擦掌，准备和日寇决一死战。其实，他们哪里知道，此刻，蒋介石早已带着夫人宋美龄在守城官兵的眼皮底下远走高飞了。

◎ 司令官炮声中悠然品茗

蒋介石一走，唐生智一下子成了人们关注的焦点。有好心人不解地问唐生智："你一个聪明人，怎么会做这等蠢事？"

唐生智淡淡地回了一句："世界上有些事也是要蠢人办的。"

自从临危受命以后，唐生智有时也在想，自己也许真的很蠢，在危难之中以抱病之躯替蒋介石卖命，值得吗？可是，这种想法又一次次被他自己否定了。自己在国家民族危难之中挺身而出，守的是我堂堂中华民国的首都，为的是为国家尽忠守节，岂是为他蒋介石一人卖命？每每想到这些，唐生智的心就十分的坦然，一股热血在周身激荡。

11月27日，南京卫戍司令长官唐生智上将公开会见国内外新闻记者，在频频闪动的镁光灯下，唐生智清瘦的脸上充满自信。

"本人奉命保卫南京至少有两件事有把握。第一，即本人所属部队誓与南京共存亡，不惜牺牲于南京保卫战中；第二，此种牺牲将使敌人付出莫大之代价。"

为了表示破釜沉舟、背水一战的必死决心，唐生智要交通部部长俞飞鹏把下关到浦口之间的渡轮停开，并下令所有军用民用大小船只一律交由宋希濂的36师严加看管，包括长官部在内，不准留有一条船，违令者以军法论处。同时，还命令驻防江北的胡宗南的第1军，凡由南京向北方渡江的任何部队或者军人，一律制止，如不听从制止者，格杀勿论。唐生智的这道命令一下，顿时江面上空空荡荡，看不见一条船影，守城官兵个个坚守岗位不敢懈怠。可也正因为这道命令，南京城破时，连唐生智自己也差点为找不到船而跑不出去。

唐生智决定固守南京以后，一改他过去只派少量部队守南京的主张，一再要求增加兵力。对此，蒋介石尽力满足，几乎把一切可以调动的兵力，包括从淞沪会战撤下来尚未休整补充的部队，都调去防守南京。南京防守的兵力越来越多，最后多达11万人。

由蒋介石签署的委任唐生智为"南京卫戍司令长官"的命令下达之后，紧接着又宣布了刘兴、罗卓英为副司令长官，周斓为卫戍司令长官部参谋长，余念慈为副参谋长。

刘兴和周斓都是唐生智多年的老部下，曾经同生死共患难，唐生智特意推荐他们二人做自己的副手。到了这种地步，蒋介石自然尽力满足唐生智的要求。

刘兴号铁夫，湖南祁阳人，与唐生智是同乡。早在1916年唐生智任湖南督军署警卫团第3营营长的时候，就在唐生智手下当连长。后经唐生智提拔，从连长一步一步升任军长。抗战前原任军事参议院上将参议，在中日关系紧张时出任江防军总司令，江阴失守后退到南京。

周斓也是唐生智的同乡。唐生智任湘军第4师师长的时候，周斓曾任师参谋长、警备旅长，北伐以后，唐部扩编，周斓也一步步升到了军长。他和刘兴二人经历颇相似，此前，和刘兴一同在军事参议院任上将参议。

至于罗卓英又该另当别论了。他是陈诚的副手，陈诚是蒋介石的心腹，罗卓英自然也成了蒋介石的亲信。蒋介石把他安插在唐生智身边，不言自明，是用他来牵制唐生智的。

余念慈是何应钦的人，此前任中将参议。

唐生智卫戍司令长官部的几位正副长官们形成了一个"三国四方"的局面。唐生智心想，这仗还没打，就给我身边插了钉子，老蒋可真是禀性难移呀。

接下来，唐生智受命组织南京卫戍司令长官部。虽然他很想找些老部下再与他共患难，可是今不如昔，明眼人谁还看不出来，以南京孤城抗击凶悍的日军无异于以卵击石，各个自顾不暇，谁还愿留在南京？甚至一些与唐生智亲近的人，关键时刻也各奔前程了。

此情此景，令唐生智不禁慨然长叹，倍感凄凉，这时候，他才真的体会到什么是孤家寡人的滋味了。

费了九牛二虎之力，唐生智勉强把司令长官部组织了起来。11月16日，国民政府军事委员会发布南京卫戍部队战斗序列。

长官部下辖防守南京的部队为：桂永清的教导总队，第78军宋希濂的36师，第10军徐源泉的41、48师，第71军王敬久的87师，第72军孙元良的88师，以及宪兵的两个团，炮兵第8团的一个营。

后来，自淞沪担任掩护撤退的第74军、第66军、第83军及第2军团的徐源泉部也先后奉令加入南京城防。

中国军队重兵集结，准备拼死固守，日军昼夜兼程气势汹汹，对南京志在必得。

日军华中方面军兵分五路合围南京。第一路是第11、第13、第16师团沿京沪铁路经丹阳、镇江、句容西进；第二路是第3、第9师团由金坛直扑南京；第三路是第10军第114师团沿宜兴、溧阳、溧水公路前进；第四路第6、第18师团沿宁国、芜湖公路进攻芜湖，包抄中国军队沿江西去的后路；第五路国琦支队从广德经朗溪、太平渡江，攻占浦口，切断南京守军渡江北去的退路。

第四章 南京城，人类的悲哀

南京已处在日军四面包围之中。

这边唐生智也在调兵遣将，加紧设防。他把南京的防守阵地分为复廊阵地与外围阵地。复廊阵地在城外一线。唐生智把装备精良且战斗力强、号称蒋介石的"铁卫队"的教导总队放在中央，防守紫金山及城垣东部；左边是宋希濂的36师，防守红山、幕府山及城北地区；右边是孙元良的第88师，负责防守雨花台及城南地区。宪兵部队守卫清凉山。外围阵地由第2军团徐源泉部、第74军、第66军占领乌龙山炮台、栖霞山、句容、淳化、牛首山一线，构成半环形外围防御阵地。

12月7日凌晨，蒋介石的飞机飞走后不久，涂着血红太阳旗的日军飞机就出现在南京上空，一时间南京城炸弹横飞，火光冲天。敌机越来越猛烈的轰炸告诉人们，一场血战就要来临了。

唐生智的卫戍司令长官部就设在他自己百子亭的公馆里。昔日幽静的公馆现在充满了战时气氛，院子里挖了许多防空洞，四五门高射炮的炮口黑洞洞地直指天空。

白天，敌机整日狂轰滥炸，唐公馆的高射炮和全城各点的高炮一样不停地对空射击。长官部官兵简直分不清哪是炮声哪是炸弹爆炸声。人人都在紧张忙碌，大战来临之前的工作千头万绪，谁也顾不上头上的敌机了。

突然一声巨响，震得整个公馆都似乎跳了起来。一颗炸弹不偏不倚落在公馆的房顶上，把一间办公室炸坏了一个角。幸好房屋坚实，没伤着人。历经战阵的官兵们知道，这是敌机盲目投弹，大家并不惊慌，收拾一下又继续埋头工作。

日军飞机一般都是天一亮就来，一拨接一拨地狂轰滥炸，直到天黑前才离去。

12月8日晚上11时左右，夜空中突然响起了凄厉的警报，警报声还没落，就听见日机的轰鸣，紧接着就响起了炸弹爆炸声。

正在彻夜工作的长官部官兵们觉得这次轰炸有点儿不对劲，炸弹接二连三准确地落在唐公馆的周围，巨大的爆炸声把玻璃震得粉碎，桌上的物品在空中乱飞。敌机扔完炸弹走了，不一会儿，几架飞机又接连在公馆附近上空盘旋侦察。参谋处第一科科长谭道平立即向仍若无其事伏案工作的唐生智报告："长官，我们的办公地点怕是被日机发现了。"

唐生智抬起头来面不改色地说："我不能为日本的几颗炸弹搬出这屋子。如嫌办公狭窄，你们可以迁移到铁道部地下室去办公。我不能离开这里。罗卓英、刘兴两位副长官和我留在此地好了。"

第二天，长官部大部分人员迁到铁道部地下室办公了，唐生智却仍然留在公馆里。

外围阵地已经和日军接上了火。南京城内都可以远远地听到激烈的枪炮声。

南京附近的外围工事，战前就已经由参谋部城塞组沿大胜关—牛首山—方山—淳化镇—汤山—龙潭一线构筑有钢筋混凝土永久工事，设有轻重机枪掩体和观察所、指挥所、掩蔽部。淞沪会战开始后，日军侵略中国的野心毕露，蒋介石责成南京警备司令部拟定南京防御计划，以备万一。

南京警备司令由宪兵司令谷正伦兼任。司令部没几个人，手底下实际能够指挥的只有两个宪兵团。接受任务以后，决定以决战防御为目的，选定原参谋本部城塞组既设永久工事一线作为主阵地，也就是外围阵地。以雨花台、紫金山、银孔山、杨坊山、红土山、幕府山、乌龙山一线作为预备阵地，也称为复廓阵地。计划使用的兵力为5个军，其中一线阵地为3个军，预备队1个军，江北岸浦口1个军，总兵力为5个军共15个师。

这个计划经过军委会执行部请示大本营核准后，即由南京警备司令部制订阵地编成、火力配置及工事构筑计划。但在制订计划时，众人这才发现原来参谋本部城塞组构筑的既设永久工事，大部分根本没按纵深配备和侧射、斜射的火网要求构筑。工事位置未注意隐蔽，大都选在山顶部或棱线部分，也没有一个阵地编成计划和要图，仅有一个工事位置图供参考。

"他妈的，总部这帮家伙简直是白痴！"警备司令部的参谋们气得大骂不止。没办法，这些耗资巨大而建成的钢筋混凝土永久工事成了摆设。除部分工事可作为观测、指挥所使用外，大多数都派不上用场，只好重新选定位置，另行构筑。但参谋处人手太少，派不出足够人手到现场实地检察，只能由主管作战的参谋凭着五万分之一的地图标定位置。结果，这个事关南京存亡的南京防御计划中的阵地编成和火力配置，成了名副其实的纸上谈兵。

10月份，南京警备司令部改编为首都警卫军，谷正伦任军长，但是人员编制依旧，只是由军校分来几个毕业生到司令部担任绘图和兵力登记等工作。

南京防御计划虽已制定出来了，但大本营并未指派防守使用的部队。结果，谷正伦的首都警卫军实际上是个空架子。

第四章 南京城，人类的悲哀

南京城决战迫在眉睫的时候，谷正伦突然向蒋介石请求辞去首都警卫军军长的职务，原因是他的老毛病胃溃疡又犯了。最终，谷正伦带着他的宪兵司令部一起撤退到湖南去了。

军长走了，原警卫军司令部参谋处人员只能编入卫戍司令长官部。决战前夕，唐生智把参谋等1000人召集起来，和大家推心置腹地说：

"谷司令有病到后方休养，防守南京的任务，只好由我承担起来了。我是统帅，守土有责，决心与南京共存亡。南京失守，我亦不生。你们是幕僚，和我所处地位不同，我不要求你们和我一道牺牲，万一城破，你们到时候还可以突围出去。我只要求你们在我活着的时候，坚持战斗到底。"

唐生智的讲话声音虽然很低，却字字沉重，幕僚们听得真真切切。

"长官，我们愿和你一起战斗到底！"

唐生智和部下们的眼睛都湿润了。

南京外围阵地的情况很糟，纸上谈兵的阵地编成和火力配置再加上仓促修筑，其作战效用大打折扣。而外围阵地的守军多是从上海败退下来的残缺部队，老兵很少，新兵大都尚未受过训练，战斗力很差。有的新兵刚刚学会放枪没两天就上了战场，手榴弹不拉火就扔了出去，要不就是扔在阵地上，反倒炸伤了自己人。但是守军们士气高昂，仍然顽强抵抗。战至12月8日，日军攻破了外围阵地，直扑南京近郊，古城的城墙已经遥遥在望了。

唐生智急命部队退守复廓阵地，同时把部队重新部署：

右侧支队，固守板桥镇大山一线；

第74军的第51师、第58师固守牛首一带据点和河定桥一线；

第88师固守雨花台；

第71军的第87师固守河定桥至孩子里江南铁路北一线；

教导总队固守紫金山；

第2军团守杨坊山及乌龙山一线及乌龙山要塞；

第36师固守红山、幕府山一带；

第66军至大水关附近集结待命；

第83军的第156师及第36师一个团在青龙山、龙王山一线掩护撤退。又命在镇江的第103师、第112师向南京急进。

十几个师十多万人马齐集南京。除挹江门外，南京城门都紧闭，并用多层沙袋加固城门工事，守城部队严阵以待。中国军队在南京城四周收拢成一只巨大的拳头，就等着日军往这只铁拳上撞了。

12月9日，南京复廓战正式打响。

清晨，六七十架日机掩护地面部队向中国军队的阵地发起猛攻。日军的炮弹炸弹铺天盖地在中国守军阵地和南京城内外炸响。

日军的一架飞机飞临南京城上空，盘旋一圈以后，投下了一包东西。奇怪的是，这东西落地以后并没炸，守城士兵跑过去一看，原来是一个空投袋，上书"南京卫戍司令长官唐生智收"。众人不敢怠慢，赶紧送交司令长官部。

唐生智展开一看，只见上面写着"投降劝告书"几个大字。上面写道：

> 百万日军已席卷江南，南京城处于包围之中，由战局大势观之，今后交战有百害而无一利。惟江宁之地乃中部古城、民国首都，明孝陵、中山陵等古迹名胜猬集，颇具东亚文化精髓之感。日军对抵抗者虽极为峻烈而弗宽恕，然于无辜民众及无敌意之中国军队，则以宽大处之，不加侵害；至于东亚文化，尤存保护之热心。贵军苟欲继续交战，南京则必难免于战祸，是使千载文化尽为灰烬，十年经营终成泡沫。故本司令官代表日军奉劝贵军，当和平开放南京城，然后按以下办法处置。
>
> 大日本陆军总司令官　松井石根
>
> 对本劝告的答复，当于12月10日正午交至中山路句容道上的步哨线。若贵军派遣代表司令官的责任者时，本司令官亦准备派代表在该处与贵方签订有关南京城接收问题的必要协定。如果在上述指定时间内得不到任何答复，日军不得已将开始对南京城的进攻。

唐生智看罢冷笑一声，把劝降书撕得粉碎："传我的命令，准备与日军决一死战。各部队要与阵地共存亡，擅自撤退者按连坐法严惩不贷！"

日军劝降不成，恼羞成怒，向南京发起更加猛烈的进攻。一时间，南京城外炮声隆隆，杀声震天，天昏地暗，日月无光。10万中国军队与20多万强大的日军展开了抗战以来的又一场殊死搏斗。

城外，两军厮杀，血流成河。城内，唐生智沉着镇定，一如平日。

在隆隆的枪炮声中，唐生智照例每日傍晚在庭前散步，侍从身背大暖瓶，手捧茶壶和三炮台跟在后面服侍。每隔几分钟，唐生智就要用热毛巾擦擦脸，轻轻地品一口香茗，然后又不紧不慢地吐出一串串烟圈，那副悠然自得旁若无人的模样，仿佛这场血战根本就没有发生。

◎ 回天无力，饶国华将军杀身成仁

日军兵分三路气势汹汹奔南京杀来。一路上攻城略地，阳光下的太阳旗像一张张开的血盆大口，一座又一座中国城池成了这张贪婪大口中的肥肉。东路日军沿沪宁铁路一鼓作气攻取镇江；中路日军沿宜兴、溧阳、句容直逼南京，12月4日攻陷句容，6日进犯淳化镇、汤水镇，7日进逼栖霞山；南路日军进犯长兴、文德、泗安，直取芜湖，企图截断南京退路。

"占领敌国首都，迫使中国屈服"，松井石根对大本营的战略企图心领神会。他现在的任务，早已由上海会战时的所谓"保护侨民"变成了"挫败敌人战斗意志，获得结束战争的机会"。

战事一开，日军所向披靡，再不需要师出有名，为下一步的行动寻找借口了。松井石根毫不掩饰地在日记中写道："余须谨奉大命，全察圣旨所存，唯仁唯威，举所谓破邪显正之宝剑诛杀马谡。"这个熟知中国历史的日军大将居然自诩为挥泪斩马谡的诸葛亮。他杀气腾腾地叫嚣："降魔的利剑现在已经出鞘，正将发挥它的神威。"强盗闯进别人家里杀人放火，还要贼喊捉贼，好一个强盗逻辑。

眼下，松井石根知道南路部队所攻掠的各地均在蒋介石预先设防的国防线之外，广德属安徽，泗安属浙江，长兴属江苏，均在太湖之西、南京以南。如果该路部队迅速挺进，抢先占领位于南京侧后方的芜湖，就可以截断南京守军退路，南京唾手可得。于是，他命令第18师团牛岛部队越过太湖，迅猛攻击，直取芜湖。

在这条防线上防守的是川军刘湘所属第23集团军。身为总司令的刘湘称病未到前方，在第一线指挥的是集团军副司令兼21军军长唐式遵。

淞沪会战败阵以后，蒋介石无兵可调，捉襟见肘，这才命刘湘所属2个军共5个师、2个旅去守广德、泗安、长兴一线。郭勋祺的144师任左翼，向长兴推进；饶国华率145师，刘兆藜率146师任右翼，固守广德；杨国桢的147师和陈鸣谦的148师共守泗安；独立13旅和独立14旅配守广德。

苏州、常州已相继失守，退下来的部队秩序混乱，士气低落。日军牛岛师团在南路进展神速，军情紧急。可唐式遵总司令还没到任，潘文华副司令只好先紧急召集各师师长开会。

川军是杂牌军，装备极差，一个连还配不了一挺机枪，一个师才有几门小炮，步枪大多是清朝留下来的"老毛瑟"。不过，最差的是"四川造"，打上几十发子弹，就拉不开栓了。川军士兵身背斗笠，脚蹬草鞋，手拿老掉牙的步枪，看着那些装备着德国造步枪、机枪、大炮的中央军也狼狈不堪地败下阵来，心里能不犯嘀咕吗？

"中央军那样好的武器都抵不过日本鬼子，我们这些破铜烂铁，咋个行嘛？"

潘文华一听这话来了气：

"委员长命令我们抗击敌人，不是要我们发牢骚。有牢骚等打败敌人再发不迟。日本人不是铁打的，我们的枪虽然不好，可我们的子弹照样可以打穿日本鬼子的脑壳！"

大个子郭勋祺跳起来用毛笔写了六个大字"胜则生，败则死"，高举在众人面前，然后，他跳到会场中央，瞪大眼睛大声喊道：

"有种的，就要下这样的决心，跟敌人拼个高低。敢吗？"

"敢！"一时间，会场上群情激奋。

日军开始进攻了，空中有飞机掩护，陆上有炮火支援，144师郭勋祺的部队却凭着步枪手榴弹一次又一次打退了敌人的疯狂进攻。正打得兴起，军部来了紧急命令："立即后撤到广德。"

原来，日军牛岛部队一部进攻长兴、宜兴、泗安，另一部进攻广德。潘文华军长、饶国华师长和田兴五旅长率部顽强抵抗，敌人寸步难行。

饶国华的145师担任正面阻击,能否顶住事关全线大局。潘文华给饶国华下了死命令:"打到一兵一卒,也要坚持到底。"

饶国华的回答只有五个字:"人在阵地在。"

日军数十架飞机和重炮向145师阵地狂轰滥炸,阵地几乎被夷为平地,饶国华的指挥所也被炸塌了。他伏在弹坑里继续指挥战斗。

正在双方激战时,一股敌人蜂拥而来冲破了阵地的一角,并很快冲垮了防线,潘文华只好下令全线撤退,广德又落入日军之手。

饶国华悲愤交加,他恨不得亲手宰了团长牛汝泽,要不是他不听指挥,擅自撤退,广德不会丢。按军法该把牛汝泽就地正法。可是,军部没下令,总司令唐式遵那儿也没动静。等来等去,等来了战区司令长官顾祝同签署的一纸命令:

"广德之战,牛汝泽团长奋战临敌,功在史册,着即晋升为旅长。"

这真是一个晴天霹雳,打得饶国华五内俱焚。半响,他终于想明白了,牛汝泽不是唐式遵的亲信吗!

饶国华一腔热血刹那间冷却下来,他提笔写下致家人及唐式遵总司令、刘湘司令长官的信,然后嘱咐卫士面向广德城铺好卧毯,饶国华盘腿端坐卧毯中间,面对广德方向大呼:"威廉第二如此强盛都要灭亡,何况你小小日本,将来亦必灭亡!"说罢,向敌军方向怒目而视,拔出手枪对准了自己的太阳穴扣动了扳机……

11月25日,日军攻陷无锡。北路日军攻占镇江之后,12月7日进抵南京远郊栖霞山。12月8日汤山失守。

中路日军先后攻陷溧阳、溧水,12月9日攻克淳化镇、牛首山。

南路日军攻占泗安、长兴、广德之后,12月7日攻占宣城,12月8日占领芜湖,12月11日占领南京与芜湖之间的当涂。南路日军国崎支队由当涂渡江向南京江北的浦口包抄。

至此,南京外围阵地于12月9日全部丢失。这时,南京城外的主阵地,只剩下乌龙山炮台、紫金山和雨花台了。日军四面紧缩包围圈,共9个师团20多万人马,加上海空军的支援,把南京城围得铁桶一般。

守卫紫金山的是桂永清指挥的教导总队。这支部队是根据德国顾问法根豪森的建议,按照德国步兵团的编制编成的。它的前身是中央军官学校教导总队。经过扩编之后，作为德式步兵团营连战术的示范部队，由曾在德国步校毕业的桂永清任总队长，由15名德国顾问分别担任步兵、骑兵、炮兵、工兵、辎重后勤等专科的指导，完全按德式训练方法进行训练。教导总队开始只有两个团，加上直属分队，共有官兵9000多人，驻在南京中山门外孝陵卫。

这支部队表面上是德式团营连战术示范队，实际上成了蒋介石的"铁卫队"。按照桂永清的话说："我们教导总队就是校长的铁卫队，要仿照希特勒的铁卫队进行组织和训练，要切实注意部下的思想行为，要训练他们忠于党，忠于领袖，要使他们成为拥护领袖的最忠实的铁卫队员。"于是，总队内部成立了复兴社支部，支部之内又有一个核心组织——力行社，桂永清亲自任组长。

淞沪会战打响后，教导总队迅速扩充为3个旅9个团，约43000人；桂永清仍为总队长，邱清泉任参谋长，周振强任副总队长兼第1旅旅长，胡启儒任第2旅旅长，马威龙任第3旅旅长。

11月9日教导总队从上海撤退回到南京，经过补充，兵力仍有30000余人，况且装备精良，仍然保持了很强的战斗力。当时许多人自知南京守不住，避之犹恐不及。桂永清不愧是蒋介石的亲信"铁卫队长"，他摸透了蒋介石"以守求和"的心思，断定守南京是个不会亏本又名利双收的好机会，此时不在老蒋面前表现一下更待何时。于是，他信心十足地去见蒋介石。

蒋介石也在为这支铁卫队的去留犹豫。

"现在大家都害怕守南京，你们教导总队怎么样？"

"报告校长！"桂永清垂手肃立毕恭毕敬地回答："南京乃我国首都，先总理陵寝所在，国际观瞻所系，岂有不守之理？学生愿与南京共存亡，虽肝脑涂地，万死不辞。"

蒋介石听罢频频点头：真不愧是自己一手栽培的"铁卫队长"，关键时刻没给我丢脸。蒋介石高兴之余大笔一挥，奖励桂永清10万元。另外，给教导总队预支12月份军饷。桂永清心中窃喜，几十万银子轻易到手了。他一不做二不休，索性给众人做个样子，接受了防守紫金山抵挡正面来敌的艰巨任务。

"守不住阵地提头来见！"

12月10日13时，松井石根下达攻城命令。第9师团向光华门，第114师团、第6

第四章 南京城，人类的悲哀

师团向中华门，第16师团向紫金山同时发起猛烈的进攻。

防守紫金山的教导总队像一道闸门，抵御着南京正面似潮水般涌来的敌人。教导总队凭借钢筋水泥的预设阵地，顽强地阻击敌人。日军在阵地前遗尸遍野，可是大批日军仍源源不断地蜂拥而上，教导总队伤亡也很惨重。这时候，电话里传来桂永清的命令，只有短短的16个字："坚决抵抗，不得后退，如有闪失，提头来见。"

教导总队在这道死命令的压力下，急中生智，倚托有利的地形和工事，用少部兵力和敌人周旋，部队轮番休息，既减少了伤亡，又可以养精蓄锐。这招果然奏效，日军损兵折将，依然寸步难行。

狡猾的日军自知教导总队这块硬骨头难啃，也学乖了，以其人之道还治其人之身，也留下少量部队牵制教导总队，集中兵力攻击侧翼87师防守的工兵学校，守军一个营抵挡不住，退入城内。日军占了工兵学校，一下子就突入到光华门外。

此时，87师师长王敬久正蹲在富贵山地下室里，身边也不带参谋副官，一个人低头抽闷烟。工兵学校失守的消息传来，惊得他跳起来，把香烟一扔，半天说不出话来。

"王师长，这个情况恐怕应该赶快报告司令长官部吧！"旁边的教导总队参谋长邱清泉提醒他。

王敬久这才如梦方醒地挂通了司令长官部的电话，工兵学校一失，南京城的光华门就首先暴露在日军面前。王敬久在电话里听到的是唐生智一顿臭骂。他一放下电话，气就不打一处来，对着电话向260旅旅部喊道："叫刘旅长马上来见我！"

不一会儿，身穿灰布棉军装腰里扎条士兵皮带的旅长刘启雄到了。

"你为什么把工兵学校丢了！"王敬久劈头就问。

"我们自上海撤退下来，人还没收容一半，加之这几天的苦战，许多官兵不死即伤，守工兵学校的实际只有一连多人了，所以……"刘启雄不慌不忙地回答。

"回去！把剩下的人组织好，听候命令。"其实，这些情况王敬久也都清楚，还能说什么呢？到底听候什么命令呢，王敬久没说，其实他自己也不知道。

进攻光华门的日军把山炮推出来，对准城门猛轰，城门被掀了下来，墙体内的泥沙顿时向外倾泻，百余个日军端着三八大盖爬了上来，守军官兵挺起刺刀迎了上去，城墙上刀光剑影杀声震天。当中国士兵带血的刺刀穿透最后一名日军胸膛的时候，城墙上下横七竖八躺倒了百十具日军和几十具中国士兵的尸体。

战斗愈演愈烈。光华门又多次被日军突破，长官部急令第156师增援通济门，并堵住光华门缺口。副司令长官刘兴亲临前线指挥，缺口终于堵住了。官兵们刚刚松了口气，突然一阵枪响，城墙上的警戒哨应声倒地。

原来，一伙日军躲进了城门洞里，守军的火力够不着，往下扔手榴弹也炸不着。敌人却可以从隐蔽处杀伤城墙上的守军。天渐渐黑了，守城官兵急得手足无措。不知谁说了一句："烧这帮龟孙子！"

对呀！大家七手八脚找来汽油，顺着城墙往门洞口浇。然后，几十名敢死队员腰系绳索悄悄从城墙上悬垂落地，一阵手榴弹引燃汽油，城门洞中敌人在烈焰中烧得哇哇大叫，无一生还。

任务完成了，可这几十名勇士并没有攀绳而上，他们早已抱定了必死的信念，朝着城外增援的日军猛扑过去，打得日军抱头鼠窜。勇士们勇猛冲杀，最后全都面向敌方倒在了光华门外。

日军进攻光华门、通济门失利后，11日以精锐部队谷寿夫的第6师团和末桦茂治的第114师团猛攻雨花台和中华门。副司令长官罗卓英亲赴第一线指挥，在中华门一带和日军展开激烈巷战，把突入城中之敌全部肃清。

防线不到2000米宽的雨花台阵地，从早晨7时起，日军飞机大炮坦克轮番轰炸，两个联队的日军反复冲击，守军阵地岿然不动。日军一次次冲上山顶，又一次次被打下去。激战三日，日军在阵前遗尸数千。中国守军孙元良部88师也付出了巨大代价，262旅旅长朱赤、164旅旅长高致嵩以下官兵6000余人全部壮烈殉国。

12月12日，从拂晓起，日军飞机大炮密集地向各城门集中轰炸，古老坚固的城墙被炸得乱石横飞，城墙四周房倒屋塌，城墙洞开，城里的守军都可以清楚地看见日军士兵晃动的钢盔。

战至中午12时，雨花台被日军占领；紫金山第二峰也告陷落；第2军团被日军国崎支队逼到了乌龙山至吉祥庵的江边，已无路可退。中华门和中山门多处城垣被日军炮火击毁，日军从城墙缺口潮水般涌入，向城内四溢。成百上千的中国士兵在长官战死无人指挥的情况下，自发地迎上去，用自己的身躯阻挡敌人。在他们慷慨赴死的时候，他们万万没有想到，他们的死，换来的却是守军的仓皇大溃败。

◎ 兵败如山倒，十万溃兵望江兴叹

12月12日，南京危城已是风雨飘摇，中华门、中山门等多处阵地被突破。而城外，只有紫金山主峰还在教导总队手里。驻守下关的第36师已奉调进城，准备与日军进行巷战。

凌晨2时许，唐生智的卫戍司令长官部里，告急电话此起彼伏。唐生智双眉紧锁，身患痢疾的身躯更加消瘦了。他已无心品茶了，只是大口大口地抽烟。突然，他把烟头一扔：

"叫运输司令。"

运输司令周鳌山是唐生智的老部下，唐生智在湖南主事时，周鳌山任过教育厅厅长，长期在唐生智身边做幕僚。听到唐生智这时叫他，心里早明白了几分，司令长官恐怕要准备向江北撤退了。

"南京的局面已经如此，你的运输部队准备如何？"唐生智的心思果然让他给猜中了。

"我当尽一切力量满足需要。"周鳌山赶紧回答。

"我问的是你手上控制了多少运输力量。"

唐生智不满地追问。

"江上可用的船只，帆船有2000多只，机轮有13条。合起来，一次运6000人不成问题。不过……"周鳌山说到这，停住话头。

"说下去！"

"不过这些运输工具并不都归我指挥，而是由各部分散控制，调动困难。"

"我让36师宋希濂部队协助你把运输工具统管起来，速去办理！"

其实，唐生智对这道命令能否行得通，自己心里也没把握。手下的部队大多不是他的，命令下去常打折扣。唐生智恨恨地想：要是手下的兵全换成自己的湘军老部队，也不会败得这么惨。

正想着，参谋处长廖肯和参谋处第一科科长谭道平应召来到，罗卓英、刘兴和周斓也都齐聚唐生智的办公室。

唐生智面色严峻地对廖、谭二人说：

"现在南京城已被日军攻破，无法守卫了。委员长已有命令，叫我们撤退，你们赶快去拟定一份撤退命令！"

12日下午4时，南京城内已多处响起激烈的枪炮声，守城部队已与突入的日军展开激烈巷战。南京城内充满硝烟。唐生智紧急召集罗卓英、刘兴、周斓、余念慈及师长以上将领，召开了南京卫戍战中的最后一次会议。唐生智首先发言："南京现在已十分危急，少数敌人已冲入城内，在各位看来，以为尚有把握再行守卫否？"

大家彼此面面相觑，空气冷寂得使人不寒而栗。这时候，只见唐生智掏出一封电报："蒋委员长来电：如情势不能久守时，可相机撤退，以策后图。"

念完电报，参谋默默发给每个人一份撤退命令和突围计划。大家急切地展开命令，只见上面写道：

首都卫戍司令长官作战命令特字第一号

12月12日下午3时

命令

于首都铁道部卫戍司令部

（一）敌情如贵官所知。

（二）首都卫戍部队决于本日晚，冲破当面之敌，向浙皖边区转进，我第七战区各部队，刻据守安吉、柏垫（宁国东北）、孙家埠（宣城东南）、杨柳铺（宣城西南）之线，牵制当面之敌，并准备接应我首都各部队之转进。又芜湖有我第76师，其南石镇有我第6师占领阵地，正与敌抗战中。

（三）本日晚各部队行动开始时间，经过区域，及集结地区如另纸附表规定。

（四）要塞炮及运动困难之各种火炮并弹药应即彻底自行炸毁不使为敌利用。

（五）通信兵团除配属各部队者应随所配部队行动外，其余固定而笨重之通信器材及城内外既设一切通讯网应协同地方通信机关彻底破坏之。

第四章 南京城,人类的悲哀

（六）各部队突围后运动,务避开公路,并须酌派部队破坏重要公路桥梁,阻止敌人之运动为要。

（七）各部队官兵应携带四日炒米及食盐。

（八）予刻在卫戍司令部,尔后到浦镇。

右令

司令长官 唐生智

到会的将领们默默地读完命令和突围计划,死一般的静寂刺激着每个人的神经。唐生智沙哑的声音打破了沉寂,仿佛是从很远的地方飘过来的一样：

"战争不是在今日结束,而是在明日继续；战争不是在南京卫戍战中结止,而是在南京以外的地区无限地延展,请大家记住今日的耻辱,为今日的仇恨报复！各部队应指出统率的长官,如其因为部队脱离掌握,无法指挥时,可以同我一起过江。"

天黑了,紫金山满山都燃起大火,雨花台、中华门、通济门一带更是火光冲天,亮如白昼,南京城里一片混乱。

唐生智最后看了一眼仅仅22天的卫戍长官司令部办公室,默默地取出500元钱和20瓶汽油交给卫士,转身头也不回地上了车。在他的身后,办公室里腾起卫士焚烧文件的熊熊烈焰。这一把火,把唐生智誓与南京共存亡的铿锵誓言和坚强决心烧得一干二净。

此时,滔滔长江,成了南京军民的生死线,成千上万毫无秩序的人们拥向下关码头,仅有的几只渡船只要一靠岸,立刻就有无数人争先恐后夺命而上,毫不理会试图夺路而上的士兵们的鸣枪示警。一时间,江边喊声、哭声、叫骂声和落水者的呼救声响成一片。

只有停在煤炭港海军码头的一艘小火轮,没人敢上,船上头戴钢盔的士兵架着机关枪,有敢大胆靠前的,立即毫不客气地射击。这艘船是专门为司令长官部准备的。

当初,唐生智为了表示与南京共存亡的决心,下令把所有大小船只一律交第36师严加看管,不准留有一条船,违令者以军法论处。结果,连长官部也没留下一条船。后来,南京形势日紧,还是参谋长周斓极力主张把这条船留下来以防不测。这一下，长官部官佐们真是谢天谢地，多亏有了这条船，大家才能够死里逃生。

长官部的人马大部分都上船了，眼看着枪炮声越来越近，他们也顾不上自己的长官们了，大家一齐叫道："快开船，不然谁也走不了。"唐生智的几名老部下坚决不干："司令长官还没到，不能开船！"双方僵持了半天，费了九牛二虎之力好言好语才说服了众人。

足足等了一个小时，才看见一名副官陪着唐生智吃力地挤出人群，跌跌撞撞地向船上走来，一会儿，罗卓英、刘兴、周斓也在卫队护卫下上了船。可是，左等右等不见副参谋长余念慈的人影，又等了一小时，连唐生智也等不及了，急急下令开船。9时左右，船驶离了火光冲天的南京城，向着漆黑的江北岸驶去。

一个小时后，一行人在浦口上岸，原打算沿铁路线奔安徽滁县，可是从当涂渡江的日军国琦支队已经占领了北岸的江浦线，直奔浦口杀来，众人慌忙择路而逃，沿着公路向扬州的顾祝同部靠拢。

唐生智身患痢疾尚未复原，再加上惊吓，实在走不动了。副官找来一辆沾满牛粪的板车，唐生智一看："这辆车如何可以坐呢？"没办法，只好由卫士扶着蹒跚前行，又走了一段路，唐生智一屁股坐在地下，再也走不动了，问："副官，有没有车？"

副官小心翼翼地把那辆板车推到前面："长官，还是这辆车，实在找不到别的车了。"

唐生智长叹一声："我带兵20年，大小百余战，从未有今日之狼狈啊。"没办法，只好放下架子，爬上板车，让卫士们推着前行。

唐生智回首对岸的南京城，但见火光冲天，远远地可以清楚地听见飞机炸弹爆炸声和枪炮声，紫金山像一个受伤的巨人一般在通天烈焰中痛苦地颤抖。

突然，唐生智觉得自己也掉进了无边的烈焰之中。一抬眼，一片大火挡住了去路。

前面的木桥燃起了熊熊大火，桥面还没有烧断，一旁的卫士们不由分说，护着唐生智的板车冲了过去。等唐生智清醒过来，大火已经被甩在了身后。

12月13日早晨7时，疲惫不堪的一行人到了扬州，可是扑了空，顾祝同已带着部队转移到临淮关。还不错，他心里还想着身陷敌围的唐司令长官，临行前专门留下了6辆汽车。唐生智心里暗自庆幸，一行数百人这才坐上汽车直奔滁州……

南京城内。自12月12日下午5时下达撤退命令后，各部队指挥官一个个像泄了气的皮球，只想着怎样赶紧脱身。有的人回到指挥部，一传达完撤退命令，也顾不上组织部队撤退，丢下成千上万的官兵，自己先跑了。第88师师长孙元良开完会，压根就没回指挥部传达撤退命令，拔腿就溜了。

撤退命令上明文规定，各部队分头突围，并且规定了每个部队的突围方向和集结地域。成建制的部队从正面突围，只要不陷入日军重围，脱身并不难。但是，只有第66军和第83军两支部队遵照命令执行。

第66军两个师从紫金山北麓趁天黑以后向南突围。将士们机智地寻找日军兵力的薄弱地带，从日军包围圈的间隙冲了出去。他们把机枪集中在队前，一路冲杀，且战且走。而日军急于杀进南京城，也不愿在这些突围的部队身上费力。部队经马厂机场东侧、淳化镇、句容、溧阳，杀出一条血路，安全到达皖南宁国。

第83军当夜由栖霞山附近突围，也取得成功。

执行命令突围的这两支部队，都死里逃生。而拒不听命的大批部队却钻进了死胡同。其他各部都认为逃往江北才是生路，就都不顾命令，纷纷涌向东边，夺路而逃。从中山北路到挹江门，沿路挤满了争相逃命的各路兵马和老百姓，车辆、装备和人马相互拥挤践踏。一纸撤退命令，就像一阵狂风似的把10万大军吹得七零八落，魂飞魄散。

人群蜂拥着冲到通往下关的挹江门，这是从城里通向江边码头的唯一通道。突然，人群一阵骚动，原来，面前是数十挺机枪黑洞洞的枪口，荷枪实弹的士兵端着明晃晃的刺刀。第36师的官兵在执行唐生智的命令，阻止部队向江边撤退。原来他们还没接到撤退的命令。

人群愣了片刻，又发疯似的向前冲去。

"哒哒哒……"机枪响了，子弹从人群的头顶上飞过。

"叭叭叭……"步枪、手枪声响起来。但是，这次是向城门方向射击。人群中有的官兵和城上第36师的官兵对射起来。

枪一响，人群像决了堤的洪水，冲向城门，城门只开了一扇，人多门窄，人流从被挤倒在地的人们身上踏过去，没命地向江边冲去。一名被挤倒在门边的伤兵急红了眼，拉响了随身携带的手榴弹，"轰隆"一声，城门洞内血肉横飞。浓烟散过，无数双脚又无情地踏过残肢断臂。被遗弃道旁的伤兵们对着头也不回逃命的同伴背影破口大骂："你们都逃了，把我们甩到这里，叫日军杀害，真令人伤心！他妈的，早知如此，谁肯打仗！"

近水楼台的第36师宋希濂部，用汽船拖着木船把第一批人马运到了江北。当船回到南岸后，岸边急于求渡的人们不管三七二十一都蜂拥上船，第36师被冲乱。到13日8时，整个36师只有3000余人渡过了江，半数以上的人马被困在了南岸。

第87师副师长兼261旅旅长陈颐鼎根本就没有接到司令长官下达的撤退命令。到12月12日下午，261旅就与师部中断了联系。中山门正面日军阵地上一片沉寂，只听到雨花台、中华门一带枪炮声激烈，紫金山大火烧红了半山，枪声却逐渐稀疏下来。陈颐鼎觉得有点儿不对劲，就对副旅长孙天放说：

"咱们一点外边的情况也不知道，跟师部也联系不上，是不是找邻近的教导总队马威龙旅问问情况？"

于是，孙天放派联络参谋刘平去马威龙指挥所。一会儿，刘平回来了。

"情况怎么样？"陈颐鼎急切地问。

"广东部队第83军已整队出了太平门，向东北方向去了。马威龙旅长也正在向左侧靠去。"

"他们到哪里去？"

"他们拒不答复。中山门到光华门一段城墙上已经没有一个守兵……"

陈颐鼎和孙天放面面相觑，坠入五里雾中。过了好长时间，陈颐鼎对孙天放说：

"天放，劳你大驾，带上一些人，亲自到左翼铁路附近观察一下吧。了解了情况好下决心！"

孙天放去了许久，直到13日零时才转了回来。他满面惊惶，强压着悲痛，对陈颐鼎说道：

"南京失守了！"

这声音似晴天霹雳把陈颐鼎从头打到脚。完了，全完了。部队现在是进退不得，右侧有溜冰厂高地的敌人封锁着向光华门的去路，正面跟敌人对峙着，背后是护城河。唯一的退路，就是向下关撤退。按常理，既然撤守南京，应先派出部队掩护主力撤退，并在江边备好渡江器材，供部队按计划渡江，可眼前这一片混乱。

"怎么不见撤退命令？"陈颐鼎不明白。

"其他部队都在向下关走,我们不能孤军留在这里坐以待毙呀!"孙天放急了。

"可我们并没有得到撤退命令,擅自放弃阵地是要受军法制裁的!"

"我说旅长,我们也要及时应变哪!要不,把团长们找来共同商量一下。"

孙天放一再地把他看到的情况向团长们通报,坚持事到如今非走不可。团长们看看旅长不吭声,齐声说:"走不走,我们听旅长的。"

陈颐鼎心里清楚,走,这个"擅自撤守"的责任就得由他一人来承担。

"撤,可以!但要咱们大家负责。"陈颐鼎紧紧地盯住大家。

"可以,大家签字!"一个团长说。

陈颐鼎拿出个日记本请在场的一一签字,当他收回本子的时候,泪水溢出了眼眶。大家相对无言。陈颐鼎一拍桌子,大声宣布:

"521团第3营占领首蓿园到中山陵之线掩护,其余部队向下关撤退!"

261旅在夜色中从中山门出发,沿中山门通往太平门和玄武湖东侧通和平门的公路,往下关撤退。路过吴王坟医疗站,没送走的重伤号哭号着拦住去路,哀求把他们带走。部队没有运输工具,也没担架,只好丢下他们不管。

陈颐鼎听着身后重伤员撕心裂肺的哀号声,心如刀绞。

从12月13日凌晨3时,出发部队以急行军速度到了下关,沿途没遇上一个敌人。

玄武湖公园还是那么幽静,要不是城内冲天的大火,谁会想象得到,这一刻正是这个城市末日来临之夜呢?

清晨6时,部队赶到下关。只见无数的人群像没头苍蝇一样在江边乱窜。87师一个副官挤到陈颐鼎面前。陈颐鼎忙问:

"师长现在哪里?"

"师长昨天就过江走了……"

副官话没说完,陈颐鼎就火冒三丈地骂道:

"他妈的,把我们这一旅人丢下不管!"

陈颐鼎忽然一下子觉得自己"擅自撤守"的责任没有了:"原来大官们早就跑了,自己还蒙在鼓里,稀里糊涂打了几天恶仗,长官们始终也没告诉过南京城防的全面战斗部署,临撤走的时候,连个通知也没有,这帮贪生怕死的官僚。"

陈颐鼎被人潮冲得前仰后合,他的部队也被冲乱了,连副旅长孙天放也不知被人潮卷到哪里去了。眼看江边无船，陈颐鼎勉强收拢队伍奔煤炭港找船。

谁知到了那儿一看，煤炭港比下关还乱，人群拼命地争抢渡江器材，有的动手，有的动了枪。这儿也见不到船的影子，一心只顾逃命的人们也不管什么东西，只要能漂浮的东西就行。江面上漂满了抱着木板、澡盆、门板甚至粪桶的人，还有数不清的落水者在波涛汹涌的江面上伸手高声呼救。部队从这里集体渡江已不可能了。士兵们一看这情景，也顾不上等长官的命令，一哄而散各自逃生。有的忙着争抢漂浮工具，性急的干脆跳进江里向对岸泅渡，还有的奔向城内难民区躲藏去了。

午后3时，陈颐鼎带着所剩无几的部下往燕子矶奔去，路过乌龙山，此刻，乌龙山要塞的炮早已哑了。乌龙山下，一群工人还在继续修工事，正在浇灌混凝土。工人们看见他们的狼狈相，就主动打招呼：

"老总们，辛苦了！"

"不辛苦，你们这是干什么呀？"陈颐鼎不解地问。

"修工事，打小日本用！"

"用不着了，快歇歇吧！"陈颐鼎向他们连连摆手。

"不能歇呀，长官，误了工期，误了国家大事，这可不行呀。"工人们没明白他的意思。

"多好的百姓呀！"陈颐鼎不敢多耽搁，急急赶路，刚走了一里地，就听到工地上响起了一阵枪声。他猜想一定是这群热心抗日的工人遭到了日军袭击。他无力去救助他们，反而加快了逃命的步子。

卫士们挟着陈颐鼎跑到江边，不知从哪儿找来一块两丈长的大木板，陈颐鼎一看这木板绝对载不了身边的这些人，与其落到江中淹死或被日军生俘，倒不如自己死个痛快。他拔出手枪，被眼疾手快的卫士夺下，不容分说把他架上木板，大家一同登上去，漂了不到五六十米，木板眼看着就往下沉，这些患难与共的弟兄知道木板承受不了这么大的重量，为了旅长的安全，几名卫士"扑通、扑通"跳到江里，谁知这一跳把木板蹬歪了，把陈颐鼎抛到了水里。他挣扎着浮出水面。

从上游开下来的日军兵舰不断地向江面发射曳光弹，并对着水面上逃生的人群扫射，浮在江面上的人们，在曳光弹的照耀下无处藏身，被军舰撞死、子弹打死和被水淹死的不计其数。

第四章　南京城，人类的悲哀

一只浮排救了陈颐鼎的命。

12月12日下午，教导总队2团13连代理连长严开运正指挥全连官兵在紫金山廖仲恺墓附近的阵地阻击日军，仗打得异常艰苦。

这时，防坦克炮连连长颜希儒跑到严开运的掩蔽部，一见面就嚷道："有酒没有？拿来给我喝！"

严开运知道老朋友的这个嗜好，递过酒瓶，颜希儒一饮而尽，抹一把嘴，盯着严开运问：

"现在第一线够吃紧的，稳不稳得住很难说，要是撤退的话，你走不走？"

"有计划的撤退，当然要走；要是没有计划就麻烦了。"

颜希儒听了冷笑一声："还能有计划么！"

严开运摸不清他到底想说什么："那你准备怎么办？"

"不管怎样撤退，我都不走了。"说着，颜希儒从腰里取出两颗用绳拴着的卵形手榴弹，一手拿一个，无限感慨地说：

"你看，够本了吧！"

严开运以为他是一时激愤，就劝道："有命令撤退的话，还是照命令办吧。"

颜希儒听了没有说话，和老朋友紧紧握了握手，转身回阵地去了。

下午4时左右，13连击落了一架日军飞机，总队规定，击落敌机一架发奖金500元。严开运兴冲冲地跑到指挥部领奖金，没想到奖金没领到，领到的却是一道撤退命令。

指挥部地下室里，早已见不到桂永清的影子。教导总队总队长桂永清接到撤退命令以后，回到富贵山地下室向参谋长邱清泉传达命令，就带着十万元奖金和全总队官兵12月份的军饷还有随身细软，匆匆过江逃命了。此刻空荡荡的屋里，只有一个人呆呆地坐在木凳上，严开运仔细一看，原来是总队参谋长邱清泉。邱清泉嘴上叼着香烟在昏暗的地下室里若明若暗，他见严开运进来，就问："有什么事？"

严开运把打下敌机的情况向他汇报以后，邱清泉说："打得好，奖金以后再发给你们。"接着，他好像突然想起什么似的问：

"撤退命令你接到没有？"

"没有哇!"

"现在准备撤退,你回去马上行动,队伍先到马标集合,再渡江到浦口。"

严开运临走时,看见邱清泉一言不发,左手拿着左轮手枪,右手拿着子弹,一颗颗地装填,然后,把手枪往腰里一插,仍旧坐在凳子上抽烟。一个参谋过来劝他撤退,他吩咐参谋烧掉文件后先走:"我先不走,部队还没走完……"

严开运带着队伍向江边撤退,突然,一只手拉住了他的衣角,一个受重伤的军官哀求他:"请你做个好事,补我一火吧!免得留下来受罪。"严开运实在不忍心,只好违心地说:"后边有担架来了,你等等,我们还有任务。"这时,严开运忽然想起参谋长邱清泉还留在地下室里,也不知他现在怎么样了。他哪里知道,此时的邱清泉还在地下室没走,等到后来部队撤得差不多了,日军已经攻进了城,邱清泉和教导总队第5团团长睢友兰、教导总队第2旅中校参谋廖耀湘等几个人,在混乱之中见渡江无望,突围不成,只好换上便装,混在老百姓里,几经周折,终于逃出了南京城这座人间地狱。

12月14日,在滁县北宋欧阳修曾留下著名诗篇的琅琊山醉翁亭,唐生智心烦意乱,真想也来他个一醉方休。逃出南京的卫戍司令长官部的几位正副长官失魂落魄地聚在一起,一个个惊魂未定,愁眉不展,唐生智长叹了口气说:

"我打了一辈子仗,从来没有打过这样糟的仗。我对不起国人,也对不起自己。"

他羞愤交加地抬起头来,一眼看见刚刚进来的运输司令周鳌山。唐生智猛地一掌拍下去,把桌子上的茶杯都震得跳了起来,大声喝道:"你是干什么吃的!把我的几千伤兵都丢在江那边让日本人杀了!"

周鳌山吓得支支吾吾地说:"我有什么办法呢?情况变得太快了,我有什么办法?"

"我枪毙你!"唐生智怒不可遏。

其实,唐生智哪里知道,岂止是几千伤兵没有过江。他的十万守军十之六七都没能过江逃生,连同南京城几十万百姓在内,等待他们的是一场惨绝人寰的大屠杀。

12月14日,蒋介石下令撤销只存在了短短20多天、却早已名存实亡的南京卫戍司令长官部。

◎ 古城浩劫，屠刀下的30万冤魂

12月13日，对南京、对中国来说都是一个灾难性的日子。在经过近10天的血火淬炼后，南京终于没能顶住日本人绝对优势的兵力和火力，无可奈何地陷落了。

13日零点刚过，古寿夫第6师团在付出巨大的伤亡代价后，其先头部队长谷川部率先攻入了南京19座城门中最坚固的中华门。该部虽未能深入多远，但"日军攻入南京城"的消息却不胫而走。这消息犹如无声的号令，刺激着虽疲惫却占据上风的每一个日本兵。不久，第114师团、16师团、18师团及13师团一部，相继攻入中山门、光华门……

天还未亮，各路日军如潮水般地涌入南京城。街头巷尾，除少数有血性的中国散兵继续抵抗外，有组织的防御已不存在。零星的枪炮声划过夜空，火光映红了古老的城市。

一片混乱中被占领的南京，居然涌入了日军的5个师团，除了在外围和江北堵截中国军队的日军外，能来的都来了。这样一支杀红了眼且军纪败坏的军队，没有一支再愿意在城外驻扎，而华中方面军司令官松井石根也无意约束自己的手下。也许在他的眼里，对敌国首都的占领和征服，就是给官兵们最好的奖赏。

南京大屠杀的悲剧就这样不可避免地上演了。疯狂的日本兵在连续6周的时间里，在古都南京烧杀淫掠无所不为，手段之凶残令人发指，南京瞬间变成了凄惨的人间地狱。

日军在南京城的暴行触及了人类的道德底线，就连纳粹德国，也没有在占领一座城市时，于光天化日之下如此烧杀淫掠。这一切的发生，松井石根等日军高级指挥官难辞其咎。日军攻进南京时，10多万军队却只派出了17名宪兵；日本皇族、上海派遣军司令官朝香宫鸠彦曾签署了一道"阅后销毁"的机密命令，要所属部队"杀掉全部俘虏"。第16师团师团长中岛今朝吾在12月13日攻进南京城当天的日记中写道："由于方针是大体不要俘虏，故决定将其全部解决。"而第6师团师团长谷寿夫更绝，直接对部队宣布"解除军纪3天"，连起码的掩饰都不要了。

具体的暴行经过，我实在不愿写下去。看着这些令人发指的血淋淋的资料，我突然对美籍作家张纯如在创作《南京真相》时所说的压抑、悲愤以及日后的自杀，有了不少的感悟；我也能体会到为什么抗日名将孙立人在缅甸战场抓住日军18师团的俘虏时，只要审问说去过南京，立刻就地枪毙。

日本今天仍有不少人不承认南京大屠杀，或污蔑中国夸大死亡人数。在此，我不想多做解释，看看一个曾参加了南京大屠杀的日本兵的日记和战后南京军事法庭的判决书，每一个有良知的人，都应该会有清楚的判断。

1984年8月4日，在日本宫崎县臼杵郡北乡村一农民家里，发现了一本直接参与"南京大屠杀"的侵华日军士兵的日记。日记本是日本博文馆印刷的。该士兵是侵华日军都城第23联队的上等兵，属第10军第18师团。

《朝日新闻》8月4日报道了日记的部分内容。

日记中，12月15日（1937年）一页中写道：

今天，碰到大约2000名无路可逃的中国佬，打着白旗排成长串投降，老幼掺杂，服装不一，没有携带任何武器，沿道绵延而跪，简直成了天下之奇观。（我们）好像没有采取任何处理措施就用各种不同的方式把他们杀了。近来，闲得无聊时，就拿杀中国人取乐。把无辜的中国人抓来，或活埋，或推入火中，或用木棒打死，或采用其他残酷手段加以杀害。

12月21日一页中，他写道：

今天，又把无辜的中国人推倒，猛打，打到半死状态时，又把他们推到壕沟，从头上点火，把他们折磨死。为了消遣解闷，大家都这样取乐，这要在日本内地，将会造成大事件，（但在这里）简直如同杀狗宰猫。

另外，在这个农家保存的相册里，还发现3张名片大小的黑白照片，其中一张，看上去似乎是在住房的建筑物前，有12个刚刚砍下的人头滚落一地，中间一个好像是女人的头；其余两张照的是妇女和老人的尸体。《朝日新闻》说，照片没有标明是否在南京城，但这个士兵曾悄悄地对他的家属说过："这是南京大屠杀的照片。"

第四章 南京城，人类的悲哀

据可靠材料证明，仅在1937年12月14日至18日这5天中，日军就销毁尸体15万具，其中包括2100名伤虽重却未断气的活人。现已查明，由南京碇泊场日军司令部"处理掉"的下关地区的尸体有10万具，由作战部队"处理掉"城内的尸体5万具。在整个15万具尸体中，军人仅为3万，其他均为南京市民，市民的尸体中有男有女，有老人，也有儿童。

事实上，随着时间的推移，死亡人数在不断上升。战后，在南京《国防部审判战犯军事法庭判决书》中，记录着一段血迹斑斑的黑色数字：

（1）1937年12月15日，日军在司法院难民区搜捕平民1000余人，被解除武装的军警400余人，总计2000余人，全部押至汉中门外，用机枪扫射，复用木柴、汽油焚烧。

（2）1937年12月15日下午2时，在挹江门姜家园南首，将居民300余人或用机枪射杀，或纵火烧死，无一幸免。

（3）1937年12月15日，日军将所俘军民9000余人，押往海军鱼雷营用机枪密集扫射杀害。

（4）1937年12月6日，日军将华侨招待所难民5000余人，押至下关中山码头，用步枪、机枪射死，尔后又把尸体推入江中，毁尸灭迹。

（5）1937年12月16日上午10时，在中山北路前法官训练所旧址，将平民吕发林等100余人，拖至四条巷塘边，用机枪射杀，无一幸免。

（6）1937年12月16日上午，在鼓楼5条巷4号难民区内，日军将被俘军民石岩、王克材等数百人，驱集大方巷广场上，以机枪射杀。

（7）1937年12月16日，在傅佐路12号，日军将平民谢来福、李小二等押至大方巷塘内扼杀，罹难者200余名。

（8）1937年12月17日，日军将逃到三叉河放生寺及慈幼院的男女400余名难民和被解除武装的军人，用机枪扫射，予以杀害。

（9）1937年12月17日，日军将从各处搜捕来的军民和首都电厂工人许江山等3000余人，在煤炭港至上元门江边，用枪杀、火烧而死。

（10）1937年12月18日，日军在下关南通路以北，将被俘军民300余人，集中该处麦地内，用机枪射杀，无一幸免。

（11）1937年12月18日，大方巷难民区内，日军将青年单耀亭等4000余人，押送下关，用机枪射杀，无一生还。

（12）1937年12月18日夜，日军将圈禁于幕府山下的军民57400余人，用铅丝两人一扎，驱至下关草鞋峡，先用机枪扫射，继用刺刀乱戳，最后浇上煤油，纵火焚烧，残余骸骨均投之于江中。

（13）1937年12月19日上午，在龙江桥口，日军将被俘军民500余名绑扎后，以机枪射杀，纵火烧毙，倘有气息，更以刺刀刺死。

（14）1937年12月，日军在上新河，将从各处进来的难民和散人2873人，用机枪扫射，予以杀害。

（15）1937年12月，日军在燕子矶江边，集体屠杀待渡江逃难的难民和已解除武装的士兵5万余人。

（16）1937年12月，日军在城外宝塔桥及鱼雷营一带屠杀被俘军民3万人以上。

（17）1937年12月，日军将被俘军民500余人，在九甲圩江边等处枪杀。

（18）1937年12月，难民5000余名，士兵2000余名，在中华门外附近凤台乡、花神庙一带，被日军屠杀。

此外，还有10案是日军在鼓楼四条巷难民所、五条巷、北圩、太平乡、中华门外西街、石观音、扫帚巷、小心桥、消灾庵、通济门外四方城龙华寺、武定门外正觉寺、南门外方家山长生寺等处，集体屠杀了近万名居民、僧人、尼姑等。

《远东国际军事法庭判决书》还有这样一段文字："据后来估计，在日军占领后最初六个星期内，南京及其附近被屠杀的平民和俘虏，总数达20万以上。这种估计并不夸张，这由掩埋队及其他团体所埋尸达19.5万人的事实就可以证明了。"

从1937年12月到1938年10月的10个月中间，经世界红十字会南京分会、中国红十字会南京分会、崇善堂、同善堂等各慈善团体及群众自发组织收敛掩埋的尸骨总计是155000多具。连同日军处理的尸体，南京大屠杀遇难同胞总数在30万人以上。

第四章 南京城，人类的悲哀

1937年12月12日至21日即日军攻陷南京城的两周内，是大屠杀的高峰。南京城里城外，星罗棋布、大小不一的湖泊池塘，几乎没有一个其中不见尸骸的。有的是全部都堆满了，有的则沉尸浮出，遍布水面。此时正是南京冰天雪地、三冬苦寒的时期，30万具尸体受到天然的冷藏，烂不掉也腐不了，仿佛上苍在展示日本人的罪证。

堆积或浮泛在湖泊池塘里的我国死难军民尸体，有的咬牙切齿，有的死不瞑目，有的血肉模糊，有的断腿剖腹。被砍头、剖腹、挖心、火烧、割掉生殖器、肢解、刺穿阴部或肛门，一幅幅惨绝人寰的杀人场景，把南京城变成了一个人间地狱。这些尸体互相枕藉，男女老幼混杂在一起，30万屈死的冤魂变成江边凄怨的浓雾，在南京城内外的街道上、草丛间辗转徘徊，久久不散……

日军在南京的滔天罪行中，除了疯狂屠杀外，还有一项令人发指的暴行，就是对成千上万的中国妇女的奸淫。战后的远东国际法庭认定："在占领后的第一个月中，在南京市内发生了两万起左右的强奸事件；全城内无论是幼年的少女或老年的妇人，多数都被奸污了。"因此，在喧腾一时的世界舆论中，有的人称它为"南京屠杀事件"，有的却称它为"南京强奸事件"。其实，对于毫无人性的日军来说，强奸和杀人又有什么区别？这些禽兽一般的日军在疯狂地泄欲之后，通常都是把被强奸的妇女甚至连同她们的家属子女一齐杀掉。先奸后杀几乎成了日军的一条规律。

日本军部在发给中国战区司令长官的一份密令中，要他们禁止士兵归国后谈论他们在中国的暴行。命令说："兵士们把他们对中国士兵和平民的残酷行为谈出来，这是不对的。"

命令还引用了日军某中队长对士兵们进行关于强奸以后如何处理的指示："为了避免引起太多的问题，或者是给以金钱，或者是事后将她们杀掉。"对淫恶成性的日本大兵来说，所谓"给以钱财"只不过是一句空话，"将她们杀掉"才是这个指示的最终含义。命令甚至不打自招地承认："如果将参加过战争的军人一一加以调查，大概全都是杀人、抢劫、强奸的犯人。"

在这些恶魔占领南京不到两个月的时间内，几乎每时每刻都有妇女惨遭蹂躏和杀害。幼女丁姓小姑娘，被日军13个人轮奸后被割去小腹致死。市民姚加隆的妻子被日军奸杀以后，8岁的幼儿和3岁的幼女被日军用枪尖挑着肛门投入火中，活活烧死。年近古稀的老妇谢善真被日军奸后用刀刺死，阴户被插入竹竿。民妇陶汤氏在遭轮奸后，又被剖腹断肢，逐块投入火中焚烧。有一位妇女一天之内竟被日军强奸37次。被日军奸后的妇女，不是被割去乳房，就是开膛破肚，还有割鼻剜眼，刀劈火烧，这类残酷无比令人发指的奸杀暴行，每天不知要发生多少起。

在南京，日军干尽了一个强盗和禽兽所能想象出来的所有罪恶。

身为基督教青年会成员的美国人菲奇，把他亲眼所见的日军暴行原原本本地记录在日记中："……野蛮、残暴，无休止地继续着。市内最重要的商店街太平路已经全部焚烧殆尽。我亲眼看见许多日本陆军的大卡车装着他们放火之前从商店内抢劫的东西，我还目击一群日兵正在建筑物上点火，我曾驾驶小汽车去基督教青年会旁边，青年会大楼已经起火燃烧，那是不久前被点燃的。当夜，我通过我家的窗户往外看，总共有14处大火，有的大火波及相当大的地区。"

南京这座美丽的六朝古都，经历了一场空前的浩劫，大火燃烧了39天还没有熄灭，所有的商业区和主要建筑都成了废墟，全城1/3被毁。在焚烧之前，日军对南京还进行了一场疯狂的掠夺。

日本军队不仅抢劫普通市民，抢劫外国侨民，抢劫难民区，抢劫商店，而且抢劫工厂机器设备，抢劫文物，破坏文化设施。

我们所熟悉的战犯冈村宁次在1938年7月听了部下的调查汇报之后，也不得不承认："进攻南京时，对数万市民，曾有过抢劫和强奸等大暴行。这是事实。"

日军在南京城到底抢劫了多少东西呢？仅据抗战胜利后不完全调查：器具30.9万余件，衣服540万余件，金银首饰14200两，书籍14.86万册，古字画2.84万件，古玩7300件，牲畜6200头，粮食1200万石。所抢劫的其他财富，如工厂设备、原料、车辆、铁器、破坏的房屋和商店，尚未统计。

日军的暴行，连他们的盟友纳粹德国也自叹弗如。当时，德国驻南京大使馆打给德国外交部的一个秘密电报中，在概括地描述了日军在南京杀人如麻以及强奸、放火、抢劫的普遍情况之后，其最终结语是：

"犯罪的不是这个日本人，或者那个日本人，而是整个的日本皇军。……它是一个正在开动的野兽机器。"

12月17日，恶魔们带着刀上未干的血迹，穿着沾满中国人鲜血的外衣，排成整齐的队列，举起血红的太阳旗，踏着血迹未干的南京街道，吹吹打打地举行入城式。

瘦小干枯的松井石根骑在高头大马上，享受着征服敌国首都的无上荣光。此时此刻，南京城内尸陈遍地，臭气熏天，城内14处熊熊的大火，使这场"皇军"炫耀胜利的入城式变成了地狱中的一场群魔乱舞。

◎ 屠夫的最后下场，谷寿夫伏尸雨花台

在人类历史的长河中，文明和野蛮的搏斗始终没有停止过。当人类文明大踏步地跨进崭新的20世纪的时候，人类文明和创造现代文明的人类自身却受到了人类历史上最残酷最野蛮的摧残。人类历史上爆发的仅有的两次世界大战都发生在这个世纪。而其中规模最大最残酷的当属第二次世界大战。它使无数城市田园成为废墟，无数生灵惨遭涂炭。

在由德意日三国法西斯挑起的第二次世界大战中，举世公认的最残酷的法西斯暴行，要数纳粹德国在波兰奥斯威辛集中营对数百万犹太人的野蛮屠杀。但是，正义的人们不应忽略这样一个事实，第二次世界大战中日军所犯下的最大的暴行——南京大屠杀，其野蛮、残酷和暴虐程度却是世界历史上所罕见的。

在这里需要特别说明的是，奥斯威辛大屠杀和南京大屠杀在性质上和方法上都是不尽相同的。奥斯威辛大屠杀是根据纳粹的种族仇视政策和希特勒政府的直接命令有计划、有系统的屠杀，并且屠杀主要是用一种方法，也就是毒气进行的；而南京大屠杀则是在长官的放任纵容下由日军不分青红皂白，随心所欲地肆意屠杀。从屠杀的方式上看，在奥斯威辛那个遗臭万年的"杀人工厂"里，是把所有屠杀对象分批地送入毒气室用烈性毒气在几分钟或几秒钟内杀死的；而南京大屠杀除了集体屠杀之外，大都是由日军个别地或成群结队地随时随地的屠杀，而且在屠杀之前大都对被屠杀者先加以侮辱、虐待、抢劫、殴打、摧残、玩弄或奸淫。德军的屠杀大都是单纯的屠杀；而日军的屠杀则是同强奸、抢劫、放火及其他暴行相结合，屠杀方法包括砍头、劈脑、切腹、挖心、水溺、火烧、割生殖器、砍去四肢、剜目割鼻、刺穿阴户或肛门，真是五花八门，残酷手段骇人听闻。可以说南京大屠杀是人类文

明史上最残酷最野蛮最疯狂的一次灭绝人性的暴行。

进攻南京，妄图用恐怖手段迫使中国投降，是由日本当局一手阴谋策划的。松井石根则是这一阴谋计划的具体组织者和指挥者。

"占领南京，迫使中国屈服"，这便是松井石根进攻南京的目的。怎样才能"迫使中国屈服"呢？那就是使用恐怖手段，摧毁中国人民的抵抗意志。《远东国际军事法庭判决书》中指出：

"日军首脑者认为这场战争是'膺惩战'，因为中国人民不承认日本民族的优越性和领导地位，拒绝与日本合作，所以为惩罚中国人民而作战。由于这个战争所引起的一切结果，都是非常残酷和野蛮的，日军首脑者的意图是要摧毁中国人民的抵抗意志。"

由此可见，攻占南京，采取恐怖手段，迫使中国投降，这就是日本当局的既定方针。当时日军参谋本部次长多田骏就"悉知针对中国首都南京而策划的恐怖活动"。

松井石根完全了解日本最高当局的意图，他当时在日记中写道："余须谨奉大命，全察圣旨所存，惟仁惟威，举所谓破邪显正之宝剑诛杀马谡。"1937年10月8日，松井石根声言："降魔的利剑现在已经出鞘，正将发挥它的神威。"由松井石根1937年12月7日"亲自起草"的"攻克南京城纲要"则进一步证明，他便是南京大屠杀的组织者和指挥者。

他在该《纲要》中说：

（一）若南京守城司令或市政当局留守城中，则劝其开城以和平占领。尔后，各师分别由经过挑选的一个步兵大队（9日改为三个大队）为基干，率先进城，分区对城内进行扫荡。

（二）若敌之残兵仍凭借城墙负隅抵抗，则以抵达战场之所有炮兵实施炮击，以夺占城墙，尔后，各师团以一个步兵联队为基干进行扫荡。

什么是"扫荡"呢？经过14年抗日、备受日本法西斯之苦的中国人民，深知日军"扫荡"的含义。抗日战争中，日军把对中国人民施行极残酷野蛮的烧光、杀光、抢光的"三光"政策称之为"扫荡"。日本出版的《广辞苑》解释得很清楚："扫荡——铲除敌人之意。"

中国军队投降被"扫荡",不投降更要被"扫荡"。在日军的眼里,摆在中国人面前的只有死路一条。

于1937年10月29日正式编成的华中方面军由松井石根任司令官,下辖上海派遣军和第10军。上海派遣军司令官是朝香宫鸠彦,第10军司令官为柳川平助。

除第101师团守上海外,华中方面军的部队几乎全部参加了进攻南京的战斗。11月25日,日军占领无锡后,即策定兵分3路进犯南京。

12月1日下达攻击南京的命令。

12月5日,朝香宫鸠彦到达前线,听取了第16师团长中岛今朝吾的汇报。中岛对他的上司讲:

"日军已攻破了南京周围所有环形防线,约30万人的中国军队大概就要全部被包围,逃不出南京城了。"朝香宫鸠彦听后,回到司令部"发出一连串由他盖章签署的命令,上面有'机密,阅后销毁'的字样。命令十分简单:杀掉全部俘虏"。"杀掉全部俘虏"正是日本当局用恐怖手段迫使中国屈服的具体体现。

从现在发现的历史资料看,杀掉全部俘虏的命令是执行得十分彻底的。师团一级部队中,有第16师团师团长中岛今朝吾的日记;旅团一级部队中,有第13师团第103旅团旅团长山田栴二的作战日志;联队以下部队中,有当时的战斗详报。这些历史资料均无可置疑地证明:军以上司令部确有杀掉全部俘虏的命令,而且各部队都传达贯彻了,将俘虏一批又一批地集体杀掉。

南京城12月13日失陷。日军进城后,即按照松井石根的作战纲要,开始"扫荡"。下边是中岛今朝吾12月13日的日记摘抄:

扫荡俘虏

……

近几日,溃败的敌人,大部分逃进我第16师团作战地域内的森林和村庄,其中有从镇江两要塞逃过去的人。俘虏到处可见,达到难以收拾的程度。

因采取大体不留俘虏之方针,故决定全部处理之。然对1000、5000、1万之众,解除全部武器都很困难。唯一办法,是等他们完全丧失斗志,自

己排队来降，较为稳妥，这帮人一旦闹事，将难以收拾。

故而用卡车增派部队，对其进行监视和引导……

据知，光是佐佐木部队就处理掉约15000人，守备太平门的一中队长处理掉1300人。现集中在仙鹤门附近的约有七八千人，而且俘虏还在不断来降。

处理掉这七八千人。需要一个相当大的壕沟，很不容易找到。所以预定把他们先分成100人、200人一群，然后诱至适当地点处理之。

师团一级指挥官都说是上级的方针，并带头执行，为"处理"俘虏而绞尽脑汁，这就有力地证明南京大屠杀是一次有计划有组织的集体犯罪。

杀人杀红了眼，杀俘虏进一步扩大为杀平民。日军就是以捕杀俘虏为名，挨家挨户捕杀居民、闯进国际难民区对难民进行"甄别""审查"，诬难民为俘虏，成批成批地抓捕，然后将我同胞集体杀掉。中岛今朝吾在日记中也露出日军不仅屠杀俘虏，而且屠杀普通居民的蛛丝马迹。由于"进城扫荡时连技师和工人都处理掉，造成无人开动机器"，而使南京长期断电断水。

第13师团第103旅团在幕府山俘获14000名俘虏，山田㭴二旅团长"对处理俘虏深感头痛"。下面是山田㭴二当天的日志：

这一天，军司令部派宪兵军官检查俘虏是怎样处置的，山田少将陪着看了成群的俘虏。山田少将问："喂，杀掉他们吗？"因在此之前刚接到参谋长"杀掉俘虏"的命令……

上述的上万名中国俘虏，就在军参谋长这一道命令下，全部被"处理掉"了，造成了南京大屠杀中最大的"草鞋峡惨案"。

下面是日军一个大队的战斗详报：

下午2时0分，从联队长处接到如下命令：

根据旅团部命令，俘虏全部杀掉。其方法，可以十几名为一组。分批枪杀。下午3时30分，召集各中队长，就俘虏处置问题交换意见。经讨论决定，把俘虏平均分给各中队（第1、第3、第4中队），以50名为一组由大监禁室带出，第1中队在宿营地南谷地，第3中队在宿营地西南洼地，第4中队在宿营地东西谷地附近刺杀这些俘虏。监禁室周围必须配置重兵警戒，将俘虏带出时，注意绝对不能让他们有所觉察。各部队应于下午5时前完成准备，5时开始刺杀，7时30分结束。

根据这份战斗详报，我们可以得出三点结论：（一）"俘虏全部杀掉"的命令确有其事；（二）这项命令经师团、旅团、联队，逐级传达，一直到大队、中队；（三）各级部队都贯彻实施了。

由上海派遣军司令官亲自下达的"俘虏全部杀掉"的命令，被全军上下贯彻实施了。可以说正是这道命令，才有了后来震惊中外的南京大屠杀。

当日军进攻部队进抵南京城下时，华中方面军司令松井石根也下达了攻占南京的命令：

"南京乃中国首都，占领南京是国际事件，必须做周详的研究，以便发扬皇军的武威，而使中国畏服！"

"发扬皇军武威，使中国畏服"，这不像是一道军事命令，而更像是一句颇有煽动性的演讲词。对那些垂涎中国都城的日本大兵来说，这句话犹如投向干柴的一把火。

自从8月23日在上海滩登陆起，中、日两军苦战恶战接连不断。日军攻占罗店用了20多天，攻占大场更激烈，用日军军史参照，相当于日俄战争中尸横遍野的203高地战斗，是伤亡惨重的一场恶战。据日本方面统计，近3个月的上海战役，日军阵亡9115人，伤31257人，兵员损失数相当于最初投入上海战役的部队总和。日军在攻占南京时损失更大，阵亡的官兵，比上海战役中阵亡的还要多3000人，不到4个月，松井石根把21230名日军送进了地狱。此刻在松井石根的心里，有一股恼怒和报仇的复杂心理。

据说，绝对服从和绝对自信是日军的两大特征。被压制的士兵只有压制比士兵更软弱的人才能满足他们的兽性，犹如畏服老虎的狼只有吞食比它更软弱的羊才能满足野性一样。无视自己生命的日军自然更无视别人的生命。在攻占南京的日日夜夜里，日军普遍的伤亡以至绝望大大地扭曲他们的战场心理。当时任日军坦克小队长的亩本正已就这样写道："许多战友眼见首都南京的灯火在前，却饮弹倒下，见此情景，使人不禁抱尸而哭。""攻克南京，就可以回家了，最后一战，立功的时候到了！""干吧，最后一拼！"

当年制造和参与南京大屠杀的恶魔元凶们，当他们手舞屠刀在南京疯狂杀戮的时候，他们并没有意识到这里最终将成为他们葬身的坟墓。

上天有眼，它没有让那几个曾经参与制造南京大屠杀的恶魔在战争中殁命，而是让他们活着接受中国人民的审判。

出席远东国际军事法庭的中国法官梅汝璈正在东京的帝国饭店房间里翻阅战犯的案卷。随着一阵敲门声，进来的是盟军总部法务处处长卡本德。

"中国政府来电请示盟军总部，说中国公众情绪非常激烈，政府压力很大，要把谷寿夫引渡到中国受审，梅博士个人意见如何？"

梅汝璈作为中国四万万同胞的代表，作为中国政府审判战犯的代表，自然理解国内公众的心情。双手沾满中国人民鲜血的刽子手理应受到中国人民正义的审判。此时此刻，法官的正义感和民族的自尊心一齐在梅汝璈胸中奔涌："应该满足中国政府和公众的要求。"

卡本德点了点头，他转而说：

"我担心的是中国法庭能不能给谷寿夫将军一个公平的审判。"

"这点尽可放心。"梅汝璈不卑不亢地说："根据一般国际法的原则和远东委员会处理日本战犯的决议，对于乙级和丙级战犯直接受害国有提出审判的要求，盟军总部是不能拒绝引渡的。"

已经从侵占南京时的第6师团师团长升任日本国中部防卫司令官、广岛军管区司令官的谷寿夫，在巢鸭监狱中关押了半年后，于1946年8月经远东国际军事法庭批准，被引渡到中国上海战犯管理所。

谷寿夫是日本昭和军阀中惯于冲锋陷阵，却生性残暴的一员悍将。远在清光绪三十年（1904）日俄战争时期，即已从军，在我国东北与俄军激战中为日军立下功勋，从此在日本陆军中不断擢升，青云直上。

8月，对于谷寿夫来说，是他军人生涯中难以忘怀的月份。1928年的8月，47岁的谷寿夫作为日军第3师团的参谋长，第一次带领士兵横渡太平洋，踏上了他和他的部下早已向往的土地。那时，他的部队驻在山东半岛。9年后的1937年8月，第6师团师团长谷寿夫中将受命从日本熊本出发，第二次渡海入侵中国。他率领部队先在永定河与中国军队作战，然后侵占保定、石家庄和大沽口。

11月，在柳川平助中将的指挥下，他和牛岛侦雄、末松茂治师团杀到了杭州湾。登陆后，他们升起了高高的气球，气球下拖着一条长长的标语："日军百万于杭州湾登陆！"那天他们没有受到一兵一卒的阻击，很快切断了上海战场上中国军队的退路。接着，谷寿夫师团沿湖州—广德—牛首山，直插南京的雨花台和下关。

12月13日凌晨，谷寿夫率领他的士兵杀进了中华门和水西门。占领南京，他又立下了头功。

大海掀起了怒涛，船颠簸得很厉害。1946年8月，谷寿夫又一次渡海到中国，但这次却是他生命中的最后一次航行。

战犯处理委员会认为："谷寿夫系侵华最力之重要战犯，又为南京大屠杀之要犯，为便利侦讯起见，移本部军事法庭审判。"

第三天，国防部审判战犯军事法庭检察官陈光虞开始了对谷寿夫的讯问。谷寿夫承认12月13日由中华门入侵南京，但否认在南京有大屠杀的罪行。

谷寿夫写了一份《陈述书》交给法庭，他说："南京大屠杀的重点在城内中央部以北，下关扬子江沿岸，以及紫金山方向……与我第6师团无关。""我师团于入城后未几即行调转，故没有任何关系。"

和大多数日本战犯一样，谷寿夫也是个敢做不敢当的人。他自认为两手的血迹已抹得一干二净。事实上，谷寿夫部队驻在中华门的12月13日至21日，正是南京大屠杀的高峰。当时的中华门内外，腥风血雨，阴森恐怖。

事实是铁，军事法庭在南京全城张贴布告，号召各界民众特别是中华门附近的人民揭发谷寿夫部队的罪行。压抑在心底的仇恨火山爆发了！尸骨未朽，伤痕犹在。男女老幼纷纷揭发和控诉。中华门外雨花路第11区公所内临时法庭里，南京军民有的慷慨陈词，有的痛哭流涕。1000多位证人，证实了谷寿夫部队烧、杀、淫、掠的罪行450多起。

屈死的30万冤魂在地下沉默了整整10年,如今,他们对杀害他们的凶手发出了无声的怒吼!法官、法医和当年埋葬死者的红十字会成员一起来到中华门外,寻找荒草下埋葬的遇难者尸骸。

电影摄影机在不停转动,闪光灯像闪电似的给大地刷上了一层又一层惨白。穿着白衣的法医轻轻地从黄土里捧起一个又一个的头颅。头骨上多有刀伤,一道被砍裂的缝隙中,仍有暗红的血色!

检察官满怀义愤,以破坏和平罪和违反人道罪对战犯谷寿夫提起公诉,并请处以极刑。

接到起诉书的副本后,谷寿夫是真的害怕了。作为与中岛今朝吾、牛岛贞雄、末松茂治等师团长共同纵兵大屠杀的战犯之一,他感到罪责难逃。他想摆脱罪责,于是给审判战犯军事法庭庭长石美瑜写了一封要求"宽延公审"的《恳请书》。

可是已经晚了。1947年2月6日下午2时整,中山东路励志社彩绘的门楼上,高高地挂起白布黑字的"国防部审判战犯军事法庭"的长长横幅。从法庭拉出来的有线大喇叭吸引了成千上万的南京市民。

宫殿式的大礼堂今日分外威严。红墙筒瓦,飞檐画栋。绿色的屋脊上,蹲伏着八头形态生动的野兽。高大的宝塔松华盖似的挺立在礼堂门口。庄严的审判席设在礼堂的讲台上,台下分别为律师席、证人席、通译席和被告席。四周挤满了2000多位旁听的群众,全副武装的宪兵肃立着。

两名头戴钢盔的宪兵将身体矮胖的谷寿夫押上了法庭。谷寿夫一脸漠然麻木的神情,他在万目所视、万手所指之下正襟危坐。他蓄着东洋小胡子,身穿便服,貌不惊人,但谁能想到,他身上背着10余万条生命惨遭屠戮的血债。

检察官陈光虞首先宣读了浸满石头城人民血泪的起诉书。

审问到南京大屠杀的罪行,谷寿夫矢口否认。他从公文包中取出拘留所里想好的辩护词:

"战争一开始,双方都要死人。对此,我只能表示遗憾。至于说我率领部下屠杀南京人民,则是没有的事情。有伤亡的话,也是难免。"

谷寿夫自称为纯粹的军人,对于侵华国策,从不参与。他滔滔不绝地推脱罪责:

"我的部属，除了作战外，没有擅杀一人。"

石庭长听着昔日屠夫的满口胡言，忍无可忍，大喊一声："将被害人的头颅骨搬上来！"

法庭静极了。人们屏息着，千万双目光注视着。

宪兵两人抬一个麻袋，把一袋又一袋的中华门外发掘的人头骨倒在台下的长桌上，一个一个头骨堆满了长长的桌子。无言的白骨使人毛骨悚然，黑洞洞的眼眶和张大的嘴骨，似猛虎咆哮，怒狮狂吼！

谷寿夫呆若木鸡地站立着，他惊呆了。

旁听的人们目睹这惨象，一个个咬牙切齿！

人们又回到了1937年那暗无天日的岁月中了。日军自己拍摄的宣扬他们武威的影片重现了一幕幕骇人听闻的历史。许多人闭上了眼，有的人用双手捂住耳朵，他们不敢看银幕上的刀光枪弹，他们害怕喇叭里那撕裂心肺的骇人声音，经历过大屠杀的人们，不堪回首那血淋淋的日子！

2月7日、8日继续传证和辩论。80多个南京市民满怀深仇走上法庭，男女老少，面对面地责问民族的敌人！

1947年3月10日，审判战犯军事法庭庄严判决：

> 被告谷寿夫，男，66岁，日本人，住东京都中野区富士见町53号，日本陆军中将师团长。
>
> 被告因战犯案件，经本庭检察官起诉，本庭判决如下，谷寿夫在作战期间，共同纵兵屠杀俘虏及非战斗人员，并强奸，抢劫，破坏财产，处死刑。
>
> 被告谷寿夫，于民国二十六年，由日本率军来华，参与侵略战争，与中岛、末松各部队，会攻南京——始于是年12月12日傍晚，由中华门用绳梯攀垣而入，翌晨率大队进城，留住一旬，于同月21日，移师进攻芜湖各城，已经供认不讳——及其陷城后，与各会攻部队，分窜京市各区，展开大规模屠杀，计我被俘军民，在中华门、花神庙、石观音、小心桥、扫帚巷、正觉寺、方家山、宝塔桥、下关草鞋峡等处，惨遭集体杀戮及焚烧

灭迹者，达19万人以上。在中华门下关码头、东岳庙、堆草巷、斩龙桥等处，被零星残杀，尸骨经慈善团体掩埋者，达15万人以上，被害总数共30余万人——查被告在作战期间，以凶残手段，纵兵屠杀俘虏及非战斗人员，并肆施强奸、抢劫、破坏财产等暴行，系违反海牙陆战规例及战时俘虏待遇公约各规定，应构成战争罪及违反人道罪。其间有方法结果关系，应从重处断。又其接连肆虐之行为，系基于概括之犯罪，就依连续犯之例论处。按被告与各会攻将领，率部陷我首都后，共同纵兵肆虐，遭戮者达数10万众，更以剖腹、枭首、轮奸、活焚之残酷行为，加诸徒手民众与无辜妇孺，穷凶极恶，手段之毒辣，贻害之惨烈，亦属无可矜全，应予科处极刑，以照炯戒。

1947年4月25日，南京国民政府防字第1053号卯有代电称："查谷寿夫在作战期间，共同纵兵屠杀俘虏，及非战斗人员，并强奸、抢劫、破坏财产，既据讯证明确，原判依法从一重处以死刑，尚无不当，应予照准，至被告声请复审之理由，核于陆海空军审判法第45条之规定不合，应予驳回，希即遵照执行。"

第二天，古城南京万人空巷，从中山路到中华门的20里长街两旁，人山人海。曾经饱受摧残的南京市民，扶老携幼地要看看杀人者的下场。长满青松翠柏的雨花台，是谷寿夫当年攻占南京中华门的出发地，也是中国军队浴血奋战的疆场。谷寿夫怎么也想不到，这里会成为他的葬身之地！

两名头戴钢盔的宪兵押着五花大绑的谷寿夫走下囚车。

1947年4月26日中午12时45分，一声清脆的枪声，跪在地上的战犯谷寿夫倒下了。30万屈死的冤魂，在九泉之下目睹了他们的仇人受到了应得的惩罚，可以瞑目了。

1948年12月22日，午夜零时的钟声刚刚响过，在东京的7名日本甲级战犯被送上了绞刑架。这其中，就有在南京欠下累累血债的前日军华中方面军司令官松井石根。

作为受审的28名日本甲级战犯之一，松井石根不想死。刚被收押时，看看身边的其他人，他甚至还有几分乐观，认为绞索套不到他的脖子上。但当一个个证人、一条条证词、一项项指控指向他时，他的心态在一步步走向崩溃，尤其他在南京的所作所为。起初，他心存侥幸，并不认为他要为南京大屠杀承担过多的责任。但这不过是自我安慰罢了，作为入侵南京的日军最高指挥官，并且在12月17日亲临南京城并待了一星期，而这一时期又正是大屠杀的高峰期，再说不知情大概鬼都不会信。

恶魔到头来还是要为自己的行为付出代价。当法庭最后宣判处以绞刑时，松井石根面色惨白、双腿瘫软地被身旁的宪兵架了出去。他虽然不想死，但他想过南京30万屈死的冤魂吗？他其实早就该死，只是这正义的审判来得迟了些。

浩瀚的大海上，一艘盟军的军舰在缓缓行驶，战犯们的骨灰被撒进大海，一阵风浪，消逝得无影无踪。这不是什么祭奠仪式，而是为了防止日本法西斯残余分子利用它为战犯们招魂树碑。然而，法西斯战犯们的阴魂真的就这么随风飘逝了吗？

历史常给予天真的人以无情的嘲讽。当年，日本战时已臭名远扬的金融实业界巨头、大财阀、大军火商，后又成为日本甲级战犯之一的岸信介，在麦克阿瑟"罪证不足、免予起诉"的"宽大"处理下，逃脱了惩罚，居然被释放了。这个当年的甲级战犯岸信介，后来居然在日本政界官运亨通，平步青云，爬上了日本首相的宝座。

更有甚者，在当年东条英机的辩护律师、后任日本国会众议院议长的清濑一郎的主持下，一小撮日本军国主义分子居然花了1600万日元，在名古屋市为被远东国际法庭处死的7名大战犯立了一块庞大的纪念碑。

这绝不是历史的玩笑。

战争结束后的几十年，特别是随着日本战后的经济腾飞，日本再次成为世界经济强国时，法西斯的阴魂又不时地在日本列岛上空徘徊。

20世纪80年代，日本文部省修改教科书，"侵略中国"变成了轻描淡写含含糊糊的"进入中国"。

日本政界要人频频参拜供奉有侵略战争阵亡将士灵位的靖国神社。

尤其不能容忍的是，日本有些人在为法西斯分子招魂的同时，还矢口否认南京大屠杀的暴行。

日本拓植大学讲师田中正明于1984年6月出版了一本名为《"南京大屠杀"之虚构》的书，恶意狡辩说南京大屠杀是虚构的历史。

日本众议员石原慎太郎1990年在美国《花花公子》杂志上发表谬论，颠倒黑白地宣称"南京大屠杀是中国人污蔑日本形象的谎言"。

次年,他又在日本《文艺春秋》杂志撰文大放厥词,声称"南京大屠杀是美国导演的中国政府的政治宣传",这一次,他不仅污蔑中国政府,否定日军南京大屠杀的罪行,甚至连当年曾经明里暗里庇护过南京大屠杀元凶和其他日本战犯的美国,也挨了他的骂。

然而,历史岂容抹杀!南京大屠杀血案累累,铁证如山。

在南京江东门"侵华日军南京大屠杀遇难同胞纪念馆"里,累累白骨发出无言的控诉。在像白骨一样惨白的纪念馆墙壁上,用中、英、日3种文字镌刻着几个沉重的黑色大字:"遇难者30万人。"

每年的12月13日,当凄厉的警报声在南京城拉响时,这声音时时在提醒着每一个中国人:记住这里曾经发生过的苦难,决不能让悲剧再一次重演。

第五章

怡口鏖战

山西有座大山，就是阎锡山。始终不提"抗日"二字、要在三个鸡蛋上跳舞的"土皇帝"，为保山西率先抄起了平倭之剑。

从沈阳到山西，板垣一再上演"以下克上"的闹剧，却在山西栽了跟头。晋绥军、中央军、八路军联手抗战，山西成了典范。

◎ "土皇帝"大摆口袋阵

山西老百姓们流传着这么一句话:"山西有座大山,这座山就是阎锡山。"在百姓们的眼里,当年的阎督军,现在的阎司令长官就是"太上皇"。他拥兵30万,独霸山西。共产党的势力难以渗透,蒋介石拿他没办法,连日本人也对他拉拉扯扯。用阎锡山自己的话说,这叫"在三个鸡蛋上跳舞,哪一个也不能踩破"。这三方他都不愿意闹翻,又都得应付一下,那么,怎么办呢?对蒋介石还是按照地方政府服从中央政府的态度,可是阎锡山坚持一条,中央军不能进入山西驻军。

当了30多年山西"土皇帝"的阎锡山对蒋介石向来就存有戒心。从当年的袁世凯、黎元洪和段祺瑞历届北洋政府,到今天的蒋介石,阎锡山像个不倒翁在宦海沉浮中始终不倒。袁世凯和黎元洪都曾经想搞掉他,结果都没得逞。蒋介石自然也把独霸一方、雄视中原的阎锡山当作眼中钉。况且当初蒋介石羽翼未丰时,阎锡山总是蠢蠢欲动,先是和唐生智勾结谋反,东窗事发之后,猖狂的阎锡山又赶忙反过来向蒋介石请缨讨唐,发兵中原。蒋介石看出阎锡山想借机入主中原与蒋抗争的企图,结果密令韩复榘、何成浚除掉阎锡山。不料,老奸巨猾的阎锡山来了个金蝉脱壳,回到山西联合冯玉祥共同公开反蒋,一场中原大战打得天昏地暗。到底是蒋介石技高一筹,中原大战取胜后把阎锡山逼得被迫暂时离开经营多年的山西老窝,假借出洋之名跑到日本人庇护下的大连暂避,住进了当年北洋军阀孙传芳的别墅。

日本发动"九一八"事变入侵东三省,蒋介石又忙着在南方围剿红军,阎锡山借机悄悄在日本人帮助下潜回山西,重新坐上了"土皇帝"的宝座。

这一次,阎锡山学乖了,他不再公开反蒋,对蒋介石表面上敷衍,实际上仍是我行我素,除了继续和日本人勾勾搭搭,暗中也和中共有来往。因为,他深知要在三股力量中间求生存。

红军东征之后,中国共产党对阎锡山采取同情和支持的态度,为了抗日"甚愿与晋军立于共同战线"。西安事变以后,阎锡山表示"联共是党与党的问题,我完全同意在大西北能很好地联合红军共同抗日",借助共产党的力量,一方面可以树立自己抗日形象，另一方面又可以借此与蒋介石分庭抗礼。阎锡山以"自强救国"为口号，先后在山西组织了许多群众团体和协会。山西的各种团体协会之多，成了阎锡山的一大发明创造，他自己的头衔也跟着摇身一变，成了"会长"，他先后将他支持的青年救国会和建设救国社等团体合并，成了自强救国同志会，亲自任会长，会员有数千人，其中有不少共产党员和进步人士参加，积极从事抗日救亡活动。

1936年10月，日军大举进攻绥远，直接威胁到山西。山西一批左派青年（其中包括部分共产党员），倡议组织一个全省规模的抗日团体，定名为"抗日救国同盟会"，号召全国不分党派、不分阶级、不分男女老幼，团结起来，一致抗日救国。阎锡山赶忙派人去说：会长认为组织民众救国很好，但是抗日救国对日本人刺激太大，怕惹出祸来，会长主张"守土抗战""牺牲救国"，你们还是把"抗日救国同盟会"改为"牺牲救国同盟会"为好，于是"抗日救国同盟会"改名为"牺牲救国同盟会"，阎锡山兼任会长，还特意把共产党员薄一波请来担任常务秘书。阎锡山还亲自写了牺盟会会歌，歌词的最后两句写得慷慨激昂："牺牲已到最后关头！牺牲已到最后关头！"

在牺盟会这杆救亡大旗的感召下，全国各地的进步青年都纷纷慕名而来，一时间，山西被誉为全国的抗日前哨。

在大好形势下，阎锡山却另有打算，在牺盟会改组后的一次高级干部会议上，他说："假如日本人打进山西，我们该怎么办？"大家对这个问题讨论了好几天，最后提出"建立进步军队是当务之急"的建议，阎锡山一听正中下怀，这才是他葫芦里要卖的药——借机扩充军队，增加实力。于是，以牺盟会为骨干，成立了军政训练委员会，阎锡山自任主任，以"军政干部训练班""国民兵军官教导团"等名义，培养进步青年，为建立新军培训干部。

西安事变之后，成立了"山西青年抗敌决死队"。阎锡山还把组建新军的任务交给了薄一波。

"七七"事变之后，阎锡山"联共抗日"进一步明朗化。7月31日，他向中共联络代表彭雪枫正式表示："自今日始，你可以用红军和中共中央代表的名义，公开进行活动。"至此，中国共产党同阎锡山达成了建立抗日民族统一战线的协议。

虽然名义上服从蒋介石，又公开地联络共产党，可是阎锡山在抗日问题上始终不提"抗日"二字,他的口号是"守土抗战",言外之意,你日本人不进攻山西,我就不和你对抗。

阎锡山在和日本人打交道中始终态度暧昧。他曾在日本留过学,在日本政界军界也颇有人缘。当初他中原战败避难大连,到后来重回山西执掌大权,都是日本人暗中帮忙。所以,阎锡山和日本人的关系是司马昭之心路人皆知。他们彼此之间有过默契:只要阎锡山不让共产党和国民党的势力进入山西,日本就不进攻山西;反之,只要日本不进攻山西,阎锡山也不抗日。所以,当日军咄咄逼人妄图吞并中国的时候,阎锡山用心良苦地提出一个与众不同的口号,叫作"牺牲救国,守土抗战",既不敢说"抗日",又不掩饰他的根本立场只是守土,即保护自己的地盘。

可是,谁知日本野心太大,背信弃义,全面侵华战争一开始,就攻占绥远,沿平绥铁路疾进,直扑山西。眼看着日本人要抛弃他这个暗中盟友,自己的独立王国朝不保夕,阎锡山这才不得不勉强抗日,担任第二战区司令长官,他知道自己的家底晋绥军战斗力弱,何况这是他的命根子,不能全赔进去,于是,只好改变立场来个一箭双雕,借助共产党和国民党两方的力量来抗日,同时,他还可以利用国共之间的矛盾以及山西新旧势力之间的矛盾从中渔利,以保全他自己的地位。

"七七"事变后,阎锡山曾询问蒋介石山西该怎么办?

蒋介石精神抖擞地指着墙上的地图,侃侃而谈:

"我们跟日本人打仗,不怕从南方打,也不怕从北方打,最令人担心的是从卢沟桥打入山西,再经汉中入四川,这是当年忽必烈灭南宋走过的路子。如果日本人占领了西南,再占领云贵、两广一带,我们即使保住南京、上海,这个仗也打不下去。现在唯一的办法,是设法改变日本人作战路线,宁可引他沿江而上,也不能让他走忽必烈的道路。"蒋介石把话一顿,加重语气地说:"山西必须保住!"

蒋介石答应出兵30万,一下子把阎锡山吓呆了。他马上想到:"30万中央军开进来,不用日本人就把山西给踏平了。这跟当'亡国奴'有什么两样!"蒋介石的决断,直接危及了阎锡山"土皇帝"的宝座,他马上回绝了蒋介石:"既然山西这样重要,我决心用晋绥30万人马,依靠防御工事,拒敌于国门之外。打胜了,日本人进不来;纵然打败了,也可以固守雁门关。"

既然在蒋介石面前说了大话,为了不让中央军染指山西,也为了不让日本人占了他的老窝，阎锡山也只好硬着头皮拿自己的命根子——30万晋绥军去抵挡拥有飞机大炮坦克杀气腾腾向山西杀来的日军。

从"八一三"事变起，日本帝国主义公开向中国正式宣战。这样，上海抗战开始的同时，华北日军也以第20师团川岸文三郎全部，第5、第10师团各一部，与酒井旅团，沿平绥线进攻南口，另以第4师团第30旅团，与第12留守师团的铃木旅团，攻张北及张家口，大井支队则由沽源经龙泉关侧击平绥路，企图占领察哈尔。阎锡山参加南京国防会议回山西中间，南口失守，日军侵入长城以内，战事眼看着进入阎锡山第二战区晋绥两省范围以内。

顿时，山西形势紧张。山西东北面暴露于敌，太原也常受敌机轰炸。阎锡山在南京受命出任第二战区司令长官，急忙直回山西，所面临的便是指挥二战区武装抵抗日本侵略军侵占山西。

8月28日，农历入秋，阎锡山坐着专为他备用的汽车改装的铁甲车，循铁路行驶至原平，然后改乘汽车到达岭口指挥。

代县的太和岭口，位于雁门山南麓一条干河槽的两侧，距山顶的雁门关约十里。阎锡山的第二战区司令长官部就在这儿安营扎寨。

一天，汤恩伯来了，他一见阎锡山便坐在那里抱头大哭，说："我对不起我的官兵！"接着，汤恩伯叙述了他的部队于南口撤下来以后，由于天镇一带的国防工事无人防守，在日军追击下损失惨重的情况。阎锡山对汤恩伯好言安慰，然后说："这事我办吧！"

阎锡山心里自有打算，日本人到了家门口，"守土抗战"这回要动真的了，可不能让日军踏进山西的大门。

不过，阎锡山心里清楚，靠自己晋绥军的战斗力是挡不住强大的日军的。那么，靠什么呢？山西，有的是山，就凭着环绕山西的崇山峻岭，只要守住各处关隘，日本人就别想进来。

自古以来，"表里山河"的三晋一直是兵家必争的战略要地，东有太行山屏障，西接黄土高原，北有内、外长城关隘，西面南面是黄河天险。东出娘子关可以挥师河北、平津，南可逐鹿中原，西出潼关可以直取西北，所以无论哪一个朝代哪一个政权，如果得不到山西，在华北就立不稳脚跟。日本帝国主义在"七七"事变占领平津以后，在华北的总兵力约有15万人，一路沿津浦线南下，约一个半师团；又一路沿平汉线南下，约一个师团；另以其主力三个师团攻南口出长城，沿平绥铁路西进，采用一个大迂回的姿态去包抄山西。

南口失守之后，阎锡山出动了晋军的主力，配合中央军一部，制订了大同会战的计划。他命令李服膺的第61军于天镇、阳高一线上，依托已筑工事，节节抵抗消耗敌人，把敌人引到聚乐堡一带，然后发动预先部署于南北两翼的大兵团钳击敌人，把敌人消灭于聚乐堡一带。

这个计划本身是无可厚非的。但是战争一经展开，首先比拼的是指挥官的智慧与应变能力。当时阎锡山的对手是板垣征四郎。他在日本是一个狡诈多端的人物，"九一八"事变便是他直接策划制造出来的。他是一个中国通，对中国的情况很熟悉，曾到绥远、山西一带做过长途旅行。阎锡山制定大同会战的根据是：敌人只能沿平绥铁路进攻，不可能丢掉铁路交通线，向别处进攻；敌人要进攻太原，必须走天镇、阳高、大同，过雁门关，沿同一条铁路前进。根据这个设想，阎锡山才决定大同会战的方针。

8月23日，国民政府军事委员会正式公布红军改编命令，将西北红军主力改编为国民革命军第八路军，设总指挥部，任命朱德为总指挥，彭德怀为副总指挥。9月12日，国民政府军事委员会按照抗战的战斗序列，将八路军改称国民革命军第18集团军，以八路军总指挥部为18集团军总司令部，朱德、彭德怀分任总司令、副总司令。但是，大家的习惯还是叫"八路军"，不久，朱德被任命为第二战区副司令长官。八路军便被编入第二战区战斗序列。这时，"国民革命军第八路军驻晋办事处"的牌子，在太原市内的"成成中学"大门口挂起来。办事处的工作人员都换上了佩有"八路"臂章的军服，并从延安派来教导营的一个排，担任警卫，中共中央正式任命彭雪枫为八路军总指挥部参谋处长兼八路军驻晋办事处处长。八路军下辖115师、120师、129师。115师师长林彪，副师长聂荣臻；120师师长贺龙，副师长萧克；129师师长刘伯承，副师长徐向前。

八路军接受改编之后，随即向山西挺进。

这时，中国共产党决定派出周恩来为首的代表团来山西，与阎锡山具体谈判解决八路军向山西的挺进路线、活动地区、作战原则、指挥关系、后勤保障等一系列问题。徐向前因为是山西人，与阎锡山同乡，又在阎锡山创办、赵戴文任校长的太原师范读过书，所以作为代表团成员跟随周恩来一起入晋。

此时，阎锡山唯恐山西有失，损害自己的利益和声誉，正在代县的太和岭口行营坐镇督战。

1937年9月7日凌晨，周恩来和徐向前乘汽车去雁门关以西的岭口，会见阎锡山。正在部署大同会战的阎锡山，见周恩来、徐向前他们来了，满面春风，热烈欢迎。周恩来在同阎锡山谈判中，首先对阎的"联共"态度及"守土抗战"主张，给予积极的评价，希望他不负国人期望，履行诺言，与中共合作抗战到底。周恩来说："我们共产党主张建立各党派各军各界人士的共同联盟，要使山西同胞不当亡国奴，只有联合起来，发动民众，共同抗战。"关于八路军进入山西后的作战地域和方针，周恩来提出，我党根据自己的兵力及战术特长，前已同百川先生商定，开赴冀察晋绥四省交界的地区，以山地战、游击战侧击西进和南下日军，配合友军正面作战。现115师已经入晋，正在侯马一带修火车路；120师即将入晋；129师尚在整顿中，晚些时候才能出动。八路军入晋部队希望早日到达预定地域作战，请阎司令长官给予支持和方便，阎锡山满口答应，同时扼要介绍了大同会战部署。八路军进入山西后，八路军驻晋办事处还迎送了赴抗日前线途经太原的八路军干部战士，并负责到阎锡山的第二战区司令长官部领取枪炮、弹药，军械和电台等通信器材及医疗药品，分发给八路军部队。

阎锡山在岭口行营会见周恩来的时候，他正制定大同会战的作战方案部署。阎锡山兴致勃勃地把他的大同会战部署向周恩来、徐向前作了扼要介绍，请他们提出意见。

这正是阎锡山"联共抗日""守土抗战"在全国人民当中露脸的时候。阎锡山和他的谋士赵戴文，与共产党的政治家、军事家会晤接谈之后，都认为，共产党里人才辈出。阎锡山在岭口两次会见周恩来，还有朱德、彭德怀等，在太原会见他的学生徐向前。会晤时，都作了长时间谈话。

周恩来根据当时形势，说明目前虽然是敌强我弱，但我们只要动员全民团结奋斗，就可以削弱敌人力量，增强我们自己的力量，打败日本侵略军，收复失地，鼓励阎锡山坚持抗战。阎锡山当时还"考试"了一下周恩来，要求他写一个第二战区的作战计划，周恩来只用一天时间就写成了，阎锡山看了，十分惊异、赞佩，连声说："写得这样好，这样快，如果能这样打，中国必胜。"之后，阎锡山每日早晨约周恩来去办公，并通令全军学习八路军的办法。后来，周恩来还提议在沦陷区成立"战地动员委员会"，阎锡山先是不同意，后来薄一波向阎锡山作了解释，阎锡山也就同意了。

有一件憾事，阎锡山一直极感可惜。他以前在晋北雁门关见过徐向前，一见果然非凡，令他遗憾的是，共产党的这位五台名将不能被他拉过来"楚才晋用"。早先，徐向前由黄埔军校分配到冯玉祥的国民2军岳维峻部，岳部被打垮，徐向前和几个山西同事回了家，阎锡山惋惜知情晚了一步，没能挽留争取徐向前成为晋军将军。后来，徐向前又转回南方寻找共产党，当了红军第四方面军总指挥，成了共产党著名的军事家和战将。当徐向前指挥红军在鄂豫皖、川陕把蒋介石指挥的多于红军几倍的"围剿"部队打得落花流水的时候，阎锡山也曾为他五台出了个大将军赞不绝口。

这次，徐向前跟周恩来回山西，阎锡山又瞪着眼睛"盯"住了他，听说徐向前要回永安村探亲，准备给他一笔钱，徐向前没有接受；后来派了一部小汽车，由阎锡山绥署主任办公室上校参事、徐向前原配妻侄朱点陪同回家。当时汽车路只能通至东冶镇。徐向前在东冶下车后，让朱点随车回太原，他自己带了警卫步行回了永安村老家。这以后，一天阎锡山约薄一波和赵戴文、梁化之谈话，忽然讲到，徐向前这样的人才，怎么走到共产党一边了，不是楚才晋用，而是倒过来了，得人者昌，失人者亡。阎锡山想起这句话不胜感慨之至！

此时，日军攻取晋北，意在打通平绥路以及连接察绥，包围山西、威胁西北，配合平汉线的日军从正面会攻太原，达到分进合击的目的。第二战区司令长官阎锡山令李服膺第61军辖第101师、第200旅附5个山炮连镇守天镇、阳高；赵承绶骑兵第1军守兴和、尚义、商都，阻敌西进，掩护王靖国第19军，傅作义第35军、刘茂恩第15军在大同、集宁与日军决战。阎锡山知道天镇的重要，它是进入晋北的第一道门户，也是山西抗日的第一仗，他令李服膺死守天镇，如果天镇失守，将以军法论处！

第61军奉命驻守天镇，在其东郊盘山周家山抢占制高点，赶筑防御工事，并遣所部在天镇、阳高城内加强城防，疏散居民。从军事家的眼光看，天镇是大同的前哨阵地。9月3日，日军直逼天镇。9月5日，日军出动飞机30架，坦克、装甲车50余辆，纠集步兵、骑兵3000余众猛扑天镇主阵地，敌我双方损失严重。这时，阎锡山忙调第19军在丰稔山、聚乐堡一带紧急布防，声援天镇，并防止日军迂回西进大同。而日军也利用这一间隙将增援部队布置于晋北地区，完成了对天镇和大同的集结。

第二天，日军又出动飞机、坦克，在猛烈炮火的支援下，掩护步兵3000人向天镇东郊盘山及周家山冲击。两山守军冒着密集的炮火，与倍于自己的敌军殊死鏖战，坚持到夜，许多官兵以身殉国。次日，日军兵临天镇城下，李服膺令61军残部退往王千户岭，只留第200旅一个团守城。

9月8日，日军轰炸天镇，城垣大部分被炸塌，抗日守军在毁坏的阵地工事中顽强抵抗，以轻、重武器组成交叉火力网，并派出突击队绕到敌后，扰敌阵脚，打退了敌人的进攻。日军决定停止进攻天镇，以一个联队兵力偕坦克10辆绕过天镇，奔袭阳高大同。35军军长傅作义急遣一个旅兵力迎击该敌。9月9日，在洪镇堡发生遭遇战，日军拖住抗日军之后，又以增援的优势兵力将傅军截为三段，傅作义见势不妙，令被包围之部队向北突围。

9月10日，日军攻占阳高和王千户岭，天镇丧失屏障，61军军长李服膺下令弃守天镇。翌日，日军攻陷丰稔山、天镇，同时在大同附近调集主力向以东阵地发动全线进攻。敌机械化部队在城外东奔西窜，伺机攻城。由于刘茂恩第15军此时尚未赶到大同布防，城内兵力薄弱，防守空虚。

战争打起来了，各种条件都在急剧变化。9月11日，敌陷天镇，13日便越过了聚乐堡攻陷了大同。原计划依托阳高工事进行抵抗消耗敌人的打算，根本未能实现。全国舆论责难天镇守将李服膺无能，随便放弃阵地。阎锡山在舆论责难之下没有办法，便扣押了李服膺。

阎锡山坐在雁门关下岭口行营之内气得撅胡子，还没有下决心改变聚乐堡盆地会战的计划。就在阎锡山犹疑不定时，一个战报来了：

"日军陷察南蔚县，73师于洗马店受挫，14日敌占广灵，15日取灵丘，直奔平型关。"

平型关如果失陷，敌人便可以越过平型关，直抄雁门关的后路。

这是板垣征四郎出的主意。他前两年曾以旅行观光的名义，骑着毛驴，数着山山水水，走遍了繁峙、沙河、大营、平型关、灵丘、广灵的道路。他料定了阎锡山认定日军只能沿铁路进攻，不会走这条路。他便出了这支奇兵。一下子把阎锡山的大同会战计划给戳乱了。阎锡山急得干瞪眼，这时才明白了板垣征四郎的主力已在平型关的路上。而这一路，中国军队只有惨败下来的73师的部队，他们不可能阻敌于平型关外，雁门关的后路，处于极端危险的境地。

他叫来了第6集团军副总司令孙楚，向他说明了情况。

"现在已是燃眉之急，你应该马上到大营，指挥高桂滋的第17军和你们33军的独立第3旅章拯宇部、独立第8旅孟宪吉部，进入平型关即设阵地，支援73师，阻击敌人。"阎锡山说。

"那大同会战计划呢？"孙楚问。

"唉！唉！"阎锡山连连摇头，十分责备这个多年共事的老部下，竟然这样不懂"存在就是真理，需要就是合法"的阎氏哲学："冬天穿皮袄，夏天穿布衫，大同会战的计划已经过时了。"

阎锡山一个劲地看着墙上的军用地图，画来画去。他想板垣征四郎这着棋下得出奇又险绝。在这高山峡谷之中行军作战，如果遇到山上预伏的高手，简直是走入死亡地带，可惜的是阎锡山并没有在这一带布置下兵力，被敌人钻了空子。

阎锡山后悔之余，灵机一动，脑子里闪出了光明。他望着窗外层峦起伏的群山，看见了被群山包围的繁峙一带的小平原，他想如果能把敌人诱到小平原上消灭之，岂不一快？但是他又想把雁北兵力调动过来，不是轻而易举的，况且雁门关也是不能丢失的。雁门关处高山峻岭峡谷之中，一夫当关万夫莫开，保住雁门关是比较容易的。雁北主力如能以急行军姿态掉转过来，在繁峙盆地消灭敌人还是可能的。阎锡山思前想后，举棋不定。他在室内轻步转了几圈，站住了，喊了一声："副官长。"副官长应声来到面前。他命令道：

"请王靖国军长！"

王靖国任19军军长，是阎锡山最倚重的人才，重大军事决策几乎都与他商定。

"敌人已经攻陷了广灵、灵丘，正在指向平型关。73师已被敌人打残，我已命孙楚所属33军的章拯宇旅和孟宪吉旅急赴平型关占领阵地，援助73师，守住平型关。

现在，大同已经陷落，局势正在变化，我们应该有个应变措施。"阎锡山说。

王靖国自恃多才，其实见地浅薄，他根本不了解敌人的情况，更不明白自己的情况，大同失守，灵丘陷落，使他心慌意乱。在阎锡山垂询之时，他故作聪明地说：

"敌人的主力仍在大同一线，平型关一路山高谷深，交通不便，是一条险路，敌人不过是出一支奇兵，骚扰我们侧翼，有章拯宇旅和73师，足可守住平型关，阻敌于关门之外。"王靖国说。

"雁门关既有足够的兵力，又有强固的国防工事，当然可以守住，但敌人已经破坏了大同会战的计划。我想敌人既然从平型关来了，索性先消灭这股敌人，也许更有把握。"阎锡山说。

"善战者致人而不致于人。在这高山峡谷地带，争取一个主动权还是可以的。"王靖国说。

"不！我是要把敌人放在蒜臼子里捣碎！"

阎锡山根据自己想定的腹案，命令平型关的正面由把总部设在大营的第6集团军总司令杨爱源指挥。孙楚33军的两个旅和高桂滋17军的两个师，及从广灵退下来的73师，布防于平型关、团城口南北线既设工事之中，阻止敌人西进，消耗敌人，并掩护雁北主力部队撤入雁门山、恒山，以五台山为依托，组成南侧机动兵团。雁门山北侧，依恒山、雁门山为屏障，把刘茂恩的第15军置于恒山之外，以34军的101师和梁鉴棠旅分守北娄口、大小石口、茹越口间的已设阵地，保持重点于代县与雁门关间。傅作义的第35军为北侧机动兵团，在繁峙北翼展开。选定决战地点在平型关以西、沙河与繁峙城间的盆地。当敌人越过平型关时，孙楚33军等部抄袭平型关后，南北兵团夹击敌人于沙河一带。

"你以为这个计划如何？"阎锡山问。

"好！好！"王靖国说。

"布好口袋阵，让敌人进得来，出不去，不过……"

阎锡山还没把下边的话说出来，副官长报告："李服膺军长到！"

李服膺是阎锡山一手提拔起来的，与阎锡山有特殊亲密的关系，是阎锡山认为很有才干的军长，他的61军在天镇、阳高被敌人打得溃不成军，败下阵来，引发全国舆论大哗，要求严肃军纪。李服膺手中持有"可以节节后退，诱敌深入"的命令，又加上平时与阎锡山的亲密关系，虽然全国舆论鼎沸，他以为也没有多大关系，所以阎锡山叫他来，他就来了。可他不知道，此时正处在抗日高潮时刻，全国舆论一致表彰上海抗战的部队，要求整饬军纪，刹住溃败的局势。天镇、大同几日之内失守，作为第二战区司令长官的阎锡山在众人责难面前，被迫寻找一个替罪羊。

李服膺站到阎锡山面前，阎锡山没有让座，没有布茶，他满脸灰暗，两只小眼睛久久地盯着李服膺。过了好长时间，他才轻轻说道：

"你的军长不能当了！"

"卑职知罪！"李服膺说。

"有罪当罚！来人哪！"

一群卫士进来了。李服膺这才知道不只是撤职了事。他身子抖动起来。阎锡山命令：

"把他押起来！"

"司令长官……"李服膺一手摸出兜里装的阎锡山的允许撤退的命令，想要辩解。

阎锡山向他一摆手，不许他多话，反而抢着说道：

"你身后的事，家眷子女，我完全负责，你不必挂心！"

卫士们把李服膺押下去了。

阎锡山找来了陈长捷、郭宗汾两位爱将，向他们面授自己的锦囊妙计。

"李服膺罪由自取，军法难容。"阎锡山说："61军的遗缺，就由长捷你担起来吧。由你的72师，再加上新编第4旅组成。"

"人轻任重，恐怕我……"陈长捷说。

"不讲那些。"阎锡山说："我要把一项重大任务交给你的61军和郭宗汾的预备第2军。要你们在繁峙、沙河之间，组成一个坚不可破的口袋底。当南北机动兵团合力歼敌时，千万不能叫敌人从口袋底钻出去。要是真的往西钻出去，我这个行营和雁门一线的部队也就站不住脚了。不但歼敌计划不能实现，太原的北大门也就捅开了。"阎锡山把话刚一收住，副官长又来报告：

"八路军周恩来到！"

他们面前出现了一个穿着灰布军装，腰上横了一条小皮带的人。他脚上别说马靴，连皮鞋都没有，只穿了一双普通布鞋。

双方寒暄之后，阎锡山问：

"贵军都已经过河了吧?"

"都已经过河了,我正要向您报告一切,听取您的指示。"周恩来说。

阎锡山端起战区司令长官的派头,大讲了大同失守之后,要如何整饬军纪,以儆效尤;着力地谈到他的得意计划:在平型关内大摆口袋阵。他语调不高,讲得却是有声有色。周恩来知道阎锡山的部队加上中央军,数倍于板垣征四郎指挥的部队,虽然武器不如日军,要是指挥得当,将士用命,还是大有可为的。之所以出现"闻风四十里,枪响一百三"的溃败局面,并不是兵不能打,实在是当官的恐日病太深,而又采用了阵地拼死打的错误战法所致。平型关的口袋是大同口袋阵的翻版。如果还是这样惧敌,第二个第三个天镇溃败局面还会出现。周恩来根本不相信这种呆板的阵势可以打好,更不相信板垣征四郎会傻得看不出这个口袋阵的架势,按着阎锡山的设想往里钻。

但,八路军的将领是无法改变阎锡山的计划的。

周恩来只好顺水推舟地说:

"这个计划能够实现了,那是全国人民都高兴的,八路军一定绕到敌人后方,切断敌人交通,打击敌人,与这一计划紧密配合。"

"120师已经出左方,到达了五寨、神池一带,向山阴、岱岳前进;115师出右方,已经越过五台,向灵丘、涞源挺进;我们将用游击战与运动战相结合的办法,抄袭敌人的后方。"周恩来不顾阎锡山的狐疑,陈述了八路军用兵的方略。

"说实在的,"阎锡山叹息地说了一句心里话:"我的军队一散了就不能收拢,八路军早上被打散了,晚上又能聚到一块,这一点我真佩服。如果贵军能顺涞源、灵丘一带给敌人的后方一个严重打击,将是共同消灭板垣师团的一大主力。"

"那一带尽是高山峡谷,正是容易打击敌人的场所,我们一定在那一带会一会板垣征四郎,争取打出一个好仗来。"周恩来说。

"好!一言为定!贵军夺标的时候,我这里一定五路出击歼灭敌人!"阎锡山踌躇满志地说。

◎ 阎锡山两关摆重兵，板垣却暗度陈仓轻取茹越口

1937年9月23日，八路军115师到达了平型关东南的上寨。

北方的秋风带来了浓重的寒气，司令部的屋里已经烘火取暖。林彪师长从来没有夸夸其谈的习惯，常常是沉默着思考问题。解答问题时，也是抓住主题，简言切中，聂荣臻政委素有儒将之称，也是勤于思讷于言的人。这两个人一会面，心中都装着一件大事：尽快打出一个胜仗来，攻破"皇军不可战胜"的神话。

"部队都已经带上来了，这边情况如何？"聂荣臻问。

林彪比聂荣臻先到了灵丘一带，已经收集了敌人的情况，考察了这一带的地形，分析了敌我的态势，考虑了作战的腹案。

"灵丘已经失守，敌人的大队人马正向平型关方面移动，已经攻占了平型关附近几个要点，情况是很危急的。"

林彪边说边在桌上摊开了地图，指点了山沟峡谷中的地形和地貌，叙述了他亲自勘察的情况，简单地提出了自己的意见：

"这一带地形不错，敌人很骄傲，疏于戒备，我看可以打他一下。"聂荣臻仔细地看了地图，又向作战参谋询问了敌人的动态，他认为林彪的决定是对的。

"地势居高临下，对我十分有利。我看不是打或不打的问题，而是如何打得好的问题。这是我们跟日本侵略军第一次交锋，全国人民都在眼巴巴地望着我们。我们不战便罢，战则必胜，打出八路军的威风，打出中华民族的威风。"

下定决心之后，大家研究了作战的具体部署。林彪已经察看过地形了，聂荣臻还想亲自去看一下。

9月24日上午，一片灰蒙蒙的雾气笼罩着大地。滹沱河汪汪的河水，夹着一条灰白的沙带，像一条长蛇蜿蜒在峡谷之中。茂密的树林在山坡上铺开了屏障。临近平型关的百崖台一带，滹沱河穿过了狭窄的陡壁悬崖。沿着滹沱河的岸边，就是敌人向平型关行进的道路。"真是一条理想的伏击带！这条狭窄的道路向东延伸到什么地方？"聂荣臻问作战参谋。

"一直到灵丘县东河南镇。"

"中间这一段，大概有多长？"聂荣臻又问。

"有10里左右。"

"这个大棺材足可以装他那几千人了！"聂荣臻微微一笑。

平型关方面传来的炮声隆隆不绝，而且越来越密。聂荣臻、林彪两个人听了一会儿，林彪对作战参谋说：

"要派人侦察，切实掌握平型关方面的变化！"

晋军第6集团军总司令杨爱源负责指挥平型关方面作战，却没有到平型关前线去了解情况。第6集团军副总司令孙楚的指挥部设在平型关西面山下的大营，实际担负了平型关战斗指挥之责。孙楚直到日军开始了对平型关阵地的攻击，还认为这不是板垣征四郎的主力，不过是板垣派出的一支游动牵制的奇兵。他坚持认为日军的主力必然运用铁道之便，向大同集中，南攻雁门山，雁门山一带仍是主战地带。但他也不同意阎锡山的"口袋"战术，不主张把敌人放进平型关，然后加以歼灭。他估计有高桂滋的17军和他本人所属的32军两部，扼守平型关、团城口的险要地带，很有把握；如果配合八路军在灵丘一带的抄袭，伺机出击，可以打个局部的胜仗，对雁门山主战场起到很好的配合作用。这个计谋报告了杨爱源，他很赞成；他又转报给驻在岭口的阎锡山，阎锡山又征询负责守雁门山的19军军长王靖国的意见。因为敌人在聚乐堡、大同一带的攻击仍很紧张，晋军屡屡失利，王靖国十分希望平型关这一侧翼打出胜仗，减轻对自己一方的压力。

"我看孙楚的判断是对的，敌人的主力仍在大同、聚乐堡一线。况且傅作义的35军尚未集结到繁峙以东的主阵地，在那里构筑工事也非一日之功，把敌人放进平型关，难收夹击之效。"王靖国说。

听了王靖国的话，阎锡山原先自以为得计的"口袋阵"计划开始动摇了。

"我认为不如把傅部35军置于代县和阳明堡地区，作为对雁门山主战场的支援。"王靖国说。

阎锡山又批准了固守平型关、团城口伺机出击计划。高桂滋的17军先接过阎锡山的"放敌进平型关内来打"的命令，又接到固守团城口的命令，阎锡山也没说前令作废。

33军孟宪吉旅于9月19日到达平型关，依靠长城沿线已设的工事，并在白崖台、关沟、塞沟各阵前要点，构筑了前进阵地，加强纵深配备，与敌人的先头部队激战了两昼夜。日军碰壁，绕向蔡家峪，转攻团城口，正在打高桂滋的防区。高桂滋所属84师守备团城口之部，受到敌人炮火的强大压力，越来越感到疲惫难支。

高桂滋第17军84师251旅一直战斗到24日，牺牲了李光荣营长，重伤了艾捷三团长、杨学武营长。这时左翼由晋军把守的1886高地被敌人占领，阎锡山得知之后悬赏1万元，要求夺回1886高地。251旅吕晓韬团长知道若不将此高地夺回，团城口一线便无法立足，团城口有失，则平型关等于敞开大门，再也无法挡住敌人。吕团长召集了奋勇队，向大家宣布了阎锡山的赏格。

"敢干不作干？"吕团长问。

奋勇队默不作声，吕团长以为士兵们害怕了，使用了激将法。

"有种的站出来，孬种退回去！"

全体奋勇队一齐向前迈了一步。吕团长看到士兵应命，心中一喜。"阎长官的1万元一定给！你们上吧！"

士兵们好像受了侮辱，仍然一声不响。

"你们说话呀！"

"团长！"一个战士说话了："打仗是拼命的事，命都不要了，谁还在乎那1万元2万元？团长！请你记住我们的姓名吧！弟兄们走！"

奋勇队冒着敌人的炮火，付出了重大牺牲，夺回了1886高地，重新交给了晋军守卫。这已是23日下午4时了。

战局稳定了没有多久，又激烈地打了起来。24日，阴雨天气转寒，官兵们忍饥耐寒，与敌人拼搏，阵前尸骸枕藉。敌人的飞机大炮猛烈轰击，步兵反复进攻。前线打得实在艰苦。251旅旅长高建白请求250旅支援，250旅派出了部队，但仍不能挽回战线的颓势。他把情况报告了军部，军部转来了阎锡山的命令：

"即日出动16个团，配合关外的八路军，以六倍于敌人的兵力，聚歼日军。"

命令传到官兵，群情振奋，士气倍增。

命令还说凌晨4时晋军16个团可以到达251旅指挥部迷回一带。高旅长数分数秒地数着时间。直到6点钟仍不见16个团的任何一个团的影子。出击部队的指挥官是预备第2军军长郭宗汾。郭宗汾未到迷回，他属下的71师202旅旅长陈光斗却把指挥部搬到了迷回，因为202旅属于出击部队的序列，高建白便找他催问。

"陈旅长！你听前方打得多激烈！我的部队有的几天没吃上饭了。这样下去，恐难以守住阵地。你是否可以先派一个团支援一下。不然，阵地一失，纵有10倍于敌的兵力，也难完成出击任务。"

"我们16个团是奉命配合八路军出击的，不能考虑你们的事；阎长官的命令上没有这项任务。"

"16个团抽出一小部分也不至于影响出击的力量，可稳住阵地，却是出击条件。我还是请你考虑！"高建白希望能说服对方。

"配合八路军出击，是整个战事的大局，没有阎长官的命令，我不敢擅自动用一兵一卒，这点，您应理解。"陈光斗说。

高建白知道这种争论是没有意义的了。他只好从大局出发，激励士兵，肩负守阵地的重任。大家把希望寄托于16个团能按时出击，以减轻肩上的压力。

高建白和火线上的官兵，感到每一秒钟都很难熬。好容易挨到早8时了，下边向旅指挥部问："为什么还不见出击？"高旅长便用同样的话问陈光斗。

"上级命令，改为晚上12点出击了！"

陈光斗这一句话把出击的时间推迟了16个钟头。夜来风雨交加，战场上积水盈尺，官兵们的下体浸在水中，拼命抵御敌人。向旅指挥部告急的电话，连续不断。高建白除了回答一句"要坚持"以外，便是忙着在灯下看表。总算挨到了深夜12点，可是仍然不见16个团出击。

"陈旅长！怎么样了？"高建白用电话问陈光斗。

"长官命令：把出击时间改到明晨4时了。"陈光斗依旧回答得很平静。

"可您知道，我的部队实在精疲力竭了。您不能用大部队支援，至少也应该给小的支援，只要阵线稳住，你们何时出击，我就何时让支援部队归还建制。这应该可以了吧？"高建白请求着。

"那好吧！我派两个连去，多了不行！"陈光斗说。

陈光斗的部队近在咫尺，所派的两个连却迟迟不来。前方的伤亡不断增加，高建白忍耐不住，便拿着油印的长官司令部"4时出击"的命令，去见陈光斗。高建白把命令往陈光斗面前一摊：

"4时出击，为什么不出击？"高建白问。陈光斗已经多次推脱，知道高旅战线

实在处于危殆之中。友邻支援,不可推卸,但又碍于长官命令,不得擅动。他急得脸色苍白,吃吃地说道:

"高旅长!我实在很为难。我半生戎马,爱国向不后人。不过,军人以服从命令为天职,我执行的是阎长官的命令。你看,这是郭军长转来的命令。"陈光斗摊开一纸命令。油印的命令纸上用红铅笔写着:

"郭转阎长官命令:非有长官电话,不得出击。"

"你不要生气!"陈光斗说:"你旅的危急,我是知道的;阎长官军令的严格,你也是知道的;我给你拨出两个连,壮壮士气,也是冒着风险成全友谊的。至于何时出击那只有听长官的命令了。你看,外头的雨越下越大了。"陈光斗说。

前方的电话来了,电话找高建白。

"1886高地又丢了……"

"再夺回来!"高建白气急败坏地说。

"奋勇队出动50余人,把高地夺回来了。我们的弟兄……只剩下11个人……"高建白拿着话筒,一句话也说不出。

正当晋军在平型关一线苦战的时候,八路军第115师已经做好了在平型关外歼敌的作战部署:

以第344旅第687团占领西沟村至蔡家峪以南高地,负责切断进入伏击圈敌人的退路,阻击由灵丘、浑源方面增援的日军;第343旅686团占领小寨村及老爷庙西南至关沟以北高地,担任截击和围歼当面日军的任务,并阻击由东泡池回援的日军;以344旅688团为预备队。

9月25日上午7时,随着隆隆的马达声,日军在尘土飞扬的狭窄公路尽头出现了,100余辆汽车满载日军和军用物资在前,200多辆大车和骡马牵引的炮车随后跟进,断后的是一大队骑兵。

日军跟中国军队多次交锋,连连得胜,早已不把中国军队放在眼里,这样一支大部队行军连尖兵也不派,一副如入无人之境的狂妄派头。

只听一声发令枪响,整个山谷怒吼了,机枪、步枪声,手榴弹爆炸声,迫击炮声一齐响起来,车上的敌人被打得晕头转向,打头的汽车中弹起火,整个车队像一条被打断了脊梁骨的毒蛇瘫在公路上。

这股敌人是日军精锐板垣师团第21旅团，与中国军队的较量中从未受挫过，此时，回过神的日军官兵拿出了武士道精神负隅顽抗，拒不投降。随着阵阵冲锋号响，八路军战士勇猛地冲了下去，把这条瘫痪的毒蛇斩成了数段。乱石峡谷中，刀光闪闪，杀声震天。

日军的飞机赶来支援，往下一看，两军搅在一团，根本分不清哪是日军哪是八路军，日机无可奈何地在天上盘旋，最后只好让地下的日军听天由命，摇摇尾巴飞走了。这一仗，八路军歼灭日军板垣师团第21旅团1000余人，缴获大批枪支弹药和军用物资，光是军大衣，就够115师每人一件。

正当日军如入无人之境、长驱直入的时候，却想不到在平型关受到八路军突如其来的猛烈袭击，碰了一个大钉子。平型关战斗是抗日战争以来，中国人在战场上第一次完全主动的、损失最小而战果最大的战斗，大大挫败了敌人的锐气，振奋了我军的士气，鼓舞了全国人民抗战胜利的信心。自从卢沟桥抗战开始，在华北的国民党军队节节败退，从来没有能够组织一次像样子的战斗。平型关的胜仗，把日军不可战胜的神话打破了，树立了一个以弱胜强的先例，大大激发了抗战将士的斗志，随后忻口战役可以说是在平型关胜利影响下展开的一次重大战役。

孙楚得到了八路军115师的战报后，不能不相信八路军取得的胜利了，一霎时，他也想得一个胜利，以增光彩。他认为八路军已抄袭平型关敌后，并以有力部队正向大小寒水岭挺进，正好为团城口一带的国民党大军开路，发起进攻，共同围歼敌人于鹞子涧、平型关之下。孙楚认为全局形势很好，平型关前方吃紧是暂时现象。

孙楚一面下令前方部队坚持抵抗，一面令预备第2军郭宗汾军出击，配合八路军围歼敌人。

郭宗汾军出击，以陈光斗旅附山炮一连，向六郎城进击，想用这个行动带动17军高桂滋部的李仙洲属下的21师向前挺进，与大小寒水岭的八路军联系，绕击敌人侧背。郭军主力纵队接近迷回村时，便向东、西泡池分进，乘夜秘密行动。孙楚认为敌人才受到八路军的打击，正从前线抽回部队保护后方，遂催郭军大胆出击。

拂晓前，郭军通过涧头、迷回村前进时，突然受到来自对面部队的射击，部队陷于一阵混乱。结果查明，团城口，鹞子涧、东、西泡池的阵地，都已被日军占领。敌人凭借有利地形，居高临下，出郭军不意发起了攻击。北面从鹞子涧隔断了郭军与左纵队的联系，南面从东、西泡池击溃了郭军上山攻击的部队。郭宗汾的主力被日军压迫在涧头、迷回一带。幸有八路军占据了大、小寒水岭，与被隔于六郎城的郭军互为犄角，牵制了鹞子涧敌军的行动，使郭军主力未被包围，稳住了涧头、迷回的阵脚，使东、西泡池之敌不能直扑总指挥部大营。

阎锡山决心放弃在繁峙盆地会战计划后，便想增加部队于平型关外歼灭板垣师团。他想得很好：只要郭宗汾军守住涧头、迷回阵地，孟宪吉旅守住平型关正面，新的生力军一到，便可与敌后的八路军夹击敌人，他也想到：原定16个团出击计划未能实现，让八路军独家打了胜仗，面子上不好瞧；乘八路军仍在大、小寒水岭时，继续出击仍有夹击敌人的机会。于是他下令驻在代县的陈长捷61军驰援平型关，并把平型关作战的总指挥孙楚换由第7集团军总司令傅作义担任。

傅作义担任了总指挥，首先就是要把团城口从日军手里夺回来，可是17军已经撤走了，无能为力，只好命郭军坚守阵地，同时促61军火速进军。

61军到达后，发起进攻，只解除了郭军在迷回、涧头、六郎城、东西泡池之围。72师梁春溥的434团，从南口转战下来，一直士气高昂，团长程继贤总以"民族兴亡，匹夫有责，有我无敌，誓灭敌虏"的格言教育官兵，每次战斗，团长亲临火线与士兵并肩战斗，程团占领了迷回北山打退了敌人连续反扑，解了迷回之围。夜间，继续发起进攻，一气夺取了鹞子涧，占领了1586高地，与挺进大、小寒水岭的八路军配合，绕攻平型关敌人的后方。程团为给梁旅主力开拓进攻的道路，派团副郭唐贤率张景舜营向六郎城攻击，以便与被隔在六郎城的郭军陈旅联系。张景舜顺利地打通了六郎城，但程团的后边，没有后续部队跟上来，便陷于突出的孤立地步。

敌人失掉鹞子涧后，为使团城口、平型关一线免被隔断，乃掉转其回援主力，从团城口、关沟两面夹击鹞子涧，程继贤团处于敌人包围之中，形势紧迫。傅冠英营长、梁世荣营长对程继贤团长说："是否坚守待援？"

其实此刻身外已是炮火连天，敌人的刀光已经迫在眼前，程继贤知道此刻已不是讨论问题的时刻，他大吼一声："杀敌！好男儿，冲上去！"腾身一跃，扑入敌群，手持战刀与敌人拼搏起来。全团两营的官兵不足1000人，面对着1500余人的日本联队，几进几退，杀了个天昏地暗。

士兵们各自为战，他们看到长官一个个倒下去了，激起不畏牺牲的豪气。被刺倒的士兵，有的拼着最后一口气，拉响整束手榴弹，与敌人同归于尽；有的没有枪支就搬起石头，砸碎了敌人的脑袋；有的用嘴巴咬住了敌人的喉管……等到增援部队赶到打退敌人之后，一清点人数，整个程继贤团只剩下不到80个人，其他包括团长程继贤以下官兵全部壮烈殉国。

阎锡山的计划又失败了。他不明白，为什么自己的锦囊妙计屡屡失算，团城口等要点没有夺回，又失掉了六郎城西1635高地。他又决定把傅作义的35军调到平型关一线，与袭扰敌后的八路军配合歼敌于蔡家峪一带。

35军正在调动，这时板垣征四郎召集了师团参谋长西温利村、第9旅团旅团长国崎登、第21旅团旅团长三浦敏事、关东军察哈尔派遣兵团混成第2旅团长本多政材、混成第15旅团旅团长筱原诚一郎等开会。

正当阎锡山计划把板垣征四郎的主力从天镇、阳高一路引到聚乐堡，在大同一带决战时，板垣知道阎锡山在雁门关一带有强固的工事为依托，他决定离开铁道线，出其不意地从灵丘进攻平型关。一旦平型关突破，便绕到雁门关的侧后方，使阎锡山的计划不攻自破。没想到在这一路上遇到八路军的强力阻击，也遇到国民党军队的阻拦。虽然取得了若干局部的胜利，终于使平型关一线陷于胶着状态，但如果迁延时日，在深沟狭长地带，必然还要吃八路军的苦头。这是板垣征四郎焦虑的。

参谋长西温利村指着地图叙述了战场的情况后，板垣补说了一句：

"没有想到装备低劣的八路军会有这么强的战斗力，没想到9月25日八路军仍然是灵丘路上的钉子！自古兵家避实击虚。拔出腿来，打击敌人的薄弱环节，这是我们要研究的。"

21旅团是板垣征四郎第5师团的精锐，9月25日被八路军消灭了上千人，打掉了三浦敏事旅团长的发言权，其余的几个旅团长还没有碰过钉子，认为再鼓一把劲平型关还是可以突破的。

"现在平型关上除了八路军之外，已经是3个军跟我们作战，如果再加上一个35军——它是在百灵庙显了威风的劲旅，就算是一堆豆腐，恐怕一刀子也是斩不断的。何况我们已不是一鼓作气了。"参谋长西温利村大佐有点不大相信旅团长们的话。

"难道我们就止步不前了么？"第9旅团旅团长国崎登少将不满意参谋长的话。

别的旅团长认为这种争论难得结果，便提了一个简单办法：要求增兵。

板垣征四郎走过平型关至灵丘的谷道,也走过雁门关大同道路,他不但路熟,而且对雁北一带的地形及工事分布的情况也十分了解。连日来,他一直想着"避实击虚"4个字,现实的情况是:他在南、北两路上都碰到了"实",眼看着自己将陷入"顿兵挫锐"的境地,在大家争论时,他并没有去细听,因为那些意见都已是听过了的,他用尽心力,观察着10000∶1的军用地图。看来看去,似乎想到了什么,他对着关东军察哈尔派遣兵团第2混成旅团旅团长本多政材少将说:

"我认为你部应从大同向西直插雁门关,把阎锡山的力量吸引到雁门关一带。"

"那么,我们真的不惜人力物力去攻雁门关的要塞?"本多政材不解。

连参谋长在内,大家都用惊诧的眼光望着板垣征四郎带棱角的光头。

"是的,"板垣狡猾地一笑:"碰到硬的,你们自然会回头,看这里……"

板垣用指挥棒指到地图上的一个点。

"这是什么地方?"

"茹越口!"大家说。

"茹越口是什么地方?"

大家答不上来,参谋长想一下,根据他的情报材料,略微醒悟过来。

"那里是中央军刘茂恩的15军与晋军34军的结合部。"

"兵力多么?"

"不多,工事也少。"

板垣征四郎对着大家一笑,把指挥棒先向雁门关一划,然后迅速抽回,指到茹越口,口里说:

"嗯?要快!懂么?"

众将领这才如梦方醒,对他们的指挥官佩服得五体投地,"高招,实在是高啊!"

关东军察哈尔派遣兵团摆个疾趋雁门关的姿态然后突然转向东南,直扑雁门山与恒山的接合部茹越口,以一日一夜的急行军,于9月28日早晨占领了茹越口,少数中国守军抵抗不力,日军于29日抢占了繁峙县城,形成了对雁门关主阵地侧后方的威胁。

阎锡山仓皇之间来到繁峙南大营以西沙河镇的一个小村,召集朱绶光、傅作义、杨爱源、孙楚、王靖国、陈长捷等人开会，讨论应急措施。傅作义总部的幕僚提出了两个方案。

他们认为平型关、团城口之敌已被我阻止，不得前进。其后方遭到八路军的不断袭扰，补给困难，已处于进退维谷之境。敌人虽突破茹越口，侵入繁峙，威胁我主战场的侧后方，但他兵力单薄，一时幸胜。我方若调集雁门山、恒山一带强大的部队，多方夹击，并不难歼灭进入茹越口之敌。根据这个分析：第一方案：认为入侵繁峙之敌，仅是有限的日军和伪蒙骑兵，用在代县东的马延守旅（属35军）、姜玉贞旅（属19军）协同王斗山以西的方克猷旅（属61军）进攻茹越口、繁峙之敌，围阻牵制；再由繁峙以东的35军董其武旅和孙兰峰旅向团城口前进，先打垮六郎城、鹞子涧之敌，配合活动于敌后的八路军，歼灭平型关外的板垣主力兵团。这样，被围阻于繁峙、茹越口的敌人，也就不难解决。

第二个方案：平型关、团城口阵线，与敌对抗，不得动摇。以位于繁峙以西马延守旅和繁峙以东的董其武旅和孙兰峰旅，合力夹击繁峙之敌，驱敌出茹越口，再出动刘茂恩的15军攻击团城口方面，以重兵包围抄击平型关、灵丘间的板垣师团。

孙楚、王靖国迄今也不相信八路军在敌后的袭扰作用，对于第一个方案，首先提出疑问。

"这样向两面分力攻击，大营总部手上没有一点策应力量，万一敌骑突窜大营，我们能唱空城计么？"王靖国说。

"我补充一点：我们不能把八路军打了就跑的作用估计太高。不能说袭扰没有作用，可也没有牵制敌人主力的作用。"孙楚说。

阎锡山的参谋长朱绶光对第一方案也持否定态度。阎锡山一摇头，第一方案便不须讨论了。陈长捷赞成第二个方案。35军是有名的劲旅，用35军的全部打击繁峙、茹越口之敌，应该是绰绰有余的。

"在团城口、平型关方面，敌人虽然盘踞着六郎城、鹞子涧和1635高地，但东西泡池、迷回山与涧头阵地尚可坚持与之对抗，使敌人不能前进。梁春溥旅还可以联系大、小寒水岭的八路军，在敌后起有力的牵制作用。平型关、团城口方面还可以与板垣师团进行持久战斗。从全局着眼，我赞成让35军全力以赴，解决入侵繁峙、茹越口的敌人。"

因为将要动用的不是王靖国的19军和孙楚的33军，他二人暂时没发言。因为35军是傅作义领导的，阎锡山便询问傅作义有何意见。

"宜生！要你出马，怎么样？"阎锡山问。

"我认为有扭转当前局势之必要。我赞成由35军去打一仗，我愿意到峨口设指挥部去亲自指挥。"

在这危难时刻，傅作义挺身而出，很使会场上振奋，连阎锡山也觉得第二个方案是可以考虑的。就在这个时候，孙楚连着几次接了平型关方面来的电话，顿时变得面色惶惑。

"是前方的消息么？"阎锡山问。

"平型关方面连续告急，敌人在向平型关南翼的白崖台、东长城村方向移动，有进攻73师的意向。73师自从广灵退下来以后，人员损失很大，士气一直没有恢复，需要给以支援。可是33军已经没有力量。我想35军董其武旅既已到了大营，应留下作为应急的力量。"孙楚说。

阎锡山眨着小眼睛想：35军还未出动，平型关已告急，陈长捷说的持久对抗恐怕言过其实。到底怎样才保万全？阎锡山一时拿不定主意，王靖国从参谋手里接过一纸电文，匆匆地看了一遍，便递给了阎锡山。

"从五斗山反攻铁甲岭、茹越口的方克猷旅（属61军），溃回代县；现在调雁门关以西段树华旅（属19军）来代县，并留35军的马延守旅在代县以东警戒。"

两边告紧，阎锡山方寸大乱。他又陷入了曾经陷入过的疑团：日军的主力到底在哪一方面？杨爱源是阎锡山的五台同乡，他比阎锡山想得更远：繁峙、茹越口的日军，如果再向南进，不但威胁雁门山主阵地，而且有直捣五台的危险。

"热、察、绥的蒙古人年年来五台山，走熟了繁峙口通五台山的道路。日军既已占领了繁峙，有可能经峨口直奔五台山。"

杨爱源这几句话，使阎锡山的思想更杂乱起来，如果这样发展下去，不但威胁雁门关，而且直接威胁太原，连自己的老家河边村也保不住，自己的祖坟也要给日本人占了。平型关难以守住，更谈不上出击歼灭敌人。繁峙的敌人不但在动，而且打败了方克猷旅，35军的反攻不可一蹴即得，纵然开始反攻，也未必稳操胜券。与其走这独木桥，不如还是选大路走保险。阎锡山把桌子一拍，有气无力地说：

"我看这种形势无法补救了，拖下去对我更加不利。"

日军突破了茹越口、阳方口，占领繁峙，直接威胁到雁门关、平型关的后方。阎锡山慌了手脚，顾不得组织在雁北的有生力量夹击突入的敌人，下令全线撤退。雁门关天险，白白地让给了敌人。阎锡山放弃雁门关、平型关，把大批军队向五台山、云中山、芦芽山一带转移，集中主力于忻县忻口之间，组织忻口会战，保卫太原。

◎ "阎老西"杀了替罪羊，要在忻口决胜负

日军占领了繁峙，其势甚锐，直接威胁了同蒲铁路。阎锡山从繁峙沙河的一个小村出发，决定南奔五台山的台怀镇，从那里再返太原。

阎锡山骑着毛驴走在崎岖的小道上，心神不定。阎锡山胆小，不敢骑马，只好骑驴。

毛驴不紧不慢地走着，阎锡山骑在毛驴背上随着毛驴的脚步摇摇晃晃。他觉得自己在山西的宝座，似乎也像骑毛驴一样，越来越不稳当了。

阎锡山曾经夸下海口，要靠30万晋绥军拒敌于山西之外。然而，事实一一证明了这纯属大话。晋绥军一触即溃，不但不能拒敌于山西之外，连天险雁门关、平型关都丢了，眼看着日军直逼太原。

阎锡山忧心忡忡地回了太原。他想到很快日军就要兵临太原城下，更加惊魂不定。眼看日本人就要端他的老窝了，事到如今只有豁出老本，拼了！他想到了忻口。

忻口位于山西崞县与忻县之间，北距宽达半里的云中河四五十步。贯穿南北的同蒲铁路和公路由忻口前面通过。西边是丘陵地带。整个地形十分险要。这里是日军进占太原必经之路，也是抗击敌人消灭敌人的有利战场。一想到这些，阎锡山又来了精神，他叫来杨爱源和傅作义，显得镇定自若地说：

"胜负兵家常事。现在，重要的是要迅速整顿、调配队伍，把忻口的阵地搞好。这个'三山夹两口'的阵地，是易守难攻的，我们要在这里打个好仗！"

"我已命令王靖国守住崞县，姜玉珍旅守住原平。这样，我们就有时间在忻口布

阵了。"

"崞县能守多少天呢？"杨爱源问。

"至少10天。"阎锡山说。

阎锡山这时才想起了蒋介石答应派第14集团军支援山西的事。原来他曾说过要靠30万晋绥军保住山西的话，现在他自己也不相信自己的力量了。在火燎眉毛的时候，他急切地希望蒋介石派来救兵，最好能有一位中央大员来第二战区参与指挥。这样，一败再败的责任，也就有人分担了。

9月20日，蒋介石曾派黄绍竑到岭口去见阎锡山，了解阎锡山的情况。他走到石家庄的时候，便传出了平型关大捷的消息。石家庄的人民连空中飞着的日本飞机也不顾，到处欢呼，燃放鞭炮。待他见了阎锡山，却像走进了另一个世界。阎锡山对于八路军的胜利，又喜又怨。喜的是八路军为他牵住了板垣师团的尾巴；怨的是让八路军独占了大捷的荣耀。同时，对自己属下不配合八路军出击，则是又恨又爱。他对黄绍竑说自己有保住雁门关的决心。但是他瞒不过黄绍竑的眼睛，因为黄绍竑亲眼看到了晋军丢盔弃甲的狼狈相。

"平型关虽然打了胜仗，日军的进攻并未停止，阎百川虽然坐镇雁门关，并未摸清敌人的主攻方向，对于山西全局如何统筹安排，并没有做出决定。"黄绍竑回去对蒋介石汇报说。

"你去第二战区当副司令长官，帮帮百川的忙。"蒋介石亮出了要染指山西的底牌。

黄绍竑当时任湖北省主席。他十分明白，如果不得到阎锡山的同意，去山西不但难有作为，说不定还会给自己招来一身麻烦。

"如果委员长下令，我也愿意去山西帮帮忙；但，这恐怕要征得百川的同意。"蒋介石给阎锡山发了电报，立即得到了他的同意。在阎锡山急切盼望黄绍竑来时，黄绍竑到了。

顾不得风尘仆仆，黄绍竑听了阎锡山准备在忻口会战的打算。阎锡山问黄绍竑的意见。

"侧翼怎么部署？"黄绍竑反问了一句。

"忻口这个地方真有点特别。五台山自东而西，云中山自西而东，两山在忻口北部呈夹峙之势。滹沱河自北而南，云中河自西而东，在忻口北部汇合，从两山夹峙的地方流过。在河谷的中间,又有一个数百米高的土山,很自然地形成了三山夹两口的特殊地形。三山,就是云中山、五台山、河谷中间的土山;两口,就是土山东、西两侧的水道。这里正面很小,真有一夫当关万夫莫开之势;而且从南向北看,这小口呈倒八字形,敌人两翼包抄甚难,是组织网式防御的理想战场。在口外运动的敌人,总处于三面受敌,无法避开来自横向、纵向和斜向的攻击。"阎锡山指着地图说到这里,做了个结语:"两边侧翼都是安全的。"

阎锡山得意之余,还讲了忻口名称的来源。据说在公元前200多年,汉高祖刘邦在平城被匈奴围困,脱围之后来到忻口,见此处地形险峻,三峰夹河突起,刘邦知道匈奴纵有追兵到此,也无用武之地,刘邦与三军大为欣然。欣与忻通用,故在此筑垒设防,名曰"忻口"。

黄绍竑知道阎锡山误会了他的意思,赶忙补充:

"我说的是大侧翼,您误解了。比如说娘子关就是忻口、太原的侧翼,如果娘子关不保,忻口、太原也难坚持。"

"德国专家说了,敌人的主力在北面,那方面纵有敌情,也不过是敌人小股奇兵,不成大事。"阎锡山笑了。

"不过,娘子关是必须守住的。不然,敌人横插过来,就会扰乱了咱们的阵脚。"黄绍竑说。

"不至于!"阎锡山摇头:"娘子关天险,易守难攻。况且敌人攻击娘子关,在平汉线上的我军就可以从其后方进攻,使他进退两难。"

"忻口会战是一件大事,只能求其必胜。"黄绍竑说:"我总以为娘子关方面应该认真注意。"

阎锡山没想到黄绍竑这样重视娘子关,也没想到杨爱源、傅作义也支持黄绍竑的看法。他自己也加重了对娘子关一翼的重视。

蒋介石向山西派兵遣将,阎锡山高兴了,但总有些苦味:"请神容易送神难。"

阎锡山一想到土皇帝的卧榻边多了一个睡觉的,心里就忐忑不安。不过,他知道"夏天来了穿布衫,冬天来了穿皮袄"的道理,总是要应时而变的。

"我要应时而变,他老蒋也不能不变!"

阎锡山想:这次老蒋派兵来跟红军东征时不完全一样,那时他的兵占去山西一寸山，山西就少一寸土；现在，不一样了，多了一个八路军，还有一个日本人，老蒋也就不能在山西为所欲为了。可是，共产党还是共产党，蒋介石仍是蒋介石，不用他们不行，用他们也有隐患，只是现在不能一脚踢开。

蒋介石派中央军进入山西，自然也有他的如意算盘，一来可以借此捞个抗日的好名声；二来还可以借这个难得的机会侵占阎锡山的地盘。此外，蒋介石还有一个不可告人的秘密，就是借此机会监视、限制，甚至吃掉八路军。

统率中央军进入山西的将领就是14集团军总司令卫立煌。"七七"事变以后，国民党政府派遣卫立煌这一支嫡系精锐部队来到华北，本来是让他增援卢沟桥的。当他们还在途中的时候，宋哲元的29军已经放弃了北平和天津两座城市，退到保定。7月28日，日军占领北平。8月初，交锋的重点移到平绥铁路线上的要冲——南口。这时，13军汤恩伯部守在南口，顶不住日军的强大火力，迫切待援。于是卫立煌率其基本部队14军冒险由北平以西的山地绕道北行，去增援南口。8月25日，卫立煌率其所部刚刚到达门头沟以西的大台地区千军台一带，即与日军接火。

卫立煌的部队装备良好，下级官兵抗日热情正高。这时正是秋高气爽，妙峰山以西诸高地，海拔1500米以上，入夜寒风刺骨。卫部仍着夏装、短裤、草鞋，遥遥看见天际的红云，知道那就是从北平城内反射的灯光，个个精神抖擞。当地人民过去只见过杂牌军，从未见过头戴钢盔，轻重机枪齐全，还有高射机枪和反坦克平射炮的正规军队。群众组织起担架队、运输队来支持抗日战斗，真是箪食壶浆，下级官兵也深受感动。一连打了二十几天，与日军互有进退。可惜在离南口还有一天路程的时候，南口已把守不住，被日军攻破。卫立煌所部即失去增援目标。沿平汉线保定又已告急。9月18日，不得不回师沿西山南撤。日军已向房山、涿州之线堵截，用骑兵和汽车三面包围过来，上面还有飞机扫射，滞迟卫军行动。卫立煌久经战阵，对于这一严重局势沉着不慌。他计算日军合围还需要一些时间，只要整顿队形，自己的队伍不抢路，不混乱，就不要紧。14集团军每个师都有一个骑兵连，卫立煌首先集中自己的骑兵，把敌方堵截山口的骑兵冲散，然后沿山南行。由于他指挥得当，行动敏捷，在日军合围之前，冲出西山台地，越过拒马河，南渡易水，直抵徐水以西的遂城镇和保定以西的满城，兵力未受损失。本来准备参加保定以西的会战，没想到保定正面的总指挥刘峙竟不战而逃，引起全线崩溃。卫立煌奉命继续南撤，沿平汉路西侧，夜行昼伏，徒涉唐河、大沙河，抵达石家庄集结待命。当时几路退兵云集石家庄，日军飞机天天来轰炸，我方只有少数高射机枪，根本起不了掩护作用。

这边平汉路中央军重兵集结，隔着太行山的山西却频频告急。阎锡山当初为了炫耀武力，虚张声势，晋绥军号称有30万，实际上顶多只有10多万人。

晋绥军原先有七八万人，在抗日战争初期编为第6、第7共2个集团军。第7集团军总司令傅作义所辖的绥远军队只有一个第35军，包括孙兰峰、董其武、马延宁3个独立旅和2个骑兵旅。因为后来需要担当整个绥远省的防务，没有充分使用。第6集团军总司令杨爱源所辖的晋军共4个军，即19军军长王靖国部3个独立旅，33军军长孙楚所部3个旅，34军军长杨澄源所部1个师2个独立旅，以及陈长捷继李服膺当61军军长所带领的1个师2个独立旅，此外还有赵承绶带领的6个骑兵团和周玳领导的8个炮兵团。

阎锡山30年来惯于在变幻莫测的局势当中摇身一变，投机取巧，玩弄权术而独霸一方，其实并无多大实力。山西兵战斗力薄弱的原因很多，一是军队中大量空额，二是在政治经济长期处于独立状态的山西，平时又要多养兵，又没那么多钱，有时只好搭配一些鸦片烟充作军饷。狂妄自大的蒋介石嫡系军常常嘲笑阎老西的兵有两杆枪，一杆步枪，一杆烟枪。这种嘲笑固属过分，然而山西旧军的腐败无能确是事实。过去日本特务机关在山西公然成立办事处，猖狂活动已非一年，收买的汉奸也很多。抗战一起，汉奸活动频繁，到处造谣，引起人们心理恐慌，敌人没来自己先乱。此时日本飞机每天空袭太原，在车站和市区投了很多炸弹，街上电线纵横，房屋玻璃破碎，商店大门紧闭，工厂警报汽笛呜呜长鸣，整天不断。达官贵人搬家逃难，老百姓扶老携幼出城防空，忍饥挨饿，呼儿唤女。如果不是共产党实际领导的山西牺牲救国同盟会建立山西青年抗日决死队，贴出"反对仓皇失措退却逃跑"的醒目大标语，如果不是南汉宸等主持的第二战区战地总动员委员会发出"动员3000万民众保卫山西"的号召，如果不是延安来的西北战地服务团在这里表演救亡戏剧，如果不是大批热情洋溢的平津流亡学生在这里集中，进行一些宣传活动，奔走呼号，太原几乎停止了呼吸。

阎锡山别无他法，只有向蒋介石不断地呼救。蒋介石调入不少半嫡系军队和一些请缨抗日的西南地方军队。阎锡山还嫌不足,一天几次用十万火急的电报催派精锐援兵。于是卫立煌乃奉命率其基本部队14军于十月初开进娘子关。卫立煌先到太原与阎锡山见面,商讨作战计划,其部队则装入94节铁皮闷罐车,分成10列,每15分钟一列,由正太路转到同蒲路。同蒲路原定由大同修到蒲州(风陵渡北),此时才从风陵渡修到原平,只能算是"原蒲路"。从前阎锡山闭关自守,怕外面势力进入山西,故意把山西的铁路修成一种与全国铁路不同的窄轨铁路,让别处的车开不进来。小火车头小车厢,走得很慢,爬坡时尤其慢,行人可以从后面追赶爬上火车。如今战况紧急,等在晋北和坐在车上的人都心急如焚。直到这些军队运到忻口,阎锡山的心才算踏实一些。

现在,除了晋绥军原有的十几万人马和人数较少的八路军,加上卫立煌统率的中央军和新调入晋的川陕等省的地方部队共计20万人,阎锡山第二战区的部队总数达到了30余万人。有了这名副其实的30万人马,阎锡山的底气足了,胆子又壮起来。他要打个漂亮仗杀杀日本人的威风,也给国人看看他阎百川对日本人绝不手软。

阎锡山说:"现在我要革命了。"而他的革命行动是什么呢?一是把牺盟会会员武装起来,发给5000支枪。二是开庭审判处决弃守天镇的晋绥军第61军军长李服膺,以震军威。

李服膺号慕颜,47岁,山西崞县人,与傅作义、王靖国等同在保定军官学校毕业,曾在段祺瑞组织的边防军与傅作义等同任排长。后被阎锡山召回山西,并拉来了张荫梧、楚溪春、李生达等共13人,号称十三太保,李服膺被誉为大哥。嗣后,步步擢升,直到军长,知遇之隆,无可复加。他又是阎锡山最高助手赵戴文的义子。因此,每次作战,李部虽多溃败,阎锡山并未深究,反而非常信任,成为最受阎锡山宠信的将领之一。

李服膺失守天镇,并不是因为他没有抵抗。原来,阎锡山事前与日本人勾结,企望日军不攻山西,山西就可以按兵不动,互不侵犯,保住山西的固有地位。不料日军攻下了南口,直下盘山,这时阎锡山才下令要求李抵抗3日。李执行了这个命令,因为天镇、阳高的所谓国防工事并未修妥,而且层层克扣工事拨款,已筑起的部分,也是徒有其表,并没有强固的钢筋水泥工事。李服膺部抵抗了3天,按阎锡山的命令撤了下来。因为全国舆论的压迫,阎锡山便把李服膺弄到雁门关岭口行营扣押起来。李部非常气愤,当执法人员又要拘捕400团团长李生润时,他的上级刘潭馥旅长便私下里把他放走,并把李生润在盘山的战报、阵地日记和阎锡山下达的撤退命令,整理成册,准备打官司,为下属官兵申冤。

当阎锡山还没有下决心抓李服膺为替罪羊时,前几天他把李服膺骂了几句后,还是将他放回太原,住在家里休息。

李服膺以为不会有什么事了。这天晚上11点左右,李服膺正要上床休息时,阎司令长官来了电话,说是要他到"督军署"去开会。李穿着便服,戴着呢帽,走进"督军署"的大堂。

只见大堂外,宪兵警备,气象森严。大堂内,公案台上点着6支蜡烛。谢濂、李德懋、傅存怀、张克忍、薛风威等作为陪审官坐在案边,旁听席上坐着他的义父、省政府主席赵戴文及绥靖公署长官数十人。李服膺大吃一惊,边走边念叨:"这是干啥?"

阎锡山全副戎装,慢步地走到主审官的座前坐下,跟向他鞠躬行礼的李服膺对望了一下,手随便摸了摸桌上的案卷,对着李服膺厉声喝道:

"你无故放弃阵地,罪该处死!你的部队纪律最坏,足见你驾驭不严,以致败阵伤民。国防工事,你所担任部分进展最迟,足见你督工不力,贻误战机。仅此数事,就该处以极刑。你应该知道军法森严,不得玩忽。"

李服膺的头上冒出了冷汗,急着要为自己辩护。阎锡山立起身来,眼角滴下泪水,接着说道:

"我把你从排长提升到军长,望你出力报效,不想你如此令人失望。今天惩办你,使我伤心掉泪,但我不能以私害公。"阎锡山擦了一下眼睛:"至于你身后的事,我当然为你照料。你还有什么话,可以跟竹溪(谢濂的字)说说。"

阎锡山起身走了。

李服膺眼看着阎锡山走了,这才明白活的希望完全破灭了,效忠阎家,落此下场,他心中不服,一怒之下将帽子摔在地上:

"那还说啥哩!"

就在这个时候,审判官宣读了早已写就了的判决词:

"李服膺不遵命令,无故放弃应守之要地,致军事上遭受重大损失,处死刑,褫夺公权终身。"

杀了李服膺之后，阎锡山以为外可以搪塞舆论，内可以整饬军纪。可是，他心里并不能安定下来。

早在8月17日日本内阁会议曾决定："（一）放弃以前所采取的不扩大方针，筹划战时形势下所需要的各种准备对策；（二）为了适应事态扩大的经费支出，在9月3日前后召集临时议会。"10月1日，日本内阁总理、外相、陆相、海相会议决定《处理中国事变纲要》发表，更是规定了日本侵华的方针和政策。

阎锡山当然看出了日本3个月内灭亡中国的野心。日本发动全面侵华战争，也使他的老巢山西处于危急存亡的关头，因此，阎锡山这才决心打好忻口会战。

于是，阎锡山在太原绥靖公署召开军事会议，参加会议的有周恩来、黄绍竑、卫立煌、傅作义等人。阎锡山主持会议，向大家面授机宜，要在忻口与日军进行一次大会战。

阎锡山想起了在平型关战斗中，八路军攻无不克、守无不固的情况。他想：如果把八路军放在忻口一线，一则可以巩固阵地，再则，也免得他们四处发动群众，扩大队伍。

"在平型关上，八路军打出威风，我想八路军要能直接参加忻口战役，一定会打得好。周先生你意如何？"阎锡山说。

周恩来知道这是想捆住八路军的手脚，跟国民党的那种指挥不灵、容易溃败的军队放在一起，去打被动的阵地战，那是吃力不讨好的。周恩来以毫不介意的口气，平淡地说道：

"八路军在阵地上决战，不是主力。他自有拿手的一套，那就是打游击战。现在敌人攻向太原，正面用兵挡他一下是必要的。但把所有兵力都放到正面阵地上，跟敌人优势的飞机大炮拼命，不一定是好办法。把劣势装备的八路军放到阵地上，更不能发挥他的长处；叫他去迂回敌人的侧后方，寻找有利时机，打击敌人，对正面作战的部队也是重要的配合。"

阎锡山已经几次在阵地战中败给了敌人。忻口虽然地形极好，但比起雁门关、平型关来也不一定就更好，可见光凭地利不一定能打胜仗。他想，忻口战役还正在调兵遣将，开始部署，其中有相当一部分部队是新败之师，士气不高。他不由得有几分怀疑忻口是否能守得住，语气上也真有点谦虚起来：

"周先生，你看在忻口怎么个打法好些？"

"既然百川先生有问，我就不妨略陈浅见，供参考。我以为，如果从战略上讲，应把主力放到侧面，采取包围迂回的方式，也就是运动战方式。即使是正面作战的军队，也不要单凭工事消极防御，在防御中也要抓取机会，积极地实行反突击。"周恩来稍微停了一下，喝了一口茶，又接着说，"之所以提议这样打，就是为了避敌之长——优势的武器装备，攻敌人之短——不得民心。与其用主力去迎头击敌，不如揪住敌人的尾巴去消灭它。这不过是一孔之见，供百川先生参考。"

阎锡山、卫立煌都无法否认周恩来讲得有道理。虽然他们在长期内战之中，都吃过红军"腿子长、拖不垮、打不烂"的苦头，但这正是国民党军队最不见长的。阎锡山、卫立煌都知道国民党军队无法采用运动战术。阎锡山只好用官场的套话也敷衍了一句：

"好！很好！俊如！咱们好好研究研究，研究研究。"

周恩来心里清楚：

"忻口的部署又是一个挨打的阵势。"

周恩来相信八路军会有所作为，但这支力量太小了，装备也差。如果手中有10万、20万装备齐整、训练有素的部队，就可以有效地浇熄敌人的疯狂气焰。可惜，这只是一个空幻的愿望。眼前能做到的只能是"看菜吃饭，量体裁衣"。忻口，还有太原的上空飘起了不吉的乌云，周恩来叹了口气。但他并不绝望，他把希望放到长远的时间里。

阎锡山把参谋长拟定的阵地部署方案摆在了卫立煌、黄绍竑、傅作义面前，并且指点着地图说明情况。

忻口这个地方东边是高山，西边也是高山。东西50里范围内，东边是由北向南的滹沱河，在忻口北数里界河铺处，西来的云中河与滹沱河汇合，在忻口正西十余里新练家庄之南，西来的沙河与云中河汇合。东起龙王堂蔡家岗，西迄南峪卫村、朦腾，这一带地方尽是小山与丘陵，筑有工事，便于防守。

忻口正面战场由卫立煌任前敌总指挥，指挥部设在忻县城内顺城街扬三楼院内。第7集团军总司令兼第35军军长傅作义为预备军总指挥，指挥部驻金山铺。阵地右翼地区东起龙王堂，西至滹沱河，其间的南郭下、东荣华、西荣华、东西南贾为主要战场。右翼军最初为第15军的10个团，以第15军军长刘茂恩为总指挥官，指挥部驻受禄村。

中央地区，东起界河，西至新练家庄，其间云中河南北的下王庄、弓家庄、旧河北、界河铺、关子村、南怀化等村为主要战场。中央兵团由卫立煌兼任指挥官，以第9军军长郝梦龄为前敌总指挥，第61军军长陈长捷为副总指挥（郝梦龄牺牲后，由陈长捷任总指挥）。下辖第9军12个团，第13军1个团，第19军9个团，第33军5个团，第35军8个团，第38军2个团，第61军8个团，共约45个团。指挥部设在忻口西北红沟第9号窑洞内。

左翼地区，东起新练庄，西至南峪，其间的大白水、朦腾、南峪、卫村为主要战场。左翼兵团以第14军军长李默庵为指挥官，下辖第14军的19个团（内有94师4个团），第33军3个团，第34军7个团，共约29个团，指挥部驻沙洼村。

总预备队为高桂滋的第17军、第34军第203旅余部，共约5个团。此外，还有10个炮兵团。总计忻口正面战场中国军队共投入99个团，约10万人左右。

敌后游击战场，由八路军总司令朱德、副总司令彭德怀指挥。以贺龙的120师组成左纵队，置于雁门关及同蒲路两侧；以林彪的115师343旅组成右纵队，置于代县、平型关方面；以115师344旅组成东进纵队，深入冀南，向平汉路发展；以115师直属独立团、骑兵营组成东北挺进支队，向察南及北平外围发展。这后两支部队挺进于敌人的深远后方，牵制敌人的二线部队。刘伯承的129师在正太路南侧待机，该师769团调归八路军总部指挥，进至五台山待机。

阎锡山向大家介绍了这些情况，因为在座的人除黄绍竑才从南京回来之外，卫立煌、傅作义两将军都参与了这个部署的设计，没有提什么意见。黄绍竑从南京回来就到娘子关去视察，才回来，一时提不出什么意见，但他知道平汉路上保定方面的部队已经溃退下来，孙连仲的30军已退到石家庄，群情慌乱，敌焰嚣张，很有进犯娘子关的可能。娘子关如果失守，日军便直接威胁太原的侧翼，动摇忻口战场。

"这个部署本身，我提不出什么意见。我才从娘子关回来，看到了平汉路上从保定溃退下来的部队，秩序很乱，石家庄的电话已叫不通了，万一石家庄再失守，敌人必将进攻娘子关，娘子关是太原的侧后方，不可不有个万全的安排。"黄绍竑说。

卫立煌、傅作义认为黄绍竑的顾虑是对的，应当予以安排。他俩只点了头，都没有说话，他们等待着阎锡山的意见。

阎锡山仍然是老调重弹：

"这个问题我已经想过了，跟德国专家也讨论过。专家认为：敌人的主力在忻口方面，娘子关方面，敌人至多出一支奇兵，起个牵制作用。况且那里是天险，没有重兵攻击，是很难突破的。"

黄绍竑一看阎锡山和德国专家都这样轻视娘子关一方，很觉得不是个味道。孙子说："不备不虞，不可以师。"还说："无恃其不来，恃吾有以待之。"黄绍竑想说这些，当然不能用这种话在阎锡山面前显示自己博学。

"我觉得日本人已经很注意娘子关，咱们不可不备。"黄绍竑说。

"有什么症候？"

"我到娘子关时，井陉的百姓已经捉到了日本人派出的侦探。侦探既然来了，敌人部队的意向也就明了。"黄绍竑说。

"那里已经派了六个师，大体上可保安全了吧？"阎锡山说。

"现在的兵力只有一线配备，没有纵深，似乎太单薄了一些。"黄绍竑说。

"再把孙连仲的30军增加上去如何？"阎锡山说。

黄绍竑想：这不是添兵多少的问题，而是主帅应把娘子关放到什么战略位置考虑的问题。如果主帅一开头就轻视娘子关的防备，纵然增加一些兵力，也未必能保证那里的安全。况且直到现在为止，阎锡山也没有决定由谁指挥娘子关作战。黄绍竑作为第二战区的副司令长官觉得自己有责任进一步申明情况。

"娘子关说来是一个关口，实际正面北起龙泉关，中经娘子关，南迄马岭关，全线150余里，6个师做了单线配备，没有机动部队，一旦有失，全线便不可收拾。把孙连仲军调上去，局面会好些，但还没有统一指挥，看来也是不行的。"黄绍竑说。

阎锡山本来想好好讨论忻口作战问题，现在反而被黄绍竑牵到娘子关方面来了，心中自有几分不快。当黄绍竑提出娘子关方面还没有统一指挥官时，就无形暴露了他这个统帅决策疏忽。虽然有失面子，却又无法辩驳。卫立煌、傅作义等着阎锡山，阎锡山光眨眼不说话，因为他确实没有想定谁当指挥官好。黄绍竑顺势提了一个名字。

"就由孙连仲负责指挥如何？"

"嗯，嗯……"阎锡山微微摇头："陕军冯钦哉，第3军军长曾万钟都是老军务，老资格，孙连仲虽然资格老，平时跟冯、曾没有多少关系，3个齐头弟兄，谁指挥谁呢……"

阎锡山踱着步，踱了几个来回后，突然站住了：有了，何不顺水推舟，干脆就让黄绍竑这个副司令长官去守娘子关，既可以表示自己对这个方向的重视和对蒋介石派来的人的器重，万一那边有个闪失，也好让黄绍竑来承担责任。于是，阎锡山一副十分器重和信任的口气对黄绍竑说：

"季宽，我看娘子关方面就劳你的大驾吧！"

于是，黄绍竑就成了娘子关守军的前敌总指挥。

◎ 义无反顾，郝梦龄忻口捐躯

为了给忻口会战赢得宝贵时间，阎锡山下令王靖国的第19军依城野战，坚守崞县10日。命令第34军第196旅姜玉贞死守原平。

王靖国从雁门关撤下来后，好似惊弓之鸟，一路紧走慢走，来到离崞县城40里的阳明堡已是人困马乏，看看后面，占领了雁门关的日军并没马上追上来，这才长舒了一口气，下令埋锅造饭，正在此时，阎锡山要他坚守崞县的命令到了。

"崞县地处平原，四周高中间低，不管是依城野战还是固守城围，攻城的敌人都会处于居高临下的态势。"

惊魂未定的王靖国对这个命令真有点畏惧。他叫来几个旅长商议守城部署。

商议结果，还是依照阎锡山的命令，依城野战，在崞县城外临时构筑野战阵地，部署两个旅，城内部署一个旅和炮兵营支援城外作战。外围防御线就设在崞县城北10里的大郭村及小河一线。

10月1日，日军前哨部队进至大郭村附近，与王靖国的部队遥遥相对，但日军并不急着发动进攻。越是这样，王靖国越坐不住，思前想后，觉得还是把三个旅都摆在城外保险，于是，他重新发布命令：田树梅旅依据崞县北城作战，杜堃旅依据崞县西城及南关西部作战，段树华旅依据崞县东城及南关东部作战，各旅只留1/3兵力守城，主力在城外部署，炮兵营在城内西北地区占领阵地。

10月2日、3日，日军频繁进行空中侦察，仍然没进攻。王靖国真有点沉不住气了，不知道日军葫芦里卖的什么药。

10月4日，日军终于进攻了，一步步逼近城北。10月5日拂晓，日军先用飞机轮番轰炸，随后用炮火猛烈轰击北城。防守北城的刘良相团在城外苦苦支撑，突然，一发炮弹不偏不倚正中团指挥所，刘良相团长及团部人员当即牺牲。城外阵地接二连三丢失，日军已经攻到了城墙下，开始攻城。又有两位团长在守城战斗中阵亡，北城连连告急，东城门一带战况吃紧。

王靖国急令参谋长梁培璜向阎锡山、赵戴文发电告急。正在这时，一封信送到王靖国面前，信上只有几句话，却字字句句如芒在背，刺得王靖国心尖直颤："王军长鉴：放弃雁门，你就该死。守住崞县，犹为侥天之幸。再失此城，国法岂能容你。泰山鸿毛，皆是一死，交在生死，不敢不告。张培梅手字。"

提起这个张培梅，晋军将领无人不晓。他早年加入同盟会，入保定军官学校，后参加1911年山西反清起义，历任连、营、团长及晋南镇守使等职，后在家闲居13年。此人作战勇猛，武艺高强，当初阎锡山联合冯玉祥反蒋失败后，张培梅秘密保护阎锡山到天津，再转赴大连避难，曾经为阎锡山立下汗马功劳。"七七"事变之后，他向阎锡山积极要求参战抗日，被委任为第二战区执法总监，组织执法队，凡擅自撤退者，即可就地正法。这个人连阎锡山都要让他三分，王靖国看了这封信岂有不胆寒之理。

可是，崞县战况十分危急，守吧，实在没有把握；撤吧，没到坚守10日的期限，岂不是拿着脑袋往张培梅的枪口上撞？王靖国这下只有听天由命了。

北城的日军已经攻进了城，两军已经展开激烈的白刃格斗。参谋长梁培璜眼看着东城一带的部队正在夺门逃跑，连督战队也乱了阵脚。正在万般无奈，传令兵送来一份电报：

"电悉，情况属实，可如拟办理。戴文。"

电文中说的"如拟"，是指梁培璜在告急电文中提出的"敌势甚炽，我阵已残，不堪拒守，拟即撤退"16个字。

这下，梁培璜可盼到了逃命的尚方宝剑，他赶紧传令撤守崞县。此时，已经晨曦升起，时间是10月6日。

早已经晕头转向的王靖国是被卫士们连拖带架地撤出崞县城的。仓皇之中没接到通知的军部人员，都落入了日军手中。

姜玉贞接到死守原平的命令后，立刻进行部署：谷树枫的391团守火车站，张振铃的392团守公路一线，崔杰的413团作预备队。各部队刚刚进入阵地不久，日军就尾追上来。

跟上来的日军是板垣征四郎的第5师团的主力。飞机、大炮、坦克一应俱全，可姜玉贞旅既无飞机，也没坦克，连对付坦克的战防炮也没有，只有为数不多的迫击炮。原平是一座小城，又没有坚固的工事。为了给忻口会战争取时间，阎锡山命令坚守原平7天。官兵们清楚，这一仗只有拼命了。

10月1日，日军的大炮开始猛轰姜旅的阵地。随后，步兵蜂拥而上。这股日军奇袭旭方口、茹越口、攻占繁峙，一路打得晋军望风披靡。对此原平小城，和区区一旅的晋军，根本没放在眼里。然而，他们没想到在原平却碰上了个硬钉子，中国守军顽强地打退了日军一次又一次冲击。

日军恼羞成怒，飞机大炮更加猛烈地轰炸，坦克在阵地前横冲直撞。中国守军的工事被炸塌了，阵地被坦克冲得七零八落，被迫退入城内坚守。日军乘机占领原平城的东半部，中国守军死守原平城的西半部。两军隔着南北一条街，展开了激烈的巷战。

一直坚持到10月7号，坚守七天的任务完成了，姜玉贞长长地舒了一口气，正要下令部队交替掩护撤退，阎锡山的电报来了：

"7日之限完成后，再坚守3天。"

"再守3天……"姜玉贞喃喃自语。放眼望去，原平城已经成了瓦砾场。到处是被炸坏的残垣断壁。官兵们在瓦砾堆里和日军拼杀，远处枪炮声里不时夹杂着肉搏的喊杀声。日军的后方供应源源不断，而中国守军却被日军团团围在原平这座瓦砾堆里，内无粮草，外无援兵。

看来，这里就是我们殉国之所了。姜玉贞把牙一咬，沉着下令：

"大家注意节省子弹，坚持就是胜利。"

姜玉贞带领全旅官兵浴血奋战，又苦战3天，一直顶到10月10日子夜，当他们完成守城任务的时候，上面传达了突围撤退的命令。

此时，原平城四面被围。姜玉贞带领残部选择日军兵力比较薄弱的城西一角冲了出去。他手抡大刀，左右砍杀，杀得日军抱头鼠窜，眼看部队冲过敌阵就要冲入一片高粱地了，一发炮弹落在姜玉贞旁边，这位忠勇将军终于像他自己预料的那样，在他坚守了11天的土地上流尽了最后一滴血。

姜玉贞旅突围的残部撤到太原，5000人的一个旅，只剩下600余人。见此情景，阎锡山也唏嘘不已。专门为此写了一首《原平战役》诗：

全区原平战最烈，
三团只剩五百人。
据守三院十一日，
玉贞旅长兼成仁！

诗中所云："三团只剩五百人。据守三院十一日"正是坚守原平激战实况的记录。由于原平的坚守，迟滞敌军南下，从而使忻口守军得以从容布防，故在战略上具有重要意义。诗中对坚守原平的爱国将士抗击日寇的惨烈英勇表达崇敬歌颂之情。姜旅长系山东菏泽县人，殉国时年仅44岁。官兵闻之，无不落泪。为此，国民政府军委会授姜旅以"荣誉旅"称号，命令永远保留"第196旅"这一番号，并明令褒扬姜玉贞将军，追赠为陆军中将。

褒扬令上说：

"查姜玉贞久历戎行，夙称忠勇。此次奉命抗敌，苦战经旬，坚守围城，竟以身殉，眷怀壮烈，轸悼实深。应予明令褒扬，并追赠陆军中将，交行政院转军政部从优抚恤，以彰忠烈。"

坚守原平，为忻口守军的部署赢得了宝贵时间。然而，由于中央军紧急奉调入晋，短时间内一二十万大军都要到位，阎锡山的窄轨火车速度太慢，运力有限，所以不少部队迟迟没有部署完毕。

配备在忻口中央地区的第9军并没有到齐，所属第47师还在蚌埠，第54师徒步从贵州出发，现在只有一个团到达了太原。卫立煌、傅作义催促他们要加速赶进。第9军军长郝梦龄的心情比他们还急。"七七"事变后，他曾两次请缨杀敌，才得到了上级批准。

"七七"事变前郝梦龄接到了命令，要他到四川陆军大学去学习。谁都知道学习深造是加官晋级的阶梯。当他走到重庆，"七七"事变爆发了，奋起抗敌的浪潮，席卷着中国。他的心也安定不下了。

于是，他放弃了"升官的阶梯"，发出请缨杀敌的申请书。

抗战的形势正在发展。国共合作，团结御侮，正在深入人心，也使军官们了解这个大转折的局势。蒋介石庐山办了个军官训练团。在这个团里经过短期训练之后的军官，陆续走上了抗日前线。郝梦龄被调到庐山受训了。他又一次请缨杀敌。蒋介石召见了他。

"这次学习有什么心得？"

"牢牢记住委员长的训示：卢沟桥事变的推演……就是最后关头的境界。如果放弃尺寸土地与主权，便是中华民族的千古罪人。如果战端一开，就是地无分南北，人无分老幼，无论何人皆有守土抗战之责任，皆应抱定牺牲一切之决心。"

"你有几个孩子？"

"有5个孩子，都还小，大的13岁！"

"去前线之前，要安排一下家事么？"

"只要他们有衣穿，有口饭吃，有间房子住，就可以了。有国才有家，亡了国还谈什么家。家事好安排。"

"不过，总是要用些钱的！副官！"蒋介石叫来了副官："给郝军长开一张3万元的支票！"

"委员长……"郝梦龄想不收这笔钱。

"这也是我的一点意思嘛！以后有什么事只管直接找我！"蒋介石说。

郝梦龄懂得这馈赠的用意，但是他没有时间为这个多去思索了。他急忙下庐山，奔汉口，转前方。

他匆匆忙忙地赶到武汉与家人团聚。

夜深了，孩子们都睡了。郝梦龄的心里尽是战场上的拼杀。他想到敌人的凶残，战阵的艰难，也想到战争的长期性："也许我这一代打不完，还要我的儿孙接着打。"他轻轻地抬头望着孩子们恬静的无忧无虑的小脸，一张一收的鼻翼。"他们还不懂亡国灭种的危险，"郝梦龄一转念，"应该让他们知道：父辈干了什么，他们应该干什么。"郝梦龄轻轻捻亮了防空用的马灯，提起笔来，写上了5个孩子的名字，又写出了妻子纫秋曾要求他嘱咐的话。写好了，用信封装了起来，封死了。未成眠的妻子纫秋抬起身来，问道：

"你在写什么？"

"写封信。"

"写给谁的？"

"写给咱们的孩子。"

"给我看看！"

"不，你和孩子都不许看，要在我离家3日后，才可以拆开。"

夫妻的对话惊醒了大女儿慧英。她从被窝里伸手去抓父亲的信。郝梦龄躲开了。慧英跳下床来，追着要看，另外几个小孩也扬起了脑袋，跟着慧英喊："要看，要看。"郝梦龄没有办法，就把这封信撕碎，扔到了痰盂里。

第二天，他上路了。纫秋埋怨慧英不该抢信。慧英这才想到了痰盂里扔的碎纸片。她小心地一片一片地捡了出来，一片一片地拼了起来。她虽然还在读小学，也能读懂信上的大意。小小的心扑通扑通地跳动，好像看见了一个悲伤的影子。慧英流着眼泪对纫秋说：

"妈妈！爸不回来了！"

"别胡说，我看看。"纫秋说。

纫秋看完了信，摊开了两手，振奋与悲凉交织的情绪，使她把信平铺在床上，两眼死死地重新盯住了信上的每一个字。

"此次北上抗日，抱定牺牲，万一阵亡，你等要听母亲的教诲，孝顺汝祖母老大人。至于你等上学，我个人是没有钱，将来国家战胜，你等可进遗族学校。留于慧英、慧兰、荫楠、荫槐、荫森五儿。父留于一九三七年九月十五日。"

郝梦龄10月2日到达太原，他手下第54师的部队也陆续到了。他首先来到宿营地，看望自己的部队。

郝梦龄一进营房，看见条桌上放着一大堆月饼，便拿起来一个看了看。原来才过了农历八月十五，阎锡山给每个战士发了个大月饼，上边印着"勿忘国耻"4个红字。

"为什么不吃月饼？"郝梦龄问。

"旅长命令：明天早上念完月饼上的字再吃。"

郝梦龄看着161旅旅长孔繁瀛，高兴地说，"吃饭也要进行爱国教育？好哇！"

"军长常讲时刻都要进行爱国主义教育嘛！"孔旅长说。

郝梦龄掂着一个大月饼，指着"勿忘国耻"4个字，看了看士兵们。

"知道什么叫'勿忘国耻'么？"郝梦龄问。

"'勿忘国耻'就是别忘打日本！"士兵们喊。

郝梦龄笑了，因为这个答案，从词意看不对，从实义上看是对的，可见士兵们文化不高，觉悟还是高的。他对大家说道：

"说得对！勿忘国耻就要坚决打日本。这次战争是关系着中华民族存亡的战争，只有抱定牺牲决心，打败敌人，中华民族才能生存下去。这就是说：我死是为了国活，为了国活我们就不怕死。人人都要抱定有我无敌、有敌无我之决心，与敌拼杀。"

10月5日，郝梦龄骑马到达忻口北约4里的下王庄，令此处为54师前进阵地；将下王庄北4里的唐林岗定为师炮兵拦截敌人第一火力地带。

忻口位于忻县北50里，铁路、公路均经此贯通南北。忻口通道南北口各有大砖门楼一个，北口门改为炮兵工事，作为山炮阵地。忻口是个居民村落，西北部为红土高梁子，梁北的云中河流经忻口东北约2里的界河铺，汇入滹沱河。梁南侧有一沟，名红沟。沟宽可通汽车，沟长约半里，西南东北向。沟两侧已预先挖了30多孔防空洞。第9军军部就设在这里。忻口汽车站在村南端，火车站在村北端河边。铁路公路平行通过忻口村东。铁路经小铁桥，公路经小砖桥，渡云中河北行。忻口东，过滹沱河为灵山，山下有一村，为刘茂恩15军防线。西过云中河11里是大白水，为83师防线。

第9军兵力部署是：161旅旅长孔繁瀛带321团1营配合162旅324团防守师前进阵地下王庄；第162旅323团配属战防炮一连，占领忻口东北侧，右接滹沱河东岸灵山之第15军阵地，左接公路桥约400米的321团阵地，火力严密封锁公路铁路两座桥梁；161旅321团（欠1营）右接323团，左沿河岸延伸到南怀化村东600米处；第161旅第322团右接321团，经河南岸南怀化村及河北岸东西长约200米的高地，设防固守，作为师的依托，其左方与83师的火力联系，配属山炮1排，由刘家祺师长指挥。

郝梦龄把团以上军官都召集到一起。

"咱们的战线单薄了些。47师另有任务，不能来了，独立5旅什么时候可以到？"他问军参谋长郭寄峤。

"正在路上，已经到了石家庄。"

"他们快点到了才好。"郝梦龄把话头一转："出征的时候，应该给弟兄们点安家费、零用钱。自己有饭吃，挂念着家里父母妻儿，总不是好事。"

在座的人都知道，已发的军饷早已用完了，再要发饷，实在没有着落。他们认为好话容易说，好事谁也愿意做，没有钱有什么法子呢？军参谋长郭寄峤解释道：

"军长说得对。只是现在国难当头，国家财政困难，难以为继。大家也只好忍着点了。"

"这，我知道！我并不责备你们……"

郝梦龄把手伸到怀里，掏出了那张3万元的支票，递给了参谋长。参谋长不知道军长从哪里弄来的这么大一笔钱，愣愣地望着他。

"这是蒋委员长给我的。咱们按照老规矩，一切财政公开。一个弟兄分两块可以吧？"

"轰……"

敌人的排炮响了。

"发个报！催独立5旅赶快前进！"郝梦龄说。

独立第5旅，原来并不是独立旅。它原属25路军梁冠英的建制，旅长郑廷珍不满梁冠英克扣军饷，愤而反梁，向国民政府告发了梁，从此，才改为独立旅，直属军委会，由卫立煌统辖。此次作战，卫立煌将独立5旅配属于第9军指挥。

独立5旅旅长郑廷珍出生于河南柘城县郑楼村，其家道贫困，于1917年到冯玉祥部下当兵，勤奋、正直、廉洁、勇敢过人，从普通列兵升到了旅长。打了多年内战，认为"自己人打自己人，死了不值得；打日本鬼子，拼尽拼光也情愿"。"七七"事变后，他率领全旅官兵向南京请愿杀敌，不久率部北上。

此时，郑廷珍正率队赶往忻口。

日军的排炮，把162旅的桥头堡阵地和322团守卫的南怀化阵地，打得火光四起，烟尘纷飞，第9军的官兵守在工事里，等待着日军的步兵到来。炮火停息之后，步兵果然来了。看样子，板垣征四郎是想从中央突破，瓦解忻口阵线。

按军长指示，敌人不到100米以内，不能开火。日军以密集的机枪步枪的火力，织成火网，向前推进。322团的第1营作为预备队，驻在南怀化村内；第2营守卫在南怀化村东北云中南岸的几道土梁子上；第3营在南怀化西南方沿云中河南岸构筑工事。日军绕过了下王庄，直扑南怀化一带阵地。两军相接一阵白刃格斗，双方伤亡都很重。在桥头堡和南怀化一带都没有取得站脚之地。一个冲击波退了，新的冲击波又来了，看来日军不突破中央地区是不甘心的。322团原有2000人，很快地伤亡了1000余人。日军强占了南怀化村外的几处高地，团长戴慕贞、团副赵子立组织反冲锋，总算把敌人打退了。他们焦虑地注视着日军的再次冲击。

日军没有冲击，连续用炮火猛轰阵地，守军不断出现伤亡。

"向军部请求支援吧？"团副赵子立说。

"再坚持一段时间，军里会了解情况的。"戴慕贞说。

这个时候，进来了一个满身灰土的军官，身后跟着几个卫士。

"军长……"戴慕贞首先认出了郝梦龄。

"军长！您不该来这里。"赵子立说。

"你们能来，我就能来。坐下。"郝梦龄说。

指挥所设在一个掩蔽堡内。戴慕贞令卫士给军长端来一缸子开水。外边的炮弹像炸雷似的连续地爆炸着，掩蔽堡的顶盖颤抖着，尘土不断地落到军长手上的茶缸子里。

"算啦，不喝啦！"军长把缸子放到一边："桥头堡那边顶住了，敌人过不了桥。现在敌人集中攻击南怀化一带，你们能顶得住么？"

"加强督战队，谁后退就毙了谁。"戴慕贞说。

"不能光靠督战队把活人去送死。要加强工事，愈坚固愈好；要勇敢，还要斗智,教育战士利用地形地物,冲锋时要注意集体的协同动作,孤雁出关是要吃亏的。"郝梦龄看出了正副团长面有难色,知道他们希望马上增援,但他知道只有第一线发挥了最大效力时,发出的援兵才能鼓起最大的勇气:"援兵是有的,但是有限,不能轻易使用,用完了,容易被敌人挖底。你们要用最大努力坚持,到时候会支援你们的。"

郝梦龄回到红沟指挥所时,郑廷珍已经在等他。郝梦龄很高兴又得到了一支生力军,他也听别人讲过这位旅长的秉性。

"好!欢迎你和你的部队来。出来时,把家安排了一下么?"

"安排了,给我的老妈磕了头,算是尽孝;要是撂倒在战场上,就算尽忠。你就放心地分配任务吧!"郑廷珍说。

"我暂时要你们休息!"

"军长!那会把人憋死的呀!"

"仗,不是一两天打得完的,有你们打的仗。"

这个爽快的郑廷珍给郝梦龄留了个好印象,使他久久不能从心上把他抹掉。

回到住地,郝梦龄想起了妻子儿女。他信笔写起来:

余自武汉出发时,留有遗嘱与诸子女等。此次抗战乃是民族国家生存之最后关头。抱定牺牲决心,不能成功即成仁,为争取最后胜利,使中华民族永存世界上,故成功不必在我,我先牺牲。我即牺牲后,只要国家存在,诸子教育当然不成问题。别无所念,所念者中华民国及我们最高领袖蒋委员长。倘吾牺牲后,望汝好好孝顺吾老母及教育子女,对于兄弟姐妹等亦要照拂。故余牺牲亦有荣,为军人者,为国家战亡,死可谓得其所矣。书与纫秋贤内助。

拙夫龄字　双十节于忻口

进犯忻口的日军约有8万余人,由日本华北派遣军司令官寺内寿一大将亲自指挥。中日两军会战兵力大致相等,但是日军武器装备明显占优势,况且气势正盛。打头阵的仍然是板垣征四郎的部队。

板垣征四郎打算中央突破，未能实现，便想迂回包抄，挫败我军。他选定了中国守军左翼阵地大白水、朦腾一带。

朦腾南峪一段由郭宗汾的71师的414旅防守。南峪由431团防守，朦腾归428团防守。朦腾以东至大白水、小白水一段，由77师的20旅防守。该师新编第1旅为预备队。428团的第1营和第2营在平型关作战中伤亡较重，第1营营长和第2营营长均负伤离队。原来每个营有3个步兵连，1个重机枪连，现在第1、第2营整编为2个步兵连；1个重机枪连。

428团到达朦腾后，团长王荣爵原拟把前进阵地设在沙河以北的卫村，后考虑到中间隔着一条小河，联络不便，便放弃了卫村，卫村便成了日军的前进阵地。朦腾以西是高山、越往西山势越高，日军不能通过。朦腾西北有431团防守，428团便在朦腾村北梁上构筑工事，居高临下，前面又有一条小河作为屏障。日军的坦克过不了河，也进不了山，无法发挥其威力。

428团为了牵制日军，配合南怀化我军的战斗，曾两次出击卫村，未能把敌人赶走。日军便用飞机轮番轰炸，用大炮猛轰，接着便是敌人步兵冲击。中国守军凭借工事和昂扬的斗志，一次又一次地打退了敌人。日军白天摧毁了中国守军的工事，夜间又被中国守军修复起来；有的阵地白天丢了，晚上又被中国军队夺了回来。最多的一天，日军向朦腾阵地发射了520多发炮弹。中国守军仍然令人难以置信地守在被炸得面目全非的阵地上。

板垣征四郎的部队向朦腾进攻的同时，也向大白水、小白水发动了进攻。这里是李默庵14军第10师第58旅防守地带。

战斗一开始，日军便对小白水使用了坦克，由于部队没有打坦克的经验，又没有平射炮，第57团的2营受了相当大的损失，退出了小白水，又在大白水村的左翼1500米的丘陵地带，构筑工事，占领阵地。57团第3营接2营阵地，守正面；第1营接第3营阵地，守卫大白水的右翼，这些部队的装备比较强，每个营配有27挺轻机枪，6挺重机枪，2门82迫击炮，250支步枪，另外还临时配备了2门37平射炮。

日军在大白水阵地反复侦察之后，便在飞机大炮掩护下，以十几辆坦克作先锋，向第2营发起进攻。

中国守军利用为数不多的平射炮打毁敌人的坦克，用机枪、手榴弹打退了日军的一次次攻击。

在忻口左翼阵地大白水一带，日军攻不过去，再往西，是一片连绵不断的高山，更走不通。在忻口的右翼大小灵山一带，山势更陡，也走不通，板垣征四郎还是要走中央突破的路。郝梦龄第9军防守的南怀化一带，便成了战斗最激烈的战场。

忻口西北一个高地被敌人占领了，这对南怀化阵地是一个威胁。卫立煌给2师师长李仙洲下令："要尽一切力量夺回高地，全歼敌人。"李仙洲率苗瑞林的62团向敌人发起进攻。敌人凭借其火力优势，顽固抵抗，久攻不下。

李仙洲亲自上了第一线，官兵们士气大振，一鼓作气夺回了高地。李仙洲胸部中弹也负了重伤。

南怀化东北的一个高地又被日军攻占了，郝梦龄命令独立第5旅旅长郑廷珍收复这座高地。他相信这个血性大汉能完成任务。果然，郑廷珍带着队伍一阵猛冲，高地重新夺了回来。

日军攻占了南怀化，向左右扩展成一个400米左右的口子，如果不封住这个口子，日军便有突破中央地区阵地的危险。阎锡山告知卫立煌，愿出50万元赏金，要求收复南怀化阵地。

这个赏格对于守卫中央地区的郝梦龄是一个沉重的压力。他组织了两路部队，依靠各高地的掩护，准备夹攻南怀化。

他与参谋长在行动之前，再一次检查了全部部署，在他认为满意后，稍为松了一口气。就在这个时候，翟洪章送来了报告，说是敌人正向他的阵地压来，要求增援。郝梦龄知道那里已经把营编成了连，人力单薄，应该增援。可是他手头没有兵力可调。整个322团已经由2000人缩编为900人，不但翟洪章那里困难，与他相邻的几个阵地都是困难的。现在，不是拼人力，拼武器，而是拼勇气。独立第5旅已经夺得了南怀化东北的高地，也是对翟洪章方面的一个支援，更是对进攻南怀化的掩护。郝梦龄看报告后只批了两句话：

"站在哪里，战在哪里；生在哪里，守在哪里。"

对南怀化的进攻还未开始，郝梦龄查问了独5旅阵地情况，报告一切良好。郝梦龄对参谋长说："只要这块高地在我们手里，就好办。"

他的话才落地，独5旅来了一个电话，郝梦龄抓起了话筒，他以为自己听错了，又追问了一句：

"你说什么？"

"郑旅长阵亡了！"对方说。

郝梦龄强忍着悲痛下令：

"由李团长代理旅长，坚守阵地。"

入夜，进攻准备开始的时候，郝梦龄接了卫立煌的电话：南怀化是第9军阵地锁钥部位和与友军的接合部，敌若绕过前进阵地突破主阵地前沿，将对整个战局影响甚大，必须收复。

郝梦龄寻求着必胜的途径。他认为这一仗不应该在后方指挥，应该到最前线去指挥。他对54师师长刘家祺说：

"这一仗不是一般的仗，是必胜的仗。也不能按平时的指挥办法，坐在后方。今天，我要到4团去，参谋长看电话。"

"那我随军长一同去！"刘家祺说。

10月16日晨，郝梦龄与刘家祺携同参谋人员到了4团指挥所。

郝梦龄来到守卫高地的官兵中间大声地说："先前我们几千弟兄守这个阵地，现在只剩100多人还是守这个阵地，就是剩下一个人，也要守这个阵地。我们一天不死，抗日的责任就不算完。我出发前已在家里写了遗嘱，不打败日本决不生还。现在我和你们一起坚守阵地，决不后退。我若先退，你们不论是谁，都可以枪毙我！"

官兵们听了军长慷慨激昂的话，士气大振，奋臂高呼："誓死坚守阵地！"

郝梦龄在前沿指挥所指挥部队向南怀化方向运动，准备发起攻击，夺回这个要地。

这时，日军已经发现了中国军队的动向，机枪、山炮猛烈地射击起来。南怀化阵地的周围马上一片炮火，中国军队猛烈进攻，日军负隅顽抗。四周的部队进展不大，两方相持不下。郝梦龄认为这正是独5旅从高地下压歼敌的好机会，却不见5旅出击，郝梦龄把跟前阵地上的翟洪章叫了过来。

"此地通5旅最近的路是哪条路？"郝梦龄问。

"由这里到5旅，必须经过一段被敌人火力封锁的小路，长有20余米。敌人在小高地上有4挺轻机枪。昨天有4名传令兵牺牲在那里了。夜间过，危险小些，白天无论如何不能过。现在，天已大亮，最好不要去；一定要去，请绕个远路。"翟洪章说。

"时间已经晚了，再绕远路，要误事的。"郝梦龄说。

"那么，请你写一道命令，派人送去，不是也可以么？"

"亲自去，效果大。不能事事靠别人。"

"军长，那……"

"不要紧！"郝梦龄知道翟洪章要说，那太危险。他微微地笑了一下，说道："瓦罐不离井口坏，大将难免阵前亡。你好好地守住阵地吧！"

郝梦龄、刘家祺和随从人员，拉开距离，向敌人火力封锁的小路口上走去了。

阵地上的日军清楚地看见了几个肩章领章金光耀眼的中国军人走来。

一阵机枪的响声……

郝梦龄身中10余弹，倒在血泊之中。刘家祺疾步向前，抢救军长，还没迈出一步，也倒在血泊之中。

独5旅李代旅长闻讯之后，疾步赶来抢救，也被敌弹夺去了生命。

短短几分钟内，郝梦龄军长、刘家祺师长、李代旅长都先后献出了自己的生命。

在郝军长的衣袋里，有一封尚未发出的致友人的信：

"余受命北上抗敌，国既付以重任，视我实不薄，故余亦决不惜一死以殉国，以求民族生存。此次抗战，誓当以沙场为归宿。"

士兵们把郝梦龄、刘家祺的遗体抢下来，运到了忻州。卫立煌已经向蒋介石发了电报，报告了这不幸的消息。

卫立煌用柏木棺材把郝军长、刘师长装殓起来之后，送到了太原，各界军民沿路致祭。然后转送到武汉。11月15日武汉各界举行追悼大会，全市下半旗志哀，武汉行营主任何成浚代表蒋介石主祭，献花圈，宣读祭文，以国葬仪式将灵柩葬于武昌洪山卓刀泉。

国民政府下令褒扬郝梦龄、刘家祺、郑廷珍3将军。褒扬令称：

> 陆军第9军军长郝梦龄、第54师师长刘家祺、第5旅旅长郑廷珍，矢忠革命，夙著勋勤。率次奉命抗战，于南怀化之役，率部鏖战，历五昼夜，

犹复身先士卒，奋勇无前，竟以身殉。眷怀壮烈，轸悼弥深，应予特令褒扬。郝梦龄追赠陆军上将，刘、郑各追赠陆军中将，并交行政院转饬从优抚恤，生平事迹存备宣传史馆，用彰勋荩，而重永久。

蒋介石的祭文如下：

呜呼！岛夷蛇豕，荐食上国，既噬台鲜，复攫东北。贪婪无厌，兵压平津，陷察攻晋，谓我无人。矫矫郝君，一军独领，身先士卒，纵横驰骋。刘君继踵，如影随形，我师生力，万钧雷霆。方其赴敌，宁惜一死，挺身杀贼，誓雪国耻。枪林弹雨，与寇偕亡，士气大振，无忝炎黄。呜呼！寄生天地，百年瞬息，正命沙场，垂名无极。惟念二君，千里庭趋，九原有知，遗恨欷歔。家室子女，存问昕夕，凡兹善后，生者之责。神皋禹甸，寸土寸金，有寇无我，人同此心。仗兹精诚，虏入吾掌，一尊妥殓，尚其来享。

◎ 腹背受敌，卫立煌忍痛"走麦城"

忻口会战杀得天昏地暗，双方军队伤亡惨重，中国军队郝梦龄将星陨落，晋绥军第19军、第35军、第61旅等数十个团战斗最激烈时，在正面2里宽的战线上，从拂晓到黄昏，一天之内就损失了10个团的人马。在长达23天的会战中，日军受到重创，死伤也在1万人左右。第5师团、第42联队等部队被歼灭。

阎锡山在指挥忻口会战期间，曾和晋军将领杨爱源、孙楚等人，每日下午乘坐小车，亲临前线坐镇，并调遣一个宪兵大队，随执法总监张培梅在前线督战。

南怀化战斗继续在激烈进行，郝梦龄遗留下来的中央兵团总指挥职务，由陈长捷继任，陈长捷打得很坚决，在南怀化以南，双方展开了拉锯战。中国守军顽强奋战，寸土不让，晋军用太原兵工厂自制的80000多发炮弹猛烈回击日军，山西造的手掷弹、手雷也发挥了极大威力，日军无数次冲击，都被守军打下去了。当地成百上千的老百姓自发地组织起来支援前线，抬伤员、挖战壕，和士兵们一起在战火中穿梭。当守军的手掷弹、手雷打光时，各村百姓纷纷将自己家藏的刀、矛、钢叉等武器送给战士们，和敌人展开肉搏。在华北战场上演出了一幕前所未有的全民抗日壮烈场面。

朱德、彭德怀指挥的八路军，为了配合忻口会战，在敌后广泛开展游击战。第115师连克雁北、冀西的灵丘、涞源、阜平等城，截断了忻口之敌与后方的联系。第120师在晋北、晋西北进行了几十次战斗，几度占领雁门关，截断了大同、雁门关一带的日军交通补给线。第129师进军代县，在忻口日军阵地后方袭扰，给忻口日军造成威胁。

忻口的战斗在激烈进行，中国守军上下一心，不怕牺牲，但是，在日军优势装备面前，中国军队明显处于劣势。中国军队没有空军支援，高射炮又很少，日机大摇大摆地在中国守军阵地上空俯冲扫射、投弹，守军伤亡惨重。卫立煌接二连三给南京发电，要求派空军前来助战。

守军眼巴巴地眺望天边，盼着涂有青天白日图案的中国空军飞机出现。左等右等，南面天边终于出现了3个小黑点，接着又是3个。6架飞机呼啸着掠过中国守军的头顶，向日军阵地俯冲投弹，日军阵地顿时腾起阵阵炸弹爆炸的浓烟。

还没等中国守军阵地的欢呼声落地，成群的日机像蝗虫一样围了上来，中国空军飞机一看寡不敌众，掉头就跑，从此再也不露面了。日军飞机从此更加肆无忌惮。

八路军129师769团24岁的陈锡联团长来到代县以南的滹沱河东岸，见日军飞机从早到晚不断从附近飞往忻口轰炸，就化装成老百姓，亲自下山去侦察。一出沟口，就看见了日军新建不久的阳明堡临时机场。于是，决定夜袭机场，炸毁敌机。

10月19日夜里，八路军一个连趁黑夜突袭日军机场，将停在机场的24架飞机全部焚毁。

从此，中国守军阵地上一连数日见不到日本飞机肆虐的影子，在一段时间内解除了中国守军的空中威胁。卫立煌对八路军的战绩赞不绝口。阎锡山也以第二战区司令长官的名义对八路军明令嘉奖。

日军自忻口战役开始以来共发起6次总攻，中国军队凭着血肉之躯抵挡日军的飞机大炮，付出了高昂代价。陈铁的第85师是卫立煌的最基本的队伍，也是忻口战场上中国方面装备最好的一个师。从左翼调到南怀化正面以后，日军发现从没见过的戴钢盔的中国兵来了，集中空军和炮兵猛烈轰击。打了几天，最后只剩下一营人了。

但是从10月24日开始，战场形势发生了变化，日军出动的战车大为减少，炮击也减少了。虽然又有飞机出动，但是只是向日军阵地空投军用品。

原来，因为八路军在敌后切断了日军的后方供应线，使日军的汽车、弹药、粮食供应不上，战车自然动不了，大炮成了摆设。这段时间，日军师团长受伤，旅团长战死，日本华北派遣军总司令寺内寿一不得不亲自飞到忻口前线为部下们打气。

眼看着忻口战役僵持不下，日军被迫放弃突破忻口占领太原的计划，改由正太铁路西进，进攻娘子关。

原先在平汉线上的第一战区刘峙等，畏敌如虎，第一次从永定河一线一退数百里，退到了平山滹沱河一线；第二次又是一退数百里，退到河南安阳漳河一线。平汉线上中国军队的迅速溃退，使日军兵不血刃占领石家庄，山西东面的门户娘子关外的大门就此敞开了。

指挥娘子关方面守军的第二战区副司令长官广西将领黄绍竑，自己没带一兵一卒，率领川陕、云南等省部队8个师，一字排开，分散配置在从北到南150公里的一条防御线上，没有重点，没有后备力量。结果日军先攻旧关，突破一点，全线就崩溃了。日军川岸师团没费什么劲就从正面拿下了娘子关。

在忻口战役开始时，卫立煌有过歼灭板垣师团于云中河谷的设想。交锋不久，他就发现这一计划显然难以完全实现。如今硬拼下来，没想到真的来了转机，八路军在敌后和卫立煌指挥的会战大军南北夹击，形成了对日军南北包围的态势，顿时，使正面战场的中国守军活跃起来。卫立煌兴奋地认为：虽然我军装备差，久战疲劳，伤亡很大，攻坚力量有限，要想把忻口下面这么多日军一口吃掉是办不到的，但是，拖垮敌人，多杀一些日军，还是能做到的。这不就是争取胜利的转机么？

然而，贪生怕死的刘峙部队的溃退，打碎了卫立煌的梦想。瞬息万变的战局，突然带来了一个不祥的消息，忻口将士们最不希望发生的事情，终于发生了。攻入娘子关的日军已经从晋东杀奔太原而来。中国军队夹击板垣师团的计划还没实现，日军却以更大的钳形攻势直捣中国军队的后背。

蒋介石急忙命令正在晋南社休整的汤恩伯去榆次，挡住从娘子关来的日军，可是这个蒋介石的爱将这次却不敢听令。

10月下旬,从娘子关攻入的日军先后攻占昔阳、平定、阳泉,太原告急。忻口阵地眼看就要陷入日军的大包围中。没办法,卫立煌只好在11月2日下令全部后撤。

阎锡山对忻口会战未取得预期效果有点耿耿于怀,在他的《忻口战役》一诗中说:

忻口布防得从容,激战南怀血染红。
假使娘关不失败,岂止廿三任敌攻?

但是,不管怎么说,忻口战役仍然是抗日战争正面战场的一次壮举。《西安文化报》说:"(忻口战役)是华北抗战数月中仅有的一次光荣战争……予敌人以严重打击,为民族增无限光荣。"《华北前线》登载英国记者贝特兰的报道:"忻口战役是华北抗战高潮的标志,是标志抗战前途的一个很有意义的吉兆。"

◎ 傅作义四面楚歌再担危局

两路钳形合围的日军步步紧逼,中国军队节节后撤,东路由娘子关攻入的日军连克阳泉、寿阳,占领榆次,太原城岌岌可危、四面楚歌。

太原,又称"晋阳",是中华民族文化古城,又是重要军事战略要塞城堡。太原地区左有恒山、太行之险,右有黄河之固,地处"中原北门"踞天下之肩背,为河东之根本,乃古今必争之地。历史上,后汉国主刘知远,曾利用驻守晋阳的机会,扩充势力,伺机称帝,史称"后汉"。他的弟弟刘崇任河东节度使后,在晋阳篡政,史称"北汉"。北汉乾祐七年(954),后周世宗柴荣率兵攻至晋阳城下,柴荣很自负,认为打北汉如同"以山压卵"。然而,后周军虽然将晋阳城重重围了2个月,却未能攻下,只好悻悻撤退。

赵宋统治集团夺取天下后,把晋阳称作"龙城",为了夺取它,宋太祖赵匡胤和后来继位的宋太宗赵光义都曾经御驾亲征。太平兴国四年(979),晋阳终被宋军攻陷,赵光义命令在城内多处放火,并引来汾水和晋水冲掉废墟,企图使它痕迹全无。

然而在此基础上重建的太原城，在宋代仍然被视为军事重镇，著名抗辽将领杨业曾驻守在这里。宋宣和七年（1125），金兵分东、西两路南侵，西路从大同直指太原，围城达9个月之久，太原终于沦陷，城内人民"万中存一"。金兴定二年（1218）蒙古军队占领太原。明太祖朱元璋攻占元大都（北京）后，命徐达、常遇春进取山西，从平定突袭太原。明朝为抵御蒙元残余势力的威胁，曾将太原列为九边重镇之一。明崇祯十七年（1644）正月，李自成攻占西安之后，亲率20万人马从禹门渡过黄河，进入山西，攻破太原。后来，李自成被清军赶出北京，又曾退至太原，并派得力部将陈永福在此留守。同年十月，清军围困太原，用大炮轰击城垣，占领太原。

而外国侵略者进攻太原，在历史上还是头一次。眼下是日本10万大军3路会攻太原，在此严重危急情况下，1937年11月2日，阎锡山在太原绥靖公署中和斋会议厅举行第二战区高级将领紧急军事会议，讨论保卫太原还是放弃太原问题。参加军事会议的高级将领有卫立煌、黄绍竑、孙连仲，晋绥军将领赵戴文（时任山西省省主席）、朱绶光、楚溪春、傅作义。中国共产党代表周恩来也应邀参加了阎锡山召开的军事会议。

阎锡山本想以卫立煌的"中央军"坚守保卫太原，这样，既树立起"守土抗战"威望，又保存下来自己晋绥军武装力量。因此，阎锡山在召开的有"中央军"、晋绥军和八路军高级将领参加的军事会议上，反复强调：一旦太原陷入日军手中，就会影响整个抗战形势，必须保卫太原、保卫山西。他指出，要阻敌于太原以北，以掩护太原城内的物资向晋西、晋南安全地带转移。当阎锡山提出守城指挥由卫立煌负主责时，会上一言不发，卫立煌也沉默不语。他不是贪生怕死，畏缩不前，而实在是觉得守太原意义不大，而且也很难守住。尽管日军已占领太原前哨榆次县城，会议从早开到晚，也决定不了首当其冲的城防司令由谁来担当。后来，不知哪位说了一句，保卫山西首府，应该是晋绥军里威望高和有卓越指挥才能的将领出任。这样一来，阎锡山的目光由卫立煌转向傅作义。晋绥军的将领们顺风而来，大肆奉承傅作义，历述他的光荣战绩。会后阎锡山又和傅作义作了个别谈话，答应把第101师归还35军建制，另外还拨了一些新收编的部队和3个炮兵团，供傅作义守城时调遣。又对傅作义说："宜生（傅作义字）过去守涿州守了2个月，名闻全国，现在太原城里的粮食弹药都够半年用的，宜生可显示一下身手。"最后，阎锡山拍着傅作义的肩膀说:"宜生!一定要守住咱的太原!"

会后,周恩来对傅作义表示钦佩,并说:"我愿意代表中国共产党,还有全民族,诚恳地对你说一句话:抗日战争胜利的基础,在于广大人民群众之深厚的伟大力量。请你保重。"

形势已经很危急,由娘子关进来的日军在占领榆次、太谷之后,向太原以南包抄过来,切断了中国军队沿同蒲线的南撤之路。太原市内已经可以听见隆隆的炮声。刚刚经历过二十几个日夜鏖战的卫立煌,眼睛熬红了,声音嘶哑了,像生过一场大病一样,疲倦不堪,情绪低落,可是一听说周恩来来了,立刻来了精神。

一见周恩来,卫立煌就想起八路军在敌后的战绩,他感慨不已地说:"八路军把敌人几条后路都截断了,对我们忻口下面作战的军队帮了大忙。要不是娘子关方面的情况变化,我们真能够把板垣师团歼灭得差不多。这件事情没有完成真可惜,太可惜了。"

他接着又说:"没有把129师调去打阵地战是做对了。阳明堡烧了敌人24架飞机,是抗战历史上从来没有过的事情,我代表忻口正面作战的将士对八路军表示感谢,感谢!"

周恩来问到下一步的打算,卫立煌一听脸上泛起愁云:

"目前有两种意见:一种是黄绍竑副司令长官的意见,集合从忻口和娘子关两方面退下来的军队,在太原附近再组织一次野战。凭近郊的山势,再打一阵。这种想法不很现实,太原已经陷于三面包围之中,让这些疲劳的队伍——有些已经集结不起来了——再战是不容易的,没有一个最低限度的集结休整的时间是不行的。另外一种是阎司令长官的意见,让宜生(傅作义)坚守太原城,他的35军还是完整的,比较精悍。阎司令长官说宜生兄过去守涿州守了两个月,名闻全国,现在太原城中粮食弹药都够半年之用,要宜生兄再显一下身手。我看这个事情不好办,实在是犯愁。"

周恩来开导卫立煌:"我们要在失败的时候看到光明,看到前途,认为没有办法,发愁,都没有必要。你不是知道中国的抗战是长期的吗?胜败不在于一城一地之得失,就算太原保不住,只要我们继续抗战,不动摇,不妥协,实行全民总动员,进行民主改革,将孙中山先生的革命三民主义付诸实施,最后我们定能改变不利的形势，在战场上取得主动权。你不是知道八路军在敌后活动得很好么？因为我们紧紧依靠了人民。假如山西省早就给了人民以自己组织自己武装的权力，形势就会变成另外一个样子，你说是不是呢？……"

一席话，说得卫立煌频频点头，若有所思。后来，卫立煌部坚持转战华北战场，正是由此开始坚定了信念的。

日军乘着中国守军撤退时混乱，派出飞机轮番轰炸，兼以步兵追击，11月5日，敌人迫近太原城郊。守太原城总指挥、第7集团军总司令兼第35军军长傅作义将军，很快做了守城部署。当有人问傅作义，面对从东、北、西三面围困太原的日本侵略军，空中又有很强大的空军在太原上空盘旋轮番轰炸，能否守住太原？傅作义有信心地回答：

"我守涿州打了胜仗，守天镇也不错，守太原也会有办法。太原东西两山形势很好。正面顶住，两山做倚托，太原就不易攻下。再说，太原城里存的军火弹药、粮食很多，只要太原能守住打了胜仗，就可扬名世界。"

阎锡山留给傅作义的守城部队，计有步兵第35军的第211旅（旅长孙兰峰）、第218旅（旅长董其武）共6个团；原第61军李服膺部的第213旅（旅长杨维垣）2个团；第73师（代师长王思田）师部；新编独立第1旅陈庆华部3个团；炮兵有第21团和第25团。另外还有炮垒大队和高射炮一个连。这1万多人的守城兵力，在周长32里的太原城布防，着实不敷分配。

但是，傅作义对保卫太原抵御日军的进攻，仍作了周密的部署。他在守城动员时说："守土抗战，军人有责。野战军在，太原当然要守；野战军走了，太原还是要守。"

1937年11月6日拂晓，日军集中兵力向太原发动攻势。日军疯狂已极，在太原城外高地架起100门大炮，炮口对准太原，上空飞机盘旋，步兵进入阵地，大战大有一触即发之势。傅作义一天到晚视察城防工事。阎锡山和他的第二战区长官司令部，正收拾东西，准备撤离太原。

对于保卫太原，是死守还是守到一定时候，消耗敌人之后弃城撤离？当时第二战区司令长官阎锡山与山西省政府主席、战区长官部政治部主任赵戴文两位山西首脑之间，产生严重分歧。

阎锡山争官争权，每当重要历史转折，赵戴文总是把阎锡山推上前台，他在幕后为阎锡山出谋献策，给他撑腰。但是，对于阎锡山与日本人勾勾搭搭，赵戴文始终提醒他："我们绝不能充当汉奸走狗卖国贼。"

日本帝国主义侵占东三省，进而侵略全中国，阎锡山"联共抗日"，提出"守土抗战"的口号，赵戴文全力以赴，积极支持。阎锡山充当第二战区司令长官统一指挥中国抗日军队，抵抗日军侵略进攻。担任山西省政府主席的赵戴文，组织后方群众支援前方部队作战，并且无时无刻不在关注前线战事态势的发展。

赵戴文懂军事，担任过阎锡山的参谋长，也当过混成旅旅长，当他的学生徐向前陪同周恩来到山西与阎锡山谈判合作抗日时，在太原赵戴文曾专门约见徐向前，要他谈谈中国共产党的抗日主张。又问徐向前："万一太原失守怎么办？"

徐向前说："万一守不住，就要事先炸掉小钢厂、军工厂之类的工业设施，不能留给日本人。要组织民众，坚壁清野，把日寇困在太原城内，逐步消耗和消灭他们。"

徐向前说罢，心情沉重的赵戴文先生点点头，他赞成徐向前的意见。而在太原沦陷前，阎锡山调傅作义坚守太原掩护省政府机关和第二战区长官司令部撤离之时，任山西省主席的赵戴文曾向太原市民宣示：如果日本人入侵太原，他就在太原殉职。

阎锡山保卫太原的目的，一是掩护太原的重工业，尤其是枪炮制造业，向晋西、晋南转移；二是向山西老百姓和一切爱国人士表明，他是"守土抗战"的。他并没有要求傅作义及全体将士"与城共存亡"，而是暗示，在完成掩护撤出任务，达到消耗敌人目的之后，再行突围。于是，当阎锡山决定撤退时，赵戴文却决心死在太原，不做日寇俘虏。阎几次派人与他商讨，为保存力量伺机反攻，必须像辛亥革命后袁世凯复辟派兵占领太原时一样，我们一度撤离，始能挽救危亡！赵戴文始终不为所动地说："他（指阎）要走他走，我不走；我的血洒在太原，我的躯体葬在太原！"

无可奈何，阎锡山临行前叫梁化之找赵戴文，传他的话说："长官说，他与老先生一向是同主张、共事业的，今天一个走，一个留在省城，这样步调上有所不同，在是非上也有差异，在历史的评价上，更会有分歧，希望老先生考虑。"阎锡山把话说到这份上了，赵戴文沉思良久，最后顿足说："走！我走！我与长官同步调，不能单独行动！"

此时，日军从三个方面向太原压缩，中国军队只剩下越过汾河向西南撤退这一条路了。

阎锡山带着依城野战的部队，赵戴文带着山西省政府官员，撤出太原城。日军总攻太原的枪炮打响了。这时，日军空军的轰炸使太原城内硝烟弥漫，城墙被毁，一片火海！日军步兵在飞机、火炮和坦克掩护下向太原城猛烈地攻击。

11月6日拂晓，日军步兵开始向太原北关兵工厂和东北城外黄家坟守军前进阵地进攻。日军炮兵依照飞机指示的目标，以数十门榴弹炮、野炮，集中火力，向东北城角的城墙猛烈轰击，城墙在地动山摇的震撼中，逐渐被打开缺口，崩落的碎砖土块，在城下排成斜坡。傅作义命令城防炮兵开炮还击，形成整天的炮战。天晚停战，守城部队连夜将城墙缺口修复。

兵工厂前进阵地的第420团团长李思温，以2个营的兵力，依据早已构筑的坚固工事，顽强抵抗日军无数次的疯狂冲击。黄昏以后，守军奉令撤入城内。7日拂晓，北城外的日军利用关厢建筑物，东门外北段的日军利用丘陵地带，分别接近城墙，开始了全面进攻；同时，日军还分兵绕过东城，向城南的火车站迂回；另一支日军则由汾河上游渡河，进出于城西的汾河西岸，企图对太原合围。日军主力以步、炮、空、3种兵力联合作战，又向东北城角猛烈进攻。经守军连夜修复的城墙缺口，很快又被日军大炮、飞机轰炸摧毁。战况甚烈，城坡上日军尸体成堆，大片黄土已成殷红色。太原守军也伤亡惨重。日军整天猛攻东北城角，伤亡很大，很不甘心，由白天进攻，改在黄昏调集精锐，加大兵力，再次强攻。城墙缺口守军全力阻击，终于在兵员伤亡殆尽、援军一时调集不来的时候，被日军约一营兵力突入城内，占领了小教场的炮兵营盘。8日，日军继续向北、东两线进攻，守军各团连日激战，兵员损失很大，东北城角的缺口守军已无法控制。日军从这里又钻进来两个营，会同昨日突入的部队，向外扩张战果，但由于地形局限性很大，于作战不利，经过巷战，日军攻占几个院落，再没有发展。坚守太原部队也已精疲力竭，既不能歼灭入城的敌人，也没有力量将敌人逐出城去。同时，守军发现日军坦克掩护汽车，不断由汾河以西公路上，向南运送部队……

傅作义在防空洞里焦急不安，一个劲地向部下下令："坚决守住！"就是不肯吐半个"撤"字。直到最后,才叫来参谋长陈炳谦、守城指挥官袁庆曾。他们两人一进屋就对傅作义说:"司令,实在顶不住了,撤吧?"

傅作义铁青着脸:"你俩也说撤退,那好,撤!"

傅作义下令守城部队于8日晚突围。太原城仅仅守了3天就陷入日军之手。

阎锡山和赵戴文率领第二战区司令长官部和山西省政府人员,出太原城由孝义县的大麦郊,撤退到临汾。太原城防司令傅作义和他的参谋长陈炳谦,带少部分警卫部队,渡汾河从炭窑口上了西山。然后,集结退出太原城来的1000多人,到达石楼、柳林一带休整。

晋绥军经过3个月的连续作战和溃败,至此已丧失7/10。阎锡山自从离开太原后,把一切希望都寄托在山西的新军——共产党员薄一波等所组织的山西牺牲救国同盟会及其领导下的山西青年抗日决死队身上,希望借助这些爱国的进步青年建立新的军事力量,打开山西的新局面。阎锡山本人既不敢明目张胆地逃跑,又不愿离开自己的老窝,他带着一部分刚刚组建不久的新军决死队、教导团,坚持在吕梁山脉,胜则发展游击战争,败则退到黄河西岸的陕西省宜川县去,把领导第二战区作战的责任完全推给黄绍竑和卫立煌。

黄绍竑本是桂系中的"第三把手",自从被蒋介石收买叛离了李宗仁、白崇禧后,在南京一直是高官厚禄,养尊处优。蒋介石不派自己的嫡系,而先派黄绍竑到山西,是想既消除阎锡山的顾虑,又可以掺沙子。黄绍竑没带一兵一卒到山西,空头指挥不好当。娘子关失守直接导致忻口会战流产和太原失守,他自己也觉得面子上不好过。对华北抗战,黄绍竑已经失去信心,到临汾没住几天就借口到南京汇报,一去不复返。

丢了大半个山西,又损兵折将,安插在阎锡山身边的人又没待住。蒋介石仍不死心,又想出一个在华北成立第七战区的方案,用第七战区司令长官的名义调虎离山,把四川的实力派人物刘湘调到华北来。刘湘当然不愿意,阎锡山也怕他来,这个方案也只好流产。于是,在临汾主持山西战局的责任就落在卫立煌身上。

日军占领太原后,需要时间进行休整,暂时不能继续南下。中、日两军对峙的地界,中间是同蒲铁路线上的介休,西边是晋西南的大门汾阳,东边是晋东南的大门洪口。卫立煌指挥的中央军和杂牌军到此时已伤亡溃散近半数。到临汾以后,主要是收容集结队伍，补充人员和武器，准备抵抗日军的继续南侵。

11月中旬，南京最高统帅部重新发布命令，任命卫立煌为第二战区副司令长官兼前敌总指挥。

山西之战从此转入中共八路军与日军的游击战。

第六章

得中原,得天下

中原,中原,中国圆心。兵家古训:得中原者得天下。

日军南北两面夹击中原,蒋介石亲莅前线督战,假牙咬得嘎嘎响,怒吼:失职者杀!

临沂、滕县、台儿庄,炮火蔽日,黑土沥血,李宗仁率杂牌军大败强敌,名震天下。

几十万日军发动徐州会战,整个徐州地区像铁桶一样被包围起来,可当各路日军冲进徐州,压根没见到中国军队的影子。

◎ 畏敌如虎，韩复榘闻风而逃失天险

1937年11月11日晚，中国第一大都市上海失守，长达3个月的淞沪会战以中国军队的失利而告结束。

津浦线上，一列专列在向北疾驰。车上坐的是刚刚就任第五战区司令长官的李宗仁。淞沪会战结束的第二天，他就急急赶往第五战区司令长官部所在地徐州上任。

李宗仁坐在车中，听着远远传来的隐隐炮声，紧锁双眉，心情沉重。

华北战场，由于国民政府对抗战准备不足，指挥失当，在日军大举进攻下仓促应战，败退千里。继平津沦陷之后，保定、沧州、石家庄、张家口、太原、德州等重要城市相继失守。日军前锋已经到达黄河岸边。

华东战场上，上海失陷后，日军正迅速向南京进逼。李宗仁十分清楚，在战术上说，南京是死地，日军可以三面围攻，而北面又可从水路进犯，南京守军将无路可退，如果南京一失，日军将以排山倒海之势沿津浦线北上进攻徐州，打通津浦线，使南北两路日军联成一气。再沿陇海路西进，可直取郑州，继而利用中原平坦地势，发挥日军机械化部队的威力，沿平汉路南进，直取武汉。这样一来，中国的抗战局面就更加困难和危险了。

李宗仁暗自祈祷南京方面能顶住日军的攻势，这样就可以使徐州暂免腹背受敌的窘境。对南线无把握，对北线的形势，李宗仁也是心存疑虑，担心韩复榘不能阻止日军在山东的推进。这次统帅部让第3集团军总司令韩复榘任第五战区副司令长官，就因为他手握重兵，统辖三个驻在山东境内的军，部队训练和装备在五战区也算上乘，而且韩复榘过去颇能打仗。只是，韩复榘刚愎自用，又与蒋介石素有积怨，关键时刻能否服从命令，拼死力战，李宗仁实在没把握。

徐州，李宗仁所见所闻，更让他心往下沉。但见徐州人心惶惶，市面萧条，第五战区大多数部队皆非蒋介石的嫡系，在日军强大的攻势震慑下，担心把自己的家底打光，一心只想保存实力，畏战不前。李宗仁苦口婆心，晓以大义，同时，积极争取蒋介石对这些部队一视同仁，尽量为他们解决困难，使他们自觉服从命令，效命疆场。

李宗仁每天清晨或午后,都要骑马到徐州主要街道巡视一番。虽然战况紧急,他仍然显得悠然自得,镇定自若。军民们见此情景,人心大为安定,市区重又热闹起来。然而,李宗仁心里并不轻松,他那镇定自若的外表下却隐藏着深深的忧虑。

不足一月,李宗仁的忧虑就变成了现实,而这一切果然来自刚愎自用的军阀韩复榘将军。

素称天险的黄河,北岸高于南岸。北岸不守,南岸自然难保。因此,蒋介石命令韩复榘应以重兵坚守黄河北岸,其余部队在北岸进行游击,以巩固黄河防线。

谁知韩复榘却把蒋介石的命令当成了耳旁风。他提出黄河北岸与济南皆不可守。他致电蒋介石:

"北岸地狭无活动余地,济南临近黄河,在北岸炮火之有效射程内,吾意决北堤,以黄水阻日军进犯。"

蒋介石回电坚决不答应。韩复榘见状索性不买蒋介石的账,我行我素。1937年10月26日,日军第10师团在平原以东增加步兵2000多人,大炮10余门,坦克10余辆,企图扫荡临邑附近的曹福林师主力,再由济阳挺进黄河。

蒋介石于11月6日、8日连电令韩复榘率主力渡黄河北上,主动出击,打击津浦路当面之敌,并策应平汉线上宋哲元部作战。

韩复榘回电:"拟请令李长官(宗仁)派队接津浦线济南以南防务。并苻济坐镇,职愿率所部三师或四师兵力,经武城、郑家口进出河间与宗部协同前进。"

韩复榘这次倒是听令而行了,亲率展书堂师和孙桐萱师一个旅由济阳抵达商河、德平附近集结,增援曹福林师。但是一路上走走停停,裹足观望。

11月8日,日军主力分兵两路向黄河推进。一路是第109师团本川旅团,以步兵1000余人、坦克8辆为先头部队,从盐山出发,到11日为止,接连攻占庆云、乐陵、惠民。

13日,这股日军向济阳进攻,韩复榘亲自出马率孙桐萱师辎重营和手枪旅一个团在济阳城东关御敌。手枪旅根本不是日军的对手,刚一交手就败退下来。韩复榘带着贾本甲团不过百十人的兵力被日军包围在一个村子里,手下弟兄们拼死冲杀,保护韩复榘骑着摩托车冲了出去。

一跑回济南,韩复榘气就不打一处来,大骂蒋介石:"打!打!打!老子几乎回不来了。"

与此同时，另一路日军矶谷师团主力部队，在炮兵和战车的配合下，向曹福林师猛攻，曹福林师抵挡不住，官兵伤亡500多人，退到临邑以西。日军第10师团一部1000余人，配合火炮20余门，向堤李桥前进。

看此情景，韩复榘以惠民、济阳都已失陷，声援平汉线作战计划已不能实施为借口，下令所属第3集团军各部队撤过黄河，还没等29师60旅孙学发部撤退到南岸，就下令炸毁黄河大桥。

在此之前，李宗仁曾专程到济南同韩复榘商讨作战计划。他建议如果济南失陷，第3集团军可以退到沂蒙山区，以策应他在津浦路南端的战事。

可韩复榘听后眼睛一瞪："南路日军很快就要打到蚌埠，北路日军如过了济南，两路一夹攻，我们不就让日本人当了'饺子馅'吃了吗？"两人话不投机，不欢而散。

在日军迫近黄河的关键时刻，蒋介石却下令把南京派来守备黄河的重炮旅调回。韩复榘气得破口大骂蒋介石不为抗日，想借日本人的手消灭异己。这下，韩复榘更无心抗日了。

李宗仁一走，韩复榘为了保存实力，秘密制订了放弃济南的撤退计划，下令把民生银行和金库里的5000两黄金、3万两白银以及公私辎重全部装好，连夜运到河南南阳。此公根本无视国民政府军委会关于"各战区守土有责，不得退入其他战区"的命令，在黄河北岸只派少量部队应付了事。

日军很快就打到了黄河北岸，并占领了居高临下的鹊山，向南岸的济南开炮示威，炮弹直落到济南商埠和车站上，济南陷入一片恐慌之中。

不久，日军又调来远程炮，炮弹飞越济南城区一直打到千佛山下，济南军政机关纷纷撤离。韩复榘令省政府各机关和全体人员先行撤到宁阳县。他自己为了躲避日军的炮火，住进了千佛山上的寺院。此后，中、日两军隔河对峙了一个月。

12月23日晚，日军重新开始进攻。济阳至青城间黄河北岸的日军向南岸谷良民师阵地炮击，掩护日军用小汽船强渡黄河。

受韩复榘影响，谷良民师不但不竭力阻击，反而掉头就跑，向周村退却。其实，刚开始渡河上岸的日军不过几百人，中国守军一跑，日军轻易上岸，占领了黄河南岸宽约2里，纵深达10余里的区域。

一听说日军已经渡过黄河，韩复榘带头逃出济南，退到泰安，防守黄河的部队一看主帅跑了，也纷纷后退。25日，日军占领周村，27日，攻陷济南。

济南失守，山东危急！蒋介石、李宗仁万万没想到韩复榘竟如此畏敌，炮声一响就脚底抹油。他们连连发电给韩复榘，告知占领济南之敌并非日军主力，且鲁中山区日军机械化部队通行困难，命其将主力分布在泰安至临沂一带进行抵抗。蒋介石在电文中言词恳切地说："万勿使倭寇垂手而定全鲁。"

但是，韩复榘充耳不闻，借口没有预备队，无法阻止日军前进。李宗仁电令死守泰安，韩复榘回电说："南京失守，何守泰安？"12月31日，韩复榘下令弃泰安。

对此，李宗仁实在忍无可忍，愤而电告蒋介石："至于韩部之行动，拟不再加严令，免伤情感。"

当时，限于上海战事，进攻山东的日军兵力并不多。由于韩复榘不战而退，日军得以长驱直入。12月底，日军分别占领长清、肥城、莱芜、泰安。1938年1月1日，日军100余人轻取大汶口，一个中队的日军就轻而易举地占领了一座县城，成了战争史上少有的奇闻。

1月4日，日军再占宁阳、兖州、曲阜、蒙阴。日军前锋直指汶上、济宁。短短一个月，日军一个半师团横扫齐鲁大地。

面对陇海线随时可能被日军切断的危险，蒋介石及军委会都接连致电韩复榘令他死守。

李宗仁也忘了自己给蒋介石电报上说的气话，在致韩复榘的电报中几乎是在求韩复榘了："兄治鲁七载，对鲁省锦绣河山、驯良人民，恋恋之情，较弟为深。""务请兄于运河之线竭力支持，固守汶济。"并告之邓锡侯、孙震二人的部队已在邹县附近增援。

无奈韩复榘铁了心要后退，要保存实力，根本不为所动，一直退到鲁西的单县、成武、曹县一带才止住脚。这一退，几天之内500里，把齐鲁大片山河拱手送给了日军。

由于韩复榘不战而退，使日军轻取山东，整个抗战形势骤然变得危急起来，日军占了山东，就可直攻徐州，而李宗仁在徐州以北只有少数桂系军队驻守，日军随时有直冲徐州的危险,南北夹击,整个华北、华东战局危如累卵。

山东危急!津浦危急!全国舆论一片哗然。

1938年1月,武汉。

蒋介石在行营官邸坐卧不宁。半年来的抗战,中国军队的弱点已暴露无遗。事实证明,中国军队面临的严重问题不在武器装备的落后,也不缺乏抗战热情和作战之勇敢,而是军纪涣散,令不行禁不止,尤其各级将领各行其是。

淞沪会战后期像决了堤的洪水一般的撤退以及南京的大混乱、大溃退使他痛心疾首,丢尽脸面。华北混乱的战场更使他意识到军纪不整、各地将领保存实力的私心不除,抗战将抗成全局崩溃。这时,两天前第六战区司令长官冯玉祥将军那次痛心的晋见场面又浮现在他面前。

那天,第六战区司令长官冯玉祥老将军从华北战场赶回武汉。他这次来,是专向蒋介石这个拜把义弟诉苦发牢骚的,因此一进门屁股没落座就声若洪钟地吼开了:

"他万福麟等部队,是由你这大元帅明令划归我六战区指挥的,可是,我用电报电话,无论怎样找,也找不到他们的军司令部在什么地方。后来才知道,这些人是故意躲着我,要的是避开命令的花招,拒不服从指挥!你说这成何体统?还抗什么日,打什么仗?"

蒋介石请冯玉祥消消气,坐下慢慢谈。冯仍站着,气呼呼地大声嚷:

"还有,前方的队伍退到沧州,又控制很好的坚固阵地,我叫副司令官鹿钟麟带着我的命令到前方找李文田、黄维纲、刘振三几个军、师长,命令他们分4路由右翼包抄敌人的后路和敌人的当腰。那一回,若他们按照我的命令去执行,一定给华北日军一个沉重的打击。

"过了两三天后,鹿钟麟才来向我报告,说只有一路把日本人打了一下,其余3路都没完成预定任务。李文田和黄维纲带着自己的队伍只走了五六里路。五六里路!你说气人不气人?他李文田还说,咱们就这点儿老本,拼完了还当什么军长、司令?嗨!"

冯玉祥将军痛愤已极。他觉得把自己的老脸都丢尽了。败了!从北边大败而回!他挂的是国民政府军委会副委员长衔,战区司令长官职。可是,指挥不了自己多年栽培起来的老部下,简直丢人!今天国民党的中央容不下他,老部下又离他而去。

造成今天这种局面的，应该说是冯玉祥面前的蒋介石。几年前扳倒冯玉祥后，考虑到老冯的声望，蒋介石把他高高地吊了起来。一晃，冯玉祥离开西北军旧部已有几年了。

但一贯以耍弄手腕，挑拨矛盾，以达到互相牵制、各个击破和分化瓦解对手见长的蒋介石，这会儿决然没有对他的这位拜把子长兄的难堪处境幸灾乐祸。本来，当时把冯玉祥从三战区调任六战区，就是考虑到华北的部队尽为冯的部下，叫他去统率其部下，阻止日军南下，这是再好不过的人选了。哪知，冯玉祥离去几年，这些坐地称王的大、小诸侯，竟然连老长官的账也不买，使之坐失良机，造成华北我军的溃退。

蒋介石还是耐着性子请冯老将军坐下，问道："是怎么回事，详细谈谈。"

原来，冯玉祥奉命北上主持华北战事，宋哲元等华北部队均为冯的部下，指挥起来本应得心应手。当冯将军精神抖擞、满怀信心赶赴华北时，已升为第1集团军总司令的宋哲元竟装病上了泰山，而代理司令的冯治安将军和属下军长、师长们，也都尽量避而不见。无法组织、统率部队，造成战区全线溃退，冯玉祥极为被动。为解冯玉祥之危急，蒋曾命令山东的韩复榘拨两个师给冯指挥，韩表面上答应蒋的命令，实际上一再拖延时间，就是不肯拨出自己的队伍。后来迫于恶化了的北方形势才勉强派曹福林的第29师、展书堂的第81师给冯，但这两个师也跟宋哲元的第1集团军一样，冯玉祥压根儿就调不动，事事都得听韩复榘的。

由于华北各部队贻误战机，日军乘机沿津浦路南犯。冯玉祥只得请求他的老部下韩复榘将拨出的那两个师开到德州一带待命，支援已经垮掉的前方阵线。但韩一点儿面子也不给，不肯支援。冯玉祥气得破口大骂，韩仍置之不理。此时，冯曾电告蒋介石指挥不动韩的那两个师，蒋及时电令韩移师增援。韩复榘仍置若罔闻。

冯玉祥只得退守德州。

韩复榘反而在此时下令保境安民，不准客军（败退下来的华北军）进入山东地盘，致使冯玉祥的整个六战区陷入绝境。

这时，蒋介石电令冯玉祥和韩复榘趁日军在德州立足未稳，而主力又集中在山西的时候，协同反攻德州，并进击沧州，以牵制西线之敌。

冯玉祥率领曹福林等部队自徒骇河一线向北反击，21日攻取德州、桑园，并一路挥师北进，直指沧州、马厂。正当第29、第81师乘胜追击日军之际，韩复榘突然打电话给展书堂，令其立即率军回撤，不准再向前推进，并限令该部在10小时内撤退到禹县。

韩复榘釜底抽薪，造成冯玉祥的反攻全线溃退。日军得此良机，真是绝处逢生，又分路压迫过来。冯玉祥遂由胜转败。

蒋介石脸色铁青，坐在沙发里发愣。

冯玉祥说："反对我个人是小事，但这样随随便便，不服从军令，今后这抗战还怎么抗哟！"

冯老将军摇摇头，长吁一口气出门走了。

蒋介石的内心翻江倒海。他深感这支数百万人的杂七杂八的军队复杂难办。在屋子里踱步，他的眉宇间暗藏可怕的杀机，心里发狠道：此一问题，如不尽早根除，在日军机械化部队疯狂冲击下，中国军队又将溃不成军，中国也就必败无疑了。

面对各地将领不战而逃的混乱场面，蒋介石正愁找不到下手的机会，恰巧这时韩复榘撞到了枪口上，当下咬牙切齿地在心里诅咒道："韩复榘呀韩复榘，今日你是死定了。"

◎ 蒋介石开封设下"鸿门宴"

新年一过，蒋介石在汉口召集何应钦、白崇禧、陈诚举行会议。大家既知蒋介石与韩复榘素有旧怨，又对韩本人不战而退、致战局于险境而深恶痛绝，明白蒋介石这次非置他于死地不可了，便纷纷指责韩复榘，齐称若让韩复榘自由进退而不加以制裁，则民心士气必将受到严重影响，一致主张严办。蒋介石一听正合己意，于是，一张精心策划的大网悄悄地张开了。这次，蒋介石要新账旧账一齐算。

韩复榘原来是西北军冯玉祥的部下，冯玉祥把他一手提拔上来，成了其心腹将领，也成了冯玉祥手下最得力的"十三太保"之一。

新军阀混战中的1929年，在蒋介石的拉拢下，韩复榘归顺了蒋介石。作为杂牌军将领，韩复榘在蒋介石集团中备受排挤，为了自己的生存和发展的需要，一直和蒋介石在明争暗斗。

第六章 得中原，得天下

1930年4月，蒋、冯、阎中原大战爆发，当时韩复榘任河南省主席，驻守开封，已建成了脱离冯玉祥西北军的小王国。但蒋介石怕韩复榘对冯玉祥旧情不忘，手下留情，作战不力，或韩的部下哗变投奔冯玉祥，于是把韩复榘的部队调到山东同晋军作战。开始晋军攻势很猛，韩复榘部队因独当一面，伤亡惨重，退往潍县，蒋介石急令驻烟台刘珍年的第17军星夜开往昌邑、寿光等县，明为增援，实则密令收容韩部溃军。到了7月下旬，战事出现转机，蒋介石调兵遣将，增援山东，又任命韩复榘为胶济路总指挥。韩复榘指挥部队由胶东向西猛攻，与津浦线上的中国军队会攻济南。8月16日，韩复榘重回济南。蒋介石为了瓦解冯玉祥，打垮阎锡山，决定进一步拉拢韩复榘。9月，任命韩复榘为山东省主席。

韩复榘毕竟是个粗人，入主山东后，小王国日臻齐备，他也越来越狂妄自大，对蒋介石软顶硬抗，发展自己。韩复榘入鲁后，大力扩军，把原来的3个师1个旅，很快扩编成5个师1个旅。此外，还组织了4路民团约6万人，自任民团总指挥。这四路民团的装备与正规军一样，仅仅是名义上不同。这一切，使蒋介石对他存下了戒心。

蒋介石也看出了韩复榘自立为王的野心，对他进行了种种限制。在军队编制上，只承认他的5个师，其中2个甲种师，3个乙种师。连山东防务仅有的4架飞机，也被蒋介石调走了。在经费上蒋介石更损，来了个釜底抽薪，本来答应每月给韩复榘军饷60万元，后来竟分文未给。韩复榘也不是省油的灯，"你不给钱，老子硬拿！"他派人接收了山东的国民党政府中央税务机关，赶走了盐运使、烟酒印花税局长、税警局长及中央财政部特派员，酿出了一场轩然大波。

在山东除了驻有韩复榘的部队外，还有被蒋介石收编的第17军刘珍年部占据着烟台、平度、黄县等20多个县，各县田赋收入不向省里上交，均直接解交给烟台刘珍年的军需处和解往南京。韩复榘早想把这笔财源收归己有。正巧，侦察到17军派特务到济南企图分化韩复榘的部属，韩复榘怒不可遏，立即调集5万人马向17军进攻，先后攻下平度、掖县等地。烟台是山东重要港口城市，蒋介石收编刘珍年时，即派军统特务刘子建任戒严司令兼警察局长，控制着烟台附近10余个县。韩复榘进攻17军就如同向蒋介石发难。因此，蒋介石急调黄杰等中央军集中徐州，准备从南面攻击韩复榘，韩复榘动员起全部人马共10余万人准备抵抗。大战一触即发，人民纷纷逃难。国民党元老丁惟汾是山东人，接到家乡父老许多告急的电信，便向蒋介石提议和平解决。在上海青帮头子张仁奎的调解下，蒋、韩两军各回原防，17军调往浙江，韩复榘所委任的山东税务人员，由南京加委，税款、田粮转账作为拨付韩部的军饷。蒋、韩之间的一场混战这才没有爆发。

后来，又发生了国民党山东省党务整理委员会主任委员张苇村被韩复榘暗杀的事件。张苇村不仅收集韩复榘的情报向蒋介石报告，而且当面斥责韩复榘不遵照中央命令缩编军队，加重山东人民经济负担，甚至还扬言："我是山东党务负责人，也有权过问山东的军政大事。"对张苇村的所作所为，"土皇帝"韩复榘恨之入骨，大骂他是"党棍子"。后来，张苇村又进一步向蒋介石建议，把韩复榘的军队调出山东，以中央军填防。此事被韩复榘侦悉后，暴跳如雷，派人把张苇村暗杀了。

但蒋介石记忆最深的，是1936年两广事变和西安事变发生时，韩复榘先后发了两个"马电"，赞扬陈济棠、李宗仁和张学良、杨虎城的举动。特别是对西安事变，他在电报中说，张学良扣留蒋介石进行兵谏，主张停止内战共同对外是一个英明之举。这一切都使蒋介石怀恨在心，必欲杀之而后快。这一次给了蒋介石一个冠冕堂皇的理由。

1月7日，李宗仁在徐州召集第五战区军政会议，身为第五战区副司令长官的韩复榘不去，只命蒋介石派到山东任教育厅厅长的何思源去参加会议。

其实，这只是蒋介石先施放的一个烟幕，紧接着，蒋介石亲自出马，在开封召集第一、第五战区团长以上军官军事会议，他亲自给韩复榘打电话说："我决定召集团长以上军官在开封开个会，请向方兄带同孙军长等务必到开封见见面。"

韩复榘有点犹豫了，山东是他的地盘，老蒋拿他没办法，但到了开封就由不得他了。为此，他的好几个部下都劝他别去，他本人也想再找个人代表，正在犹豫不决的时候，有人放出风来，鲁豫、苏皖有可能划为两个战区，鲁豫战区有可能请韩总司令出任司令长官。韩复榘这下有点动心，考虑再三，决定亲自前往开封参加会议。

1月9日，韩复榘带着孙桐萱一行人，又带了一个营的手枪队，乘铁甲车到达开封。

韩复榘一行，住在黄河水利委员长孔祥榕的公馆里。李宗仁借口城内驻军多，不方便，让韩把一个营卫队留在城外的铁甲车上。

第六章 得中原，得天下

会议于11日下午2时开始。韩复榘在孙桐萱和卫兵陪同下，坐汽车来到大门口，几个军警宪兵上来拦住车，原来门前张贴着一张通知："参加会议的将领请在此下车。"韩复榘的车只好停在门前的空地上，然后步行往里走。到了第二道门口，又有蒋军宪兵阻拦，左边房门上，贴着"随员接待处"。这样韩复榘带去的三个卫士和孙桐萱带去的一个卫士，都被留在接待处。韩复榘同一些参加会议的将领一路谈笑着来到"副官处"。

一名副官迎上前来，提醒诸位将领看看墙上的一张通知："奉委座谕：今晚高级军事会议，为慎重起见，所有到会将领，不可携带武器进入会议厅，应将随身自卫武器，暂交副官长保管，给予临时收据，俟会议完毕后凭收据取回。"

孙桐萱见要把武器交出，顿时皱了皱眉头。韩复榘倒没起疑心，因为他看到身边的其他将领纷纷掏出手枪交给副官处，取回收据。韩推了孙桐萱一把，同时把自己身上带的两支手枪掏出来，让孙桐萱一齐递过去，就跟大家一起进了会场。

会场是一座可以容纳七八百人的大礼堂。

到会的有四五百人。在最前列坐的都是高级将领，除了宋哲元、邓锡侯、孙震3人身穿灰色棉布军服，打着灰色棉布绑腿，戴着灰色棉布军帽之外，其余都是黄呢子军服。韩复榘是高级将领中最后步入会场的，他穿着一身新的灰色棉布军服，腿裹灰布绑腿，腰里还扎着一条武装带，嘴边蓄着一绺短胡子，鼻子上架着一副黑墨镜。他显得很活跃，同最前列那些高级将领一一握手问好，而后堂而皇之地坐在李宗仁与宋哲元的中间。

这时，讲台右侧的小角门一开，蒋介石出来了。

他穿着黄色呢子军常服，照例戴着白手套。一个中将级的侍从官员喊了一声"立正"，并报告了到会人数，蒋介石脱下帽子，还了一个鞠躬礼。

既然是召开秘密军事会议，总要像那么回事。

大家坐下之后，蒋介石摘掉手套，笑着说："好，好，有的很久没见面了，有的还没见过面，今天在我讲话之前先来点点名，见见面，认识认识。"接着，他就拿起花名册，从第一战区、第1集团军按番号顺序点起名来。大概是为了对那些高级将领表示"客气"和"尊重"，凡是战区司令长官、副长官和集团军总司令都不点名，对集团军副总司令，只呼姓和职衔而不叫其名。军团长、军长和师、旅、团长则一一挨次点名。

点名花了半个多小时的时间。在蒋介石要开始讲话的时候，那位中将侍从官突然想起蒋介石在西安事变中摔伤过腰，于是，对大家说："委员长腰部还有点疼痛，不能久站，需要坐着讲话，请大家原谅！"

蒋介石并没坐下，他从上衣左边口袋里掏出一个蓝色布面很薄的小本子，用手高举着说："你们有谁带来这个的——《党员守则》？哎，哎，带着的站起来，把本子举起来我看看！"结果，全场有八个人站了起来。蒋介石命他的侍从人员把这八个人的名字记下来。随后他又从右边衣袋里掏出一个红色封面的书本，高举询问："带着这个的——《步兵操典》，站起来！"结果，全场只站起来一个人。蒋介石好像有点不大相信只有一个人带这本书似的，"还有没有？带着的站起来！哎，哎，哎？"一问再问，站起来的还只是那一个人。蒋介石又命侍从人员把这个人的名字记下来，他脸上显出很不高兴的样子，随即坐在了椅子上。蒋介石要开始讲话了。所谓开封会议，实际上是会而无议，只是蒋介石一个人训话而已。他是醉翁之意不在酒。

蒋介石于是开始借题发挥，侃侃而谈。

"以前我曾经下过通令，各级军官必须随身携带《党员守则》和《步兵操典》，以备随时随地翻阅研读，有所遵循。因为这个《党员守则》是我们国民党员必须遵守奉行的，它是我国几千年来古圣先贤总结出来的明训，是我们处世立业、待人接物的典章法则，是我们修身齐家、治国平天下的法宝武器。至于《步兵操典》，那更是我们当军官的须臾不可离的。它不仅是我们平时训练教育部队的准则，而且是我们战时的一部袖珍兵法，特别是其中的《纲领》，更是一部军事哲学和取之不尽、用之不竭的锦囊妙计，是我们各级军官一日不可缺少的精神食粮。只要你们能熟读深思，善于运用，就一定可以战必胜、攻必克、守必固。即使到了生死存亡的最后关头，到了弹尽援绝、无能为力的时候，它也能给你们解决疑难，能给你们指出正确的方向和道路……"

讲到这里时，全场听众都聚精会神地想听《操典纲领》究竟是怎样来解决最后关头的疑难问题，怎样指出正确的方向和道路。蒋介石继续讲道：

"《操典纲领》明白地昭示我们，当我们到了万不得已的时候，我们就应该杀身成仁，舍生取义，也就是说，不成功便成仁；它还昭示我们，受命不辱，临难不苟，负伤不退,被俘不屈。这些都是应该走的方向和道路。所以说,《步兵操典》是我们各级军官生死依之的灵魂,是我们不可须臾稍离的法宝。我们在俘虏的敌人身上发现,他们的军官甚至于士兵,差不多都带有各自兵种的操典和《阵中勤务令》之类的军学书籍。敌人之所以能打胜仗,之所以敢于侵略我们、欺侮我们,其道理就在于他们能够学,能按照典、范、令行事。回头看看我们呢?恰恰相反!你们是这样的不好学,是这样不学无术,你们今天在座的有四五百人,只有一个人带着《操典》!你们这些高级将领这样的不好学,怎么会不打败仗呢?你们这些高级将领这样不学无术,怎么能战胜敌人呢?如果长此以往,我们非至亡国灭种不可!……"

讲到此,蒋介石动了真感情了。国民党拥兵百万战将如云,却如此不堪一击,丢了上海不算,连首都南京都让日本人占了,东北华北大片河山还有蒋介石的老根据地华东,都成了日军的囊中之物,这能不让蒋介石生气吗?

蒋介石一面讲着,一面频频以手背把桌面击得"砰砰"作响。坐在前排的高级将领们,把脑袋低垂着不敢仰视,一个个锁眉苦脸,状有愧色。

蒋介石接着往下讲:"目前我们在军事上虽然受了一点挫折,但国际形势很好,对我们很有利。我们是得道多助,而敌人则是失道寡助。我们抗战必胜,建国必成,而敌人则是多行不义必自毙。敌人并没有三头六臂,并没有什么了不得,只要你们能够服从大本营和战区司令长官部的命令,只要你们能够奋勇作战,那我们就一定可以战胜敌人,最后胜利就一定属于我们。刚才我对你们已经讲过,只要你们高级将领能服从我的命令,我就有能力指挥着你们战胜敌人,我就不愧作为你们的统帅;只要你们是为了抗战杀敌,不论你们的部队有多么大的伤亡损失,我都负责替你们补充。可是,我们有些高级将领,把国家的军队视作个人的私有财产,自从抗战开始以来,一味保存实力,不肯抗击敌人,只顾拥兵自卫,不管国家存亡,不听命令,擅自行动,哪里安全就向哪里撤退、逃跑。试问,这样如何了局呢?我能往,寇亦能往,你们跑到哪里,敌人就会追到哪里,最后无处可跑,无地自容终至国破家亡,一无所有。试问国家都没有了,你们保存实力还有何用?况且到了那个时候,敌人还会让你来保存实力吗?你们高级将领这样的做法,难道就不怕天下唾骂吗?难道就不怕国法制裁吗?"

台下的韩复榘脸上红一阵白一阵,脑袋耷拉下去,几乎碰到桌面了。

中间休息时，那位中将侍从官步下讲坛，走到韩复榘的面前，笑着对韩说："请你稍等一会儿再走，委员长约你说几句话。"

韩复榘心里"咯噔"一下，但又无可奈何地跟着侍从官走到后台。刘峙迎了上来，身边跟着几个卫士和穿便衣的人。刘峙笑着拉住韩复榘的手："委员长请你先上车。"外面早有一辆车停在那里，韩复榘一上车，两个人一边一个就把他夹在了中间。

其中一个人拿出一张逮捕令给韩复榘看，并对他说："你已被逮捕了。"韩复榘这才恍然大悟。汽车飞快地向开封火车站驶去，只见沿途布满了荷枪实弹的宪兵，戒备森严。汽车一直开上月台，停到一列升火待发的火车旁。两个特务把韩复榘从汽车里拖出来，推拥上了这列专车。这时，韩复榘才认出，逮捕他的竟是特务头子戴笠和龚仙舫，并由他们亲自押送。

火车开动后，沿途不停，直达汉口车站。汉口车站也是戒备森严，有五辆汽车等着，四辆大卡车上全是宪兵特务。韩被押进一辆小汽车，一直开到江边码头，由专轮载车渡江到武昌，交到"军法执行总监部"，被软禁在一座二层楼上。

再说韩复榘被刘峙领出去后，会场炸了窝。稍后，蒋介石立即回到会上宣布说："韩复榘目无中央，违抗命令，大敌当前，擅自撤退，为民众所不容，为党纪国法所不容，现已逮捕法办，请诸位安心供职。"参加会议的高级将领毫无思想准备，一个个面面相觑。片刻，孙桐萱站起来向蒋介石求情说："委座，韩复榘是粗人，多有不对，希望能予以宽大处理。"蒋介石冷冷地说："韩复榘罪有应得，已交军法总监部组织会审。他的军政职务已被革除，第3路军总指挥由你代理，另委任军长曹福林为津浦路前敌总指挥，你们要安定军心，共同抗敌。"

孙桐萱挺重义气，会上碰壁后并未死心，散会后又多方求助，甚至命手下人带着6万大洋去武汉活动，但到处碰壁。这时他心里明白，总司令这回是死定了。

1月24日晚7时左右，一个特务对韩复榘说："何审判长请你谈话。"他信以为真，就随着那个特务下楼去。当他下到一半时，突然看见院子里布满了持枪待放的哨兵，心知自己死到临头。但他还想伺机逃命，说："我脚上的鞋小，有些挤脚，我回去换双鞋再去。"边说边回头要上楼。他的脚刚迈一步，站在楼梯边的那个特务就向他的头部开枪了。韩复榘回过头说了一句："你打我……"

话没说完，连续响起枪声。韩复榘歪着倒在楼梯上。他头部中2弹，身上中5

弹，气绝身亡。

就这样，这个独霸山东8年之久，又拱手把齐鲁山河奉送给日本人的一代军阀韩复榘，终于被蒋介石除掉。

韩复榘之死尽管像个谜，但身为高级将领，畏敌如虎，不战而失天险，实为国人、军人所不齿。为国而战，懦者耻！可惜白字粗人韩复榘没能真正理解这话。

韩复榘死后，《中央日报》向全国发布消息，公布他的10大罪状。1月25日，中央通讯社发表国民政府军事委员会高等军法会判决书：

> 被告韩复榘，不尽其守土职责及抵抗能事，对于本会委员长先后电饬出师应援德州及进击沧州，牵制敌军之命令，均不遵奉；复因敌军渡河，擅先放弃济南，撤退泰安，委员长继令该被告坚守鲁南防地，又不奉命令，节节后退。迨鲁西济宁，后敌军跟踪侵入，陷军事上重大损失。……处死刑，褫夺公权终身。

蒋介石终于如愿以偿地除掉了韩复榘这个眼中钉，他不仅要借这个机会出口恶气，还想借此机会来个杀一儆百，让那些不听调遣、明里暗里和他这个委员长作对的地方军阀和将领们看看，对反对他的人绝不手软。另一方面，他也想借机整肃颓丧、混乱的军纪。

在逮捕枪毙韩复榘的同时，蒋介石还公布了43名作战不利的军官处罚名单，其中包括晋军第61军军长李服膺和第5集团军总司令香翰屏。

蒋介石以韩复榘为例通电全国，警告各级将领："今后如再有不奉命令，无故放弃守土不尽职抗日者，法无二例，决不宽怠。"

蒋介石于新年之初连毙高级将领，在国民党军中引起极大震动。日后台儿庄的英雄李宗仁在评价此举时说："此事确使抗战阵营中精神为之一振。"

日后的台儿庄战役和武汉会战中，不少地方部队将领包括蒋介石的嫡系将领的死命抗敌，不能不说与此事有关。

◎ 李宗仁只有杂牌军

1938年年初，随着在京沪、山东得手，日军大本营又把贪婪的目光投向我中原重镇——徐州。徐州处于中国两大铁路动脉津浦线和陇海线的交会点上，是中国铁路东西南北往来的枢纽，历来为兵家必争之地。日军瞄向徐州，意图相当明确，就是要打通津浦路，解除日后进军武汉的右侧威胁，再由陇海路西上，切断平汉线，一举拿下武汉，同蒋介石摊牌。

日本人的如意算盘拨弄得哗哗作响。此举成功，不啻趁热打铁，再给蒋介石以致命一击，彻底打垮蒋介石的抵抗意志，向日本人投降。日本人对几千年前中国兵学鼻祖孙子的一句话领悟得也相当深刻：不战而屈人之兵。退一步说，即使顽固的蒋介石不投降，失去武汉，也意味着他将被赶入西南大山中，国民政府也将随之降为中国的一个地方政权，那时蒋介石政权能真正有多少权威？中国的半独立政权可多的是。蒋介石为各省军阀瞩目的焦点，让他下台，必能在各省得到热烈的拥护。到时，日本人再另起炉灶，扶植构筑于日本人羽翼之下的新政权岂不易如反掌！

1月16日，日本内阁首相近卫文麿发表声明，声称："帝国政府今后不以国民政府为对手，而期望真能与帝国合作的中国新政权的建立与发展。"全然不把蒋介石放在眼里的样子。唯恐分量不足，26日，近卫再次蛮不讲理地向全世界声明：（一）不论在任何情况下，日本均不与国民政府交涉；（二）日本为阻止外国军事援华，仍可对华宣战；（三）日本对华之新政权，居于监护人之地位；（四）绝对不容许第三者出面调停。

日本人虽然急于结束中国战事，但自认对付蒋介石的国民政府游刃有余。近卫仓促间抛出这个日后被日本外交界、军界认为最愚蠢的声明。

蒋介石毙了韩复榘，要与日本人在战场上再决雌雄。但京、沪大血战，中国军队死伤惨重，已无兵可调。迫不得已，他只有把川军、东北军旧部、西北军和山东军这些杂牌部队投入中原战场，他手里尚未真正消耗的，也只有这些部队，只当是死马当作活马医。

眼见增军无望，蒋介石只能寄希望于这支部队的统帅了。他的目光自然而然瞄向了桂系的台柱子李宗仁，他要李宗仁统率桂系部队，统率清一色的杂牌部队创造

第六章 得中原，得天下

奇迹。

刚刚进驻徐州的李宗仁当然明白蒋介石的用心。蒋介石真是太精明了，即使被日本人穷追猛打到这一步，也没放过李宗仁这个与他争斗了十数年的地方实力人物。自张学良和他的东北军被蒋介石消耗掉后，李宗仁的桂系便成了蒋介石一统中国的最大障碍，打打和和十来年没有解决。直到李宗仁赴京抗日前，广西实际上还是游离于南京之外的半独立王国。更令蒋介石头痛的是，李宗仁在广西闹自治，引得四川的刘湘、云南的龙云也颇不安分，对南京中央总是阳奉阴违，这曾让蒋介石伤透了脑筋。如今让李宗仁统率这数十万杂牌部队，一旦创造了奇迹，蒋介石脸上有光，武汉扩编、整补部队也有了着落；就是创造不了奇迹，川、桂军受到削弱，李宗仁的声誉受到打击，这也是蒋介石求之不得的。再说，这些杂牌部队就是再不济，好赖在津浦路上撑三两个月，还是完全有可能的。

精明的蒋介石绝不做亏本的买卖，他对这个一石二鸟的妙着不无得意。

李宗仁却像是一只蚂蚁被扔进了吱吱作响的热锅。

李宗仁的日子的确不好过。委员长很"器重"他，把他放在日本人的枪口上，可给他的都是些什么部队呢？就说川军，当初就是像处理蹩脚货一般将其塞到了第五战区。

蛰居巴山蜀水几十年的川军要出川抗战，别说外人，就是川军自己都觉得很新鲜。几十年来，他们真正打出四川的机会太少了，世外桃源般的四川盆地养得这些川军留土恋地，老死不愿出川。尤其是军官，只顾拥兵自重，尽情享乐。巴山蜀水勤劳百姓的血汗赋税都变成了他们手中的良田沃地、妻妾别墅，真正用于购置枪械、整训部队的极其有限。他们手中的枪械相当落后，甚至很多都是当地土造的"单打一"，打个山鸡、野兔还对付，可在现代化日军的铁甲、重炮面前，这样的枪械与一堆烧火棍无异。常年拱卫四川，又使这支部队极少参战，因此军纪废弛，士气不振。说到底，川军不过是刘湘统治四川的卫队，一个与蒋介石讨价还价的筹码。

但川军官兵杀房挞寇的心却是火热的。当"七七"事变爆发，全国各地的部队都奔向抗日战场时，驻屯在遥远而宁静的四川的川军也被胸中一腔中国人的豪情鼓荡得热血沸腾。四川省主席刘湘虽以图谋自保、拥兵自重闻名全国，但也绝不愿在抗日这件事上给蒋介石一个收拾川军的借口。1937年9月，刘湘一声令下，10万川军脚穿草鞋、身穿单衣，迈出川外。很快，他们便进入北国的严冬之中。川军还没上战场，却首先碰到了大自然的考验。寒冷、饥饿中，没有人抱怨，没有人喊苦。谁要是嚷着要回四川，便立刻会招来无数双白眼，一大堆奚落：没出息的东西，滚回去吧，别给四川人丢脸。

10万川军在晋绥军和中央军的溃潮中逆流而上，来到了山西抗日前线。大自然的严酷没能折服这些精明矮小的四川汉子，但世间人心却使他们寒透了心。川军出川，比不上蒋介石的骄子"中央军"，又是卡车，又是人力地运送军需物品。川军的军需补给都得自己就地解决，枪械弹药的更换、补充更无人问津。10万大军得首先给自己找口饭吃，找件衣穿。当面对天之骄子"中央军"和地方"土皇帝"晋绥军那一双双鄙夷的目光，他们觉得自己像是个乞丐，在遭受着冷眼向面前的富翁伸手乞讨。这令自我为王数十年的川军忍无可忍。

川军终于被激怒了。只要能弄到粮食、衣物，他们便顾不得那么多戒律，连买带抢。溃退时，遇到军械库也砸开大锁，擅自取走。一时间，山西是连溃败带自扰，乌烟瘴气。

二战区司令长官、山西真正的"土皇帝"阎锡山急红眼了。一个电话打到武汉军委会，控告川军抗日不足，扰民有余，简直是一群土匪。请军委会令川军立刻走人，二战区养活不起。

武昌，国民党统帅部最高军事会议上，蒋介石闻报，脖子上青筋直跳，气得呼呼地喘着粗气。想当初刘湘几次请缨抗战，要求出川，又是发誓，又是保证。可今天仗没怎么打，状倒先告来了。以他的本意，真想好好收拾收拾这支地方杂牌。可眼下国民党军新败于京、沪，正值用人之际，川军这么大股力量不用确实不妥。再说让他们继续回川称王称霸，那更不能容忍。思前想后，蒋介石还是咽下了这口气，吩咐侍从室主任林蔚道：

"第二战区不肯要，把他们调到一战区去，问问程长官看要不要。"

谁知一听是川军，程潜就像是遇到洪水猛兽一般，不待林蔚说完，就在电话里一口回绝道：

"不要，不要。连阎老西都不要，你们还往我这儿推。我不要这种烂部队。"

蒋介石因为南京沦陷，这几天正没好气，听林蔚这么一说，不禁勃然大怒，

第六章 得中原，得天下

"噌"地从椅子上站起来，在屋里急走两步，挥着手大声嚷道："把他们调回去，统统调回去。娘希匹，让他们在四川继续称王称帝好了。这些误国误民的军阀。"

坐在一旁的白崇禧这时倒是多长个心眼，想起了自家桂系兄弟李宗仁，便向蒋介石进言道："我打个电话给李长官，问问五战区要不要。"就这样，开入北方的川军来到了第五战区。

邓锡侯、王铭章等川军高级将领事后知道了事情的原委，对李宗仁的知遇之恩感激不尽。内心深处，他们也绝不愿就这么落魄地回去，那岂不是丢尽四川人的脸面？李宗仁正急需要兵，更何况他历来坚信，世间无不可用之兵，只有不可为之将。只要长官遇事公正，体贴部下，将士是会用命杀敌的。因此，李宗仁对川军这个远离故土的孤儿非常尽心，一再向军委会请求，为川军补充枪械弹药，战时暂缓撤并川军编制。这更使出川以来一直饱受歧视的川军将领感激涕零。李宗仁终于从川军将领那里得到了一个统帅最为期待的一句话：川军保证听从长官指挥，奋勇杀敌，以报答知遇之恩。

与川军一样，日后撑起台儿庄胜局并享誉整个抗日战场的西北军张自忠部，也为李宗仁的真诚和公正所感动。

1937年下半年，张自忠自北平潜逃回南京后，被国人斥为汉奸，戴罪赋闲在家。他本人虽有意再领军出山抗日，但那时节哪敢开这个口。刚刚抵达南京的李宗仁听说此事后，便四下遍访西北军旧人，想弄明此事。张自忠的一个老同事黄建平关键时刻帮了忙，他为张自忠辩护说，自忠为人侠义，治军严明，指挥作战，尤不愧为西北军中一员勇将，这种人决不会当汉奸。李宗仁出身行伍，最知军人秉性，联想到1933年的长城抗战，再听到这些报告，内心里颇为张自忠惋惜。一天，李宗仁特地令黄建平去请张前来一叙，哪承想，张自忠为人老实，竟不敢来，只回话说：戴罪之人，有何面目见李长官。后经李宗仁诚恳邀请，他才来见李宗仁。

李宗仁心中有数，对头都不敢抬的张自忠将军说："荩忱兄，我知道你是受委屈了。但是我想中央是明白的，你自己也明白的。我们更是谅解你。现在舆论责备你，我希望你原谅他们。群众是恨日本侵略者的，他们不知底细才骂你，你应该原谅他们动机是纯洁的……"

张自忠沉默地坐着，叹口气说："个人冒险来京，戴罪投案，等候中央治罪。"

李宗仁说:"我希望你不要灰心,将来将功折罪。我预备向委员长进言,让你回去,继续带你的部队!"

张自忠闻言,惊讶地抬起了头。这时,李宗仁竟发现他的眼里噙满了泪花。张自忠发誓似的说:"如蒙李长官缓颊,中央能恕我罪过,让我戴罪图功,我当以我的生命报答国家。"

张自忠陈述时,那种燕赵慷慨悲歌之士的忠贞之忱,溢于言表,深深地打动了李宗仁。日后,李宗仁先对军政部长何应钦谈及此事,何应钦似有意成全。李宗仁进一步去见蒋介石,为张自忠剖白。李宗仁说:"张自忠是一员忠诚的战将,绝不是想当汉奸的人。现在他的部队尚全师在豫,中央应该让他回去带他的部队。听说有人想接收瓜分,结果受激成变,真去当汉奸,那就糟了。与其那样,倒不如放他回去,戴罪图功。"

蒋介石沉思片刻,说:"好吧,让他回去!"说毕,立即拿起笔来,批了一个条子,要张自忠即刻回至其本军中,并编入第一战区战斗序列。

他人落难时,与张自忠素无交情的李宗仁却拉了他一把,此举自然令张自忠感激涕零。离京返任前,张自忠特来向李宗仁辞行,情真意切地说:"要不是李长官一言九鼎,我张某纵不被枪毙,也当长陷缧绁之中,为民族罪人。今蒙长官成全,恩同再造,我张某有生之日,当以热血生命以报国家,以报知遇。"言出至诚,激动而凄婉,令李宗仁大受感动。

◎ 临沂、滕县,鸣响台儿庄礼炮前奏曲

武汉处死韩复榘的枪声,震醒了沉睡、麻木的中国国民党军队,骄狂地窜向中原大地的南、北两路日军,行军、作战再不像过去那么顺当了。

1938年1月21日,南路日军由畑俊六指挥4个师团出浦口向北一路进攻,刚过滁州不久,即在张八岭、岱山、珠龙桥藕塘一带被韦云淞的第31军顽强阻住。从1月25日开始,日军利用飞机、大炮掩护,冒雪强渡池河。韦云淞指挥第31军与日军血战10天,后接到李宗仁命令,让开正面,占领两侧山地,放日军前出一步。2月1日

第六章 得中原，得天下

至4日，日军先后攻陷蚌埠、定远、怀远、临淮关、凤阳，并开始强渡淮河。

2月8日晚，蚌埠日军500余人，在飞机大炮的掩护下，乘坐橡皮艇、帆布艇、木筏渡河，被于学忠第51军全歼。9日，日军600余人再行强渡，中国守军阻截不住，退至小蚌埠以北阵地。又战几日，于学忠部退却。13日，张自忠率第59军接替第51军战斗。

张自忠自南京辞别李宗仁后，在一战区闲着无事，便一门心思整训部队。一接到命令说要调赴李宗仁的五战区，不禁大喜过望。一来他憋着劲儿要与日本人血战一场，洗雪耻辱；二来投奔李长官手下，报知遇之恩已是时候。未离驻地，便先致电徐州，向李宗仁报到，并表示甘赴驱驰，绝不退缩。59军的到来，无疑是阻止日军北上的一支重要力量。李宗仁、张自忠皆大欢喜。

与此同时，廖磊第21集团军到达合肥、舒城、八斗岭、下塘集线，五战区南线力量大增，使日军华中派遣军司令畑俊六大将的4个师团的北进力量被阻于淮河两岸。

北路日军麻烦更大。韩复榘不战自退，日军一路顺当。但今日之守军因韩复榘成了蒋介石的祭品，因而士气猛增。这令左右两路南下的日军都遇到了顽强的抵抗。当时左翼是板垣征四郎的第5师团。该股日军主力自胶州湾登陆后，几乎未遇激烈的抵抗，大摇大摆地一路西进。至潍县后，沿台潍公路南下，试图夺取鲁南要地临沂，从东路包抄徐州，但在临沂，板垣做梦也想不到会尝到失败的滋味。

2月21日，板垣征四郎的第5师团板本旅团3个步兵联队，1个炮兵联队，1个骑兵大队，还有辎重、工兵部队，以及刘桂堂伪军，共约2万人，向临沂突进，沿途遭到庞炳勋第3军团、沈鸿烈海军陆战队以及保安队的节节抵抗，日军连陷诸城、沂水，于3月5日到达临沂以北之汤头白塔、尤家庄一带，距城仅10余里。10日，日军八九千人，在战车20余辆、大炮30余门、飞机10余架掩护下，向临沂发起了猛攻。

为了粉碎敌军会师台儿庄的战略企图，坐镇徐州的李宗仁南路布兵于淮河之线，北路布阵于滕县一线，分别阻止津浦线上南北之敌。地处敌板垣师团进击路上的临沂，属鲁南军事重镇，距台儿庄90公里。临沂不保，台儿庄难以维系。要挫败板垣、矶谷会师台儿庄，进击徐州的计划，必须将板垣师团截于临沂，并予以重创。故临沂一战成为台儿庄战役的前哨战。

临沂庞炳勋守军名义上是一个军团，但实际兵力仅有5个团，以及从青岛撤退的海军陆战队。面对日军的狂轰滥炸，庞炳勋部队伤亡极大，连电告急，第五战区参谋长徐祖贻赶赴临沂指挥，同时李宗仁调张自忠第59军从滕县附近紧急增援。

张自忠于3月10日夜亲自率部出征，一昼夜强行军180里，于12日抵达临沂北部沂河西岸。庞炳勋当即要求59军接替城防。但张自忠认为与其消极防御，不如以攻为守，击敌侧背，以解临沂之围。结果张自忠的主张被战区采纳。

14日凌晨，张自忠指挥全军暗渡沂水，以38师主力为左纵队，180师为右纵队，114旅为总预备队，于4时许迅速展开成20余里正面，向第5师团右侧背发起攻击，第一次临沂之战打响。59军左右两路很快便在亭子头、大太平、申家太平、徐家太平、沙岭子等处突破日军阵地，攻击锋芒之锐利，大出板垣意外。第5师团被迫放弃正面攻城，转对59军作战。张自忠原本就是一员虎将，又急于杀敌雪耻，报知遇大恩，因而不顾牺牲，率59军官兵发扬西北军近战传统，与日军短兵相接，形成逐村逐屋的白刃争夺战。战斗空前激烈，59军让板垣的机械化第5师团付出了惨重代价。

战至16日，战区长官部认为59军伤亡过重，建议该军向郯城撤退。这一刻，李宗仁已为张自忠的英勇所感动，也心领了张自忠的感激之情，但他不能做一锤子的买卖，一次把59军耗个干净，因此决定以其他部队换下张自忠的59军。谁知张自忠杀红了眼，几次恳请，坚持再打一天一夜。李宗仁无奈，只能同意。张自忠得令后，下令全军各级将领全部奔赴第一线，倾尽全力对第5师团做最后一击。同日，庞炳勋军团也发动攻势，张、庞两军临沂城下前后夹击板坦师团的板本旅团，激战一昼夜，先后占领尤家庄、傅家屯、东西水湖崖、沙岭一线。18日，张、庞2军从东、南、西3面夹击汤头、三瞳、傅家池、草坡附近日军。经过3天血战，先后攻克李家五湖、辇沂庄、车庄、前湖崖，日军完全被击溃，残敌大部向莒县窜逃，一部仍在汤头固守待援。

这次战斗，张、庞2军共伤亡3000余人，但日军亦被消灭3000人左右，其中包括第11联队联队长野裕一郎大佐、年田中佐和一名大队长。日军用载重汽车拉回莒县焚化的尸体就达100余车，来不及运回就地掩埋者还有七八百具。此次辉煌的战果，不但打痛了板垣征四郎，也震惊了武汉的蒋介石。连战连败中，两支地方军竟能与日军打出1比1的伤亡率，而且对手是日军的第一支机械化师团。蒋介石大笔一挥，亲自致电张自忠，嘉勉59军，并通令全军，撤销军委会对张自忠"撤职查办"的处分。好汉什么时候都有种。张自忠一上战场，便用日本人的血替自己洗清冤名。

3月18日晚，59军奉令向费县集结，威胁第10师团左侧背，以策应战区正面作战。不料，第5师团趁机增兵临沂，庞部再度告急。张自忠部星夜回援，于25日返抵临沂。全军官兵浴血鏖战，冒死冲锋，再给日军以极大杀伤。29日，中国军队第57军333旅和汤恩伯部一个骑兵团赶到。张自忠乘势下令全线出击，板垣师团精锐再次被打得掉头向汤头方向逃窜。临沂之围再解。

两次临沂之战，59军付出了巨大牺牲，仅连长就伤亡120名。第5师团号称日本"铁军"，两次败北。师团长板垣征四郎连大衣、手杖都未及带走，被59军缴获。板垣羞于屡战屡败，差点自杀以谢罪天皇。

临沂之战，张自忠几乎征服了所有的人。国人一改过去斥之为"汉奸"的鄙夷态度，转而向其投去了热辣辣的崇敬目光。但真正被其感动的，还是五战区的几员战将，首先是被困临沂的庞炳勋将军。最初临沂告急，听说李宗仁派张自忠的59军增援，庞老将军心里直打鼓：怎么偏偏派这么个人来，看来我这把老骨头是非扔在临沂城下不可了。

庞、张2人是老相识了，而且曾有过袍泽之谊。庞炳勋了解张自忠，他从未认为张自忠会是"汉奸"。但一辈子治军严明、东征西讨的庞炳勋将军做过几件对不起朋友的事，对张自忠他更是心有愧疚。

早年，2人同在西北军效命。中原大战爆发，怕失去军队的庞炳勋禁不住蒋介石诱惑，暗中投了蒋，后受蒋之命反戈袭击了张自忠部，张自忠骁勇一世却险些栽在他手里。从此，张自忠恨透了庞炳勋，抗战开始后也曾公开扬言：与任何部队合作、与任何敌手交战都不怕，但就是不跟庞老头做友军，他会从背后拿人。

临沂吃紧，李宗仁急搬救兵，但真正能解燃眉之急的近兵偏偏就是张自忠的59军。按实力，59军兵多将广，但按编制，庞炳勋贵为军团长，张自忠增援临沂，替老冤家解围，这原本已让战区长官部头疼，再让张自忠听庞炳勋指挥，能成吗？五战区长官部从上到下都感到事情麻烦。

李宗仁亲自向张自忠晓以利害，把国难、私仇并排摆在张自忠面前，让他拣。张自忠并未表态，而是率部径直奔向临沂。李宗仁心里没谱，为平衡指挥，只能将自己的参谋长徐祖贻派赴临沂,协调指挥张、庞2军,让张自忠面子上好看些。

其实李宗仁、徐祖贻、庞炳勋等人都多虑了。国难、私仇,在张自忠眼里的分量毕竟大有不同。两战临沂,张自忠像一头雄狮,大战板垣师团。尽管59军所部损失惨重,但他不仅解了庞部之围,更打得板垣征四郎痛彻心扉。

庞炳勋心悦诚服地叹道:"荩忱不计前嫌,为人磊落,令我庞某枉活60多岁。"

李宗仁日后从全局出发,更是高度评价张自忠:"无荩忱,则无临沂之胜。而临沂战役最大收获,就是将板垣、矶谷2个师团在台儿庄会师的计划彻底粉碎。造成台儿庄血战时,矶谷师团孤军深入为我围歼的契机。"

北路日军中,津浦正面矶谷廉介第10师团自1月上旬占领兖州、济宁、邹县一线后,非常轻狂,认为当面中国军队不堪一击,攻占徐州易如反掌,便沿津浦路向南突进。

韩复榘欠的账现在得李宗仁来还。为了迟滞日军南下的速度,使中国援军能够有时间在徐州附近部署,2月7日,李宗仁令第3集团军副总司令孙桐萱代行总司令职权,率该集团军反攻济宁、汶上。

济、汶日军为第10师团步兵第39联队,其中济宁驻有3000余人,炮20余门,战车10余辆,日军每日以1000余人出城四处逡巡,防备甚严。汶上之敌500余人,炮6门,机枪10余挺,分驻城关戒备。

2月12日夜,展书堂师由开河镇渡过运河。次日零时,部队分由汶上城西北、东、南3面攀登城垣,进行偷袭。其中一部由城西北上冲入城内,同日军展开激烈巷战。日军即由济宁派兵800人增援,在汶上城南辛店遭到展师一个团阻击。14日,日军逐次增援已达1000人。汶上城内日军则以机枪、平射炮架于屋顶,向中国攻击部队猛射,并利用工事阻截各巷口,负隅顽抗,敌机数架亦反复轰炸。经过两昼夜的激战,双方伤亡惨重,至17日晨,敌由泰安、兖州、宁阳驰援2000人以上。由于展师已同汶上之敌激战、肉搏4昼夜,数次浴血攻城,官兵伤亡达2000余人,共毙敌七八百,乃奉命向开河镇附近运河之线撤退。

在展书堂师反攻汶上的同时,孙桐萱即令第55军及第22师向济宁攻击。12日晚,谷良民师1个旅,附山炮2个连,由济宁西北之大长沟强渡运河,翌日攻克北关。战至17日,谷师歼敌数百,击毁日军装甲车5辆,中国军队亦伤亡六七百人。

鉴于日军主力全面反攻,中国军队伤亡较重,攻势无进展,19日,孙桐萱命令全线撤退。同日,日军3000余人向曹福林师反击。至25日,第3集团军歼敌1000余人,缴获大炮4门,战车3辆,自己将士伤亡三四千人。

3月15日,日军一部抵滕县附近。孙震急令军预备队、第122师师长王铭章率部死守滕县,等待汤恩伯军团增援。王铭章仓促上阵,守城兵力不过两个营,于是紧急调兵遣将,急令第366旅由太平邑赶赴滕县增援,但该旅在城头村附近同日军数千人遭遇,被截成数段,仅一个营冲进滕县。

3月16日黎明,日军步骑约5000人迫近滕县东郊,首先向守备滕县东关的警戒部队进攻。8时许,敌集中炮火向滕县东关、城内和西关火车站射击,同时,敌飞机10余架飞临滕县狂轰滥炸。驻在西关的王铭章在敌轰炸开始后,通过电话询问情况,随后跑步进城。他判断东郊之敌即将大举进攻,大战迫在眉睫,便昭告全城官兵:"吾决心死守滕城,我和大家一道,城存与存,城亡与亡。"随后命令将南北城门堵死,东西城门暂留交通道路,也随时准备封闭。师部和直属部队也由西关移进城内。

日军自8时开始,持续炮击了两个小时,10时许停止射击,沉寂了约30分钟,突然集中炮火猛烈轰击东关南半部寨墙的突出部,掩护步兵进攻。守城官兵毫不畏惧,沉着应战,隐蔽在缺口两侧。当敌兵五六十人刚要向缺口冲锋时,向敌猛投手榴弹,将敌大部歼灭。就这样,担负缺口段守备的1连,接连打退敌军3次冲锋,而自己也伤亡近100人,由预备队替换下来。下午2时,日军再向东关东北角猛攻;5时,又猛攻东关门,均被守城部队击退。日军遗尸累累,守军亦伤亡惨重。当晚,战斗停止。

滕县正面45军部队经过3天浴血奋战,伤亡过半。16日午,正面阵地被敌突破。45军从滕县两侧撤退。当晚,41军124旅中途遇敌,绕道到达临城。王铭章根据兵力变化情况,重新调整部署。同时,命令各部抓紧补充弹药,构筑工事;在城墙下隐蔽的部队,每班扎一架云梯,随时准备登城反击。

援军汤恩伯部王仲廉军于15、16日陆续到达临城,先头部队一个团刚下火车,孙震以滕县情况紧急,令其前往增援。该团在南沙河遭到围攻滕县日军一部攻击,不支溃退,其他各部仅在南沙河警戒。其军部到达后,得知滕县正受强大敌军围攻,便借口机动作战,将部队迂回向滕县东北峰山以东地区开去。于是南沙河之敌向前推进,22集团军总部不能抵抗,遂后撤至运河南岸利国驿,从此与滕县守军失去联络,滕县完全陷入日军包围之中。

汤恩伯不是张自忠,他只顾所谓"机动"作战,却不顾友军死活。王铭章一腔热血,却远没有庞炳勋幸运。

矶谷廉介和他的第10师团自进入山东后,几乎未遇到顽强死守的中国军队,今日在滕县碰上了硬钉子,大出意料。16日夜,他下令调集精锐部队,配以数十辆装甲战车和大量炮兵,猛攻滕县。

17日晨6时,敌集中炮兵火力,猛烈轰击滕县城区,敌机20余架疯狂投弹扫射,整个滕县城硝烟弥漫,房倒屋塌,顿成一片火海。两个多小时的轰炸之后,敌开始向东关突进,以10余辆坦克为先导,掩护步兵从东寨墙的缺口冲锋。东关守军冒着敌人炮火,近距离与敌展开殊死搏斗,伤亡惨重。另一部日军向被轰塌的东南角城墙进攻,守军一个连,用集束手榴弹炸毁敌战车两辆,在敌密集火力射击下,该连伤亡殆尽。敌步兵40余人冲上城角,守军另遣一个连向突入之敌反击,经激烈肉搏,全歼突入之敌。此时,王铭章急电孙震:"敌以炮火猛轰我城内及东南角城墙,东关附近又被冲毁数段,敌兵登城,经我反击,毙敌无数,已将其击退,若友军深夜无消息,则孤城危矣。"

午后2时,日军以重炮猛轰南城墙下街道,同时,敌机20余架轰炸南关。随后,敌步兵在坦克掩护下进攻南城。守军英勇战斗,伤亡殆尽,敌军攻占南城墙。此时东面日军集中兵力猛攻东关,敌步兵在坦克掩护下突入东关。王铭章见城已四破而援军无望,发出了最后一电,表示:"决心死拼,以报国家。"

南城墙与东关失守后,王铭章义愤填膺,亲临城中心十字街指挥督战。敌军炮火集中狂轰西门城楼、西关、火车站等处,占领南城墙的日军继续用机枪火力掩护步兵从南城西向西城墙守军进攻。王铭章再次下令一定固守西关和火车站,并部署兵力压制敌人向西城楼进攻。下午5时,西城墙和西门城楼陷落,日军集中火力猛击城中心十字街口。王铭章除令城内各部队与敌巷战,死守西关待援外,亲自登上西北城墙,指挥作战,王铭章命令警卫连仅余的一个排,去夺取西门城楼,但是敌人火力太猛,全排壮烈牺牲。此时,王铭章决心转移到西关火车站372旅,继续指挥守军与敌拼搏。当行至电灯公司附近时,西城楼敌军居高临下,一阵机枪射击,王铭章及其部属、随从共20余人,大部为国献身。王铭章代军长身中数弹,贯穿胸部,血流如注,但仍挺着身躯对部属说:"你们快同敌人拼去吧!不要管我!"最后在艰难的"中华民族万岁"的呼喊声中,壮烈殉国。

城中守军继续与敌人死拼,激战至黄昏,东门失守。至此,日寇已占领了滕县东、南、西3面城墙,但西北、东北城角2个制高点和北城墙的守军仍在顽强抵抗,直至晚9时,该部二三百人从北门安全撤出。这时,城中尚有一些零星部队继续与敌战斗,至18日中午,仍不时响起枪声,直至守军全部英勇牺牲。西关、火车站的守军,坚持战斗到18日夜,各方联络全部中断,遂决心转移。全城陷于敌手。

滕县,3天3夜悲壮空前的大血战,揭开了台儿庄战役的序幕。滕县之战以巨大的牺牲阻滞了日寇南犯徐州,为鲁南会战赢得了宝贵的准备时间,为台儿庄大捷创造了有利条件,为保卫徐州、巩固武汉立下了不朽功勋。第五战区司令长官、台儿庄战役总指挥李宗仁将军日后字字血泪地说:"滕县一战,川军以寡敌众,不惜重大牺牲,阻敌南下,达成战斗任务,写出了川军抗战史上最光荣之一页。""若无滕县之苦战,焉有台儿庄之大捷?台儿庄之战果,实滕县先烈所创成也!"

日本随军记者佳滕芳子当时曾报道:"1938年3月初,我军攻占济南后……继续南进,在泰安、兖州等处均未遇到抵抗,但到滕县后,遇到41军之122师顽强抵抗3天,我军遭受很大损伤。"

蒋介石似乎也为王铭章气吞山河的壮举所感动,亲自从武汉飞赴徐州,至前线祭奠王铭章。时恰遇敌机空袭,警卫要护其掩蔽,被他挥臂挡住,"小小的飞机,不要理它。"炸弹在不远处爆炸,蒋介石不为所动,一直坚持到祭奠仪式完毕。

◎ 血流成河的台儿庄

矶谷廉介的第10师团在滕县被阻3昼夜,兵力受到较大消耗。几日休整后,见板垣征四郎的第5师团仍被中国军队阻在临沂东北,便不耐烦地下令向目的地台儿庄进发。他想孤军拿下台儿庄,在那里等着板垣的到来,好看这个机械化师团指挥官的笑话。

矶谷廉介轻狂孤傲,滕县受创并没能真正打醒他,他骨子里对中国军队的轻视太根深蒂固了,这使他迈出了日后大败台儿庄的第一步。

3月23日,集中在峄县的矶谷师团1000余人,在重炮10门、战车8辆的掩护下,向台儿庄发起进攻。由于王铭章死守滕县,为李宗仁赢得了近一周的时间。至23日,孙连仲第2集团军池峰城第31师附炮兵1营已奉命在台儿庄运河北岸设防,构筑工事,实行阵地固守,御敌南下。结果这股骄狂突进之敌被守军猛打痛击之后,剩残敌300余人窜向北洛。

3月24日,日军援兵开到后,遂开始猛烈炮轰中国军队阵地及防御工事,战斗激烈时,第2集团军阵地每日落炮弹达六七千枚之多。炮轰之后,日军以坦克为前导,向台儿庄守军阵地猛冲。将我台儿庄外围阵地工事摧毁后,敌步兵乃跃入据守,步步向前推进。台儿庄一带,耕地之下盛产石块,居民叠石为墙,每一住宅就是一堡垒。这种石墙被敌人冲入占据之后,中国军队因无平射炮,又无坦克,无法反攻。但守军以血肉之躯与敌方炮火、坦克相搏斗,至死不退。敌人猛攻3昼夜,才冲入台儿庄城内,与守军发生激烈巷战。第2集团军至此已伤亡过半,渐有不支之势。关键时刻,战区司令长官李宗仁严令孙连仲总司令死守待援。自27日起,敌我遂在台儿庄寨内作拉锯战,战况异常惨烈。

3月27日,日军在9辆战车的掩护下,猛攻台儿庄,突破北门,占领东北角。中国战防炮大显神威,击毁敌战车6辆。从28日起,敌我在台儿庄、刘家湖附近激战。日军飞机、大炮昼夜轰炸,台儿庄车站、煤厂变成一片废墟。第2集团军与日军进行近战、肉搏战,使其战车、大炮失去威力,打退日军无数次进攻。当晚,日军300余人由城西破口冲入西北角,联合该处顽抗之敌向中国军队突击,但遭到中国守军炮击,并经池峰城师一部反击。战至深夜,入侵之敌大部被消灭,残敌退据大庙死守。池峰城师亦死伤500余人。

当战事激烈之时,蒋介石偕副总参谋长白崇禧亲到台儿庄,召见将士,指示事宜,鼓励杀敌。蒋介石说:"日军有'不可战胜'之神话,望我军将士奋威,打破这个神话!且见今日事态,只要我军有最后5分钟之坚,则此神话必破无疑!"

艰难时刻,最高统帅蒋介石亲赴前线,鼓舞了五战区官兵的士气。临返回时,

第六章 得中原，得天下

他特意把"小诸葛"白崇禧留在了徐州，协助李宗仁指挥作战。

日军此时后退无路，便只有一拼到底。4月1日集中机械化部队3000人攻打兰陵一带，以求突破外线。汤恩伯指挥第20军团的两个军向敌发动猛攻，对日军占领的村子，全部用机枪封住村口，再放大火，汤称此为"堵洞灭鼠"之法，一时间，将刘庄、马庄、柿林园等村里的日军杀个干净。到4月2日，这一带的日军已自见败势，进攻受挫，后退无路，中国军队四面合围，喊声震天，众日军纷纷举枪打死马匹，作垂死之战，不时有人以利刃切腹自杀。不知为什么，汤恩伯在外围杀得性起，偏偏忘了最大的猎物——台儿庄内的矶谷师团主力。

台儿庄方面，29日战事最激烈。池峰城师对庄内日军实行反攻，一支72人的突击队，在迫击炮掩护下，攻击文昌阁，将盘踞其内的日军尽数聚歼。黄樵松师则对台儿庄北面之日军实施反击，攻克了邵庄、园上、孟庄，击毁敌坦克2辆。陈金照师向南洛、三里庄挺进，截断日军后路，并给日军增援部队以重创。濑谷启旅团长急令赤峰联队驰援台儿庄，并亲赴前线督战。敌在援军到达后，大举反攻，又夺取台儿庄东半部，在庄内与池峰城师相持。30日上午，第31师由副师长康法如率军向西北角日军反攻与敌肉搏数小时，31师阵亡300余人，敌仍据东南半部、西北角顽抗。同时，黄樵松师亦被迫撤回运河南岸。日军企图从顿庄闸附近渡河，由西边包抄台儿庄，但被击退。

4月1日，黄樵松第27师800余人攀登寨墙突入东北角，袭击日军。敌仓皇失措，被击毙甚众，中国军队占领东北隅及东门以北几座碉楼。2日夜，池峰城师250人组成奋勇队突入庄西北角进行夜袭，日军仓促应战，被歼甚多，中国军队夺回西北角。双方在庄内展开激烈争夺，但由于日军坂本支队加入战斗，第2集团军伤亡又重达7000余人，因而陷入苦战。小小的台儿庄里里外外，双方伤亡逾1万人，已是尸积如山，血流成河，随便抓起一把脚下的焦土，就能扒拉出几块弹片甚至碎肉。

战至4月3日，火力占极大优势的日军步步推进，我31师师长池峰城将军已记不清组织几批敢死队出击了，他只记得每次出击，数百人的敢死队回来不了几个人。这时全庄2/3已为日军占据，日方电台甚至已宣布将台儿庄全部占领。池峰城觉得再拼下去，31师将全军覆没，便向老长官孙连仲司令请示，可否转移阵地，暂时撤到运河南岸。

孙连仲实在没法拒绝池峰城。一师之众已在一个小小的台儿庄与日军重兵血战8昼夜，对这样一支部队他还能说什么呢？何况31师是第2集团军的王牌，这样的消耗法不是等于在拿刀剜他的心头肉？他心疼啊！

电话打到了徐州长官部。参谋处长黎行恕深感事大，不敢做主，乃请示参谋长徐祖贻。徐祖贻将军更是认识到事关全局，便及时通报给李宗仁。

长官部里，李宗仁上将如热锅上的蚂蚁，坐卧不宁。最初他是利用日军骄狂轻敌的心理，在台儿庄设下圈套，让孙连仲把矶谷廉介缠住，往口袋里拖。待台儿庄守军把日军消耗得差不多时，再让中央军骄子汤恩伯集团秘密南下，从日军背后发起攻击，扎住口袋，把矶谷师团吃掉。

孙连仲部池峰城师已伤亡七成，把矶谷廉介消耗得精疲力竭了，但这时负责扎袋口的汤恩伯集团却跟他捣起蛋来。李宗仁虽三令五申命汤部火速南下，夹击敌军，但汤恩伯推三阻四，仍在姑婆山逡巡不前。如果汤部不能及时赶到，孙连仲集团付出的重大牺牲将无意义不说，矶谷师团用不了多久便能喘过气来，直捣徐州，那整个鲁南会战将惨败，武汉也势必难保，中国抗战将一片黑暗。

这时，他不得不求助武汉那个把他推上油锅的大人物。蒋介石从全局出发，也急切希望李宗仁能阻住强敌，使武汉有时间布防。李宗仁虽然费了些口舌，但好赖领到了对抗战不利者可"先斩后奏"的尚方宝剑。

4月2日，已失去耐心的李宗仁在仍未得到明确答复的情况下，对汤恩伯训斥道："我已受武汉之命，如有所属再不听军令，致误战机，当照韩复榘的前例严办。"汤恩伯受到震慑，这才答应全师南下。李宗仁预计汤军团于4月4日可进至台儿庄北部，因此命令参谋处告孙连仲集团，必须死守，决不许后撤。

没多久，孙连仲又来了电话，要求与李长官说话。李宗仁接过听筒，听孙连仲总司令说道："报告长官，第2集团军已伤亡7/10，敌人火力太强，攻势过猛，但是我们把敌人也消耗得差不多了。可否请长官答应暂时撤退到运河南岸，好让第2集团军留点种子，这也是长官的大恩大德！"

李宗仁早与张自忠等一些西北军将领有过接触，深知这些西北汉子忠厚老实。若非不得已，孙连仲的话绝不会说得如此哀婉。但他预计汤恩伯军团明日中午可至台儿庄北部，第2集团军如于此时放弃台儿庄，岂不功亏一篑？因此他对孙连仲说：

"敌我在台儿庄已血战一周,胜负之数决定于最后5分钟。援军明日中午可到,我本人也将于明晨亲来台儿庄督战。你务必守至明天拂晓。这是我的命令,如违抗命令,当军法从事。"

孙连仲和李宗仁仅在他奉调来五战区增援时,在徐州有一面之缘。此时李向他下这样严厉的命令,内心也很觉难过,但是李宗仁深知不这样,便不能转败为胜。

孙连仲见长官已铁了心,态度如此坚决,便说:"好吧,长官,我绝对服从命令,整个集团军打完为止!"

在电话中,李宗仁进一步指示说,第2集团军不但要守到明日拂晓之后,今夜还须向敌夜袭,以打破敌军明晨拂晓攻击的计划,则汤军团于明日中午到达后,我们便可对敌人实行内外夹击!

孙连仲一听,全军不但不能后退,精疲力竭之际还要乘夜反击,当下诉苦道:"预备队已全部用完,夜袭甚为不易。"

李宗仁说:"我现在悬赏10万元,你将后方凡可拿枪的士兵、担架兵、炊事兵与前线士兵一齐集合起来,组织一敢死队,实行夜袭。这10万块钱将来按人平分。重赏之下,必有勇夫,你好自为之。胜负之数,在此一举!"

孙连仲叹口气复命道:"服从长官命令,绝对照办!"

扔下电话后,孙连仲来到台儿庄亲自督战。死守最后阵地的池峰城师长,又来电向他请求准予撤退。孙连仲命令道:"士兵打完了你就自己上前填进去。你填过了,我就来填进去。有谁敢退过运河者,杀无赦!"

池峰城闻言愣住了。31师所剩不多的官兵们惊呆了。但该师一向军纪严明,此刻,从师长至下级士兵,深知军令不可违,乃以必死决心,逐屋抵抗,任凭敌人如何冲杀,也死守不退。

幸运的是,到黄昏,精疲力竭的敌人停止了进攻。及至午夜,我军先锋敢死队数百人,分组向敌反冲击,杀入敌阵。敢死队人人死战,奋勇异常,部分官兵手持大刀,向敌砍杀。敌军血战近10日,已精疲力竭。想不到战至此最后5分钟,中国军队还有力气乘夜出击。敌军仓皇应战,乱作一团。血战数日为敌所占领的台儿庄市街,竟为池峰城师敢死队一举夺回3/4,毙敌无数。敌军退守北门,与我军激战通宵。

午夜时分,五战区长官部忽然得报,汤恩伯军团已向台儿庄以北迫近,天明可到。午夜以后,亢奋不已的李宗仁大睁着布满血丝的双眼,率随员40多人,搭车到台儿庄郊外,亲自指挥对矶谷师团的濑谷、坂本2个旅团的歼灭战。

黎明,天渐渐亮了,这时台儿庄北面炮声越来越密,汤恩伯军团已在敌后出现,敌军撤退不及,陷入重围。李宗仁身着上将戎装,精神焕发地亲自指挥台儿庄一带守军全线出击。台儿庄内外几十里,一时杀声震天。敌军血战多日,此刻已成强弩之末,弹药汽油用完,机动车辆多被击毁,其余也因缺乏汽油而陷于瘫痪。面对中国大军的内外夹击,日军胆魂俱飞,狼狈突围逃窜,溃不成军。中国军队大获全胜,士气极旺,全军向敌猛追,如疾风扫落叶,锐不可当。日军遗尸遍野,被击毁的各种车辆、弹药、马匹遍地皆是。矶谷廉介师团长率残敌1万余人突围窜往峄县,闭城死守,已无丝毫反攻能力。台儿庄之战至此以中国军队全胜之局结束。

台儿庄会战于3月23日开始,4月7日结束,日军第5、第10师团伤亡7000余人,中国军队伤亡及失踪人员1万余人,取得了抗战以来军事上的重大胜利,打破了日军不可战胜的神话。

武汉,蒋介石长长地舒了一口气。

◎ 抗战的希望之光

1938年4月,一条惊人的消息像春雷在空中炸响,隆隆地滚过中国大地,世界也感受到它的震颤。这一声春雷,划破了中国上空厚重的阴霾,把一丝希望之光洒向大地。

4月7日,当台儿庄最后一声枪响沉寂下来后,第五战区司令长官李宗仁上将骄傲地向外界宣布:中国军队于台儿庄地区取得重创日军精锐第5、第10师团的重大胜利。

当台儿庄大捷的电波传向四面八方时,中国人一扫压抑了太久的沉闷,人人欣喜若狂,举国上下也沉浸于一片欢呼沸腾之中。这一天,中国人心中的那种消极颓丧、恨铁不成钢的悲观气氛一扫而光,一口压抑已久的恶气长长地吐了出来。其实就这场战役本身来看,日军伤亡7000余人,中国军队伤亡及失踪1万余人,实是一场"歼敌八百自损一千"的消耗战。但此战的意义却非同小可。就在中国军队从华北、京沪仓皇溃逃的情势下,在日军所向披靡的声威中,李宗仁竟以哀兵兜头打出一拳,就像拳台上被一个巨汉逼入角落的小个儿,眼看已无力招架时,却突然一拳把巨汉放翻在地,这本身就是一个奇迹。也无怪乎这一拳能令观众群情沸腾,喝彩声震天。

4月8日,国民党军委会所在地,中国战时的实际首都武汉三镇,跃入一片沸沸扬扬的狂欢之中。自1938年新年后,日军飞机便开始越来越频繁地光顾这座长江中游的美丽城市。每次带来的都是摧毁安定、美丽的死亡恐怖和悲观压抑。但今天不同了,"中国军队痛歼东洋鬼子"的消息像插上了翅膀,迅即传遍武汉的大街小巷。当中共的《新华日报》、国民党的《大公报》《中央日报》等各大报纸的号外铺天盖地撒向汉江南北时,一颗颗激动的心达到了沸腾的顶点。武汉城,连同穿流其间的长江水被民众疯狂的热情搅得沸腾难抑。年轻人再也待不住了,奔出家中,去抢购各报近乎相同但在他们看来却极不相同的号外,与同样兴奋但素不相识的路人欢呼拥抱,享受这难得的欢畅、喜悦;长者则以东方人特有的含蓄、深沉,闭门家中,细细地咀嚼字里行间的甜蜜和喜悦,任痛快的泪水满面横流,滴滴答答地浸透手中的报纸;孩子们也被大人们癫喜若狂的情绪所感染,像一只只欢快的小鸟,随着大人们注入大街上人头攒动的欢快洪流中。

入夜,武汉、广州、重庆等尚未沦陷的中国各大都市都有数十万欢乐的人海提灯擎火,把城市燃得通明。纵贯武汉的长江两岸更是人声鼎沸,火龙翻飞。人人眉飞色舞,喜气盈盈地说着、笑着、喊着。一条条夸张的,甚至令人发噱的新闻以最原始的方式、速度极快地传播着。这时,人们似乎难以相信这一切都是真的。

"知道吗,李长官的部队已经把日本人赶到连云港了,小鬼子这次不跳江也得被消灭。"

"听说委员长已经准备率部队大举反攻了,看来中国人打败日本人的这一天到了。"

"哎呀,那可太好了,武汉平安了。"

"武汉当然平安了,听说南京、上海的日本人也忙着准备跑哪。你们看吧,中国全面光复的这一天远不了啦。"

这时，长江两岸突然一阵骚动，但见江里上百只大小船只突然张起彩灯，在一阵阵锣鼓声中穿梭游弋于江面上。江水的反射更使彩灯布满江面，犹如群星闪烁天际。呼啦啦的喊叫声，震天动地的锣鼓声，震耳欲聋的鞭炮声，使武汉像一口沸腾的大锅。

武汉人心醉了！中国人心醉了！

台儿庄这个过去极不起眼的小村庄，一夜间竟成了中国人心中的圣殿，散发着民族复兴的希望之光。心灵趋于麻木的中国人，似乎也在这一夜惊醒了。堂堂五千年的华夏古国难道还斗不过一个尊中国为师的数千年的弹丸小国日本？可就在数天前，有这般豪情的人却少得可怜。

台儿庄大捷同样令西方各国振奋，却又大惑不解。连日来，各国驻华武官、军事观察家、新闻记者涌向徐州，涌向武汉，都想一睹让日本人大吃苦头的李宗仁的风采，当然他们更想知道中国军队的实际战斗力。也难怪，国民党"中央军"精锐部队连遭败绩，失地千里，可在台儿庄，中国装备低劣的杂牌部队却能创造出奇迹，而且歼灭的偏偏又是日军最为精锐、凶悍的机械化师团，不可思议。在他们看来，中国军队的实际战斗力如同中国这个千年古国一般，神秘莫测。但有一点却是众口一词：中国人同样能击败日本人。

沸腾之夜，汉口一间二楼的窗口里亮着灯光。灯下，美国驻华使馆武官史迪威上校正奋笔写着将发往国内的一份报告，报告中有他奔波多日得出的一条结论：中国有最好的士兵。从长远看，中国人一定能击败日本人。这位日后成为美国陆军名将的"尖刻的乔"这时并不知道，他作为军人的辉煌时期正是日后在中国，在远东战场，但有一点他胜过了许多西方军人，那就是对中国的判断。

陕北延安，很善于以实际事例教育人们的毛泽东以欢迎大胜利的喜悦心情，发表演讲：

"国共两党兄弟和军队，每个月打得一个较大的胜利，如像平型关、台儿庄一类的，就能大大地沮丧敌人的精神，振起我军的士气，号召世界的声援……"

沉沉暗夜里，中国抗战终于见出了一线新的曙光。

◎ 徐州，60万中国军队大撤退

台儿庄的胜利，大大鼓舞了中国军队的最高统帅蒋介石。李宗仁能打，不如再多给他一些部队，利用徐州再打出几个"台儿庄大捷"来。

局部的胜利使蒋介石头脑发热，浑身发热。

但这股热情却热得令李宗仁发烧，令李宗仁难以消受。

继75军和92军开到徐州后，4月20日，樊崧甫的46军和卢汉的60军也奉调到徐州。李宗仁调这两军到运河两岸，加强这方面的防御兵力。不久，李延年的第2军和晋军商震部的一个师也到达徐州，加入东线。谭道源的22军也尾随而至，加入徐州西北微山湖一带的防线。接着石友三的69军、冯治安的77军、刘汝明的68军也先后到达徐州。

不到一个月，蒋介石派来的援军，几乎有20万人，与五战区原来的军队合计不下60万。部队大半麇集于徐州附近地区，真是人满为患。而白崇禧从汉口军令部打电话来，还高兴地对李宗仁说，委员长还在继续调大军增援。

李宗仁哭笑不得，他简直弄不明白蒋介石想干什么，便问道："委员长调来这么多部队干什么呢？"

白崇禧说："委员长想要你扩大台儿庄的战果！"

李宗仁苦笑摇头，心中慨然。想当初刚入五战区，老蒋到处哭穷，只给他些素质低劣的杂牌部队，要不台儿庄战果也可能更大些。但今日战机已过，把这60万人放在大平原的中心徐州，这不是等着让强大的机械化日军吃吗？！

"真是胡闹！"李宗仁心中叹道，知道又没好日子过了。

东京，日本陆军统帅部，沉浸在一片沮丧的凄风愁雨中。

台儿庄，日军无论是被歼1万多，还是蒋介石四处吹嘘宣传的3万多，对威名赫赫的日本陆军来说，都是日俄战争后几十年来吃的第一次大败仗。正由于是第一次，陆军无论如何也丢不下这面子，无论如何也不敢面对事实。他们竭力辩解：这不是一个败仗，只是指挥官的一次小小的差错，一次小小的失误；第5、第10师团残部绝不是溃败逃跑，而是做新的转移。

但是，台儿庄的"差错"毕竟使日本陆军丢了脸，也使日本大本营陆海军大元帅——至高无上的天皇在世人面前蒙受莫大耻辱。裕仁一怒之下，改变了2月16日御前会议关于在8月以前绝对不向新地区发动进攻的决策，决定再次迅速向中国大规模增加兵力，发动更大的进攻，誓报台儿庄这一箭之仇，以雪奇耻大辱。

战机很快便出现了。台儿庄战斗刚结束，侵华日军前线指挥官电告大本营：徐州地区有一股中国军队的强大集团，据可靠情报，该集团约50个师，60余万人，几乎全部为蒋介石的精锐部队。

陆军统帅部顿时惊喜若狂，认为这是报台儿庄之仇的一次难得的战机。

陆相杉山元大将当即向天皇报告，强烈主张发动徐州会战。他说："对于集中在徐州方面的中国军队予以痛击，可以收到挫伤敌军抗战意志的巨大效果。因而，陆军准备实施对徐州的歼灭作战，由于该敌差不多是中国军队的精锐主力，并且已经处于孤立状态。我军应不失时机，以大的兵力，以大的规模会战，使之一举彻底歼灭该敌。本职认为，只要达到了歼灭这股敌军的战略企图，就能使武力解决中国事变，促使蒋政权屈服投降，迈出决定性的一步，亦可挽回我军在台儿庄的不良影响。"

天皇闻讯，也是喜出望外，认为这是刹住蒋介石正在进行的台儿庄胜利大宣传的大好时机，当即定案：围歼徐州中国军队。并要求：陆军此次进攻，定要取得巨大战果，不使徐州地区50个师的中国军队一人漏网，务求全歼。

4月7日。

杉山元陆相为求速战速决，不失这千载难逢的良机，于当日向华北方面军总司令官寺内寿一大将、华中派遣军总司令官畑俊六大将下达大本营陆军部第84号命令：

（一）大本营企图击破徐州附近之敌。

（二）华北方面军总司令官应以有力之一部击破徐州附近之敌，占据兰封以东陇海线以北之地区。

（三）华中派遣军总司令官应以一部占据华北方面军总司令官之前项徐州（不含）以南津浦线及庐州附近。

……

杉山元陆相为确保徐州歼灭战的胜利，于会战打响后，派遣了以陆军部作战部长桥本群少将等高参组成的"大本营派遣班"，前往徐州前线，就地指导会战。

4月中旬，侵华日军华北方面军和华中派遣军，集结精锐部队13个师团，约30万人马，配备各种重武器，辅以飞机数百架，采取南北对进，侧翼迂回的战术，分六路向徐州施行包围进攻，企图以速战速决的手段围歼中国军队主力于徐州附近。

此时，蒋介石正一头扎进扩大宣传的热浪中，沉浸在台儿庄大捷的兴奋里，对日军的进攻企图尚不十分明了。于是命令徐州地区各部队，要发扬台儿庄血战的光荣精神，坚决分头阻击来犯之敌，通过徐州会战再打出几个台儿庄大捷来。

日军分南北两大作战兵团。南路兵团为华中派遣军所辖第9、第13、第116、第106共4个师团。北路兵团由华北方面军8个师团组成：计有第5、第10、第16、第110、第103、第104、第105、第14师团，以及山下、酒井兵团各一部。南路兵团总指挥为羽源田之助将军，北路兵团总指挥为第2军司令官西尾寿造将军。

中国军队总指挥官是第五战区司令长官李宗仁上将，他将徐州地区守军分为5个作战兵团。

淮南兵团：指挥官李品仙。兵力为第20、第10、第48共3个军；

淮北兵团：指挥官廖磊。兵力为第31、第7、第77、第68共4个军和区寿年的左侧支队；

鲁南兵团：指挥官孙连仲。兵力为第30、42、第51、第41、第44、第60、第46、第22、第75共9个军，外加4个独立师；

陇海兵团：指挥官汤恩伯。兵力为第57、第89、第69共3个军。

另外，在徐州地区未编进以上兵团的部队，还有第12、第55、第32等5个军。

4月中旬，北路日军一股，向徐州东北面进攻。孙连仲兵团等部在峄县、向城、邳县等处同敌激战。

4月下旬，北路另一股日军向临沂、郯城、大埠、北劳沟等处进攻。守军张自忠等部拼死抵抗，给敌以沉重打击。

5月上旬，南路日军开始北上，相继攻占徐州南面的龙元、蒙城、宿县，并攻陷徐州西边的黄口车站，包围并切断了徐州西南面的退路。

5月中旬，北路又一股日军，从濮阳强渡黄河，进入鲁西地区，迅速攻占了郓城、菏泽、金乡、鱼台等要点，该地区虽有孙桐萱、庞炳勋、商震等部队，但在广阔的鲁西平原上，无险可守，日军得以快速推进。该路日军与南路日军相呼应，自西北方向向徐州压来。

此时，日军对徐州的大包围业已完成，正从四面八方向徐州突进。

武昌，军委会。

大挂图前，蒋介石瘦长的身躯晃了几晃。这时他终于弄清楚了，日军的意图是要围歼他的主力，围歼他的60万大军。这时，他那发热的大脑又被另一股燥火冲乱了，他开始感到浑身发冷。

蒋介石忙命人叫来何应钦、陈诚和白崇禧研究对策。日军的企图既已暴露，很显然，再守徐州，在大平原上与日本人决战，无异于引火自焚。和中国军队决一死战，正是日军所希望的。蒋介石不能听任日本人的摆布，他说："若徐州这50个师被日本人吃掉，娘希匹，我还拿什么抗战？"

众人均赞同："委座所言极是。"

于是蒋介石一边踱步，一边急急口授给李宗仁的电令：

第五战区司令长官李宗仁：

军委会着令你部力避决战，撤离徐州，火速突围。

……

1938年5月下旬，各路大军按军委会指定的路线，全部安全撤离徐州，到达皖西、豫南一带。奉蒋介石之命作为全军后卫、掩护主力转移的刘汝明第68军，在完成任务后，放弃徐州城，巧妙地跳出日军几十万大军的围困，到达安全地带。

5月底，各路日军冲进徐州，发现徐州空空荡荡，压根没见到中国军队的影子！

日军大本营陆军部向天皇报告说："我军虽以主力自徐州以西切断了中国军队的退路，将徐州地区铁桶般包围起来，但总计约50个师的中国军队，于5月中旬突然从西南方向跳出我军重围，战果之微出乎意料……"

徐州大撤退是李宗仁创造的又一个奇迹，是国民党军在抗战正面战场上的又一个杰作，它的成功绝不亚于台儿庄大捷，它使日军战略决战的企图又一次破灭，为后来的武汉大会战保存了实力,对以后的抗日持久战和夺取最后胜利,意义无法估量。

世人皆知两年后英军敦刻尔克大撤退,但世人更该知道发生在1938年中的中国军队徐州大突围。

◎ 兰封,蒋介石盯住了土肥原

蒋介石不愿与日军决战徐州,走出了还算高明的一步。但他的眼光,并未完全被中国军队的撤退所遮掩,他发现了一个也许能胜过台儿庄辉煌的新战机。

合围徐州的5路日军中,有一路最弱,手却伸得最远,这就是脱离主力急速南下,欲切断陇海路,阻止郑州、开封一线国民党军东进增援的土肥原贤二第14师团。

日本人并未从台儿庄惨败中清醒过来。日本东京军部的高参们眼睛盯着地图上由砀山向西的十来个要点,10多万中国军队的配置地域,却丝毫没觉得把土肥原贤二的2万多人的军队插入10多万中国大军中有什么不妥。看来,他们还是没把中国军队放在眼里。

5月15日,就在李宗仁接到撤退令的同一刻,土肥原师团也南渡黄河,攻占菏泽,并挥师南下陇海线。土肥原师团就像东京围棋高手们投下的一颗孤子,重重地闯入中方的厚势之中。

第一战区前敌总指挥薛岳上将闻讯,惊讶地张大了嘴,激动得犹如心中一头小鹿乱撞。

蒋介石闻报,疾步走到军委会那张最大的挂图前,算计着,琢磨着,干瘦的布满乌云的脸上终于露出了笑容。机会又在向他招手了,日本人把土肥原贤二这块肥肉送了上来,就看他有没有胆量一口狠狠地咬下去。蒋介石前思后想,终于打定主意:就是诱饵,我也先咬一口再说。对不起了李德邻,最后突围就看你自己的了。我先把土肥原贤二收拾了再说。

5月中、下旬,蒋介石亲临郑州第一战区长官部。程潜不敢怠慢,慌忙召集部下,召开第一战区军事会议。战区师以上军官20多人环桌就座于宽敞的长官部作战室。

听着战区参谋长最新态势报告,蒋介石的眼光却一刻也没有离开大挂图上直指陇海路的那支大红箭头。这粗大的红箭头在前后左右中国军队蓝色防御线的衬托下是那么刺眼,那么的骄狂不羁,仿佛是满脸横肉的土肥原贤二骄傲地昂着硕大的脑袋在向他招手挑战。

这时参谋长的一个新消息把他从沉思中拉了回来。

"据沈发藻报告,攻击考城的丰鸣房太郎的右纵队在受到87师阻击后,已放弃了越过考城、直攻兰封的计划,而是向仪封转进,企图与土肥原贤二师团主力合兵一处。看来敌对我攻击企图有所察觉,因而收缩正面,向主力靠拢。"

蒋介石听罢,眉头微蹙,发问道:"该路敌军的确切情况清楚吗?"

"已查明,该路是丰鸣房太郎少将率领的步兵第27旅团,另附14师团的第28骑兵联队及炮兵一部,约8000人。"

蒋介石"嗯、嗯"两声,站起身,在屋里踱了两步,众将军的目光这时都集中在了他的身上。屋里一时空气沉闷。

少顷,蒋介石站定身,扶椅而立,目光灼灼地扫视着环桌而坐的将军们,最后落在了程潜身上,语气缓缓地问道:

"颂公,你怎么看?谈谈,谈谈吧。"

程潜并未急着表态。蒋介石一到郑州,他就明白委员长这次又要亲自挂帅了。他太熟悉老蒋的这个习惯了,一到节骨眼上,他就碍手碍脚地出现在战役的最高长官部里,而且很可能莫名其妙地就把你手下的一支部队弄得不知去向。哎,用兵不疑,老蒋什么时候才能明白这一点。这时程潜倒是很羡慕起李宗仁来。

想当初李宗仁率部进驻徐州,临行前,深知蒋介石有此习惯的李宗仁没忘了叮问蒋介石:

"委员长这次让我守徐州,能不能让我放开手脚打一仗,不插手五战区指挥?"

蒋介石这时是有求于李宗仁,再加上徐州这个烂摊子不好收拾,所以红着脸讪笑着说道:

"不插手,不插手,你就自己干吧!"

可今天局势已不似当初那么恶劣了,委员长自然不会放过这一次插手的机会,更何况他带来了配有两个战车营的桂永清27军。仗还没打,程潜就有种不祥之感。

这时,见蒋介石盯着自己问,程潜略一思索,转向蒋介石说道:

第六章 得中原，得天下

"土肥原贤二先是两路进击陇海线，现在又有合兵一处的意图，以此断言日军发觉我攻击企图，似为时过早。也许土肥原更看重从陇海线南面迂回，而不是北面。但不管怎样，从大的方面讲情况并未有太多的变化，土肥原2万人缩在兰封、内黄、民权、考城之间，仍处在我包围态势之中，可以考虑发起攻击，包围歼灭。"

蒋介石频频点头，众将军这时放开了许多，喊喊嚓嚓议论起来。这时，蒋介石才想起了这场戏的主角薛岳。

"伯陵，你身处前方，你怎么看？"

薛岳"噌"地立起身，蒋介石忙开口："坐下说，坐下说。"

"委员长，我同意程长官意见。土肥原贤二既然敢强渡黄河，劳师远征送上门来，我也敢张开罗网，全部收下。这次日本人既然敢摆下这么个战史上罕见的阵势，显然没有把我国军放在眼里，如不还以颜色，怎能压住其嚣张之气焰？我1兵团连日准备充分，就待委员长裁定。"薛岳操着带点儿广东味的官话，激昂地说道。

"好的，好的。"蒋介石扫一眼众人，字句坚定地说道："现在，徐州我国军主力分头突围，已基本摆脱日寇，中原战局，渐次明朗。军委会已决定发起兰封会战，把突出冒进之骄敌14师团一举消灭于兰封地区。李长官能弄出个台儿庄大捷，我相信一战区也能有今日之辉煌一举，全歼土肥原贤二这个甲种师团。"

蒋介石红光满面，情绪激昂，笔挺的戎装上金星闪烁。每当参加军事会议，他极重视言谈举止、仪表军容，他知道这是给部下做表率的一个良机。

见会场众将军情绪高昂，他也颇受感染，这时他更想点起一把火，把诸将军消灭土肥原贤二的劲头燃得更旺些。他话锋一转，问道：

"在座的了解这个土肥原贤二吗？"

众将军一时愕然。其实土肥原贤二在中国臭名远扬，在座的众人多少都了解一些。只是蒋介石这时突然发问，众人不解其意，没人愿贸然开口。

见无人开口，蒋介石便挥着手，恶狠狠地说道：

"土肥原贤二乃中国战场上劣迹最大的日本军人，他甚至比松井石根还要可恶。东北、华北之所以有今日，都是和他有关的。'九一八'事变他是主谋；把溥仪挟持到东北是他干的；闹华北自治也是他的主意。说他是军人，倒不如说他是阴谋家、政治小丑。这样的家伙今天不除掉，日后他还是要搞出个什么花样来。听说有的西方人把他叫作'东方的劳伦斯',我不管他东方的还是西方的,今日要你们把他这个'劳伦斯'消灭掉。"

蒋介石咬牙切齿,桌子拍得嘭嘭响,一心要消灭土肥原贤二,他这次亲赴郑州也有这层意思。他李宗仁能扬威台儿庄,我蒋某人为什么不能在兰封抖抖威风?为此,他甚至把他用金贵的美元装备起来的战车部队也带了来。他要亲自指挥部队,消灭日本人一个整师团。

5月的郑州正是春意盎然,蒋介石除略有些紧张、激动外,心情格外好。他相信他一定能取得这次胜利。

20日夜,开封城第一战区前敌司令部里,薛岳渐渐冷静下来,连续几天紧张的部署、准备,他没敢合眼,连轴转了几天。他一次指挥6个军进行一次大的歼灭战,偏又碰上委员长亲自坐镇指挥,难免有些紧张。可随着各项准备的陆续落实,他也渐渐地平静下来。他对自己的这次围歼部署还是满意的。东路有李汉魂指挥的3个加强师,拿下野鸡岗、贺村几个不大的据点,他认为有绝对的把握;西路是桂永清指挥的4个多师,都是蒋介石的嫡系中央军,还配有邱清泉的2个战车营,攻击仪封、内黄、马王寨,也是胜算极大;北路有孙桐萱、孙震的9个师,断敌退路并向南攻击,应该说没什么负担。这样,被压缩在兰封、内黄、民权、考城之间仅数百平方公里的土肥原师团岂不成了瓮中之鳖?薛岳一遍遍在脑子里过着筛子,他要的是绝对把握,他等这一天都快等疯了。

21日天刚破晓,陇海路清晨的宁静便被惊天动地的炮声震醒,薛岳指挥10余万中国军队向日军第14师团发起攻击。

然而攻击并没有薛岳想象的那么顺利,一直处于攻击状态的日军被炮声惊醒后,突然发现四周都是中国军队,一时竟有些手足无措。

仪封西南小李村的一户大院落里,土肥原贤二从一封封告急报告中窥出了薛岳的意图,中国军队终于反攻了,他对这一点并未感到惊讶。

当初受领任务时,军司令官西尾寿造中将眯起细小的眼睛,在他脸上瞪了足有一分钟,才指着地图对他说:"土肥原君,你将率你的师团从濮城渡过黄河,先下菏泽,再直取陇海线,阻止开封、郑州的华军东进增援徐州。"

说罢,西尾寿造抬起头。这时,他从土肥原贤二脸上分明看出了一些疑惑。丢下铅笔,西尾寿造慢慢在屋里踱了几步。土肥原腰杆挺得笔直,宽厚的胸脯挺得老高,双目随着西尾移动着。

"你要知道,这次华北、华中两军南北对进,目的是要把徐州的60万华军主力加以聚歼。兵力不足啊!所以截断陇海线的任务只能由你师团单独承担。只要你们能把程潜的10万军队拖住,中岛的16师团快速纵队会及时援助你们的。你们这次行动事关徐州会战全局,虽有风险,但意义不可估量,拜托了。"西尾寿造言辞恳切,临了看着土肥原,甚至还低头行了个礼。

"嗨!我师团赴汤蹈火也在所不惜,请司令官放心。"土肥原贤二忙不迭地回答道。语毕,也忙向西尾低头还礼。

回到师团部,土肥原贤二的感觉并不像受领任务时那般豪迈。有什么法子,当时是给西尾寿造逼的。他心里清楚,他的2万人马冲向10多万华军时,肯定会遭到攻击无疑。虽然他从未看上华军的战斗力,但他知道今天的中国军队绝不是7年前的东北军,否则矶谷师团怎能在台儿庄遭此大难?土肥原可不像有的日军将佐那样不可一世,他更像一只反应极灵敏的狡猾的狐狸,即使成功100次,他也是谨小慎微。他心里清楚,失败一次就能毁掉一切。几天前,他便已深入华军重地,并令丰鸣旅团长向他的师团部靠拢,他也怕被各个击破。

土肥原贤二确实不是凡夫俗子,这个被日本军界誉为"三大中国通"之首的土肥原不仅能说一口比蒋介石还要地道的普通话,而且对中国国民党军各部队的底细清清楚楚。他不仅仅在语言方面,他更懂得怎样与周围的人相处,更懂得从蛛丝马迹的细小端倪中找到突破口,去实现一个又一个大胆的阴谋。他那颗硕大的脑袋没有白长,只要他眯起细小而臃肿的双眼,皱起那两撇凶恶的眉毛,一个个诡计便会源源不断地涌出。他抓住了日本急于实现帝国梦想的好时机,捕捉到中国这个实现梦想的好目标,便开始了其阴谋诡计的间谍生涯。

"九一八"事变导致了东北的沦陷,有他的影子。

挟持溥仪成立"满洲国",是他的"杰作"。

1935年软硬兼施,强逼察哈尔省主席秦德纯签订《秦土协定》,随后策动华北自治的还是他。

他就像一个驱不散的幽灵萦绕在中国大地上。他走到哪里,哪里就成了令蒋介石惴惴不宁的地区，蒋介石恨他恨得牙关咬得格格响，但土肥原贤二却成了天皇的宠儿，从1932年到1936年仅仅4年，他就由一名普通的间谍大佐蹿至陆军中将。他的狡诈，他的野心，他的机敏，连西方反间谍机关也不能不叹服，给他送了一个恰如其分的绰号："东方劳伦斯"（劳伦斯系闻名西方的间谍）。

军事上土肥原贤二也不外行，陆军士官学校、陆军大学，他也是一步一个脚印走过来的，再加上他灵敏的反应，发达的大脑，步入中国战场他也是所向披靡。因此，当惊觉薛岳发起攻击后，土肥原不敢怠慢，一声令下，各路日军转攻为守，占据村落据点，凭着强大的火力拼死抵抗。他要先试试中国人的攻击力再说。

21日，中国军队猛攻一天，进展不大。伤亡却不小。

开封城里，薛岳急红了眼。他真正领教了眼前这块硬骨头不好啃。他心里太清楚了，眼下中国军队是处在内线中之外线，如果土肥原师团久不能决，那么徐州地区日军抽出身来大军西上，那围歼土肥原贤二的一切努力，所有牺牲都将付诸东流。他可不想第一次大战就错过这个实现梦想的机会。

薛岳连电各军、师，不得稍懈，连夜加紧攻击。23日，僵局打破了。东路李汉魂的64军在填进两个团的兵力后，突破日军外围阵地，已与西路宋希濂的71军合兵一处，并攻下内黄、野鸡岗要地，土肥原师团已全部陷入重围。

薛岳那颗焦躁的心这才安定一些，紧绷绷的脸上现出一丝笑容。眼下，徐州日军尚无动静，而土肥原师团已被逼入几个大村集中，看来解决土肥原贤二已有了八成的把握。这时的薛岳，似乎感到全歼日军一个整师团的骄人战果已沉甸甸地落入他的口袋中，他连夜向郑州的蒋介石、程潜发去了战况报告。

程潜接报甚感欣慰："好样的。伯陵！"

蒋介石接报，反反复复看了好几遍，又走到地图前指指画画了一阵，这才露出满意的笑容，吩咐机要官道："电告薛伯陵，前线的所有部队，包括桂永清的27军都交给他，限日消灭土肥原师团。"

机要官正待出屋，蒋介石伸手止住他，"慢点儿走，慢点儿走。告诉桂永清，战车营之威力正发挥时，该用的要舍得用，不要落在后面，我在郑州看着他。"

◎ 薛岳将军饮恨中原

土肥原贤二老奸巨猾，绝境上不但猛击薛岳一拳，也把蒋介石打得下不来台。

1938年5月23日下午，正当薛岳指挥各军，准备给土肥原贤二最后一击时，来自第一线的一个消息差点儿把他击倒，西路攻击部队桂永清丢了兰封城。兰封一丢，薛岳扎得深深的大网就像是被撞开一面，别说鱼，就是虾都跑光了。

薛岳闻讯，气得将手中的水杯叭的一声，砸碎在地上，暴跳如雷地咆哮道："桂永清啊桂永清，你这个成事不足败事有余的混蛋。让你攻击你攻不动，如今又丢了兰封城，你搅了我的全盘计划。"

薛岳脸涨得通红，脖子上青筋直跳，眼珠子瞪得像是要吃人，大声问道："桂永清现在在哪里？"

"已退过罗王车站。"

"兔崽子，跑得倒快。这种无耻的胆小鬼如不惩戒，这仗还怎么打！"

想了想，薛岳站定，吩咐道："给武昌军委会发电，发急电。查27军军长桂永清贪生怕死，临阵畏缩，拒不执行守城命令，致兰封城不战而陷日酋土肥原之手，扰乱我一战区整个计划。此种卑劣之表现如不惩戒，必扰前线将士之军心，于抗战大局贻害甚大，望军委会酌查。职薛岳叩。正午，印。"

述完，薛岳瘫坐在椅子上。土肥原贤二已溜进兰封城，背靠黄河，这一下就能从北岸获得补给，再要歼灭他就得花大力气了。这时，他感到一阵恶心，直想吐。几天几夜没敢合眼，这一会儿，随着精神防线的崩溃，疲劳一股脑向他袭来，他倒在椅子上沉沉睡去。睡梦中，他看见一挺日军的机枪喷着火，一队队中国士兵倒在寨墙下，墙头上，土肥原狞笑着。不知不觉间，一滴混浊的泪珠涌上了他的眼角。

23日夜，武昌军委会里，空气的燥热似乎更甚于郑州前线。5月下旬的武汉，天已热得令人难耐了。

何应钦接到薛岳控告桂永清临阵贪生怕死，致丢了兰封，请求严办的电文，心里吃了一惊。他了解桂永清的为人，别看长得气宇轩昂，可实际上并非一个临阵不乱的将才。他给自己着实惹了不少麻烦。

何应钦不明白自己当初怎么会看上他，难道是气度不凡的长相？他摇了摇头，他也弄不清当初是什么缘故，在人才济济的黄埔学生中他这个总教官竟会看上桂永清，还把自己的侄女嫁给他。眼下兰封会战委员长都惊动了，他却偏偏现了这么个大眼。薛岳可不是好应付的，他向军委会告状，肯定也忘不了向郑州的老蒋叫苦，这事越压越被动，不如索性推给委员长，他派了桂永清这个学生去，如今出了事他得兜着。

一人之下、万人之上的军政部长何应钦连忙给郑州的蒋介石去电，报告了薛岳的控告内容，最后当然少不了替桂永清讲讲情。当然何应钦明白这个情不能直说，只有在夸大龙慕韩失职一事上做文章。

其实郑州的蒋介石已知道事情的前前后后。当程潜吩咐参谋长向他报告兰封失陷的消息时，蒋介石大惊失色，脸上一时布满乌云，嘴里含糊不清地骂道："薛伯陵是怎么指挥的？10余万国军竟对付不了土肥原贤二的2万人，兰封居然也丢了，实不可理解。军心、士气何在？"

蒋介石焦灼不安地在屋里来回踱着，脸色阴沉得难看。兰封一丢，战局立刻变得微妙起来。这时占据兰封的土肥原贤二，就像一根卡入他喉管的刺，吞不下去，吐不出来。现在10余万中国大军实际上已被截作两段。更令他不安的是，兰封一丢，开封、郑州失去屏障，立刻暴露在日军的攻击之下。如果徐州地区的日军这时到来，那么土肥原这枚棋子的作用就太大了。

几天前，蒋介石就收到了徐永昌、何应钦发来的电文，称徐州日军已开始西上，另外安庆一带日军也有沿江西攻武汉的迹象。蒋介石咬着假牙硬是顶着没动，实指望先结果了土肥原贤二再说。可现在倒好，部队不仅没能消灭土肥原，把个兰封要点也丢了。他越想越气，操着尖厉的奉化口音骂道："娘希匹，平日不思整训部队，关键时刻指挥乏术，精神不振，丢尽了国军的脸。"

24日，蒋介石一脸怒气，叫来了程潜的参谋长，吩咐道：

"你告诉程长官，我要到开封前线去指挥作战。我总在郑州等着，怕是等不到什么消息吧。"

他的话可把参谋长惊得不得了。委员长要去开封，那程长官在郑州待着算什么事？再说要是委员长有个三长两短，程长官可怎么向全国交代？他相信程潜决不会同意蒋介石去开封的。想到这，参谋长谨慎地回复道："委员长不必着急，程长官这两日也在督催各军。再说日机活动猖狂，委员长身负一国重任，还是不去开封的好。"

第六章 得中原，得天下

蒋介石仍是怒气冲冲，说道："我并不怕死。我也并不想干涉程长官指挥，可攻击迟迟不见进展，我在郑州坐得住吗？"

见蒋介石动了气，参谋长不敢多说，便答道："委员长的指示，我立刻转告程长官。"

程潜一听蒋介石要去开封，知道有一半是冲着他来的。他心想，战局所以拖至今日，还不是你蒋某带来个草包将军桂永清？今天薛伯陵在前线指挥得好好的，你去了重新布置，那不是添乱？再说日本人的飞机邪乎得厉害，子弹可不长眼睛，要是你蒋某有个三长两短，那可就不是损失几个将领、几十万军队的问题了，而是关系到我一个大国的国格、军威、军心、民心、士气的大事。我程某可不想因为你而成了国人的靶子。他拿定了主意，决不能让老蒋去开封，大不了我去。也好，离开郑州，我倒落得个清静。想到这，他盼咐参谋长："你再去一趟，回复委员长：土肥原贤二一个小丑，值不得委员长亲自前往。就说我下午去开封，请委员长放心好了。"

蒋介石要去开封，一半是气话。几天来，李品仙、李宗仁和武昌军委会连电告急，说日军除急于拿下陇海线、进窥武汉外，长江下游的日军也在频繁调遣，沿江蠢动，大有溯江进窥武汉之势，请他速归武汉。今日眼见歼灭土肥原贤二无望，程潜又给他顺了个台阶，他也就势下坡，25日离开郑州返回武汉。临行前，他还一再叮嘱程潜的参谋长："告诉颂公，兰封地区我军8倍于敌，只要大胆进攻，一定能消灭这股敌人。唯敢于有大的牺牲，方可有大的战果，我回武汉会随时来电的。"

就在蒋介石离开郑州的同一天，薛岳调整部署后，重新发起攻击。程潜也时常到薛岳的前敌指挥部了解战况，给薛岳打气。

几天鏖战，薛岳终于重新挽回胜机。27日，宋希濂71军攻下兰封城，敌3000余人逃向三义寨。一度危急的陇海路再次被打通，回到武汉的蒋介石急令程潜把被困在商丘附近的42列满载军用物资的专列撤回郑州，同时加紧对土肥原贤二的攻击。

北面，李汉魂指挥的2个师进展也较大。血战3天与日军反复争夺后，27日拿下罗王车站，随即转兵罗王寨。28日凌晨，已尝到64军厉害的日军不敢久留，放弃罗王寨退向曲兴集。

土肥原贤二再次被薛岳逼上绝路。这时，他仅仅控制着处在中国军队包围中的三义寨、曲兴集等大村落，眼看有被全部歼灭的危险。土肥原到这一步才真正领教了薛岳的厉害，他更感到不安的是对面前这个后起的南方将领竟知之甚少。到了这一步他已没了退路，没了选择余地，只能率部拼死抵抗。同时连电西尾寿造司令官和中岛师团长，急呼救兵。

薛岳这时不敢再怠慢，严令所部猛攻土肥原贤二所部主力的村落据点。土肥原眼也红了，提着战刀走出司令部亲自督战。中国军队打入城内，他马上组织战车、骑兵发起反击。中国军队退出，旋即再次攻击，日军再次反击，直杀得天昏地暗。寨墙下、沟坎旁、村寨里布满了灰色、黄色的尸体，鲜血殷红了这片干涸的土地。战至月底，双方都精疲力竭，战局成胶着状。中国军队死伤团长纪鸿儒、刘沣水以下3000余人，土肥原师团也付出了几乎相同的代价。

正在武汉的蒋介石暴躁不已，给一战区迭下手令，训斥各军长"指挥无方，行动复懦，以致士气不振，畏缩不前"。指责"各军、师、旅、团长等此次作战奋勇争先者极居少数。大部缺乏勇气，鲜自振作，遂致战局迁延"。蒋介石这时恨不能一口吞了土肥原贤二，焦躁中不免怨天尤人。

薛岳看过手令气愤地扔在一旁，咬着牙调上了最后一点儿预备队，要和土肥原贤二见个分晓。

土肥原贤二似乎命不该绝。薛岳冥冥中似乎总是与胜利无缘。就在他欲最后解决土肥原之际，蒋介石的中央嫡系黄杰第8军再次把他的一切努力出卖了。

5月底，被薛岳配置在商丘一线阻敌西援的第8军，与日军中岛师团先头部队仓促交手后，便擅自向西南撤去。中岛师团如恶虎扑羊，急趋兰封。中国军队有陷入敌内外夹击之势。

蒋介石致电程潜：日军主力已突破归德（商丘），我军有陷入包围之险境。放弃对土肥原师团之围，全军撤至平汉线以西。

程潜痛苦万端，把电报递给薛岳，遥向东天，喟然长叹道："大辱安能忍，兹仇永勿忘。"

薛岳看毕，嘴唇颤抖却又无言，呆呆地一屁股跌坐在椅子上，痛苦地抱住了头，他知道他已永远失去这次机会了。

◎ 谁背包袱？蒋介石大骂程潜"滑头"

6月初，有"火炉"之称的武汉已让人大汗淋漓，闷热难耐了。公馆里蒋介石已感到他平日挺爱穿的橘绸大褂今天穿着也感觉不那么舒服，全身热得厉害，连他那光光的头顶上也沁满了细密的汗珠。

武汉是不能再失了。自去年7月中日开战以来，尚不到一年时间，中国的半壁河山便已沦入他人之手，他不得已一退再退，如今他能待得住的中心都市，也就这武汉一隅。如果武汉再失，那他就只能退入四川的绵绵群山之中。他不甘心，更不服气，想想去岁金陵城车水马龙盛世繁华，他心中一阵抽紧，眼角竟涌上两朵晶莹的泪花。

他的情绪从没像今天这么低落过。从推翻清廷到建立起今天的大业，他虽然经受过不少次挫折，有几次甚至不得不一个人亡命日本，但那时的情绪似乎要比今天好。当时在他心里，清廷已成枯木，再无回春之力了，推翻它只是早早晚晚的事。那时的他似乎已眼望光明，尽管有时也摔倒，但信心却极强。可今天，作为一国的领袖，国民党的总裁，他想问题、看事情却有些患得患失，反倒没当初那么洒脱了。他不愿中国亡在国民党手中，更不愿中国亡在他蒋介石手中。千世功名可无，千秋罪名却决不可有。他甚至怀疑全面对日开战是不是仓促了一点。

门被轻轻地推开，宋美龄款款地走了进来，一句话，把在思绪里沉浮的蒋介石拉回现实中来。

"你这样陷入沉思……"

蒋介石抬头望望眼前风姿秀逸的夫人，一时伤感，竟抓过细嫩的纤手摩挲着，思绪又飞向了另一端。

"夫人，退到武汉，也没能给你过好生日。"

宋美龄嫣然一笑，玉齿微露，开口道："你忘了，我们信徒是不会在意这些的。"

蒋介石咂着瘪瘪的、装满假牙的嘴，"嗯嗯"了两声竟一时无语了。他站起身走到窗前，背手而立。蒋夫人轻轻地移至窗前。远处东湖湖面黑沉沉一片，一阵凉风徐徐吹来，令两人颇感惬意。宋美龄看出蒋介石今天心事颇重，开始想等他自己说，见蒋介石半晌无语，这才问道："达令，还在为前线的战事烦心吗？"

蒋介石答非所问，盯着远方缓缓说道："日本人不想放过我蒋某，本党内也有不少人与日本人一个调子，我身在其中竟不知其然，难免困惑啊！"

说罢，踱回沙发前沉沉落座。

宋美龄知其所指，含笑而立，点拨道："达令，你忘了前些日子焕章（冯玉祥字）讲的故事吗？"

蒋介石侧过头若有所思，并未开口，只是侧着耳朵听着。

"我觉得焕章说得有道理。三国时鲁子敬劝孙权，众人皆可言和，唯主公不可。众人降曹，仍可为臣称侯，而孙权降曹，则只能轻车简从，永居人下而无出头之日。今天的情形就像是历史又转回来了，日本人能容得下你周围的所有人，甚至汪兆铭（汪精卫时任国民党副总裁），但绝容不下你。年初近卫的声明不就再清楚不过了吗？所以你不能再在这个问题上迟疑不定了。"

宋美龄绝不仅仅是蒋介石的生活伴侣，更是其政治风浪的同舟共济者。一通句句入理的话使蒋介石大彻大悟，头脑清醒了许多，那股越挫越奋的劲头又慢慢地回到了他身上。

蒋介石按下按钮，吩咐进来的侍卫官道："请林主任马上来。"

少顷，林蔚急急忙忙进得屋来。蒋介石站起身，郑重地交代说："你马上跟一战区程长官联系一下，看看有什么办法能守住郑州。"

蒋介石轻松了不少，宋美龄更是欣慰，脸上绽开了花朵，柔声道："达令，别总闷在屋里，出去走走。"说道挽起蒋的手臂走出屋来。蒋介石这一刻心里像灌了蜜糖，甜滋滋的。

第一战区长官部，程潜外出未归。这两天他很少待在这里，也许根本就不想待在这里，参谋长只能代他与林蔚通话。这位参谋长看来倒满有主意，当林蔚问有无拒敌西进、守住郑州的良策时，竟满口应承道："有啊！就看你们上头有没有胆量放'龙'了。"

参谋长玄玄乎乎卖个关子，让林蔚一阵心跳，忙催道："老兄，什么'龙'，你快说，别兜圈子啦。"

"放'黄龙'！现在日本人迂回郑州，不日即抵中牟、尉氏、太康一线，眼下正值伏汛，河水涨满，放出黄河水，不仅能挡住日本人，还能把突出的一部分小鬼子冲进淮河。"

林蔚一听傻了眼。又是放水！连委员长对这事都挠头，谁敢做这个主？想着，他继续问道："你这想法程长官知道吗？"

"程长官不知道我敢跟你说这些？现在日本人也瞄上了黄河，要是他们先动手，那喂鱼的就不是小鬼子，而是我们啦。"

林蔚见事关重大，自己不便再多说什么，便答应即刻上报委座，扣了电话。

第一战区做事不含糊，随后又是一封特急电报，要求掘堤放水，请委员长下命令。

蒋介石像被逼上了绝路。几天了，掘堤放水的报告一份份压在他桌上，像一块块热得烫手的土豆，哪个他也不敢动一下。要是一份待他签字的作战命令，他可能会毫不犹豫地签上字。仗嘛，可胜可败，哪个圣人也不敢保证一定打胜仗。可要掘堤放水，事情就不那么简单了。黄河这条巨龙，一旦放出来，谁又能收得住呢？日后，活着的人饶不过你，死了的冤魂也不会放过你，历史最终也将给你记上一笔。这个决心难下啊！

他这时甚至有些怨恨起手下的这些将领来。平日里管都管不住，到处胡来，谁跟他请示过？可眼下怎么突然安分起来了。电话里通知都不行，非要下个正正规规的命令，这不是明摆着要让他来当这千古罪人？他越想越气，恨恨地骂道："娘希匹，到了关键时刻都往回缩，一群没有责任感的滑头。"

蒋介石望着桌上成沓的文件，心烦意乱，火气大得吓人。

想当初程潜督率第6军，直搅得他寝食难安，花了几年时间才把程潜手下的兵都消耗掉。那时的程潜倚仗资历老，不把蒋介石这个新贵放在眼里。转眼10年过去了，江山大变，程潜倒是老老实实地居蒋之下为臣，可蒋介石此刻对他的这一点似乎也不满意。

想当年你程颂云天不怕，地不怕，天王老子也不放在眼里，今天怎么这般安分？明知日本人也打起黄河的主意，可你倒还稳得住劲儿，你也知道这历史罪人不好当！真是个地地道道的滑头，大难临头先图自保，遭人唾骂的角色最终还得我来演。

这时的蒋介石突然感到，他苦苦追求了这么多年的大权也不都是诱人的甜果。

蒋介石徘徊瞻顾，举棋不定，最后还是日本人促使他下了决心。6月3日，日军拿下兰封后，直逼开封城下，陇海线、平汉线风雨飘摇，郑州城岌岌可危。

这时，蒋介石手中能打的牌都打了，能用的部队基本上都用了。下一步的武汉会战，拨拉来，拨拉去，还不是要靠徐州退下来的这50多个师、60万人？可眼下这支队伍士气低落不说，残缺不全更令他心焦。有的一个师的番号，兵力不过千把人，还抵不上一个团。这样的部队不重新整训，补充兵员，一上战场就会垮掉，南京之战教训太深了。可休整、补充，需要时间。

时间，蒋介石太需要时间了。武汉会战布防需要时间，军队整训需要时间，中央机关向四川疏散需要时间，工厂、学校的迁移还需要时间。此刻，时间在蒋介石眼里成了比什么都金贵的东西。

6月3日，日军逼向开封时，蒋介石终于走投无路，无可奈何地在掘堤命令上签了字。同时致电程潜，指定由第20集团军总司令商震负责此任务，命令4日夜12时放水。

◎ 花园口掘堤，武汉设下大水障

6月4日黎明。东天刚露出一抹淡淡的微明，青白色的曙光和蒙蒙的晨雾笼罩着长长的黄河大堤。郑州以东中牟县赵口清晨的宁静却被一阵铁锹、镐头的砍挖声和夹杂其间的一片吆喝、咒骂声敲碎。国民党第20集团军56师汤邦桢旅两个团5000多人在堤上坝下忙活开来。

中午时分，56师师长刘尚志有些急眼了。前一天到商震的司令部受领任务时，他拍着胸脯向商震保证，这么点儿事我一个旅有几个时辰就能完工，请总司令把心放在肚子里。可今天一上阵，他这个对水利一窍不通的门外汉傻了眼了。

官兵们知道这活儿上面催得紧，干起来不敢懈怠。再一听说是淹日本人，谁个不玩命？战场上不是小鬼子的对手，可担土挖沙这些庄稼人出身的年轻人服谁？可赵口这一带土质差，多是流沙，好像是专跟这些兵过不去似的，随挖随塌，这坑道死活挖不成。有几个好容易成个形了，再动两下呼啦啦又塌了下来，连人带家伙埋在里面，又是一通忙着救人，半天转眼过去了，工程毫无进展。

刘尚志急得直跺脚，汤邦桢更是破口大骂，可谁拿这山一样的沙土堆也无奈。

第六章 得中原，得天下

下午，师工兵营也投入进来。午夜前，好赖终于扒开两道口子，可水没冲多远，掘口又被冲塌的泥沙填满，干瞪眼就是不见水再流了。

第一天掘口失败。

午夜，蒋介石在武汉还没睡，等着掘堤的消息。当闻知掘口失败的消息时，急得他在屋里来回走动，坐卧不宁。日本人已逼近开封，顶到平汉线大门口了，可掘堤到现在还稀里糊涂地连个眉目都没有，这怎能不让他一阵阵急火攻心。为堵住日本人，他当即指示程潜：一、守开封的部队要加强，开封守得越久越好。多守一天就多一分成功的把握；二、嘱商震继续催督部队，并悬赏银洋1000元限日完工。

见蒋介石和程潜催得急，6月5日天一亮，商震也亲赴赵口掘堤现场。这一日，56师干得更卖命，能想的办法都想了，能用的家伙都用上了。成堆的炸药被抬上了堤坝，成箱的地雷被埋在了沙土中，可一声声巨响并没带来什么惊人的效果。大堤仍像个倔强的老人傲立在那里，护卫着黄河。

至6月6日夜，赵口掘堤还是没能成功。刘尚志垂头丧气地被商震大骂了一通。也怪他牛皮吹得早了点。

入夜，武汉蒋介石的电话直接拨到了商震的司令部。几天来，蒋介石每天必有两三个电话打来，催问掘堤进展情况。焦灼的询问，严厉的斥责，使商震明白委员长比他更急，弄得他日夜未敢合眼亲自催督、检查，可他在流沙面前也像是碰上了软钉子，有劲使不上，任蒋介石万般心焦，他也毫无办法。

今天又是这样，当蒋介石得知掘堤又失败后，忍不住大声斥责起来。电话里一阵嗡嗡声，杂着蒋介石尖厉的奉化口音，搅得他一阵阵心惊肉跳："商总司令，掘口屡屡失败，是何道理？须知此次掘口事关国家、民族命运，没有小的牺牲，哪有大的成就？你是革命军人，在这紧要关头，切戒妇人之仁，必须打破一切顾虑，坚决去干，克竟全功。"

商震满腹委屈，听起来，蒋介石似乎在怀疑他怕担责任而在暗里顶着。放下电话，他一屁股跌坐在椅子上，几天没睡了，他的头胀得老大，嗡嗡作响，眼皮也像是灌了铅似的，沉重得抬不起来。但他没法休息，在蒋介石的斥骂声中他是睡不着的。

再说土肥原师团，自5月底在兰封被解围，经20师团大量人员整补后，像一只曾被打伤的恶狼缓过劲来，怀着一股深切的复仇欲望疯狂地反扑过来。此时他比往日似乎又凶悍了10倍。

6月6日，14师团先下开封，当晚便向中牟转进。次日再克中牟，郑州已是遥遥在望。

蒋介石大惊失色。

程潜大叫不好。

天无绝人之路。就在商震焦头烂额，一筹莫展之际，驻兵花园口京水镇的新8师师长蒋在珍毛遂自荐，走进了商震的司令部。

蒋在珍自率新8师进驻京水镇后，在花园口一带构筑了不少工事，对那一带情况颇了解。当得知整个战区，甚至武汉的委员长都被掘堤的事惊动了，便认为这是一次千载难逢的良机，斗着胆子向商震提出了一个新的方案：掘堤工程放在花园口，由新8师承担，设法从大堤斜面爆破，凿穿大堤。

商震病急乱投医，无奈之际也顾不得他的话是真是假，便上报了战区。

程潜闻报，立即招来了郑州的水利专家10多人，论证结果可行。程潜毫不怠慢，急报武汉委员长核准。

武汉，蒋介石收到电报，就像是抓住了最后一根救命稻草，立即签发了命令。临了，还专门加上两句：着新8师即刻开工；悬赏银洋2000元，尽早掘堤放水。

蒋介石这时把宝都押在了蒋在珍身上。

6月7日夜，月明星疏，花园口关帝庙西侧数百米处，马嘶人叫，火把林立。蒋在珍踌躇满志地上阵了，可没多久，干活的喧沸声就变成了一片激烈的冲突、咒骂声。

原来，新8师的一个团长为加快进度，抢下头功，从附近征来了几百名民工，可民工一发现原来军队要掘堤放水，立刻炸了窝。常言道，一方水土养一方人，这些农民祖祖辈辈都生活在这片土地上，每一块土坷垃上都留下过祖辈的血汗和泪水，如今让他们放水冲掉祖辈多少代人创下的基业，那他们能不急眼？一时间，老者扔下手中的工具，又是哭闹，又是央求，血气方刚的年轻人则与当兵的争吵起来，脾气急躁的甚至与前来制止的宪兵推搡起来，工地乱成一片。

第六章 得中原，得天下

恰巧蒋在珍来到这里，一见这情形，对着前来报告的团长就是一巴掌，怒骂道："他妈的，什么时候还在这里穷折腾，误了工期你兜得起吗？"

宪兵见状大叫住手，可呼喊声淹没在愤怒的斥骂声中。见大堤上100来名民工在砸着已挖成的坑洞，蒋在珍火气更大了，冲着身边的宪兵吼道："眼都瞎了，那帮混蛋破坏国防施工，该当何罪？"

宪兵会意，提起手中的冲锋枪照准大堤上的人群一阵猛扫。几支黑森森的枪口喷吐着火舌，堤上的民工像是被割倒的麦子，一片片倒下，咕噜噜顺着斜坡滚了下来。这时整个工地突然安静下来，人们呆呆地望着这突然发生的一幕。

蒋在珍急着要放水，也怕把事情闹大，转身把负责的旅长叫到一边，斥责道："你怎么也这么糊涂，这种事也能把民工拉来？误了事你掉脑袋我也得陪着，现在连委员长都惊动了，到时完不了工咱们怎么交差？"

旅长垂头听着，没敢吱声。

"你现在回去把民工遣散回家，死伤的人给补点儿钱，另外你们旅再抽出一个团担任警戒，方圆十里不准老百姓进来。"

蒋在珍顿了顿，补充道："从现在起每个团里抽出800名精壮士兵，编成突击组，轮番上，一定要快。我把师工兵营也拨给你们，一定要按时完工，再不能出半点儿差错。"

"放心吧，师座，决不会再出岔子。"

旅长敬了个礼，转身走了。

8日，工程进度加快了不少，尤其是炸药爆破，在花园口坚硬的大坝上更见效果。一声声巨响，卷起冲天的烟尘，漫长的大堤像被啃出一个巨大的缺口，新8师工兵营更不含糊，跑上大堤内坡，又挖又凿，装炸药炸。里外几层，一个波次累垮了，一声吆喝换人，另一波次身强力壮的士兵又冲上去。缺口在不断扩大着……

9日凌晨，掘口基本成形。蒋在珍一面急不可耐地向商震、程潜报捷，一面请求战区调几门平射炮，他要万无一失，利利索索地在商震、程潜，也在蒋介石面前露好这一手。

上午8时，随着最后几十捆炸药惊天动地的巨响，高出地平面，像是悬挂在空中的黄河水终于越过掘口，缓缓地溢流出来。蒋在珍眼巴巴地盯着缺口，心里急得恨不能整个堤内的河水都能奔涌出来。

近午,从战区调来的四门平射炮运到,蒋在珍急令支起大炮,猛轰掘口。炮兵顾不得喘口气,架炮平射,一气就是60多发,缺口一下被打宽了六七米。顿时,黄河像是一条被激怒的巨龙,翻滚着,咆哮着从缺口奔涌而出,巨大的撞击力拍打着堤岸,使掘口两侧的泥沙土块像是被推倒的多米诺骨牌,不住地向两侧坍塌、崩溃开来,冲口越来越大,水流越来越急。

第二天,天公震怒,电闪雷鸣。一整天,中原大地暴雨倾盆,如瀑布飞泻,百里内外,一片烟波。黄河水像是被关在宝瓶里数万年的妖魔,一被放出来,则更加凶猛异常,难以控制。中原百里,河道涨满,水势连天,狂风呼啸不已,浊浪铺天盖地。丈余高的溢洪浪头,更像一头无情的野兽,吞人冲屋,荡村毁寨,无所顾忌地肆虐着,发着淫威,巨大的轰鸣声数里可闻。

黄河掘口转眼使中原千里沃野化作人间地狱。从中牟经安徽涡河直至江苏洪泽湖数万平方公里的土地上,成千上万的平民百姓上天无路,入地无门,哭声震天盈野,卒不忍闻。洪水过后,田地成了黄汤,房屋村寨没了踪影。污浊的黄汤里,到处漂浮着家具什物和泡得胀鼓鼓的死尸,一片片露出水面的高地上,挤满了面黄肌瘦、死里逃生的难民。豫、皖、苏三省呻吟着,哭泣着,诅咒这空前的人间浩劫。据事后统计,黄河决口使豫、皖、苏三省44个县54000平方公里土地陆沉水底,淹死民众89万之众,1200万民众流离失所,沦为难民。

一个无可奈何的计谋,使中国百姓横遭灾难。军力不如人,蒋介石才行此下策。这是一个弱国、弱军的悲哀。

漫山遍野的洪水给一战区带来一线胜机。

中牟一带,土肥原师团的一个混成联队、一个炮兵大队和一个骑兵中队约2000人,最先听到了洪水惊天动地般的咆哮声。骑兵中队和10余辆坦克到底腿长些,忙掉头向东南退去。剩下的约1500名步兵、炮兵刚跑出县城不远,便被眼前的景象惊呆了,掉头退回县城内。他们满街拆门板,调沙包,把县城的四门堵了个严严实实。水是堵住了,可日本人也走不掉了。程潜抓住战机,急令刘和鼎39军向中牟孤敌发起攻击。战至22日,日军被歼数百,淹死近100名,其余乘抢到的船只向韩庄退去,公秉藩的34师乘机收复中牟县城。

第六章 得中原，得天下

尉氏一带，日军第16师团3000余人被汹涌的洪水从梦中惊醒，这些小鬼子在战场上自认有办法，可在这铺天盖地的洪水面前也一时慌了神儿。尉氏的这3000日军在接到草场旅团长的撤退令后，四处搜抢船只、门板、水缸，一切能用的泅渡工具都不放过，人人争先恐后，急于摆脱这令人恐怖的"黄龙"。处在外线的中国军队抓住战机，四面出击。25师、20师和24师猛攻尉氏，毙敌近1000名，收复尉氏。

已挺进到新郑的日军骑兵一部约500人，在后路被断的情况下仍拼死抵抗，中国军队不慌不忙调来重炮，一阵密集的猛轰，将该敌连人带马送上了天。

……

黄河大水使一战区新挫之余，取得了一次有限的胜利。

随着北方军情的安定，随着长江流域日军日益逼近，蒋介石似乎慢慢忘记了黄河决口这一幕。武汉这时似乎更加闷热，闷得人透不过气来。入夜，蒋介石在柔和的灯光下，细细地审阅着成沓成摞的文件报告，这时他的全部精力，已放在如何守住武汉上了。

第七章

血在飞 血在漂

他们曾被誉为"天神",令强大的侵略者敬畏有加。

他们曾被赞为"军魂",其牺牲精神成为抗日军人的楷模。

他们最后几乎全军覆没了,但他们给中国抗战史留下了辉煌而悲壮的一页。骄傲的中国空军!英勇的中国海军!

◎ 战场不可无空军

　　1937年七八月间，中国大地炮火连天、伤痕累累。空气中，刺鼻的焦煳味和浓浓的血腥气四处弥漫着。昏暗的天空中，一群群、一拨拨"88式""94式""96式"日本战机，像饱食着中国人血肉的魔鬼，骄傲地抖动着翅膀，幽灵般在天空飞来窜去，向地面抛洒着死神的飞吻。尖厉刺耳的俯冲，撕扯着很少见到过作战飞机的中国士兵和百姓的神经。成吨的炸弹带着令人惊恐的嘶鸣，飞向中国守军阵地，飞向安宁的城市，飞向大路上蜂拥逃难的人群。大地在震颤中龟裂开来，横飞的血肉染得天空一片殷红。一张张扭曲变形的脸孔，一双双惊骇恐惧的眼睛，透着对这种战争利剑的恐惧。

　　中国再次落后了。当世界空军理论家杜黑的"空军制胜论"在世界上盛行一时，中国的军阀、政客却在为一块块地盘、一堆堆金钱，甚至一个个女人而逼着手下的兵士你死我活地厮杀不停。蒋介石也在为稳固江山，"剿灭"中共及其红军而大把大把地扔着白花花的大洋。陆军在畸形地膨胀着，可空军这个被世界军事界公认为有可能主宰未来战争命运的新军种，蒋介石知道得甚至都不多，金钱自然也不会往空军的建设上扔。当战争突然来临时，中国空军飞机总数竟只有300余架，而真正能投入作战的战机，甚至不足100架。战争还未开始，中国就已面临失去天空、失去诸多胜机的危险。

　　日本空军显然也意识到了这一点，骄傲的日本空军，驾着先进的战机，掠过树梢楼顶，在他们眼里，也许只需些超低空飞行，只需些尖厉刺耳的嘶鸣，中国人便已魂飞天外。他们似乎从未想到会有什么危险，在中国的天空飞行、作战，犹如在一片充满阳光、令人心旷神怡的绿地上散步。中国空军算什么！他们有空军吗？轻浮孟浪的嘲笑声中"日本武士"飞得更低、炸得更猛、扫得更凶。执行轰炸任务，笨拙的轰炸机甚至无须战斗机护航。他们甚至认为，中国空军此刻正躲在大后方的哪个荒郊野地里学飞行呢！

　　日本空军也是残暴的，他们从不带弹回返，反正基地有的是炸弹。当然，他们不会把炸弹白白扔掉，轰炸完中国守军阵地，一堆堆多余的炸弹便在他们的狞笑中飞向城市，飞向手无寸铁的中国百姓。凄厉的惨叫，横飞的血肉，化作禽兽们残忍的笑料。日本空军，就像是握住了一柄沾满鲜血的利剑，不停歇地在中国人头顶上挥舞着。他们要把这柄剑挥舞得淋漓尽致，他们要让中国人瘫软在这柄利剑之下。

中国的天空，一时成了恶魔施展剑法的舞台。中国，一时失去了稳定、安宁的后方。中国守军，一时也被这凶狠的利剑缠住了身。国人震惊、痛愤，牙咬得格格响。蒋总司令惊恼痛悔，满脑袋冒火。一道道金牌连降各地中国空军：中国空军要参战，要出击，要夺回天空。

前线需要空军！

中国需要天空！

1937年7月，庐山牯岭，蒋介石正在主持召开最高军事会议。

"空军可以参战的飞机有多少？"讨论完抗战大计后，一身上将戎装的蒋介石把尖利的目光投向了国民党航空委员会主任周至柔将军，厉声问道。

周至柔不敢怠慢，呈上了国民党空军实力部署图，胆战心惊地垂手恭立一旁。部署图上，国民党空军散布在全国各地的作战飞机竟只有300余架，这大出蒋介石意外。对空军，蒋介石每年多少是要拨出些经费的，即使不能建成一支强大的空军，但也绝不止这个数。赴会的冯玉祥、白崇禧等人看过部署图后，也都无可奈何地摇头苦笑。

"周至柔，你把空军的经费都搞到哪里去了？"一声尖利的奉化口音惊得周至柔几乎要跳了起来。自身难保的关键时刻，他不得不战战兢兢地抬出了第一夫人宋美龄，是她出主意将空军经费先存到香港银行，待战争到来时再买最先进的飞机。

"娘希匹，不管有多少飞机，空军也要参战！"蒋介石一拳擂在桌上，也不知是在骂谁。

◎ 中国空军打出自己的节日

弱小的中国空军被推向战争前台，磨砺数载的中国天神喜爱这舞台。

1937年8月14日，中国空军史上一个特殊的日子。

近午，大雨还在不停地下着。杭州城郊几十里处的笕桥机场上，空空荡荡。如注的大雨中，标志着战机起落的一排排小旗孤零零地耷拉着。整个机场，死一般的静，只有雨点打在地上的哗哗声。雨中，一个身材粗壮的年轻空军军官身着飞行服，透过浓密的雨帘水雾，焦急地搜寻着天空。雨点打在脸上，浇在身上，他却浑然不觉。他的心在激烈地跳动着、烧炙着，他等这一天已经等了7年了。

"九一八"事变时，高志航正在东北航空处飞鹰队服役。1931年9月18日清晨，当他迈出家门，走上通往机场的路上时，突然发现外面的世界已经变了样。太阳旗在高大的建筑物、城墙，在沿街的电杆上骄傲地飘扬着，一队队日本兵高昂着头，迈着整齐的步子，"咔咔"地行进在沈阳城大街上，枪刺在大枪上闪着森人的寒光。城门哨卡前，粗野的日本哨兵对身着便装的高志航无礼地吼着："回家去。事变了，不许随便走动。皇军严惩暴戾支那！"

高志航的心淌了血。第二天，他便撇下慈父、爱子，离开了俄国娇妻嘉莉，乘车南下而去。

7年了，他没能再见上妻儿父兄一面，没能再看上一眼生他养他的白山黑水，哪怕是在飞机上。他在痛苦中挣扎着，挣扎时心中又总是隐隐燃起一股希望的火光，这是他全部生活的支柱。他怕黑夜，那寂寞的黑暗，是他痛苦的深渊。那里飘荡着他苦难的故土、悲惨的乡亲、殷殷思念的亲人，还有被迫离开他而去的白俄娇妻嘉莉。这时候，一种扭曲的压抑，一种壮志难酬的痛苦，便会毫不留情地啃啮着他的心。他盼白天、盼着阳光，那里有他充满希望的天空和复仇情感的积淀。一层层皮、一身身汗，他拼了命，苦练着自己的技能，训练着手下的飞将。他相信，有一天他会率领手下的飞将，用燃烧的火和热血，照亮中国的天空，也照亮自己心中的黑暗。

苍天不负有心人，他终于盼来了这一天。中国空军第4大队大队长高志航大睁着喷火的双眼，焦急地仰视天空。他在等待着他的鹰群，迎盼着他复仇的利剑——空军第4大队。

他能捞到这次战机，看来是精诚感动了上帝。两天前，他还在河南周口机场。冥冥中，他总觉得心里有事。凭着直觉，他拦住了一架路过的民航机，只身来到了南京。果然，淞沪会战这时已经拉开了战幕，日本空军已大规模投入战斗，袭击上海中国军队及整个战略纵深。南京空军指挥部正为找不到人而犯愁,当下,他就受领了任务,率队轰炸泊于黄浦江面上的日军战舰。他几乎是蹦跳着离开作战部的。

雨还是没完没了地下着,雨点打在地上,溅起一片片白色的亮点。放眼四下,一片烟波,天上还是没有机声和机影。这时,远处有人踏着雨水飞奔而来。转眼间,来人已气喘吁吁地立在身旁:"高大队长,有紧急情况。指挥部来电话说,日军重型轰炸机13架,正全速扑向杭州湾,估计很快就会到这里。"

"4大队有消息吗?"

"还没有。"

高志航眉头紧锁,心往下沉。4大队千里奔波,万一这时落向机场,那不正好成了日本人的盘中餐?作战任务无法完成不说,几年来的心血也将付诸东流。他焦急地甩着手,踱着步,不时地抬头向天空扫两眼。

机场警报声大作,尖厉刺耳的鸣响,打破了刚才的宁静,给机场罩上一层恐怖的气氛。身边的场站报务员已离去,塔楼里的地勤也都散向四周的防空掩体。高志航一动没动,双拳攥得紧紧的,口中念叨着:"现在千万别来,现在千万别来。他妈的小鬼子,可真会挑时候。"

越怕见鬼鬼越上门。高志航的话没说完,阴云里便浮出一个小黑点,接着又是几个,黑点越来越大,越来越清晰,是飞机。眨眼间,飞机已滑进跑道,巨大的冲力掀起一片白浪,后面的飞机也一架架向跑道冲来。这一惊非同小可,高志航急出一身冷汗,他一把扒拉开闻声围过来的几个地勤人员,冲到前面。对着正在滑行的队长李桂丹的座机指天跺地,大声喊叫着:"拉起来,快!日本人的飞机来了!快拉起来!妈的,快!快!"

巨大的轰鸣声遮住了舱外的一切声响。高志航喊些什么,叫些什么,李桂丹一无所知。可作为高志航的得意弟子、生死朋友,两人好赖也在一起翻滚了几年,高志航想说未说的话,他心里清楚;高志航想干未干的事,他给干了。这种心灵上的默契当然不是一般人所能体会到的。今天,看高志航指天跺地地骂着什么,他不知道,但他从高志航焦灼的神情上,从高志航反常的举止上,他感到高志航一定要他走反常的路。"拉起飞机再说。"他心里嘀咕着,在发动机就要停机的一刹那,咬紧牙关,一脚跺向油门。轻灵的小"霍克"重又轰鸣起来,很快,战机昂起了头,重又融入了天空。

后面的飞机见状，也一架架重又升空，高志航这时长舒一口气，浑身被雨水、冷汗弄得透湿。这时，他一抬眼，看见了自己的座机摇摇摆摆地停在了跑道上，高志航大喜，飞跑过去，跳进机舱，动作快得像飞，轻得像燕。一片冲天的水花中，高志航扬起了机头，飞机欢快地鸣唱着冲上天空。

第4大队千里辗转，未洗征程，未添油弹便投入了空战。而这恰恰是年轻新锐的中国空军与老牌骄狂的日本空军的第一次较量，胜负难卜。场站地勤人员、管理人员无不为高志航的第4大队，为中国空军的第一次征战捏着一把汗。

这次空袭杭州的，是日本海军精锐木更津航空队。几小时前，在台湾新竹机场震天的鼓乐声中，这些狂傲的日本空中武士踌躇满志地爬上飞机。一进入中国陆地上空，13架轰炸机便排起了整齐的空中编队，骄傲地对地面炫耀起来。当看到地面上中国百姓四处奔逃躲避时，他们轻蔑地哈哈大笑，恶毒地嘲骂起来："愚蠢的支那猪，慢点儿跑，你们还不值我的炸弹。"

粗野的狂笑，似乎在向中国、向世界显示着他们一贯信仰的大和民族的优越感，显示着他们的威猛，显示着他们的所向无敌、骄狂无羁的老牌日本空军。

第4大队灵巧的"霍克"机，在高志航的指挥下很快完成了编队。战机升入云中，一双双锐目搜寻着四下，像一只只警觉的猎鹰，搜寻着企盼已久的猎物。隆隆的马达飞转着、欢唱着，欢呼着这终于到来的一刻。数万里支离破碎的山河，数亿双闪着复仇怒火的目光，激得这几十个血气方刚的中国青年热血沸腾。血洗国难家仇，长中华声威，这正是斗志高昂的中国空军。

云中，高志航首先发现了目标，一声令下，他率先扑向敌机。各机争先恐后地冲向敌阵。阴沉的天空一时惊雷滚滚，火龙翻飞。"霍克"飞上跃下，如蛟龙出海，似猛虎下山，一次次俯冲攻击，伴随着一片片青光，一声声雷响，炸响在敌机群中。

这意料不到的情况，使日机大吃一惊。他们做梦也想不到前线竟会有中国战机，更想不到他们来得如此迅捷，如此凶猛。几分钟前还整整齐齐的"太阳"阵，很快乱作一团，日机飞行员使出浑身解数应付起来。

高志航紧咬着一架"94式"日机，头脑冷静得出奇。他一面观察左右有无日机，一面踩着油门一步步向目标逼近。500米、200米、100米，"近，再近"。高志航咬紧牙关，心中叮咛着自己。日机飞行员脑后飘动的白色布带已清晰可见。这家伙显然已意识到了自己的处境，猛烈地左右旋回，上下摆动，想避开高志航。可高志航的战机，就像个影子般紧紧相随。很快，日机便清清楚楚地落入了射击光圈中央。

这一瞬间，高志航眼前像是飘起了无数的白带子。他仿佛又看到了沈阳城四处飘扬的"太阳"旗，仿佛又见到了一座座坟墓旁飘动的白幡和一群群恸哭的中国人。娇妻嘉莉的面容这时也浮在眼前，尤其那一双痛苦的碧眼充满怨艾，这使他的双眼几乎喷出了火。白飘带，日本人，让你们武士的潇洒见鬼去吧！就在日机飞行员回过头来，投来惊恐一瞥的那一瞬间，高志航汗津津的大手重重地扣了下去。

"嘟嘟嘟嘟……"

"轰！"

一声沉闷的惊雷在云中炸响，一团红红的火球夹着浓浓的黑烟飘向身下西子湖畔，一条银亮的弧线优美地擦着火球掠过。高志航重重地吐了一口气，像是吐出了很久来一直憋在胸中的一股浊物秽气，顿觉舒畅。他咧了咧嘴想笑，却没有笑出来，一股热热的清泪淋漓痛快地滑上面颊。

骄狂、神话就像一个虚飘飘的幽灵，在阳光的照射下，很快消失殆尽。第4大队越战越勇，大发神威，"嘎嘎咕咕"的枪炮声中，一架架悬挂太阳星徽的日机，还没明白过来怎么回事，就像掉了头的乌鸦，打着转儿地栽向地面。聪明点儿的醒过神来，没命地东逃西窜。中国没有空军、日本空军不可战胜的神话，被高志航、被中国空军第4大队一阵痛快淋漓的猛攻，打得稀碎。

中国阴沉多日的天空上，一缕阳光终于透过浓重的阴霾，射向大地。

◎ 泪水欢歌

空战结束，天空、大地又归宁静。太阳这时也从阴云里探出面孔，俯视着一架架得胜归返的战鹰，俯视着美丽的西子湖畔。夏日的杭州古城，终于又像一个多情的仙女，撩开神秘的面纱，露出了美丽的面孔。

警报解除声，放松了人们绷紧的神经。疲惫倦怠的人们从地洞里，从郊外，三三两两地向家中走去。今天的天空，机声炮声不绝于耳，沸沸扬扬，可人们惊讶的是，家园、街道、城市就像他们走前一样，完好无损。80万杭州市民并不知道中国空军今天曾鏖战笕桥上空，更想不到中国的天神已降伏了凶狠的倭寇空军。在他们眼里，一切似乎都是个谜。

当谜底揭开时，杭州城很快便陷入一片沸腾之中。

"看报喽！看报喽！看中国空军大胜倭寇，6比0呀！"

"号外！号外！中国飞将大战笕桥，快看，快看啊！"

"号外！中国空军参战啦！6比0打败小鬼子啦！"

满街飞奔的报童，得意地挥舞着手中铅印未干的报纸。仿佛他们也成了空战的英雄。他们最先获知了中国空军大捷的喜讯，一向不被人注意的街头报童，今天却成了传播捷报的使者。一向冷冰冰的行人，今天却充满热情，慷慨得令这些报童心花怒放。塞过一张大票，转身挤出人堆，贪婪地看起来，似乎根本没意识到还有零头要找。报童自然乐此不疲，他们更不愿错过这发一次小财的机会。报袋一会儿空了，转身飞跑回印刷厂，再来一袋，而且总要塞得满满当当。平日里为多要10张、少要10张而反复琢磨的小家伙们，今天却没有了顾虑。

夏日的江南古城，天黑得很晚。外面欢呼的人海，震天的锣鼓鞭炮，喧闹的街头巷尾，使年轻人再也无法在家里待下去。他们冲出家门，汇入欢乐的海洋，欢呼、跳跃、高唱，忘了时间，忘了地点，忘了一切。中日战争爆发以来，这是他们第一次放纵自己的激奋、冲动，第一次这么忘情、这么投入。

"八一四"之夜，杭州城万家灯火。街道上，广场上，人潮涌动，久久不愿散去。而几十里外的笕桥中央航校，空战的英雄们却早已进入了梦乡。白天，他们以骄人的战绩，给久违的母校送来了一笔丰厚的见面礼。这时他们睡得踏实、睡得香甜。梦境中，有欢笑，有叹息，但更多的还是对日后再战长空的企盼。

南京。蒋介石闻报，惊讶得瞪大了双眼，难以置信。也难怪，这么些年来，手下各部争功心切，有时战果大得离谱，让人啼笑皆非，到头来无不让他一阵阵空欢喜。今天的对手，可是他一向敬畏的日本空军，可战果却是6比0，击落6架敌机，而我军无一伤亡，大胜而归。这使他不由得脑中充满一团团疑雾。在他眼里，年轻的中国空军只要能击落敌机，哪怕是一架，就可算是大胜了。

第七章 血在飞 血在漂

但他的惊喜，就像他的惊疑一样来得快。一份份情报，甚至有侦获对手的前方报告，证实了"八一四"大捷的可靠性。欣喜中，他竟咧开嘴笑出了声，忙吩咐侍卫找来陈布雷，尖着声对刚进门的笔杆子陈布雷说道："布雷，来，来。今天有好消息喽。周至柔的空军竟然在杭州打落日本人6架飞机。真是不可思议，不可思议！"

"文胆"陈布雷已伴蒋多年，是蒋介石形影不离的心腹。蒋介石在他面前，喜怒哀乐可尽情泄露，从不掩饰。今天一见陈布雷，蒋介石高兴得有些忘形。

"日本空军技艺如此拙劣，可见一斑。过去军内总有些人对空军戳戳点点，今天空军自己替自己说了话，好！好啊！"

空军的胜利，蒋介石是打心眼里向外透着高兴。想当初成立航空委员会时，他又像往常一样，兼了委员长一职。这是他多年的习惯，他恨不能兼遍天下职权，心里才痛快。有人曾说过：蒋介石一生中有三个说不清。其一就是他兼的职务说不清，这还真没冤枉他，他自己到底兼了多少职，他确实说不清。这还不算，一向标榜新风尚的宋美龄，不知动了哪根筋，对空军这个新军种也充满热情。蒋介石投夫人所好，把航空委员会秘书长的高座给了她。可宋美龄不甘寂寞，对自己的这一任命认起真来，虽然她对军事一窍不通，却在航空委员会实实在在地插了一杠子。战前，她曾多次训斥空军，说他们缺乏现代观念，买的飞机跟不上形势。周至柔等空军将领不敢得罪第一夫人，只有垂手恭听。她乘机决议：不如把空军经费存到香港，等打起仗来再买不迟。结果蒋介石在庐山布置抗日时，才发现空军只有些残破不堪、机型繁杂的旧飞机，很难对付先进的日本空军。蒋介石失去空军力量不说，还丢人现眼，招来白崇禧、冯玉祥等高级将领一通冷嘲热讽。暴怒的蒋介石为此差点儿把周至柔枪毙了。

别人诋毁空军，蒋介石自然不高兴。但今天他如此兴奋，除空军替自己挣回些面子外，还有另一层意思。淞沪会战紧紧牵住了他的心。上海，不仅是他的起家之地，也是中国的经济命脉。从这里，他能得到难以计数的大洋，他能把西方列强更紧地捆在自己身边。他对这座城市，有着非同一般的感情。但日本人的飞机、舰炮太凶，使他顾虑重重。可如今有了空军这张牌，他觉得自己又多了个天空，他觉得自己施展能量的天地一下开阔了许多。陆军可能失败，但他似乎又发现了一片新的大陆，看到了一片新的希望。在他眼里，昨日还被日本人攫在手中的天空，好像又回到了他的手中，起码在天上，他也能和日本人分庭抗礼。

他愣愣地立在桌边，嘴角漾着一丝笑。

"委座对空军的厚爱确实英明。杭州一战挫敌锐气，长我声威。全国军民士气定能大振。"陈布雷一把就扣住了蒋介石的脉搏。他一面揉着惺忪的睡眼，一面在心里嘀咕道："今晚看来又睡不成了。"

蒋介石转过身，看了一眼陈布雷，"布雷，你回去拟个稿，以我的名义，对空军指挥部予以嘉慰。我看也有必要把空军战况通报各战区，空军的胜负关系到战场全局，你一并拟个稿子好了。"蒋介石轻松地吩咐道。

夜深人静，蒋介石坐在灯下，兴冲冲地在日记上写道："倭寇空军技术之劣……于此可以寒其胆矣。"这时，他开始真正关心起空军来。

中国大地在遭受了一连串军事败绩的严酷时刻，终于冒出了自己的空军，闪射出缕缕胜利的光芒。"八一四"虽然有些偶然，但它却使中国空军一役成名，令世人刮目相看。沉睡在梦境中的高志航，做梦也想不到，正是他和英雄的第4大队，开辟了中国空军的一个新的时代。在中国空军史上，写下了值得大书特书的一笔。从这一天起，8月14日成了中国空军的节日。高志航从这一天起，也被中外舆论推崇为"中国军魂""抗日天神"。第4大队随后也被命名为"志航大队"。

辉煌的"八一四"！

在"八一四"光芒的照耀下，中国空军掀起了一阵狂风，中日空战进入了第一个激动人心的高潮。

8月15日，南京、上海、杭州等地，中日两军爆发了大规模空战。中国空军全面迎击，抗住了日机60余架的袭击，击落日机17架。首都南京的百万市民和在京的国民党文武大员，有幸目睹了空前激烈的大空战，军心大振，万民欢腾。

8月16日，中国空军第3、4、5驱逐机大队再接再厉，又将8架日机从中国的天空敲落下去，中国天空升起的阳光，冲散了多日的阴霾。

日本陆军、海军、航空兵司令部，一片沉闷。短短的3天，却使他们像是做了一场没有尽头的噩梦。在一向不被他们放在眼里的中国空军面前，他们不但没讨到丝毫便宜，还损失了数十架飞机，上百名飞行员。木更津航空队更是遭受了灭顶之灾。这不能不令航空兵总部震惊万分，羞辱难当。

木更津航空队联队长石井大佐更是痛苦、绝望。一向崇尚的武士梦在他眼里已经破灭了。他成了庸碌、怯懦的代名词，成了帝国皇军的罪人。上司无情的斥责，同僚冷冷的白眼，属下激奋的怒骂，抽掉了他心理上的最后一根支柱。几天后，他用佩戴了多年的长剑，切腹自杀，向天皇谢罪。

日军航空兵总部像个输红了眼的赌徒，指天誓地，要翻本复仇。佐世保航空队的200余架战机，尽数被调入前线。一时间，中国境内各前线机场上，一批批日机又气势汹汹地腾空而起。日本海峡上空，隆隆的机声淹没了大海的咆哮。日本空军急不可耐地要与中国天神再决高下。

中国空军没有避战。冤家路窄，各不相让，紧张的空气一时迸出火花。

◎ 日军向中国空军勇士墓敬礼

8月17日，碧空万里。淞沪会战硝烟弥漫，激战正酣。

天上，战机穿梭往来，煞是忙乱，一朵朵弹花像盛开的木棉，布满天空。突然，一架中国战机被密集的地面高炮击中，拖着黑烟，向西坠去。一个黑点这时弹出了燃烧的机身，转眼，化作一朵洁白的伞花。

洁白的伞花在轻柔地飘落着。阎海文拔出手枪，警惕地四下搜寻着。几分钟前，当他把成吨的炸弹准确地投向地面上的日本海军陆战队司令部时，日军虹桥一带密集的高炮击中了他的座机。对此，他早有准备，本来他就是强行闯入敌火网的。当他看到地面上日军目标处升起的烟尘火海时，他觉得够本了，只是在心里有点儿为他的座机惋惜。

伞花还在飘荡着。突然，一阵逆风吹过，吹得他睁不开眼，吊着人的伞也难以控制地向南飘去。不好，他心里一惊，这么飘下去不落到海里，也得落向敌人阵地。他心里急速地考虑着，手中的左轮枪抓得更紧了。

翠绿的大地向阎海文扑来。几乎与此同时，一股股身躯粗壮的日军从工事、掩体里，从村落、树林里也向他扑来。几天来，他们已尝到了中国空军的苦头。中外舆论对中国空军的赞誉，也使他们有一股武士精神受到玷污的感觉。他们急着想看到中国空军是什么样,更急着品尝一下捕捉到中国英雄的快感。粗野的日本大兵飞跑着,咒骂着,喊叫着:"活捉支那飞行士!""让这家伙尝尝皇军战刀的滋味!""不,让他投降,让他跪着求饶!"

土色的蝗潮聚拢过来,一个圆圈把阎海文团团围在一块坟地里。粗壮低矮的日本兵也许急着想看中国飞行员求饶的样子,也许是为了立个首功,好有机会回国探家。他们不顾官佐们的吆喝、阻止,直挺挺地向前扑来。

"砰,砰,砰!"

3声清脆的枪响,3个冲在前面的鬼子像是翻倒的麻袋,扑通通倒在地上,两脚急蹬几下便僵硬了。后面的鬼子见状,呼啦啦趴倒了一片。

"捉活的,不许开枪!"一个精瘦的陆军少佐冲上来,狠狠地命令道。

捉活的谈何容易,空军的一个绝活就是百发百中。天上,你要是一次敲不下对手,很可能反而成了对方的枪下鬼。为了这百发百中,阎海文不知脱了几层皮,洒了多少汗。就是在地面上,他手中的那把枪也是指哪儿打哪儿,绝不会错。

几个鬼子探出头来,未待前冲,阎海文"叭、叭"两枪又放倒两个,鬼子忙又趴下,没人敢再动。双方一时僵住了。

时间在一分一秒地流淌着。一会儿,少佐身旁的一个汉奸探出头来,对卧在坟头上的阎海文喊起来:"空军朋友,你已经被包围了,你走不掉了。再抵抗是无谓的。如果你放下枪,皇军一定宽大,会像朋友一样对待你,皇军敬佩英雄的……"

"砰!"阎海文愤怒地咬着牙,把汉奸撂倒在地。

少佐再也忍不住了。他率领的部队,自踏上中国的土地,还从未挫过锐,上千人的中国军队也挡不住他的几百"皇军"。可眼前这么一个年轻人,却成了他无法逾越的一座高山。他扬起枪,先扣动了扳机,立时,一片枪弹在阎海文藏身的坟头掀起一片尘土。蝗潮又开始向前蠕动了。

"砰,砰,砰,砰!"阎海文躲在坟后举枪射击,又有几个鬼子应声倒地。这时,他检查了一下枪膛,见只有两粒子弹了。他抬手又打死一个鬼子。

蝗潮在一步步逼近,死亡也在一步步向他走来。阎海文擦了擦枪上的尘土,缓缓地站起了身。头上,天空还是那样湛蓝,那么沉静深邃。脚下,泥土的芳香透着硝烟向他扑来,那样令他眷恋。他最后轻蔑地扫了一眼围上来的日军,高声吼道:

"中国无被俘空军！"接着他举起了枪。

"嘣！"枪响了，沉闷闷的。一股股红的鲜血像一道彩练，伴着英雄洒落在脚下深情的土地上……

蝗潮早已停止了蠕动，呆呆地看着这一幕。刚才的那一声吼，一声枪响，竟惊得他们浑身一抖。他们几乎无法相信自己的眼睛，相信所看到的这一切。从他们一进小学校门，"支那"的愚昧落后、怯懦自私便在他们的脑海中扎下了根。十多年的熏陶更使这一观念像烙铁烙下的印记一般深刻。可倒下的这个眉目清秀的美少年，一开始就显示出一股更甚于日本武士的咄咄逼人的豪气，这怎么会呢？可这是那么的真实，真实得令人不容置疑。武士们心中的防线有些动摇。

下午，旧坟头旁又添新坟。日本兵列队脱帽，垂首恭立。坟前粗糙的木牌上，几个大字在敲击、震撼着他们的心："支那空军勇士之墓。"为敌人，也为武士举行葬礼，这在他们是第一次。

9月1日，大阪的《每日新闻》特派员木村毅发回日本国内的一则报道，在日本列岛引起了强烈震动。感佩至极的木村毅在文中叹道："我将士本拟生擒，但对此悲壮之最后，不能不深表敬意而厚加葬殓……此少年空军勇士之亡，虽如苞蕾摧残，遗查不允，然此多情多恨，深情向往之心情，虽为敌军，亦不能不令我全军将士一掬同情之泪也。"

文章最后甚至惊呼："中国已非昔日支那！"

木村毅的报道，在日本国内铺天盖地"皇军无敌"的吹嘘声中，无疑透着清新，透着公正。他的慧眼识珠，也很快得到了印证。一个月后，在东京新宿繁华的闹市区，"支那（中国）空军勇士阎海文"公展竟吸引了成千上万的日本人。20多天的时间里，参观的东京市民络绎不绝。一向崇尚武威的日本人似乎全然忘记了英雄的国籍、身份，一张张面孔上无不充满敬意，甚至有人为他惋惜、落泪……

阎海文用自己的热血和无尽的深情，征服了每一个中国人，甚至征服了他的对手日本人。他为自己，更为一个民族立起了一座不朽的丰碑。可这丰碑上，又何止凝聚着一个阎海文，而是一支军队、一个民族的不屈精神。

8月19日，沈崇诲、陈锡纯驾机猛撞日军旗舰"出云"号，以凛凛之躯壮国威、扬军魂。如果说七八年后，日本海军航空兵发明了自杀性"神风攻击"，令美国人大为震惊的话，那么很难说他们是不是受到了几年前中国空军壮举的启示？不管怎么说，中国空军勇士已用那一幕幕惊心动魄的壮举，压住了日军骄狂的气焰。日本上海派遣军司令白川义则大将，在上海江山码头对部属训话时，就止不住地哀叹："过去日俄战争时，大和民族勇敢不怕死的精神安在？它已被中国的沈崇诲、阎海文夺去了！"

中国空军尽管年轻，又处于较大的劣势，作战技巧、经验也未及对手，可他们恢弘的气势、惊人的壮举，就连一向以武士道为荣耀的日本军人也惊恐畏惧三分。实际上，中国空军的勇士们是在用热血、生命护卫着中国的天空、大地。那长空架起的道道彩虹，无不浸透着勇士们殷红的热血。

◎ 暂别中国天空

日本空军敛起了骄狂，改变了战术。飞行轰炸，总有大批驱逐机随队护航。夜间偷袭也明显增多，中国空军一次大规模聚歼敌机群的机会大大减小了。两军陷入一种久而难决的消耗战中，中国空军机少力薄的弱点开始暴露出来。

蒋介石全然没看到这一点，空军的几次辉煌，国内外军界、舆论界的一片赞誉、颂扬，早已充满了他的大脑。他需要民心、士气的高涨，需要扭转颓势的强心剂，需要来自西方更多关注的目光。为达到这些目的，甚至牺牲空军这张王牌他也在所不惜。亲临淞沪前线督战，他也没忘了接二连三地向空军总指挥部施加压力。

空军总指挥周至柔中将，虽不能说庸碌无能，可面对蒋介石连电催促，面对一连串接踵而来的赞誉、褒奖，他的思维判断也乱作一团。当蒋介石在一次军事会议上，当着众多高级将领赞扬空军，夸奖他指挥有方时，他竟热血奔涌，心如鹿撞。志得意满之际，他的野心也像是被水浸过的馒头，急剧膨胀起来。他要扩大战果，锦上添花。冲动中，一道道出击令从他的口中发出，飞向空军各地机场。

轰炸长江外日军战舰。

拦截日军机群。

突击境内外日本空军基地。

南京、杭州、南昌、周口……各地机场紧张、忙碌地运转开来。五颜六色、机型繁杂的霍克、道格拉斯、马丁、波因伏尔梯……频繁地升上落下，不停歇地轰炸、拦截、攻击，战果在急剧扩大，可中国战机的损耗，也以无法遏制的势头，狂升不止。护卫中国天空的神鹰，也在疲惫地拼着最后一丝气力，与强大的对手厮杀，高志航、乐以琴、刘粹刚、沈崇海、阎海文……一个又一个曾是那么令对手胆寒的神鹰，那么明亮耀眼的巨星，悲壮地从天空陨落，融入了中国的山川大地。

1937年12月4日，天空阴暗无光。南京已被浓浓的炮火硝烟笼罩。南京大屠杀的恶魔、日军第6师团师团长谷寿夫中将正督部猛攻城东外围阵地，浓浓的血腥气已飘向城区，飘向数十万未及撤退的中国人。

天上，中国空军尚存的最后一架伊－16战机，深情地在南京上空盘桓一周后，抖抖翅膀，晃晃机身，最后告别了京城，孤独地向西飞去。地面上，失去战机的飞行员、机械师，护着被拆散的残破飞机和一堆堆破烂零件，汇入了滚滚的西迁大潮之中。

中国空军像一盏耗尽了燃油的孤灯，疲惫而无奈地熄灭了。

◎ 苏联空军援华，飞机牵动万人心

轰轰烈烈的大武汉，成了中国空军再次崛起的大舞台。

想当初，蒋介石就像一个蹩脚拳手，一招见效就使个没完，却全然不顾对手的反应。当狡猾的日本空军转而使用持久消耗的战术后，中国空军机少力单、后援不继这一曾被胜利的光芒遮掩住的劣势，便清清楚楚地暴露出来。尤其令空军将士们头痛的是，手中那些乱七八糟的进口老爷飞机，比什么都难侍候。别说战伤，有时就是些轻微的、只要换几个部件就成的损伤，却能把整架飞机像废品一样送入机库。有什么法子？有些飞机的零配件操纵在别国手中，人家不给，你就是有钱也只能干瞪眼。有些则更惨，飞机早已淘汰，零配件上哪儿去找？干憋气。

没有飞机，中国军人可真是急了眼，他们已尝够了天上失去中国空军保护的苦头。他们就是不能要求政府、军队仗仗打胜，可要求军人们打出胜仗、在后方能有种安全感，这显然并不过分。地面上中国陆军节节败退，他们安慰着自己：鬼子装备太强，中国人已尽力。可天上，他们却不能容忍再败。失去天空，那他们还有什么呢？在中国抗日救亡的潮头——武汉，这种信念遍及街头巷尾、家家户户。于是，在群众献金高潮中，派生出献机运动。就是献金募得的钱款，呼声最高的也是买飞机。空军征服了万民的心，成了他们心中的上帝，他们不能失去空军，失去中国天空这最后一片净土。

刚退到武昌珞珈山的蒋介石，也被空军的覆没搅扰得茶饭不思，彻夜难眠。空军受挫，那么第一个时期的抗战可谓全面失败。更令他头痛的是，这种军事上的阴影进而感染了政治。汪精卫、戴季陶一伙主和派，早在一旁看着他的热闹。近些天来形势越来越糟，可这伙人频频碰头、集会，行动诡秘。他知道这与他有关。这种时候他如果不能打出一两张王牌，何以震住这伙人，何以服民心众望？他需要胜利，何况这也是慑住东京，提高谈判价码的一个关键招数。焦急、困顿中，他不得不厚着老脸，四处伸手求援。为了能打动美国人、英国人，从西方捞到美元和装备，夫人宋美龄甚至亲自出马了。

1937年8月底，蒋介石召见了苏联驻华大使鲍格莫洛夫，破例允诺苏联教官可以驾机前往中国甘肃，甚至还允许苏联飞行员作为志愿者加入中国空军。蒋介石反感苏联人，当然主要是怕他们在中国传播政治影响。可这时候的蒋介石也不傻，苏联人急着摸日本人的底，只要是带着飞机、带着人来，最终他还是个受益者。况且这样一来，既能对外宣扬他蒋介石联苏联共，又能让斯大林尝点儿甜头。在美、英指望不上的时候，他对苏联自然亲热得够水平。进入12月，眼看天上的中国战机越来越少，他直接致函斯大林，口气活像多年的老朋友，毫不见外："飞机一项，实迫不及待，中国现只存轰炸机不足10架，需要之急，无可与比。"

蒋介石心里明白，只要能弄到飞机，空军起死回生并不难，中国有的是飞行员。一大批人曾与日本人交过手，经验丰富但失去飞机的飞行员是他的资本。还有一批训练有素、未参加过空战的后备飞行员也可使用。而且，由杭州笕桥迁往西南的中央航校里，不乏聪明伶俐的热血骑士。只要有飞机，一切都好办。他望眼欲穿地盼着飞机，甚至在梦中……

1938年新年到了，蒋介石是在喜忧参半中度过这一天的。京城南京陷落，噩耗阵阵不绝于耳，使他灰暗的心更加阴沉，对美国、英国的紧急求援，却似泥牛入海、

第七章 血在飞 血在漂

杳无回音。

"娘希匹,一帮势利小人。对中国有感情?我看他们是对中国的钱、中国人的血有感情!"怨怒中,蒋介石常对着夫人宋美龄,骂美国总统罗斯福。

宋美龄听着漫骂,感到不舒服,沉着粉脸不说话。宋美龄曾多次对蒋介石夸过罗斯福。说罗斯福祖上是靠与中国做生意而发家的。罗斯福又是如何在一座堆满中国家具的环境中长大,对中国如何如何有感情等等。这些也确实多多少少感染了蒋介石,使他对瘫坐在轮椅上的罗斯福投入了不少感情资本。可罗斯福好像并未领情,屡屡以国会、国民中立呼声太盛为借口,屡屡对中国的求援呼声充耳不闻。可同时,一艘艘美国舰船载着成千上万吨的废钢旧铁,载着日本急需的这些战略物资,从太平洋上源源不断地驶抵日本。这些最终化作了堆积如山的枪械炮弹,被运到中国大陆。可蒋介石得不到这些,得到的却是日本军队劈头盖脑的打击。"中立"的美国在大赚日本人的钱财,这钱财上沾满了中国人腥浓的血肉味。每每想到这些,蒋介石便气堵肺滞。

但对蒋介石来说,并非全是坏消息。年前,苏联国防委员、斯大林的军事代言人伏罗希洛夫向外界透露:苏联政府为支援中国抗战,决定再援助中国20个师的武器装备。更让他惊喜异常的是,苏联还将供给中国4个大队124架战机,并继续派遣苏联空军志愿大队援华参战。

艰难时刻,斯大林再次伸出了热乎乎的大手,令一向毫无情义的蒋介石甚至感激动容。他多次对人说起:"苏联对中国抗日的援助是无私的。"这时的他像是换了个人,完全忘记了几年前对苏联、对斯大林的恶毒诅咒。甚至他一向最为反感的斯大林那两撇浓密的小胡子,这时也觉得可亲了。遇到机会,他会十分友好地对苏联军事顾问、飞行员们关心一番,问候几句。他觉得斯大林正在万里之外的克里姆林宫,握着烟斗,微笑地注视着他。夫人宋美龄夫唱妇随,也常常打扮得漂亮异常,在机场、宴会等各种场合穿梭在苏联军人当中,碰杯留影,谈笑风生,展现着自己第一夫人的魅力。

蒋介石坐在长江边的万花丛中,微笑地看着苏联,迎盼着他们的飞机。

新年一过,冷清多日的湖北樊城机场、南昌青云浦机场像是从冬日里苏醒了,重又热闹起来。一架架小巧精致的苏制伊-15、伊-16驱逐机,一架架笨拙得老牛似的SB-2轰炸机，在中国空军将士一阵阵和着泪水、撼山动地的欢呼声中，骄傲地落向地面，停满机坪。几个月来憋足了劲的中国飞行员呼喊着、跳跃着扑向一架架战鹰。他们清楚这一天的来之不易，清楚自己今后的角色和肩头的分量。无须交代，他们知道该干的一切，初次来到中国、匡扶正义的苏联飞行员也在一阵阵激动中，思索着自己背负的使命。

试机、试枪，学习操纵使用苏制战机、演练空战配合，一切都在有条不紊地进行着。苏联小伙儿不含糊，你玩美国、意大利空中的那些花架子，轻则训斥，重则一边稍息去，即使训练场外两人是好朋友，在这儿也行不通。中国人最怕的就是被晾在一边。当年投身空军为什么？几年寒暑又为了啥？不就为这一天、这一刻，为中国人当然也为自己。训就听着，翻了脸就苦苦哀求，保证下不为例。可也真不容易，一朝养成的恶习，像个鬼影似的老缠着你。只有分分秒秒、一刻不停地叮咛自己、告诫自己……

苏联小伙儿够朋友。一走出训练场，"哥儿们""朋友"的热乎劲便全来了。一会儿搂着你，一会儿拍着你，甚至高兴地亲你一下，令中国小伙儿忙不迭地四处乱窜。

中国飞行员也不含糊。错了，由你训，低着头就是不吭声，再上机，一切都变得规范、准确了，甚至在难度上超过了教官的要求。引得苏联人止不住叫："好！太棒了！中国人真是些精灵。""有你们这股认真劲，这股灵气，你们尽可以遨游天空。日本人不是你们的对手！"

樊城、青云浦，青山碧水，大地覆绿。早春的土地上，银鹰更显风流。中国空军犹如一只被恶魔咬伤的神鹰，在阳光和大地的滋养下，在天神的护卫下，啄补创伤，韬光养晦，静待着愈合创痛，重返蓝天的那一刻。

◎ 日本"空中霸王"栽在中国战场

日军的铁蹄踏进南京后，像是被这颗美丽的明珠紧紧吸引住了。烧杀淫掠的疯狂，一时滞住了西进的"咚咚"脚步声。当红了眼的侵略者们恣意纵行数周，渐渐

第七章 血在飞 血在漂

失去了对金陵城奸淫杀掠的新鲜劲儿后,新的征服欲、占有欲又疯狂地泛滥开来。千里之外的武汉又成了他们眼中下一块极有诱惑力的肥肉。

首先踏进华中这片尚未污染的净土的,又是得天独厚的日本陆、海军航空队。这时,中国的天空尚是孤弱无助的。空中禽兽们骄傲地、加倍地重复起他们疯狂的游戏。武汉、南昌……数个大城市频繁遭袭,一片烟尘火海、满目断垣瓦砾。

2月18日,日本海军航空队第26联队在一阵紧张、兴奋之中出征了。纯净的蓝天上,18架96式驱逐机、36架轰炸机分上、中、下3层,黑压压地布满天空,南乡茂章大尉看着上下左右强大的机群,得意地笑了。

开战以来,南乡茂章没捞着与中国空军正式交手的机会。这个被誉为日本海军航空队"四大天王"之首的"空中霸王",起初从心眼里瞧不上他的对手。稚嫩的中国空军在他眼里,犹如一个刚学会走步的新手,让他这个在天空上飞过上千个小时的老手与中国人较量,他似乎提不起兴趣。直到鹿屋、木更津航空队被打得一败涂地,他才从这种狂傲的大梦中醒来。日本军界、报界盛赞中国空军,他打心眼儿里往外冒酸气。一股嫉妒、惊奇和不服的复杂感情,搅扰了他内心的平静。他就像一个被圈在拳击台护绳外的拳击高手,眼看着自己的同僚伙伴一个个被一个极不起眼的小个子打翻在地,焦急地挥拳跺脚,跃跃欲试。他渴望挑战,渴望碰到真正的对手,只有这样的对手才能令他亢奋、痛快。

当海航得到情报,中国南昌、樊城一带活跃大批中、苏飞机时,他几乎是吼着把这活儿抢到手的。

透过薄云,南昌城越来越清楚了。南乡茂章知道他已接近猎物,眼前不由得浮起一束束鲜花,一杯杯美酒,还有一枚枚闪着金光的奖章。仿佛他只要再前进一步,又会像以往一样,把成功与赞美都收入怀抱,他的"天王"美誉也将更放光芒。他咧嘴一笑,轻松地一挥手,"帝国的飞行武士们,胜利就在前面,冲上去啊!"说完一踩油门,飞机"呼"地向前蹿去。

上下3层机群,像一只只饿急了眼的野狼,黑压压地扑向南昌,扑向幽静的青云浦。

南乡茂章并未料到,青云浦上空,一张严密结实的大网已向他张开。

大约10分钟前,青云浦机场凄厉的警报声,把早已等得不耐烦的中、苏空军送上了蓝天。中国空军第3大队大队长罗英德，首先率轻巧的被空军将士们称作"黄莺"的伊－15驱逐机起飞升空，占据有利高度。苏联空军志愿大队也不怠慢，在大队长勃尔盖维森斯基的率领下，19架伊－16也直刺蓝天。上下两层，青云浦上空布满护卫中国天空的坚盾利箭。

南乡茂章机群第一拨轰炸机已飞临青云浦机场上空，密集的炸弹如雨点般泻向机场，机坪、跑道、机棚一时浓烟翻滚，烈焰冲天。地面上一架未及时起飞的轰炸机顷刻变成一团火球、一堆碎片。一阵弹雨、一团烈焰，烧得在高空中看着这一切的中、苏两国空军将士两眼血红。伊－15、伊－16突然间从高空呼啸而下，以千钧之势冲入"太阳"阵。

"咕咕咕""嘎嘎嘎"，天空中青光闪烁，弹雨如帘。一架日机当即拖着黑烟、翻滚而下，被冲散了的日军轰炸机群，一架架惊恐地四散躲避。转眼，天空又蹿出一群日军战斗机。逃散开来的轰炸机定下神后，也转回来投入了厮杀。天空一时机影闪动，互相缠斗、撕咬，杀得暗无天日。

"空中霸王"南乡茂章此时像一只狡猾的狐狸，背靠云层向下观战。当看到中、苏空军突然从高空冲下，扑向轰炸机群时，他止不住一声赞叹：好一个凌空压顶，看来碰上真正的对手了。他心里一阵激动，却并未马上扑下去。日军航空兵的传统战术曾因为他而屡放光芒，同时，也使他越来越坚信这一战术奇效：先打掉对手的领队长机，不但能先夺人势，更能置对手于混乱。谁见过无头的群鸟能纵横天下？抱定这个想法，他按捺住手心的痒痒，仔细观察着下方激烈的空战。他要在这场混战中扣住对方的脉络，捕住最佳的攻击目标。况且一般对手是根本满足不了他那贪婪的胃口的。

机会来了，南乡茂章心头蹿起一阵喜悦。他一踩油门，一拉方向舵，飞机轻灵、凶猛地滑了个半圆，无声无息地扑向勃尔盖维森斯基的座机，紧紧地咬住了它的尾巴。南乡不愧是日本王牌空军，绝好时机的把握，飞机切下的轻灵娴熟，竟令也在飞机上"熬"过上千小时的苏联援华空军大队长毫无觉察。

飞机在贴近、贴近，勃尔盖维森斯基紧咬着前面的一架轰炸机，看到日机驾驶员惊恐地不断回头，慌乱地左右闪躲，止不住心头一乐："小家伙，别再做回去的梦了，今天是你最后一次上天，真可惜。"

第七章　血在飞　血在漂

南乡茂章在不动声色地逼近勃尔盖维森斯基。表面上他面目平静，内心却在不住地往上蹿着兴奋的火苗："红魔鬼，你不老老实实地待在苏联的雪窝里，跑到这儿来找麻烦，不让你尝尝皇军武士的厉害，也冤枉你白来一遭！"这时，只要他扣下枪机，勃尔盖维森斯基十有八九在劫难逃。可他没开枪，他不急着开枪。他要靠近，再靠近，近得只需轻扣枪机，一梭子弹就能打得对手凌空爆炸。炸掉中国人、苏联人的魂魄，打出这个王牌的威风。何况他不相信被他咬住的猎物能逃脱，还没有人能从他的眼皮底下溜掉。

近了，更近了。伊－16已黑糊糊地挤满了他的射击瞄准镜。他咧开了蓄着稀疏的仁丹胡须的嘴，笑了。几乎就在他扣下枪机的一瞬间，"哒，哒，哒，哒"，一阵清脆的机枪声从身后传来。南乡茂章还没明白是怎么回事，大脑便"嗡"的一声，失去了知觉。飞机拖着一股浓浓的黑烟，直直地向着下方的鄱阳湖畔栽去。

"四大天王"之首南乡茂章大梦未醒，命赴黄泉。

勃尔盖维森斯基扭头回顾，不禁大惊失色。日本飞机咬得这么近了，自己却毫无所知。要不是这个中国人从半路杀出，自己恐怕现已不在天上了。中国空军藏龙卧虎，果然不凡。

"好样的，中国人。欠情还债，我一定拿日本人的一架飞机来还这笔情！"叨念着，他抖着机翼，猛踩油门，飞机直向前面的那架96式扑去。

大队长罗英德看了一眼坠落的南乡茂章座机，再看看身后一片蓝天，他这才定下心来轻舒一口气。刚才，他正咬住一架日军轰炸机，突然间瞥见苏联大队的领队长机被一架日机紧紧咬住，他想也没想就放弃了嘴边的肥肉，一推操纵杆向下扑去。下冲的同时，他一阵射击，把南乡茂章打下了蓝天。这一击看似偶然，可这准确一击的背后，凝结着他多少血汗，只有他自己清楚。对这一击他并不感到意外，可意外的是，被他击落的，竟是日本海军航空队的"四大天王"之一、"空中霸王"南乡茂章大尉，这是他做梦都没有想到的。

罗英德翻开了日空军王牌飞行员折戟的新一页。一个多月后，曾向中国空军投下战书、主动邀战的日本陆军航空队王牌加藤大尉，在归德上空，被中国空军第3大队8中队广西飞行员黄莺击落。海军航空队"四大天王"中的另外三张王牌，也先后铩羽在中国天空。

南乡茂章王牌的覆没，震慑了天空中混战的日军。机群群龙无首，立即乱作一团，中、苏空军乘胜追击，扩大战果。一串串枪弹，载着屈辱、痛恨，含着激昂、振奋，穿过天空射向日机。日军一架架轰炸机凌空爆炸，一架架战斗机像掉了头的乌鸦，翻滚着栽向地面。

青云浦，留下了一阵阵欢声笑语，流下了一串串喜悦、欢畅的热泪。中、苏空军又把击落8架日机的辉煌收入囊中。地面机场上，勃尔盖维森斯基激动地与罗英德拥抱在一起……

◎ "二·一八"空战，血在空中飘

就在罗英德、勃尔盖维森斯基率中、苏混合编队大战青云浦之际，武汉上空，一场惊心动魄的血战也拉开了序幕。1938年新年过后，国民党军、政要员和政府机关涌向这里，各种军用、民品物资和伤员也从这里前转后送，使武汉三镇成了中国繁忙、热闹的抗日首都。自然，注入活力的武汉也成了日本人空袭的重点目标。中国空军虽以少量飞机和高炮还击，无奈力量太弱，一无建树。可2月18日，当日本海军航空兵倾巢而出时，这里却完全是另一番景象了。

警报声响起，中国空军一拨拨战机列队巡航武汉上空。原来，空军前敌总指挥部想出新招，规定各大队迎战前先绕城市巡航一周，以壮声势。这一招果然有效。地面上，蒋介石望着9架一拨的"人"字编队，对身边新上任的空军总指挥钱大钧赞不绝口："慕尹，看不出你对空军指挥也蛮有一套的嘛！好，这个办法好。"

地面上，武汉三镇的市民、逃难而来的难民和前线撤下来的散兵游勇，似乎也被震动、鼓舞了。他们没有再像过去那样，警报一响就四处躲藏，而是爬上屋顶、走上阳台，甚至走向广场等地，哪儿开阔，哪儿能更大限度地望见天空，他们便往哪儿去。他们像是急着去看一场扣人心弦的比赛。

天上，已是青光闪烁，火龙翻滚。"咕咕嘎嘎"的枪炮声伴着尖厉的呼啸声，把天空搅得像开了锅的粥。

李桂丹在枪弹死神的大网中，沉稳地战斗着。杭州"八一四"空战，已经过去

第七章 血在飞 血在漂

半年了,这半年来,他像是完全变了个人。原本一个活蹦乱跳、服饰整洁的东北帅小伙如今却成了一个胡子拉碴、不修边幅的怪人。过去常开笑口,如今嘴巴却像是用铅封上了似的,很少能蹦出一句话。一上训练场,他就咬着牙、发着狠,两眼喷着凶光,手下的队员人人怕他。

元旦,他获得了军委会授予的二级云麾勋章。在天上,他已经把8架小鬼子的战机打入了地狱,可他不满足,甚至不满意。他所在的第4大队如今已是换了一茬新人,那些曾与他一起训练、一起上天杀敌的战友们,大多从天空上消失了,陨落了。尤其是他的老乡、他的恩师、他的大哥高志航,经常是一闭上眼,他的面前就闪现着红光、机骸和一具燃烧的躯干,那是大队长高志航永远抹不去的身影。

还是在去年10月,当4大队从兰州接机返回周家口机场驻防时,突遭敌机轰炸。高志航在弹雨中指挥4大队强行起飞,怒吼声盖住了枪炮声:"快,快起飞杀敌!谁怕死,我毙了谁!"一枚炸弹呼啸着飞向高志航,情急中,高大座把机械师冯干卿推向一旁。"轰"的一声巨响,炸弹在高志航身旁爆炸了。待李桂丹发了疯似的扑上去时,高志航的头颅、四肢已不知去向,只剩下一截躯干在疯狂地燃烧着。

这悲惨的一幕永远留在了李桂丹的大脑中。失去了令他敬佩、崇拜的恩师,失去了志同道合的同乡,失去了患难与共的挚友,他变了,变得沉默寡言,变得疯狂无比。一上天,他的两眼便会喷出火。

新年那天,当空军副总指挥毛邦初在激昂的进行曲中,把勋章别在他胸前时,他没有笑,也没说一句话。他在猜想眼前这个面皮白净的副总指挥是否在云间与敌人交过手,他更想知道那闪着狡黠光芒的双眼背后,究竟隐藏着什么。毛邦初当时为什么要逼着4大队改变航向去洛阳,又从洛阳飞到周家口?那机场警报不灵,管理混乱,他不会不知道!高志航曾一再向毛邦初声明,陈述利害,可他为什么要死咬着不松口。这个混蛋,他毁了4大队,毁了高队长。

回到住处,他取下勋章扔入箱中,转身又去了机场。他发过誓,许过愿,每次空战都要拿一架日本人的飞机来祭奠他心中的英雄、他的生死战友高志航,直到有一天自己也和他一样。这时,只见一架96式轰炸机从他的右上方一闪而过,"狗杂种,往哪儿跑!"周家口惨遭不测后,大而笨拙的轰炸机,像一只咬伤过他的癞皮狗,令他恶心、痛恨。他一个右转跃升,扑到敌机下方,快捷迅猛地按动了扳机。

好一个恶虎掏心，敌机凌空炸开。一堆碎片中，机骸裹着黑夜栽落下去。他的脸上露出了难见的笑容，轻语道："高队长，兔崽子今天的债有着落了，你往后瞧，他们欠的账一个也跑不了！"

不一会儿，又是一架日军战斗机被他咬住。一通青光过后，他清楚地看到日机飞行员脑袋耷拉下来。不知是不放心，还是不解气，他追上去又是一梭子，日机蹿出了黑烟，螺旋着坠落下去。

李桂丹拉平了飞机。这时，他像是干完了一件揪心的大事，一身轻松，浴血再战，他不再有什么负担了，打下一架就赚一架。他更加兴奋，更加疯狂了。

空中仍是机影翻飞，青光闪闪，炮声隆隆，弥漫的硝烟没能遮掩住李桂丹击落两架敌机的光芒。4大队的勇士们看到了，勇气倍增；地面上观战的人群看到了，赞不绝口；日机群发现了，惊怒交加。仗着机数的优势，几架日机幽灵似的从四面悄悄靠来。

李桂丹又咬住了一架轰炸机。敌飞行员惊恐地左右闪避，拖延着时间。"熊包！'大日本皇军'的威风劲哪去了？"他咬着牙，恶狠狠地咒骂着，这时，他已注意到四面扑来的敌机，可他全无惧色，仍一点一点儿地调整着角度，捕捉着目标，慢慢地，敌机进入了他瞄准镜中的十字架。

"哒哒哒哒""嗵嗵嗵嗵"，几乎在同时，几串青光迸射，几条火舌飞出枪膛。李桂丹看着前面那架火光熊熊、黑烟腾起的轰炸机，艰难地露出了最后一丝笑。鲜血从他的胸口涌出、从飞行帽边流下，热乎乎的。一阵天旋地转，洁白的天空和翠绿大地融在了一起。眼前一团红雾，像燃烧的火球。"高队长，小弟就要来了。"他心里念叨着。

天空沉寂下来，地面上观战的人群却都没有散去。十多分钟对他们来说，既像转瞬一刻，又像茫茫无期。无边的崇敬、感激，缕缕的哀婉、痛惜，像一枚甜中泛苦的橄榄，在他们心中渐渐化开。他们目睹了这场空前惨烈的大空战，他们亲眼看见13架敌机从天上滚下，但他们也眼睁睁看着李桂丹大队长、吕基淳分队长、巴正清、王怡等飞行员血洒蓝天，悲壮殉国。

新闻喉舌说出了他们的心里话，录下了他们欢快而又沉重的蓝天足印：

"庆祝空捷，追悼国殇——两万余民众大游行，全市哀祭忠勇飞将军。"

肃穆的祭堂，花圈如海，挽联如云。其中两副格外引人注目。中共周恩来等驻汉代表送来的挽联气势恢弘、意境深远。"为五千年祖国英勇牺牲，功名不朽；有四百兆同胞艰辛奋斗，胜利可期。"

委员长蒋介石和夫人宋美龄送来的挽联回肠荡气，情愫缠绵："武汉居天下之中，歼敌太空，百万军民仰成绩；滂沱挥同胞之泪，丧我良士，九霄风雨招英魂。"

武汉、南昌，前线、后方，邪恶的日本空军一时敛迹。在2月18日这场惊心动魄的风暴中，中国飞将军用勇敢、智慧，用热血、生命，在唯一能与日军平等较量的天空，夺回了自尊，夺回了纯洁的长空，夺回了久违的辉煌。可他们清楚，平静的背后，必定酝酿着更大的风暴，但他们渴望着风暴。

◎ 4月10日徐州空战，闪烁两颗耀眼之星

转眼间两个月过去了，武汉、南昌等后方重镇，硝烟渐渐散去，早春的气息越来越浓厚地弥漫在空气中。日本海军航空兵在"二·一八"空战中大败而归，还折了王牌，一时老实了许多，即使偶然有几次在夜间窜犯武汉等地，也在中国空军和地面高炮的还击下，茫乱地扔下几颗炸弹后又仓皇遁去。倒是鲁南、徐州等陆战前线，越来越吸引着中国空军的目光。

早在1938年头一个月的最后一天，30架日机空袭了洛阳。一阵狂轰滥炸后，日本人扔下一条白布战书，向北遁去。日本陆军航空兵在看到海军航空队屡屡失手后，既有一分幸灾乐祸，又有几分惊恼，便装扮得像个骑士一般，给中国空军下了战表：

> 勇敢的中国空军战斗员，对你们的奋斗精神，吾人深表敬意。吾人欢迎中国战斗员，来战场上空决一胜负。
>
> 日军战斗队加藤建夫大尉

加藤建夫是日本侵华航空兵第16联队第2大队大队长，此人敢放出大话，自然

不是等闲之辈。开战以来，他机身上标志战果的星星急剧增多，到这天已涂上8颗星了。除了技术娴熟外，他战术狡诈，作战也敢玩命。而且他的队内还有川原中尉等一批高手，因此在日军陆航内享有"驱逐大王"的美誉。前番空袭洛阳得手，他更是踌躇满志。当他静下心来猜想着中国空军接到战书后的尴尬处境时，忍不住得意地笑了。

但他想错了。不几日，山东兖州机场，加藤建夫收到了中国空军投下的应战书。

日本空军战斗员：
　　前日接到贵队之战书，言欲与本军作一胜负，本队甚为欢迎，吾人也准备领教……
　　　　　　　　　　　　　　　　　　　　　　　中国空军战斗队

加藤建夫手拿战书，惊喜交集，浑身上下，每个细胞都在疯狂地跳动着。他感到天空的战云更浓了，一场下了生死赌注的搏杀已拉开战幕。管他呢！不成功，便成仁，加藤喜欢冒险，喜欢刺激，所以他喜欢这场搏杀。

较量在不知不觉中展开。3月18日，中国空军第3大队突击了津浦路北段日军前进阵地。返航途中，意外地捡了个漏，敲掉了加藤大队的3架回航孤机。刚交手，加藤建夫就先折了第一阵。但令中国空军感触最深的，却不是这意外的3比0。上午，当他们猛攻地面上日军阵地、坦克时，另一侧中国陆军官兵发了疯似的跃出战壕，狂呼喝彩，把军帽、水壶抛向天空。他们像是忘记了自己身处前线，呼啸的流弹随时都可能要了他们的命，可他们控制不住自己。几个月来，他们一见到飞机，本能地就四处躲避。他们既要防天空，又要抗击地面，死神过多地环住了他们。可他们默默地忍受着，默默地倒下。人们，起码有一部分空军官兵并没意识到这些。每次分到空袭地面目标的任务，总有些不那么情愿。今天的情景却让他们认识了另一些与他们并肩战斗的人。他们既高兴，又心酸，甚至还夹杂着一丝惭愧。

陆军确实需要空军，陆军也真诚地感谢空军，当第五战区司令长官李宗仁上将得知战况后，压不住内心的喜悦和感谢，在电话里对第3大队大队长吴汝鎏中校连声喊道："好得很！好得很！真是太谢谢你们啦！如果陆军能帮上什么忙，你们尽管开口！"

空军动情啦！以后的几天里，空军频繁出动，轰炸敌车站、补给船，攻击敌阵地、集结地。他们像是欠了一笔人情债，急于想找补回来。

3月25日，第3大队全面开花。地上，封丘日军阵地、焦作日军物资列车、临城集结地，都饱尝了中国炸弹的滋味。天上，机数占优的加藤大队原准备捞一把，在归德上空拦截返航的中国战机。想不到拦截最后变成了溃逃，还把"加藤（队）之宝"川原中尉等6架战机埋葬在中国天空，另2架也受到重创。恼怒的加藤建夫开战以来第一次抽了队员的嘴巴。

这时，加藤建夫开始意识到他碰到的究竟是什么对手了。晚上，他心情沉重地在作战日记上写道："3月25日于归德附近与支那强队遭遇，空前壮烈，前所罕见。"他害怕联队长新田少佐那鹰隼般的目光，只能打肿脸充胖子，偷偷在"3"架（击落中国战机3架）战果前，加上个"1"。过去，他可从没偷偷摸摸地干过这种有损帝国武士声誉的事。

4月4日，台儿庄会战已接近尾声，濑谷旅团惨遭合围似乎已成定局。绝境中的濑谷残军突然看见飞机凌空，衣衫褴褛、通体血污的日本大兵举帽摇旗，欢呼雀跃，像是捞到了最后一根救命的稻草。可这根稻草，顷刻间变成了一柄锋利的利剑——中国人的利剑，残兵败将们最后一点儿抵抗意志也被绝望地斩断了。几天后，当台儿庄大捷的喜讯传遍全国，武汉各地轰轰烈烈的祝捷游行涌向高潮时，飞将军们都面带胜利的笑容出发了。他们飞遍齐鲁大地，在济南、兖州、诸城、临沂等地漫天飞撒着传单，敦促从台儿庄外围溃败下来的残敌和占据山东各地的日军弃战投降。

矶谷廉介、板垣征四郎败阵台儿庄后，损兵折将上万人，折尽了锐气。在中国战场上，还没有哪支日军败得如此之惨，这更让一贯号称精锐的矶谷、板垣无地自容。惊恼之余，对陆军航空兵失去空战主动一事痛骂不绝。挨了一顿臭骂的陆航第16联队联队长新川少佐怒冲冲地叫来加藤建夫大尉，他一言不发，怒视着面前垂首而立的加藤，这更让加藤感到从未有过的窘迫和惶惑。半晌，新川才阴阴地开了口："加藤君，你明说，还有没有能力解决战区内的支那空军。"

这语气，更让加藤建夫惶恐不安。就此罢手，等于宣布失败。这对他的信念、他的战斗队、甚至他的家人，都将是毁灭性的打击，这种结局他连想都不敢想。他急忙抬起头,狠狠地咬着牙说:"支那航空队敢再来,就打它个全军覆没。加藤部队的光荣,仍将永垂青史!"

新川似乎并未被打动,他听这类的保证已经太多了。他冷冷地摆摆手,加藤建夫退下去,走了。可新川含怒的眼光和冰冷冷的面孔,加藤却无法摆脱。"支那航空队,我就是豁出这条命也要敲碎你们这块骨头。"他心里恨恨地发誓道。

几天来,李宗仁忙得连轴转。既要应付中央派来的慰问团,接见全国各地的团体、军界同仁,还得笑着脸跟记者、外国军事观察员、驻华武官周旋。台儿庄让他一下子红透半边天,他觉得今天甚至比他发动"两广事变"时引来的目光还要多,还要复杂。他是个有恩必报的人,中央方面有他为空军报请嘉奖的电文,记者方面,他也没忘记为空军多说几句好话。

面对顶头上司第3路空军司令部和空军总部的嘉勉,第3大队没有沉醉,他们心里清楚,自己拥抱鲜花的时刻,正是对手恼怒疯狂的时候。最后的决战虽未开始,可摊牌用不了多久了。

4月10日,第3、第4大队联手出击,轰炸徐州外围日军炮兵阵地。日军地炮当场损失数十门,人员数百。可加藤不管这些,他率24架战机从兖州机场起飞后,一直静静地埋伏在归德以东上空的云层里,很快,第3、4大队的驱逐机群出现了。加藤建夫一言不发,率先冲出云层,爬高,企图占据有利位置。

加藤建夫故伎重演,拦路设伏,企图先发制人,但很快,他就发现自己的机群像过去一样,完全陷入了被动。右下方,他眼看着一架中国的伊-16撞向一架日机,两者同归于尽。"中国人疯了。"他感到身子一哆嗦。没多久,他的一名中队长被另一架中国战机撞毁。"这是什么战术?混蛋!"当他看见中国那架摇摇晃晃栽下去的战机里弹出一朵伞花时,他不顾一切地冲上去要开火。

就在这时,斜刺里杀出一架伊-15,一通枪声,他感到天地在飞转,机身进入螺旋。定睛一看,飞机的右翼已被削掉。"完了,一世英名毁在支那。"一阵绝望,加藤建夫闭上了眼睛。此时,他完全可以跳伞逃生,但他不愿这么干。"轰!"飞机撞在土山上,一股火球冲天而起,烧毁了加藤的座机、肉体,也毁灭了他横行中国天空的梦想。仅仅在两个多月前,他还是那么不可一世,甚至向中国空军投下战书,摆开了一场残酷的战争游戏,可结果却输得如此之快,如此精光。

4月10日的空战，中国天空又闪出了两颗耀眼之星。广西籍空军少尉梁志航，在油、弹两尽之际，驾机勇撞日机，血洒长空。第4大队飞行员陈怀民也撞毁日机一架，后跳伞带伤归返。至此，这位21岁的战士已3次挂彩，先后击落敌机5架，成了中国新锐空军的化身。

◎ "天长节"，中国空军送给日本天皇"厚礼"

4月的武汉，春风和煦。蒋介石坐在院中藤椅上和夫人轻语着。远处，东湖水清波荡漾，在阳光的照射下闪着道道金光。近处，珞珈山绿草鲜花竞相吐绿斗妍。要不是晚间偶有空袭，要不是沿街的沙垒、岗哨和潮水般涌来的难民、伤兵，眼下该是令人难忘、令人心醉的花季。

"达令，知道这山为什么叫珞珈山吗？"宋美龄看着幽静的庭院小径，饶有兴致地问道。

"嗯。"蒋介石心不在焉地哼哼道。自"二·一八"大空战以来，日本人的飞机来得少多了，他休息得不错，防卫武汉的军、政方案也在顺利进行。当然，更令他兴奋的是，几天前，他又被任命为国民党总裁。手中的权力一下子又急剧地膨胀了，看来他的权力还是稳当的。

"其实珞珈山原来叫洛家山，只是后来人们嫌它太土气，所以……"宋美龄在炫耀着她不知从哪里刚听来的消息。

"后方的稳固实在是当务之急。一个国家的战时首都，如果每天都不能保持太平，那么军心、士气何以维系？国际形象又该如何？空军是有战斗力的，不能光等着挨打，还是应该出击出击。"蒋介石盯着远处的东湖，另有所思。"达令，你在听吗？"宋美龄一声轻语，把蒋介石又拉回到现实中。

"听着呢，听着呢。美龄，我要打个电话，你先坐坐，啊，坐坐。"说着，他起身向屋里走去。

钱大钧放下电话，一时也没了主张。他接任航空委员会主任一职时间不长，可中国只有近300架飞机，而对手却有上千架。这一点他还是很清楚的。眼下应付都应付不过来，还要主动出击，他感到有些麻烦。可在他给蒋介石当侍从室主任的日子里，已摸透了蒋介石的脾气："他要你跳火坑，你就不能绕过去。总裁的吩咐，我只能想着如何去办，而绝不能再琢磨该不该办。"

中国空军各机场再次奔上忙下地紧张起来。4月21日，一条意外得到的消息，惊得钱大钧冒出一身冷汗。

这天，孝感前线机场的一架试飞战机，归航时意外击落一架日军双座侦察机。机骸中，一具死尸身上的金质领章引起了情报人员的注意。日空军将官一级的人亲自实地侦察，以往可不多见。翻译了作战日记后，情报人员赶忙向武汉报告。

4月29日是日本天皇的生日，取名"天长节"。日本陆军、海军、航空兵计划在这一天大规模空袭武汉，作为向东海岛国上的天皇祝寿的礼炮。可几天前，遵照蒋介石的意思，武汉外围的空军已大多被派出，其中中、苏空军各一个大队原计划轰炸海外三灶岛上的日本空军基地，可大雨把他们耽搁在了南昌。如果到了那一天不能有效地击溃日本空军，武汉的天空不能以中国人的胜利告终，那他钱大钧可没好日子过。那时，蒋总裁可不会管是谁把飞机派出去的。

军情似火，钱大钧一面向军委会报告，一面连夜召开空军紧急会议。一封封电报、一个个电话，飞向各处空军大队："速返武汉！""火速回汉！"这一切都忙完后，钱大钧抹了一把额上的冷汗，窃窃自语道："我钱某人可没有诸葛亮的本事，再说日本人懂空城计吗？"

4月末，千岛之国日本樱花初绽，春意渐浓。4月29日，虽然只是个星期五，但这一天却非比寻常。当太阳照上东京街头，"君之代"国歌疯狂地响遍全城时，整座城市便被歌声、欢呼声、鞭炮声和嘈杂的人声搅扰得骚动不宁。人们早已停下了活计，停下了一切正常的生活，走出家门涌上街头。警察、街区治安员推搡着拥挤混乱的人流，恶狠狠地咒骂着、踢打着。身着戎装的军人三五成群，目光骄傲地注视着周围的一切。在这座城市里，青年男子已不多了，他们很为自己身上散发着的朝气和力量而自豪。

代代木阅兵场，早已搭起了彩台。彩台的两侧，太阳旗插得遍地都是。精心挑选的陆、海、空三军仪仗队队员，像一块块整齐的铁板，精神抖擞地立于台前，一双双眼中闪动着晶莹的泪花。身后，市民们拥挤着，都想争睹一下大和天神的风采。

第七章 血在飞 血在漂

当天皇一身戎装，手戴雪白的手套，骑着高头大马步入阅兵场彩门时，国歌声大作，欢声如潮，整个阅兵场像爆开的水锅。上千年的天皇制，已把天皇神化了，在普通人眼里，天皇是天照女神派来日本列岛的使者。他具有无上的力量，能拯救大和民族脱离苦海，奔向繁荣。他甚至连姓氏也没有，神圣的天皇是不能有姓的。他不能苟同于芸芸众生，即使内阁大臣也不例外。他具有无边的权力，他可以让他们为他而生，也可以让他们为他而死。

天皇裕仁站在台上，看着威严齐整的受阅队伍，听着振奋人心的"卡卡"脚步声，心情激动。正是这支军队，正在实现着他历代祖辈都未曾实现的梦想。正是他们，给他带来了耀眼的辉煌，也使大和民族万民子孙顶礼膜拜，更加疯狂。天上，一架架银白色的战机，编织着严整的队形，掠过阅兵场，引来人群一阵阵更加激动的欢呼、喝彩声，天皇裕仁平静的脸上终于现出了笑容。他相信这只最近的"鹰"，一定会更加凶狠地扑啄敌人，一定会给他和他的万民带来更多的喜悦和胜利的疯狂。

中国的抗战首都武汉，也沉浸在一片喧嚣、沸腾之中。满天轰鸣的发动机声、震耳的枪炮声、穿梭飞舞的机影、枪弹，构成了一幅惊心动魄的交响曲。中国空战史上规模最大的空中激战正酣。

满天的机影，漫天的硝烟，炫目的闪光，遮住了蓝天白云，掩住了太阳。日军航空队憋了两个多月，今天一撒手，就把70多架战机投入武汉空战。中国空军在家乡父老面前不敢怠慢，武汉外围中、苏混合编队70多架战机尽数升空。太精彩、太激烈、太悲壮了！武汉人哪里见过这样的场面，天空中烈焰喷吐，黑色战机令人眼花缭乱地飞舞着，穿梭着……

4大队又参战了。几乎每次大的空战，人们都能看到他们矫健的身影。半月前，他们刚刚参加完徐州会战，今日又驰骋武汉上空。李桂丹牺牲后，毛瀛初又顶上来，接替了大队长一职。小伙子虽然年轻，却是个帅才，上任两个月，中国人、日本人都感到4大队这柄剑毫无锈蚀，仍是那么锋利，那么无敌。

队员刘宗武向着不远处的战友陈怀民打了个手势，随毛大队长扑向佐世保航空队机群。在南开读书时，他是个备受姑娘青睐的篮球场上的骁将。球场上的冷静、勇猛看来已融入了他的空战技术。来到4大队后，很快他就成了主力飞行员。这个身材魁梧的天津小伙儿显然喜欢在敌机群中发挥自己的才能，就像在球场上。当他扑入日机群，眼望四周一团团"太阳"时，他毫无惧色，轻灵地上下翻飞、左右躲闪，并抓住时机咬对手一口。一架日本战斗机很快在他的枪口下化作一团黑烟、一只火球。

"够本了，再打就算白赚。"他心里念叨着，突然，几发子弹打得他座椅背上的护板叮当作响。"嘿，这玩意行！"他乐了，一个小角度急转，把背后下黑手的那架日机让到前面。当日机被他紧紧套住时，他咬着牙骂道："妈的，该你狗×操的尝尝老子的厉害了！"一串枪弹，打得敌机像是被扭掉了脑袋的乌鸦，向下栽去。可还没笑出声，险恶的一幕让他们失声惊叫："怀民，小心！"

右下方3000米高度上，陈怀民已被5架疯狂的日机团团围在核心。

一分钟前，陈怀民也有所斩获，可他几乎立刻招来了几只红了眼的恶狼围攻。今天一上天，他就有一种感觉，那就是机身上标志战绩的小星星要有所增加，也许是一颗两颗吧。虽然半月前撞毁日机时留下的腿伤还没好利落，可他感觉不错，他相信，在天上厮杀，有时就是凭着自己的感觉。

四周扑来的日机他看见了，可他丝毫没显出慌乱。前方，大队长毛瀛初也在与五六架敌机周旋着。本来嘛，4大队9架战机闯入佐世保航空队20多架战机的机群，哪有不受围攻之理。可他们既然敢进来，就有办法阵中掏心。陈怀民眉峰紧蹙，清秀的面庞透着一股逼人的杀气，只是唇边渗出的绒毛显示着他的稚气。他才21岁，可脚下却布满残酷的征杀和死亡。他已有3次是从死神手中挣扎着爬出来的，换来的是击落敌机5架的辉煌。用他自己的话说："我早已死过了，现在不知道什么是怕死。"

有一架敌机垫背，他显得更加无所顾忌了。就在他瞄准一架敌机准备射击时，突然机身猛地一震，胸口一阵发热、发堵。他低头一看，殷红的鲜血喷涌出来。他恨恨地扫了一眼那架对他下了黑手的日机，咬紧牙关，拉下围巾捂在胸口。机身在慢慢下坠，机尾冒出的黑烟越来越浓了。

满天的枪炮声，像一块巨大的磁石，吸引了来自地面越来越多的目光。人们忘记了战争的危险，忘记了随时可能从天上落下的枪子炸弹，他们指天跺地，恨不能插上翅膀飞上天空，助心目中的勇士们一臂之力。当大而笨拙的日军战机一架架栽向地面时，人群便会发出一阵阵响彻云端的助威喝彩声。当中国轻巧的小"黄莺"中弹起火，扑向地面时，人群中便是一片沉寂夹杂着惋惜声，陈怀民人机两伤，引得地面一片叹息。当陈怀民拉平冒烟的战机时，人们似乎又看到了希望。

"好样的！快撤出去，快退！"

"跳伞，快跳伞！"

地面上观战的人群挥着手，焦灼地呼喊着。陈怀民却没有听到这声音。他像一头被激怒的雄狮，面颊铁青，两眼冒火。他咬紧牙，拼尽力气，猛拉操纵杆，飞机拖着浓浓的黑烟，吃力地倒扣着向上翻转了180度，正好与后面扑来的敌机照了个迎面，在意识渐渐模糊的一瞬间，对手那惊恐的双眼闪电般摄入他的大脑……

"轰！"一声沉闷的爆炸声响彻云端，两架战机化作两团火球，飘向翠绿的大青山，坠向滔滔的长江水。

地面上无数双挥动的手臂一时僵在半空，时间也像是停滞了。这一幕是如此意外，如此悲壮，像一阵强大的冲击波，震撼了每个人的心灵。晶莹的泪眼中，透着震惊和痛惜，闪着骄傲和自豪。

第3大队来了，苏联空军志愿大队赶来了，优势的天平开始转向中国一面。日本空军原已绷得紧紧的神经，在陈怀民惊人的壮举中，在中国空军越来越大的压力下，终于承受不住了，轰炸机率先掉头逃窜。

一串串枪弹在一阵阵怒吼中泻向天空，飞向敌机。复仇的火光在天空燃烧，飘落的机片在空中横飞。一团火球，一架日本战斗机中弹起火；一团碎片，一架日军轰炸机凌空爆炸。日机完全失去抵抗能力，仓皇间一架接一架被击中。武汉的天空成了日本空军巨大的火葬场。

东京皇宫，裕仁疲惫地穿过神殿，走上了通往内宫的林荫道。皇后远远迎出门，屈身请安，裕仁点了点头，向里走去。外面的喧闹已平静下来，他的心也有些灰暗。他知道是累了，疲劳往往使他心绪烦乱。可他过去总是精力充沛，如今却很容易疲劳，他感到自己的精力大不如前了。"难道人这么快就会衰老？"他心里琢磨着，第一次感到有些事远非他的能力所能及的。

像是慢了一个节拍，当东京趋于平静时，武汉却又沸腾起来，报童又飞快地冲上街道。人们很快便知道了今天具体的战果：空战不到30分钟，日机被击落21架，我方损失战机2架，负伤3架……

武汉照例又是一片喧嚣沸腾。政府部门、社会团体，还有普通老百姓，蜂拥着奔向王家墩机场。堆积如山的慰劳品，武汉花店几乎一大半的鲜花，都被送到了这里。欢庆还是那么热烈、那么疯狂、那么投入，可不同的是，今天狂欢的人潮都在相互打听着一个人，一个唯一在空战中牺牲的英雄。大部分观战的人都看到他勇撞敌机那惊心动魄的一幕。

人们很快便在心里牢牢记住了一个普通的名字：陈怀民。抗战名城武汉也虔诚地收下了一个为保卫她而献出生命的年轻人。从这一天起，"陈怀民路"便永远地留在了武汉城中。

忠魂有灵！

◎ 蒋介石亲自迎接远征日本的中国空军英雄

1942年4月18日，美国陆军航空兵少校詹姆斯·杜立特率领攻击航空队，驾B-25轰炸机，利用日军判断上的失误，成功地轰炸了日本首都东京，引得美国举国欢腾。多少年来，人们都把杜立特称为轰炸日本第一人。其实，早在1938年5月，中国空军第14飞行队队长徐焕升和飞行员佟彦博就驾驶"马丁"轰炸机"轰炸"了日本本土。更独具一格的是，中国空军投下的"炸弹"，竟是一捆捆花花绿绿的传单，这在当时曾轰动一时，西方报刊将其赞为"文明与野蛮的对比"。

蒋介石空袭日本本土的灵感，还是来源于日本人的炸弹。1938年2月的武汉大空战，有几架日机突破中国空军防线，飞入武汉上空，成吨的炸弹倾泻而下，在市区大街小巷爆炸。

蒋介石偕夫人宋美龄刚刚离开官邸，就有两颗炸弹在庭院中间爆炸，大门前几盆蒋介石心爱的兰花被炸得无影无踪。蒋介石从防空洞回来见状，气得暴跳如雷，他拿起桌上的红色电话机，要空军马上拿出对策。周至柔被逼不过，在蒋介石身旁人员的提醒下，向蒋介石呈上了空袭日本、惩罚日军的方案。蒋介石大笔一挥，签发了命令。空军忙里忙外进入了准备状态。两架"马丁"轰炸机从西南被调到了江北崇山之中,空军第14大队大队长徐焕升率部投入了一个紧张的模拟训练。

究竟何时出击为好?用什么炸弹轰炸日本?周至柔虽为空军司令,可他不敢做主,也做不了这个主。去面示委座吧,又怕挨训。他深知老蒋脾气,不请示他,他把你骂得狗血喷头;请示他,有时会斥责你没有主见。亏高参指点,他想起了时任航空委员会秘书长、主宰空军一切的宋美龄。

经宋美龄同意,周至柔的轿车直抵蒋介石官邸。

在那间摆设豪华的客厅里,周至柔喝着宋美龄亲自动手泡的一杯龙井茶,颇有点受宠若惊。"根据委座指示,我空军司令部拟定轰炸计划,飞行队集训完毕,待命轰炸日本本土。"有夫人在场,周至柔似乎胆壮了点,一口气报告完了计划。

"好好好。"蒋介石连连点头说,"此事宜早不宜迟,你们还是快点行动吧!"

"请委座钦定时机,我们一定把炸弹扔在日本人头上!"周至柔啪地站起。在这之前,围绕扔什么炸弹,空军内部也主张不一,有人主张投杀伤弹,炸一炸不可一世的日本鬼子,也有人主张投定时炸弹,说可以延长惊吓日本人的时间,还有人主张投凝固汽油弹,在日本城市烧上几场大火……

"请坐!请坐!"蒋介石态度格外和蔼。

这时坐在一旁的宋美龄发话了:"把炸弹扔到日本人头上,固然会在全世界引起轰动,对日本也是一次小小的告诫,只不过……"

"不过什么!"蒋介石不知夫人葫芦里卖的什么药,紧接着追问。

"日本人野心大得很,进攻中国仅仅是开始。他的空、海军主力尚留本土,一旦激怒了他们,会不会引发别的什么呢?再说,把炸弹扔到无辜的平民头上,似乎有点不够人道。"

周至柔搞糊涂了,原来夫人是不主张轰炸日本的。他不知所措地点头:"夫人高见,夫人高见!"

蒋介石也连声说:"对对,是有点不够人道,是有点不够人道!"

宋美龄没有理会蒋介石的话,她转身对周至柔说:"依我之见,不扔炸弹,可以扔传单嘛!"

未等蒋介石表态,她就说:"周司令,你就去准备吧,委座选定的时间是19日或者20日，而且最好不要用苏联的飞机。"

周至柔倒吸了一口冷气。飞行员拼着九死一生，只是为扔几张纸片，值得吗？他自己也说不清楚，而在这个场合，他只能咬着牙说："是！"

出击时间一定，空军司令部忙得不可开交。宁波栎社机场，成为这次行动首选机场，荷枪实弹的宪兵把住了通向机场的每一条小道。

为了迷惑日军，通信部门故意把一些空军准备出动飞机支援津浦线作战的情报让日军破译。而各轰炸机大队也昼夜频频出动……

历史将永远记住这一天——1938年5月19日。

下午3时23分，随着三发绿色的信号弹划破天际，武汉机场两架银白色的"马丁"B-10B重型轰炸机怒吼着，一前一后，在跑道上拔地而起。

飞在前面的是长机03号飞行员徐焕升，肩负着如此光荣的使命，他的心情异常激动。

多么神圣的飞行！这是中国领土被日寇践踏以来，第一次发起对日本本土的攻击。也是亘古以来，中国军队第一次跨海东征！

徐焕升手握操纵杆，两行热泪夺眶而出。4万万同胞的期望，中华民族的重托，他掂出了驾驶杆的沉重。

教官司马戟一会儿跑到前舱，一会儿转到后舱。炸弹投掷口设在中间，四周堆着一捆捆传单。轰炸员们正忙着把一捆捆传单塞进弹舱。他瞄了一眼舱外，如絮的白云一团团滚滚而来，那熟悉的山川、原野，袅袅的炊烟，负重的耕牛，如果没有这场战争，那该有多好。前方就是宁波机场了，按上峰指定，司马戟已完成历史使命，飞机降落后他不再前飞，东征日本的重任落在了徐焕升等人的肩上。

时针指向了下午5时20分。日军袭扰的飞机由于受航程和燃油的限制，此刻大都已悄然返航。这支神秘的远航轰炸队，正是利用这个战术上的时间差，神不知鬼不觉地降落在出击基地——宁波栎社机场。

晚饭后，徐焕升带着轰炸分队队员聚集在起飞线一侧的飞行员休息室，一面等待总部的电令，一面展开大地图，再一次校对航线。

23时，电务科长送来汉口急电：可以出击，祝一切顺利！

23时20分，徐焕升等8名壮士来到起飞线。黑暗中，没有谁发出指令，8个人齐刷刷地排成一列，遥对西方发出庄严的宣誓："为吾中华，抗日救国。飞渡重洋，远征三岛。以吾神鹰，警告日寇，唤醒人民，制止战争。效忠领袖，虽死无怨。"8个人紧紧地拥抱在一起，8颗炽热的心合着同一个节拍跳动。

23时48分，跑道两边的草丛中，突然亮起了杏黄色的跑道灯。

"起飞！"随着耳机里响起指挥员的命令，两架巨鹰呼啸着扶摇直上，消失在遥远的夜空。

夜幕下的江城武汉，由于实行战时灯火管制，几乎看不见几盏灯。汉口空军临时总指挥部的大门口，陡然增加了一个班岗哨。深夜23时50分，三辆黑色的小轿车，悄无声息地停在空军总指挥部门口，中间一辆车里，走下全身戎装的蒋介石。等候在门口的周至柔"啪"的一个立正，"委座好！"蒋介石点点头，沿台阶步入正厅。

二楼会议室里灯火通明，长方形的会议桌上，中央党部的各处要员全部等候在此。

"蒋委员长到！"大厅外响起了一个长长的口令，军政要员一个个起立，目光注视着那扇打开的侧门。

身着军用披风的蒋介石走进会场："打搅了诸位的好梦，对不住啦！"他边说边笑着招呼大家坐下。

隔壁房间里响起了电话铃声。一会儿，周至柔疾步跑到蒋介石身边，弯腰在他耳边嘀咕着什么。

"好！好！大概需要多少时间？"蒋介石问周至柔。

"按航速计算，大概需要2小时40分钟。"周至柔小声回答。

蒋介石转过脸，朝大家望了一眼，慢慢站了起来，颇有风度地把双手撑在桌面上，操着浓重的浙江话："诸位，我要向大家宣布一个振奋人心的消息。今晚，我国空军将对日本本土投放精神炸弹。"听众中一阵骚动。蒋介石卖关子似的停顿了一下，抬腕看了看手表，"现在是零点19分，我军的两架轰炸机已经起飞31分钟，让我们一起恭候胜利的喜讯！"

西太平洋上空，徐焕升和他的战友关掉了通话器，在云海深处作静默飞行。老天似乎故意为难出征的勇士，刚才还好端端的天，一会儿变了脸，一团团浓云涌向飞机前进航道。尽管这样的天气他们已飞过多次，可这次毕竟不同于平日的夜训，不能有一丝一毫的偏差，徐焕升暗暗告诫自己。他瞄了一眼仪表："航向：3027，高度7000。"他报出一串数据。

"正确!"守着罗磁盘的领航员在大声报告,徐焕升脸上掠过一丝不易察觉的微笑。

"咚咚咚!咚咚咚!"翼下响起了猛烈的高射炮声,拖着血红色尾巴的炮弹流光四泻地飞向空中。

海面上,5艘日本海军军舰一齐打开了探照灯。旗舰指挥室,海军大佐藤一郎正指挥炮兵作盲目射击。

大概是天气的缘故,日军舰载雷达无法分辨空中的目标,只是云层深处隐隐传出轰鸣声,夹杂着轰隆隆的涛声,佐藤一时也分不清究竟是什么声音。"打开探照灯!"刹那间,10道雪白的灯柱刺破夜空,遗憾的是云层太厚,任凭观察兵望花了眼,也没看出什么名堂。佐藤一郎长叹一声:"返航!"

凌晨零点35分,蒋介石精神抖擞地喝着龙井茶,犹有运筹帷幄之中,决胜千里之外的神采。不一会儿,周至柔又满面春风地递给蒋介石一份电报。是徐焕升发给空军总部转最高统帅部的电报。电文如下:

> 职谨率全体出征人员,向最高领袖蒋委员长及诸位长官行最高敬礼,以示参与此项工作之荣幸,并誓以最大之努力,以完成此非常之使命。
>
> 徐焕升

"蒋总裁英明!"会议室里一片欢腾。

蒋介石摆摆手,示意大家安静。转过身来问站在身旁的周至柔:"飞机现在到什么地方了?"周至柔赶紧向隔壁跑去。空军总部指挥所转来了徐焕升刚刚发来的电报:"云太高,不见月光,完全靠盲目飞行。"

会议室里的空气顿时又紧张起来。

15分钟后,又一份电报送到了会议室:"云上飞行,一切安全!"

20日凌晨2时20分,轰炸机群飞临日本本土上空。从空中俯瞰,夜幕下的日本列岛,犹如一条张牙舞爪的鳄鱼。

九州,位于"鳄鱼"的尾巴处,是这次"轰炸"的重点目标。徐焕升往翼下望了望，黑乎乎的"鱼尾"上，稀稀疏疏地亮着几盏灯。

到了，是九州的重要城市长崎，机舱里欢呼起来。作为空军飞行队长，徐焕升当然知道长崎的分量，这座距中国大陆最近的城市，是侵华日军空军的重要出击基地，聚集着军火工厂、海军基地。多少次，他们曾发誓，总有一天要把这罪恶的侵略跳板砸烂。如今，机会终于到了。

"准备投弹！"徐焕升发出指令。

黎明前的长崎街头，行人稀疏，只有几家通宵开张的点心店亮着灯。

"轰隆隆……"空中掠过一阵惊雷。两架黑色的巨鹰呼啸而下。

"飞机！飞机！"不知谁喊了一声，许多新兵涌出房门。

"统统的回去睡觉，这是皇军夜训的飞机！"一名少佐大声吆喝着。

一阵狂风掠过，天空中飘动着成千上万张纸蝶，许多新兵顺手捞住一张。"支那飞机！支那飞机！"突然有人惊叫起来。

少佐捡起一张传单，嘴巴惊得再也合不拢了。这是在日本长崎，不是在中国的华北平原。他怎么能不惊恐万分呢？宣传品上明明白白印着《中华民国总工会告日本工人书》："尔再不驯，则百万传单变而为万吨炸药矣。尔其戒之！"

"不准抢传单！统统的上缴！"少佐声嘶力竭地叫喊着。

轰炸机编队披着夜色，呼啸着飞过长崎，飞过福冈，飞过熊本……

飞机围着"鳄鱼尾巴"转了一圈，撒下难以计数的传单，而后迅速爬高，加大油门，向祖国飞去。

40分钟后，日军才如梦初醒。九州岛全部停电。地面炮火在漫无边际地轰鸣，漆黑的夜空闪起一道道耀眼的火光。日本人在为我东征的勇士送行。

徐焕升安全回来了，蒋介石、宋美龄、周至柔事后在武汉专程迎接了徐焕升等东征勇士，并通令全军予以嘉奖。

东京，日本天皇闻讯大怒。100多年来，东瀛列岛还从未遭到外来的侵袭，但今天，中国人却打破了这神话。裕仁大怒之下，下令撤了东京防空司令，并传令前线日本空军，全力剿灭中国空军。

◎ 1938，中国有支苏联"志愿军"

进入8月，前线的战事越来越紧了。4日，鄂东重镇黄梅失陷，武汉东大门门户洞开。日军先头部队迅猛地不顾一切地向前猛攻。丘陵山岗、水地田间，中国守军布设的一道道阵地上尸山血海。但这一切仍没能阻止住冈村中将疯狂的西进势头。头上，日本空军也像是扑杀不绝的蝗虫，一波波地踏着前面同伴的血迹，打杀上来。凄厉的空袭警报又昼夜不停地回荡在武汉上空。

武汉城中的商贾富绅、官吏显贵，早已收拾起金银细软，或退入川北，或飞港出洋。国民政府各部门，也在月初撤离，限期迁往重庆。虽然各种救亡团体、民间组织，号召起一群群充满热血的工人、学生和市民，四处演讲，示威游行，可前方隆隆的枪炮声，还有从前线潮水般溃退下来的残兵败将、伤员、难民，像一盆盆冰冷的雨雪，浇灭了人们心中曾炽烈燃烧着的火焰。在沉重的眼泪、叹息和绝望中，西迁的滚滚大潮又开始蠕动了。

战争摧毁了人的信念，扭曲了人心。城市的祥宁、生活的乐趣，在一阵阵充满血腥和恐怖的战争气息中荡然无存。惶惑、焦虑和惊恐，已把近百万人逐出自己美丽的家园。东湖碧水虽然还是那么清，这时却显得孤单、清冷了。

武汉沿江大道的山海关路，坐落着一幢看上去很普通的青灰色砖楼，空气中弥漫着的紧张、混乱，似乎并没有波及这里。进出往来的人员看上去很是平静，异样的黄呢军服依然挺括，金黄色、栗灰色、黑色的头发依然梳理得整整齐齐。每天训练、作战或散步归来，仍能给这座慌乱的城市留下阵阵欢笑。

苏联航空志愿队上百个小伙子就住在这里，其中有名留青史的轰炸机大队长库里申科。来中国虽然只有几个月，但他却像是换了个人。他看到的、听到的、想到的，扰乱了他多年来一直平静的内心世界。从中国人，尤其是驻地附近的那些老人、妇女和儿童对他们尊敬、友爱的眼神中，他看到了一个淳朴、善良、好客的民族。从那些默默忍受着家园被毁，亲人亡故的中国人身上，他看到了世间最宝贵的东西。短短几个月，他就深深爱上了这个民族，这个国家和他的人民，这片多情土地上的一草一木。他的这种同情、热爱与日俱增。

第七章 血在飞 血在漂

越是这样，他对日本人就越加痛恨。如果来中国前，他对日本空军，尤其是一支强大的空军还有一丝同行相敬的感觉的话，那么今天他会对这种感觉感到可笑，当空袭警报白天黑夜不停地尖叫时，他暴躁、愤怒，跳着脚地骂："日本空军是什么军人？他们纯粹是一群魔鬼。他们为什么不正经地在战场上作战？他们为什么要频繁不断袭击、骚扰一座和平城市，让人们白天黑夜钻地洞、睡郊外？他们为什么要对路上逃难的平民和地里劳作的农民轰炸扫射？真是愚蠢、野蛮，一群懦夫。总有一天我要把这些魔鬼一个个都送入地狱。"库里申科爱动情、爱冲动，每当这时，谁也别想把他拉进防空掩体。

平时，他却十分沉静，沉静得话都不多说一句，走路都低着头。他有着太多的心事。刚到中国那阵子，满耳听到的都是对中国空军的赞誉，为此他欣喜过。可他是专家，对一支空军、对飞机装备、对空中战术无不精通，任何纰漏都逃不过他的眼睛。虽然中国空军总部给他提供的资料上，罗列着相当数量的作战飞机，但他很快便发现一个秘密：中国的战机几乎很少从航空委员会那厚厚的登记簿中删除掉，即使早已负伤，破损而被淘汰掉。中国究竟有多少飞机能投入天空，能参加空战，他不得而知，中国空军的高级将领似乎也不清楚，这惊得他目瞪口呆。

训练场上，他对中国的小伙子们够凶的了。他盼的是这些东方的小伙子能早日掌握"达萨"轰炸机，能早日把炸弹准确地投到日本侵略者的头上去。他不忍心再看到日本飞机疯狂地屠杀中国人，蹂躏中国的土地。他对这里的人民，对这里一草一木，都有着故乡、亲人一般的情怀。

他对中国空军小伙子们是满意的，他们对他的严厉训斥从无异议。从他们身上，他看到了中国人的智慧、胆量和不屈，这尤其令他满意，甚至赞叹。可中国空军的上层却令他失望。先期参战的战斗机同僚曾向他提起过中国空军指挥上的混乱，有时飞机刚飞到一半，一道命令下来，又不得不掉头回返。各机场麻痹大意，警报不灵，常让日本人钻空子，造成惨重损失。起初他还怀疑，他不相信一支计划和管理不周、指挥混乱的空军能打胜仗。可他渐渐地有些开窍了，顽疾确实存在，中国空军的"大脑"出现障碍，之所以还能取胜，全仗着空中飞将们技术高超，作战拼命。现在他明白了，为什么中国战机更多地丧命在地面机场，而不是空中，这使他尤为痛心。中国空军原本应该打得更漂亮！这些棒小伙走遍世界，也是一流的！身为大队长，一种职责使他感到：今后作战决不能再这样了。不管是自己的弟兄们，还是中国飞行员，只要跟着他作战，他就不能看着他们作无谓的牺牲。他不想让可爱的青年和金贵的飞机去填那深不见底的黑洞。

8月初，教练中国飞行员适应新机种的工作已全部结束，库里申科终于领来了轰炸任务。长期的教练工作，耗去了他的精力，他的眼窝深陷下去，一脸的青灰色中难见血色。可一坐进机舱，他的两眼便放出了光芒。他将积蓄已久的恨终于泻向日军停满战机的机坪，泻向敌军战舰，泻向日军地面阵地、炮群。准确的炸点，腾起的烟火，让他感到淋漓畅快，好一番兴奋。也真神了，每次出击任务，他的"达萨"机群总能满载胜利，全部返回。有一阵子，他快活得像孩子，咯咯笑个不停。

前线战事更紧了。前线部队要求空军支援的报告雪片般地飞到军委会，飞到航空委员会。库里申科大队没日没夜地起飞、降落、再起飞。他更加消瘦了，颧骨暴突，两眼布满血丝，平日梳理得整整齐齐的黑发早已成了一团乱草。他已经有两天没回过住所。困了，有时就坐在机内靠椅上打个盹儿，吃饭也在机旁。他就像一根上满弦的发条，不停歇地运转着。

8月13日夜，满天星斗，大地一片静寂。库里申科摇晃着站起身，伸展了一下疲乏的四肢，叫醒队员，奔向机场。借着月光，他亲自率领手下的弟兄们忙活起来。出仓挂弹，检查战机，开车加油，一切都得他们自己动手。当东方晨曦微露，大地还是一片青灰色时，一架架"达萨"轰炸机已在一片轰鸣中升上了天空。

库里申科又像往常一样，拉开舱盖，回首冲机舱内机械人员和地面地勤人员露出会心一笑，留下了最后一句话："再见，同志们，好消息就会来的。"

但就在这一天，一直相伴的幸运女神残酷地离他而去。下午，惊人的消息传到武汉，库里申科座机坠入四川万县东南的长江中，库里申科阵亡！

原来，库里申科大队还未到达指定轰炸区，就与一队日军战机在空中遭遇。清一色轰炸机的库里申科大队要躲已经来不及了。他一声令下，率全大队冲入敌阵，指望能杀开一条血路。作为领队长机，他的座机一进入交战就受到日军的重点围攻。三架"梅"式战斗机像甩不掉的魔鬼一般，紧紧地缠住了他。库里申科一面沉着地指挥全队作战，一面灵巧地躲闪着对手的攻击，同时还在不断地选择捕杀对手的位置。射击手配合默契，一梭子弹，先把身后扑在最前面的一架"梅"式机打得翻滚下去。就在"梅"式机落下的空隙，同时也把庞大的"达萨"机翼暴露给了对手。库里申科未及作出反应，两架"梅"式战斗机便同时喷吐出凶狠的火舌。

座机中弹了，库里申科扭头发现左发动机已慢慢地在减速，飞机也在天空摇摆起来。他急忙就势左转，冷静地摆脱了敌机。再稳住机身，飞机经一阵剧烈颠簸后摆脱了重围，向西飞去。

短时间的平稳后，飞机开始不停地倾斜起来，机身下，一片片青山、田地闪晃不定，有时甚至飞到头顶上方，库里申科以单发动机艰难地控制着机体，搜寻着地面机场。进入四川万县后，飞机终于再难支撑了。他咬着牙，驾机一点点地挪向地面上一条闪光的银链。他心里清楚，在那里，飞机起码可以保持完整。他实在舍不得这架为他屡立战功的银鹰。飞机倾斜着、呼啸着，一头扑进了滔滔不绝的长江……

轰炸手得救了，射击手也安然脱险。一个月后，一架完整的"达萨"机也被从长江中打捞上来，但库里申科大队长却再没有从滚滚奔流的江水中探出头来。

中国天空，又一颗明星陨落了。库里申科把自己的青春、热血，洒在了灾难深重的中国大地上。把自己年轻的生命，融入了中国的江河，融入了华夏古国多情的怀抱。他来得匆忙，去得更显匆匆。8月13日这一天，他还不满30岁。

战争硝烟中，库里申科用鲜血把中苏友谊的彩虹浸染得绚丽夺目。其实这彩虹上，浸透的又何止他一人的热血。据统计，仅从1937年到1939年这两年间，就有100多名苏联空军志愿人员血洒长空，为中国抗战献出了生命。当时身为武汉官方国民政府军委会政治部主管宣传的厅长郭沫若曾这样评价苏联飞行员："他们生活艰苦，遵守纪律，吃、睡在银鹰下，即使节假日也不离开机场……很少有人知道，在抗战初期，苏联空军志愿人员为我们作出多大的贡献，特别是在武汉保卫战期间，他们不惜用生命保卫着我们的土地。"

几年后，当美国"飞虎队"来中国参战时，他们是那样地受人瞩目，那样地骄横、盛气凌人。每每如此，曾在苏联空军身边工作过的人们就更加怀念他们，尊敬他们。艰苦卓绝的抗战胜利时，历史选择美国人成为最后的英雄。但历史也没有忘记，最艰难的时刻，是苏联人在同我们并肩战斗，抗击着气焰冲天的倭寇强敌。

中国人不会忘记，全面抗战最初两年，在整个世界一片绥靖逆流中，是苏联供给了中国大笔大笔的贷款和军用物资，仅飞机一项就达1000余架。而且还向中国派来了大批军事顾问和优秀的飞行员，其中甚至包括西班牙内战中曾击落法西斯20余架战机而被西方敬畏地称为"红魔鬼"的赫赫有名的空中王牌雷恰戈夫。这些勇士们没有辱没使命，他们不仅把一批批中国飞行员变成了优秀的空中骑士，而且还亲自参战，创造出一系列辉煌的战绩。

1938年2月23日，苏联空军志愿队远征台北松山机场，炸毁日机18架。

2月25日，苏中空军联手激战南昌上空，击落敌机8架。

2月18日、4月29日、5月31日武汉三次大空战，中、苏空军合计击落日机47架。

5月19日，苏联空军配合中国空军远征日本，飞遍九州，撒下数十万张"政治炸弹"。

6月，苏联空军数十次出动，轰炸长江日舰，共毁伤敌舰十数艘。

10月，苏军夜间起飞拦截日机，驱逐机大队长阿拉夫猛诺阵亡。

……

以上仅为有据可查的几项主要战绩，囿于篇幅，不可能尽数罗列。但从中国天空、江河中消失的200余架日机、数十艘舰船，却给苏联志愿空军在中国抗战史上留下了辉煌的一页，他们是抗战的功臣，他们更是中国人民的朋友。

中国人民是不会忘记朋友的，尤其是危难之际伸手相助的朋友！

◎ 中国海军，背负沉重的翅膀难以腾飞

1937年7月，中日全面战争爆发的消息传向了世界。当时，正在英国伦敦参加英王加冕大典的中国使团副团长、中国海军部长陈绍宽上将闻讯后，中止了对英国海军的考察，急电蒋介石，请求回国参加抗战。请求电很快得到回复，陈绍宽略整行装，便登上了飞返中国的专机。

临行前，几位昔日的英国海军同僚相约前来为他送行。20年前，陈绍宽作为北洋政府的海军代表，随英国海军参加了第一次世界大战，与英国海军界一些人士在战火中结下了私谊。今日战火在东方爆发，号称世界第一海军大国的英国无法参加，

但他们对疯狂扩张海军的日本深为厌恶，对中国的抵抗充满同情。

"陈，中国军队不能没有海军。以你的经验和智慧，中国海军是会有所作为的。愿我们能在今后的胜利中欢聚。"

"中国海军弱小，不可与日本人硬拼。内河作战也许你们行……"

"今后中国海军的发展，我们愿鼎力相助，欢迎你把那些像你一样肯吃苦而富有使命感的海军送到英国来培训。"

热情的话语、美好的祝福令他感动，却无法令他给予积极回应。他了解自己的海军，更了解那个比中国海军不知强大多少倍的日本海军。

日本海军自1905年大胜俄国海军后，日本一跃而成为太平洋上的海军大国。四面环海的日本，对海军的发展格外青睐。第一次世界大战，日本从中渔利，海军实力迅速增长，当时甚至引起了英、美海军霸主的恐惧。1922年华盛顿裁军会议上，英、美联手作梗，通过了美、英、日、德、意海军比例限额，按5∶5∶3∶1.75∶1.75的比例限定五国海军吨位。弹丸小国日本成了仅次于英、美的世界第三海军大国。谁知日本海军的胃口并不是要坐第三把交椅，而是千方百计要坐到首位。签字代表回到东京后，立刻被骂为卖国贼，险些丧命于一些力主扩军的军国主义暴徒之手。

但字已签了，日本就必须守约。之后，日本海军在限制吨位的同时，努力在战舰性能上下功夫，始终瞄着英、美海军不放。至1936年，在屡次三番要求英、美调整吨位限制方案失败后，日本公然退出了《华盛顿条约》。日本海军的发展从此进入无限制时代，海军力量很快便急剧扩张起来。

1937年中日全面战争爆发时，日本海军经过一年冲刺，实力已接近英、美海军。据战后日方自己公布："1937年6月调查，日本海军已拥有285艘舰艇。主力舰为10艘战列舰、4艘航空母舰、12艘重洋舰、13艘轻巡洋舰、70艘驱逐舰、44艘潜艇、2艘水上飞机母舰、5艘潜水母舰等，总吨位达115.3万余吨。此外，还有包括2艘航母、2艘战列舰的37艘舰艇正在建造中。"如此庞大的海军既令各国海军恐惧，又令他们羡慕。

陈绍宽身为中国海军元老，对日本海军了如指掌，他是既羡慕，又嫉妒，中国是一个有万里海岸线的大国，海军原也应该如此，但应该的事并未成为现实。

飞机在云层中平稳地飞行着。窗外，茫茫云海上的蓝天纯净得令他有一种超脱凡尘的虚幻感。茫茫人世，一切本该靠自己，但当时的中国却没能使自己富强起来，壮大起来，中国的海军也因此一直在似有似无的困境中苦苦挣扎。

清朝末年，西方列强的舰炮震醒了大清帝国，海军终于有了自己的衙门。甲午战争前，朝野有识之士终于看清了一直觊觎中国的大患——日本，海军将首当其冲。建造造船厂，花大把大把的银子自西方购买战舰，清帝国的海军梦终于渐渐步入现实。但一场甲午大海战不仅使北洋水师全军覆没，更打碎了刚刚兴起的海军梦。从此中国海军一蹶不振，日渐衰颓。

及至1937年大战爆发，中国海军舰船吨位不足6万吨，吨位最大者不过3000吨，最小者仅三五百吨，且舰船陈旧过时。中国海军较40年前的北洋水师，装备未见改善。更要命的是，就这么点儿可怜的海军还处在四分五裂、各自为政的状态。以这种弱小的海军抗击超过自己20倍之上的日本海军，胜败早已注定。但无论胜败，陈绍宽都欲使海军在这场民族之战中发挥最大效力。

回到南京，陈绍宽便率海军投入到统帅部全面备战中。7月底，日本大使馆武官来到海军部，威胁陈绍宽说："如果中国海军保持中立，则日本海军可以不攻击中国舰只；相反，如果违反严守中立的状态，那么中国海军将受到毁灭性打击。"

日本武官的话触到了陈绍宽的痛处。6年前"一·二八"淞沪抗战时，19路军与日本人大战虹口，陈绍宽原准备拼尽热血，助陆上弟兄们一把。国家养兵千日，此时不战更待何时？但蒋介石却给海军发来电文："保持镇静，听候命令。"可参战的命令直到仗打完也没传来。

海军见死不救，任日军舰炮攻击中国军队，19路军不干了，中国人不干了。全国各界纷纷把攻击矛头指向了陈绍宽，更有甚者，在4月召开的国难会上，国民党高层人士40余人提出临时紧急会议，要求取消海军部，罢免海军高级官员，以谢国人。陈绍宽伸了伸脖子，还是艰难地咽下了这口恶气。

今天，日本人追上门来还想再讨便宜，陈绍宽旧账新账一起算，当下硬碰硬地把日本人的威胁顶了回去。

8月9日，上海"虹桥机场事件"，使蒋介石清楚地看出日军发动上海战役的企图。老蒋这回是想通了，反正是打，与其坐等挨打，还不如先下手为强。当天，他急令陆军第87、88师增援上海，并封锁黄浦江；同时指示陈绍宽迅速将军舰和征用的轮船开往江阴水道，构筑阻塞封锁线，乘机堵死已驶入长江内河的日本海军第11

战队的10余艘战舰。不料这一计划被参加会议的行政院秘书、汉奸黄濬泄露给日本特务机关。中国海军在未获命令的情况下，只能眼睁睁地看着日舰仓皇逃出了长江。

中国海军丧失了先发制敌的有利战机。

8月11日，海军部接到封锁江阴水道的命令。

当晚，陈绍宽登上了"宁海"号巡洋舰，率第一舰队主力舰"平海""宁海""海容""海筹""应瑞""逸仙"等舰艇驰赴江阴。与此同时，江阴下游的江面上，炮声隆隆，火光翻腾，"绥宁""威宁"号炮艇奉命一路西上，一边将身后的水道航标逐一轰毁。中国海军既然无力与日军决战，还不如索性让长江从作战图上消失。

8月12日，陈绍宽率部抵达江阴，开始了令海军痛心无比的沉船封江行动。20艘被征用的商船以及"通济""大同"等8艘老式军舰，在拆除舰炮后，随着陈绍宽一声令下，逐一沉入江阴水道。

望着渐渐下沉的战舰，"通济"舰舰长严寿华双眼涌出了滚滚热泪。

陈绍宽理解他，理解一个老海军失去战舰的痛心。8月7日，陈绍宽在海军部召见严寿华时，指着地图说："目前局势万分紧张。为了阻止日寇打开我长江东门——江阴，溯江西上，配合其驻扎在长江流域的浅水炮艇部队和武装侨民等进攻汉口、南京，最高国防会已批准我部计划：集海军全部为一个集团，封锁江阴航道，配合陆上友军拱卫南京，保卫我长江运输线。"

说着，陈绍宽自己已先悲伤起来："'通济'训练舰是我海军将才的摇篮，多少人都是迈过它才走上一艘艘战舰的。但今日，不得不由我们把它沉入江底。"

严寿华的双眼这时已浸满泪水，陈绍宽上前一步，紧紧握住他的手，鼓励道："老严，一定要相信未来，相信将来抗战的胜利，那时我们将建立新的海军，新的战舰。"

"通济"舰沉没了。江阴封锁线初步形成。陈绍宽没有停留，立刻赶驻"平海"舰，指挥中央舰队警戒在封锁线上。这之后，为弥补江水冲击而形成的空隙，海军当局又加固了封锁线。责成沿江的江苏、浙江、安徽、湖北等地，征集民船180多艘，乘运巨石3000多立方，碎石6500多担，以充填沉船空隙。被征集的民工看着依此为生的船只连同石头一起沉进江底，捶胸顿足，呼天号地，有的回乡无门，不得不投水自尽。

为构筑江阴封锁线,中国海军及沿江百姓做出了巨大的牺牲和奉献。

中国海军背负着沉重的翅膀将何以腾飞?更何况这翅膀未战已先折断几分。

没有空军的海军就不是一支完整的海军。中国海军未战已失却主动,置身于被动挨打的死地。但责任在谁呢?战争发起前的几年间,有谁理会过他们的大声疾呼?但今日,整个战场上似乎都听到了他们悲壮的吼声。

◎ 江阴海空大血战

江阴是一块鱼骨,一块卡在日本海军喉管中的硬骨。

"3个月灭亡中国",东京的将军们似乎没有意识到中国军队的存在。东京的海军决策者更是视中国海军为"零"。

当侵华日军企图水陆并进,威逼京城时,不但在陆上遇到了顽强的抵抗,长江也远没有他们想象的那么风平浪静、一帆风顺。

江阴遏制住了日本海军第3舰队强大的编队。

江阴封锁区建成后,负责指挥防守的是海军部次长、第一舰队司令陈季良中将。陈中将走马上任后,常挂在嘴上的一句话是:"陆上战场,人人要有马革裹尸的雄心;海上战场,人人要有鱼腹葬身的壮志。连我在内,大家都做好献身报国的准备。"

陈季良说到做到。一个多月的海空大战中,陈季良总是岿然立于"平海"旗舰的甲板上,任凭周围弹火纷飞,水柱掀腾,在他左右的官兵中弹伤亡,血浆溅到他的身上,他皆岿然不动,沉着指挥,绝不退避。

江阴中国海军浴血死守,绝不退缩,使日军第3舰队大为震惊。第3舰队为此疯狂叫嚣:"必须对中国海军加以惩罚报复,要突破江阴封锁区,必须首先摧毁中国防守舰队。"

随后,日本海军增派舰只70多艘、飞机300多架和战斗人员10多万人来华,加紧进行沪宁全线的攻势,以图拔掉江阴封锁区的障碍。

9月22日上午,日海军联合航空队的首批攻击机和战斗机30多架,携带重型炸弹,窜入江阴，打响了空前壮烈的海空大战。当敌机出现在防守区上空时，中国海军各舰按预定的火力分配部署，沉着应战，以高射炮、重机枪迎头痛击。为首的一架敌机当即被击中，曳着一股浓烟，栽入江中。敌机以我"平海"旗舰为其第一重点轰炸目标。先从3面环攻，但因我高炮火力威胁，敌高空投弹难以命中，遂改用集中一侧进攻的战法，向左舷投下大量炸弹，击中舰身中后部，舰体遭到破坏。这一天进攻"平海"的敌机先后4批，第一批最多有30架次以上，4批共有80架次以上。同时"平海"的姊妹舰"宁海"也是敌之重点轰炸目标，对它进攻的4批敌机，至少有70架次以上。敌机对这两舰投弹不下300枚，江面上腾起的水柱有如树林一般。两舰官兵以所有对空高射火力殊死抵抗，敌机没能扩大战果，乃向其他各舰乱扔一阵炸弹而退。

当晚，陈季良召集舰长会议，为了表示鏖战到底的决心，他下令："平海"旗舰绝不能因为避免被敌作为重点轰炸目标而降下桅顶的司令旗；各舰也不能为了机动，而向黄山和天生港之间的上游驶去。会后，各舰趁夜修理损坏战舰，救护死伤官兵，整顿部署，准备再接再厉，抵抗到底。

9月23日，日军飞机倾巢出动，向江阴扑来，72架飞机分成2批，向中国军舰发动空前猛烈的轰炸。下午2时，日军先以9架舰载攻击机和3架舰载战斗机攻击江阴炮台，吸引要塞火力，另以29架舰载轰炸机专攻"宁海"舰。一开始，日机即以俯冲轰炸的战术团团围住"宁海"舰。"宁海"舰官兵拼死抵抗，大小火炮一齐开火，转眼间将两架日机击落，但"宁海"也同时被炸弹击中，锚链舱、弹药舱等被弹片击穿，江水滚滚涌入。舰长陈宏泰一面指挥全舰官兵组织抢堵，一面指挥战斗，又将两架飞机击落。但军舰再度中弹，舰首下沉，速度大减。下午3时30分，敌机又一次蜂拥而至，炸弹如雨点般落在"宁海"舰周围。陈宏泰见形势险恶，下令"宁海"舰转舵向上游驶去。日机紧追不放，向因中弹而运动不灵的"宁海"舰投下炸弹。"宁海"舰鱼雷发射管、瞭望台、海图室、飞机棚、4挺高射机枪均被炸毁，机枪手伤亡过半，战斗力锐减。军舰驶入八圩港，又遭3架日机攻击，"宁海"舰终因负伤过重而沉没。

日机对昨天已负伤的中国旗舰"平海"号尤为注意，从一开始即猛烈攻击该舰。由于战舰负伤，加之经昨天激战，弹药消耗很大，防空火力大减。日机乘机疯狂攻击，"平海"舰中弹累累，被迫用"之"字形航行来躲避炸弹。日机则紧追不舍，发起了最后的攻击。几颗炸弹击中了行动迟缓的"平海"舰舰尾，江水涌入舰舱，战舰倾斜20度。炮手从弹药舱中将所有炮弹抢救出来，全力反击，击退了日机的进攻。但这时军舰已无法驾驶，遂向江岸抢滩搁浅。然后连夜将舰炮和重要仪器拆下，运往南京。数日后，日机再次攻击，将"平海"舰炸毁。

"平海"舰沉没后，陈季良移到"逸仙"舰指挥。9月25日，日机再度出动，集中力量攻击"逸仙"舰。"逸仙"舰一面反击，一面以"之"字形运动躲避炸弹。经一小时激战，"逸仙"舰中弹负伤，机舱被毁，船体倾斜，官兵伤亡11人，终被敌机炸沉。

"逸仙"舰遭敌机轰炸的消息传到南京后，陈绍宽急令"建康"号逐驱舰前去救援。同时命令第2舰队司令曾以鼎率"楚有"舰前往江阴，接替陈季良指挥作战。"建康"舰驶到龙稍港江面时，遭到11架敌机的空袭，中弹下沉，伤亡舰长以下官兵11人。曾以鼎率"楚有"舰接防后，于28日遭到大队日机的轰炸，"楚有"舰虽奋力反击，终被炸成重伤，伤亡官兵18人。曾以鼎下令驶抵六圩港外抢修，但日机不断前来轰炸，终于在10月2日将"楚有"舰炸沉。从此，江阴中国舰艇主力丧失殆尽。而日机仍每天出动，向江阴江面其他舰艇袭击。10月间，先后将"青天"测量舰、"湖鹏"和"湖鹗"两艘鱼雷艇，"绥宁"和"江宁"炮艇等炸沉。10月10日，在"九二二"战斗中负伤的"应瑞"舰奉命赴采石矶拆卸炮械。10月25日，7架日机向"应瑞"发动攻击，将该舰炸沉，官兵伤亡78名，为各舰官兵伤亡最多的一次。

江阴抗战是中国海军史上最壮烈、最辉煌的一页。在9月22、23日的两天激战中，仅"平海""宁海"两舰消耗的高射炮弹1300多发，高射机枪弹1万余发，击落敌机20多架。在江阴要塞观战的德国顾问感慨道："这是第一次世界大战以来，我所亲眼看到的最激烈的海空战。"日军战后也不得不承认，中国海军尽其全力，对日本航空兵英勇作战，使日军轰炸效果很不理想。

蒋介石获悉海军江阴抗战的战报后，于9月29日"条谕"军委会第一部奖勉海军将士。9月30日第一部向海军部颁布蒋介石的奖勉："此次暴日肆意侵略，犯我领土，各地遍受荼毒，我海军将士同仇敌忾，该部部长及次长督率官兵，不惜牺牲一切为国奋斗，此来苦心焦思，筹划江防，拱卫京城，关系甚钜，并且愿拆除舰炮，巩固江岸防务，此种破釜沉舟之决心，殊为可贵。近来江阴附近敌机肆行轰炸，致伤亡我海军将士多名，尤所轸念，仰该部长转饬所属知照，并对所有受伤将士代致慰问。中正。"

11月12日，上海失陷，但日军仍无法突破江阴封锁区，海军创造了奇迹。但海军也为这奇迹付出了惨重的代价：

9月23日，"宁海""平海"两艘主力战舰沉没，数百人殉国。同日，"史可法34"号鱼雷快艇被敌机炸沉，艇长姜翔高以下全部官兵阵亡；

9月25日，"逸仙"巡洋舰在击落敌机3架后被炸沉，赶来支援的"建康"舰顽强血战后沉没，舰长齐粹英以下数十人阵亡；

9月28日至10月2日，中国海军第2舰队旗舰"楚有"号也在与敌机浴血搏斗后沉没。

此外，"青天""邀日""江元""仁胜""崇宁"等舰艇也含恨沉没在血染的滔滔长江中。

中国海军第1舰队几乎全军覆没，海军的台柱子塌了。

◎ 海军变陆军，却让陆军汗颜

1938年6月，日军又把战火燃向了武汉。

6月12日，日军先锋波田支队拿下安庆后，直逼长江中游锁钥马当。由于守军指挥官、陆军第16军军长李韫珩麻痹大意，使日军偷袭香口成功，但在进攻长山要塞时，却意外地受阻于由海军陆战队编成的长山守备队面前。

前期作战，海军拼得太猛，已致战舰几乎消耗殆尽。军委会一声令下，海军扛起拆下的舰炮，进驻各要塞当起了陆军。

6月23日，长山海军陆战队守军已顶了一天了。阵地早已成了焦土，大炮也早被日军猛烈的炮火炸成了一堆堆废铁，但要塞总指挥鲍长义仍率官兵苦撑着。

湖荡里，日军突击队还在顽强地冲击着，倒下一拨，没多久，一阵炮击，又来一拨。鲜血、泥沙把湖荡染成了褐色。日本人红了眼，企图以武士道精神来征服眼前这片湖荡，结果把一拨拨训练有素的台湾步兵第2联队的士兵葬送在湖荡里。

24、25日，鲍长义率守军苦战两天，虽然工事已被夷为平地，阵地仍在他们手中，日军弃尸数百，却始终没能越过长山阵地，波田支队这只凶猛的巨兽，终于被挡在长山前。

波田支队前线指挥部里，司令官波田重一少将焦灼地在屋里来回踱着，身边的几个军官腰杆笔直地恭立着，大气都不敢出一声。门"吱呀"一响，联队长铃木照一大佐神情沮丧地走了进来，两腿一磕，"啪"地一个立正，垂头等着训示。从来者惶恐的脸上，波田知道了前线的战况，但仍然不阴不阳地问道："铃木君，今天攻击情况如何？你的部队现在进到了哪里？"

铃木浑身一颤，头垂得更低了，嗫嚅道："将军阁下，本人有失皇军威名。今天……"

波田重一一拍桌子，吼道："大声些！帝国的皇军什么时候也不能失了军人的尊严。"铃木一激灵，高声回答道："卑职无能，今天猛攻一天，仍在苦战。敌军火力凶猛，我部无法靠近长山主阵地。"

波田重一眉头紧蹙，眯起双眼沉思片刻，双目灼灼直视铃木："大佐阁下，明天能不能拿下长山，你现在回答我。"

铃木感到了波田重一停顿在自己脸上的目光，心中一阵发颤，挺起胸，大声说道："请将军放心，我明天亲自督战，一定拿下长山。"

铃木走后，波田重一转身吩咐参谋长："我们在长山已耽搁了两天，明天无论如何必须攻下长山，挺进马当外围。催促地面部队抓紧沿公路挺进，不能全指望第2联队从水上进攻。航空兵、海军火力还要加强，荡平长山阵地支那军的工事。我就不相信我波田支队在一个小小的长山面前就没有办法。"

长山阵地，鲍长义的第2总队日子也不好过。苦战两天了，粮弹越来越少，救兵无影无踪，阵地早已被夷平，伤亡在急剧增长，剩下的官兵只能依托弹坑、炸坏的工事、倒下的树木等作掩体来拼死抵抗。可日军舰炮凶得厉害，日机也像一群驱不散的乌鸦，低低地盘旋在阵地上空，低得连飞行员狰狞的面孔和飘动的白布头带都清晰可见。每一次俯冲，令人恐惧的呼啸声，雨点般的炸弹的爆炸声像魔鬼一般，撕扯着弟兄们的心。心力交瘁中，他真正明白了为什么中国军队一败再败。决不仅是因为日本人装备的精良、作战的强悍，他坚信，他的士兵在这方面绝不比对手差。

两天了，他没得到一兵一卒的增援。他这时抱有的唯一希望便是武汉："谢司令不该忘了我们，委员长更不该抛弃我们。"

武汉确实没有忘记他们。日军大举进攻马当的消息传到武汉后，国民政府军政机关立刻陷入紧张之中。军委会、蒋介石更是紧盯着马当前线的战事。安庆的失陷已给他坚守武汉的信念罩上了一层阴影。一个精心准备了数月的省府重镇，竟不到一日就陷于敌手。而对手又仅仅是一个旅团级的先头部队，这不能不使他感到震惊。眼下，江北坂井支队已拿下要点潜山，而江南的波田支队虎视马当。长江门户已处于畑俊六张开的巨钳之下，这不能不使他牵肠揪心。

6月初，在武汉召开的记者招待会上，蒋介石夸下海口，口口声声说要在武汉会战中击败日本人，当时的那份轻松乐观曾使多少中、外人士对他一通夸奖，什么统帅有方啦、大将风度啦、抗日英雄啦，美国《时代周刊》甚至还把蒋介石夫妇推为上年度有影响的人物。谁知不足半个月，这一切都像是过眼烟云，来得快，去得更快。畑俊六的两员爱将波田和坂井一通猛打，便把蒋介石从荣誉的巅峰打了下来，使中、外人士再度哗然。

蒋介石当然不是个轻易服输的人，他绝不会坐等自己在全国、全世界面前威信扫地。自安庆失陷后，每天召开的军委会他必到。而且不管天气多热，他必是戎装齐整。眼下，听说香口、香山失陷的消息后，他那瘦削的脸上一阵痉挛，盯着刚上任没几天的第九战区司令长官陈诚上将，开口问道："辞修，马当外围要塞防卫究竟如何？为什么不到一日就丢了。不是年初就开始设置阻塞线了吗？"

怒怨之中，蒋介石话语似乎还更连贯些。陈诚闻言，倏地站起身，急急地说："马当乃武汉门户，要塞工程、沿江阻塞线都是按甲等构筑的。24日，日军以偷袭方式突然登陆，守军力战不支，丢失了香口。具体原因尚待详察。职已严令马、湖区司令李韫珩军长死守马当，没军委会命令不许撤离。"

蒋介石点点头，紧蹙的双眉舒展了一些，问道："敌军现在进到哪里？"

陈诚这时转向武汉江防要塞守备司令谢刚哲将军，说道："请谢司令介绍一下其他情况吧。"

谢刚哲见陈诚点了将，忙着起身。他极少能有机会在这样的高级军官会议上讲话，因此对陈诚能给他这样一个机会颇为感谢。说起来他和他的海军第3舰队就像是没娘的孩子。去年年底，整个舰队在胶州湾被日军打残了，在蒋介石的命令下，舰队司令沈鸿烈自沉了剩下的几艘战舰，率部分人员留在山东打游击。作为舰队副司令，他虽然极不愿离开胶州湾，但失去本钱的他，留在那里又能干些什么呢？无奈间，只能率陆战队残部退到武汉整编。可进入武汉这座将才云集的大庙，他更觉悲戚，也更清楚失去部队等待他的是什么，所以对所剩不多的陆战队使用得很是精细。

一接任江防要塞守备司令，他就抓住海军司令陈绍宽，顶着各方压力，坚持给江防要塞及各主阵地装备了能直接呼叫武汉的无线电设备，这使他有了在军委会上说话的本钱。今天，他更觉这钱花得值得，鲍长义准确、及时的通报更使他觉得这笔钱的每分每毫都在关键时刻体现出来。

"日军自今日凌晨偷袭登陆后，很快向两翼扩张。但一天来，始终未能突破长山阵地。据前线报告，敌持续冲击10余次，但均被击退。敌人死伤在300人以上，阵地现仍然在我军手中。"

蒋介石一言不发，听得颇入神。半晌，才盯着谢刚哲问道："这个，守军情况现在怎样？"

"长山阵地为我江防第2总队陆战队第2大队，兵力约2000余人。日军发起攻击后，敌约20艘战舰，上百架次飞机狂轰滥炸，工事被毁严重，守军伤亡不小。守军急呼救兵，但都未得到明确回复。守军虽为海军残部，但官兵士气旺盛，杀敌奋勇，精神可嘉。"谢刚哲颇为自豪地说出了心里想说的话。

蒋介石这时正了正身子，操着他宁波腔极重的口音，尖声说道："眼下各种侦察已经表明，敌军此番进攻武汉，乃两路并行向西仰攻，其主力又在江南一线。马当乃武汉守卫之门户，亦日本人能否站住脚之关键部位。马当守得住守不住，关系到整个武汉会战全局。"

蒋介石说着顿了顿，转向军政部长何应钦，说道："敬之，转告张向华（张发奎），援军无论如何要派上去。再转告空军方面，长江上的敌军军舰是其陆战依托。一定要有牺牲精神，予其以最大之打击。"

说完，再转向海军司令陈绍宽："厚甫，海军封江行动还要加强，多放水雷。马当一带如有可能，再拨一些。"

最后，他扫视全场众将军，提高了嗓门："我早说过，我们的士兵，尤其是普通的军官和士兵,是有牺牲精神的,长山海军诸官兵,拿起枪械成为陆军,却能守住,这便是明证。"

说罢,转向陈诚,说道:"辞修,陆战队此次表现英勇,殊堪嘉慰。传令,通电嘉奖长山守军官兵。要他们继续发扬我军人之光荣本色,守住阵地。另外,你可沿长江亲自去看看。"

陈诚上了前线,长山守军也收到了武汉的嘉奖电,但由于陆军增援不力,长山最后仍失陷了。但海军陆战队一战成名,美名传遍武汉外围各地守军,真是海军变陆军,却让陆军汗颜。

7月23日,武汉军委会通令全军,以增援长山不力为由,枪毙了167师师长薛蔚英。比起海军的民族大义和使命感,薛蔚英理当伏法。

◎ 海军魂、海军梦

擒贼擒王,淞沪会战爆发以来,日本海军第3舰队旗舰"出云"号便成了中国海、空军瞄准的第一目标。空军虽几次集中轰炸,但难以奏效。海军这时也坐不住了。

1937年8月14日,江阴区江防司令欧阳格命快艇大队大队长安其邦率"史可法102"号和"文天祥171"号两艘高速鱼雷快艇,驶往上海奇袭"出云"号,两艇接令后稍加伪装,即星夜出航,由江阴内河出发,只开动副机,昼隐夜航,驰往上海。意外的是"文171"号艇在途中因故耽搁,迟了一天才到达龙华,只有"史102"号艇按预定计划于8月15日傍晚驶抵龙华。见另一艇未到,先期抵达的江防司令欧阳格当机立断,决定按原方案单艇立即下驶出击。但该艇为了达成奇袭目的,事先未与岸上陆军联系,因此沿途多次被阻并受枪击,并在十六铺一带黄浦江上被我军封锁线所阻,被迫返回龙华。次日(8月16日)白天与友军取得联系后,艇长与随艇指挥的大队长一同由陆上去英租界外滩一带,实地察看"出云"舰及附近水上情况,发现十六铺封锁线外有敌人炮艇在巡防,同时外滩一带黄浦江面上停泊有各国军舰及商船,环境十分复杂。回到龙华后,恰巧另一艘"文171"号鱼雷快艇也赶到了龙华,但欧阳格司令仍决定只派先到达的"史102"号鱼雷快艇单艇出击。

8月16日晚,"史102"号鱼雷快艇按计划由龙华开动副机,悄悄地驶出十六铺附近的封锁线。一过南京路外滩即开动两部主机冒着敌舰艇的炮火全速向下游冲去。由于江面上各国舰船灯光耀眼,驶至外滩陆家嘴附近江面时仍看不清敌舰"出云"号的具体位置,这时如再推迟发射鱼雷,则可能使鱼雷失效从而失去战机,攻击快艇不得已向预定的方位将一对鱼雷射出。在鱼雷的巨大爆炸声中,"出云"舰被击伤舰尾,但鱼雷艇也被击伤,不得不冲驶搁浅在九江路英租界外滩码头外档。

此次出击,虽未击沉"出云"舰,但这是中国海军第一次主动出击日舰。此后一连几天,日军晕头转向,连袭击究竟来自何方都不清楚。

1938年7月13日,海军司令陈绍宽上将在湖口上游的战舰上,通过望远镜眺望着湖口方向日军舰群,内心翻江倒海。他太想出击了,当了一辈子海军,却由于实力太弱而无法与对手在海上舰对舰地大战一场。眼下他还有几艘小型舰艇,但这是海军未来强大舰群的种子,冲上去也许就再也回不来了。但看着日舰不断闪光的炮口和浮起的硝烟,想到陆军在敌舰炮的轰击下苦苦挣扎,他的心被刺痛了。哪怕全军覆没,也要为中国军队再尽这最后一点绵薄之力。他当即命令组织快艇袭击敌舰队。

7月14日,在陈绍宽的命令下,"文93"号鱼雷快艇开足马力,划开一道雪白的浪花,顺流直下,照直朝敌舰队冲去。

敌舰队慌忙开火,在江面上组成一道严密的火网。雨点似的高射机枪子弹和轰隆隆的炮弹,落入空阔的江面上,激起一层层的浪花。

快艇冲过敌军炮火织成的水柱森林,全速冲击,待靠近敌舰时,才发射鱼雷。"轰"一声巨响,敌舰队中冒起一股浓烟,一艘中型军舰,渐渐倾斜沉没。

"文93"号得胜归来,艇身弹痕累累,艇上官兵几乎全部挂花。

初战告捷,海军上下一片欢欣鼓舞。7月17日,海军又派"史223"和"岳253"号快艇,再次袭击湖口敌舰队。两艘快艇装上鱼雷,顺江而去。但是,在途中却被自己陆军拉布的水下阻网绞缠,无法脱身。"史223"号快艇无声无息地沉入江中;"岳253"号也致重伤,无法开动,饮恨水上。

敌舰队遭到中国海军快艇袭击,受到很大威慑。于是,出动机群沿江搜索,终于在蕲春附近发现快艇停泊基地,立即进行高密度轰炸攻击,而且是一连几天。中国海军的快艇部队几遭全歼,再也无力组织对敌舰队的进攻袭击了。

1938年10月下旬。

隆隆的炮声已经震撼了武汉城区。

海军部派出给军事委员会担任运输任务的"永绩""中山""江元"等8艘战舰,均遭敌机围攻轰炸,各舰虽与敌机殊死搏斗,却难以突出重围。

10月24日上午9时。

"中山"号军舰在武昌江面与敌机相遇,遭敌机劈头盖脑一阵扫射,舰体创伤累累。双方对峙至下午3时许,敌再次组织飞机6架,鱼贯向"中山"舰俯冲投弹。"中山"舰用全部火力与敌对抗。舰尾、左舷中弹,舵机转动失灵。接着锅炉舱又被炸,江水猛烈地冲进舱内,官兵奋不顾身抢险堵塞也无济于事。不到3分钟,舱内水深齐腰,炉火被淹灭,锅炉无汽,机器停转,舰体逐渐向一旁倾覆。

此时,舰首又中弹起火。

舰长萨师俊正站在炮台上指挥作战,一条腿被炸断,猝然跌倒在血泊之中。瞬即,他用另一条腿支持着坐起来,继续指挥战斗。

在瞭望台和甲板上战斗的官兵非死即伤,但是,只要还有一口气,他们便从血泊中挣扎着爬起来,爬到炮位,向敌机开炮还击。萨师俊舰长和全体官兵,连同军舰一起向滔滔的江水中沉没,沉没!

突然,舰首毅然地向上一昂,瞬即沉入江底。江面上顿时形成一个巨大的漩涡,渐渐地消失,一切复归平静!

"中山"舰最后那决然的一昂头,仿佛是神赐予了它灵性,象征着中国所有不屈的抗日勇士,血可以流尽,生命可以抛却,但头永远是高昂着的。它亦代表着已经壮烈牺牲的全舰将士,向多灾多难的国土和人民作最后痛苦的诀别!

萨师俊,中国近代海军耆宿萨镇冰的侄孙,虽像他的先人一样,未能看到中国海军的强大,但他却为中国海军洒尽了最后一滴血。他没有辱没中国海军,没有辱没先人的殷殷期待。

"义胜""勇胜"等炮艇被敌炸毁。

"顺胜"等炮艇、汽轮和铁驳若干艘,为阻止日海军继续西进,含恨自尽,横沉于洞庭湖底。

海、陆军运输驳轮船20余艘，为阻止凶顽的敌海军舰队顺江深入，亦悲壮地"自尽"于石首附近江底。

另一些军舰，在战斗中不幸负伤，搁浅于岳州附近，有"民生""永绩"号等数艘，在敌军迫近时，不愿被敌军掠去用来打自己，于是自尽焚毁。

至此，中国国民党海军的战舰、炮艇已全军阵亡。

1938年10月25日，武汉已陷落日军之手。

直到战斗的最后一刻，海军总司令陈绍宽上将，才乘他的最后一艘战舰"江犀"号从武汉向长江上游撤退。

现在，他的身后已没有了往昔浩浩荡荡的舰队和炮艇。当他在岳州附近，看见他的那些受重创的军舰自尽焚毁的红红火光时，心里有一股说不出的难受。他伫立在瞭望台上，庄严地抬起右手，向他不屈不挠的战舰们致以军礼。

永别了，我的军舰，我的海军！

远远的火光映亮了他的脸，两道晶莹的泪水止不住地流淌。海军上将长久地伫立舰头。他的海军，他的梦，他用全部生命所献给的事业，就这样随着血色的江水，东流而去。

第八章

梦断大江

"给支那(中国)最后一击!"日本人的疯狂叫嚣。

"保卫大武汉!"全中国发自内心的怒吼。

130多个日夜、100多万将士、上千里的战线,武汉会战用一组恢弘的数字让日本人发出了哀叹:必须尽快结束中国战事。

中国抗战度过了最艰难的日子,抗战历史翻向了新的一页。

◎ 抗战救亡大潮在大武汉奔涌

中、日全面战争进入第二个年头。随着华北、华东大地的相继陷落,武汉,就像个秋后熟透了的果子,孤零零地悬挂着,随时都可能落向地面。贪婪的日本人垂涎它,是想把这颗肥大的硕果揣入腰间,再给中国一次重击。中国人关注它,是想挡住外来强盗的暴虐,保护已越来越少的果实。

武汉,当年人们更多地称它为汉口。其实它是由汉口、武昌、汉阳三镇隔江鼎立而成。长江无所顾忌地从城中穿流而过,把武昌孤零零地划在了江南岸。这里,机关楼堂、要员私宅云集,景点古迹遍地,在青翠的珞珈山、碧绿的东湖水和一片片优雅宜人的景区映衬下,透着一个政治枢纽不同凡响的气度。江北汉口,则以其繁华、喧闹而名噪天下。作为旧中国的大商埠,其名气仅在大上海之下,因而牢牢地吸引住南来北往过客的目光。龟山脚下的汉阳,同样不同凡响。这里有全国可数的规模宏大的军火生产基地,云集了旧中国军火工业的精华。"汉阳造"就是今天提起来,人们也不陌生。事实是,当时国民党军手中的枪炮弹药,除了进口的,其余大部分是从这里运上前线的。

当1938年第一缕春风吹绿武汉的千花万木时,焦躁不安的武汉再没有像往年那样,被春的魅力、绿的诱惑煽起激情。大路上、田野里,一批批携金带银的商贾官吏、绝望无助的难民伤兵,像一股股令人沮丧的混乱潮水,涌进武汉的大门。国民政府各部门名义上虽说是迁往重庆,可到了这儿,都没有再向西挪一步。一队队西迁的工厂、学校、民间团体,也极其自然地在这里扎下脚来。工厂又冒出了烟,商店一家家地增多起来,政府的一些军事、政治机关也开始运转。武汉成了当时中国的战时首都,使武汉三镇背上了不堪承受的重负。洋楼私宅,旅馆寒舍,只要是个能遮风避雨的地方,都挤得满满当当,街巷市面上同样是人满为患。房租、粮米菜价,随着人潮的蜂拥而至,也像是雨后冒出的春苗,"呼呼"地往上蹿。大武汉从未像今天这样,拥挤膨胀得像是要爆裂开来。

武汉南郊林木青翠的珞珈山蒋公馆里,蒋介石倚杖远眺武汉城区,心潮起伏,感慨万千。自退出南京后,他变得从未像今天这样对武汉充满依恋。想当初,国民政府建都金陵,蛰居秦淮,武汉从未真正打动过他的心。每年夏天,他一般都要在庐山的清凉中度过些时日。可每次上庐山、回南京,他似乎都没有注意到咫尺之外的武汉三镇。今天,他却突然觉得,武汉成了他手中最后一块明珠宝地。他曾充满感情地对武汉卫戍司令陈诚说:"武汉之价值,今日才真正体会到。这里地处长江、汉水交汇口,平汉、粤汉铁路必经要冲,可以说是中部地区的水陆交通枢纽,'九省通衢'名不虚传。向南,它连接华南地区,国际社会对中国的援助,经香港、广州运到我们手里。向东则直通苏皖浙,是我们日后收复失地的桥头堡。向北,它又依傍中原大地,是我们发起全面反攻的前沿阵地。可以说,控制武汉,足以控制东西,威震南北。"

蒋介石对陈诚没有完全讲出心里话。实际上,仗打到这份上,中国内地繁华的、有影响的大都会中,能容得了他蒋某人的,也就这武汉三镇了。他心里清楚,控制武汉,他就能吸引住全国、全世界的目光,他就仍能自豪地对外界炫耀:中国并未亡于日本,中国政府依然存在,他蒋中正仍旧领导着中国人民在抗击着日本人。非常时期,特殊的形势,给武汉三镇又披上一层神秘的政治色彩。

可他看到了这一点,日本人也看到了这一点。1938年新年刚过,日军不待休整,便擂响了西进的战鼓。从战略上说,仰攻武汉,必先控制翼侧的安全。为此,东京日军军部先拿右侧翼广袤的中原大地开了刀。徐州会战一浪高过一浪的枪炮声和随风飘来的阵阵硝烟,时时都在提醒着蒋介石:武汉血战已不会太远了。

半年多来,中国军队在战场上是败了,而且败得挺惨,尽管其间也有台儿庄、平型关的几缕辉煌。可中国作为一个保种保国的被侵略民族,无论胜败,她的最终意志都是不会改变的。而且不管怎么说,中国军队已从战争初期的仓皇失措中镇定下来,仗越打越好。几百年来,遍体创伤的中国对外敌入侵似乎已经麻木了,这是一个弱国、一个闭关自守的政府必然付出的沉重代价。所幸的是,中国人几千年"大国梦"所激起的民族意识并未泯灭。他们以令世人无不为之惊叹的承受力,默默地忍受着战争带来的一切苦痛。一次次失败后,他们仍能站起来,舔抚着身体创口中涌出的鲜血,继续在沉默中希冀着、期盼着、战斗着。

中国人的威武不屈,使日本人"三个月内灭亡中国"的梦想破灭了,战争明显有一种拖向遥遥无期的趋势。岛国上下，北进苏俄、南下太平洋等种种战略目的不同而结成的军事集团，眼看着自己的战略意图因中国战事的久拖不决而变得日益无望，愤怒中把矛头指向了内阁，政府一时出现动荡。恼羞成怒的内阁首相近卫文麿见军事威逼未达目的，便自作聪明，耍起了政治把戏。

1月16日，近卫首相在东京狂妄地向世界声明：帝国今后不以国民政府为交涉对象，期望真能与日本"提携"之新政府成立且发展，而拟与政府调整两国国交。唯恐分量不足，24日，日本内阁又急忙抛出对华新政策，再次强调：不论在任何情况下，日本均不与国民政府交涉，并绝对不容许第三国调停。

好一副胜利者盛气凌人的姿态。

风景秀丽的武昌珞珈山上，从开封前线返回的蒋介石闻讯后震怒不已。日本人这时企图把他晒在一旁，在政治上给他重重一击。他明知这是日本人黔驴技穷的一招，可他也不得不承认这一招的厉害。日本人的声明，无疑是当着国际社会的面掴他耳光。尤其日本人鼓励中国各地实力人物取代他蒋某人，这可说是击到了他的痛处。疼痛中，他抛开了大国领袖矜持的架子，向东京发起了反击。

18日，他以国民政府名义发表了《维护领土主权和行政完整的声明》，指出："中国政府于任何情形之下，必竭全力以维护中国领土主权及行政之完整，任何恢复和平办法，如不以此原则为基础，绝非中国能忍受。同时，在日军占领区域内，若有任何非法组织僭窃政权者，无论对内对外，当然绝对无效。"

向来不吃硬的蒋介石咽不下这口恶气，针锋相对，据理反击。

气出了，可话不能说说就完，"维护领土主权"，凭什么？两国交兵，真正硬气的话还是在战场上。手中如果没有强大的军队，在战场上不能给对手以震撼，日本人当然不会把他放在眼里，他要在战场上找出些加大这话分量的东西。

李宗仁成了幸运者。蒋介石第一次狠下心，真正帮了这个地方将领一把。尽管李宗仁是他多年的老对手，在他潜意识里也是未来的对手。可非常时期，他顾不了这些了。李宗仁从中央得到了大量军火物资，并从蒋介石手里领到了调动附近中央军嫡系的尚方宝剑，奇迹出现了，台儿庄大捷，李宗仁不仅给中国人，也给蒋介石争回些脸面。在备受国际社会瞩目的情况下，让日本现代化军队第一次扔下上万具尸体，败师而归。举国上下欣喜若狂，蒋介石也是乐得合不拢嘴。武汉，为此而度过了几个欢腾的不眠之夜。

蒋介石从东京讨回些面子。可一个台儿庄,并没能拉住中国军队下滑的战车,李宗仁也无力为蒋介石独挽颓势。他毕竟只是中国军队的一个普通高级将领。

5月19日,徐州沦陷。正当日本人为占领徐州空城而洋洋自得、举国欢庆,正当武汉军民议论纷纷,猜测着日本人的下一个攻击目标时,蒋介石却早把心思放在了武昌中央银行宽敞、坚固的地下室里,放在了正在召开的最高国防会议上。这时他已开始设计武汉未来的战争了。

客观地说,蒋介石心理上早已做好了血战武汉的准备。为此,他也采取一些他过去想都不会想的举措。既然他的中央军嫡系最终无法替他撑住战局,那他只有接受一切有利于战争的力量和建议,甚至包括中共和苏俄方面的。眼下只要能顶住,渡过难关,其他以后再说。一向深谋远虑的蒋介石情急间,甚至抛弃了他一直念念不忘的党派之争,信仰之异。

4月,根据共产党建议,国民政府在武汉召开了临时全国代表大会。会上,蒋介石提出了抗战建国纲领。这时的蒋介石,既摆出了一副抗战到底的姿态,又一改过去专断、独裁的法西斯作风,放出了一点儿有限的民主。这点儿民主,虽然远不能满足民心、民意,可在被皇命党规束缚千百年的古老大地上,这一举动仍然赢得了阵阵欢呼。国际舆论、民主人士、中共党人和各界民众一片赞扬。蒋介石军事上虽不高明,政治上却相当老练。他不但是个创造环境的能人,也是个适应环境的高手。失地千里、损兵百万之际,如果不采取些措施安定军心、民心,争取国际社会同情,他很难想象如何应付随时可能袭来的铺天盖地的反对浪潮。他深知水能载舟,也能覆舟。

内忧外患,使蒋介石暂时停止了亲痛仇快的自相践踏,民主之风缓缓地在中国大地上吹拂开来。武汉,国共合作进入黄金时期。

2月,国民政府军委会在武汉成立了政治部。新任部长是喜欢标新立异、风头十足的少壮派将军陈诚,他摆出一副开明姿态,请中共要人周恩来出任副部长。陈诚新官上任,三把火烧得连蒋介石都感到惊讶。为了把文艺界名流、中共党员郭沫若请进政治部,他三次致电,并亲自登门拜请。不知是民族正义的感召,还是陈诚的精诚所至,郭沫若终于铁下了心,把日籍爱妻安娜留在了日本,独自在武汉安下心来，出任主管宣传的第3厅厅长。

陈诚前言必践，在人事安排、制订计划、调拨经费等方面，给郭沫若大开绿灯。一批共产党人和进步之士在这个特殊的时期，迈进了多年戒备森严的国民党政治部门，从隐秘的地下昂首步入政治前台。有蒋介石在后面撑腰，陈诚出手也极大方，第三厅一次就能从他手里拿到80万元的经费，足顶得上当时一个正规军的开销。这一切，使郭沫若和他的第三厅如虎添翼。宣传抗战、发起轰轰烈烈的"保卫大武汉"运动，政治部政绩斐然，第三厅功不可没。

团结抗战的滚滚大潮，冲击得武汉三镇又恢复了勃勃生机。参加过北伐革命的郭沫若，目睹这座沉寂了10余年都市旧地的巨大变化，兴奋地操起如椽大笔，在报纸上赞颂道："《新华日报》复刊了，邹韬奋和柳堤主编的《全民抗战》也复刊了，空气的确在变，沉睡了十年的武汉，仿佛在渐渐地恢复到它在北伐时代的气息了。"

武汉确实在变，变得像春天，充满朝气；变得万花怒放，充满生机。

许多曾被国民党取缔的抗日救亡团体，这时重又打出招牌，融入滚滚的抗日洪流中。几个月里，数十个新的救亡团体，也如雨后春笋般在武汉冒了出来。

2月，"中国青年救亡协会"在汉成立；

3月，"中华全国文艺界抗敌协会"也隆重出台；

同月，"中国青年记者协会"也在武汉问世；

……

一个个新老团体、一群群热血沸腾的人，呼喊着同一个声音：抗战到底，收复失地。经他们的手，一本本宣传抗战的小册子、一张张充满民族呐喊的传单，雪片般飞散着，落入中国人手中。他们的出现，无疑大大促进了武汉乃至全国的抗日救亡运动。

2月，"国际反侵略运动宣传周"在武汉首先掀起救亡的狂潮。各救亡团体、爱国华侨、外国声援团、学生、市民，都投入到这场轰轰烈烈的运动中。这次活动，使普通的中国百姓第一次听说了西方的绥靖，了解了国家、民族正面临的险境，也弄清了他们自己背负的民族使命。青年从军掀起了热潮。

4月，台儿庄大捷的喜讯传到武汉。周恩来、郭沫若等政治部有识之士抓住时机，动员起在汉的各救亡团体，把祝捷宣传活动推向高潮。50多万人组成的游行队伍，组成了一幅蔚为壮观的画面。黄鹤楼下，长江两岸，人潮如海，彩旗林立，欢呼、呐喊声惊天动地。

每个有幸身临其境的中国人都扬眉吐气，充满骄傲和自豪，胸中涌动的激情使他们更加坚信：中国不会亡，几千年的文明绝不会在铁甲枪炮前泯灭。

声势浩大的抗日救亡运动似奔腾不息的江水，在大武汉奔涌着。

◎ 蒋介石深夜召见陈诚

战争的空气一天浓过一天。6月2日，日军稻叶师团奉畑俊六之命，由合肥西进，连续击溃杨森、徐源泉等军，8日攻占舒城，17日攻占大别山要隘潜山。南线，日军大本营特意从台湾调来的波田支队充当溯长江仰攻的先锋，直扑当时的安徽省会安庆，其动作之快，锋芒之利，令武汉的蒋介石震惊。波田支队虽只有步、炮兵3个联队，但全军曾在日本本土和台湾经受过长期的严格训练，上至司令官波田重一少将，下至普通的列兵，几乎个个都是山地、湖沼作战的行家里手，尤其登陆作战，在日军中更是无人可比。波田重一在台湾临行前，曾得意地对记者宣称："我支队是旅团级，但实力足以抵得上皇军的一个精锐师团。此次远征，我将让支那军人的尸体血海来证明这一切。"

波田重一绝非狂言，安庆城下小试身手，便令武汉的蒋委员长倒吸一口气。6月12日凌晨，波田支队前卫，台湾步兵第一联队在一片青灰色的微明中向安庆发起了攻击。仅一小时，该敌便拿下了安庆机场及外围诸要点。经营了半年多的安庆防御体系顿时土崩瓦解。未及一天，据守安庆的杨森集团军146师及数千人的保安队被打得向西败退10里，安庆当日陷落。安庆的陷落，使长江天堑马当暴露在波田重一的重兵面前。

6月，对蒋介石和中国军队来说，是一段灰暗的日子。前线战败的坏消息一个接一个传来。继6月12日安庆失陷后，长江重地马当要塞又于6月27日陷落敌手。消息传至武汉，蒋介石沉不住气了，连夜召来了陈诚。

"校长，有什么急事吗？"陈诚一进门，便急忙问道。

蒋介石正背手驻足窗前，望着漆黑的夜空，听到说话，慢慢转回身。这时他倒像不着急似的，眼光在陈诚身上停了足有半分钟，陈诚有些不安起来。

"马当要塞失陷是怎么回事？我记得你说过，要塞至少可以守一个月的。"蒋介石都没让他坐，沮丧却不无威严地问道。

"校长，消息刚刚传到军委会，详情尚不清楚。"

"辞修，这一阵子你忙什么我不知道。可我知道你是江防要塞司令，马当失守你是有责任的，你也是要负责的。"

蒋介石余怒未消，气呼呼地在陈诚面前踱起步来。陈诚一时惊恐不安，大气都不敢出。

"你说说，你说说，马当要塞战备措施到底如何？"

"校长，学生失职。"陈诚头都不敢抬，嗫嚅道："可要塞确实是按一级战备指标施工的，而且确已完工。"

一通火后，蒋介石心里平静些了，他指指沙发："坐吧，慢慢说。"

"马当方面自前天传去通电令，通信就中断了，派出的联络员也还没回来。依学生之见，如无意外，马当绝不会这么快就落入日本人手中。那里，山上以要塞堡垒为核心，并有数道外壕，派有江防大队和一个军的步兵。江面，有沉船、礁石和混凝土钢网组成的上、中、下三层阻塞物，并布有水雷。所以要塞陷落，皆在于前线指挥官畏敌如虎，不战自溃……"

蒋介石伸手打断了话头，面部也平和多了："辞修，不要说了。要塞已失，重要的是找出失守之原因，最好你弄出个报告。对失职者，一定要严惩不贷。将不威无以服众。娘希匹，年初处决了韩复榘，才有了台儿庄之大捷。今日武汉之守卫，重要性更甚于徐州数倍，必要时牺牲三两个将领，换回军纪是必要的。"

说完，蒋介石干瘦的脸上挤出一丝笑容，转向陈诚问道："近来政治部情形怎样？听说一些人对共产党有些看法，你在会上也有所表示，是吗？"

陈诚脑子飞快地转着，马上明白过来。他没想到消息会这么快就传到蒋介石这里来。

近一个时期，武汉上上下下流传着一句话："八路军英勇善战，共产党埋头苦干。"起初，他不置可否。自周恩来、郭沫若等共产党人进驻汉口的那幢青灰色三层小楼后,他多少受到些影响,尤其周恩来对他的影响更大。十多年前,当他在黄埔军校当一个小小的上尉区队长时,周恩来就已是该校中将级的政治部主任。昔日的老上司今日甘当他的副手,见面还极有礼地一口一个"部长",工作又干得有声有色,这不能不让他感慨万千。周恩来的坦荡、才华和敬业精神,使他为国民党内争权夺利的糜烂之气深感忧虑。

谁知这股沉沉腐气竟刮到了他的政治部中。一些庸碌之辈或不应时尚的顽固分子,手中挈起一顶顶红帽子,见谁工作认真,有些成绩,便四处造谣,还把小报告打到他那里,硬说这些人是共产党,这使他惊恼异常。他自认自己没日没夜地苦干,也不逊于共产党,国军中也不乏能征惯战之师。在这些人眼里,难道国民党就没有能人了吗?

憋着一股火,在军政联合扩大纪念周的会议上,他怒道:"现在我接到不少报告,从中得出这样的印象,在军政机关中,凡是敢说敢做、积极肯干的人,都是与'异党'有关的人士。在部队中,凡是能打仗,不贪污,爱兵亲民的军官,都是接近共产党的'左倾'人士。照这样说,我们国民党军政干部中就没有好人么?真是荒唐。今后再有人打这样的报告,我倒要查查他是什么人,他究竟想干什么?"

想不到这才几天,他这番原本为维护国民党形象的话,就被人添油加醋地拟成一份小报告,打到了蒋介石这里。

"不可救药!"陈诚心里哀叹,也越发感到有些事不能就此了结。他略一沉思,挺直腰进言道:"校长,近查有些人心术不正,对政绩突出、吃苦肯干的人以'共党'之名栽赃,陷害打击。这些人不思抗战建国大业,不顾党纪军规,实际上仅为徇私情,泄私愤。学生认为,此风绝不可长。否则既误抗战大业,又毁党国声誉。学生正是出此目的才即席而言的,当与不当请校长明察。"

"那么,政治部里的中共分子是否有宣传共产、蛊惑民心之事,或借机扩大影响的越轨行动呢?"蒋介石表面上虽然平静,但十几年的死对头,今天放在他的眼皮底下,还是政治部要害部门,他自然不会高枕无忧。

"校长放心。学生聘用周恩来、郭沫若等中共人士,旨在利用。但学生一刻也没放松监督职责。他们的计划、行动及所有措施,都必须经过政治部常委审议。另外,共党分子活跃的第三厅中,也有我指定的心腹数人,不可能掀起大浪。如果校长认为必要,我可以收回他们部分权限。"陈诚知道老蒋的心思。若不是非常时期,他岂会像今天这样容忍共产党。所以既表白自己,又投其所好。

蒋介石脸上舒缓下来,他轻轻地摆了摆手:"不必,让他们继续干好啦!在宣传、鼓动方面,他们是实干家。"

蒋介石酸溜溜地说完,站起身,踱到窗前,陈诚正襟危坐,眼睛随着蒋的脚步转动着。蒋介石望着窗外被夜幕笼罩的武汉,口气平缓地说道:"现在国际社会对武汉的气氛还是很欢迎的,他们就是喜欢这一套。我们长期抗战,离不开西方,斯大林的红色共产主义毕竟靠不住。民主,哼!如今我蒋中正能容共产党,天下还有什么人,什么事不能容吗?"

这时,他扶住椅背站定:"辞修,我们和日本人已无周旋的余地了,武汉之战很快就要爆发。你和敬之、健生他们,要加紧部署。前线部队一定要准备充分,补足弹药,早做大战的打算。"

◎ 委员长的军事高见:守武汉而不战于武汉

武昌军委会会议室里,蒋介石正站在宽大的地图前独自出神。近来他在这里待的时间比过去多了不少,有时甚至就在这里过夜。他的出现,使陈诚、何应钦都感到了压力,计划的落实情况加快了。每天,从前方发来的各种电文、通报源源不断地送到他这里。蒋介石军装笔挺,金星闪亮,一会儿侧着脑袋听参谋人员分析敌情、态势,一会儿看着参谋们紧张地在图上标绘、记录,一副全身心投入的样子。

两个月前,还是在这里,他曾组织了武汉会战军事准备会。过去的几次大战,他都失败了。国民党各军、师高级将领在战场上发现,委员长的胃口倒是不小,可就是战前制定的计划、方案在战场上根本行不通。仗一打响,不是主要方向被日军突破,就是友邻先自溃败,什么反击啦、合围啦到头来都只是一场虚梦。

手下几十万精兵的牺牲使他清醒了。蒋介石意识到他的人海战术需要空间,需要巨大的周旋空间。他盯着地图上的武汉,却发现这是一块被湖沼江河紧紧拥抱的死地。可再往外看,他的心胸不禁豁然开朗起来。

第八章 梦断大江

苦思数日，四下征询，蒋委员长终于在军委会上得意地抛出自己的想法："武汉三镇必须守卫，唯守卫之不易。武汉近郊，尤其城北根本无险可守。而城区又被长江隔断，城外遍布湖沼，绝非久战之地。那么武汉如何守卫呢？我想请各位将军把眼光放远些。东北遥望潜山、太湖，北面不要错过双门关、武胜关诸险。事实上，武汉外围之幕阜山、大别山和长江，乃我最佳之天然屏障。"

蒋介石打住话头，喝了口水，看了看众人的反应。远道而来的李宗仁、薛岳、张发奎等将领，闻言长吁一口气，绷紧的脸上终于现出一丝笑容。这笑是发自内心、实实在在的笑。到会的大部分将领都在上海吃过地域狭窄、优势兵力变密集轰击目标的苦头。会前，人人都怕"高明"而固执的委员长再来个死守武汉城的计划。

会场气氛一下轻松了不少，有人窃窃私语起来。蒋介石像是受到了鼓舞，更加神采飞扬，滔滔不绝："诸位可以设想，如果我军据三镇而战，战火势必殃及城区，武汉之政治、经济重要必失。被围城中，我军也犹如瓮中之鳖。南京教训前犹未远，切不可忘！所以武汉要战，就必须战于远方。概括之，守武汉而不战于武汉，乃上策。"

蒋介石用眼光扫了扫众人，又故作神秘地说："诸位也许不知道，第一次世界大战时，欧洲一仗，形势与今日武汉极其相似。"说着，他转向"小诸葛"白崇禧："健生，你给大家介绍介绍吧。"

参谋副总长白崇禧似乎早有准备，他缓步走向挂图。值班参谋忙拉开布帘，一幅早已标绘完好的德国东部地区图展现在瞪大了眼睛的众将军面前。

"诸位，这是发生在1914年秋欧洲东战场上的一个著名战例，各位想必早有耳闻。当时德军兵力有限，为确保首都柏林，起初有退守外克塞尔河之计划。可兴登堡将军接手指挥后，不但没采取这种消极战法，反而决心利用俄军第1、第2两方面军被湖沼分离的弱点，转守为攻。当时虽有不少人对此表示怀疑，但德军坦能堡空前的歼灭战证明兴登堡是对的，这以后，俄、德两军大、小百余战，德军东战场始终居于有利地位。两战场后顾之忧既除，柏林自然无恙。"

放下教鞭，白崇禧走回桌边，说出了下文："今日武汉，确与当年柏林太像了。长江、大别山把日本人隔成两路甚至三路，这就给我军提供了分而攻之的良机。情况就是如此，只要我军能充分发挥战斗效力，昔日之坦能堡的胜利就会出现在今天的武汉。"

台下静静的,众人似乎还未从白崇禧鼓舞人心的话语里醒悟过来。蒋介石也没再开口,但脸上却漾出抑制不住的笑容。

蒋介石虽未完全摆脱消极防御的旧有思想,但一年来国民党军几十万官兵的鲜血多少触动了他。能利用武汉外围广大的地区和无数天然屏障,应该说他在军事上迈出了更高明的一步。

7月,国民党百万大军已在长江两岸、大别山麓部署完毕,蒋介石这才重重地透出一口气来。这一天午后,他邀陈布雷同车来到汉阳的伯牙琴台赏景散心。

俞伯牙和钟子期"高山流水遇知音"的神奇传说,令蒋介石浮想联翩,却心神黯淡。今天,他苦苦追寻的权势、地位都有了,可他有知音吗?手下的文臣武将,个个对他唯唯诺诺,不可谓不恭,不可谓不顺,但这能算知音吗?

可一转念,他想到了自己的特殊身份,一种"天将降大任于斯人"的豪迈感,把心底涌起的淡淡愁云抛到九霄云外。他扫了陈布雷一眼,解嘲似的说道:"布雷,很多方面你就像钟子期,啊,哈,哈,哈……"

老实、厚道的陈布雷闻言一愣,少顷,脸上浮起一缕不自然的笑。

◎ 东湖会友,李宗仁道破天机

珞珈山下的东湖,环境清幽,空气凉爽。尽管武汉城内已是热浪翻滚,暑气逼人,可这儿30多平方公里湖面送出的阵阵清凉,却使东湖成了武汉少有的避暑胜地。

6月的一天,台儿庄大捷的功臣李宗仁上将邀了前来探访的广西籍故友黄绍竑来到湖边,散步纳凉。

黄绍竑外表虽憨厚,却好交朋友,处事圆滑。几年前,他感到两广湖小水浅,难施作为,便投靠了蒋介石。但他不但在蒋介石面前讨到了好处,又没伤了旧友和气。为人处世他太精通了。与李宗仁,他一直保持着友谊。

"季宽,你不在浙省当你的父母官,跑到武汉来干什么?"作为主人,李宗仁先开了口。

"咳，一言难尽。德公，不瞒你说，我此番来汉，是向老蒋辞职的。"

"噢？有这么严重？究竟为什么？"

黄绍竑摇着头叹着气，道出了事情原委。

原来，4月间黄绍竑赴汉出席国民党临时代表大会。会间，中共驻汉代表周恩来找到了他，商谈解决闽浙边区问题。黄绍竑与周恩来是老相识，大革命时期两人就共过事，年前在山西抗日前线，又有过几次接触，私交一向不错。两人谈得十分投机。

几个月来，浙省局势也确实令黄绍竑头痛。此时，杭州已落入日军之手，他把省府向西迁到了金华。可坐镇浙省的第10集团军司令刘建绪不顾钱塘江岸防兵力空虚，反倒抽兵包围了粟裕、刘英的闽浙边区新四军。他虽对此提出了非议，但刘建绪显然有人撑腰，并不买他的账。

当时周恩来找他，只是想买条路，请国民党军网开一面，让粟、刘部新四军能调入敌后战场。黄绍竑对此当然没异议。从大的方面讲，新四军要抗战，没道理阻拦，国共合作他也有义务维护。从小的方面说，中共军队离开浙省，他少了一块心病，还能名正言顺地让刘建绪的国军抽出身来，专门对日作战。

当下，他拍着胸脯就答应了，回浙后，他通过第三战区司令长官顾祝同与刘建绪达成了默契，由他作中间人，亲自跑到平阳与中共代表吴毓、黄昂等人商谈，最后达成四项协议：（一）所有闽浙边区的武装部队全部撤走，赴苏皖敌后去担任游击工作；（二）刘英、粟裕的部队由浙赴皖时，国民党军队及地方团队不予为难，并予以补给上之方便；（三）该部留在后方的家属，政府保证其安全，但不能有政治活动；（四）准许该部在丽水或温州设立办事处。

大功告成，黄绍竑高高兴兴地返回了金华。不久，刘、粟率部由平阳、瑞安、丽水各县边境抵达丽水上游的大港头镇集中，准备深入苏皖敌后。在粟裕的盛情邀请下，黄绍竑还亲自前去做了一番热情激昂的讲话。但他做梦也没有想到，他此举却没能逃过一个重要人物的眼睛。

6月，蒋介石一封电报发到金华省府，指责他的浙政"声名狼藉"，要他好自为之，"切实注意"。他想不通究竟有什么地方得罪了老头子，自然不服气，更不理解。当下驱车来到武汉，向蒋提出辞呈。职未辞成，但蒋介石的一番话却使他茅塞顿开：

"你自去山西作战回来，逢人就说八路军纪律好，长于游击战，共产党如何动员民众、团结民众、军民配合等等好话。各级党部、黄埔军官、地方士绅听了自然不服气，要说你的闲话。此外，你的战时政治纲领和用人方面，都有令人指责的地方。我打电报给你，无非是使你知道说闲话的人多了，要你注意。"蒋介石对他指责归指责，可暂时还不想要他辞职，只能给他说说宽心话，解释一番。

但黄绍竑还不至于呆得连这话的余味都听不出来。"原来是嫌我说了共产党的好话，嫌我与他们交往多了。可你蒋介石不是四处吹嘘着党派之争已不复存在，夸你和中共如何携手合作，原来这一切不过是官面文章！"

黄绍竑越想越觉得可悲，既为蒋介石，也为自己的幼稚，见蒋介石没给自己一个明确的答复，便索性赖在武汉不走了。

李宗仁听完这一切，半晌无语。末了，他开口问道："季宽，你觉得有错吗？"

"谁都没错，错就错在老蒋心中有心。我看他一刻也没忘了共产党。"黄绍竑颇为感慨。他原以为事过多年，又值大敌当前，蒋介石会忘了过去的那些干戈对手，可现在不得不承认事情远没他想的那么简单。

李宗仁像是看穿了这位同乡的心事，苦笑着摇摇头说道："这一点儿不奇怪。事实上岂止是中共，我在东湖疗养治病，不过是一些新朋旧友、军界同仁来看看，聊聊天，就有人受不了啦。陈辞修自己常常亲临不说，还安插个漂亮的女护士。真是庸人自扰，无聊！"

两人一时无语，心情显然已不似出门时那般透彻畅快。

西边，太阳已坠入地面，岸边的柳林杨木已暗淡下来。湖面上，一片片荷花在暮霭里透着淡淡的红色。"出淤泥而不染，谁能呢？这种人我看少之又少。"李宗仁想着，感叹道。

黄绍竑突然想起自己为客的身份，不该让主人为自己的这点儿事烦心。当下，便以一种轻松的口吻说道："哎，不谈这些了。德公，你脸上吃这一刀，可有什么效果？"

"嗯，这倒是件令我欣慰的事。龙济光的这一颗流弹，可折腾得我不轻。这儿的一个美国外科医生，就是这个疗养院的院长，从口腔上腭弄出了一撮碎骨。哎，20来年，都发黑了。结果真不错，第二天，红肿、疼痛都没影了，真令人舒坦。"

说完，叹口气补充道："季宽，这科学不服不行啊！美国人的先进绝不止在枪炮上。这么些年，枪炮可是把中国毁啦。"

"哎，这不是德公、季宽吗？"

一个意外的声音像是从地下冒出来，惊得两人抬起了头。中共驻汉代表周恩来笑吟吟地迎面走来，身边立着一个四十来岁的壮年汉子。

"恩来兄，久违，久违！"两人见是周恩来，略显惊喜。李宗仁笑着伸出了手。

"啊，介绍一下，这位是从鲁西北敌后来的张参议。"寒暄完，周恩来指了指身边一身灰军装却没任何标记的壮年汉子。

"啊，从敌后来，敬佩，敬佩。"李宗仁、黄绍竑客气道。

"哪里，李长官台儿庄一仗打出中国人声威，更当敬重。"壮年军人诚挚地说着。

"过奖，过奖，德邻台儿庄小胜，全仗将士用命，也得感谢你们的侧翼牵制啊！"

"抗战既然不分彼此，那么德公的胜利今天我们也就共享吧！"周恩来一句话，引来四人一阵开怀大笑。

这时，周恩来突然想起了身边的黄绍竑："哎，季宽，你不在浙江当主席，跑来武汉干什么？"

黄绍竑一阵苦笑，略一沉吟，顺嘴说道："啊，地方上一些事要办就跑来了。再说，也想顺道看看德公。"

"季宽，前些日子多亏你从中斡旋，网开一面，粟裕他们才能深入苏皖敌后。前几天他的前卫部队在镇江城外牛刀小试，初尝胜果，消灭了日军少佐以下官兵数十人，还缴获了一些车、炮。"周恩来笑着说道，话语中透出感激之情。

"入敌后就传捷报，可喜，可贺！"李、黄两人听罢，连声称赞。黄绍竑看上去更高兴些，这几日的不快也像是减轻了一些，"嗯，粟裕文武双全，真是个难得的将才啊！在日本人几面包围之中，硬是敢用掏心战术，令人佩服！"

"季宽，粟裕东进途中曾有电来，说如有机会请我们当面表示谢意，我今天就一并代劳啦！另外，浙江留守的一些新四军家属，还望季宽兄日后多多关照啊！"周恩来拉着黄绍竑的手，真诚地恳求道。

"恩来，这个你放心。他们在敌后流血抗日，我们如果连这点小事都办不好，那就太对不住啦！"

"那好！我再次代表他们，谢谢你啦！"

说完，周恩来两手一抱，转身告辞。

望着周恩来远去的身影，黄绍竑忽然感慨起来："我越想越觉得这次来武汉不是滋味。我老觉得武汉就像大上海的戏园，几个对台戏同时在演。你就是知道哪台是主戏，可场子一开，你就懵懵懂懂地不知到底在唱什么了。"

"季宽，常言道：'林子大了鸟儿多'。眼下武汉自然不是只开一台戏。汉口日租界里，汪精卫一伙鱼虾之流一天到晚神神秘秘，搞些什么谁都知道。一些十足的败家子儿！"李宗仁一直对汪精卫一伙"主和派"看不上眼，当下气愤地说道。

"是啊！听说年初，陶百川在《血路》杂志上提出：'和而不屈服可以不亡，我们似乎不应无条件地反对。'难道老蒋对此没有表示？"

"表示？现在他不但容许张岳军（张群）在军委会四处散布所谓的'战必亡，和必乱，战而后和，和而不安'的谬论，好像还很欣赏。这群文人，就像三国时孙权身边的那些文人食客，一心只想自己，从不为国家、民族着想。"

"可老蒋会见伦敦《每日快报》记者时，不是声明抗战到底，不欢迎任何国家出面调停吗？"黄绍竑还是满心疑虑。

"老蒋鬼就鬼在这里。他这是说给西方政客和中国老百姓听的，也给自己打气。你没注意到他的话有些名堂吗？他是说'除非能将主权完全恢复'，绝不接受调停。换句话说，只要日本人承认他是中国的领袖，给他名义上的主权，他就能接受调停。"李宗仁越说越气，越说越激动："'主权'，单单主权就够了吗？难道东北、华北、京沪就不要啦！收复失地就这么一笔勾销了？这种文字游戏他就是太爱耍弄，可到头来又能骗得了谁？"

黄绍竑越听越觉得有理，心中的迷雾在渐渐散去。他没想到武汉平静的表面下，道道潜流却在交迭撞击，充满险滩。稍有不慎，就可能被卷入其中，粉身碎骨。这时，他感到武汉不再那么迷人、充满诱惑力了。

"德公，不临其境，不知其险啊！难怪你今天也贪图起世外桃源的安逸了！"黄绍竑笑着逗起李宗仁来。

"哎，咱们话可说清楚。我在武汉是为养病，仅此而已。病一痊愈，我马上返回战区。苟且偷安可不是你我所能干的啊！当然，武汉我是不会再待下去的，还是上前线更轻松些。"

"谁说不是，我在武汉再赖下去也没意思，赌这口气干什么？我准备把地方要解决的一些问题写成书面报告,老蒋一批,我马上回返。"黄绍竑来了情绪,快言快语。

"嗯,挟天子以令诸侯。你不能挟他,这时候拿他一把还是可以的。武汉是块是非之地,早走早好。再说不用很久,日本人就会向武汉发起进攻了。"李宗仁盯着渐渐变暗的湖面说道。远处,已有点点灯火燃了起来。

"走吧,回去。你远道而来,今天我请你再吃一回武昌鱼。吃了这顿,下顿可就没准喽。"李宗仁拿出东道主的豪爽,客气地相邀道,可黄绍竑却从这话中品到了一丝苦涩。

◎ 眼观中国抗战的美国武官

武汉,随国民政府迁来的美国大使馆里,一位神秘人物也在密切注视着中国形势的发展,关注着东方两个巨人的这场生死较量。他,就是当时的美国驻华武官、日后盟军中国战区的最高军事长官史迪威上校。

上年底,当他绕过胶东半岛来到武汉时,一切都使他那饱受西方熏陶的大脑混沌不堪。他觉得自己眼中这个神秘古国和中日之间的这场战争,就像他第一眼看到的武汉一样扑朔迷离。混乱的码头、街区,挤满成千上万像热锅上蚂蚁一般的人。大小官吏、投机商人、难民挤在一队队即将赴死的军人和宣传救国的热血人士之中。在这里,他既能看到一种不屈民族固有的献身精神和充沛精力,也能看到一幕幕令人沮丧的懒散和冷漠。虽然他断断续续在中国已待了20多年了,但他还是认为,要真正了解中国,解开其中错综复杂的网,比学中国话甚至更困难。

但聪明、固执的史迪威不会裹足不前。他充分利用了自己在中国20余年的经历,操一口流利的汉语,从武汉城到前线战场,从战略大后方到日本占领区,他到处走,到处看,到处问。政府官吏、新闻记者、中日双方将领都是他重点盯住的目标,而普普通通的中国百姓、士兵、学生也是他谈话的对象。他观察着、思索着、探寻着这场战争的方方面面,预测着中国遥远的未来。自然,他也在琢磨中国人所做的这种牺牲,对他的祖国美利坚将带来什么样的影响。

他确实难。国内,总部军事情报处的顶头上司麦凯布上校处处与他作对,百般刁难，使他即使在万里之外的中国也深感掣肘。在武汉，蒋介石对他的请示也是一推六二五，再不行就拖。他觉得自己像只被一道道绳索捆住了手脚的饿狼，眼看着别人忙着四处撒网，而自己却只能干吼。他待在武汉觉得要发疯了。

可史迪威毕竟是史迪威，他的倔强和对事业的狂热追求使他从不服输。他一生的座右铭别出心裁，但眼下对他却再贴切不过了："不要让那些狗杂种把你咬倒在地。"他几乎动用了国内军界所有的关系，包括同窗好友马歇尔将军，才收拾住"迂腐的小官吏"麦凯布。他又巧妙地利用罗斯福对中国战场的关注，通过美国政府对蒋介石施加压力。他终于获得了成功，他领到了一张能在中国各地"旅行"的通行证。

4月中旬，当他在兰州结束探查苏联对中国的军援情况而返回武汉时，觉得这座城市有了令他吃惊的变化。中国人的情绪随着台儿庄的胜利，一夜间振奋、高涨起来。用他的话说就是"举国上下欣喜若狂"。人们不再怀疑日军也是可以战胜的了。武汉，史迪威在军界、新闻界的一些同情中国的西方朋友这时都说中国最后能胜，他虽未必赞同，当下却也点了头。

兰州之行，使他错过了随汤恩伯军团观察台儿庄战场的良机，他本有这个机会，但麦凯布却严令他这时去兰州。为此，他对麦凯布更是恨入骨髓。"多事的杂种！"他心里狠狠地骂道。错过了头班车，他不会再放走末班车。他匆匆向副手卡尔森上尉作了交待，便径直奔向了徐州。

失之东隅，收之桑榆。错过台儿庄大捷观战的良机，他却在徐州见到了使日本现代化部队诞生以来第一次在举世瞩目的情况下遭到惨败的中国将领李宗仁。

5月的一天，史迪威上校与李宗仁上将在徐州城外的一块草地上进行了一场推心置腹的长谈。日军飞机空袭徐州，给了史迪威这样一个机会。离开电话响个不停、报告没完没了的司令部，史迪威大喜过望。

他饶有兴致地打量着面前这个使日本人大吃苦头的中国将军。在他眼里，这个瘦小精悍的中国司令官并不像他听说的那样魁伟神勇。高耸的颧骨，使他看上去与中国任何一位南方将领并无多大区别。只是瘦削的脸上那一对灵活转动的大眼珠子，透出智慧和活力。他看上去不像50岁上下的人，言谈举止的沉稳中分明有股年轻人的朝气。最让他难以忘记的，是对方微黑的面孔上浮出的坚毅、镇定和自信。"他与武汉那些毛皮军大衣裹着的国民党新贵是不同类型的人。"史迪威暗忖,对李宗仁颇有好感。

"武官先生,听说你对我们的战术颇有看法,能否谈谈?"李宗仁盯着史迪威问道。面前这位略显老态的美国军人同样像个谜一样吸引着他。粗糙如橘皮一般的老脸,皱皱巴巴的,一对眼睛却蓝得出奇。他有些不理解,这把年纪的一个老军人怎么竟只是个上校,而且还卷进了东方充满硝烟的战火中。外界盛传这位美国武官脾气乖戾、暴躁,可眼前这张刚毅中透着慈祥的面孔,使他无论如何也与外界的传言对不上号。

史迪威开了口:"将军,你的胜利使我深表钦佩。但就一般战术角度而言,我认为你们更需要进攻,向敌人发起攻击。只有积极地进攻,才能有效地消灭日本人。"

李宗仁对谈话能从两人相同的职业上展开,显然很有兴趣。这么些年来,中国虽然不乏战争,但无论南京还是武汉,真正就战略战法而引起的争论太少了。昂首阔步的将军们似乎个个登峰造极,厌倦了这个话题,却对政治着了迷。可一上战场与日本玩起真的,这些"政治家"们又都失去了谈论政治时的自负。"畸形的中国军人。"他很想对那些家伙吼几声,可这声音在腹腔里滚来滚去,总冲不出来。今天,一个来自太平洋彼岸的美国上校却单刀直入地勾起了他的话题。

"上校,你的坦率令我欣赏。可是你知道我们的对手吗?了解我们的部队吗?进攻在一般意义上说是可能的,也是必须的。可在中国战场上,它的地位也许就得与防御调过来。"

"不,绝对的劣势是不存在的。日本人装备上比你们强,可他们宽广的战线导致了兵力分散,战场上的山川水地,削弱了他们机械化装备的优势。而你们数量上占较大的优势,又有最优秀的士兵,所以我认为,在中国战场上,中国军队是不该放弃进攻。关键是中国指挥官的素质、效率不高。"史迪威一着急,便暴露出尖刻、固执的本性来。

李宗仁倒是不急不恼,反而哈哈一通大笑:"上校,你知道吗?你并不是第一个向我们建议发动进攻的西方军人。"

"嗯,我相信睁着眼睛的人都会看到这一点。那么请问你所说的这个西方军人是谁?"史迪威火气消了一些,问道。

"法肯豪森，中国军队的德国总顾问。上校，从愿望上说咱们是一样的，从战术上说，咱们也有很多相同之处，可中国的许多事情你是无法理解的。比如说，如果你是个班长，想带你的人冲出阵地，时机也有利，可你的排长命令你固守阵地，你该怎么办？"

"将军的意思是说你有阻力？难道作为战区司令官的你还没有选择使用作战方式的权力？"作为军人，又深受麦凯布之苦的史迪威一点就通，满是皱褶的脸上充满诧异。

"上校，我们的职业虽然相同，但东西方的思想差异渗透在各方面，军事上也不例外。说实话，徐州方面的形势现在非常不妙。日本人10个师团已从三面向这里扑来，我们也在不断地把军队调向这里。可60余万人汇集徐州一点，队形密集，人员混乱，又无法采取主动的攻势行动，请问上校，要是你，你会如何办？"

"将军，你们中国不是有句古话，'将在外君命有所不受'吗？你是战区司令，你有权调动部队采取行动。"

李宗仁苦笑着摇了摇头，说道："武官先生，中国有些事你很清楚。可有些事，以你们西方人的思维是无法加以理解的。法肯豪森总顾问也曾多次强调进攻、出击，但我无法满足他。不是我不想这么做，而是有些部队我根本就调不动。"不知何时，李宗仁脸上笑容已逝，只有几分惆怅和无奈。

史迪威联想到华盛顿总部那几个指手画脚的小官僚和他对中国军队派系纷争的了解，多少也猜出了几分面前这个令日本人畏惧的中国将领的艰难。作为外交官，他知道再谈什么"进攻"就太不知趣了。他及时转换了话题。

"将军，对这场战争你有信心吗？"

李宗仁慢慢收回目光，转向史迪威："当然！我对中国的胜利从不怀疑，虽然我们眼下不能指望马上打败日本人。但日本究竟有多大，究竟有多少资源、人力？他们经得起长期战争的消耗吗？从战略上说，日本根本就没有能力解决在中国的战争。他们一出兵就已先败了。只是种种原因，使中国的胜利来得可能要迟些，我们付出的牺牲也要大些。"

史迪威对李宗仁的话却颇不以为然："将军，你的自信令人钦佩，我对中国也充满同情。可我认为，以日本现代化的军事装备，以贵国军队如此消极的战略战术，中国要赢得这场战争，绝非易事。请问失去徐州，就等于失去中原，你们将何以为战？"

"先生，你们美国南北战争，北军开始时不也是连遭败绩，南军强大得多吗？但最终结局又如何呢？中国战场即使失去中原，就算再失去武汉，战争就结束了吗？请问，就是日本人把全部兵力派到中国，他们能控制住广大的占领区吗？山西失守，我国军游击部队和共产党八路军不还在战斗吗？"

"但你得承认，就军事而言，这就是失败啊！"史迪威固执得够可以的。

"失败不同于征服。中国5000年来，曾数度被外敌强占，这个民族却没有灭亡。今天日本人就是想占领也不可能，自然就更谈不上征服。"李宗仁也不示弱，回击道。

史迪威摇了摇头，退缩了："但愿中国的军人都有李长官的自信。"

李宗仁从草地上站起来，踱了几步，说道："武官先生，关于中国的这场战争，你可以慢慢看，我所说的结果一定会出现。"说着，话题一转："不过，恕我直言，先生，我认为贵国目前的对华、对日政策不够明智。你们卖给日本人军火、钢铁，间接地强化了他们的军事力量。有一天你们可能会自食其果，为此付出惨重代价。"

"将军，请讲详细些。"

对这个问题，史迪威一直在琢磨，也感到了它的严重性。为此，他专门向华盛顿送去过一份报告。可至今毫无回音。今天，他倒很想听听一位中国的高级将领对此事的客观评价。

"日本既要在东方建立帝国，他的胃口自然并不止于中国。北面的共产党俄国和南面太平洋上诸岛国，他们一定会作出选择。也许有一天，日本也会成为你们美国的敌人。所以你们贷款给中国，帮助中国建立机械化军队，增强与日本抗衡的实力，不但有利于维护人类正义，实际上也完全符合贵国利益。我希望今后我的士兵不再吃到日本人用贵国钢铁制造的炸弹。"

警报早已解除，可两人仍在畅谈着。在李宗仁眼里，史迪威虽然直率，直率得有些粗鲁，但他的责任心、正义感和对事物敏锐的观察，都透出一个职业军人的优秀品质。虽然史迪威对中国抗战的前途，不似他那么乐观，可他理解这个在西点军校受到西方传统"唯武器论"熏陶的老军人。此外，他毕竟能对华盛顿产生影响，因此李宗仁对他还是寄予希望的。

史迪威这时心情也不平静,刚才与李宗仁争吵时的激动早已不知飞到哪里去了。他暴躁,连他自己也承认,可事情一过,他就忘了。他深感这次来徐州不虚此行,李宗仁军事上的精明,政治上的敏锐,都给他留下了深刻的印象。虽然这位中国将领的话他并不完全赞同,但至少他的乐观、自信感染了他。来徐州前,因为国内总屡屡作梗,他曾心灰意冷地给国内的妻子写了信,诉说了打算离职退休的想法,但这一刻,他改变主意了。他要留在中国,起码他要看看中国人将在武汉能干出些什么。

1942年,当史迪威中将肩扛三颗金星来华任中国战区参谋长时,他对中国赢得这场战争的胜利已是深信不疑了。当然,这是后话。

◎ 武汉大献金,掀起抗日救亡狂潮

7月7日一天天临近了,这一天对中国人,尤其是从北方逃难来到武汉的人,实在是刻骨铭心。虽然日本的飞机还是时常空袭武汉,虽然武汉三镇还像往日一样繁杂、混乱,但一股股抗日救亡的热浪却在冲击着失败的沮丧,在城中滚滚翻腾。

7月4日,国民政府明令全国:从1938年起,将每年的7月7日定为抗战建国纪念日。中国又多了一个纪念日,一个记载着耻辱、激励国人奋起的纪念日。这在武汉,在全国,当时曾引起一场不大不小的冲击。

为唤起国人、声援抗战,也显示中共对抗日统一战线的支持,周恩来、郭沫若等共产党人领导政治部宣传厅,筹划在武汉发起一场声势浩大的救亡宣传、献金支援抗战的活动。消息传出,立刻赢来国民党左派、进步人士、社会贤达的同声响应,国民政府也在一定程度上给予了支持。很快,筹划活动进入最后阶段。一连数日,设在汉口日租界90号的八路军驻汉办事处那幢灰色的三层小楼,终日门庭若市,热闹异常。

珞珈山上,蒋介石对这一切了如指掌。对这次活动,他是默认的。

近一个时期,日本人越逼越紧。和谈上,由于坚持以蒋介石下台为先决条件,谈判已陷入绝境。军事上,日本人寸步不让。7月4日,日军大本营发布命令,扩充华中派遣军编制。将华北方面军第2军拨归华中派遣军,并以华中军主力组成了第11

军。40万日军将分别由长江两岸和大别山麓向西仰攻武汉。

条条路都被堵死，蒋介石自然也只能应战。他的态度复又强硬起来。

6月30日，蒋介石在武昌对英国《每日快报》记者宣称："外传英、法、意、瑞典、瑞士等驻华外交代表均将来汉口，企图斡旋和平。但苟非将主权完全恢复，绝不欢迎任何国家调停。中国在政治上已全部统一，中国人民抗日之决心，亦与日俱增。"

蒋介石此番讲话，虽然是在外交解决无望的情况下发表的，但却是实话。他要让国人、军队，让手下的文臣武将明白，此刻除战场上的较量外，别无选择。他要再次鼓起军心士气，在武汉外围的广大地域，与日本人决一死战。

7月5日，在蒋介石授意下，武汉卫戍司令陈诚在《武汉日报》上撰文称："目前的大武汉，政府要用绝对的力量来加以保卫，上至我们的蒋委员长，下至我们的一般民众，都是具有最大的决心的。我们已经屡次声明过，目前保卫大武汉之战，将成为我们对敌决战的开始，我们在这次大战中，要愈加消耗敌人的力量，击破敌人的主力。"

两天后，他更称："今日武汉已成为第三期抗战中最重要的据点，这里是我们雪耻复仇的根据地，也是中华民族复兴的基石。今日全国民众，尤其是在武汉的每个军民，应当激发最大的同仇敌忾心，人人都下定与武汉共存亡的决心，来守住这个重要的国防堡垒……"

政府的主战姿态、军民们心中对日本人的仇恨以及宣传厅、各救亡团体广泛的宣传，终于使武汉再次掀起一股炽热的抗日救亡狂潮。很快，这股大潮传向重庆、广州、西安等内地各大城市。

7月7日，这股铺天盖地的大潮被推向了顶峰。

上午，蒋介石慷慨激昂的抗战周年报告已先把这把火煽了起来。虽然他浙江口音浓重，但丰富的表情、豪迈悲壮的言辞，还是具有很大的鼓动性。整个武汉倾城而动，公祭抗日烈士、游行集会、宣传演说，整个城市一片喧腾。而在这些活动中，最热闹、最感人、最激动人心的，还是武昌阅马广场的武汉各界献金活动。

前来献金、助兴的男女老幼、官吏商贾、工人农民、车夫乞丐、兵士难民们，把偌大个广场围得满满当当。在这里，看不到平日官吏的虚伪、贵妇的孤傲、商贩的奸诈、兵士的蛮横……有的，只是平等和爱心。只有这时，人们才能感到平日一副麻木相的陌生人，原来血管里也在奔涌着激荡的热血，中国人的热血。只有这时，人们才能体会到每一个散发着体温的铜板的分量。良知未泯的中国人将永远不会忘记那一个个感人的场面。

场面一：一个留着分头的商人模样的中年汉子挤过人群，挨近金箱旁，他解开一层层紧包着的绢帕，把厚厚的一摞钱摆在了箱上。他望着台下的众人，叹口气说道："丝厂垮了，就变当了这500块钱。原想到后方再重新干，现在想透了，回乡下老家去，只要日本人不走，到处兵荒马乱，能办成什么呢？如果这点儿钱能买几条枪，让前线的弟兄们多杀几个鬼子，我就心满意足了。"

看着钱落入金箱，商人还是落了泪。这毕竟是他的丝厂，他的几十年心血，还有他的梦。但这眼泪中，也有他的骄傲。

场面二：一个拄着拐的伤兵，披着破得像布帘一样的旧军服，艰难地移到台前。他从身上摸索半天，掏出了全部的10元钱。工作人员见状实在不忍，上前劝道："兄弟，你是功臣，为国家已经献出了一条腿，这钱可能是你最后的抚恤金，捐了它，你何以为生？"伤兵慨然道："在山西前线丢了这条腿，可我不后悔。只可惜我再上不了战场了，如今华北沦陷，我是有家难回。你们就成全我吧，只当这10块钱是给我自己报仇。"说完，伤兵唏嘘饮泣不已。

长髯飘动的沈钧儒见此情景，不禁泪盈双眼。他走上前去，拿出1元钱投入箱中，其余的硬塞还给伤兵。他握着伤兵的手说道："好兄弟，你是国家的功臣，如今国家困难，已经委屈你了，决不能再让你把最后的抚恤金都捐出来。这些钱你留着，好自生活，其余的我垫上。"

场面三：一名旗袍鲜亮、浓妆艳抹的少妇，擦了擦被泪水冲乱了的粉脸，慢慢走到前台。她褪下自己的耳环、项链、戒指，又从皮包里掏出些钱都投入了金箱。刚才为伤兵感动的没醒过神来的人群，这时报以热烈的掌声。少妇抬头望着人群，报以感激地一笑。这时，她突然感到，平日她从未注意过的这些普普通通的平民竟也如此可亲、如此热情、如此富于正义。

工作人员在后面喊道："太太慢走，请留下名字。"

少妇回头一笑，道："你该问问刚才那个负伤的弟兄。我嘛，一个中国人。"

场面四：两个手提粥罐的乞丐从身上摸出一把铜子，面带愧色地对工作人员说道："我们兄弟俩讨了三天，只有这2毛9分，硬是没凑足3角，请你们收下吧。要饭，已经低人一等了，要是再当亡国奴，怕是得钻到地下去了。"

这时，两个擦鞋童想出了聪明的一招。他们在金箱附近支起摊子，吆喝道："先生、太太，请擦皮鞋。擦完鞋，请把钱放入金箱，算是你对抗日的支持。"不少人挤了过去，生意一时火爆，可两个小家伙都分文未入。

据统计，当时武汉全城的五座固定献金台、三座流动献金台，一周内就接受了上百万人次的捐赠，所得金款达数百万元。相当于当时武汉军民每人捐赠一次。捐款者，从耄耋老人到稚嫩的幼童，各行各业无所不包。远在陕北的毛泽东及另几名以中共党员身份加入国民参政会的议员，嘱咐武汉八路军办事处把国民政府发给他们的薪金全部捐了出来。周恩来也把自己作为军委会政治部副部长当月的数百元薪金一个不剩地捐入金箱。此外，前线八路军、新四军也把从菜金中省出的数千元钱，派专人送到了武汉。

一个国家，一个民族，在被外敌压迫到最后一刻时，是最容易动员、唤起的。武汉献金之踊跃，场面之感人，是国民政府多年来所没有的。钱的多少都不是重要的，重要的是，它在唤醒一个沉睡的民族，一头满身伤痕的雄狮。

珞珈山蒋公馆里，陈诚正绘声绘色地描绘着一幕幕动人的场面。蒋介石凭窗而立，远眺武汉黑沉沉的夜空，良久无语。半响，才转过身来对陈诚说道："辞修，这笔钱绝不能乱用。另外，前线的部署你还要抓紧，决不能再有失误。"

说罢，长叹口气，补充道："武汉这一仗，无论如何要打出个样子。否则，我蒋中正是无颜再见中国父老啦！"

◎ 命运的赌博，武汉会战拉开战幕

进入6月，日本列岛沐浴在初夏、春末交替的阳光之中。樱花仍然像杂着血丝的白雪一样，盛开在日本的各个角落，但它再难吐出令人躁动的气息，人们已感到春意正姗姗离去，火热的夏天正匆匆来临。

中国战场此刻正处在大战前的沉寂中。但这沉寂中，战争的气氛却更为浓烈，更让人紧张，更令人透不过气来。

徐州，一列列军火物资运进车站，一车车荷枪实弹的日军官兵被运到这里，一车车伤病人员又被运向后方。刚刚结束徐州会战的日本华北、华中军主力，正休息整补，秣马厉兵，准备迎接更大的战事。

武汉，蒋介石昼夜不停地主持着最高军事会议。一封封电报，一个个电话，传向四面八方。散布各地的国民党军，拔营而起，昼夜兼程，赶往大别山麓、长江两岸……

华北、华中敌占区，中共领导的八路军、新四军，抓住这有利的时机，迅猛发展。星星点点的根据地，随着八路军、新四军的主动出击，正一片片地蔓延开来……

东京。天皇裕仁和日本内阁政府却仍在徘徊犹豫。

徐州会战后，天皇裕仁曾接受了参谋本部的建议，以大本营的名义命令占领徐州的日军不得越过开封、归德、永城、蒙城、正阳关、安庆一线。以往作战，胜利后的日军似乎对"乘胜追击"理解得最为透彻，如果不加约束，他们甚至会像脱了缰的野马，一直狂奔追杀下去。所以每战得胜后，裕仁总忘不了给前线官兵划定战场控制线。

裕仁今天约束部队，并没什么特殊的原因。事实上，徐州日军向汉口方向转进，是发起徐州会战之前就有的腹案。只是徐州一战，政治目的未能实现，还徒使战线扩大了上千里，眼下军力已明显不足，内阁又刚刚改组，所以他想再慎重地考虑考虑自己的选择。

6月10日，皇宫东一厅，大本营御前会议正紧张地进行着。进射着火星的气息从一开始就紧紧地笼罩着会场。赴会的文武大臣都清楚，今天的会议将决定今后在中国的命运。转攻武汉，如能彻底打垮中国现政权，日本就将成为中国的主人，百万日军也能从中国战场解脱出来。但这一仗如果仍不能打垮中国，瓦解国共联合阵线，就是占领了武汉，日本也将眼睁睁地看着自己在中国陷入遥遥无期的长久消耗战中，那么到头来失败的还将是日本。

这抉择太难了。一种"望尽天涯路"的困惑、苦痛感充斥在每个人心头。如单说军事上夺取武汉,那问题就简单了,别说军部那些手握重兵的将军们,就是对战争一窍不通的内阁文人,也自认有九成以上的把握,但要使一个古老而神秘的大国完全屈服,谁也没有这个把握。

姗姗来迟的暑气已降临日本列岛。火辣辣的日头也没放过裕仁这位"天照大神"的后人,皇宫内同样暑气逼人。这可苦了军部这些一身戎装、腰板笔挺的将军们。细密的汗珠从板垣征四郎(时任陆军大臣)宽大的额头上滑落下来,痒痒的,他却没有去动。老迈的参谋总长闲院宫载仁也不舒服,花白的眉头紧皱着。

会场静静的,沉闷得有些令人紧张。板垣征四郎那双溜圆的大眼喷着火,紧盯着桌对面的外相宇垣一成。本来,他是带着一颗激动而轻松的心步入皇宫的。

徐州会战后,日军前线官兵急于洗雪台儿庄大败之辱,疯狂鼓吹要在武汉与中国军队决一死战。他们一面频频电催东京,一面加紧对部队进行整补。更有一些性急的部队,不顾东京命令,以追歼中国军队为名,擅自越过控制线。这部被裕仁放在海外的战争机器,疯狂得像脱了缰的野马,难以驾驭。刚刚离开中国战场的板垣征四郎,对这一点当然感触极深。他自然不想、也不会背叛昔日那些上司、同僚的意愿。

但令他惊奇的是,到东京仅仅几天他就发现前线部队对东京的影响比他想象的要强得多。他充分利用了这一点,很快使参谋本部、海军省甚至内阁的部分大臣站在了他的一边。虽然外相和一些文官也在四处活动,试图阻止战火燃向武汉,但在这场较量中,"主战派"轻松地占了上风。东京城内外,"主战派"显然已左右了局势。人们的目光,此刻早已越过茫茫大海,瞄向中国的武汉、广州。

正是带着十足的自信走入会场的板垣征四郎,不相信天皇会违背众多要员的意见。

但他忘记了外相的能言善辩。开始发言后,宇垣一成紧紧抓住军部无结束中国战争的根据这一要害,竟使本来应该是一边倒的会议陷入了僵局。

众人的目光渐渐地转向天皇。以往每每遇到此景,都得天皇最后圣裁。裕仁像是急于摆脱暑热的困扰,摆摆手,下令休会。

当晚,会议再次进行时,情势出现了变化。参谋总长闲院宫载仁,向军令部长报以会心的一瞥后,缓缓地开了口:"陛下,当今内外形势,促成帝国非转攻武汉而无路可走。我们对蒋政权一等再等,但蒋君不思悔过,不顾生灵涂炭,仍叫嚣抗日不已。政治解决，目前看来前景黯淡。而对此行将崩溃的独裁政府，消灭其战力，犹如釜底抽薪，战争则有望结束。请陛下圣断。"

宇垣一成见状正待开口，参谋次长多田骏站起身开了口："陛下，几天来各方面情报显示，蒋介石在汉口仍叫嚣抗日。更甚者，他们与共产党勾结在一起，煽动民族情绪，掀起了一场'保卫大武汉'的运动。此人既在帝国留过学，却不能理解帝国真意，实在可恶，除军事打击外再无良策。从政略上看，夺取汉口，蒋政权只能遁入西南。失去中原的蒋政权，无论名义上还是实质上，充其量只能是一地方政权，如果结束汉口之战后再征服广州，对中国的海上封锁将使他完全失去与外部世界的联系，我想被紧卡住脖子的蒋介石除最后屈服外，不会再有什么选择。"

说着，他抬眼望了望凝神静思的天皇，略一沉思，又补充道："再说，中国空军是一支优秀的飞行队，他们曾给帝国带来过不小的麻烦，为确保本土，消灭中国空军在华中的飞行基地，也有转攻汉口的必要。"

多田骏说的麻烦，是指中国空军远征日本本土的壮举。5月19日，日军占领了广州。但就在这一天夜里，中国空军徐焕升大队长率两架美制"马丁"战机，使日本本土受到了100多年来第一次外部世界的侵袭。虽然落在东京、长崎等大中城市的"炸弹"并未爆响，但这些花花绿绿的传单却显示出一个民族和另一个民族文明与野蛮的对比。它震惊了日本朝野，在日本社会掀起一场轩然大波。比较之下，世界舆论对这种文明之举大加称道。这使本来就深感丢脸的天皇裕仁更受到刺激，震怒中，他严令军部追查责任，重罚了失职的军官，并发誓要加倍报复中国，尤其中国空军。

多田骏此刻重提旧事，专点裕仁痛处，显然是为了加大说话的分量。

裕仁看来被打动了，他点点头，却仍未开口。这使宇垣坐不住了。

"陛下，军事上攻取汉口虽然可能，但能否结束战争仍是未定之数。眼下，和谈既开，再行大规模战争，则显出政府外交上的相互矛盾。近来，英、美外交态度日渐冷落，外务省正竭力调整。种种迹象表明，战事如再扩大，西方国家有可能进行报复。那时，帝国战争物资的来源问题就令人忧虑了。臣认为，汉口之举应从长计议。"

宇垣一成说完，把目光转向了首相近卫文麿。可近卫却像是没看见他的目光，别过脸去。聪明的近卫已看出了会议的最终走向，他不愿再为宇垣而与军部结下更深的矛盾。

怒气冲冲的陆相板垣征四郎，带着一股刚从中国战场返回的腾腾杀气开了口："宇垣君，美国国务卿赫尔利不是几天前才说过，对日、中两国购买军火不加限制吗？身为外相，如果不为帝国的利益着想，腰杆软弱，将有负帝国的使命。"

占了上风的板垣征四郎，口气咄咄逼人，完全一副教训人的口吻，这令宇垣一成又气又惊。他像个受了气的孩子一般，把目光转向了天皇。可裕仁仍然沉思不语，像是没看到这一切。宇垣的心凉了。接下来发言的军令部长、海相、枢密院议长，不知怎么，都站在了军部一边，仿佛一夜之间都变了脸，成了推销战争的政治贩子。他两耳"嗡嗡"响着，别人的话全然没有进入他的脑中，他觉得心在往下沉。这么些天来，他东奔西跑，费尽唇舌，一切的努力却眨眼间化作泡影。望着眼前这些昨天还跟他称君道友的军阀政客，他有种被愚弄的感觉。

不知何时，人们话已说完，目光又集中在了天皇身上。他走下御座，迈了两步，又回转身静静地问道："多田次官，如果广州方面的作战与汉口同时进行，兵力、运输能力能否保证充实？"

多田骏一激灵，直挺挺地站起身来回复道："汉口外围地形复杂，多江河湖沼，机械化部队行动受限，对兵力要求更高。但若两地同时发起攻击，影响更大的还是海军运输舰艇。第三舰队必须在长江上配合陆军进攻，无法抽身。其他舰队远调，似乎也有困难。所以同时用兵，难度很大。"

天皇听罢，没再吭声。他慢慢转过头，向身旁的侍从武官做了个手势。武官长会意，转向众人："陛下宣布会议到此结束，诸君请回。"

众人鞠躬致意，静静地向外走去。

入夜，神秘幽静的皇宫里，暑气渐渐散去，一场决定日本在中国战场命运的御前会议结束了。若干年后，中、日历史学家在评价这段历史时都感到：如果日军没有发起日后的武汉会战，如果当时的日本政府能退一步，在对蒋介石的和谈中做些让步，那么日本很可能从中国抽出身来，日军也不会在中国陷入漫长的苦战而无法自拔，那么日后太平洋战争的历史自然也就得换个写法。对此，美国总统罗斯福要远比日本人清醒得多。几年后，他说：想想看，如果把中国战场的上百万日本人放出来，那将是一场什么灾难？

但裕仁无论在当时，还是在太平洋战争爆发的3年后，在这一点上都没法与只能坐在轮椅上谋天下大事的美利坚合众国总统相提并论。这一点，也充分暴露出他性格上的缺陷：优柔寡断。

回到御所，裕仁脱下军装，换上宽大的和服，迈着疲惫的步子向皇后良子的后宫走去。

第二天上午，天皇不顾一夜未眠的困顿，召来了他的叔辈、参谋总长闲院宫载仁亲王和藏相池田成彬，他还想最后听听别人的意见。

"军部有把握在进攻汉口后彻底解决中国吗？"天皇直截了当地把皮球踢给了参谋总长。

闲院宫载仁已猜到了天皇内心的忧虑，他觉得裕仁缺乏捅破这最后一层纸的勇气。看来他不把这层纸捅破，这个遇事多虑的皇侄是不会定下这最后决心的。想了想，他索性直截了当地说道："陛下，战争发展到今天，已没有退路了。近百万中国士兵死在皇军手里，这时想让蒋政权回首言和，到头来只怕落空。而且反会向中国人露出底牌，认为帝国的腰杆变软了。再说，台儿庄一战陆军受挫，徐州又使中国军队主力逃脱，现在从中国战场到东京军部，各级官佐都憋足了劲儿，一定要洗刷前耻。这时退缩，有可能在军方引起混乱，局面不易控制……"

"照你这么说，我们在中国就必须打下去了，无论这仗是能打还是不能打？"裕仁打断了闲院宫载仁的话，口气中露出一丝不悦。

"现在看来是的，如今上上下下都认为击溃中国军队是解决中国事变的根本方针。而且在徐州，战端已经扩大，并有了攻占汉口的计划，坚决打下去，结果可能会好些，有时走过的路是无法再回头的。"

见裕仁仍然眉头紧皱，闲院宫载仁总长决定重锤敲响鼓，他说道："陛下，您是忧虑攻占汉口后仍不能结束战事吧？的确，攻占汉口，战线扩大上千里，帝国投入了极限兵力，有完全陷入中国战场的危险。"说着，话锋突然一转，"可战争本来就是冒险，是一场赌博。既赌实力，又赌运气。但中国值得一赌"。

裕仁被深深打动了，他实在抵御不了有20多个日本国土面积大小的中国对他的诱惑。他转向藏相池田成彬，想听听新上任的财阀的意见。

"陛下，此战非帝国本意，可形势不待我。由于德国的日益强大，欧洲已失去和平的保护伞。（昭和）研究会认为：世界大战早则1940年，迟则1945年必定爆发。帝国要在新形势下谋得优势,大战爆发前必须完成军备整训。中国战争的结束宜早不宜晚。此次如能攻占汉口、广州,不但在政治上给中国政府以致命打击,还能夺取湖南、湖北粮仓,实现对中国的海上封锁。种种压力,蒋政权无法承受,只能屈服;即使他死不悔悟,失去中原的蒋政权充其量只算中国众多势力中的一股,再难撑住中国。这时帝国出面寻找愿与帝国合作的新政权岂不易如反掌?"

池田成彬虽然新官上任,但此前显然已把日本的内外形势琢磨了个透。一番话条理清晰,不但令闲院宫载仁折服,也说得裕仁连连点头。

送走两人,裕仁天皇缓步走下御座,背手沉思。他愣愣地望着墙上那幅中国地图,一阵激动、渴望、愤恨,说不清的复杂感觉涌上心头。突然,他咬紧牙关,挥起拳头,重重地向地图砸去。

6月12日,日本天皇指令陆军省,向中国战场发布命令,进攻汉口,于秋季到来时结束战事。忧虑尚存的裕仁为他的运输舰船困扰,更怕兵力分散,遂决定对广州的进攻推迟到拿下汉口后再进行。

6月18日,日军大本营颁下大陆命第119号,命令发起汉口战役,于秋初攻占汉口。其中,命华中派遣军司令官于长江及淮河正面逐步向前方占据前沿阵地,准备以后之作战;华北方面军继续"扫荡"占领区,并准备部分参战,把中国军队牵制在北方。

当日,参谋总长闲院宫载仁根据大陆命,也下达了大陆指第161号,就战役战术对前线作了指示。

当电波正越过日本海峡,飞向中国大陆时,华中派遣军先锋波田支队已打入安庆城,在东京命令尚未到达的情况下,武汉会战已拉开了战幕。

中国战场。随着军令的到来,日本驻华中、华北军队几十万官兵一片欢呼。一片片蝗潮跪倒在地,遥望东天。"天皇万岁""征服中国"的呼喊声此起彼伏。

群山震荡,江河呻吟。

6月5日,中国国民政府最高军事会议在武汉召开。会上,军事委员会委员长蒋介石声色俱厉地命令道:中国政府决定以陆、海、空三军共123个师、100余万人在武汉外围与日寇决战,彻底扭转中国战场战局。

两声巨吼在中国天空撞击,迸出万道火花,化作一声惊雷。惊动了中国,惊动了日本，惊动了世界。人们屏声敛气，注视着这场决定东方两个民族命运的空前大战。6月的中国大地春意尚未散尽，浓浓的火药味却四处弥漫开来，引得遍体创伤、衰疲不堪的中国重新躁动起来。

◎ 未战失招，数十万中国军队大调动

6月，日军兵分两路，开始了规模宏大的武汉之战。当马当、湖口相继失守，当数十万日军沿江配备的情报越来越多地送至军委会时，蒋介石眉头越蹙越紧，内心的疑虑越来越大。起初的那一丝矜持、观望这时变成了紧张、焦灼。显然，军委会对日军战役主攻方向判断错了。

7月5日，日军华中派遣军司令部作战主任参谋公平中佐从东京飞回南京，带回了日军大本营关于武汉会战对华中派遣军的具体指示，明确了六项要点：

（一）作战目标主要是攻占要地；

（二）主攻部队是由第6、第101、第106、第27、第9共5个师团及波田、志摩、铃木、高品、石原等五个支队组成的第11军；

（三）主攻方向为长江两岸；

（四）作战日期为9月上旬；

（五）（德川）航空兵团主力归华中派遣军指挥；

（六）武汉会战结束后进行广东作战。

半年前南京保卫战，日军舍长江而迂回北面山地，结果仅10多天便拿下中国京城。按常理，地形相似的武汉，日军故伎重演也合情合理。武汉军委会把主要防御方向放在大别山麓符合常情。但日军大本营却不乏心细之士。

南京、武汉外围地形粗看相近，细琢磨则大有不同。武汉沿江外围，虽有要塞、阵地屏障，但跨江作战，部队难以协同，如果钳制住后续援兵，要塞将不攻自破。而沿江北、大别山南麓进攻，则可能处在长江北岸守军和大别山南麓守军的两面夹击之下，道路又狭窄，日军大部队难以展开。至于大别山北麓，由于蒋介石掘开黄河，已使淮河泛滥成灾，两岸尽成泽国。而淮河南岸至大别山南麓，山隘险关重重，

也绝非日军机械化部队大举进攻的理想之地。反复权衡,东京大本营还是把主攻方向放在了长江两岸。

裕仁做梦也没想到,此举竟收到出中国军队不意之奇效。日军机械呆板、只靠匹夫之勇强攻,当时已在中国将领脑中扎下了根。蒋介石早年留学日本士官学校,对此更有切身之感,所以军委会考虑过南京之战后,满怀信心地把主力部署在了长江北岸。但如今外围战已越来越清晰地展示,日军战役部署变了,中国军队未战已处于被动。

还未交手,蒋委员长就先输了一招,不由大惊失色。大战在即,几十万守军南北大调动绝非易事。且不说天气炎热,道路少且泥泞,单就两大战场间的大别山、长江等地无数山川河流就够受的。更何况战前仓促,基本上没在后方修多少战备通路。眼下这残破的公路如何承受这数十万车马人流的压力?

军委会一时陷入紧张、忙乱之中。各部、室匆匆忙忙进出的人们,脸上早已没了轻松自在,甚至出现了慌张。蒋介石表面上虽故作镇静,但心里也如百爪抓挠。他不声不响地在军委会扎下了根。

好在日本人离得还远,张鼓峰事件又使冈村宁次耽搁了10来天。冈村再次发起大规模攻势时,中国数十万守军南北大调整已基本完毕。悬着的一颗心终于落了地,蒋介石表面上虽然还是那么平静,但却是惊出了一身冷汗。

军委会地下室里,蒋介石像躲过一场大难一般,心情轻松地主持着第五、第九战区高级将领齐集的军事会议。这是武汉大战前前线将领齐集的最后一次会议,所以蒋介石十分重视。眼望众将,他是欣喜多于忧虑。

陈诚还是那么劲头十足。眼下,他基本已丢开了政治部部长和武汉卫戍司令的事务,一门心思扑在了九战区战事上。苦心孤诣近一月,他的作战计划终于令蒋介石露出一丝笑容,光光的脑袋频频点动。

"……我九战区40万大军拟分为两大作战兵团。薛(岳)总司令率第1兵团25个师配置于赣北南浔线及其两侧地区,力争以外线之势击破西进日军,屏障南昌。而张(发奎)总司令第2兵团的33个师作为防御主力,将全力扼守九江至瑞昌线正面,将冈村宁次第11军主力阻于阵前,在薛兵团配合下,各个击破11军各师团。"

说着,扫了一眼蒋介石,陈诚又神秘却不无得意地补充道:"至于汤(恩伯)军团的9个师,我区拟编为战区突击军,使用于战场最为关键之处。在这座严密的大墙面前，冈村宁次不垫上老本，是难以越过这数道防线的。"

蒋介石频频颔首，左边扫扫，右边看看，兴奋地在椅子上挪动着屁股，似乎已有些坐不住了。但坐在一旁的参谋总长何应钦扯着肌肉，露出了冷冷地一笑。这一笑，没能逃过精明干练的陈诚那一双犀利的眼睛。

白崇禧比较而言，似乎更老道些，并不像陈诚那么锋芒毕露。与蒋介石刀光剑影斗了10来年，他早已学会把棱角夹进软骨里。"小诸葛"自然精明过人。自李宗仁告病进了东湖疗养院，他就把副参谋总长一职抛到了脑后。总长虽高，但毕竟是副的，替他人作嫁衣，从不是他的风格。当然，他不同于国民党军中那些品位不高的军阀，抓着部队就图个权势、钱财。他看的、想的要远得多，所以对五战区战事，他要上心得多。他的报告虽然语气平淡，但从一开始就抓住了众人的心，让人明显地看出了他的高明之处。

"我战区当面之敌第2军共4个师团、1个旅团及配属部队约10万人，进攻方向不外大别山南、北麓。考虑与江南第11军配合，此寇沿大别山南麓进攻最为可能。如此，也便于得到其沿江海军支援。为此，我战区拟以李（品仙）兵团近20个师于大别山南麓及长江沿岸布防，既遏敌取捷径攻略武汉，又可利用地形各个击破敌军。大别山北麓作为策应，重在阻敌突破、迂回，迟滞日军第2军进攻，而以防守见长的孙（连仲）兵团自然是最佳选择。但孙兵团18个师却无法全部给他。为加强主要方向，控制机动兵力，他只能以10个师在正面布防。抽出之部队，以廖（磊）总司令率21集团军编组中央集团，深藏于大别山中，任务是控制大别山正面险关，同时负机动使命。另外，胡宗南第17军团暂置后方，组成战区突击军，并控制信阳及鄂北三关。"

"小诸葛"要把战区内天险大别山用好、用尽、用绝。左、中、右三个集团依傍大别山天险，进有前出阵地，退有天然避风港，作战、藏兵都不发愁，并能以此为轴，转动豫南、鄂北、皖西千里防线，此举自然高出一筹。

白崇禧落座，会场上却还在喊喊喳喳地议论着。连日来一向沉闷的会场终于又透出了活力。蒋介石听罢，更是心旌荡漾，多日的烦恼、忧愁早已烟消云散。近百万大军控制住广大地域内的道道险关要隘，以逸待劳，这是淞沪、徐州几次大战从未有过的有利态势。中原徐州既然能弄出个台儿庄大捷，武汉踞山川江河之险，胜利更是可期。兴奋中，他的头脑又热了起来，过去常挂在嘴边的"消耗敌人力量，赢得我之时间，以达长期抗战之目的"的大战略被他忘在了脑后。他激动地站起身，说道："诸位将军，武汉一战应视为决战。如今决战已在眼前，望各战区长官及前线将士用命，此番兵力之部署很好，很好！当前，我有坚固阵地和要塞，有全军高昂之士气，与敌决战，时机已经成熟。围歼敌寇集团，亦非不能之事。只要我们前线高级将领指挥得当，各级官兵拿出当年北伐之革命精神，就一定能挫败强寇，扭转抗战之战局。"

将不轻言"决战"。兴奋之际，蒋介石又提高了作战价码，语气之豪迈，虽使人感到振奋，但能否再打几个台儿庄的辉煌，扭转战局，与会诸将哪个心里也没把握。今天面对的，可不是当年北伐时的一群群军阀草寇，而是装备、战术素养都高出一筹的劲敌，打起来哪有那么容易？

蒋介石扫了一眼露出困惑的众人，也像是明白了什么，又开口打气道："敌寇战力虽强，但骄狂之气过盛，此必陷其于被动，给我军以有利之隙而乘。只要正面防御部队能顶住，诱敌焦躁，我之反击定有战果，合围之机也必然出现。"

说着，他加重了语气："在这里，我再向诸位重申一遍：武汉乃最后与敌决战之地，武汉存亡，关乎党国、民心、士气。各部队需发扬我革命传统，全力作战。坚守阵地之部队，未得军委会之命令而擅自后退者，从长官到下级官佐，一律军法严惩，决不姑息。望各位好自为之。"

大战在即，蒋介石重申军纪。唯恐有人心存侥幸，会上宣布了军委会决议，枪毙了几名前次作战不力的将军。

与会诸将大受震动，蒋介石要的就是这个效果。

会议散后，各将领辞出，心情各异地返回前线。

◎ 九江失守，张发奎有苦难言

7月中下旬，炽烈的战火首先在长江两岸燃起，隆隆的枪炮声震荡在长江上空。此时，大别山麓则是一片沉寂。

7月22日晚，长江及鄱阳湖水面上，劲风呼啸，细雨纷飞。天空阴沉昏暗，一片萧瑟。九江城第2兵团前进指挥部里，兵团司令张发奎将军有些心神不宁。他总有一种预感，这样的天气，也许正是日本人偷袭的时机。

自15日由鄂东进驻九江后，张发奎越来越感受到大战在即那种令人透不过气来的压力。连日来，江湖水面上日军扫雷艇进进出出，九江附近汉奸、日本情报人员频繁出没，还有日本空军对守军阵地反反复复的侦察，实际上已在不断暗示他：日本人就要大规模进攻了。

他感到压力很大。九江乃武汉门户，九江不守，对全线影响极大。可外界舆论众口一词：九江外围地形对守军极有利，守住九江应无太大问题。不但武汉方面这么认为，日本一个叫九鬼半二的随军记者也跟着起哄，称此国防阵地"足当百万日军，而作战一年"。

在张发奎眼里，这个九鬼半二该是十足的小鬼。外界越这么传，他心里越觉得虚。老实说，他对固守九江没什么把握。九江外围虽说江、湖地障对守军有利，但这只是一般而言。如今他既无海军，又无空军支援，江、湖只能限制自己。而日本人沿江、湖可以随意登陆，他为此还得处处设防，兵力分散，他拿什么阻止敌人登陆？曾在西方考察多日的张发奎对登陆战并不陌生，历次战争的结论更让他忧虑重重。战史上，除英、法联军达达尼尔海峡加利波利登陆失败外，其他登陆战几乎还未有过不成功之举。外界舆论的乐观估计和自己使命的艰难使他坐卧不安。

他叫来了作战参谋主任，吩咐道："今天天气不好，马上通知九江岸口，姑塘守军要加强戒备，决不能疏忽。"

入夜，风更大了。鄱阳湖面，狂风掠过，掀起阵阵波浪。大风的呼啸声、湖水的拍打声，淹没了数十艘正向姑塘扑来的日舰的马达声。3艘运输舰、数十艘登陆艇转眼已进入了距姑塘登陆地1000余米处。

就在中国守军发现这一意外敌情的那一刻，湖中鞋山小岛上日军炮火铺天盖地向姑塘守军阵地飞来。团团火球映红了姑塘黑漆漆的夜空。

敌登陆艇向岸边冲来。守备姑塘的预11师一个营官兵拼死力战，与日军展开了激烈的战斗。

23日白天，杂乱的滩头，源源上陆的日军淞浦师团主力跨过上百具日军尸体，扩大登陆场。而中国守军阵地上，一营中国守军全员战死，血染焦土。张发奎急令预11师预备队向登陆之敌反击，同时急调后续援军增援姑塘方面战斗。

张发奎战前的忧虑这时成了现实摆在他面前。日军100余架次的战机在天空盘旋，轰炸扫射。地面上，优势的炮火也把成千上万的炮弹泄向前方的中国援军。增援部队被压在公路两侧，头都抬不起来，还谈什么反击。地区预备队虽靠近滩头，但兵少力孤、装备又差，几次反击逆袭都被日军打了回去。尽管张发奎在九江跳脚大骂，但增援部队就是上不去。23日一天激战，滩头已被淞浦淳六郎的106师团控制。预11师残部无奈，败退九江、星子。

25日，张发奎不惜血本。除总预备队第4军外，能调的部队都调上了前线，但血肉之躯还是没能顶住日军的飞机、大炮，4个主力师损失惨重，反击失败。

武汉军委会，蒋介石急得在屋里团团转，他为九江、为张发奎担心。

战前，张发奎曾向军委会报过一个方案，称：为免早期为敌突破登陆成功，影响以后作战，我兵团拟控制第4军、第60师、第70军的强大预备队分置于马回岭、瑞昌、妙智铺一带，以便支援第一线作战，并预定以黄老门东西之线为第二线预备阵地，以便状况不利时行逐次抵抗。

蒋介石对张发奎这个方案从心里透着反感。"张向华未战已有轻弃九江之念，此断然有悖全线防御计划。"他曾这样评价，并当即否决了此案。随后，电告张发奎，九江必须死守，绝不能让日军上陆。

眼下闻知九江方向姑塘吃紧，蒋介石不由为九江担心起来。他就是怕张发奎自作主张，放弃第一线阵地。当下给九战区司令长官陈诚和2兵团张发奎各去一电，再次明示：九江一线阵地必须固守。

25日，姑塘之急未解，九江又被日军突破。第2兵团中央集团腹背受敌，九江阵地情况日益恶化。九江街市，也在日机的频繁轰炸中化作一片火海。

张发奎这时只有两条路可走：要么拼着全部兵力孤注一掷与淞浦中将决战，要么退守第二阵地逐次抵抗。以他的想法，明智些就早撤入第二阵地，以免重蹈淞沪会战覆辙。那一仗，留给他的教训太深了。可蒋介石显然是要他取前策，不惜全员玉碎。

决心难下。这时撤走，军委会会怎么说？尤其他手下号称"铁军"的第4军还没使用，而这个军又与他有长久的历史关系，是他的起家老本。不撤吧，部队打光了，九江还是个丢。思前想后，他咬着牙，一拳砸向桌子："丢他妈的，撤，天大的事老子顶着。"

25日夜，第2兵团全线后撤，向牛头山、金官桥、十里山、钻林山区城门湖之线阵地转进。淞浦师团前卫及波田支队得势不让人，追着屁股打来。第4军占据阵地后，返身与追击之敌战成一团。

姑塘失守、九江失守，武汉门户被日军撞开。初战受挫，蒋介石在军委会痛骂张发奎："娘希匹，张向华紧要关头又存私心。他把第4军藏起来，为什么不用？为什么不用？"

蒋介石桌子敲得"嘭、嘭"响，火气更大了："什么'铁军英雄'，什么'抗战先锋'，统统是假的。他这是公然抗命，目无军法！目无军法！"

一旁的何应钦等蒋介石火气消了一些，上前劝道："委员长，2兵团放置4军不用，也许是见大局难挽，怕被日军缠住脱不开身。如今全军安然撤至第二阵地，结局也还说得过去。不如给他个机会，让他在金官桥一线阻滞敌人，挽回影响。"

蒋介石"噌"地从椅子上站起来，在屋里急走两步，立住身，余怒未消地喊着："失去九江，不啻给强敌一个立足点。南浔之战，艰难十倍有之。如此目无军法之将领，决不能再放在前线。"

蒋介石对两广将领本无好感，对手下有私心之嫌的人更不能容忍。

"让他回来，回来。我要让他说个明白。"

出师不利，蒋介石盛怒难平，谁的话也听不进去。7月31日，张发奎接到最高统帅部电令："南浔方面的军事即日起由薛（岳）、吴（奇伟）两总司令负责主持，张总司令发奎即行调回可也。"

接到电报，张发奎呆愣了足有几分钟。放弃兵权，他并不在意，薛岳、吴奇伟都是自己多年的老部下。只是南浔线大战刚刚开始，就这么不明不白地被削了兵权，他将何以对国人、对部下交代？几年来他一直是力主抗战的，今日他的脸面往哪儿放？张发奎一腔怨怒，交接了指挥权，并把所属部队及后方军务交代后，径直回返武汉自请军法裁断。

若干年后，张发奎每每忆及这段往事都觉得不公平，一直耿耿于怀。他在回忆录中写道:"变相撤职对我来说,是一件可耻的事,也是八年抗战中一件最悲痛而遗憾的事……九江附近之撤退,我当时乃根据当面敌情,我军状况所下达之决心,不幸为蒋先生误认为我有保存第4军实力之嫌。实则我不仅对九江之战役毫无私见,即全抗日期间所有大小战役之过程中,莫不兢兢业业地为国家全民利益着想,从未将私人利益的意念夹杂其间。固然,第4军与我有悠久的历史关系,远在北伐时,我首任该军军长,但在指导作战时,任何配属我指挥之部队只寻求如何去部署达成任务,绝无衡量自己与其他部队之深浅关系,以保存自己实力之行为。假如有这种自私行为,第4军番号早就淘汰,哪有'铁军'之辉煌绰号见称于国人呢?九江战役后,未详细调查,即以'张总司令发奎即行调回'的命令变相撤职。我对职位视同敝屣,毫不足惜,但我是高级指挥官,有辱我的尊严,甚为难堪。因我自问良心,毫无内疚,所以我回到武汉后即自请军法审判……"

"退一步说:蒋先生当时越级处分,实欠考虑。如我有错,应由我的上级陈辞修(诚)将军处理,但蒋先生并未查明亦未接到我的上级呈报,就径自越级干涉,这是他常犯的毛病……"

事后,由于陈诚替张发奎担起责任,称九江撤退是他下的令。蒋介石无可奈何,只能骂了陈诚几句了事。张发奎免除了军法查办之苦。

九江丢了。一场风波也算告一段落。但张发奎心里,也留下了难以抹去的阴影。

◎ "大阪商贩"魂断金官桥

拿下九江,冈村宁次中将的目光自然投向了中国军队第二线阵地。8月1日,冈村下令日军第106淞浦师团自九江南下,攻击金官桥一线中国守军,同时令沿江北进攻广济、黄梅的第6师团加紧进攻。长江南北两岸,第11军的两个先头师团向南、向西张成"八"字,一路猛攻过来。隆隆的枪炮声一时震动长江。

冈村宁次不愧是日军中的一张王牌。占据九江,他不是直接向西猛攻,取捷径震慑武汉,而是自湖口、九江南下,企图攻占德安、南昌,再西趋长沙,截断粤汉铁路,对武汉形成战略大包围。此举,不但能消除左翼薛岳数十个师的威胁,而且从战略上先求截断武汉退路，彻底动摇中国守军意志，求得最终合围中国数十万重兵。

冈村宁次的大战略果然起了作用，蒋介石也看出了冈村的阴险。为避免南京惨祸在武汉重演，也减轻军委会负担，蒋介石定下了疏散撤退的决心。8月3日，武汉卫戍总司令部政治部发表文告，劝导武汉民众疏散。次日，湖北省党部发表《为疏散武汉人口劝告民众书》，要求市民百姓和除军委会外的政府其他机关从速撤离。接下来的几天，一股新的溃潮又在武汉泛起。

与蒋介石相比，南浔线总指挥薛岳将军心情却要好一些。张发奎卸任，使江南战事更多地落在了他的肩上，但他能指挥调动的部队，却陡然增加了好几个军，这使他信心大增。数月前兰封会战放走了土肥原，他心里一直憋着一口气，踌躇满志地要在南浔线上大干一番。

8月1日，日军106师团作为主攻先锋，首先向金官桥发起攻击。连续两天，师团长淞浦淳六郎中将并不急着投入兵力，而是以全部炮火和助战的日机，对金官桥守军阵地狂轰滥炸。一时间，金官桥一线数十个山头阵地烟尘蔽日，火光冲天。缺乏经验的守军第4、第8、第70军官兵损失不小，阵地被炸成一片片焦土。

掩蔽部里，淞浦淳六郎中将手持望远镜观察着远处腾起的烟尘火光，脸上露出了狞厉的笑。他的身后，第113联队联队长田中圣道大佐，手扶腰间的指挥刀，有些耐不住焦灼了："将军，冲锋吧！支那军已被炮火砸趴下了。失去工事，皇军会像赶鸭子一样把他们收拾掉。"

站在一旁的第145联队联队长长市川大佐更是急不可耐："将军，对付支那人我们根本用不着这么多炮弹。也许只需一轮集团轰炸，他们的魂就飞啦！我请求将军阁下，允许我联队立即发起攻击。"

淞浦淳六郎放下望远镜，转过身来，看了一眼手下的这两员虎将，摇摇头说道："不必着急。支那军没有大炮，就该让他们见识见识大炮的厉害，让他们知道什么是现代战争。另外，中国有句古话你们该记住：先发制人。如今我没与他们交手，就已让他们心里先败了五分。这岂不是好事？"

这时他转向炮兵联队联队长国贺大佐："国贺君，炮兵干得不错，好好干吧！留住两个基数的弹药，其余的，都给我打到支那人的阵地上去。"

说完转过身，像是对自己又像是对手下的这些官佐轻声说道："放心吧！大战才刚开始，以后的进攻还不知有多少呢？"说完，又举起望远镜，欣赏起远处炮火构成的一幕黑色美景来。

淞浦淳六郎的话，实际上只说了一半。他所以迟迟不发起攻击，只是以炮火猛轰，是因为他对自己手下的部队太了解了。106师团是日军中特设的一个乙种师团，初上中国战场，士兵不但多由后备役兵组成，而且多半是大阪市的商贩和职员。整个部队中，商贩的狡诈味似乎更浓于日军传统的武士道，所以在日军中享有"商贩师团"的绰号。陆军大学毕业的淞浦中将，第一次在大战中充任主攻先锋，自然不愿看到出师不利的局面。这样的话，他对冈村宁次、对军部都交不了差。

淞浦淳六郎的顾虑很快在战场上成了现实。金官桥一战，中国守军欧震的第4军、李玉堂的第8军和李觉的70军都非等闲之辈。踌躇满志上阵的田中圣道和长市川大佐很快感觉到了麻烦。

8月3日，在承受了两天前所未有的猛烈轰炸后，守军踏着焦土，依靠紧急修复的简易掩体、弹坑，甚至以尸体为掩体，将进攻日军放至二三十米处，依靠步、机枪和手榴弹等轻火器猛烈反击。106师团中那些大阪来的商贩和职员，遇到猛烈的打击后，不是掉头往回跑，就是趴在弹坑里不动弹。督战队虽然不留情面地砍了几个逃在前面的溃兵，但部队就是冲不上去。

午后，田中圣道、川洼、长市川等几个联队长沉不住气了，红着眼珠子来到阵地前沿亲自督战。

进攻规模在一步步升级，主攻焦点越来越集中，伴随而来的是双方攻防战的更加激烈和悲壮。

沙河至金官桥一线阵地，战斗紧张多变，令人喘不过气来。守军第70军少将军长李觉承受着从未有过的压力。70军原有两个师，其中第19师是他的王牌，也是他的起家部队。淞沪会战，19师是国民党军战绩最优的10个师之一。战后，作为对李觉指挥有方、将士用命的奖励，蒋介石把第128师拨归李觉，命他组成70军。谁知128师不争气，半月前九江一触即溃，师长顾家齐被蒋介石撤职查办，该师的番号随之也被取消。大战紧要关头，李觉背着个军长的虚架子，手中可调用的还是他的19师。

好在19师没给他丢脸。8月4日，阵地虽已被日军炸得天翻地覆，一片焦土。但仍被70军牢牢地控制在手中。战斗中，57旅旅长庄文枢少将被炸伤，李觉便将作战有功的114团团长周昆源升为旅长，以副团长刘阳生升代周昆源的团长遗缺。

下午4时左右，日军田中圣道大佐把113联队主力及配属的一个大队战车尽数投入19师正面，发起了新一轮猛攻，阵地上的战斗达到了白热化。在田中大佐的亲自督战下，日军各大、中、小队长纷纷往前压，雪亮的指挥刀慑住了大阪的"商贩"们。大批日军踏着同伴的尸体涌入突破口，中国守军第57旅阵地一度告急，新升旅长周昆源见情况危急，孤注一掷，带着身边仅剩的卫队连投入反击，双方展开了一场激烈的肉搏混战。田中大佐手中预备队已用尽，只能眼看着攻击部队被打下来。焦灼、盛怒之下，他挥刀砍了一名张皇溃退的少尉小队长。

19师阵地重又恢复，李觉像熬过大难似的吐出口气。这一仗，日军弃尸数百，但守军伤亡也相当惨重。从第1营营长以下共五六百守军阵亡。李觉看着越来越少的弟兄，心里轻松不起来，虽然他一胜再胜。他知道，这么拼命消耗，被动死守阵地，阵地最终将不守。思前想后，他第一次向兵团发去了求援电。

8月5日，田中圣道率增援而来的援兵再次猛扑19师金官桥阵地，并施放大量的毒气。沉闷的爆炸声夹杂着淡蓝色的烟雾，像幽灵般突然降临到守军阵地上。

中国守军猝不及防，当即有100余人面目青紫地倒在阵地上。前沿阵地一时混乱，危机四伏。

后方指挥部里，李觉见势不好，急令撤下休整的114团反击前沿阵地，逆袭突入之敌。战斗中，刘团长不幸中弹阵亡，官兵一时失去指挥，阵脚松动，加上对毒气心存畏惧，反击最后失利，中国军撤至主阵地。田中圣道大佐几日苦战，终于拿下了第70军防御的前沿阵地。

师团长淞浦淳六郎中将认定中国守军已成强弩之末，不待各联队休整、补充完毕，便再次严令各部乘胜攻击。淞浦在金官桥受阻近一周，已被冈村宁次司令官严厉斥责了数回。这时他急于扩大战果，打破僵局。

淞浦淳六郎失算了。19师失去前沿阵地，翼侧数座山头上的伏兵却能有效地支援主阵地防御。而李觉在得知援兵将至的消息后，也做了局部兵力的调整，预备队几乎全被调上了阵地。金官桥主阵地，工事更完备，人员更充实，火力更密集。

田中圣道、川洼联队的进攻像是撞在了一堵墙上。正面受阻，侧翼土地庵山岭上，19师110团2营的重机枪、迫击炮弹又像雨点般从天而降，落在日军队形中。进攻日军一时腹背受敌，伤亡惨重，全线向后溃败。

田中圣道落败而归，恼羞成怒。补充兵员后，他抽出一个大队又一个中队约800日军，转攻土地庵山岭，以图解除侧翼威胁。但这800日军土地庵威胁没解，却被侧面鸡窝岭上的迫击炮、轻重机枪压在山腰抬不起头。

中国军队像是与日军玩起了迷魂八卦，到处有伏兵，处处有火力。田中圣道大佐顿时一筹莫展，日军官兵也大受震撼。一名日军在日记上记载下这样一段话："几次进攻中，庐山上的迫击炮弹如雨点般从天而降，皇军大受威胁，死伤可怕。"没几日，这名日军也在炮火下魂归东瀛。他的日记却成了记录这场战斗的最好佐证。

8月6日，田中圣道大佐在淞浦淳六郎师团长的一再催逼下，亲自率部猛攻中国军队阵地，被中国守军当场击毙。他的联队中来自大阪的官兵这时已所剩无几，攻势陷于停顿。

同时，其他各阵地中国守军也以顽强的防御和凶猛的反击，挫败了淞浦淳六郎的一次次进攻。淞浦苦战10余天，手下的联队长一死两伤，军官死伤上百，士兵数千，却被阻于金官桥阵地前，始终没能越过一步。

金官桥一仗下来，数千名来自大阪的官兵损兵折将惨重。几次补充兵员，已使大阪的商贩、职员所剩寥寥。不过，淞浦淳六郎从此倒不必再为"商贩师团"这个不雅的绰号而自惭了。

◎ 焦躁不安的冈村宁次亲赴九江前线督战

8月中旬，日本第11军司令官冈村宁次中将来到了九江前线。

九江，对他这个军指挥官来说，并不是该待的地方。这里距金官桥战场不过几十公里，前方隆隆的炮声日夜都隐隐可闻，九江附近还时常出没着成连、成营溃散了的中国军队，但冈村宁次却没把这些放在眼里。这是他的职业习惯，每逢大战、恶战，他总是要往前跑，喜欢到阵地上看看。他爱听隆隆的枪炮声，是这样激动人心，他也喜欢嗅那略带刺鼻味的硝烟。

冈村宁次今天到九江还不止这些，他想就近看看淞浦是怎样被不起眼的中国军挫败的。

九江临时指挥所里，冈村宁次面目阴沉地立在桌边，一动不动。他的参谋长和几个课、处长心神不宁地守在外屋。连续十余日了，司令官心情一直都不好。一向刚毅、喜怒不形于色的冈村几天前竟在军部里对手下的参谋大吼起来，这在过去可是从未有过的，一直伴在他身旁、参与了整个前期作战的参谋长却知道自己长官的烦恼。

冈村宁次中将是在为进攻受挫而主力又迟迟不能集结而苦恼、焦躁。

自7月下旬以来，九江以东的道路、桥梁、车站、码头，到处都挤满了乱哄哄的行军队伍。11军司令部制定的前进路线和开进部署并没有什么问题，这个参谋长最清楚。但7、8月份的长江流域，一会儿烈日酷暑，一会儿淫雨连绵。行军路况的恶劣、讨厌的梅雨和炎热以及劳神费时的渡河，后勤补给的混乱，像是有意与冈村宁次的几十万大军过不去。另外，霍乱、疟疾等战场上最令人恐怖的传染病肆意横行。战端未开，野战医院就躺满伤、病官兵，每天都有不少人死在病榻上。疲惫、死亡使人苦不堪言。官兵们在徐州时的那股子求战迫切感，早已消失得无影无踪。部队中开始流露出怨言和消极士气，显然这是战前兵之大忌。

为这事，参谋长曾建议让部队休整几天，也好调整混乱的后勤补给。但冈村宁次一口回绝，而且态度十分坚决："决不能停顿！而且部队要加速向九江集中。九江方面，断不能让支那军有喘息之机。"

冈村宁次是个地道的职业军人。他知道，多给中国军一天的时间，他进攻的难度就将加大一分，日后的伤亡代价也就要大一分。眼下日军难，武汉的蒋介石也难，军事上硬碰硬的较量，既比实力、智慧，但在一定程度上更比意志。但他仓促间投入淞浦这个乙种师团作为主攻先锋，不能不说是一败着。初战受挫，冈村头脑冷静下来。这时他明白了武汉之战不同于南京，眼前这几十个蒋介石的精锐师也绝不同于南京之战的那些溃军。这股强大的力量不消灭，沿江进攻武汉将是一场噩梦。必须首先打破南线僵局。

8月12日，冈村宁次命令刚刚到达不久的伊东政喜中将，率他的第101师团在海军的掩护下，渡过鄱阳湖，在星子地区强行登陆，迂回攻击德安。

冈村宁次不愧为战役、战术上的高手。迂回德安，不但能打破淞浦师团在金官桥地区作战的僵局，还能直抄薛岳兵团后路。这釜底抽薪的一招如能成功，薛岳兵团20个师苦心经营数月的阵地将全线松动，只能放弃阵地向西转移。此举，显然比直接解淞浦师团之围更高明。

日军王牌冈村宁次自恃实力超人，把矛头直接指向了刚刚40出头的中国军队年轻悍将薛岳。两张王牌一碰撞，便迸出了火花。

21日，伊东师团的伊藤旅团最后攻占星子后，马不停蹄地又转向隘口、德安。滴水不漏的薛岳对此早有准备。布防庐山地区的王敬久37军团、叶肇第23军团见机拦腰就打，把伊藤旅团1万余人马拖在途中。双方山上山下有攻有防，拼死厮杀，陷入混战。伊东政喜见状，立即调上佐枝旅团一部猛攻庐山东南，侧击中国守军。

清幽、秀丽的庐山名胜，转眼被隆隆的枪炮喊杀声湮没，在刀光血影中战栗着。

庐山东南最外沿，有两座山岭雄立于德星公路旁，瞰制着公路，恰似虎口中的两颗利牙。伊东101师团西进德安，必须拿下这两座山岭——东、西孤岭。

东、西孤岭由此而产生了一场艰难、持久、战况惨烈的争夺战。这场争夺战甚至决定了日后的南线战事。

最早向东孤岭发起攻击的，是庐山脚下受阻的伊藤旅团。随后，激战规模越来越大，投入兵力越来越多。两天后，伊东政喜师团长便发现自己陷入了困境。

101师团的困境，从该师团"猛将"——第101饭冢联队的命运上看得最清楚。

101联队联队长饭冢国五郎大佐凶悍、狡诈，其作战凶猛、灵活，在日本华中军里名声很大，华中方面军司令官畑俊六大将为此赠赐饭冢"猛将"的称号。饭冢正是背着这个荣誉，心急意切地投入进攻的。

8月23日，王敬久军团冷欣的52师在歼灭饭冢联队的前卫队后，撤向东孤岭。饭冢恼羞成怒，率数千官兵紧追不舍。但追至隘口、黄塘埔一线时，叶肇军一部突然杀出。饭冢联队猝不及防，死伤惨重，联队3000余人被中国军队紧紧地缠住无法脱身。

伊东政喜师团长见状倒吸一口气，忙从预备队里抽出一个大队500多人绕袭守军翼侧，这才使饭冢联队越过隘口、黄塘埔。但对饭冢国五郎来说，噩梦才刚刚开始。

9月1日，饭冢国五郎大佐受命向庐山南麓推进，在牛毛尖、钵盂山地区突遭叶肇军160师伏击。饭冢急忙调整部署，以两个中队正面佯攻，主力则绕至侧翼，全线开始反击，但庐山像是守军的大兵营，处处无弱点。从清晨战至傍晚，饭冢连饭也没顾得上吃，接连组织了5次大规模冲锋，但都被华振中少将指挥的160师梁佐勋团击退。进攻一筹莫展。

伊东政喜师团长焦虑不安，连夜电令饭冢国五郎调整部署，务必于9月2日攻克守军阵地，挺进东孤岭。

伊藤旅团长也是坐卧不宁，连夜给饭冢国五郎大佐调去了一个大队的援兵。

9月2日天刚放亮，一夜未合眼的饭冢国五郎组织步、炮协同，调上了援兵，猛攻梁佐勋团阵地。激烈的战火烧红了满地的焦土。日军不顾伤亡，跨过遍野的死尸，一浪一浪地向上冲来。战斗中，团长梁佐勋上校中弹殉国，该团仅剩的五六百残兵终于顶不住饭冢自杀性猛攻，丢了阵地。

饭冢国五郎终于长舒一口气。他匆匆吃了点干栗、冷饭团，喝了几口烈酒，又率部扑向东孤岭。

东孤岭上，160师师长华振中少将正率全师剩余官兵，红着眼珠子等着饭冢国五郎这个老对手。梁佐勋的阵亡，已使他彻底打消了放弃饭冢的念头。作战动员时，他只是哑着嗓子对手下官兵说了一句话："弟兄们，梁团长现在山下看着你们，你们知道该怎么打！"

炮声隆隆的庐山上，回荡起160师数千官兵燃着怒火的吼声："消灭饭冢，为梁团长报仇！"

漫天大雾又罩向了庐山，山涛林海，寒风刺骨。夏日的庐山，真是"晚穿皮袄午穿纱"，但这寒冷却没能浇灭饭冢心中的急火。从早上起，他已发起了近10次冲击，但守军死守阵地，一步不退。他觉得自己像是撞在了一堵坚硬的墙上，始终无法逾越。望着手下越来越少的官兵，他的心直往下沉。

战至3日，饭冢国五郎的第15次进攻又被击退，他无法再坚持下去了。徘徊犹豫半晌，他还是抓起了电话，直接要了伊东师团长，请求增援。

伊东政喜此时自身难保，手中已无一兵一卒可调。面对陷入困境的饭冢，他叹了口气，说了最后一句话："饭冢君，师团已无能为力了，你好自为之吧。我只希望你不要辱没了司令官赐予的称号。"

放下电话，饭冢国五郎觉得天旋地转。这时，一股火从心底蹿起，他解开衣襟，

"哐啷"一声抽出战刀,发了疯似的亲率三四百人的残部向山上冲去。一阵密集的枪声中,饭冢身中数弹倒在血泊中,结束了他的帝国武士梦。至此日军第101联队被中国守军全歼。

战后,东京军部发布悼文,追赠饭冢国五郎为陆军少将,举国致敬。

8月21日,九江前指里,冈村宁次中将坐在自己宽大的皮椅上,盯着墙上的地图,半天呆呆地没动弹。图上的攻击箭头,是10天前标绘上去的。可10天了,这箭头就没前进过。前线部队每天惊人的伤亡报告,却从不间歇,按时送到。

冈村宁次南征北战数十年,从未像今天这样焦躁、困惑过。第106师团金官桥陷入僵局后,他同时派出了第101师团和开战以来一直所向披靡的波田支队,但此刻,他心里只有一种恶虎放入狼群中的感觉。101师团被缠在庐山无法脱身,而波田似乎也失去了幸运女神的护佑。在端昌东北港一登陆,便被孙桐萱集团的猛烈反击压在滩头不能动弹,要不是海军舰炮的全力支援,波田的8000多人恐怕早被赶进长江了。他想不通,年初还被土肥原赶得四处乱窜的孙桐萱集团,怎么会在一夜之间脱胎换骨,像是换了一支部队?冈村宁次并不知道,韩复榘和孙桐萱之间毕竟有天地之别。

午后,华中日军司令官畑俊六大将来电,催促冈村宁次军加紧进攻。这已是两天内的第三封电报了。畑俊六虽没指责他什么,但他还是感到了不安和羞愧。冈村一向强硬、凶狠,他最受不了的就是这种无言的指责,不管这指责是来自上级还是下属。他咬着牙投入了手中5个师团中的第四个师团。而他的最后一个师团,此刻还在通往九江的路上。

8月24日,数十艘战舰和运兵船载着吉佳良辅中将的第9师团一部驰向瑞昌江面。同时,第9师团主力沿江西进,直扑我第2兵团瑞昌一线阵地。在这支新军中,以丸山少将第6旅团组成的丸山支队行动迅速,向王陵基川军防守的岷山阵地突然进攻。王陵基军猝不及防,加上装备低劣,连失鲤鱼山、笔架山、新塘铺诸要地,制高点转眼落入日军之手,后方要地失守,使南浔线中国守军阵地全线动摇。

薛岳见状大叫不好,急调中央军精锐74军一部阻挡丸山支队迂回岷山向南浔线渗透,以掩护金官桥一线中国守军左侧背。但74军军长俞济时只派一个团搜索前进,被丸山支队击溃。30日,薛岳令74军再派第2批增援部队急赴岷山,但俞济时自视中央军嫡系,拥兵自重,仍未派出主力,结果又被打垮。

此时，吉佳良辅中将的师团主力全力扑向岷山及金官桥一线，大有切断金官桥一线中国守军主力后路之势，形势急转直下，危急万分。2个月前，薛岳曾在兰封吃过桂永清的亏，记忆犹新。眼下又冒出个俞济时，不由火冒三丈。他一面令金官桥一线守军向岷山—黄老门—庐山西麓后防线转移，一面连呼俞济时的74军。电话要通后，薛岳声色俱厉地吼道："俞军长，你部屡屡增援不利，是何道理？我现在命令74军全军开往岷山，一个不留。听着，你要是再往后退，使前方部队撤不下来，就军法从事。"

俞济时思前想后，有些害怕了。过去，他仗着自己是蒋介石的同乡，又给蒋介石当过侍卫官，深得蒋介石宠信，因而常常对自己上级的命令软磨硬顶。但今天若是增援不力，使几个主力军被日本人吃掉，失掉整个江南战事，那蒋介石无论如何也不会给他这个面子的。迫于无奈，他悻悻地丢掉电话，骂了薛岳几句，便亲率全军急赴岷山。

丸山支队的进攻势头被挡住了，金官桥一线守军终于安然撤了下来。薛岳虽然失了坚守月余的阵地，但见部队并无大碍，这才松了口气，开始在新的阵地上布防。

9月上旬，第1、2兵团主力重新占领了乌石门至庐山西麓一线阵地。对这个反"八"字阵地，薛岳显然十分满意。他说："（该阵地）如张袋捕鼠，如飞钳剪物，敌犯右则在左、中应，犯左则中、右应，犯中则左、右应。"

薛岳话说得不错。冈村宁次各师团在占领金官桥一线阵地后，暂时放弃了进攻。就是日后再战，南浔线也是日军进展最慢、损失最大的战场，更有意义的是薛岳依托这道阵地，创下战机，几乎全歼了淞浦师团。

南浔大血战暂告休止，江南战场一时陷入沉寂。

◎ 江北，孙连仲将军又被逼上死地

8月下旬，当冈村宁次在长江以南正与薛岳杀得昏天黑地、攻势难以进展时，东久迩不声不响地命令所部拔寨起程，向西攻击前进。

8月27日，筱冢义男第10师团、荻洲立兵第13师团分别击败了于学忠、冯治安两军。28日，筱冢中将便踏进了六安城，守军经激烈巷战后被赶出城外。

29日，荻洲师团占领霍山城，比筱冢师团进展还要快。师团长荻洲立兵中将争功心切，压根没把中国守军放在眼里，拿下霍山后，又马不停蹄地率部急行军，置立煌县城中国守军于不顾，绕道直扑叶家集。9月2日，在经过一天激战后，拿下了叶家集。接着强渡史河，直逼大别山峡口富金山中国军队主阵地。

就在筱冢义男、荻洲立兵的2个师团像一把张开大口的铁箝，向西一路猛攻之际，第3师团除留一部警戒后方交通线外，主力扑向长江北岸稻叶四郎的第6师团后方，加强次要方向助攻力量。而藤江惠辅的第16师团则随筱冢、荻洲2个师团之后，作为主攻预备力量。这时，白崇禧才大梦方醒。原来，东久迩宫稔彦所率日军第2军把主攻方向放在了大别山麓，企图迂回信阳、武胜关，再南下武汉。这一意外使白崇禧既感到突然，又感到窝囊。对敌军主攻方向判断的错误，必然使主要防御方向错误。眼下，五战区30万守军中，大别山南麓有15万人左右，中央兵团六七万人，但关键的左兵团不足10万人。孙连仲以不足10万人对抗日军精锐10万人，他知道这其中力量的悬殊。当时曾任过训练总监的白崇禧知道，一个战斗力强的中国师，战术完全正确的情况下才能与日军一个联队（相当于团）打成平手。如今富金山、固始一线，孙连仲可调动使用的部队不过七八个师，而荻洲、筱冢2个师团加在一起，兵力却超过10个联队。悬殊差别使一向沉着镇定的"小诸葛"也有些慌乱。

当天，他向商城第3兵团司令部打去了电话，叫通了司令官孙连仲中将："孙总司令，情况我都知道了。时间紧，你赶紧调整部署，主力应放在右翼山口。田、宋2军你可都调上一线阵地。对，预备队先不必担心，我马上从中央兵团中抽兵支援你，并命陈鼎勋军向你部靠拢。"

说着，他叹口气补充道："仿鲁兄，此次左兵团防御成败关乎战区全局，你一定要把日军2个师团挡在大别山口外。如果让他们冲进来，后防调整不及，则战区防御将全线动摇，后果不堪设想。如今战区安危系于一身，有劳你了。只要能顶住，诸事你可自行决定后再上报。我祝你再展昔日台儿庄之威……"

大战关键时刻，孙连仲中将又被推入与一头恶兽相搏的角斗场。放下电话，他心情沉重。他现在不愿再听到"台儿庄"3个字，更不愿人们把他与这3个字放在一起。

3个多月了，每当夜深人静，每当他合上眼，一个又一个熟悉的面孔，一幅又一幅死尸叠枕的惨景便会浮现在他的眼前。台儿庄一仗后，他的心境就再没平静过。他的西北军旧部已所剩无几，就连身边的几个跟随他多年的参谋、副官、平日跟他随便得像家人一样的几个弟兄，也融入了台儿庄的焦土中。他也算是个从死人堆里爬出来的老军人了，死亡的场面见惯了。但台儿庄的惨烈，还是深深震撼了他的灵魂。当蒋介石把他由集团军司令提升为兵团司令时，他没有过去提升时的那种喜悦、那种踌躇满志。他不愿再打这种同归于尽的消耗战了，虽然台儿庄使他成了蜚声中外的抗日名将。

但命运似乎在捉弄他。对在台儿庄被打残了的孙连仲部，白崇禧起初也有意照顾他，让他在次要防御方向上牵制日本人。但东久迩这临战一变，使"小诸葛"猝不及防。孙连仲的次要防御方向变成了主要方向，兵力又少，转眼又被放在了刀尖、枪口上。

武汉战场上的国民党军4个兵团中，第3兵团人数最少，新兵最多，装备最差。更令孙连仲上火的是，他的六七个军中，于学忠、冯治安两军在六安、霍山失守后，被日军的两个联队牵制在六安、霍山附近，无法回援。张自忠、冯安邦两军，又被白崇禧调至大别山南麓，准备战区反击之用。而川军陈鼎勋军装备极差，不少士兵手中的枪支不过是些四川土造，这支部队难以指望。这样，他手中真正有战斗力的，只有宋希濂的第71军和田镇南的第30军。而日军呢？荻洲师团久经战阵，是日军中的王牌。筱冢师团也是日军现代化师团的样板，步、炮、骑、工等兵种联队高达8个。对谁，他都难有取胜的把握。

孙连仲知道这时想避已不可能，他必须再面临一场拼死的血战、恶战。在武汉军委会，蒋介石信誓旦旦的话、重申军法时威严的面孔，仍在他面前浮动。退一步说，身为一个职业军人、国民党军高级将领，在保种、保国的民族解放战争中，自己都必须豁出命去，部队哪里还顾得上？

打定主意，他在商城召开了兵团作战会议。会上宣布，田镇南第30军防守商城地区。宋希濂的第71军另配属钟松的第61师，在史河、固始一带阻击日军，挫败其向西进攻的企图。

孙连仲没有把手中的部队都投入第一线，防御战他是有办法的。当时国民党军中，几乎无人不知孙连仲"钢头"的绰号。台儿庄，他率部苦战矶谷师团，以顽强的防御和令日军感叹的反击,自始至终没丢掉台儿庄。今天兵力虽有限,但他同样不愿丢了防御中顽强反击这张王牌,这是防御的韧性所在。但他知道,第一线阵地上,必须配备能打硬仗的部队。这样,宋希濂有4个精锐师的第71军被放到了第一线。

宋希濂和他的71军是蒋介石的嫡系,也是孙连仲手上最硬的一张王牌。当然,孙连仲起用71军为主力,并不止于该军是中央军嫡系,装备最好。该军还是当时第3兵团中整编后兵力最多、战力最强的部队。

8月下旬,宋希濂率部在史河地区阻敌西进。但史河既不宽,河水也没多深,以此阻住敌人显然不易。宋希濂衔孙连仲之命,亲率几个师长前往叶家集地区侦察地形。而此时,荻州立兵的第13师团正在10公里外的史河岸边与71军前卫激战,急于越过史河,兵临大别山口。

宋希濂临时抱佛脚大有收获,他发现了一块扭转兵力强弱的风水宝地——富金山。史河西岸的富金山,形如扇形,紧挨公路南侧。由此,既可控制公路,居高临下杀伤敌人,又可在情势不利时直退商城后方。宋希濂少将当即率人登上了富金山,左右一看,心里更乐了。富金山从半腰起,条条棱坎向下直通地面,向上直通山顶。从山顶放眼四望,叶家集、史河及附近开阔地区尽收眼底,在此防御,日军的调动、补给都能看得清清楚楚,而日本人却看不到山上守军的情况。宋军长当即拍板,以36、88师在富金山布防。36师在左,88师在右。再派配属的钟松61师北守固始。如此一来,大别山口很快就能筑起一道防线。只要在这峡口上能顶上10天8天,兵团、战区就能赢得调整部署的时间,以后的日子就会好过些。

宋希濂先斩后奏,他留下36师、88师加紧构筑工事,自己带上副官和参谋长,直奔商城兵团部向孙总司令汇报,他相信自己的眼光,更相信惯于防御的总司令也不会放过这块良好的阵地。

他考虑得不错。孙连仲听完报告后,又反复在地图上查看了地形,面露喜色地转过身来说道:"宋军长,富金山地势极佳,不便于敌人大规模展开。回去抓紧部署。只要能守住阵地,你部一切行动可自行裁定。我只提醒一点,要留一定的预备力量,保持防御的稳定性。你部如能在富金山顶住荻洲师团10天,我给你请功。"

宋希濂听罢,信心更大了。当下,他辞别孙连仲,率领众人返回了前线。

当前敌情虽稍有缓解,但孙连仲还远没到高枕无忧的地步。思前想后,他还是觉得宋希濂一个军对付东久迩宫稔彦的2个师团，悬殊太大。如果富金山、固始一线顶不住，商城地区的防御也将告吹。所以要守住商城，就必须在富金山一线多投入些兵力。

这一点想通后，他又变更了部署。一面命田镇南的30军迅速东移，在宋希濂的侧后布防，随时准备支援富金山守军。急调陈鼎勋的川军进入商城地区，紧急构筑工事。同时他还向陷在霍山、六安附近敌后的于学忠、冯志安2军下达命令，尽一切可能向西转进，力争在商城归入兵团建制。如回归确无可能，就尽最大努力袭击敌后方预备队及后勤补给，吸引日军回援，以减轻正面战场压力。

孙连仲能做到的一切，他都做了，能用的一切兵力也毫无保留地用上了。在排兵布阵上，他对得起白崇禧，下面就只能看前方将士的了。

前线的第71军、第30军似乎受到了他的感染，发扬了过去从未有过的战斗力。从9月2日至9月11日，富金山、固始一线终日炮声隆隆，经夜不息。东久迩宫稔彦第2军主攻先锋，第13师团和第10师团一部拼死相争。一波波冲锋迂回，压得守军喘不过气来，但最终，日军在富金山脚下弃尸数千具，也没能越过富金山大峡口。

宋埠第五战区指挥部，白崇禧长吐一口气，连日阴云密布的脸上终于有了阳光。这10天，使张自忠军团安然在潢川扎下了根；使胡宗南军团东出信阳，在罗山、扶经一线构筑了第三道阵地。

第五战区由于白崇禧一着失算造成的危机终于有惊无险地过去了。

使孙连仲倍感欣慰的事还有一桩。台儿庄一仗，正是日军第2军使他的西北军受到空前损失。他心里早已向那些魂系中原的亡灵许了愿：在以后的战斗中，一定要让第2军的小鬼子拿血来祭，拿命偿还。如今宋、田2军让日本第2军进攻主力损失过半，死伤近万，这不能不让他从心底感到慰藉。当然，这话他对谁都没讲。

从这天起，孙连仲觉得欠了宋希濂一笔情，一笔他日后要加倍偿还的人情。因为宋希濂替他重演了台儿庄的艰难的胜剧。宋希濂的起家老本36师，仅富金山一仗，就由1万余人锐减到七八百人，已经完全被打残了。

◎ 富金山，宋希濂将军为36师落泪

9月2日凌晨，天蒙蒙放亮，71军军长宋希濂少将走出武庙集一座权充作军部的小院，向着不远处的富金山顶爬去。

他一夜未合眼，满脑子都是眼前随时可能爆发的战事。孙连仲被逼无奈，把第一线抗击北路日军的全部重担都压在了他的身上。他既紧张，又兴奋，以致彻夜难眠。他在一遍遍想着自己的部署，想着71军整个防线的强点和弱点。他想知道自己的对手荻洲立兵中将会把主力投向哪里，向哪一处阵地发起主要突击。但一切只能靠他自己去想。

他是一个防御者，从军事上说，他是被动的。攻击时间，攻击方向，只能由对手决定，日本人打向哪里，他就得防在哪里，而且还必须统筹到全局。

作为第一线部队指挥官，他是最艰难的一个。整个武汉外围战，中国军人只有人数占优势，而日本人在火力、士兵素质上占绝对优势。但在富金山，所有优势都属于他的对手，他的敌人。而他拥有的，就是一副沉重无比的担子。如果71军无法在富金山一线顶住日本人一周以上，那些尚未部署、调集完毕的第二线守军将遏制不住这股日军的冲击势头。二线阵地一破，第三道防线更难立足。日军就有可能一气儿冲到武汉城下。中国方面筹划数月的武汉会战落得个惨败不说，长江南北两岸数十万中国军队也将陷入日军合围。果真如此中国军队将元气大伤，中国政府也将随着军事上迅速的失败而名誉扫地。

无论从大的方面还是从小的方面来说，富金山第一线由于第五战区判断上的失误，实际上变成了整个会战全局至关重要的一颗棋子。对这个战役关节点的胜负利害，宋希濂了解得清清楚楚。

山坡草丛中，湿漉漉的露水打透了宋希濂的裤脚和鞋子，可他似乎毫无感觉，三步并作两步，急急地向山顶爬去。

山顶上，宋军长举目远眺，平静的大地已被一阵阵忙乱的脚步声和车鸣马嘶声惊醒。低洼地段、小树丛中、民房村庄里，日军士兵土黄色奔忙调动的身影，被他手中的高倍望远镜清晰地拉到了眼前。

以他战场上十多年的经验，他断定今天日本人绝不是平平常常的调动、集结。

日本人今天就会发动全面进攻。

返回军部,他饭没吃,脸没洗,先把电话要到了左翼陈瑞河的36师师部。

"陈师长吗?准备得怎么样啦?"宋希濂压住话头,先问道。

"军座,你放心,一切都准备完毕,就等小鬼子来送死啦!"

"好!你们阵地前面有什么动静?"

"现在还没有。可派出的搜索队回来说,小鬼子在后面穷折腾,不知又在搞什么花样。我总觉得这仗不会等太久啦。"

宋希濂见手下这员武将似乎已有所觉察,心中略感安慰。他提高了声音说:"陈师长,现在鬼子频繁调动,是在集结兵力。今天日本人就可能发起攻击,部队一定要准备好。你部与钟师的结合部千万不能马虎,重要的是,一定要在鬼子发起攻击后,判明他的主攻方向。"

"明白啦!军座。我想问一句,我们在这里到底要守几天?"陈瑞河师长看来想摸点儿底,好有个准备。

"越长越好。你就照10天半个月准备吧!"

挂断电话,他又要了右翼钟彬少将指挥的第88师。交代完毕,他才放下电话,舒心地透口气,喊道:"传令兵,洗脸吃饭。"

上午10点左右,天空中黑压压的一片日机首先飞临富金山。24架日机像一群发现猎物的乌鸦,在阵地上空盘旋俯冲。成堆的炸弹和喷吐着火舌的机枪,转眼间便把富金山半腰中国守军阵地炸得烟尘蔽日,火光冲天。

地面上,日军荻洲立兵师团长集中了第13师团的所有炮兵,伴着肆虐的日机,加入到对我71军的狂轰滥炸中,阵地上一片火海。

日机的轰鸣声,惊动了在地图前正苦苦思索的军长宋希濂。值班参谋反应过来后,大喊:"敌机,快隐蔽!敌机,快隐蔽!"

宋希濂任凭卫兵催促,却一动没动。他相信最先叫他的,一定是桌上的电话而不是日本人的飞机。

日机未到,倒是有几发炮弹在军部附近炸响。卫兵见状更急了,催他出去避一避。他生气地一瞪眼:"慌什么,听不出这是炮弹吗?日本人看不见我们,这炮弹是射飞的炮弹,不会这么巧就落在我们头上。"

卫兵很少见军长发火，有些怯阵，退到一旁不再说话，这时，桌上的电话铃响了，是36师师长陈瑞河打来的。

"情况怎么样？"宋希濂急急地问道。

"他奶奶的，日本人的飞机、大炮凶得厉害。弟兄们被压在地上，头都抬不起来。部队有些伤亡，但不大。主力都在棱坎的反斜面猫着，鬼子打不到。"陈瑞河似乎比军长还轻松，骂骂咧咧地说着。

"地面进攻开始了吗？"

"嗯。我师对面有二三千鬼子在向山上攻，远处还有1000多人。估计这次日本人的进攻有些试探性质，出动的兵力约一个联队。"

"老陈，干得好！如果一线部队有能力，主力先不用。但是听着，要是把阵地丢了，我可饶不了你。"

"放心吧，军座。"陈瑞河还是这么大大咧咧。但宋希濂对他放心。陈瑞河在战场上从未含糊过，而宋希濂对36师这支自己的起家部队更是放心。他知道，只要自己待在山上，36师绝没人敢后退半步。

36师阵地上，陈瑞河承受了极大的压力。开战两天了，荻洲立兵中将似乎专与他过不去。最初以26旅团沼田重德少将指挥整整一个旅团猛攻36师阵地。但沼田的七八千人被陈瑞河顶住了，荻洲见两天未能打开富金山大峡口，一怒之下，又从103旅团调过两个大队，会同第10师团的两个大队一起加强给沼田少将，希望能从左翼突破富金山阵地。

36师一兵未见增加，但面临的对手，却从最初的二三千人增加到七八千人，再增加到1万人。两天前还大大咧咧的陈瑞河见日军不断增兵，自己却不断减员，有些沉不住气了。他把电话打到了宋希濂的军部，要求很简单却很让军长头疼：要么增兵，要么放弃阵地，向后转移。他的理由很让军长心痛——部队伤亡太大，减员已过1/3。

陈瑞河人粗心却细，他觉得宋希濂不会看着自己的起家老本受难而不顾的。要知道，没有36师，便没有宋希濂的今天；而今天的宋希濂，也离不开36师。这支部队既是71军，也是宋希濂的全部"家底"。

宋希濂着实心疼。但作为国军高级将领，作为一名职业军人，他的为人处世，行事品德，都远比他的黄埔同窗胡宗南等人磊落。一个月后，胡宗南敢不战而擅自放弃信阳，他不敢，也不会。此时，他效忠蒋介石，但他不做昧良心的事。胡宗南可以看不上李宗仁，但他对孙连仲这个杂牌军将领一样敬重有礼。原因简单，孙连仲是他的上司，他的长官。长官是不分黄埔嫡系还是杂牌的。

宋希濂不但能征惯战，还是一名深明大义的将领。几十年后，当他深为中共的宽厚大度所折服，在纽约主动为两岸统一奔走呼号，台湾国民党当局对其百般辱骂时，送他个"鹰犬将军"的绰号。但明眼人谁都明白，宋希濂在美国的所作所为，中共不可能掐着脖子逼他干。他是自愿的。

宋希濂确是自愿的。他是为正义、公理驱使而干的，哪怕因此"晚节不保"，这正是他的性格。

宋希濂的良心、正义，终于使他放弃了私念。他毫无回旋余地通知陈瑞河："援兵现在一个没有！36师一步也不许后撤，有多少人上多少人。"

宋希濂怎么说的，就一定要怎么办。深知军长脾性的陈瑞河闭上了嘴，也铁了心。

36师阵地前数十道棱坎上，已躺满了日军的尸体。36师阵地上，工事早被每天翻来覆去"光临"阵地的日机炸弹和地面炮弹，揉搓得无影无踪。36师官兵踏着半尺深的虚土，凭借弹坑、死尸为掩体继续战斗着。

一连7天，荻洲师团的2万重兵被死死拖在富金山下，没有越过一步。

富金山顶，宋希濂每天都要爬上去观察前线情况。36师浴血死战的前前后后，他十分清楚地看在眼里。他为自己的老部队每一次反击得手而欢呼，也为日军每一次突入阵地而担忧。但36师凭着坚决的防守和顽强的反击，自始至终没给他脸上抹黑，自始至终让他感到激动和骄傲。

中国要是有20个36师，日本人就休想猖狂。他常这么想。

但山顶上的抵近观察，也常让他觉得遗憾和失望。在山头上，日军后续部队的南来北调，在小树丛后喷吐着火舌的炮兵阵地，往来于公路上的运输车辆，甚至架着帐篷的伤兵救护所，都清清楚楚地展现在他眼前。

"要是有一个炮兵团，哪怕是一个炮兵营，凭着这么有利的地形，也绝不会让小鬼子们逍遥。"他常常惋惜而遗憾地对身旁的副官这么说。

但他没有，一个炮兵也没有，这让他不胜悲哀。他想不通，身为一支国民党中央军，尤其是拥有4个师的加强军，怎么就得不到被称为"战争之神"的炮兵？他不理解，国府大笔大笔的军费都花到哪儿去了？

炮兵有，却没配给他。胡宗南罗山之战，把炮兵像个"非"字一样排列在公路两旁。以致还没开几炮，就被日本飞机炸成了一堆废铁。胡宗南虽与他同门同师，又深为委员长器重，却常犯愚蠢得可笑的错误。

好钢没有放在刀刃上。

第2集团军阵地上，兵团总司令孙连仲中将手持望远镜，观察着烟尘弥漫的富金山阵地。

久经战场的孙连仲通过一个细节就感觉到了富金山火药味的浓烈。几天前，山顶上还立着两座不大的小庙和几十棵大树。可眼下，山顶上却已是空荡荡的一片。他知道，一般的战斗是不会有这种场面的。

他拨通了71军军部的电话，对宋希濂说："宋军长，撑得住吗？"

宋希濂想了想，说："司令，仗打得苦。商城方面情况如何？我们至少还得守几天？"

"至少3天。至少3天商城方面防御才能稳定。宋老弟，你是条硬汉，守五六天已很不易。刚才白长官来电话，战区嘉奖陈瑞河师之固守奇功。望你们能再撑几日，待友军在你们身后站稳脚跟再撤。"

"司令放心，希濂当全力而为。"

放下电话，孙连仲感慨地对老部下池峰城说道："宋希濂是条汉子，比我厉害。他可比汤恩伯那些混蛋'中央军'强多了。"

武汉，宋希濂这个名字引起了人们的注意，也吸引了蒋介石的目光。

荻洲师团久攻不下，被日本战地记者抓住了话题。很快，东京的大报小报不时出现"此（富金山）役由于受到敌主力部队宋希濂军的顽强抵抗，伤亡甚大，战况毫无进展。""我军遇到强手，束手无策……"细心的日本人已发现自武汉会战以来，这样的报道已越来越多。

令人惊奇的是，中、日两国虽杀得你死我活，但东京的报道几乎当天就能传到武汉。而这些报道一旦到了很富渲染力的记者手中，马上就能演变出无数令人震惊的新闻。宋希濂和他的71军一时威名大震。

但远在富金山的宋希濂却全然不知这些。9月9日，他又来到了富金山半腰36师师部。

令他惊奇的是，师长陈瑞河的变化。可能几天没洗脸了，皮肤糙得像是要裂开，脸色灰暗得发黑，活像裹了层硬壳。不知几天没合眼，两个眼珠子向外凸着，爬满了密密的血丝，手指让烟熏得焦黄。蓬头乱发，像个刚从地狱里爬出来的活鬼。

"难为你们了，陈兄。"宋希濂见人生情，有些心酸。

"没什么，只是弟兄们……"陈瑞河也有些心酸，说不下去了。

"孙总司令来电话说，战区对你们表示嘉慰，并报请军委会为你们……"

陈瑞河伸手止住了宋希濂："军座，死了的弟兄们是不会邀功求赏的。你痛快地说，我们还要守几天？"

"连今天在内，至少两天。"

"钟彬的88师在干什么？"

"钟师也在作战。而且，他们是预备队。"宋希濂说最后一句话时，加重了语气。但当他看一眼神情黯然的陈瑞河后，心又软了下来。

"陈兄，你师还有多少人？"

"1000多，包括轻伤员。"

"我从88师调一个团给你。两天内，我希望富金山还在我们手中。"说完，上前一步，一手轻轻拍了拍陈瑞河的肩："老陈，国家危难，弟兄们为国捐躯，应该为他们骄傲。36师永远要站着，绝不能趴下。狠狠地打，弟兄们才能死而无憾。"

步出师部，他走上了战火暂歇的前线。望着三三两两扎着绷带，像是从地下钻出的土地爷一样的士兵，他感到骄傲，感到鼓舞，也感到心酸。他走到一位十几岁的娃娃兵面前，正了正钢盔，拍了拍士兵身上的土，转身离去。

年轻的士兵看见了军长眼中滚动的泪珠。

军长落泪了。他为36师，为眼前这些英勇无畏的士兵，更为已经倒下的英雄。军长也年轻，他毕竟只有31岁。

9月11日，固始失守。日本人急扑西南，包抄富金山71军后路，71军奉命西撤商城。

10天，71军阻强敌于阵前，未失一寸土地。淮河南岸，71军和13师团，中、日两军各自的正牌,经过10天血与火的较量,以中国军队的胜利而告终。

富金山下,宋希濂重创荻洲师团,歼敌逾万。

中国守军装备寡劣,伤亡也不轻。仅宋希濂的起家老本36师,就由参战前的1万余人,锐减到八九百人。整个部队被打残了。

但71军终究遏住了日军第2军疯狂的势头,为仓促应战的第3兵团赢得了宝贵的10天。

9月14日,蒋介石电告全国各地国民党军,称:"……敌之损失综合各方报告:四联队长伤二、亡二,旅团长沼田德重负伤,生死莫卜……是则宋军陈师之壮绩,已获得超出之代价,尤其精神上足使敌确认为愈战愈强,抗战精神,历久弥增,令其气短……"

蒋介石看来已被36师深深打动,赞美之词溢于言表,并号召全军发扬36师精神,"各奋英勇",杀敌报国。

71军、36师被通令全军,获得嘉奖。

宋希濂、陈瑞河双获华胄荣誉奖章。

71军当之无愧!危难之时英雄方显本色。

富金山的辉煌从此与宋希濂的个人历史紧紧地连在了一起。

◎ 来自陕北的支持,让蒋介石感到慰藉

武汉的政治气候,就像一支预示天候的晴雨表,随着前线战事的胜败得失,随着国际形势的风云变幻,也在起伏波动着。

8月间,一场关于中、日间未来前途的风波搅乱了武汉的平静,引起了国际社会的关注。

月初,美联社发布消息称:"罗斯福拟在武汉失守后调停中日战争。"一时间在华盛顿刮起一股"和平"旋风,引起美、英诸国万众的关注。

但同一天晚些时候,世界各地又看到另一则美联社电,称:汉口官方及香港《大公报》同时否认外传意大利与汪精卫就中日战争进行调解,并拉中国加入反共集

团事。《大公报》谓抗战策略不变，蒋汪合作无间，欲中国加入反共集团也不可能。

美联社见风就是雨，两条消息似两块巨石，投入平静的水中，一时涟漪四起。而对战、和问题最为敏感的香港，反应也最强烈。

8月2日，虞洽卿由沪抵港，更使香港弥漫在"和平"的花雾中。英文版的《每日新闻》甚至宣称，从中国方面得到消息，日方拟向中国提出和平条件五项。当众人都在猜测消息的可信度时，《孖剌西报》5日上午首先刊出日本对华"和平"五项条款。下午，各晚报竞相转载，日方五项条件一时家喻户晓，无人不知：

（一）日本退出占领区，但中国也不得驻兵；

（二）承认"满洲国"；

（三）虹口、闸北、江湾租给日本，定期99年；

（四）赔偿此次战争损失；

（五）共同防共。

如此确切的消息一经刊出，就没人再怀疑它的真实性。大陆、香港，以及苏联和西方诸国无一不把目光投向武汉，集中在了蒋介石的身上。此刻，他能决定这场战争的命运。

蒋介石想和平，而且想得比任何时候都迫切。早在6月，他就授意汪精卫派出要员至香港与日本总领事丰村商洽，做和谈的先期准备。只是日本人要价太高，他一时没给答复。

如今这一夜间又掀起一股"和平"浪潮，把他置于极尴尬的境地。日本人所提五项条款中，除第五条他能接受，第一条在得到确切保证后也可考虑外，其他几条显然是卖国，是根本不能接受的。这件事弄不好，有可能得罪苏联，失去这个军援的外来大户和远东的重要盟友。

蒋介石知道这件事坏在谁身上，也知道对方是有意如此。在蒋公馆，他痛恨地骂道："娘希匹，汪兆铭（精卫）四处捣鬼，有意让我难堪。他对我还没有死心！他对党国还抱有野心！"

"文胆"陈布雷对这件事也看了个透。他略一沉思，进言道："委座，这事不能任由它发展下去。否则于委座、于盟友都将贻害无穷。如果委座觉得条件难以接受，则正可以利用这机会昭示国人、友邦，以赢得外部对我抗战的同情和支持，而国人亦可横下与敌寇决死之心。"

蒋介石沉思一想,觉得有理,便吩咐道:"布雷,你马上通知一下,叫宣传部周代部长来一下,我要亲自布置这件事。"

宣传部代部长周佛海是汪精卫的心腹人物。蒋介石叫他来,不仅要利用他对汪精卫发起反击,还要借机整顿宣传部。他认为,近一个时期,宣传部的工作成效太差了。

8月21日,深得蒋介石倚重的军事外交家蒋方震(蒋百里)将军在香港接受了伦敦《每日捷报》记者的采访,揭穿日本打着反共旗号实行侵略中国的伎俩。他开门见山地直点主题道:"日本人自称其作战系根绝中国之共产主义,此事完全不确,不过借以欺骗全世界而已。若日人系对共产主义作战,则苏俄系共产主义巨头,自应与苏俄作战。"

说着引例道:"最近满洲(东北)边境事件,日人竟向苏俄威力低首而忍辱撤兵。然去岁南京之战,日军杀戮无辜至令人发指之地步。须知,南京并无共产分子。诸事证明日本对华战争,并非对付共产主义,而纯粹为侵略中国领土也。"

24日,中国外交部针对近一个时期伦敦方面"中日和平"愈演愈烈的谣言,指示外交部发言人发表谈话,公开辟谣,并宣称:"除非日本放弃侵略,否则决无和平可言。"香港《大公报》乘势发表评论,称中国抗战策略不变,蒋汪合作无间,欲使中国加入反共集团绝无可能。

25日,针对外界对蒋、汪之间的猜疑,外交部部长郭泰祺在伦敦接见哈瓦斯社记者,并在报纸上发表声明,一口否定"中日和谈"及意大利正与汪精卫签订协议。

蒋介石这时通过外交和宣传部门,频频向外界做出姿态,国民政府坚如磐石,蒋、汪之间志同道合、亲密无隙。但他内心里不相信空穴无风,他早已意识到汪精卫率他的"主和派"借议和之机,借日本人的压力,又在向他逼宫了。

其实他早就知道汪精卫不甘于他蒋某人之下,副总裁还不能满足他那张漂亮面孔之下的勃勃野心。几十年来,论资历汪精卫比他老,当他尚无任何实权之时,汪精卫便是民国政治力量的支柱,孙中山的左膀右臂;论学识才干,汪精卫过目不忘,文思敏捷擅长激情演讲。所以几十年来,汪精卫从未服过蒋介石,自认也是块底定乾坤的帅才,政治上的领袖人物。在文人党魁被一一削除的情况下,汪精卫却像棵不老松，始终没有倒下，一遇时机，便要翻起几层浪。

蒋介石是铁了心要除掉汪精卫这个白面政客，但不是现在。汪精卫绝非等闲之辈，但他要是不看准八面来风，不抓住蒋介石内外交困的艰难处境，他也是不会动手的。

蒋介石的日子确实不好过。军事上，节节败退已使他退到了政治地域的最边缘。倘若再失武汉，日本人"降国民政府为地方政权"的威胁就不再是危言耸听，而极可能成为现实。陈诚对国人所喊的"离此（指武汉）一地，别无死所"，既是国民党内"主战派"的观点，也是他蒋介石的意思。

胜败乃兵家常事，军事上的打击尚不是对蒋介石最大的威胁。最大的打击既非来自日本人，也不是来自延安的中共，而是来自他的国民党内部，来自国民党的分崩离析，众叛亲离。

8月28日，上海抗日《导报》社论宣称："日方策动的'和平'运动，尽管华方当局如何否认，但外传有已失政治信仰的分子，在偷偷地进行'和平'运动，这是不可否认的。这来源开始于蒋介石先生在西安蒙难时，这些分子在柏林、罗马亲手订的'联德意反英美以救中国'之路线。"

不管来源于何处，蒋介石相信他的国民党在一败再败的严峻时刻，确有不少意志不坚的人，四下里在为自己找出路，甚至有人已把触角伸向了日本人。

与此同时，日本人在加强军事进攻，更加紧政治分化。东京专门成立的"对华院"频频向日本大本营提供中国战争的各种阴招毒计，以图在政治、军事的双重压力下，让蒋介石的抵抗意志彻底崩溃。"对华院"中，甚至有专人研究蒋介石的军政观念，生活秉性……

9月9日，广济失陷后的第三天，心绪烦乱的蒋介石得到报告：根据日本五相会议决议，关东军召集北平伪中华民国临时政府与南京伪中华民国维新政府代表王克敏等一行在大连开会，筹商建立"中华民国联合委员会"的具体办法。

一连串的噩讯使蒋介石一连几天肝火旺盛，身边的人几乎被他骂遍了。

骂归骂，可蒋介石在武汉毫无办法。9月22日，北平伪政权与南京伪政权正式合流，在北平打出了"中华民国政府联合委员会"的旗号。

在日本人的压力下，中国大地上终于又出现了一个与蒋介石平起平坐的"中华民国政府"，这个木偶政权甚至占据了中国最富庶的半壁江山。

蒋介石自然少不了发表些"无效"之类的声明。但用他自己的话说，那些时日是他执政一生中"心情最灰暗"的日子。

9月下旬，国民党军委会政治部副部长周恩来将军，急匆匆地赶回延安。未几日，又风尘仆仆地返回了武汉。

这期间，中共六届六中扩大会议在延安召开。数月来一直为战场战事和国民党内部复杂纷纭的矛盾纠葛捆住手脚的蒋介石，这时又突然想起了陕北的老对头——毛泽东。

以他的观点，国民党强盛时杀了无数共产党人，国、共两党是多年的冤家、仇人。如今国民党内自己人都不乏咒他老蒋早死、国民党早散之人，中共岂能不落井下石，促其速亡？所以对中共六届六中扩大会议，蒋介石急于想听到详情，看看有什么新东西。自周恩来登机北上后，他心中的那股急切、紧张劲儿，就像一个陈庭待判的被告人。

他怕自己在内外交困的关头，共产党人再在背后插上一刀。

他期望国共关系能像年初一般稳固，虽然这希望在他看来并不大。但他实在不愿让苏联、英美，让世界各国看到他蒋某人的国民政府已四分五裂，再不像一个能控制整个国家的政府。

真是此一时，彼一时也。此刻从他身上再找不出1936年底西安事变时被迫接受中共的那种委屈和无奈。

然而，周恩来给他带来了延安的消息，也带来了希望和光明。

返汉当天，周恩来便征尘未洗地来到了军委会，拜见了蒋介石。

一阵寒暄后，望着支支吾吾又神情焦灼的蒋介石，周恩来开了口："蒋先生，"自西安事变后，周恩来一直习惯于这样称呼他，"毛泽东先生对武汉战事非常关心，对你本人坚持抗战也深表敬意。"

蒋介石闻言，眼睛一亮。周恩来从口袋里掏出一样东西递过去，说："这是毛泽东先生带给你的一封亲笔信。"（此信见《武汉近代史料丛书》中《武汉抗战史料》）

蒋介石"嗯、嗯"答应着，却头也没抬，急切地抽出信笺。一手龙飞凤舞的好字紧紧地吸引了他的目光。

介石先生惠鉴：

恩来诸同志回延安称述先生盛德，钦佩无余。先生领导全民族进行空前伟大的民族革命战争，凡在国人无不崇仰。十五个月之抗战，愈挫愈奋，再接再厉，虽顽寇尚未戢其凶锋，然胜利之始基业已奠定，前途光明，希望无穷。此次，敝党中央六次全会一致认为：抗战形势有渐次进入一新阶段之趋势。此阶段之特点，将是一方面更加困难，然又一方面将更加进步。而其任务在于团结全民、巩固与扩大抗日阵线，坚持持久战争，动员新生力量，克服困难，准备反攻。在此过程中，敌人必利用欧洲事变与吾国弱点，策动各种不利于吾国统一团结之破坏阴谋。因此，同人认为此时期中之统一团结比任何时期更为重要。唯有各党各派及全国人民克尽最善之努力，在先生统一领导之下，严防与击破敌人之破坏阴谋，清洗国人之悲观情绪，提高民族觉悟及胜利信心，并施行新阶段中必要的战时政策，方能达到停止敌之进攻，准备我之反攻之目的。因武汉紧张，故欲恩来同志不待会议完毕即行返汉，晋谒先生，商承一切，未尽之意概托恩来面陈。此时此际国共两党休戚与共亦即长期战争与长期团结之重要关节。泽东坚决相信国共两党之长期团结，必能支持长期战争。敌虽凶顽，终必失败；而我四万万五千万人之中华民族，终必能于长期的艰苦奋斗中，克服困难，准备力量，实行反攻，驱除顽寇，而使自己雄立于东亚。此物此志，知先生必有同心也。专此布臆。敬礼健康！并致

民族革命之礼

毛泽东谨启

民国二十七年九月二十九日

放下信笺，蒋介石十分激动，口中连称："好、好。"内忧外患，连他的许多国民党员、老部下都背叛了他，可共产党却在支持他，这使他既惊奇又感叹。这时他唯恐起初不被他放在眼里的共产党一直与他分庭抗礼，越生越壮。

"共产党人有信仰，有主义，感情总是被他们放在次要的位置上。"若干年后蒋介石曾对身边的人这样说道。他能有这样的观点，也许当年在延安的毛泽东所致信函对他产生了不小的影响。

蒋介石收回思绪，这才想起了身边的客人。他咧咧嘴，露出一丝笑意说道："恩来，谢谢贵党对革命之帮助，谢谢毛先生。有机会代我向毛先生致意。"

说着，话头一转询问道："恩来，贵党这次大会开得还好吧？"

"很好。这次大会我党对抗战问题形成三项决议,毛先生在信中亦有提及。一曰坚持抗战,绝不能动摇。二曰持久取胜。要在战争中消耗日军,以待整个局势的扭转。三曰反对分裂。倭国曾屡次三番提出,中国抗战最大的威胁来自统一战线。所以坚持团结,反对分裂是当前困难时期之关键。我们切不能干亲痛仇快之事。"周恩来语调沉稳地说着,两道利目直指蒋介石。

"对,对,恩来。大敌当前,外御其侮当高于一切。你们政治部可多做做这方面宣传。"

"蒋先生,近来陕北并不太平,时有不法之徒窜入边区,袭击乡、村基层政府,搅乱治安,破坏生产。我本人就曾险遭打劫。尤其卑劣的是,这些人甚至专门袭击抗日家属,行汉奸之伎俩。"周恩来表面上虽仍平静,但语气已严肃起来。

"噢?有这种事?恩来,你放心,我会让陕西省府明察此事。如系汉奸、匪寇捣乱,一定坚决剿灭。"

送走周恩来,蒋介石心绪又好转不少。中共和毛泽东雪中送炭,使他连日敏感异常的心境平复不少。武汉的危急,国民政府内部的争论不一、战和不定,还有汪精卫一伙幕后的小把戏,随着毛泽东一封信函的到来,在蒋介石愁云密布的心头淡漠了不少。

艰难时刻,毛泽东给了他莫大的信任和支持。

◎ 孤军深入,冈村突发万家岭梦想

10月悄然降临。笼罩在长江沿岸的火热,渐渐被秋凉代替,但淫雨却又在不停地下着。

酷暑的退去,使日军像缓过气儿来的野兽,又钻出来开始肆虐。江南、江北,一度陷入僵局的战火,重又炽烈地燃烧起来。

北路,东久迩宫稔彦第2军主力已突破罗山防线,但在信阳以东被胡宗南第10军截住。苦战几日,死伤数千,却仍无进展。猛烈的炮火下,胡宗南部伤亡也不轻,对能否顶住第2军进攻并没有把握。

中路大别山南麓，素称日军精锐的稻叶师团，经黄梅、广济、田家镇三地苦战，部队已被打得七零八落。眼看武汉在望却没敢发动进攻，只是一个劲儿地向军部发报，要人、要枪、要弹药。这时稻叶四郎中将恨不能一口把天吞下去。

尽管稻叶四郎师团长贪婪得让冈村宁次司令官讨厌，但3路进攻中，第6师团兵力最少，进攻速度却最快。冈村宁次琢磨再三，还是决定把志摩和石原两个支队拨给他。一时间，第6师团在田家镇一带休整补充，调度兵力，补续弹药，为下一步全力扑向武汉做准备。

第11军冈村宁次司令官在3路指挥官中算是最恼火最失意的一个。战前，从华中派遣军到东京军部，都对他寄予的希望最大，拨给他的兵力最多，他自己发起进攻的时间又最早。但3个月了，庐山的崇山峻岭和韧劲十足的薛岳，像牛皮糖一样把他紧紧缠住。3个月里，他一直在顽强的中国守军阻击下在山岭地障间挣扎。风景秀丽的庐山早已在他眼里失去了魅力。想起庐山，他甚至头都疼。

东京转来电文，对他的表现很不满意。

南京畑俊六大将也发来电报，对他的进攻迟迟不能进展"深表忧虑"，并指责江南第11军主力如不能按计划挺进，切断粤汉线中国守军退路，则势必影响整个战场行动。

能征惯战的战术家冈村宁次没出过这种丑，现过这种眼。

战功卓著的皇军宠儿冈村宁次中将没受过这种指责，更没因对中国军队作战而陷入这种窘境。

胜败乃兵家常事，冈村宁次作为一个深谙兵道的老军人，不会不知。但意外的失败、料不到的挫折使他血往上涌，头脑发热。而对他来说灾难最大的，莫过于骨子里根深蒂固的对中国军队的轻视。

9月间，由于日军攻击面宽，薛岳急于堵死各方向漏洞，频频向南浔、瑞武线调动兵力。不知不觉间，南浔、瑞武线之间形成了一条狭长的巨大空隙。完整的防御体系出现了裂缝。

薛岳注意到了它，但自恃手中尚有预备队，量日军也不敢冒死闯入。

冈村宁次也发现了它，但冈村宁次敢闯。

连日苦战仍无法打破僵局，已使冈村宁次渐渐失去了耐心。他恨不能一口吞掉面前这20多个师的中国守军，一气打到武汉去。他一直在为彻底打碎中国军的防御体系而苦思冥想。

当空军报告发现守军出现这一空隙时，他两眼一亮，快步走到地图前，对着攻防交错的一个个箭头琢磨起来。越看，他两眼越亮，脑瓜越明晰。从空当插进去，能避免正面受阻，还能插入守军深远纵深，使中国军队腹背受敌，彻底动摇中国军队防御体系。

想到这，连日受抑制的大脑亢奋起来，心在胸膛里打鼓似的猛跳。战机稍纵即逝，决不能给薛岳的守军以调整之机。

他转回身，对恭立的空军联络官命令道："再派两架飞机，挑优秀的飞行士，低空飞行，弄准确这条空隙的位置和支那军布防情况。"

空军刚走，他就转身吩咐作战课长："命106师团师团长淞浦君速到军司令部。"

冈村宁次孤注一掷，放出胜负手，要在德安以西地区决出胜负。

20日，日军第106师团师团长淞浦淳六郎中将在九江受领命令：突破五台岭一线中国军队阵地，急速插向德安西南地区，从侧背攻击德安中国守军。

冈村宁次中将把淞浦淳六郎孤军送入薛兵20万大军阵中，不是没考虑到这其中的险恶。但土肥原贤二一个师团能在兰封搅乱薛岳10万大军，稻叶四郎一个师团在江北能突入李品仙10多万大军中，甚至连得险要，相信淞浦也应该能完成使命。

但冈村宁次忽略了一点。10月的南浔线已不是5月的兰封，淞浦淳六郎中将也绝非凶悍的稻叶四郎。冈村宁次的这一险招，不但把淞浦刚刚补充完毕的1万多精兵送入地狱，也险些使自己身败名裂，背着骂名离开军界。

日本人可以容忍无恶不作的悍将，但永远不会容忍战败的军人。

淞浦淳六郎受命返回马回岭前线，立即下令所有部队脱离战线，原地整补、训练。冈村宁次专门拨给他的几千精兵，也从四面八方向马回岭集中。淞浦一面研究方案、拟定计划，一面调配部队，补充粮弹。为适应山地作战，他命令部队放弃战车、重炮，一律驮马化。一时间，马回岭马嘶驴叫，好不热闹。马回岭真的成了骡马聚集的山岭。

25日，随着淞浦淳六郎一声令下，1万多人的队伍向西挺进。其前卫部队轻松地突破了五台岭守军的薄弱防线，马不停蹄地向纵深插去。

正准备离开德安前线返回南昌去的薛岳，忽然闻报第106师团与守军脱离接触，不知去向，心中不免直犯嘀咕。但直到这时，他尚未意识到冈村宁次这一战史上罕见的凶招。当在南昌的第九战区司令长官陈诚和武汉军委会来电询问战况时，他的答复仍是：各线平静，一切正常。他尚不知道冈村宁次的掏心拳已向他打来。

德安西北山地中，淞浦师团艰难地前进着。夏秋的庐山地区，晚穿棉袄午穿衫。崎岖不平的山路，骡马行进困难，常常得士兵们扛着、推着才能前进。官兵的衣服被汗水浸透，晚上山风一吹，透骨凉，日军官兵吃尽了苦头。更糟的是，日军不少分队拿的地图不知是哪年印的，现在一看早已面目全非。加上夜间时常大雾弥漫，又有灯火管制之难，各部队常常失去联络，士兵跑得到处都是，这让淞浦淳六郎伤透了脑筋。

但军令如山，兵无常势，只有快速突到后方，摆脱中国军队夹击，才能获得安全。淞浦淳六郎深知此点厉害，于是不顾沿途小股守军的顽强阻击，不顾一切损失，拼命向前突，向前冲。

10月1、2日，106师团主力进至万家岭、哔嘶街、老虎尖、石堡山一带，迂回纵深的攻击目标已近在咫尺。但淞浦淳六郎一路顺畅的好运也算是走到了尽头。

白云山地区，担任中国军队左翼守卫的，是刚从金官桥一线撤下来不久的第4军。金官桥一战，欧震将军指挥的第4军吃了日军迂回侧后的苦头。若不是第74军的掩护和第4军拼力死战，也险些撤不下来了。欧震吃一堑，长一智，对自己的翼侧十分敏感。远距离派出了搜索队，近距离则有掩护部队，时时提防着自己的翼侧。

搜索队的报告引起了欧震的注意，但他做梦也想不到日军插入纵深的，竟会是一个师团之众。10月2日，各方不断传来发现大批日军的报告，令他既紧张又兴奋。由于伊东师团尚在远处被友军所阻，第4军并无太大顾虑，欧震果断下令全军转身布防，拦腰侧击突入之敌。

高度警觉的第4军突然转身，将向东防御变为向西攻击，立时把淞浦师团拖在了原地。欧震一面阻敌，一面急电兵团司令薛岳。

再说薛岳，自淞浦师团突然从马回岭消失后，一直预感到老对手冈村宁次在耍什么花招。淞浦大队人马钻山越岭，虽也曾遇到零星抵抗，但由于隐蔽好，一直未被薛岳发觉。

欧震的报告，使他大吃一惊。望着地图上那支已绕到德安后方的大箭头，他叹口气道："乖乖，冈村这家伙胃口不小，想把我的20多个师都包在里面。我看他是疯了，竟敢把106师团孤军送入我大军之中。"

说着转过身，叫来机要参谋，给战区陈诚长官和汉口蒋介石委员长发电：敌淞浦之106师团钻隙精神甚强，已突至我白云山一线纵深，我兵团拟抽调大军，歼灭突入之敌，以定后方。薛岳年轻气盛，胆量惊人，在武汉各战场且战且退之际，毅然定下歼灭日军106一个整师团的决心。

南昌战区长官部，陈诚权衡利弊，坚决地站在了薛岳一边。大战之际，陈诚尊重下属的意见，并有担起失败责任的勇气。应该承认，这是他身为将帅的一个优秀品质。靠这一条，他多次赢得部属的信赖。

武汉军委会，蒋介石也成了薛岳的积极支持者。抗战期间，蒋介石留给人们最深的印象是消极防御，不思进攻。从战略角度而言，他的确过于注重防御，令人遗憾。但就战术上而言，他甚至较多数国民党高级将领更积极倡导进攻，这从蒋介石与部下频繁往来的电报中能清楚地看到。但为什么进攻多以失败告终呢？

还是冯玉祥、程潜、白崇禧等人总结多次大战教训后说得好：高级将领士气不高，行动怯懦，致使部队畏缩不前。

蒋介石也曾多次说过：我们一般高级将领，平日不注意研究战略战术，战时畏敌如虎且心存保持实力之卑劣心理……是战败之主要原因。

士气不高，指挥乏术，使蒋介石战术上的进攻很少成功，这也湮没了他消极防御中强调反击这有限的光芒。

关键还是士气。蒋介石一生都在为军心士气操劳，可一生他也没把军心士气搞上去。抗日战争如此，日后的解放战争就更是一泻千里。事实上，他一直没抓住士气之本。

但薛岳却非畏首畏尾的庸将。作为机动兵团，从开进武汉战场的第一天起，他就等待时机，想在机动中狠敲日本人一下。

10月2日，薛岳便开始了对孤军深入的淞浦师团特殊的"关照"。他急电南浔、德安方面的第4、第74军及第187、第139师，从东面包围万家岭日军，切断其可能回缩的退路。同时，再电瑞武线的新13师、新15师、第91、142、60师及预6师，包围万家岭西半面。

12个师10余万中国大军飞调万家岭,把淞浦师团1万多人团团包围在10平方公里的山岭中。

淞浦师团偷袭不成,反而陷入四面楚歌的绝境。

◎ 日本天皇惊恐下令:必须救出106师团

薛岳张网捕鼠,尝到了反"八"字阵地的甜头,金官桥、星子、瑞昌一线,阻住了日军,歼敌数千;东、西孤岭再战,又重创101师团,歼敌近万。

台儿庄大捷后,中国军大规模歼敌的战绩大部分都由他所为。他既是蒋介石最头痛的前敌战将,也是蒋介石最满意的前敌指挥官。

薛岳并不是一个得点儿便宜就往回缩的人。他喜欢战场上不绝于耳的枪炮声,喜欢大的、带有刺激性的较量。南浔3月,他歼敌上万,但部队伤亡也不小。越是这样,他越是亢奋,不服输的劲头足得直冲云霄。

万家岭,他把淞浦师团逼上了绝境。他要在内线中取外线攻势,更加自由自在,更加洒脱地吃掉淞浦师团。以他的话说:台儿庄只是辉煌的开始,他要把这辉煌延续下去。

穷寇莫逼。可他偏偏不信这个邪。

很快,他体会到了"穷寇莫逼"的真正含义,老祖宗果然不是在虚弄文字。

10月2日起,到达万家岭地区的中国10万大军四面出击,开始向困在核心的淞浦师团各部展开攻击。其中:

第4军欧震军长亲率90师向大小金山、万家岭东北方向攻击;

第74军冯圣法之58师向狮马崖、墩上郭、王家山之敌攻击;

142师附新15师一个团向石堡山之敌攻击;

预6师附91师一个旅进攻斗姆岭、马鞍山、凤凰山以东地区,在友军配合下,向石堡山北端王家岭之敌攻击;

第91师协助预6师之攻击,断敌北溃通路;

新13师以一个团绕袭石堡山西北之敌侧后；

……

各路大军在兵力占绝对优势的情况下，斗志旺盛。各攻击部队都颇有斩获，步步向前推进，包围圈在一步步缩小。

但在这同时，薛岳也尝到被逼上绝路的淞浦师团的厉害。这其中，尤以薛岳当初抗命留下的俞济时74军冯圣法的58师损失最大。

10月初，当淞浦发现被围后，最初两天还算镇定。冈村宁次司令官曾向他保证过，第101师团将突破德安防线，在侧后支持106师团。但淞浦支撑了两天后，发觉伊东政喜的101师团被中国军队阻在阵地前，一步未进，这才慌了手脚，决定突围。

淞浦淳六郎的突破口正好选在了冯圣法58师坚守的张古山阵地，这可把冯圣法推进了油锅。

白天，冈村宁次派来助淞浦淳六郎解围的战机一批接一批怪叫着飞临阵地上空，炸弹、燃烧弹犹如雨点一般往下落，横飞的弹片、熊熊燃烧的大火吞没了张古山下守军的阵地，吞没了奋战中的58师官兵。整个阵地不到一天，就只剩下满目的焦土和光秃秃的山坡地，工事早已无影无踪。

师长冯圣法少将这下犯了难，没了山林，没了工事，这光秃秃的山坡可怎么个守法？淞浦师团4个联队中有一个半都是冲着他来的，再加上凶猛的炮火和从天而降的炸弹，阵地上连只蚂蚁都难活。让他增兵，那不是让他送死吗？他第一次向军长俞济时求情，想让部队撤到第一线阵地上去。

"不行，冯师长，一步也不能回撤。你这一退，要是放走了淞浦淳六郎，委员长饶不了你，也饶不了我。把部队集中在阵地后面，一批批地上。总之，阵地绝不能丢。"

冯圣法没办法，只能采取添油战术，成营成团地往阵地上调。没两天他的一个师就基本上报销了。

可淞浦淳六郎的第113联队残兵还在往上冲，守军能战斗的兵力加起来不过500人，情势危殆。

倒塌的师部旁，冯圣法师长抱着电话机痛哭流涕，连呼俞济时救援。军长俞济时这一刻几乎也成了光杆司令，根本无兵可调。可想到薛岳严酷的命令，想到武汉蒋介石对战局的关注，他咬咬牙叫来了警卫营长。

"你手里还有多少兵？"

"两个连。"

"给这里留下一个班，其余的你都带上，到58师去增援冯师长。至库房多拿些机枪，告诉冯师长，丢了阵地别来见我。"

"可军部……"警卫营长刚想申辩，俞济时不耐烦地挥手说："赶紧去，这儿你别管。"

张古山阵地上，几十名日军已冲入阵地。警卫营一赶到就加入反击，几十名日军大多死在了阵地上，只有几个逃了回去。

冯圣法丢了全师，却扎住了口子。淞浦师团突围的企图被粉碎。10月6日，淞浦师团伤亡过半，向外突围显然已无可能。无奈间，只能就地转入防御，固守待援。

万家岭之战，薛岳险些再蹈兰封的覆辙。幸运的是，俞济时不是桂永清。俞济时骄横，万家岭以东的战斗虽也没人愿帮他，可他还是能打的。仅74军战场正面，死伤的日军就有4000多人。

74军毕竟是嫡系，嫡系真玩起命来还是很厉害。

武汉三镇，日本人的飞机还是在昼夜不停地空袭。街头巷尾，沙包路砦、林立的岗哨和横卧街边无人认领的死尸，都使这座城市透出令人恐怖的战争气息。

国民政府除军委会留下部分机构外，各部门几乎都走光了。武汉人这时不再怀疑城市将不久于中国人之手，蒋介石准备下达市民撤出武汉的命令。进行到这一步，既在中国人意料之外，又在他们意料之中。

战败的愁云惨雾笼罩着坚守在这里的每个中国人心头。

10月初，在中华民国"双十"国庆日前夕，武汉阴霾的天空上，现出了一线阳光。久受阴云困扰的武汉军民，心头不禁又升起一线期望之光。

中国军队第九战区部在德安合围日军一个整师团，薛将军正率部合力围歼的消息一传出，就轰动了整个武汉三镇。当日，武汉各大报纸争相报道，大肆渲染。想象力丰富的记者甚至提前开出了前线大捷的支票。

军委会留汉指挥机构对此既不承认，也不否认，只是保持沉默，他们更关心更着急的是巴望着德安前线的战斗能使这张支票兑现。

消息披上了神秘的面纱,越传越神,越传越远。重庆、西安、昆明等内地大城市又开始了狂热的祝捷声势。就连美国、英国、香港等地,未经证实的消息也不胫而走。

终于,消息传到了东京。陆相板垣征四郎秉承天皇旨意,急电南京畑俊六大将询问情况。畑俊六回电极力申辩,106师团不过被中国军队包围,歼灭不过是蒋政权的夸大宣传。

在畑俊六大将眼里,被中国军队包围和被歼灭是两码事,但在日本朝野的文武百官眼里,这已是相当丢丑的事了,何况谁也不能保证106师团能安然脱险,在日军近代史上,尚没有一个完整的师团被消灭过,尤其在中国战场上就更令人难以接受。

106师团被围,给日本朝野的震动甚至不亚于20年代关东大地震的那场灾难。

日军大本营连夜磋商,研究对策。国内仅剩的一个近卫师团曾数度被提出增调中国战场。

不知是出于面子考虑还是近卫师团走不开,天皇手里的这最后1个师团最终还是留在了岛上。但南京的华中方面军司令官畑俊六大将和九江的第2军军长东久迩宫稔彦中将同时收到了东京大本营的指示:不惜一切代价,尽全力救出淞浦师团。

这是天皇裕仁的指示。他实在无法面对一个师团被中国军队全歼的窘境,因此对参谋总长说:"告诉畑俊六,我不管别的什么损失,但必须救出106师团。"

蒋介石终于在一系列失败中,有力地回击了日本人一拳。

10月7日,薛岳调整部署,开始对万家岭之敌发起全线进攻。

薛岳征战多年,有个习惯,仗打得越是艰苦,越是惊心动魄,他越有精神,头脑也越灵活。困住淞浦师团,他知道仅仅是开始,硬仗在后面。而且他的10万大军是内线中的外线作战,吃掉淞浦淳六郎一个加强师团,冈村宁次给他的时间不会太多。在日军援兵到来前,他必须解决淞浦师团,否则打虎不成,反受其害,兰封教训,不过仅仅发生在3个月前而已。可他上哪儿去搬兵呢?武汉方面是远水难解近渴。德安附近的守备部队拖住冈村宁次,压力更大,当然更不能动。情急间,他打起了庐山上第66军的主意。

叶肇的第66军是蒋介石专门指定放在庐山上,准备在赣北失守后留在敌后打游击用的。调66军下山,获准的可能性实在太小。如果遭拒绝后再调,那岂不是公然抗拒统帅？66军他是一定要用的，不如索性碰钉子前再来一次先斩后奏。主意拿定，他便吩咐道："先调再说。一边调一边向武汉请示。"

薛岳嘴上说得痛快，可对能否调来66军这支有生力量，他心中也没什么谱，他毕竟没有军委会的尚方宝剑。没有上头命令谁肯主动为别人卖命？出力不讨好，打败了还得再背上个"抗命"的罪名，永世再难翻身。

薛岳此刻是韩信点兵，多多益善。但他想调66军下山来却是难关重重。

不知是先斩后奏的奇效，还是他跳上了顺途，一切事情都在按他最好的设想发展。原以为很难办成的事却一一迎刃而解。

军委会对他的先斩后奏采取了默认的态度，虽未明确支持，却也没加阻止。薛岳原本也没打算从军委会得到什么好听的话，只要能调来66军就行。

至于66军方面满口答应，顺利得出奇。原来薛岳的广东老乡叶肇，当初对蒋介石把该军留在敌后打游击十分不满，66军是清一色的广东子弟兵，在鄂赣地区打游击并不合适。从一支野战军降为游击部队身份降了许多不说，语言不通，环境不熟，官兵们谁也不愿待在敌后钻山林。所以薛岳这个广东籍长官一招呼，66军从军长到士兵，无不欢呼响应，其应战心切，甚至超过了薛岳自己手中的部队。

薛岳得到意外的一个军兵力，且又是指挥顺手的粤籍官兵；叶肇借机走下庐山，避开了敌后游击的苦差事。双方皆大欢喜。

日后的战斗证明，当薛岳与淞浦淳六郎直打到最后5分钟时，要不是66军，要不是先前强留的74军和187师，薛岳的万家岭大捷不过是天方夜谭，充其量也只能是兰封之战围而难歼的翻版。

有人说薛岳的辉煌靠机运，靠日本人的失误，实则大谬。骄横的日本人给中国军队提供过多少机会，但又有几个能把握得住呢？又有几个敢为自己的使命担上抗命的风险呢？

战争本身就是在比谁少失误，谁能抓住对手的失误。薛岳逼得对手孤注一掷，就是制造了机会。更令人信服的是他也把握住了机会。薛岳的辉煌说到底还是靠的他自己。

◎ 万家岭上，万余日本武士阴魂绕群山

10月上旬这10天，对薛岳来说既艰难悲壮，却又充满辉煌。他拼尽气力在通向胜利的峭壁上攀援而上，时刻都在承受着跌落深渊的风险。

畑俊六、冈村宁次直至淞浦淳六郎，给薛岳出了太多的难题，设置了太多的障碍。军委会、蒋介石和一兵团支系杂乱的部队又给了他太大的压力。十多天了，他没迈出过兵团部充作指挥室的那座不大的民房。伴着他的，只有几部响个不停的电话，一张旧帆布行军床和伴随死神的日军炸弹。他不怕死，但他怕失败。

他的指挥泰然若定，在大战、恶战时，往往最能淋漓尽致地显现出来。从他那间不大的指挥室里，一份份电报、一个个电话传向第一线部队。他的指挥镇定、调度得当，传染给了前线，尽管各攻击部队死伤巨大，但没有慌乱者，士气始终压住了对手淞浦师团的官兵。

万家岭之战是武汉战场上战斗最激烈、最惊心动魄的一战，自然也是战果最辉煌的一场战斗。

10月7日，第1兵团第9集团军总司令吴奇伟将军在鸭嘴垅总司令部里待不住了。他带上几个参谋，来到了箬溪第66军军部。

吴奇伟当时应该说是江南战区的前敌总司令。张发奎丢失九江被蒋介石召回武汉后，蒋介石曾明确指示南浔、瑞武战事由薛、吴两将军负责。吴奇伟一直身处前线，而薛岳是9月中旬才由南昌亲临德安的。遇到紧急情况，薛岳来不及与吴奇伟商量，大都自行裁定了。对此，吴奇伟从没在意。

吴奇伟并非资历、能力不行。淡泊权位，正是他一生的特点。论资历，他与薛岳、张发奎、叶挺等都是第4军中同行。论作战，他也是国民党军中能征善战之将才。但他心胸开阔，性格随和，不但下级尊敬他，同僚上司也多与他关系不错。而他，乐得如此，乐得把心思放在战场上。

吴奇伟来到66军，就扎下了根。战斗激烈时，他喜欢下到前面，就近指挥。

方从庐山下来不久的叶肇军长也是广东将领，知他脾性。几个老乡凑在一起指挥战斗，倒也踏实、舒心。

吴奇伟的到来，却也让叶肇操心。连日强攻，淞浦淳六郎把重兵放在了石头岭。

66军攻上去，靠手榴弹和刺刀向前一寸寸地挪。双方来来回回，一日数易其手。这使日军意识到，石头岭方向有中国大部队。

伴随而来的就是日军雨点般的炮弹和疯狂的战机轰炸，前线防空设施极差，只能以吹哨报警。有几次哨音刚响，日机已飞到头上，人有时被堵在屋里。若非命大，吴奇伟、叶肇也许就在劫难逃了。

叶军长可不愿吴奇伟有个三长两短，尤其在自己军部。可每次劝说，吴奇伟都是一笑了之，劝急了，来一句："不要紧，炸死算了。"

吴奇伟没撤回去，一直到万家岭大捷之后。他不怕死。有几次日机炸得土房直摇，参谋人员跑进去劝他时，却发现他伏在桌上呼呼大睡，鼾声如雷。

66军虽然死伤累累，受到了从未有过的损失，但最终还是攻克了石头岭，把淞浦师团主力又向核心压了一层。

德安以北74军51师师部里，作战会议正紧张激烈地开着。师长王耀武碰到了麻烦。

74军是薛岳留下来围歼淞浦师团的绝对主力。长岭、张古山是薛岳突向万家岭核心的两大障碍，地势险要，易守难攻。俞济时下了死命令，损失了数千官兵才攻克长岭，但张古山却像一道难以逾越的高山，挡住了74军的去路。

俞济时一时想不出办法，只扔给51师王耀武师长一句话：张古山我不管了，但两天后你要保证我能在山上向薛长官报告胜利。

王耀武少将硬攻了几次，可还没接近山头日军主阵地，部队就被敌人猛烈的炮火和密如雨帘的枪弹打下山来。

"他妈的，尽给老子这些绝差事！"王耀武眼望丢盔弃甲被打下山来的部队，狠狠地骂道。骂归骂，张古山还得夺。无奈之际，他召来了手下的旅、团长们，商量对策。

可商量来商量去，结论令王耀武沮丧：地势太险，没有重炮，张古山没法拿下。

这时，坐在后排的一个瘦削精悍的青年站起来开了口："师座，张古山并非不可取，但不可硬攻。三国时，邓艾能偷渡阳平攻取西蜀，我们今天为什么不能绕过正面，从山背偷袭？"

一口浓重的关中腔说出一席与众不同的话，够王耀武注意的了。说话的人是唐生海旅305团团长张灵甫上校。

此时的张灵甫，也即日后在山东战场上令解放军头痛的74师师长，这时他仍背着戴罪立功的重负。一年多前，他还是南京"模范监狱"的囚徒。至于原因，还是他自己说的："为杀妻室当楚囚。"

抗战爆发，是王耀武在蒋介石面前保他出来，并把手下的一个团交给他。知遇感恩，他都想为王耀武尽些力。当然，他也想在战场上用实力改变黄埔同窗对他这个学习成绩太差的同学的冷眼。

王耀武见张灵甫有些主意，一时又兴奋起来。他器重张灵甫，认为他作战很有本事。

"灵甫，说说你有什么打算？"

"师座，如果我们挑选一些精干官兵组成突击队，从张古山背面爬上去，然后两面夹攻，我想能拿下张古山。"

"嗯，主意是不错，你们说呢？"王耀武说完，看了看众旅、团长。

王耀武实际上已在心里接受了张灵甫的主意，征询众人意见，实际是在点将。众人叽叽喳喳，说什么的都有，就是没人自告奋勇。

张灵甫看明白了一切，又开了口："师座，如果方案可行，若不嫌弃卑职的话，我愿率突击队进攻。"

张灵甫又提建议又自告奋勇，众将佐自然皆大欢喜。方案顺利通过。

返回部队，张灵甫挑出几百精兵，当夜出发，踏上了人烟绝迹的崎岖峡谷。

偷袭极其成功，张灵甫首先登上了张古山。以后的几天里，尽管日机炸弹和炮火把张古山翻了个个儿，但他还是与友军各团顶住了日军无数次的反扑。

张灵甫拖着受伤的瘸腿一直坚持到最后。他为自己争了口气，也为王耀武、为蒋介石争了光。

御敌他是有功的。在抗日战场上，他的疯狂劲犹如他在内战战场上一样。说到底，他是国民党军中的一只鹰犬，他只为蒋介石效劳。蒋介石为正义而战，他就是英雄。蒋介石行不义之战，他就是遭人唾弃的顽敌。

张灵甫是一个没有多少政治头脑的出色军人。

战至10月8日，淞浦师团仅剩数千残兵，被压缩在万家岭、雷鸣鼓、田步苏、箭炉苏等可数的几个据点里。淞浦师团已陷入绝境，虽然畑俊六亲自组织向万家岭地区空投了200多名联队长以下军官，但战局仍令淞浦淳六郎透不过气来。

一次空投数百名军官，这是日军在中国战场上绝无仅有的事，也足见淞浦淳六郎已处于何种穷途末路的境地。

胜利对薛岳、对中国军队似乎只有一步之遥，可这一步，薛岳和他的10万将士也迈不动了。

随着10月10日的一天天临近，沉闷的武汉三镇又起了些许变化。人们的脸上又有了一丝节日来临的松快，数月来经受日机轰炸而残破萧条的街道广场上，行人又多了起来。更引人注目的，还是突然间出现的建筑物、广场、主要街道两旁的那一面面中国国旗。这国旗，在不屈地迎风招展，猎猎飘扬。

"双十"国庆日在即，望着象征着国家、民族主权的国旗，武汉军民的眼中滚动着不屈的泪水。

被日机炸得残破不堪的军委会地下室里，蒋介石阅过国庆日对全国军民的演说稿，信手放在一边。例行的演说年年都有，但今年却将在一片失败声中唱高调，华丽的词藻连他自己看着都不舒服。必须在战场上拿出些东西。

他叫来了军令部长徐永昌："薛伯陵的进攻现在怎么样了？"

"委座，万家岭双方损失都大，谁也无法取得决定性进展。不过再拖下去，薛长官所部怕是越来越不利。箬溪、隘口两方面，日军的27师团和101师团都在拼命猛攻，欲解万家岭之围。薛长官实际上已没几天时间了。"

"那么怎么才能吃掉淞浦师团残部呢？能不能再调上些部队？"

"恐怕不行。一来远水难解近渴，二来近边也无部队可调。"

望着蒋介石渐趋失望的面孔，徐永昌又补上一句："除非，除非让薛长官拼尽气力，不留预备队，全部投入反攻，或许尚有获胜的机会。这最后的5分钟是至关重要的，我军难，日本人也几乎趴下了，这时就比谁意志更强。"

蒋介石沉思片刻，命令徐永昌道："好吧，你以军委会名义命令一兵团薛长官：着各军、师组成敢死队，向万家岭发起最后攻击，限于10月9日24时前全歼该敌。"

德安前线，薛岳也在为此事徘徊。实际上，这是最后击败淞浦师团的唯一办法。军委会的命令，使他下定了最后的决心。

9日，在薛岳的死命令下，万家岭地区各师都组成了数百人的敢死队，向万家岭、雷鸣鼓、田步苏、箭炉苏等最后几个据点发动了全面攻击。

最后5分钟，对两个搏斗得精疲力竭、伤痕累累而倒在地上的人来说，与其说比战力，不如说是在比意志。薛岳这最后一击，在气势上彻底摧垮了淞浦淳六郎。当晚，欧震的第4军、叶肇的第66军占领了万家岭、雷鸣鼓两要地，歼敌人1000余人、俘30多人，缴获轻重机枪近100挺、步枪1000多支、马匹数百。

十分遗憾的是，第4军前卫突击队曾突至万家岭淞浦师团总部附近不过100米，但天色太黑，加之审俘不利，未能及时发觉淞浦淳六郎中将，结果放走了这个最大的猎物。

听听战后俘虏的供词，就更叫人觉得遗憾。俘虏说："几次攻至师团部附近，司令部勤务人员，都全部出动参加战斗，师团长手中也持枪了。如果你们坚决前进100米，淞浦淳六郎就被俘或者切腹了。"

淞浦淳六郎虽没被俘或者战死，但逃至田步苏后已成惊弓之鸟，无心恋战。10日凌晨，他率领数百残兵逃至甘木关。恰遇突破中国军队阵地前来救援的铃木支队，终于摆脱了灭顶之灾。

至此，除个别据点少量日军残兵死守待援外，淞浦淳六郎的第106师团几乎被全歼，被歼人数多达1万多人。

薛岳兰封兵败后卧薪尝胆，终于赢来了万家岭大捷，洗雪了前耻。这一仗，既奠定了他抗战中"百战名将"的地位，也为他日后统领第九战区官兵数万地歼敌开了个好头。

10月10日，中华民国国庆日。蒋介石收到陈诚转来的万家岭大捷电报后，脸上笑开了花。在一片祝贺、颂扬声中，他口授电报给前线的第1兵团诸将士：

"查此次万家岭之役，各军大举反攻，歼敌逾万，足证各级指挥官指导有方，全体将士忠勇奋斗，易胜嘉慰……关于各部犒赏，除陈长官当赏五万元，本委员长另赏五万元，以资鼓励。"

薛岳的故交，时任新四军军长的叶挺将军闻讯后，也赞不绝口地称道："万家岭大捷，挽洪都于垂危，作江汉之保障，并与平型关、台儿庄鼎足而三，盛名当垂不朽。"

一片颂赞声中,薛岳悄然地来到万家岭战场。战火熄灭了,但脚下混着血肉的焦土,四下飘散着的硝烟和满山遍野的兵士骡马尸骸,仍使这位身经百战的将军悲喜交集,情从中来。

万家岭从此后便再无人家,成了数万名中日官兵幽灵出没的场所。对日军而言,这时成了名副其实的武士墓地。日本人的一个师团在这赣北的荒郊野岭化作腐土,与风雨相伴。

当时国民党军第1兵团第32军141师师长唐永良少将一年后来到了万家岭,目睹了一场血战后留下的场景。他在回忆录中写道:

> 万家岭战役后,我军队和日本军队都撤离该地,当地老百姓都已逃亡,战场一片凄凉景象。战场上到处都是枯骨和破碎军需物品,战场气氛十分浓厚。
>
> 我在战后一年所见的情况是:万家岭战场周围约十平方公里,都是矮山丛林,只有几个小村。在这十平方公里的土地上,布满了日军和我军的墓葬。日军的辎重兵挽马驮的马尸骨、钢盔、马鞍、弹药箱、毒气筒、防毒面具等杂物,俯拾可得。许多尸骨足穿着大足趾与其他四趾分开的胶鞋,显然是日军尸骨。有的尸骨被大堆蛆虫腐烂之后,蛆虫又变成了蛹,蛹变成了蝇,蛹壳堆在骷髅上高达盈尺。
>
> 万家岭西北一村,叫雷鸣鼓刘村,周围日军坟墓最多。村东稻田中,日军辎重兵马骨不下五六百具,铁制驮鞍亦多。一九三九年十二月,日军第一百零六师团(后又组建)将要回国的三百多人,在该村停顿三天,向阵亡日军祭吊。他们砍树、砌台、立碑,三百人足足忙了三天。
>
> 万家岭西南哔唭街村,日军遗骨最多。据当地人讲,一个村民曾从骷髅中,捡拾金牙三十多枚。这当然是日本兵的,中国兵镶不起金牙。
>
> 哔唭村正南的张古山(是一座)仅有30多公尺高的小山,山上灌木丛生,山顶上军用物品、日制弹药箱、防毒面具、毒气筒、刺刀、皮带极多。山坡上有日军尸骨,也有中国士兵尸骨。张古山是一个制高点,双方在此争夺肉搏,从尸骨可见当时战斗激烈程度……

具体的场景很多很多，这里不再多加引证。但有一点，连日军自己都承认：薛岳将军在万家岭为淞浦师团，为日本的"武士道"奏响了悲凄的挽歌。

在武汉这场中日战争规模最大的大战中，不可知性，甚至和预期完全相反的情况屡屡出现。东京的决策者原计划从江南大举突破，沿长江南捣武汉，但战局的发展却来了个180度的大转弯。江南两月血战，精锐师团全部用尽，却迟迟不见进展，还损了淞浦淳六郎的一个整师团。江北兵力虽少，但进展却大大快于江南。大别山北麓，稻叶四郎的第6师团虽死伤惨重，部队无力再战，但稻叶所部毕竟已突破田家镇天险，只待整补新锐、备齐粮草后便可挥师江城东部平原。战至此时，武汉会战主动权已逐步转向日军，蒋介石面临的，只能是守一天算一天的被动支撑了。

战局的演变使日本军部定下了新的决心：江北各战场由辅助进攻改为攻略武汉的主攻，江南11军改向西南攻击，切断粤汉线，堵住九战区2个兵团中国军队的退路。

裕仁的皇军给蒋介石又出了一个大大难题：不但要取武汉，还要取蒋介石的命根子——几十万国民党大军。

北路战火稠，南路军情危，但蒋介石并未慌乱。他蔑视地对军令部长徐永昌将军说："寇敌不自量力，武汉、军队都想要。就其三四十万人马何以行此规模行动。我要让他们付出代价，付出巨大的代价。"

大战后期，他调上了一直养精蓄锐的"西北王"胡宗南军团。

◎ 小个子胡宗南没把李宗仁放在眼里

9月下旬，藤江惠辅的第16师团筱原次郎第30旅团借拿下商城之勇，向我固守沙窝东、西两侧高地的钟彬、钟松2个师猛攻。窝金山一战，陈瑞河的36师一战成名，死伤殆尽。但71军钟彬、钟松2个师却仍具实力。结果筱原旅团激战一周，毫无进展。

9月26日，宋希濂军长为增援钟彬、钟松，将预备队沈发藻师也投入战场。沈师大胆迂回沙窝侧背，切断了筱原旅团后路。

16师团长藤江惠辅中将见筱原次郎受围,急率师团主力南下,强攻沈发藻师。随后,又于10月6日向宋希濂71军大举进攻。

3天的血战,双方杀得天低云暗,死尸遍野,沙窝又成了藤江惠辅伤心悲鸣的墓地。

与此同时,日军筱冢义男、荻洲立兵2个师团也在潢川、新店等处与我各路守军相持苦战。战况时而胶着,时而激烈。日军每前进一步,都必须付出昂贵、惨重的代价,参战的日军各师团都承受了进入中国战场以来从未有过的压力。

大别山的崇山峻岭、山谷险地阻滞了日军的脚步,限制了日军机械化及重火器的威力。

就在孙连仲、李品仙兵团与日军展开艰苦的拉锯战,一个山头一个村庄地反复争夺时,一个神秘的小个子将军悄悄进入了武汉东北战场。他悄无声息地排兵布阵,不像先前参战的一些将军大造声势、独挽狂澜的样子。此人姓胡,名宗南,字涛山,别号琴斋。

此一刻说胡宗南临危受命并不过分。江南冈村宁次军已被薛岳拖住后腿,战至今日,真正对武汉威胁大的,是已转向江北的东久迩宫稔彦第2军。可孙、李2兵团苦战已近2个月,部队残破不堪,不支之势毕露。而日军兵员补充迅速,仍一味向信阳猛攻,企图切断平汉线南下武汉。会战后期,未经消耗的江北各部只有胡宗南的第17军团3个军。而这3个军都是蒋介石的中央军,胡宗南又以蒋委员长"小老乡"得宠,蒋介石怎能不对他寄予厚望?

胡宗南在黄埔一期中够特殊的了。身高不足1.6米,其貌不扬,又是同学中年龄最大的一个。当1925年从黄埔毕业任少尉见习时,已近而立之年。战乱年间,30岁之人任军长、师长者不乏其人,而他却仅是个少尉见习,换了别人,也许早脱下军装挣钱养家去了。

但他忍了下来。他有耐心,他有靠山。蒋介石在黄埔时的一句话时常从他脑海中掠过,支撑着他:"我们算是真正的同乡。今后我们要相互提携……"

有老蒋这句话,他知道自己有出头之日。他熬了过来。在傲气冲天的黄埔同窗中,他包揽了诸多个第一。

第一个跨进国民党将军的行列;

第一个升任战区司令长官;

第一个在中国大陆就升任陆军上将；

……

抗战结束时，胡宗南更是达到了权力的巅峰。他一手控制西北数省，拥兵50万，成了名副其实的"西北王"。

更为关键的是，他深得宠于蒋介石。在蒋的"十三太保"中，他说话的分量更重些。他的周围，聚起了不少年轻少壮的军官，戴笠也在其中。

在现代人们的脑子里，对胡宗南印象最深的，恐怕还是他在陕北的连战连败，对彭德怀的无可奈何。但众多的国民党名将，未尝不是如此。薛岳是一代抗日名将，不也是在内战战场上，在解放军手下一败涂地吗？

胡宗南早先也是为蒋介石立下显赫战功的。两次东征，胡宗南身先士卒，讨伐孙传芳，他以一团之兵击败孙军的一个精锐师，俘敌8000，甚至连军长都给活捉过来了。

中原大战，胡宗南发起愣劲，像影子一样缠着孙良诚部死磨硬打，弄得孙良诚哭笑不得，不愿再与他交手。只要一听说是胡宗南的第1师，孙部便退兵绕道。一时间，诸多部队便冒充起第1师来。真假1师的消息传到蒋介石耳中，蒋介石更是喜不自禁地夸道："还是我的1师能打。"胡宗南自此官运更顺。

胡宗南大器晚成，一则靠战功，但更多的还是靠他的出身，靠蒋介石。

当孙连仲兵团各军在潢川、沙窝一线与日军苦战时，胡宗南却把部队悄悄拉到罗山以东山地，抢筑工事，布炮阵兵，准备与日军周旋一番。

首先与胡宗南部交手的，是筱冢义男中将指挥的甲种师团第10师团。

筱冢义男中将在夺占潢川后，起初没注意到胡宗南。直到潢川、罗山之间大战时，筱冢仍以为对手不过是潢川退下的孙连仲兵团残部，所以命令所部大胆猛冲，强行突破，以先占信阳争拔头筹。

22日，日军第10师团一部冲过竹竿铺，乘势攻占罗山。其中一部甚至放胆穿插，深入到罗山、信阳间的五里店。

胡宗南见战机已到，略事调整，挥动大军全面反击。深入五里店之敌约2个大队近1000人几乎被全歼，罗山附近之敌死伤也十分惨重。筱冢义男大惊，这才意识到又碰到了一支生力军，忙指挥全军后退罗山待援。

之后，胡宗南连攻击带突破大战罗山，获局部胜利，歼灭日军5000余人，立下战功。

罗山方向受挫，惊动了东久迩宫稔彦。他反复权衡，还是舍不得放弃由罗山直捣信阳的计划。东久迩野心更大，他既想第一个冲进武汉，又想夺占信阳，切断孙、李两兵团几十万大军退路，吞吃中国军队两大兵团，立下奇功。

他叫来了参谋长，叮问道："11军在赣北战况有无新进展，现进到何处？"

"冈村宁次中将所部仍在德安苦战。由于淞浦师团处境艰难，11军暂放弃西进攻势，全力解围淞浦君。"

"嗯。"东久迩宫稔彦轻哼一声，嘴角露出一丝复杂的笑。他转回身对参谋长吩咐道："我们还有时间。马上给藤田进中将发电报，命令第3师团转向罗山，协助第10师团击败罗山地区支那军主力。告诉藤田君，信阳一定要拿下。"

10月2日，藤田进中将率第3师团全部近2万人，浩浩荡荡开进罗山战场。筱家义男见援兵开到，士气大增。

胡宗南的对手，一下增加到3万人。而且第3师团带了一个联队的重炮，力量均势瞬间被打破了。

罗山西北山脚下的一座村庄里，胡宗南走出军团部，溜达着走向山脚。

夜空黑得像一团浓浓的墨，只有几颗星星疲乏地眨动着。对下面将要来临的大战，他既有股再较量一番的冲动，却也觉得实在没把握。但他知道百里之外的武汉，一双睁得不小的眼睛正盯着他。

两天前，病愈复出的李宗仁又挑起了第五战区司令长官之职。上任伊始，他就对苦战两月的部队进行了大调整。胡宗南军团被李宗仁上将放在战区左翼。现在，他再也不是一支能静观前线激战的预备力量了。他的部队已处在前线，随时准备承接日本人的炮弹，顶住日本人的刺刀。

日军第3师团的到来，无疑在他摇晃苦挣的双肩上又加上了一扇沉重的磨盘。李宗仁知道这些中央军嫡系的为人，曾明确命令他："不管日军在罗山正面投入多少重兵，胡军团都必须节节抵抗，最次也须固守信阳，不支时再南下鄂北三关，以保证数十万友军的退路。"

节节抵抗，他认为能做到。顶多久算多久呗。可固守信阳，他总感到信心不足。胡宗南不是那种敢把部队置之死地而后生的将军。

可丢了信阳，拒绝南下而向西退，他何以回去复命？他并不怕李宗仁，他知道蒋、李之间微妙的关系，更何况李宗仁倒过蒋。在蒋介石面前，他自恃校长更倾向于他胡某，而不是时刻可能成为心腹之患的李宗仁。从这点上看，他觉得保住部队比保住信阳更重要。

但真正促使胡宗南定下决心，放弃信阳重镇而改道西退的，还在于他对国民党军核心关键的了然。有哪个失去部队的将军能有好的结局？冯玉祥如今没了部队，虽挂个副委员长之名，但一个师长也不会把他放在眼里。当蒋介石食客的滋味不好受。而那些手握重兵的人，谁个不是一手遮天，叱咤一方？

胡宗南真是不长个子，只长心眼。他的深谋远虑10多年后果然应验了。当他的60万大军在成都一带被人民解放军歼灭净尽，胡只身逃到台湾时，蒋介石只是冷冷地却带着嘲讽地一句问话就使他满面通红，无地自容。

"就你一个人逃出来了？"

蒋介石虽然顾及多年师生加乡党的情面，没再追究他，可胡宗南从此失宠，没掌过任何重要权势了。

胡宗南权衡再三的结果，导致了他不顾大局、只图自保的私心。很快，日军第10、第3师团突破了罗山防线，直逼信阳。胡宗南军团虽也抵抗了一阵，并以一部兵力配合孙连仲部在柳林镇地区夹击日军，歼敌2000，但他的军团主力，全部撤出了信阳，向西退去。

10月12日，信阳空城被日军占领，当日军缩头缩脑地沿街向里搜索时，信阳竟是死一般的沉寂，无中国军队一兵一卒。

随队而行的第10师团师团长筱冢义男中将既满心欢喜，又大惑不解。

对国民党军的矛盾、复杂、神秘莫测，筱冢义男永远也不会搞明白。

◎ 胡宗南擅自脱逃，军法却并非如山

信阳失守了，胡宗南军团又西撤南阳，武胜、平靖等鄂北三关顿时空虚。三关再失，日军便能踏上平地，一天内打到武汉城下。

豫南鄂北的漏洞一时引起武汉震颤。

红安夏店第五战区长官部,李宗仁闻讯如五雷轰顶,顿时瘫软在座椅上。

李宗仁是9月下旬方由东湖疗养院返归战区前线。虽说他接手战事时,日军已开始猛攻潢川、浠水,但他并未有丝毫慌乱。罗山以东、扶径、宋埠一线虽已距武汉不远,但比起数月前台儿庄平原,地势仍有利得多。而身后又有武胜等三关天险,挡住日军仍完全有可能。

蒋介石对李宗仁也寄予厚望,9月底曾扔下军务,专程赶到宋埠长官部视察,对李宗仁也是盛赞有加,希望他拿出台儿庄时的威风,把日本人顶在鄂北山区过冬。为表示对五战区的重视和与将士同甘苦的决心,甚至屈尊在小庙里住了一夜。

但李宗仁不需要这些,他需要的是能行使战区司令官职责的尚方宝剑。台儿庄之战,若非有这把利剑悬在汤恩伯头上,最终的失败者将是他,而不是矶谷廉介中将。要真是那样,孙连仲和他的数万官兵将白白地为台儿庄陪葬,他从此也将再无法指挥地方部队。

但今天,蒋介石没把这把先斩后奏的宝剑交给他。临走时,他只给李宗仁留下了一句一文不值的废话:"德邻,艰难时期,党国安危全赖你们这些栋梁了。好好打吧,五战区所有部队都是你的部下,他们会听你指挥的。"

李宗仁还要申辩,蒋介石却拍拍他的肩头,转身上了车,一溜烟走了。

问题没解决,李宗仁便为胡宗南部担忧起来。比起残破不堪的各部,胡宗南军团毕竟是他手中的最后一张王牌,可这张王牌像是沾上了魔力,并不怎么听话。

如今,一切忧患终于成为现实,真使李宗仁欲哭无泪。

"胡宗南这个狗东西现在何处?"

半晌,李宗仁缓过一口气,大声问道。

"胡部现已进入南阳,西退了100余里。"细心的参谋长徐祖贻略一思索,小心地回复道。

"马上给南阳发报,命令他返回鄂北三关防地。告诉他军命在上,不许迟误。"李宗仁余怒未消,不想轻易放过胡宗南。

徐参谋长知道李宗仁正在气头上,并未马上开口。少顷,见李宗仁平静了一些,方进言道:"德公,胡宗南狐假虎威,既敢抗命西撤,令他回防怕也只是一相情愿。

第八章 梦断大江

再说日军第3师团已折道南下，直扑三关，胡部即使从命，也为时间不许。眼下当务之急还是平汉线以北的孙连仲、李品仙2个兵团，必须抓紧时间摆脱敌人，免遭合围之险。"

徐祖贻显然比他的长官冷静一些，关键时刻向李宗仁陈明了当前要害，尽了自己的职责。

李宗仁推开窗户，让凉风吹拂着发烫的面孔，良久没说一句话。徐祖贻知道他内心的苦痛和忧虑，却也一时无语。

一串无力的长叹终于从李宗仁口中发出："一败再败，败在谁呢？我真为死去的官兵痛心。唉！一盘散沙的中国，就因为那些个败家子儿。"

"徐参谋长，你马上通知孙、李各部，视情况摆脱敌人，向鄂北撤退。另外通知三关守军，一定要死守阵地，就是战至一人也不许撤。"

说完，他一把撸下军帽，狠狠地摔在桌子上，咬着牙恨恨地咒道："胡宗南这狗东西，我要向军委会告他。"

李宗仁说到做到，当下便向军委会投书，状告胡宗南不听命令，擅自西撤，致五战区主力大军陷入被动。

但李宗仁的报告送上去后，再没听到回音。若干年后，他在回忆录里写道："10月12日信阳失守。我原先已电令胡宗南自信阳南撤，据守桐柏平靖关，以掩护鄂东大军向西撤退。然胡氏不听命令，竟将其全军七个师向西移动，退保南阳，以致平汉路正面门户大开。胡宗南部为蒋先生的'嫡系'部队，在此战局紧要关头，竟敢不遵命令，实在不成体统。先是胡宗南部在上海作战后，自江北撤往蚌埠，蒋先生曾亲自告我说：'将来拨胡宗南部归五战区指挥。'但是这批'嫡系中央军'至蚌埠后，也不向我报告。同时他们彼此之间为争取溃退的士兵，竟至互相动武，闹得乌烟瘴气。徐州失守后，长官部驻扎鄂东，军令部更有明令拨胡宗南部隶属于我，但胡氏从不向我报告敌我两方情况。信阳危急时，竟又擅自撤往南阳。此事如系其他任何非'嫡系'将官所为，必被重惩无疑。但是此次我据情报告军委会，要求严办胡宗南，军委会竟不了了之。"

胡宗南自恃天之骄子，目无军法。但蒋介石却没有诸葛亮挥泪斩马谡的决心和远见，李宗仁想扳倒他，谈何容易。

胡宗南可以如此，但那些非蒋"嫡系"的杂牌军将领却没有那么幸运了。被枪毙的167师师长薛蔚英等将军自不必说，就是在罗山浴血苦战多日的124师师长曾甦元少将，也险些屈作蒋介石军法的刀下鬼。

124师罗山之战是有功的。但战事后期，胡宗南不仅撤走了罗山一带主力部队，甚至连支援作战的炮兵也一并撤向信阳。124师苦战几日，无一兵一卒增援。相反，军团主力的撤走，使日军迂回到罗山以西。如不及时撤退，124师也许将成为会战中唯一一个被全歼的师。

但第二年夏天的西安军事会议上，蒋介石的会战检讨会足开了7天，逐个战场追查责任。曾甦元师长做梦也想不到追查到信阳、罗山失守之责时，矛头会指向他头上。

起初曾甦元师长还算镇定，但随着矛头越来越指向124师，随着胡宗南无事人一样地一言不发，随着蒋介石口气的越来越严厉，曾师长浑身越来越发冷，心越发往下沉。

身为川军将领，曾师长知道蒋介石的假牙缝里随时都能挤出个"杀"字。至那时，他就是做了冤鬼也说不清。他几乎是带着哭腔一再解释全师的撤退实属无奈，但蒋介石就是抓住罗山不放。曾师长几乎都绝望了。

还是老上司孙震出面说话，并再三担保曾甦元少将，请蒋介石给他一个戴罪立功的机会。这样，曾甦元才以记大过二次保全了性命。

从此，22集团军的川军将领恨透了胡宗南，对蒋介石歧视地方军的做法也极度痛愤。表面上虽没人敢说，可人人心里都闷出了满肚子怨愤。

多撑几天倒成了罪过？川军不服。赴会的国民党军数百名团以上将领中，那些非嫡系的杂牌部队也替他们打抱不平。但同时，他们更为自己哪一天可能突然飞来的横祸而担忧。

抗战一年，国民党军兵败如山倒，蒋介石也屡次三番大喊严明军法，整饬军纪。但为申明军法而枪决一些临阵畏缩的将领时，几乎总有一幕奇特的场面，令国民党"神圣"的军法惨遭亵渎，黯然失色。

抗战中被处决的国民党军最高级别将领韩复榘临战退缩，失地千里，不毙不足以平民愤、鼓士气。但在华北不战而逃，日退百里，获得"长腿将军"骂名的刘峙，为何却逍遥法外，仍居军职高位？

胡宗南无视战区长官命令，擅自西撤，致使信阳和鄂北三关尽失敌手，武汉震颤，这失职抗命重案为何不咎，却抓住个曾甦元不放？

1938年1月下旬，国民政府军委会一次就撤职查办、枪决处死了41名作战不力的旅长以上将领。可这些人中又有几个是蒋介石的"嫡系"将领呢？

这当然不是说地方杂牌作战不力。事实上，在初期惨烈的抵抗中，地方军虽然装备极差，但战绩丝毫不逊于老蒋的"嫡系中央军"。淞沪会战10个战绩优秀师中，一半以上是杂牌；临沂、台儿庄大捷，几乎由杂牌军一手包办，汤恩伯军团还是在李宗仁软硬兼施的催逼下，才给了日军最后一次打击；武汉之战，万家岭大捷的神话，也几乎全为两广将士写成。

杂牌军支撑了中国的抗战，支撑了国民党军，也支撑了曾风雨飘摇的蒋介石政权。

但他们并没有得到公正的待遇，畸形的国民党军法对他们最为严酷，而且也只对他们。三军征战，不可无法。从另一个角度来说，他们无形中也成了蒋介石维护统帅形象的饰物、点缀，只是这点缀必须用血来维持，代价太大。

蒋介石家事重于国事，私心重于公心。他一世爱耍小聪明，却无领袖伟人之胸怀。他得到了"嫡系"，却失去了军心、民意。

解放战争到来，一切因果报应便顺理成章地接踵而来。当成师、成军的国民党官兵背叛了他，投向中国共产党和毛泽东率领的人民解放军一边时，他终于醒悟过来。但一切都像随风飘过的烟云，永难再返。

蒋介石靠黄埔起家，靠"嫡系"打下了江山，但最终也是"嫡系"害了他。国民党百万官兵大投诚，不仅使他失去了部队，更重要的是失去了信心、军心、民心。

蒋家王朝在中国大陆的毁灭绝非偶然。

可悲的军法，一个被个人意志强暴蹂躏，失去丝毫公正的军法！

◎ 争抢头功，眼光短浅的日军再蹈徐州覆辙

10月中上旬，万家岭战场沉寂下来。淞浦师团长虽率近1000名官兵冲出铁网，避免了被全歼的厄运，但106师团作为一个能征惯战的师团，已不复存在。

出乎中国军队意料的是，10月中旬，日军突然分兵华南，以一个舰队加2个陆军师团的兵力，在广东大亚湾强行登陆。中国守军余汉谋部战前准备不周，抵抗无力，不出10日，华南重镇广州便陷落日军之手。

海外支援中国战场的南大门被封闭了。武汉即使守住，也失去了战略价值。

10月11日，冈村宁次中将司令官渡过长江，来到了盘踞田家镇的第6师团驻地。他在田家镇的突然出现，预示着江南及至整个武汉战场将面临一个突然的变化。

冈村宁次中将是侵华日军高级将领中的佼佼者，事到如今行此下策，也是万不得已的事。

他要改变11军的主攻方向，以第6师团为骨干，沿长江两岸溯江西上，进取武汉。他实在没有勇气再让第2军捷足先登，再让东京的军部要员看自己的笑话。

促使他下决心的是淞浦淳六郎第106师团在万家岭的覆没，但又不仅仅如此。江北大别山，东久迩宫稔彦第2军已接近信阳、宋埠、麻城等地，距离武汉仅咫尺之遥。而他的第11军主力，仍在南浔线上被薛岳死死缠住，已明显落后于第2军。第6师团虽一路顺利攻下田家镇，但因损耗过大，又无后援，无法向武汉方面挺进。

会战至今，他不能不承认，他落后了，远远地落在友军的后面。而万家岭的噩梦更让他大丢其丑。他甚至在战场上就已听到了师出华北又倾向于华北派遣军的现任陆相板垣征四郎，和军部那些"北进派"高官们幸灾乐祸的笑声。这曾一度难煞了他这个颇讲职业修养的日本军人。

改变战略，把主力投入第6师团方向，自然有利于11军争得头功，早日进入武汉。但作为一名军人，他知道这种破坏战役协同的后果。合围如果不能达成，几十万中国军队主力将从掌心溜掉，即使拿下武汉，军事目的也只达成了一半。

但不改变战术，南浔方向尚看不出能击溃薛岳这20多个中国精锐师的迹象，战事久不能决，拖了全军的后腿，对他这个老军人来说也是耻辱。

司令部里，冈村宁次绕室彷徨，思前想后，就是拿不定主意。焦躁烦恼，使他对薛岳既痛恨又无奈，怎么偏偏碰上这么个冤家对头？

10月10日，淞浦师团几乎全军覆没。消息传来，犹如当头一棒，几乎把他打倒。这是他几十年指挥生涯中从未有过的惨重失败，从未遭受过的耻辱。

但这一棒却打醒了他。失去的，毕竟像眼前的长江之水，永远流去，但尚能把握的机会，却不该再从眼前消失。尤其11军参谋长的一句话，他更是认为说到了要害："你要能先进入武汉，就立下头功。有了头功，眼前的一切过也就不为过了。再说东京方面并不了解中国军人的不同，他们是永远不会相信薛岳将军的战斗精神……"

说得不错，如果再不改变战术，即使最后击溃了薛岳的主力，东京军部并不会认为他比波田重一中将干得更漂亮，虽然波田一个旅团击溃的是10余个师的杂牌军。想到此，冈村宁次打定了主意，要加强第6师团和半壁店方面波田支队，如果11军的这两支先锋能先进入武汉，11军在整个会战中就是有功的。

冈村宁次是个冷静的军人，但仍未能摆脱名利世俗。南浔方面虽仍与薛岳部接触，但冈村已完全放弃了击溃薛岳兵团的企图，主力被大量调整至稻叶四郎第6师团和波田支队帐下。田家镇的稻叶师团，先后3次得到加强的兵力超过1万人，补充新锐后，战斗力甚至已超过第6师团本身。

稻叶四郎中将指挥的第6师团转眼得到3个支队的补充，兵力大增至2万多人，于10月中旬重又发动进攻。

10月17日，第6师团牛岛满旅团开始沿广济—浠水大道攻击前进。自田家镇失守后，上至武汉的蒋介石，下至第五战区的军、师将领，都已成惊弓之鸟，意识到武汉终难再保，各军残部都大睁着警觉的双眼，防止被日军包抄，陷入合围。所以一个小小的牛岛支队，就撼动了江北第五战区的数十万守军。这也算是武汉会战后期一大奇观。

10月18日夜，一路未遇激战的牛岛支队到达界岭。一夜猛攻，即突破中国守军防御，22日，身材粗矮强壮的牛岛满少将趾高气扬地率队开进浠水城区。

武汉一时震颤。

22日同一天，牛岛满少将接到冈村宁次的电报，称：麻城以北与东久迩宫稔彦军对战的中国军队已开始撤退，望该支队不负第6师团先锋的称号，向黄陂地区突进，截击撤退中的孙连仲、李品仙两大兵团主力。

冈村宁次与东久迩宫稔彦争功，置大局于不顾。但作为一名老军人，他没忘了自己的职责，还是想方设法地尽量捕捉中国军队，弥补自己所造成的损失。同时，他也想使自己的内心多少获得点儿安慰，对东京方面也好交待。

23日，日军攻下新洲。牛岛满少将当即派佐野联队长率步、炮、工、战车、装甲运兵车组成的快速支队截击正在黄陂东侧蜂拥撤退的孙连仲、李品仙2个兵团大部队。日军的突然杀出，冲乱了中国军队阵脚。后撤的中国军队各自为战，能打就打，不能打就跑。

佐野大佐颇有斩获，仅野炮就缴获了80余门，这个数甚至比日军一个甲种师团的火炮总数还要多。但佐野的快速支队毕竟是一支战术支队，对付散兵游勇有余，要想成师、成团地围吃中国后卫部队，就显得力不从心了。再加上此刻，第2军尚未前出旧街、河口镇完全截断平汉线，这就给李品仙后卫部队留下了一个大缺口，一条通向复生的道路。

直至26日，第6师团的岩崎支队才打下河口镇，与东久迩宫稔彦第2军会合，收紧了合围圈，但为时已晚。中国第五战区几十万大军已越过平汉线退去。

冈村宁次的权宜之计最终没有得逞。常言道：鱼和熊掌不能兼得。冈村宁次既然争得头功，先进武汉，就必然有第6师团的孤军突出，惊动天皇裕仁垂涎欲滴的几十万中国军主力撤走，最终落得个竹篮打水一场空。

冈村宁次虽然出色，但仍难免世俗名利的缠绕，并最终为此所累，失去了一鸣惊人的战争良机。

东久迩宫稔彦身为助攻军司令官，所部攻势凶狠，反客为主，体现了日军能征善战的特点。但第2军身为助攻部队，没能与冈村宁次的主攻军密切携手，仅以匹夫之勇独自猛攻，也是缺乏远见的近视战术家。

畑俊六大将，虽为武汉战场最高统帅，但协调两军不力，任由第11军中路突出而未加制止（事实上，第6师团的突出攻击，他一直知道并默许），导致全局失调，结果使李宗仁再次循徐州足迹，从日军铁网中安全撤出数十万大军。

李宗仁虽未能再扭转武汉战局，但再次安然撤出被围大军，也算是再创奇迹。

这奇迹是冈村宁次、畑俊六、东久迩等日军战场统帅目光浅近、胸无大略所带来的。

李宗仁是中国军虎将，却也是一员福将。

据战后中国军队战区一级官长、幕僚总结说："武汉是10月25日放弃的，日军没有捕捉住我们的大部队……日军进攻武汉，北、中、南三路作战不协调，而华中派遣军（畑俊六）又不能予以统制。中路（指稻叶第6师团）快了，北、南路慢了。10月24日中路迫近武汉，北路始达应山，没有遮断涢、汉两水的交通。南路尚滞留于三溪口、辛潭铺以北地区，没能遮断粤汉路和长江的交通，所以不能消灭我军有生力量，如果能协调有制，使北路、南路到达花园、安陆和咸宁、喜鱼的时间，先于或同于中路到达武汉的时间，那我军的有生力量，一定受到严重损失。纵观武汉会战，我100多个师，日军没有歼灭我们任何一个整师，相反，我们对日军第106师团却给予了歼灭性打击。"

这份总结说得不错。武汉会战，尤其后期，数十个中国师都有过与上级失掉联系、与日军缠斗在一起险遭全军覆没的经历。但日军太注重功利，太看重近在咫尺的武汉空城了，因而无论是冈村宁次，还是东久迩宫稔彦，都一次又一次错失歼灭中国整军、整师的机会。

武汉后期打的是一场乱战，无论对中国军队还是对日军。乱战中，奇异的场面自然层出不穷。

黄陂东侧，佐野的快速支队突然杀出，顿时使撤退的中国军队乱了方寸。但佐野大佐看着漫山遍野的中国溃军，一时竟不知如何是好。各中、小队各自为战，截击守军的忙着截击，还有的莫名其妙地原地傻等着。佐野支队自己也是阵脚大乱。

花了大半天时间，佐野大佐才把部队重新稳定下来。排好兵阵，他拉上部队又向西追击，想多截留些中国溃军。但留下看守近1000名俘虏的，只有一个班八九个人。结果中国被俘官兵在一名中校的带领下，一阵哄乱，打死几个看守的日军士兵，向北面山林逃去。

佐野到头来落得个一场空。

与佐野大佐比较起来，东久迩宫稔彦放走的就不再是鱼虾之流，而是曾使他吃尽苦头因而一心想吃掉的一条大鱼——宋希濂的"中央军"精锐第71军。关于71军2万人马摆脱险境的前后经过，还是听听宋希濂将军本人的说法：

> 大别山北麓之敌，此时已越过潢川西进，又继续占领了罗山。9月下旬与我胡宗南军在信阳以东发生激战，经胡宗南部痛击，致使敌人死亡约5000余人，敌军被迫退至罗山等待增援。敌援军一至，立即再度猛攻，胡

部伤亡惨重，于10月12日晚，未经第五战区代理司令长官白崇禧（应为李宗仁）的批准自动放弃信阳，撤往南阳附近。日军遂于10月12日攻占了信阳。然后，即以有力的一部从信阳西边的平靖关，越过桐柏山脉，占领应山，全线震动。日军如迅速从应山南下安陆、云梦、孝感、汉川，则所有在东北地区作战的部队，均将陷于日军包围圈内。

当时第五战区司令长官部，设在安陆与花园之间的陈家庄，得此消息后，立即命令部队，迅速向汉水以西地区撤退。第2集团军总司令孙连仲，以电话告知我部，即从小界岭一线撤退，经花园、云梦、京山向钟祥以西地区转移。几乎所有部队都向西去了。最后仅剩下我部2万多人（我所指挥的36、88两个师留下还能作战的队伍，作战伤亡过重，已于旬日前奉军委会命令，归我直接指挥，其余由师长陈瑞河、钟彬率领开赴襄樊一带接领新兵整训）。我立即命令左翼的61师（师长钟松）向钟祥转进。亲率87师及直属部队，以四路纵队，沿黄安至花园的公路西行。是日，天气晴朗，大约下午3时到4时这一时间内，有日军飞机三批（每批24架），先后从我军上空飞过。目标这样大，日机既不投弹轰炸，也不低飞扫射，径直向西南方向飞去。我当时感到很奇异，但随即听到孝感西南地区的爆炸声，才断定日机的目的，是在破坏孝感至长江埠一带的桥梁和船只，企图阻止和延滞我军的撤退。将近黄昏时（下午6时左右），我所率部队均已到达花园附近。当时得知的情况如下：（一）钟松率第61师已于上午通过花园向孝感方面去了；（二）听到西面大约三四十华里的地方有浓密的枪声，判断安陆可能已被日军占据；（三）友军的第44军萧之梦部，约有两个团和一个山炮连及没有跟上队伍的其他友军部队，约有四五千人，均才到花园附近，因情况不明，处于彷徨中；（四）沿长江北岸西进之敌，正向武汉附近地区进攻中；（五）据我军后尾部队报告，尚未发现敌军的追击部队；（六）北面的麻水、应城一带，尚无敌踪。我立即召集所有各部队营长以上的军官，到花园车站来开会，向他们说明当前的形势，是处在敌人的大包围圈中，再向西行进，可能钻入敌军口袋，有被消灭的危险。在此观望坐延，敌军将包围圈缩小，亦有被歼的危险。必须立即采取行动，暂将部队分散隐藏三里城、宣化店、七里坪一带及花园的东北地区，伺机突围。所有到会者全都同意。只有些人表示部队走得很疲倦，希望吃点东西再走。我当即斩钉截铁地说："不行！时间稍纵即逝，必须立即行动。"随即就各部队行进的路线，隐藏的大概地区，以及今后的联络方法，予以明确指示。我亲率军直属部队及友军部队，立即循原路东行。约一小时后，折而北向，进入丛林地带。由第87师沈发藻师长率该师全部，由花园经二郎店向三里城行进。

经一夜的行军，到第二天上午，大都到达了三里城、宣化店一带地区。出乎意外的是，这些地区，几乎没有一点战争气氛。街上行人如织，熙熙攘攘。尤以三里城颇为繁华。特别令我感到高兴的，即三里城竟囤有军粮2000多包（每包200斤）。当嘱军需人员通知各部队来领。除吃用外，尽量带足粮。军部到达三里城附近一个村庄住下后，我即命通讯营迅速架通各团级以上部队电话，并采取下列各项措施：（一）所有无线电台，应暂时停止与外部联系，防止被敌军侦察，发现我军位置；（二）严密监视和警戒通往黄安、花园、应山方面的敌军动态；（三）派出一些便衣人员前往潢川、罗山、信阳等地，侦察这方面的敌军情况。在这一带约住了三四天，我命令各部队，利用夜间逐步北移，接近信阳至潢川间公路的南面二三十华里处住下。根据详细侦察结果，信阳至潢川间，只信阳、潢川两地有日军据守，白天常有装甲车在信潢公路上巡逻，晚间颇为寂静。于是我就决定，于某日晚10时至12时，所有部队（约2万人）要全部通过这条公路，跳出敌军的包围圈。一切均按照预定的部署实现了。接着渡过淮河（这时淮河要以徒涉），第二天到达息县，即分两路向驻马店、确山两处前进。我率军部队及直属部队到达驻马店后，立即由电台向军委会报告情况，迅即得到蒋委员长、何参谋总长分别来电嘉奖，内有"极为喜慰"之词。并命部队即向南阳地区集结整训。随我一道出来的友军部队，各自归还建制，其军、师长均各来电表示感谢。

比起宋希濂，第五战区司令长官，被日军和西方军事家评价为"狡猾的南方将领"的李宗仁上将的经历甚至更惊险、更幸运。

10月中旬的一天，李宗仁率长官部自夏店撤至平汉线花园站以西约10里的陈村。到达陈村后，长官部与刘汝明将军的68军突然失掉联系。

入夜，李宗仁绕室彷徨，心绪烦乱。他既为68军担忧焦虑，更惦念武胜关、平靖关的安危。两关若失，就不是68军能否撤出战场的事了，也许将有数个军、数十个师被日军截住。焦虑烦躁使他辗转反侧，终不能眠。他披衣而起，来到户外。夜幕下的陈村静极了，只有偶尔传出的犬吠在夜空里久久回荡。此刻陈村尚未沦陷，应该是安全的。

但空旷的静谧和黑夜的大幕，像裹着的死神向他压来，他心里有些不安起来。李宗仁是个很相信第六感觉的人，越静他越是觉得不安，觉得不妙。当下，他披衣向屋内走去，叫醒随从，通知长官部迅速整装，向西转移。

刚刚入梦的参谋长徐祖贻将军突然被叫醒，深感突兀，当下步入长官室问道："长官一向都很镇静，今晚何以忽然心神不安了？"

李宗仁匆匆束装，答道："走吧，祖贻。陈村可能不安全，我觉得应该从速离开。"

参谋长见状不便再问，便也回去整装。半小时后，第五战区长官部一行百多人踏入了西退的漫漫黑夜。

两小时后，日军快速部队1000余骑兵冲入陈村。

李宗仁命不该绝，心血来潮救了他一命。如果李宗仁陈村遇难，长官部被歼，那武汉会战的成果对比就将大不一样。李宗仁身为中国高级将领，他的生死安危自然也不再是他个人的事。

中国抗战，还从未有过兵团以上级别将领遇难，这曾是蒋介石和中国军队以弱击强，向世界吹嘘的资本。

没有高级将领遇难，自然就没有成建制的大部队被消灭。李宗仁大难不死，也替蒋介石保全了面子。

◎ 最后的陷落

10月21日夜，广州城陷入敌手的消息传到武汉，传到蒋介石耳中。蒋介石疲惫的脸上并没显出多少震惊。但闻讯生情,联想到一片火海的广州和哭喊奔逃的军民,他那张瘦削的脸上还是流露出缕缕伤感和痛苦。

一年来,他丢的地方太多了,以致他最初丢土失地时的伤感、痛苦,如今已变成了麻木,似乎一切都是情理之中的事,只是时间的早晚而已。

但广州的失陷,还是使他受到了震动。他不会忘记国民革命起于广州,他的发迹直至日后统治江山,都与这座中国最南端的大城市密不可分。可如今,一座座令他骄傲的城市,都像一个个胜利的果实,从他手中一个接一个地滑落出去,落在了东瀛番邦的手里。这深深地刺痛了他那颗民族气度未泯、泱泱大国尤盛的心。

烦恼,痛苦,折磨得他辗转反侧,竟夜未眠。

但武汉外围节节失利的阴影容不得他再为广州的陷落感伤烦恼。上午,他一到军委会,就召集尚在汉口的军界要人,探讨武汉的命运。这问题此刻已是刻不容缓,日军震耳的战炮和"咔咔"作响的军靴声正一步步逼向武汉三镇,逼向他尚能立足的这最后一座华中重镇。

此刻长江以北,日军第3、第10师团和日前由华北方面增援而来的一个骑兵旅团已攻占应山,正马不停蹄地扑向武汉西北面的安陆;武汉东北,日军第13师团已拿下宋埠,他们身后的麻城,是兵强马壮的第16师团。而蒋介石一直密切注视着的稻叶第6加强师团已抵近黄陂,直窥武汉三镇。

江南战局也好不了多少,打不完的波田支队,依仗江中日舰,直逼武昌城,看来是想圆首进武汉城的梦想,而第9师团、第27师团,则直插贺胜桥,到达咸宁地区,粤汉线被截断,已是早晚的事。

日军像一团越聚越浓的乌云,从东、南、北三面向武汉猛压过来。武汉近郊,随着外围天险和沿江要隘的纷纷陷落,已是四面楚歌。

武汉已成兵家死地。

蒋介石吸取了上海、南京血的教训,早在9、10月,就已开始有步骤地分批撤离党、政和地方政府机关,疏散百万民众。10月中旬,武汉几乎已成空城。

正因为此,今天到会的高级将领很少。除军令部长徐永昌,从前线返回不久的白崇禧、陈诚外,再就是武汉警备司令郭忏等几名中将、少将。会场也像战场,失去了往日的威严、壮观。

战况到此，放弃武汉已是明摆的事。但蒋介石对城市的眷恋，或者说对自己权威、脸面的眷恋，又往往使他很少能痛痛快快地放弃一座城市。上海如此，南京如此，徐州也是如此。但到头来，不但城池不保，还要殃及军民。血的教训已使众将领寒透了心。

坐在蒋介石身旁的武汉卫戍司令陈诚比起别人尤其担心。如今武汉外围各部队已经失控，只要能跳出日军的合围圈就算万幸。如果蒋介石再来个死守，手中仅有的几个军非丢得个干干净净不可。他几次张张嘴想开口。可最后还是把话咽了回去。

蒋介石似乎看出众将的心思。他口一张，说道："诸位，武汉我准备放弃了。"

蒋介石一语惊人，却使众将放下了心里的一块石头。从众将变得轻松的脸上，他也分明看出了一切。

"诸位，武汉会战，已近5月。寇军受到空前未有之消耗，我军战略企图已达。而且，日军偷袭广州，华南数地失守，粤汉线已被切断。因此，武汉之战略地位已失。如我军勉强保持，则最后必失，不如决心自动放弃，保留若干力量，以为持久抗战与最后胜利之根基。"

陈诚不失时机却是发自内心地赞叹道："委员长高见，武汉死地，断不能与日军死拼。"

蒋介石扫了陈诚一眼，继续说道："今日武汉，厂矿、机关、团体、学校、难民诸项都已按计划撤退完毕，武汉只是一座空城。放弃武汉，乃战略需要。但政治上，吾人决不能让敌寇坦然踏上我神圣故地。诸位不会忘记吧，武汉乃具革命传统之地。因此应予一部兵力做象征性抵抗。"

说罢，转向白崇禧和陈诚，问道："健生、辞修，你们说说，留多少兵力为妥呢？"

陈诚不愿再为这种门面上的事乱分兵，当下应付道："似可留一旅兵力。"白崇禧对这类事显然也没兴趣，当下点点头，敷衍了事。

会议结束后，陈诚当着众人面建议道："委员长，武汉战事日紧，军委会已撤退完毕，您和夫人还是尽快离开武汉吧。"

蒋介石看看众人，不置可否地答道："这个我自有安排。"

24日，武汉统帅部正式下令放弃武汉，撤退武汉外围部队，计划定了集结地点。

长江以南各军撤至湘北及鄂西一带；长江北岸部队，第33集团军撤至荆门、宜城一带，第32集团军撤至襄阳、樊城、钟祥一带，第11集团军撤至隋县、唐县镇、枣阳一带布防。汤恩伯第13军进入桐柏山，刘和鼎第39军进入大洪山担任游击，第21集团军及徐源泉第10军统由廖磊指挥进入大别山担任敌后游击。第五战区长官部移往樊城。

下午，军委会召集了尚滞留在汉的中外记者数十人，举行了最后一次新闻发布会。会上，发言人代表中国政府强调指出："中国军队自动放弃武汉是出于战略需要。中国政府抗日决心并无改变，而且更加坚定。只要日军在中国一天，中国抗战就将一天不止。并断言说：中日战争将长期化，直至中国彻底驱逐侵略者为止。"

蒋介石离开武汉前，没忘记警告东京。当然，这发言也是他向全国、全世界做出的一种姿态：他蒋介石不是那么容易扳倒的。中国抗战，还是他说了算。

一阵密过一阵的枪炮声，在一步步向武汉城区逼近。日军似乎已把武汉视作囊中之物。日机低低地掠过武汉，开始截袭沿长江退出武汉、撤向重庆方面的江轮、驳船。陆地各交通要道上，也时有西移的军民被日军战机、炮火隔断。

日军在为进入武汉做种种准备。

九江，华中派遣军前进指挥部里，出现了司令官畑俊六大将瘦小的身影。他是几天前才从南京赶来九江的，他既想早日目睹武汉三镇的风采，但更重要的还是对部队放心不下。

上年年底，松井石根大将率部进驻南京。由于对部队约束不严，对各级官佐恣意纵容，导致日军在南京烧杀淫掠，犯下滔天罪行，引起举世公愤。为此，日本政府慑于国际舆论，被迫将松井、谷寿夫等一批高级将领召回国内，贬的贬，转预备役的转预备役。

松井石根之流的劣迹使世人将日本"皇军"与"禽兽"二字连在了一起。

比起南京，武汉还不仅仅关系到日军面子上的事。东京执意打下武汉，就是要使蒋政权降为地方政权，乘机扶持亲日势力主政，早日结束对中国的战争。如果日军一再施暴，南京的后遗症恐怕永无消除之日，扶持新政权，也只能是一座没有根基的空中楼阁。这一点，已在南京待了半年多的畑俊六知道得清清楚楚。

从军事上说，畑俊六更是感到对武汉不能破坏太甚。外围战部下的极大消耗和东京方面调兵的捉襟见肘,早已明白无误地告诉他,日军在中国战场的兵力调用已达极限。武汉也许将是他日后卡住西南出口,与中国大军周旋的基地。他自然不能自己先毁了这块基地。

10月24日,经过全盘考虑后,日本华中派遣军司令官畑俊六大将向进抵武汉郊区的各部队颁布了入城注意事项:

"……部队宿营地区,避免设于市内,应选在郊外大建筑物内,以便于维持军纪、风纪;在武昌的粮道街、汉口的大五庙至下码头、汉阳的朝宗门,设置难民区,须保护汉阳、汉口、武昌的建筑物、庙宇、大学、图书馆、陈列馆(有附表),武汉有各国租界及使馆,本军一举一动,世界瞩目,因此是以实际行动宣扬皇威,使其理解皇军真姿的绝好时机,所以每人对此务须慎戒,且鉴于过去之教训,防止因日久而松懈。再,武汉为本军今后常驻和作战之基地,一切建筑、设施,严禁破坏。"

畑俊六用心良苦,八方关照。但最后一句话,透出了他的苦心所在。

但说归说,畑俊六还是对各部队有所区别。第6师团是南京大屠杀的罪魁,恶名远扬,按常理应调离城区。但畑俊六不知是念及第6师团的战功,还是怕有功不赏,影响军心,竟批准了第6师团为第一批入城部队,甚至同意了稻叶四郎中将将师团部设于武汉大学的请求。

10月27日,随着第6师团牛岛满支队一部耀武扬威地踏进校园草坪,武汉大学这座享誉中国的神圣学府被侵略者蹂躏、践踏了。圣洁和野蛮,犹如图书馆楼顶上迎风猎猎舞动的膏药旗,极不谐调地在珞珈山脚下一方净土上碰撞开来。

24日,牛岛满支队佐野联队占领了黄陂。少数前卫搜索部队已兵临武汉城郊;同日,岩崎支队进占旧街。

隆隆的枪炮声已震动武汉三镇,大武汉经过四个半月的拼死抗争,终于大厦将倾,沦陷在即。

军委会被日机炸得残破不堪的灰楼里,蒋介石仍稳坐高台,丝毫没有走的意思。珞珈山上,宋美龄可没有他这么沉得住气,电话一连催了几次,可每一次都没有结果。

蒋介石到底想显示什么呢?没人知道,也没人敢问。

论"勇"吧?蒋介石的属下,甚至苏联顾问都夸过他"身处枪林弹雨而面不变色",他没必要再刻意显示。再说也没有如此示勇之法。

说"与将士风雨同舟"呢？可两战区主力都已南下、西进，他如何同舟？

也许是舍不得离开武汉，不甘心从此退入西南边陲。可武汉弃守命令是他下的，他愣待在这里日本人就不进城？谁也说不清。但侍从、武将们有一点能说清，那就是再待下去不仅蒋介石跑不了，连他们也要遭难。侍从室主任林蔚沉不住气了，又进了蒋介石的屋里。但很快，他也被蒋介石虎着脸轰了出来。林蔚可真是傻了眼，犹如百爪挠心，却只能干着急，谁知，这时有一人比他更急，此人就是卫戍司令陈诚。

陈诚不但要为蒋介石及军委会滞留人员负责，还必须对部队负责。委员长一天不离开，他就得一个师一个旅地往上调部队，打这种毫无意义的乱仗。尤其部队已无心恋战，硬往上调，死伤动辄千计，这牺牲毫无价值。

当陈诚从电话中得知蒋介石仍未撤离时，急得直跺脚，当即在电话里说道："哎呀，蔚文兄，你们还不走干什么？城外已乱成一团，你赶紧请委员长走啊！"

林蔚也是满肚子怨气："辞修，他不走我也没法子啊！再三请示，可他一点儿表示都没有。"

"现在还有哪些人没走？"陈诚脑子一转，赶紧问道。

"没有了，只有徐永昌部长没走。""那么好吧，我来请徐部长转陈。"陈诚说完挂了电话。

陈诚到底是蒋介石亲信，左右相随多年，深知老头子的秉性。这时左右亲信请他撤离，他是不会走的。但那些居要职，又非亲信的人，像军令部长徐永昌来出面说情，情形可能就大不一样了。说穿了，是一个面子问题，也显示蒋介石的从容不迫。

果然，徐永昌出面，马到成功，蒋介石终于答应撤离。

24日入夜，蒋介石偕夫人宋美龄踏上了去机场的夜路。

飞机摇晃着冲入漆黑一团的夜空。宋美龄长舒一口气，把头靠向椅背，闭上了眼睛。但蒋介石却伸长脖子，望向窗外，灯火管制下的武汉三镇，已是一片黑暗，只有零落的几盏孤灯和偶尔落入市区的炮弹映出的团团火球，显示着这座大都市尚未僵死的生命。

武汉城郊，炮声隆隆，火光闪烁。他知道这是守城部队在同日军进行最后的血战，他也知道这炮火很快就将熄灭，夜色中的大地很快将恢复死一般的沉寂。

他面目呆滞，口中喃喃道："完了。武汉终于结束了。"

但事情并没完。不知是蒋介石太舍不得武汉，还是仓促起飞让飞行员受惊，一直为他服务从未出过错的专机机组一出武汉就发现飞机鬼使神差似的迷了航。黑沉沉的夜空上下左右一个样，什么也分辨不清。飞机乱转了一气也没弄出个所以然，再乱飞下去燃油耗尽，无疑将钻进地狱之门。

机长依复恩无奈地向蒋介石请示：返回武汉。蒋介石再次确认别无办法时，也只能点头同意。

飞机又循着原路向回飞去。

武汉机场上，一队中国工兵正卖力地在破坏设施，跑道甚至被炸毁一截。再晚回来一会儿，蒋介石确确实实要留在武汉了。

好险！蒋介石步出舱门，枯瘦的手上竟是湿漉漉的。

10月25日凌晨4时，蒋介石的座机迎着秋风，重又冲上已透出熹微的天空。

此刻，汉口戴家山，已出现了稻叶四郎第6师团第23联队日军士兵幽灵般的身影。

25日夜，汉口沦陷！

26日凌晨，波田支队率先从宾阳门突入武昌！

27日午后，汉阳也飘起了刺眼的太阳旗。"君之代"的乐声在武汉三镇上空疯狂地奏响。